5-7, rue de l'Ecole-Polytechnique, 75005 Paris

http://www.harmattan.fr
diffusion.harmattan@wanadoo.fr

ISBN : 978-2-343-09473-1
EAN : 9782343094731

Les transformations
de la fiscalité locale au Cameroun

Collection « Études africaines »

dirigée par Denis Pryen et son équipe

Forte de plus de mille titres publiés à ce jour, la collection « Études africaines » fait peau neuve. Elle présentera toujours les essais généraux qui ont fait son succès, mais se déclinera désormais également par séries thématiques : droit, économie, politique, sociologie, etc.

Dernières parutions

MAKENGO NKUTU Alphonse, *La théorie générale du droit constitutionnel et les institutions politiques, sous la Première, Deuxième et Troisième République de la République démocratique du Congo*, 2016.
EBALÉ Raymond, *Les Accords de Partenariat Economique entre l'Union Européenne et les pays ACP (Afrique, Caraïbes, Pacifique)*, 2016.
MINKALA NTADI Pierre, *La tutelle politique dans la production de l'information de presse en Afrique francophone, Le cas du Congo-Brazzaville*, 2016.
ASSOUMAN Kouadio Amos, *Le rôle des préfets et sous-préfets de Côte d'Ivoire, Gestion et prévention efficaces des conflits communautaires dans un contexte de sortie de crise*, 2016.
BARRY Mamadou, YAYA Hachimi Sanni, DOUMBOUYA Mohamed Lamine, *Les trop dits et les non-dits de l'aide au développement en Afrique. Nouvelles perspectives sur la dispersion et l'absence de coordination des bailleurs*, 2016.
MABANZA N'SEMY Aubin, *Les marques en Afrique francophone. Approches comparatives et critique de la protection à l'OAPI et en R.D Congo*, 2016.
PORTEILLA Raphaël, HAYEM Judith, SÉVERIN Marianne et DIKA Pierre-Paul (dir.), *Afrique du Sud. 20 ans de démocratie contrastée*, 2016.
BAGAYOKO Sidy Lamine, *Écoles Communautaires au Mali, Fonctionnement, gestion et conflits*, 2016.
URSA Liana Maria, *Libéria. La difficile construction nationale*, 2016.
LONGOMO MENGELI Marius, *Les problèmes de l'Administration publique en RDC*, 2016.
MUSINDE SANGWA Sylvain, *Parenté et patrimoine foncier chez les Bena Mambwe de la République démocratique du Congo, La réappropriation de la dépouille de l'épouse par son lignage*, 2016.
KIAMBA Claude-Ernest, *Politiques de l'éducation, Formation des compétences et Construction de l'État en république du Congo de 1911 à 1997*, 2016
MONEMOU Ouo-Ouo Waita, *L'imposition sur le revenu en République de Guinée*, 2016.
LIGOPI LINZUWA Zéphyrin, *La lutte contre la pauvreté comme une quête de sens. Perspective d'éthique théologique à partir du cas de la RDC*, 2016.
TSHIMANGA-KUTANGIDIKY Etienne, *Réalités sociales en République Démocratique du Congo, Analyse de quelques cas*, 2016.
SIDIBE Tidiani, *La pratique de l'activité bancaire et financière en zone UEMOA*, 2016
BETCHÉ (Zachée), *Le phénomène Boko Haram. Au-delà du radicalisme*, 2016.
MOKONZI Bambanota Gratien, *Où va l'université au Congo-Kinshasa ?*, 2016.
EKANZA Simon-Pierre, *Le royaume du Moronou, Côte d'Ivoire, Une symphonie inachevée*, 2016.

Pierre BELEBENIE

Les transformations de la fiscalité locale au Cameroun

L'Harmattan

DÉDICACE

À ma mère et à mon père.
À vie, ils me manqueront.

PRÉFACE

William GILLES
Maître de conférences (HDR) à l'École de droit de la Sorbonne
(Université Paris 1 Panthéon-Sorbonne)
Président de l'Institut du Monde et du Développement
pour la Bonne Gouvernance Publique (IMODEV)

Il est des auteurs qui aiment écrire sur des sujets plus difficiles que d'autres. En ayant fait le choix de mener des recherches sur *Les transformations de la fiscalité locale au Cameroun*, Pierre BELEBENIE n'a pas opté pour la facilité. D'une part, il traite de la fiscalité locale, sujet qui n'est pas le plus facile à appréhender. D'autre part, il le fait sous l'angle du droit camerounais, autre difficulté importante quand on sait la raréfaction de l'information sur ce sujet, quand on sait également les difficultés d'accès à cette dernière lorsqu'elle existe en raison d'une culture du secret qui reste encore malheureusement présente dans certaines administrations.

Si ces deux difficultés ne suffisaient pas, Pierre BELEBENIE s'en est ajoutée une troisième puisqu'il a choisi de traiter cette thématique, non pas de manière statique en dressant les caractéristiques de la fiscalité camerounaise à un instant T. L'auteur a au contraire préféré adopter une démarche dynamique en étudiant les transformations de la fiscalité locale au Cameroun, c'est-à-dire en analysant les enjeux du droit fiscal camerounais depuis l'accession à l'indépendance jusqu'à aujourd'hui. Pierre BELEBENIE constate, dès son introduction, l'empreinte historique de la France dans l'organisation administrative camerounaise, en soulignant que celle-ci n'a pas été sans poser quelques difficultés par le passé du fait des différences culturelles et organisationnelles qui peuvent exister entre les deux pays.

Aussi, propose-t-il l'édification d'un droit camerounais des collectivités territoriales, qui soit propre à ce pays et qui s'appuie davantage sur la municipalisation et une véritable reconnaissance des autorités traditionnelles, plutôt que sur la décentralisation à la française. Parmi les spécificités qui sont soulignées par l'auteur, et qui justifient sa thèse, il faut relever la place centrale qu'occupe la coutume au Cameroun en tant que source du droit, alors que la fiscalité locale est quant à elle un héritage français de source non coutumière. Une autre caractéristique marque le lecteur. Elle concerne moins la diversité des acteurs de la fiscalité locale du Cameroun qui se retrouve dans d'autres systèmes et qui contribue à la complexité de cette matière, que le rôle qu'occupent certains d'entre eux, et en particulier le Fonds Spécial d'Équipement et d'Intervention Intercommunale (FEICOM), institution clé de la vie locale camerounaise.

L'existence de ces spécificités, la difficulté d'accéder à l'information, la nécessité d'organiser des périodes de recherche prolongées pour pouvoir étudier sur place la fiscalité locale camerounaise et rencontrer ses principaux acteurs montrent le choix courageux de Pierre BELEBENIE d'avoir travaillé pendant quatre ans sur ce sujet, d'autant que ce thème de recherche n'était pas celui qu'il avait initialement envisagé. Notre première rencontre s'est faite autour de la fiscalité foncière, avant que je ne lui conseille de réorienter ses travaux sur une approche plus large, et selon moi, plus porteuse, mais également plus ambitieuse puisqu'il lui fallait réfléchir aux transformations de l'ensemble de la fiscalité locale camerounaise. Cependant l'exercice est réussi, montrant que ce choix a été judicieux et fructueux.

Nul ne pourra jamais savoir si cette réorientation créera un vide dans l'analyse de la fiscalité foncière au Cameroun, encore qu'il ne soit pas trop tard pour que Pierre BELEBENIE revienne à ses premières réflexions, maintenant que son ouvrage sur les transformations de la fiscalité locale au Cameroun est achevé. En revanche, il ne fait pas de doute que le travail de Pierre BELEBENIE manquerait aujourd'hui s'il n'avait pas accepté de réorienter ses travaux, et ce, pour au moins deux raisons.

D'une part, si les recherches sur la fiscalité locale sont aujourd'hui insuffisantes, elles le sont encore davantage s'agissant de l'étude du droit fiscal local camerounais. En publiant un ouvrage sur cette thématique, Pierre BELEBENIE participe donc à la construction d'une doctrine africaine en matière de fiscalité locale.

D'autre part, le travail de Pierre BELEBENIE ne consiste pas seulement à dresser un état des lieux du droit fiscal camerounais. Plutôt que d'adopter une démarche purement descriptive, l'auteur essaie au contraire de prendre du recul sur le système camerounais, n'hésitant pas à s'interroger sur le bien-fondé de certaines pratiques qui lui paraissent contestables. Surtout, Pierre BELEBENIE formule plusieurs recommandations, définissant à travers ses analyses les lignes directrices d'un programme de réformes visant à permettre au Cameroun de se doter d'une fiscalité locale efficiente et efficace. Dans cette perspective, l'auteur conseille de réorienter les politiques en matière de fiscalité locale camerounaise en proposant des réformes destinées à améliorer les modes de financement des collectivités territoriales, à renforcer l'autonomie financière locale, à faire face à l'insuffisance des recettes fiscales locales causée notamment par une sous-fiscalisation du foncier, du domaine public, mais aussi du secteur informel. Enfin, il propose de réfléchir à des sources alternatives de financement pour les collectivités territoriales camerounaises.

Ces propositions devraient susciter non seulement l'intérêt des lecteurs désireux d'en savoir davantage sur la fiscalité locale du Cameroun, mais également de ceux qui, plus généralement, souhaitent réfléchir sur le renouveau de la fiscalité locale dans le contexte de la crise économique et financière, sous le prisme des enjeux liés au développement.

SOMMAIRE

LISTE DES PRINCIPALES ABRÉVIATIONS

ACP : Afrique-Caraïbes-Pacifique
AFCCRE : Association française du Conseil des communes et régions d'Europe
AFERA : Association des fonds d'entretien routier
APD : Aide publique au développement
ASCOMI : Association des communes du Mbam-Inoubou
ASCONYK : Association des communes du Nyong-et-kéllé
BAD : Banque africaine de développement
BDEAC : Banque de développement des États de l'Afrique centrale
BEAC : Banque des États de l'Afrique centrale
BIP : Budget d'investissement public
CAC : Centimes additionnels communaux
CAD : Comité d'aide au développement
CCE : Conseil des communes d'Europe
CCFF : Comité de concours financiers du FEICOM
CDBF : Cour de discipline budgétaire et financière
CDI : Centre divisionnaire des Impôts
CE : Communauté européenne
CEA : Commission économique pour l'Afrique des Nations unies
CEFAM : Centre de formation en administration municipale
CEMAC: Communauté économique et monétaire de l'Afrique centrale
CEPMAE : Centre d'édition et de production de manuels et d'auxiliaires de l'enseignement
CFA : Communautés financières d'Afrique
CGI : Code général des impôts
CGLU : Cités et Gouvernements locaux unis
CFC : Crédit foncier du Cameroun
CIF : Code d'intervention du FEICOM
CIME : Centre des impôts des moyennes entreprises
CME : Commune de moyen exercice
CMU : Commune mixte urbaine

CMR : Commune mixte rurale
CNRS : Centre national de la recherche scientifique
CONAC : Commission nationale anti-corruption
CONSUPE : Contrôle supérieur de l'État
CPE : Commune de plein éxercice
CRI : Centres régionaux des impôts
CRME : Commune rurale de moyen exercice
CRTV : *Cameroon radio television*
CSI : Centres spécialisés des Impôts
CSLP : Cadre stratégique de lutte contre la pauvreté
CTD : Collectivités territoriales décentralisées
CUF : Cités unies de France
CUD : Communauté urbaine de Douala
CUY : Communauté urbaine de Yaoundé
CVUC : Communes et villes unies du Cameroun
DGD : Dotation générale de la décentralisation
DGE : Direction générale des entreprises
DGF : Dotation générale de fonctionnement
DGI : Direction générale des impôts
DH : Dirham
DSCE : Document de stratégie pour la croissance
DSRP : Document de stratégie de réduction de la pauvreté
EPCI : Établissement Public de coopération intercommunale
FAO : *Food and Agriculture Oganization of the United Nations*
FED : Fonds européen de développement
FEICOM : Fonds spécial d'équipement et d'intervention intercommunale
FMI : Fonds monétaire international
FMVJ : Fédération mondiale des villes jumelées
GIZ : *German Coopération (Gesellschaft für internationale Zuzamenarbeit)*
HIPC : *Highly indebted poor countries*
JORF : Journal officiel de la République française
LAPJ : Laboratoire d'anthropologie juridique de Paris
LGDJ : Librairie générale de droit et de jurisprudence
MINAT : Ministère de l'administration Territoriale
MINATD : Ministère de l'administration Territoriale et de la décentralisation
MINEFOP : Ministère de l'Emploi et de la fonction publique
MINFI : Ministère des Finances
MINEFI : Ministère de l'économie et des Finances
OBI : *Open Budget initiative*

OCDE : Organisation de coopération et développement économiques
OGP : *Open Government Patnership*
OMD: Objectifs du Millénaire pour le développement
ORSTOM : Office de la recherche scientifique et technique Outre-mer
PACARF : Programme d'assistance aux communes à revenus faibles
PADDL : *Support Programme for Decentralization and Local Development*
PDM : Programme de développement municipal
PPTE : Pays pauvres très endettés
PM : Premier ministre
PNG : Programme national de gouvernance
PNUD : Programme des Nations unies pour le développement
PUF : Presses universitaires de France
RDC : République démocratique du Congo
RGD : Revue générale de droit
RIMD : Revue de l'Institut du monde et du développement
RFFP : Revue française de finances publiques
SNLCC : Stratégie nationale de lutte contre la corruption
SYNCOMI : Syndicat de communes du Mbam-Inoubou
TCS : Tribunal criminel spécial
TDL : Taxe de développement local
UDE : Union douanière et économique
UDEAC : Union douanière et économique de l'Afrique centrale
UPI : Unité de production informelle

INTRODUCTION GÉNÉRALE

Dans son étude consacrée à « La formation et l'évolution du droit financier en Afrique francophone subsaharienne », Jean-Pierre Duprat fait remarquer que « le corpus juridique encore en vigueur dans nombre d'États et longtemps en usage pour la plupart, au-delà des indépendances, contient des textes issus de la période coloniale, dont le célèbre décret du 30 avril 1912 sur le régime financier des colonies (*sic*). Cet emprunt réalisé par des États indépendants, même en tenant compte des révisions successivement apportées au texte d'origine, révèle un phénomène de sédimentation juridique, plus que d'une succession de normes actualisées, avec le risque que des règles disparates entraînent un laxisme dans la pratique »[1], sans compter, selon cet auteur, qu'il s'ensuit un risque de complexité évident du fait de la superposition des cadres juridiques, « voire d'un mélange, à doses mal déterminées, entre une législation nouvelle, mais conservant des éléments antérieurs importants,

---

[1] J.-P. Duprat, « La formation et l'évolution du droit financier en Afrique francophone subsaharienne », *in La création du droit en Afrique*, D. Darbon et J. du Bois de Gaudusson (dir.), Éditions Karthala, collections Hommes et sociétés,1997, p. 445. À la vérité, il s'agit du décret du 30 décembre 1912 portant régime financier des Colonies, un prolongement du principe de séparation des ordonnateurs et des comptables introduit pour les recettes par des décrets du 24 vendémiaire et du 17 frimaire An III, et pour les dépenses par l'ordonnance royale du 14 septembre 1822, avant d'être systématisé par le décret du 31 mai 1862 et repris dans le décret du 29 décembre 1962. Disponible sur : http://www.dacodoc.fr/summary/?id=75048, consulté le 16/11/2014. Au Gabon par exemple, le décret du 30 décembre 1912 et ses textes d'application ainsi qu'une Convention de coopération entre la France et le Gabon ont eu à régir les services du Trésor de ce dernier pays jusqu'à la nationalisation de sa comptabilité publique par ordonnance n° 58/67 du 30 décembre 1967 : disponible sur : http://www.tresor.ga/index.php?option=com_content&view=article&id=62&Itemid=40, consulté le 16/11/2014. Un dernier exemple peut être trouvé au Sénégal, où les grands principes du décret du 30 décembre 1912 ont été repris (comme au Gabon, après l'indépendance du pays) dans le décret n° 66-458 du 17 juin 1966 portant règlement général sur la comptabilité publique et, plus récemment dans le décret n° 2003-101 du 13 mars 2003 portant règlement général sur la comptabilité publique, notamment en son article 15, traitant (entre autres) de l'incompatibilité de la fonction d'ordonnateur et de celle de comptable public. Disponible sur : http://www.memoireonline.com/12/09/3066/m_Le-principe-de-la-separation-des-ordonnateurs-et-des-comptables1.html, consulté le 16/11/2014. Au Cameroun, les premières règles d'une comptabilité publique nationale apparaissent avec la loi de finances pour l'exercice 1966/1967 (article 20) et avec le décret n° 67/DF/211 du 16 mai 1967 portant aménagement de la législation financière de la République du Cameroun.

comme la dualité budgétaire, issue de la période coloniale, et une pratique reconduisant souvent le modèle antérieur »[2].

Le Cameroun n'échappe pas à ce constat, le pays ayant été régi jusqu'en 1962 par des textes d'origine française, à l'instar du décret du 30 décembre 1912 portant régime financier des colonies, ou de la loi organique n° 59-2 du 2 janvier 1959 relative aux lois de finances, un texte colonial qui a largement inspiré le premier régime financier camerounais, issu de l'importante ordonnance n° 62/OF/4 du 7 février 1962, réglant le mode de présentation, les conditions d'exécution du budget de la république fédérale du Cameroun, de ses recettes, de ses dépenses et de toutes les opérations s'y rapportant. « Mais très tôt, ce régime financier commence à montrer les signes d'un essoufflement du mécanisme qui se révèle vite inopérant »[3], entraînant qu'il faille y apporter des aménagements visant à garantir la fluidité dans la gestion de la dépendance, et à encadrer la comptabilité de l'État[4]. Comme ci-dessus indiqué, les premières règles d'une comptabilité publique nationale virent finalement le jour grâce au décret camerounais n° 67/211 du 16 mai 1967 portant aménagement de la législation financière de la République fédérale du Cameroun, assorti de l'instruction sur la comptabilité publique en application des dispositions de l'article 20 de la loi des finances n° 066-LF du 2 juin 1966.

S'agissant plus précisément de la fiscalité locale, une étude consacrée aux transformations de cette branche du droit peut se révéler digne d'intérêt plus d'un demi-siècle après l'indépendance du Cameroun, en 1960[5]. Cette matière est aujourd'hui au cœur de la vie des collectivités territoriales décentralisées et du contribuable local camerounais : elle a vocation à apporter aux premières des ressources financières pour leur « survie » en leur assurant autonomie et développement, et au second — à la condition qu'il adhère à l'impôt et qu'il le paie effectivement — des services de qualité. Ceux-ci sont généralement le reflet de bons impôts locaux, signe d'une fiscalité locale répondant aussi bien aux critères d'efficacité, d'efficience[6], que d'équité[7]. D'ailleurs, ces trois

---

[2] Voir, J.-P. Duprat, « La formation et l'évolution du droit financier en Afrique francophone subsaharienne », *art.cit.*, p. 454.

[3] J. Biakan, « La réforme du cadre juridique des finances publiques du Cameroun : la loi portant régime financier », *in* L'administration publique camerounaise à l'heure des réformes, M. Ondoa (dir.), l'Harmattan, 2010, p. 9-10.

[4] *Idem.*

[5] La Société des Nations ayant laissé à l'Angleterre et à la France le soin d'administrer le Cameroun à leur guise, une partie du Cameroun (le Cameroun sous mandat britannique) fut administré comme une partie intégrante du Nigeria britannique voisin, alors que le Cameroun sous mandat français fut quant à lui administré comme une partie de l'Empire colonial français. La date du 1er janvier 1960 correspond à l'indépendance du Cameroun français (partie orientale du pays), celle du 1er octobre 1961 marque l'accession à l'indépendance du Cameroun britannique (partie occidentale). La réunification du pays - il était jusqu'alors un État fédéré - et son unification ont respectivement eu lieu en 1961 (le 1er octobre) et 1972 (le 20 mai). Voir, R.P.E. Mveng et D. Beling-Nkoumba, *Histoire du Cameroun*, CEPMAE, 1976, p. 197 et 272.

[6] Sur les notions d'efficacité et d'efficience, voir *infra*, dans la suite de la présente introduction.

[7] L'équité commande généralement que chacun soit mis sur un pied d'égalité ; elle renvoie à l'impartialité ou à la droiture (Petit Robert, édition 1977, p. 681). Pour Cornu, il s'agit d'une

caractéristiques semblent désormais constituer l'objectif poursuivi par les réformes fiscales locales — plus ou moins timides — entreprises dans bon nombre de pays, dont le Cameroun, où des transformations de ce « legs colonial » peuvent être effectivement relevées depuis que le pays a accédé à l'indépendance. La fiscalité locale et les collectivités territoriales sont indissolublement liées, si bien qu'une étude portant sur les transformations de la première commande qu'il soit fait allusion un tant soit peu aux deuxièmes.

D'un point de vue historique, la commune restera la première, et donc la mère des collectivités territoriales actuelles (communes et régions) et futures[8] du Cameroun. Partant, et au regard du lien trop étroit que ces collectivités (qui n'en sont pas moins des « produits importés ») entretiennent avec la fiscalité qui leur est propre, il semble judicieux de commencer cette étude en consacrant quelques lignes introductives à leur genèse.

Autant souligner d'emblée qu'une telle démarche renvoie inévitablement à l'institution communale : de l'ère de la municipalisation — simple organisation administrative que l'on a à tort qualifiée de décentralisation — à l'actuel processus de décentralisation, le Cameroun est aussi passé par une « décentralisation » atypique et éphémère. En effet, la Constitution a fait exister sur le papier des collectivités locales (la province et la commune)[9] qui ne se sont jamais concrétisées dans les faits. En ce sens, René Chapus n'affirme-t-il pas que « la décentralisation peut fort bien, tout en étant instituée dans les textes, n'avoir guère d'effectivité »[10] ?

Le sujet portant sur *Les transformations de la fiscalité locale au Cameroun*, il importe de se pencher à la fois sur l'intérêt de ce sujet et la problématique qui en découle (III). Il importe également de retracer l'historique de l'organisation administrative et celui de la fiscalité locale du Cameroun, qui ont fini par s'identifier au modèle français (I), autant qu'il est important de renseigner le cadre conceptuel, la revue de la littérature sur le sujet, ainsi que la délimitation du contexte et du champ de notre étude (II).

---

justice fondée sur l'égalité ; c'est « le principe qui commande de traiter également des choses égales », étant précisé que l'adjectif *équitable* fait référence à ce qui est juste, raisonnable, modérateur (pouvoir). Voir G. Cornu, *Vocabulaire juridique*, PUF, édition 2011, p. 408.

[8] Aux termes de l'article 2 alinéa 2 de la loi n° 2004/18 du 22 juillet 2004, il n'est pas exclu que le Président de la République crée de nouvelles collectivités territoriales par décret.

[9] Article 46 de la Constitution camerounaise du 4 mars 1960. Le Président de la République peut aussi, en tant que de besoin, créer d'autres régions (article 61 alinéa 2 (b).

[10] R. Chapus, *Droit administratif général*, tome 1, Montchrestien, 1994, p. 343.

I. L'historique de l'empreinte française de l'organisation administrative et de la fiscalité locale au Cameroun

L'on se doit de souligner que le chemin menant aux réformes mises sur papier par la révision constitutionnelle de 1996[11], et qui se sont (effectivement) accélérées ces dernières années (pour notamment asseoir un droit des collectivités territoriales décentralisées et une fiscalité locale) n'a pas été des plus courts : quelques différences exceptées, le Cameroun partage la même histoire que le reste des anciennes colonies françaises d'Afrique. Mais le Cameroun a ceci de particulier que trois administrations coloniales — allemande, anglaise et française — s'y succèdent entre 1884 et 1961 avec, pour finir, une cohabitation de législations coloniales[12] qui va perdurer jusqu'à l'accession du pays à l'indépendance, et même au-delà.

Après leur défaite face aux Alliés de la Première Guerre mondiale, les Allemands quittent le Cameroun, en 1916, un pays qu'ils avaient occupé depuis 1884. Dès lors, l'ancienne colonie allemande est « léguée » à la France et à la Grande-Bretagne qui, par accord signé en date du 29 mars 1916, se partagent le Cameroun. Un quart des 520 270 km2[13] que compte le Cameroun de l'époque revient à la Grande-Bretagne, les trois quarts restant à la France ; la Société des Nations valide ce partage par le traité de Londres de 1922, chaque puissance devant administrer sa part de « gâteau » comme « territoire sous mandat » de classe B[14] jusqu'en 1946[15]. En clair, ce sont deux politiques coloniales, et par conséquent deux formes différentes d'institutions qui vont être transplantées dans ce territoire, le « dénominateur commun de part et d'autre [étant de] faire oublier au plus vite la période allemande »[16].

Le système de l'autorité coloniale britannique[17] est apparu plus enclin à la décentralisation, car, comme dans la plupart de ses colonies, « Le colonisateur anglais utilisait largement les structures traditionnelles existantes [...] selon le

---

[11] Avant d'y consacrer d'amples informations plus loin, on peut déjà indiquer qu'il s'agit de la révision constitutionnelle (par référendum) de l'ancienne Constitution du 2 janvier 1972. Cette révision s'est opérée par la loi n° 96-06 du 18 janvier 1996.

[12] Pour plus de précisions, voir *infra*.

[13] Cette ancienne superficie inclut la partie septentrionale du Cameroun (le *Northern Cameroon*) qui, par plébiscite au moment des indépendances, a opté pour son rattachement au Nigeria voisin, ce qui a eu pour conséquence de rapporter la superficie du Cameroun actuel à 475 440 kilomètres carrés.

[14] Voir M. Finken, *Communes et gestion municipale au Cameroun*, 2e édition, FEICOM, s.d.., p. 25-26. Cet auteur précise que « la mention classe B signifiait que les puissances mandataires n'avaient aucune obligation de préparer les populations des territoires concernés à l'auto-gouvernement [*sic*] ou à l'indépendance ».

[15] *Idem*. Finken précise que le Cameroun est devenu un territoire sous tutelle (de l'Organisation des Nations unies quoique administré par la France et la Grande Bretagne au nom de l'ONU) en 1946, un statut diamétralement opposé au régime du mandat B en ce qu'il préconise l'autodétermination et l'indépendance des peuples sous tutelle : p. 28.

[16] *Ibidem*.

[17] Pour une étude exhaustive de ce système qui administrait le Cameroun comme une partie intégrante de la colonie du Nigeria voisin, voir l'ouvrage de M. Finken ci-dessus mentionné, p. 25-35.

fameux principe du « principal agent ». La chefferie traditionnelle par exemple était le représentant du colon dans les localités les plus éloignées des « capitales ». Ce système est aussi connu sous la dénomination d'« *Indirect Rule* ». L'*Indirect Rule* laisse une certaine marge de manœuvre aux chefs traditionnels : c'est à eux qu'incombe la gestion des populations locales sur les questions relatives notamment à la justice et au prélèvement de l'impôt[18].

À partir de 1922, le Cameroun sous mandat britannique se voit doter des premières autorités locales, *les Native Courts* et les *Native Authorities*[19] ; par ce biais, « l'administration britannique va exercer ses pouvoirs sur la partie occidentale du Cameroun en s'appuyant sur les autorités traditionnelles qu'elle nomme, en s'efforçant de ne pas détruire les structures politiques traditionnelles »[20]. Ces institutions jouissent en effet d'une grande autonomie dans la gestion des affaires locales (la santé, l'éducation, le foncier, les prisons municipales, la police administrative, etc.), les Anglais se réservant « les pouvoirs administratifs dans les domaines stratégiques tels que la sûreté, les finances, etc. »[21]. Ce système d'autonomie locale s'assortit de la reconnaissance et du respect de l'autorité indigène et ne traduit pas une volonté d'assimilation exacerbée, signe du système britannique d'administration indirecte.

Le nombre des *Native Authorities* ayant progressivement augmenté, la forme collégiale (*Local Authority*) finit par prendre le dessus sur la forme individuelle. Dans les années 40, la forme collégiale se généralisant peu à peu, la majorité des *Local Authorities* ne sont plus des individus, mais des conseils composés de chefs traditionnels élus. Ces *Local Authorities* vont, en fin de compte, être associées aux affaires financières dans les années 39 et 40 puisque la gestion de leurs trésoreries (*Native Treasuries*) leur incombe dorénavant.

De son côté, le processus de municipalisation à la française instaure un système d'administration directe, la France ayant pour ambition de permettre à ses ressortissants d'être rétablis dans le même régime administratif que celui qu'ils connaissent dans leur pays d'origine[22] et, à terme, d'intégrer le Cameroun à la métropole[23]. Le pouvoir central de la France est loin d'épouser

---

[18] F.-P. Yatta, *La décentralisation fiscale en Afrique, enjeux et perspectives*, Karthala, 2009, p. 31.

[19] Autorités indigènes régies par la *Native Authority Ordinance* de 1916 au terme de laquelle ces autorités pouvaient être un chef traditionnel, un groupe d'indigènes ou toute autre personne désignée *Native Authority*. Dans certaines zones, les *Native Courts* sont en même temps les *Native Authorities*.

[20] Voir B.-R. Guimdo Dongmo, « La décentralisation dans les pays africains : exemple du processus camerounais », 8e Réunion générale de l'AFERA du 12 au 15 octobre 2009 à Yaoundé, Atelier technique du 12 au 13 octobre 2009, sur le thème « La gouvernance des FER face aux défis de la décentralisation et de l'intégration régionale en Afrique », sous-thème n° 3.

[21] M. Finken, *Communes et gestion municipale au Cameroun*, *op.cit.* p. 26.

[22] Premier Rapport mondial des Cités et Gouvernements Locaux Unis (CGLU) sur « La décentralisation et la démocratie dans le monde », G. Marcou (dir.), 2008, p.32.

[23] M. Finken, *Communes et gestion municipale au Cameroun*, *op.cit.*, p. 26.

la tendance décentralisatrice anglaise. L'autorité coloniale française pose d'ailleurs en principe que « Les chefs n'ont aucun pouvoir propre, d'aucune espèce car il n'y a pas deux autorités dans le cercle, l'autorité française et l'autorité indigène ; il n'y en a qu'une. Le chef indigène n'est qu'un instrument, un auxiliaire. Le recours à la chefferie ne s'inspire pas de l'intérêt des chefs. Ceux-ci ne sont pas d'anciens souverains dont nous voulons ménager les trônes ; les trônes ou bien n'existaient pas ou bien ont été renversés par nous et ne seront pas relevés. Ces raisons s'inspirent uniquement de l'intérêt des populations soumises à notre autorité. Entre nous et ces populations, il doit y avoir un truchement ; c'est le chef qui est ce truchement »[24]. Le décret du 23 avril 1941 organisant les communes mixtes au Cameroun sous mandat français investit le gouverneur du pouvoir de créer des communes mixtes. Par arrêté du 25 juin 1941, cette autorité va effectivement doter le pays de ses deux premières communes mixtes dans les villes de Douala et Yaoundé en l'occurrence. L'exécutif (l'administrateur-maire) et l'organe délibérant d'alors sont nommés par le haut-commissaire de la France. La Commission municipale — composée de notables français et indigènes — est nommée par la même autorité coloniale ; cette nomination s'accompagne d'une attribution de compétences en matière de police, petite voirie et état civil. La Commission est en outre habilitée à délibérer sur des questions relevant notamment du budget et de la gestion des biens communaux.

Un léger progrès s'opère à partir de 1950 à la faveur du décret n° 47/2235 du 19 novembre 1947 portant réorganisation du régime municipal dans les territoires en zone d'influence, décret qui habilite le haut-commissaire de la République française au Cameroun à créer des nouvelles communes et à modifier le régime de celles déjà créées[25]. Dans un premier temps, cette autorité crée sept communes mixtes urbaines (CMU)[26], les premières du pays, dont les organes sont nommés dans des conditions semblables à celles du régime de 1941. Pas plus que la première, cette nouvelle réforme ne traite pas du cas des zones rurales ; cependant, un arrêté du haut-commissaire en date du 21 août 1952 va y remédier en créant les premières communes mixtes rurales (CMR) du pays dans 12 localités[27]. La distinction entre ces deux catégories de communes repose sur un critère uniquement géographique, car leur

---

[24] Propos tirés de la circulaire de 1917 de J.V. Vollenhoven (gouverneur de l'Afrique occidentale française de 1917 à 1918), « pour mieux comprendre la période coloniale en Afrique » de O. Bain, sur : http://afriquepluriel.ruwenzori.net/colonial9.htm.

[25] C.M. Ngo Tong, *Intercommunalité, coopération décentralisée et stratégies de lutte contre la pauvreté au Cameroun. Étude spécifique des villes de Limbé et Kribi et de la commune de Dschang*, thèse de droit public de l'Université de Nantes, sous la direction de Jacques Fialaire et Jean Njoya, 2012, p. 18.

[26] Les six premières communes mixtes urbaines (CMU) Ebolowa, Edéa, Kribi, Mbalmayo, Nkongsamba et Sangmélima furent créées en 1950, suivies par celles de Garoua en 1951. D'autres communes mixtes urbaines suivirent progressivement entre 1953 et 1954 (Bafang, Bafoussam, Ngaoundéré et Eséka).

[27] Sont constituées communes mixtes Rurales en 1952 : Akonolinga, Ambam, Essé, Ebolowa, Djoum, Djoungolo, Mbalmayo, Mfou, Nanga-Eboko, Okola, Saa, Sangmélima.

organisation et leur fonctionnement obéissent pratiquement au même régime juridique (le conseil est élu et le maire est nommé)[28]. Contrairement aux types de communes précédemment instituées, l'exécutif que nomme le haut-commissaire prend dans un premier temps l'appellation de *maire*, avant d'épouser celle d'*administrateur-maire* par prescription d'un décret de juin 1955[29].

La loi française n° 55-1489 du 18 novembre 1955 relative à la réorganisation municipale en Afrique occidentale française, au Togo, au Cameroun et à Madagascar va instituer des communes de plein exercice (CPE) et des communes de moyen exercice (CME). Celles-ci se distinguent des premières par leur capacité financière : ne peuvent être élevées à l'une ou l'autre de ces deux catégories que des communes remplissant la condition de « *niveau de développement suffisant leur permettant de disposer des ressources propres essentielles à leur équilibre budgétaire* »[30]. Notons cependant que les CPE et les CME n'étaient pas instituées par la même autorité : les premières l'étaient par décret pris sur le Rapport du ministre de la France d'Outre-mer après avis (émis à la majorité absolue des membres) de l'Assemblée territoriale, et les secondes par arrêté du chef du territoire (après avis de l'Assemblée territoriale)[31]. Et si dans le cas de la commune de plein exercice (CPE) le maire est désigné au sein du conseil municipal, il est au contraire nommé par le chef de la circonscription administrative dans le cas de la commune de moyen exercice (CME). Les conseils sont quant à eux élus dans les deux cas. L'ordonnance n° 59/67 du 27 novembre 1959 avait conduit à l'érection des communes de moyen exercice en communes de plein exercice. Dans le même temps, des communes mixtes rurales (CMR) furent créées avec des maires nommés par le ministre de l'Intérieur et un conseil élu.

On retiendra utilement que c'est sous un système administratif local dualiste — *Local Authorities* (dans la partie anglophone), communes mixtes urbaines[32], communes de plein exercice, communes de moyen exercice, et communes mixtes Rurales (dans la partie francophone) — que le Cameroun accède à l'indépendance le 1er janvier 1960 comme déjà indiqué. Le jeune État indépendant se dote d'une première Constitution — la Constitution du 1er septembre 1960 (adoptée par référendum, le 21 février 1960) — dont l'article 46 pose en principe que, « Les collectivités locales du Cameroun sont les provinces et les communes [...]. Ces collectivités s'administrent librement par

---

[28] C.M. Ngo Tong, *Intercommunalité, coopération décentralisée et stratégies de lutte contre la pauvreté au Cameroun. Étude spécifique des villes de Limbé et Kribi et de la commune de Dschang*, *op.cit.*, p. 18.

[29] M. Finken, *Communes et gestion municipale au Cameroun*, *op.cit.*, p. 39.

[30] G.M. Pekassa Ndam, « La classification des communes au Cameroun », *Revue Africaine des Sciences juridiques*, Volume 6, n° 1, 2009, p. 235.

[31] *Idem.*

[32] Ces communes ont disparu en 1962, la dernière (Eseka) étant passée commune de plein exercice. Voir, A. Valette, « L'organisation communale au Cameroun oriental », ORSTOM, Fonds documentaire, n° 3878 ex, cote B, p. 2.

des conseils et dans les conditions prévues par la loi. Elles sont dotées de la personnalité morale et jouissent de l'autonomie financière ». Il s'opère donc un processus précoce de décentralisation à deux niveaux — la province et la commune — constitutionnellement consacré, mais comme le souligne un auteur, le pouvoir alors en place « s'abstient […] d'édicter les normes nécessaires pour rendre effectif et concret le fonctionnement de ces collectivités locales »[33].

Cependant, la Constitution fédérale du 1er septembre 1961[34] s'écartera de ce projet décentralisateur, pour embrasser la logique de simple municipalisation mentionnée plus haut. En effet, les dispositions de l'article 46 relatives aux collectivités locales prévues par la Constitution de 1960 (susvisées) n'ont pas été reconduites.

À la vérité, le départ des puissances tutélaires ne fut que de pure forme, car, dans le fond, leurs institutions restèrent quasi inchangées après l'indépendance du pays. Ainsi, dans la partie occidentale autrefois sous mandat britannique, l'administration locale était régie par la *Local Authorities ordinance cap. 140 of the 194 Edition of the law of the Federation of Nigeria*[35], et les *Local Authorities* furent transformées en *Local Councils* à partir de 1969[36]. La partie orientale autrefois sous mandat français continua quant à elle à développer le système communal hérité de la France : au milieu des années 60, on y compte 118 communes, dont les trois types principaux — les communes de plein exercice (CPE), les communes de moyen exercice (CME) et les communes mixtes rurales (CMR) — sont distinguables selon deux critères : le mode de désignation du maire, le degré de développement économique et social[37]. Plusieurs communes s'associent en syndicats de communes pour réaliser des œuvres d'utilité intercommunale, comme l'achat d'engins et de matériel de

---

[33] P.-F. Nkot, *Usages politiques du droit en Afrique. Le cas du Cameroun*, Bruylant, 2005, p. 104.

[34] Un plébiscite avait eu lieu, le 11 février 1961, au Cameroun sous tutelle britannique. Le Nord de cette partie du pays s'était prononcé pour son rattachement au Nigeria voisin, tandis que le Sud avait opté pour une réunification avec la République du Cameroun. Comme indiqué ci-dessus, cette réunification a été effective le 1er octobre 1961. La Constitution de la République fédérale du Cameroun a été adoptée par l'Assemblée nationale le 14 août 1961. La mise en place des institutions de la fédération s'est faite progressivement (Gouvernement fédéral, Assemblée nationale, Cour fédérale de justice, etc.). Chacun des États fédérés était doté d'une Assemblée législative et d'un Gouvernement qui lui étaient propres, siégeant à Yaoundé pour le Cameroun oriental, et à Buéa pour le Cameroun occidental. En ce sens, voir R.P. E. Mveng et D. Beling-Nkoumba, *Histoire du Cameroun*, CEPMAE, 1976, p. 257 et 271-272.

[35] Ce texte a été abrogé par la loi 74/23 du 5 décembre 1974 portant organisation communale.

[36] B.-R. Guimdo Dongmo, « La décentralisation dans les pays africains : exemple du processus camerounais », 8e Réunion générale de l'AFERA du 12 au 15 octobre 2009 à Yaoundé, Atelier précité.

[37] A. Valette, « L'organisation communale au Cameroun oriental », *art.cit.*, p. 2. Dans les communes de moyen exercice (CME) par exemple, le maire est nommé par le secrétaire d'État à l'Intérieur, tandis que les communes mixtes rurales (CMR) revêtent, selon A. Valette, « un caractère à la fois autoritaire par les modalités de désignation du maire et démocratique par le mode de désignation du conseil municipal ». D'où l'appellation qui leur est réservée.

travaux publics ou le fonctionnement (personnel et matériel) de services intercommunaux, à l'instar du génie civil et des travaux routiers, l'urbanisme et la topographie, l'électrification ou l'adduction en eau, etc. En dehors des communes de plein exercice (CPE) dont les maires et les adjoints sont nommés et le conseil municipal élu, la loi du 1er mars 1967 institue des communes dites de plein exercice à *régime spécial*, un statut qui s'applique aux villes de Yaoundé, Douala et Nkongsamba ; ce sont des CPE à exécutif bicéphale où le conseil municipal désigne en son sein le président et les vice-présidents, l'exécutif qui prend l'appellation de délégué du Gouvernement étant quant à lui nommé par décret en conseil de cabinet conformément à la loi n° 67/2/COR du 1er mars 1967. Cette nouvelle pratique[38] est observée dans les plus grandes villes[39] du pays jusqu'à la loi n° 74/23 du 5 décembre 1974 portant organisation communale. Initiative d'ampleur sur le front communal depuis l'accession du pays à l'indépendance, le but affiché par cette loi est d'harmoniser le régime communal sur l'ensemble du territoire et de mettre fin au dualisme hérité de la double occupation coloniale franco-britannique[40]. Mais, comme le souligne Charles Nach Mback, en fait d'harmonisation, le législateur de l'époque avait cru bon d'étendre l'esprit de la communalisation d'héritage français à la partie anglophone où aucun élément du système des *Local Councils* n'a été finalement retenu[41]. La loi du 5 décembre 1974 consacre le principe de l'élection du maire et des adjoints par le conseil municipal[42] ; la commune est alors soit urbaine soit rurale. La commune urbaine est celle dont le ressort territorial se réduit à une agglomération urbanisée ; la commune rurale est, quant à elle, celle dont le ressort territorial s'étend à la fois sur des agglomérations urbanisées ou non et sur des zones rurales[43].

---

[38] En clair, la modification du statut des communes de plein exercice et des communes de moyen exercice entraînait une fermeture du pays à la démocratie : les communes de moyen exercice des grandes villes (Yaoundé la capitale, Douala et Nkongsamba) n'avaient plus de maires à leur tête, mais des délégués du Gouvernement nommés par décret pris en conseil de cabinet. D'ailleurs, une loi du 4 décembre 1968 précise que « les maires des communes urbaines de moyen exercice sont nommés par décret pris en conseil de cabinet et ceux des communes rurales de moyen exercice sont nommés par arrêté de l'autorité ministérielle chargée de la tutelle ».

[39] Les villes de Garoua, Maroua et Ngaoundéré avaient gardé le statut de communes urbaines de moyen exercice (CMU) jusqu'à une loi du 10 février 1972 qui en a fait des communes de plein exercice.

[40] C. Nach Mback, « Un siècle de communalisation au Cameroun, les misères de la démocratie urbaine », colloque *WWICS-IGU*, décembre 2004, p.10.

[41] *Idem.*

[42] Les lois n° 66/5/COR du 7 juillet 1966 et n° 67/3/COR du 1er mars 1967 étaient ainsi abrogées. La première laissait une liberté de choix au secrétaire d'État à l'Intérieur pour désigner le maire, alors que les adjoints étaient quant à eux élus par le conseil municipal ; la deuxième loi rétablissait la nomination des adjoints par le secrétaire d'État à l'Intérieur parmi les membres du conseil municipal, et laissait désormais au maire la possibilité de déléguer lui-même ses pouvoirs à ses adjoints.

[43] Voir l'article 2 de la loi n° 74/23 du 5 décembre 1974 susvisée.

Deux décrets de 1987 viennent mettre fin à ce dualisme du système communal : deux collectivités publiques décentralisées qui prennent l'appellation de *communautés urbaines* sont créées dans les villes de Yaoundé et Douala, chacune d'elles étant composée de quatre communes urbaines d'arrondissement [44]. Par la suite, de nouvelles communes urbaines d'arrondissement voient le jour à Yaoundé (Yaoundé V^{e} et VIe) et Douala (Douala V^{e}), cette fois à la faveur de deux décrets de 1993, soit moins de trois ans avant la réforme constitutionnelle du 18 janvier 1996 précitée. Cette dernière crée deux types de collectivités territoriales [45] — la région et la commune — dont l'organisation et le fonctionnement sont dorénavant régis par les lois dites de décentralisation de 2004[46]. L'actuel système camerounais fait coexister deux catégories de communes : la commune de droit commun d'une part, et la communauté urbaine d'autre part, étant précisé que cette dernière constitue la forme dérogatoire[47]. On l'aura compris, la consécration effective de collectivités territoriales par les textes susvisés a sonné le glas de la municipalisation pour faire place à une décentralisation *stricto sensu*, entraînant en même temps l'émergence d'un droit des collectivités territoriales (A) et, plus spécifiquement, d'une fiscalité propre à ces dernières (la fiscalité locale). Celle-ci est un outil importé et complexe de mobilisation des ressources fiscales dont les résultats, en matière d'atteinte des objectifs assignés, dépendront largement de la politique fiscale pratiquée (B).

A. LA DÉCENTRALISATION, OPPOSÉE À LA MUNICIPALISATION : VERS L'ÉMERGENCE D'UN DROIT CAMEROUNAIS DES COLLECTIVITÉS TERRITORIALES

La notion de décentralisation a été maintes fois définie. Henri Oberdorff, par exemple, voit en la décentralisation « un système d'administration autorisant une collectivité humaine ou un service public à s'administrer eux-mêmes dans le respect de la légalité. Ils sont dotés de la personnalité juridique, d'autorités et de ressources propres » [48]. Pour Jacques Baguenard, « décentraliser c'est opérer un mouvement contraire à la centralisation ; il s'agit donc d'une démarche seconde supposant une centralisation préalable, en

---

[44] En ce sens, voir le décret n° 87/1365 du 25 septembre 1987 portant création de la communauté urbaine de Yaoundé et le décret n° 87/1366 du 24 septembre 1987 portant création de la communauté urbaine.

[45] Voir l'article 55 alinéa 1 de la Constitution de 1996 : « Les collectivités territoriales de la République sont les régions et les communes ». Sur la définition de ce qu'il faut entendre par *collectivité territoriale*, se référer au cadre conceptuel relatif à la définition du concept de *fiscalité locale*, *infra*.

[46] Ces lois sont au nombre de trois, entrées en vigueur le 22 juillet 2004 : la loi n° 2004/17 d'orientation de la décentralisation, la loi n° 2004/18 fixant les règles applicables aux communes et la loi n° 2004/19 fixant les règles applicables aux régions.

[47] Voir, pour d'amples informations sur le sujet, les trois lois de décentralisation ci-dessus mentionnées, et sur lesquelles nous reviendrons dans ces développements.

[48] H. Oberdorff, *Les institutions administratives*, Armand Colin, 2e édition, 2000, p. 47.

quelque sorte initiale, qu'il faut contrecarrer. Mouvement visant à résoudre de façon originale la dialectique entre l'un et le multiple, la décentralisation doit respecter l'unité et l'indivisibilité nationales (constitutionnellement proclamées) et simultanément encourager la diversité locale (législativement organisée). Elle détermine un mode d'aménagement du pouvoir au sein de l'État [...]. Au sens juridique, la décentralisation suppose l'existence d'une pluralité de centres autonomes de décision, exige que des "organes locaux" aient la maîtrise juridique de leur activité, c'est-à-dire qu'ils soient libres de prendre, dans le respect des lois et règlements, la décision qu'ils veulent. Telle est la véritable décentralisation »[49]. André de Laubadère, Jean-Claude Venezia et Yves Gaudemet font quant à eux remarquer que la notion de décentralisation administrative est d'une complexité avérée ; en premier parce qu'elle s'applique aussi bien aux *autorités* locales qu'aux *collectivités locales* elles-mêmes (le maire est un agent décentralisé et la commune est une collectivité décentralisée : ces deux conceptions sont dans un rapport étroit certes, mais elles ne coïncident pas exactement) ; en second, la notion de décentralisation est complexe dans la mesure où elle se décompose en éléments divers et dans la mesure où le critère qui la distingue de la centralisation n'est pas également simple pour certains de ces éléments[50]. « Ramené à son contenu essentiel, le terme de décentralisation s'applique à une collectivité locale qui, bien qu'englobée dans une autre collectivité plus vaste, s'administre elle-même, gère elle-même ses propres affaires, situation que certains vocabulaires étrangers expriment mieux encore ("*selfgovernment*", "*selbstverwaltung*", [ou *zelfbestuur*] [51] , dont le correspondant français serait : "*auto-administration*"). Faire d'une province, d'une commune, des collectivités décentralisées, c'est les organiser de manière qu'elles s'administrent par elles-mêmes tout en restant intégrées dans l'État. L'idée d'une certaine autonomie est à la base de la décentralisation »[52].

De nombreux auteurs[53] s'accordent à dire que la décentralisation ne sera effective qu'autant que trois conditions fondamentales auront été réunies : les affaires locales, les autorités locales, et le contrôle de la légalité de leurs actes. Jacques Baguenard en fait partie. Ainsi, souligne-t-il que la réalisation de la décentralisation subordonnée implique, premièrement, que soit déterminée une sphère de compétence spécifique au profit des collectivités locales. Cet

---

[49] J. Baguenard, *La décentralisation*, Presses universitaires de France, 4e édition mise à jour, collection « Que sais-je », 1994, p. 6 et 11.

[50] A. de Laubadère, J.-C. Venezia et Y. Gaudemet, *Traité de droit administratif*, tome 1, 11e édition, LGDJ, 1990, p. 98.

[51] Respectivement, appellation anglaise, allemande et néerlandaise.

[52] A. de Laubadère, J.-C. Venezia et Y. Gaudemet, *Traité de droit administratif*, tome 1, *op.cit.*, p. 98.

[53] À l'instar de J. Baguenard, *La décentralisation*, *op. cit.*, p. 17-18 ; de H. Oberdorff, *Les institutions administratives*, *op.cit.*, p. 47-48 ; J. Baguenard et J.-M. Becet, *La démocratie locale*, PUF, collection « Que sais-je ? », 1995, p. 7-9, ainsi que A. de Laubadère, J.-C. Venezia et Y. Gaudemet, *Traité de droit administratif*, *op.cit.*, p. 98-104.

ensemble qualifié d' "affaires locales"" n'existera que s'il est possible d'isoler durablement, parmi les interventions variées de la puissance publique, un secteur suffisamment homogène et intrinsèquement spécifique, attribué à la responsabilité exclusive des collectivités internes. Mais cet effort nécessaire se révèle toujours délicat, du fait de l'interpénétration inévitable des activités et du caractère subjectif des appréciations servant de fondements à la délimitation des affaires locales par rapport aux affaires nationales. La réalisation de la décentralisation suppose, deuxièmement, que ces activités propres soient prises en charge par les autorités locales indépendantes du pouvoir central, tant pour leur nomination que pour leur révocation. La réalisation de la décentralisation exige, troisièmement, que la gestion des autorités locales relatives à leurs affaires propres soit autonome. Mais, indique Jacques Baguenard, c'est sans doute à ce niveau que se situent les principaux obstacles tenant à la réticence étatique et à la relative capacité de gestion des responsables locaux[54].

En résumé, et au sens strict, la décentralisation se caractérise par l'existence d'autorités locales élues — distinctes des autorités administratives de l'État — exerçant, dans le cadre des lois, des compétences propres pour lesquelles elles disposent d'un certain degré d'autonomie sous le contrôle de l'État[55]. Dans son sens moderne, la décentralisation est indissociable de l'idée d'autonomie locale et du principe démocratique[56]. Il est également à noter que le niveau de décentralisation dans un pays donné ne s'apprécie pas seulement par rapport au volume des compétences exercées ; ce niveau dépend aussi du régime sous lequel ces compétences sont exercées et du contrôle effectivement exercé par l'État[57].

Une ébauche de résumé des analyses qui précèdent consisterait à dire que l'on évoque le terme *décentralisation* pour faire référence à un mode d'organisation administrative, suivant lequel un État central transfère des pouvoirs de décision, autrement dit des compétences, à des organes infra-étatiques démocratiquement élus en son sein, dotés d'une personnalité juridique et disposant d'un certain degré d'autonomie, étant précisé que les compétences ainsi transférées doivent s'accompagner des ressources financières nécessaires à leur exercice.

Désormais, pour le législateur camerounais, la décentralisation consiste en un transfert par l'État, aux collectivités territoriales décentralisées, de compétences particulières et de moyens appropriés ; elle constitue l'axe fondamental de développement, de la démocratie et de la bonne gouvernance au niveau local[58]. Le législateur précise en outre que « Les collectivités

[54] J. Baguenard, *La décentralisation*, *op.cit.*, p. 17-18.

[55] Premier Rapport mondial des Cités et Gouvernements Locaux Unis (CGLU) sur « La décentralisation et la démocratie dans le monde », *op.cit.*, p. 316.

[56] *Idem.*

[57] *Ibidem.*

[58] Article 2 de la loi n° 2004/17 du 22 juillet 2004 d'orientation de la décentralisation.

territoriales sont des personnes morales de droit public, dont les conseils ont pour mission de promouvoir le développement économique, social, sanitaire, éducatif, culturel et sportif de ces collectivités »[59]. En ce sens, les lois de décentralisation précitées ont attribué un nombre important de compétences aux collectivités territoriales décentralisées, c'est-à-dire soixante-dix pour les régions et cinquante quatre pour les communes. Les « transferts de première génération » —expression du Gouvernement désignant la première série de compétences dont le transfert a fait l'objet de neuf décrets d'application en date du 26 février 2010 — portent sur une dizaine de compétences communales[60].

De tout ce qui précède, on est tenté d'affirmer que la décentralisation *stricto sensu* n'a pas été effective au Cameroun avant la Constitution de 1996, moment auquel elle est amorcée sous l'impulsion et la pression des bailleurs de fonds [61], pour prendre véritablement corps à la faveur des lois de décentralisation de 2004. Ce sont, à titre de rappel, a loi n° 2004/17 du 22 juillet 2004 d'orientation de la décentralisation, la loi n° 2004/18 du 22 juillet 2004 fixant les règles applicables aux communes et, enfin, de la loi n° 2004/19 du 22 juillet 2004 fixant les règles applicables aux régions. Le processus de

---

[59] Voir l'article 4 alinéa 1 de la même loi.

[60] H. Kouomegne Noubissi, *Décentralisation et centralisation au Cameroun. L'exemple de la répartition des compétences entre l'État et les collectivités locales*, Thèse de droit public de l'Université de Paris I Panthéon-Sorbonne, sous la direction de Michel Verpeaux, 2012, p. 122. À cet égard, H. Kouomegne Noubissi cite : « Le décret n° 2010/0239 porte sur une compétence communale : l'alimentation en eau potable ; le décret n° 2010/0240 porte sur une compétence communale : la création et l'entretien des routes rurales non classées et des bacs ; le décret n° 2010/0241 porte sur une compétence communale : la participation à l'entretien et à la gestion en tant que de besoin de centres de promotion et de réinsertion sociale (d'autres décrets seront nécessaires pour exercer cette compétence ; les décrets n° 2010/0242 et n° 2010/0244 portent tous les deux sur une même compétence communale : la promotion des activités de production agricoles, pastorales, artisanales et piscicoles d'intérêt communal ; le décret n° 0243 porte sur une compétence communale : l'organisation et la gestion de secours au profit des nécessiteux ; le décret n° 2010/0245 porte sur deux compétences communales : l'organisation au niveau local de journées culturelles, de manifestation culturelles traditionnelles et concours littéraires et artistiques (un autre décret sera encore nécessaire pour l'exercice de cette compétence) et l'appui aux associations culturelles ; le décret n° 2010/0246 porte sur une compétence communale : la création, l'équipement, la gestion et l'entretien des centres de santé d'intérêt communal ; le décret n° 2010/0247 porte sur trois compétences communales : la création, conformément à la carte scolaire, la gestion, l'équipement, l'entretien et la maintenance des écoles maternelles et primaires et des établissements préscolaires de la commune, le recrutement et la prise en charge du personnel d'appoint desdites écoles, et la participation à l'acquisition des matériels et fournitures scolaires ».

[61] En fait, « Il s'agit pour les bailleurs de fonds de lier aide et démocratisation, la démocratisation devenant la condition pour l'octroi de l'aide : c'est ce que l'on a appelé la conditionnalité politique ou démocratique, à côté de la conditionnalité économico-financière déjà imposée par le FMI et la Banque mondiale à travers les programmes d'ajustement structurel ». V. Omballa Magellan, « Les bailleurs de fonds bilatéraux et la conditionnalité démocratique en Afrique noire francophone : le cas de la France et du Canada », p. 85, disponible sur : www.francophonie-durable.org/documents/colloque-ouaga-a5-omballa[1].pdf, consulté le 19 février 2012.

décentralisation se poursuivra quelques années plus tard avec, entre autres, l'adoption de la loi n° 2009/011 du 10 juillet 2009 portant régime financier des collectivités territoriales décentralisées, et la loi n° 2009/019 du 15 décembre 2009 portant fiscalité locale dont les modalités d'application ont été fixées par une circulaire conjointe n° 0002335/MINATD/MINFI du 20 octobre 2010. Tel est, sans prétention d'exhaustivité, l'état du droit actuel des collectivités territoriales qui s'est construit au fil du temps.

Le Cameroun ayant été marqué par une centralisation excessive et des velléités de déconcentration[62], on peut affirmer qu'avec la confirmation de la commune et l'érection de la région — ancienne province et simple circonscription administrative — en collectivités territoriales décentralisées, « une étape supplémentaire est franchie »[63] au Cameroun.

Il s'agit certes d'une décentralisation à deux niveaux de collectivités territoriales en droit, mais dans les faits les régions attendent toujours d'être « opérationnalisées ». Par conséquent, l'accent sera davantage mis sur les communes dans cet ouvrage, même si les deux types de collectivités apparaîtront indifféremment sous des dénominations telles que *collectivités territoriales décentralisées*, *collectivités locales*, *collectivités territoriales* ou *collectivité* tout court. Par souci de précision et en tant que de besoin, l'appellation *commune* sera souvent préférée dans ces travaux consacrés à la fiscalité locale. Celle-ci régit de nos jours un total de 360 (trois cent soixante) communes, auxquelles s'ajoutent 14 (quatorze) communautés urbaines, et 10 (dix) régions [64]. Ces collectivités territoriales se complètent par des circonscriptions administratives (départements, arrondissements et districts) que dirigent des autorités nommées. À l'ensemble ci-dessus s'ajoutent des chefferies traditionnelles, qui ne sont pas des circonscriptions administratives, mais des organes « auxiliaires » qui exercent certains pouvoirs « dans les limites des circonscriptions administratives »[65].

---

[62] On parle de déconcentration sur un territoire donné « lorsque, au sein d'une même institution, le pouvoir de décision détenu par les autorités les plus élevées est transféré à des autorités moins élevées dans la hiérarchie interne de l'institution » le but étant d'éviter une centralisation excessive en rapprochant l'Administration des administrés. Le processus de décentralisation camerounais entretient deux techniques qui coexistent, à savoir la décentralisation et la déconcentration. La distinction faite par René Chapus de ces deux statuts mérite d'être empruntée : « Alors que l'autorité déconcentrée est sous la dépendance d'un supérieur hiérarchique aux instructions duquel elle doit obéissance et qui détient de plein droit le pouvoir d'annuler ses décisions, l'autorité décentralisée n'a pas de supérieur hiérarchique ; elle est elle-même un supérieur hiérarchique, et elle dispose d'un pouvoir de décision autonome qu'elle exerce sous la simple surveillance d'un représentant de l'État, l'autorité de tutelle » : R. Chapus, *Droit administratif général*, Montchrestien, tome 1, 8e édition, 1994, P. 332.

[63] P. Braud, *Sociologie politique*, LGDJ, 4e édition, 1998, p. 86.

[64] Sont constituées en régions, les dix provinces suivantes : l'Adamaoua, le Centre, l'Est, l'Extrême Nord, le Littoral, le Nord, le Nord-Ouest, l'Ouest, le Sud, et le Sud-Ouest (article 61 alinéa 1 de la Constitution camerounaise de 1996).

[65] Voir, Étude de la Banque africaine de développement et du Fonds africain de développement, Étude économique par pays, Cameroun, « Profil de gouvernance pays », Département des opérations par pays, Région Centre et Ouest, septembre 2004, p. 28.

B. LA FISCALITÉ LOCALE, OUTIL COMPLEXE DE MOBILISATION DES RESSOURCES : L'IMPORTANCE DE LA POLITIQUE FISCALE

Dans son ouvrage intitulé *Les systèmes fiscaux*, Pierre Beltrame écrit : « À leur départ, les colonisateurs laissèrent le plus souvent aux administrations autochtones un système fiscal complexe, fait dans l'intérêt de la Métropole et adapté à son degré de développement. Les jeunes États héritèrent ainsi de systèmes fiscaux dotés d'impôts synthétiques (impôt progressif sur le revenu, taxe sur le chiffre d'affaires), tout hérissés de techniques élaborées (crédit d'impôt, prélèvement à la source) qui étaient en fait, inapplicables par des administrations rudimentaires dans des pays vivant en économie de subsistance.

Au mieux, les législateurs de ces pays entreprirent un travail de simplification : suppression des techniques fiscales trop complexes, abandon de la subtile progressivité par tranches, multiplication des droits de consommation spécifiques et des droits de porte. Encore la nécessité de cette simplification ne fut-elle pas toujours ressentie par les autorités ou leurs conseils (souvent des coopérants venus de l'ex-Métropole) qui réintroduisirent dans ces systèmes les derniers cris de la mode fiscale (la TVA par exemple).

En revanche, pratiquement aucun pays n'a fait l'effort suffisant pour rejeter les schémas fiscaux occidentaux et construire une fiscalité originale tenant compte à la fois du caractère archaïque de ces sociétés et des mutations rapides que leur imposent les relations avec les pays industrialisés. "Loin d'innover en matière fiscale, les Gouvernements concernés songent à peine à l'impôt et ce n'est que lorsque chacun a évalué le coût du plan puis reculé devant l'ampleur de la somme qu'on finit par songer au rôle que la fiscalité pourrait jouer dans le financement [...]. Les décisions relatives aux questions fiscales sont souvent prises sous l'impulsion des besoins budgétaires du moment... De ces études trop hâtives naissent inéluctablement des textes imprécis et incomplets, mal adaptés aux besoins du pays parce qu'ils ne sont pas intégrés dans un plan de développement qu'ils devraient précéder et soutenir »[66].

Ces propos de Pierre Beltrame restent pertinents comme on le verra, mais ils doivent d'abord être relativisés : dans le cas de la France, pays « colonisateur », et du Cameroun, pays « colonisé », on serait tenté, à la lecture de l'analyse ci-dessus, de déduire que la première disposerait d'un système fiscal efficace parce que adapté, et le second d'un système fiscal forcément inefficace parce que inadapté. Or, plus de trente ans après l'analyse de Pierre Beltrame, on constate — en dépit du coût que peuvent entraîner des réformes fiscales[67] — qu'il n'y a pas d'immobilisme dans quelque pays que ce soit, fût-

---

[66] P. Beltrame, *Les systèmes fiscaux*, 2e édition mise à jour, Presses universitaires de France, collection « Que sais-je ? », 1979, p. 30-31.

[67] Voir, en ce sens, P. Mouzet, *Finances locales*, 3e édition, Gualino éditeur, p. 102 : selon cet auteur, toutes les réformes (fussent-elles de simples ajustements) coûtent spécialement à l'État, le but étant, politiquement, de ne pas faire peser exclusivement sur les collectivités locales le

il développé ou en voie de développement ; partout, on réforme sans arrêt, sans doute parce que personne — détenteurs de textes supposés adaptés et détenteurs de textes inadaptés compris — n'a trouvé la solution idéale[68], et l'on sait que « les décisions de réformer procèdent généralement d'un cadre existant en faillite, et en mal de perfection »[69].

La France n'est pas épargnée par cette nécessité de réforme, principalement de sa fiscalité locale dont le Cameroun est l'un des héritiers, héritier qui n'a de cesse de s'inspirer des réformes intervenues chez la première pour bâtir son système en général et fiscal local en particulier[70]: le choix d'un mimétisme permanent en quelque sorte. Un vrai paradoxe toutefois, quand on sait que « pendant longtemps encore, la France aura vocation à inspirer de nombreux pays, alors même qu'elle ne peut se targuer d'avoir définitivement assis une législation fiscale locale adaptée, moderne, juste et efficace, qui lui permette de se passer de nouvelles réformes »[71].

La pertinence de l'analyse de Pierre Beltrame découle de l'importance qu'il donne à la fiscalité : il préconise de ne pas perdre de vue le rôle que la fiscalité pourrait jouer dans le financement (au niveau national comme au niveau local), d'où l'intérêt, selon lui, d'innover et d'adopter des textes précis et parfaitement adaptés.

---

poids financier des décisions législatives (ce que la Constitution française prohibe désormais). C'est d'ailleurs, selon lui, le coût des réformes fiscales, dans son acception politique, qui explique souvent enlisements et renoncements.

[68] D. Hoorens « Quelques exemples étrangers (autonomie faible/élevée) », M. Hayat et T. Lambert (dir.), *La décentralisation fiscale : jusqu'où ?*, L'Harmattan, « Collection finances publiques », 2009, p. 177.

[69] Voir Pierre Belebenie, « Les réformes fiscales locales orientées vers la bonne gouvernance : une approche comparative France, Maroc, Cameroun », *Revue Internationale du Monde et du Développement (RIMD)*, n° 3, 2012, p. 46.

[70] La structure fiscale locale du Cameroun est une quasi copie de la structure française. Les développements qui suivent montreront que les réformes camerounaises reconduisent des « impôts locaux français » en instaurant des mécanismes nouveaux importés de France, à l'exemple de l'intercommunalité et de la péréquation. Autres exemples non exhaustifs, les trois lois de décentralisation camerounaises de 2004 (voir, *infra*) s'inspirent de deux lois qui ont dessiné la structure de la décentralisation française : la loi n° 82-213 du 2 mars 1982 relative aux droits et libertés des communes, des départements et des régions d'une part, et la loi du 7 janvier 1983 relative à la répartition des compétences entre les communes, les départements, les régions et l'État d'autre part. La communauté urbaine française avait été instituée par une loi du 31 décembre 1966 ; au Cameroun, les communautés urbaines furent instaurées par la loi n° 87/015 du 15 juillet 1987 portant création des communautés urbaines. La Cour de discipline budgétaire et financière (CDBF) a été créée en France par une loi de 1948, modifiée par celle du 13 juillet 1973. Celle-ci semble avoir inspiré le Conseil de discipline budgétaire et financière (CDBF) du Cameroun actuellement régi par le décret n° 2008/028 du 17 janvier 2008 portant organisation dudit Conseil. En France, des Chambres régionales des comptes ont été instaurées par la loi du 2 mars 1982 susvisée ; le Cameroun a quant à lui vu se créer des Tribunaux régionaux des comptes à la faveur de la loi n° 2006/17 du 29 décembre 2006 fixant l'organisation, les attributions et le fonctionnement des Tribunaux régionaux des comptes, etc.

[71] Voir Pierre Belebenie, « Les réformes fiscales locales orientées vers la bonne gouvernance : une approche comparative France, Maroc, Cameroun », *art.cit.*, p. 46

Dans le prolongement de cette analyse, Giorgio Blundo rappelle que : « La fiscalité locale apparaît […] comme un élément central de tout dispositif de décentralisation ». D'une part, elle fournit — précise cet auteur — des ressources financières aux collectivités territoriales décentralisées et représente donc un gage de viabilité et d'autonomie de ces dernières vis-à-vis de l'État central. D'autre part, la fiscalité locale a vocation à établir et à réaffirmer les liens entre citoyens et autorités publiques : on suppose que le fait de payer des taxes et des impôts est une manifestation de l'adhésion et de la confiance des citoyens à l'endroit des élus locaux, mais cet acte fait naître pour ces derniers un devoir de responsabilité, en donnant à la fois un droit de contrôle et de sanction (par la voie des urnes) aux contribuables. C'est tout au moins le postulat retenu des politiques d'appui aux processus de décentralisation : une proximité soutenue entre représentants politiques et citoyens peut être le gage d'une meilleure mobilisation des ressources locales. L'auteur rappelle du reste que dans certains discours, le paiement des impôts a toujours été considéré comme le « véritable baromètre de l'adhésion des populations à la réforme »[72].

Une mobilisation importante de ressources fiscales est la preuve d'une adhésion massive des populations aux impôts mis en place, un des aspects d'une politique fiscale efficace et efficiente, elle-même tributaire d'une décentralisation au préalable pertinente. En effet, la décentralisation et la fiscalité locale sont indissolublement liées, tant et si bien qu'une décentralisation fiscale bien pensée contribuera souvent à asseoir une bonne fiscalité locale. Nous verrons dans la suite de ces développements que celle-ci peut se trouver « condamnée » si elle est issue d'une politique fiscale qui ne se serait pas arrimée à certains canons de politique fiscale, à l'instar notamment de l'efficacité, de l'efficience et de l'équité ci-dessus mentionnées.

Des précisions ayant déjà été données sur la notion d'équité[73], les notions d'*efficacité* et d'*efficience* méritent d'être précisées, d'autant plus qu'elles seront à plusieurs reprises usitées dans les développements qui vont suivre.

L'efficacité s'apprécie mieux par rapport à un ou plusieurs objectifs, c'est-à-dire à un ou plusieurs buts, que l'on se propose d'atteindre. Pour le petit Robert, l'*efficacité* est « le caractère de ce qui est efficace, [la] capacité à produire le maximum de résultats avec le minimum d'effort, de dépense », tandis que l'*efficience* est, « l'efficacité, la capacité de rendement »[74].

La définition ci-dessus apparaît peu éclairante et nécessite d'être davantage creusée. Ainsi, il est souligné dans le *Dictionnaire d'Économie et de Sciences Sociales* que les termes *efficacité* et *efficience* renvoient à la relation entre un

---

[72] G. Blundo : « "Je n'ai pas besoin de ticket". Négociation des droits de marché et petite corruption dans les collectivités locales sénégalaises », consultable sur : http://horizon.documentation.ird.fr/exl-doc/pleins_textes/divers08-10/010038405.pdf, consulté le 23 juillet 2014.

[73] Voir *supra*, page 11, en notes de bas de page.

[74] Petit Robert, édition 1977, p. 608.

résultat et les moyens utilisés pour l'obtenir[75]. Cet ouvrage précise que c'est en se référant au terme anglais *efficiency* que certains auteurs ont été amenés à distinguer l'*efficacité* d'avec l'*efficience*. Il ressort en outre du même ouvrage qu' « une action sera jugée efficace si elle atteint son but, quels que soient les moyens utilisés pour y parvenir ; elle ne sera jugée efficiente que si le résultat est obtenu avec une économie de moyens, donc sur la base d'un calcul d'optimisation visant à minimiser les coûts »[76]. Pour étayer leur explication, et prenant l'exemple d'un moustique importun, les auteurs du dictionnaire susvisé soulignent : « Si vous le détruisez avec un lance-flammes, vous êtes efficace : le moustique est anéanti (mais la maison a brûlé). Si vous le neutralisez grâce à un insecticide se caractérisant par un coût unitaire particulièrement faible et des effets secondaires anodins, alors vous êtes efficace. La productivité est un indicateur de l'efficience d'une technique de production »[77]. Une fois les objectifs de la fiscalité locale identifiés, l'approche qui consiste à distinguer les notions d'efficacité et d'efficience semble plus convenable au moins pour une raison essentielle : elle permet d'apprécier si les moyens qu'utilise la fiscalité locale permettent à cette dernière d'atteindre ses objectifs. Ce faisant, on s'intéresse à la pertinence, c'est-à-dire au « rapport mesuré entre les moyens mis en œuvre et les objectifs fixés »[78].

II. Le cadre conceptuel : revue de la littérature et délimitation du champ de la recherche

Après avoir envisagé le cadre conceptuel (A), autrement dit le sens à donner aux termes clés de notre sujet, nous procéderons à une revue de la littérature camerounaise relative à la fiscalité locale (B), avant de préciser le contexte de la présente étude en en délimitant le champ de recherche (C).

A. « TRANSFORMATION » ET « FISCALITÉ LOCALE » : LE SENS À DONNER

Avant d'aller plus loin dans nos développements, il importe de clarifier les notions autour desquelles s'articule le sujet : que recouvre le terme *transformation,* (1) et qu'en est-il du concept de *fiscalité locale* (2) dans le contexte camerounais ?

[75] Voir Échaudemaison C.-D (dir.), *Dictionnaire d'Économie et de Sciences Sociales*, 7e édition revue et augmentée, Nathan, 2006, p. 177.
[76] *Idem.*
[77] *Ibidem.*
[78] M.-V. Santo et P.-É. Verrier, *Le management public*, PUF, collection « Que sais-je ? », 3e édition, 2007, p. 67.

1. La transformation

La *transformation* est « l'action de transformer, l'opération sur laquelle on transforme » selon le Petit Robert qui réserve de nombreuses entrées aussi bien au terme *transformation* lui-même qu'au verbe *transformer* dont il est issu. Ce dictionnaire attribue de nombreux synonymes au mot *transformation* : Conversion, amélioration, rénovation, changement, transition (pour une transformation lente) et révolution (pour une transformation brutale), des synonymes qui, selon le Petit Robert, s'opposent au maintien, à la fixité et à la permanence ; Parallèlement, le verbe transformer, c'est-à-dire « Faire passer d'une forme à une autre, donner un autre aspect, d'autres caractères formels à », se voit aussi attribuer de nombreux synonymes : changer, modifier, renouveler, élaborer, traiter, convertir, métamorphoser, transmuer, et même évoluer[79].

Transformer est donc synonyme d'améliorer qui, en principe, signifie apporter un « mieux » à l'existant. Mais ce « mieux » peut ne pas être d'un niveau satisfaisant. Dans le cadre de cet ouvrage toutefois, le terme *transformation* ne sera pas toujours synonyme *d'amélioration* ou *d'évolution*. En effet, la transformation d'une matière au sens de sa modification, de son changement, ou même de son renouvellement n'emporte pas nécessairement amélioration ou évolution de ladite matière, encore moins sa révolution. Par conséquent, *transformer* ici renvoie avant tout à l'idée des modifications ou des changements qui ont été progressivement apportés à la fiscalité locale. C'est fort justement de ces modifications et changements (ils peuvent être progressifs ou régressifs) que l'on sera en mesure d'apprécier si les transformations notées se sont faites dans le sens d'une *amélioration satisfaisante*, autrement dit d'une ultime évolution n'appelant plus d'autres améliorations de la fiscalité locale camerounaise…

2. La fiscalité locale

Le concept de *fiscalité* dérive de l'adjectif *fiscal* qui, selon Gérard Cornu « se rapporte à l'impôt, à la fiscalité », la fiscalité étant « un système d'imposition », c'est-à-dire « un procédé technique d'assiette et de liquidation d'un impôt »[80]. Celui-ci est, selon Georges Vedel, « une prestation pécuniaire requise des particuliers par voie d'autorité, à titre définitif et sans contrepartie, en vue de la couverture des charges publiques »[81]. La doctrine semble de plus en plus disposée à actualiser cette définition désormais classique. Par exemple, Pierre Beltrame voit en l'impôt « une prestation pécuniaire requise des contribuables d'après leurs facultés contributives et qui opère, par voie d'autorité, un transfert patrimonial définitif et sans contrepartie déterminée, en

---

[79] Voir Petit Robert, *op.cit.*, p. 2002-2003.

[80] G. Cornu, *Vocabulaire juridique*, PUF, 2011, p. 459 et 521.

[81] Cité par W. Gilles « Les transformations du droit fiscal à l'ère du numérique » *in* Revue de l'Institut du Monde et du développement (*RIMD*), n° 1, 2011, p. 71.

vue de la réalisation des objectifs fixés par la puissance publique »[82]. Olivier Negrin peut être cité en deuxième exemple. Pour lui, l'impôt est « une prestation individuelle de valeurs pécuniaires requise des personnes physiques et des personnes morales de droit privé, voire de droit public, par voie d'autorité mais selon des règles fixes, à titre définitif et sans contrepartie déterminée, en vue de la couverture des charges publiques »[83] ; celles-ci se déclinent en « dépenses budgétaires de l'État et de certains autres organismes publics, collectivités locales, établissements publics à vocation territoriale (les régions, par exemple) »[84].

L'adjonction de l'adjectif *locale* signifie qu'il s'agit d'une fiscalité (et donc d'un système d'imposition) concernant le niveau local, c'est-à-dire les collectivités territoriales décentralisées, par opposition à l'État central. Pour le législateur camerounais, « la fiscalité locale s'entend des prélèvements opérés par les services fiscaux de l'État ou compétents des collectivités territoriales au profit de ces dernières, [dans la perspective de couvrir les charges publiques locales]. L'ensemble de ces prélèvements est encore désigné sous le vocable "impôts locaux" […] »[85]. Ceux-ci sont constitués des impôts communaux, des centimes additionnels communaux sur les impôts et taxes de l'État, des taxes communales, des impôts et taxes des régions et de tout autre type de prélèvements prévus par la loi[86]. On notera que les prélèvements ci-dessus mentionnés ne se limitent pas au seul impôt à proprement parler ; ils s'étendent aux *taxes et redevances*[87], que le législateur camerounais range aussi dans la catégorie d'impôts locaux dont bénéficient les collectivités territoriales.

---

[82] P. Beltrame, *La fiscalité en France*, Hachette, 15e édition, 2009, p. 8.

[83] Cité par W. Gilles « Les transformations du droit fiscal à l'ère du numérique », *art.cit.*

[84] G. Cornu, *Vocabulaire juridique*, PUF, 2011, p. 461.

[85] Loi n° 2009/019 du 15 décembre 2009 portant fiscalité locale, article 1er, alinéa 2.

[86] *Idem*, article 2.

[87] Voir l'article 1er alinéa 1 de la loi n° 2009/019 du 15 décembre 2009 portant fiscalité locale : « La présente loi […] détermine les impôts taxes et redevances prélevés au profit des collectivités territoriales décentralisées […] ».

En principe, la taxe correspond au prix que paie un usager en contrepartie d'un service qui lui est rendu, à l'instar de la taxe sur l'enlèvement des ordures ménagères. Mais, à la vérité, le terme *taxe* est de plus en plus usité pour faire référence à l'impôt comme, par exemple, dans le cas de la taxe sur la valeur ajoutée. H. Laufenburger reconnaît que la taxe représente la contribution de l'usager aux frais d'un service auquel il a fait appel. Il rappelle qu'en d'autres termes « la taxe représente la rémunération partielle par les bénéficiaires des avantages individuellement sensibles fournis par l'Administration », avant de souligner que si la distinction entre l'impôt et la taxe est solidement établie en théorie, il n'en reste pas moins que les impôts sont souvent qualifiés de taxes par le législateur, et inversement. Voir, H. Laufenburger, *Précis d'économie et de législation financières*, tome III, Budget et Trésor, 2e édition, Librairie du recueil Sirey, 1946, p. 101.

On peut aussi s'aider de G. Cornu pour donner une définition au mot *taxe*. Au sens propre, selon lui, celle-ci est un prélèvement obligatoire qui a la même nature que l'impôt, et qui est destiné à financer un service public précis ; ce prélèvement est dû par les seuls usagers du service en question : c'est le cas de la taxe d'enlèvement des ordures ménagères. G. Cornu indique que cette qualification est parfois appliquée à de vrais impôts par le législateur (exemple de la taxe sur le chiffre d'affaires) ou dans les finances locales, pour faire allusion aux impôts locaux par

Selon le *Lexique des termes juridiques*, les *collectivités territoriales* désignent « des entités de droit public correspondant à des groupements humains géographiquement localisés sur une portion déterminée du territoire national, auxquels l'État a conféré la personnalité juridique et le pouvoir de s'administrer par des autorités élues. Elles disposent de ressources propres, essentiellement fiscales [...] et ont vocation à se voir attribuer par l'État les compétences qui peuvent le mieux être exercées à leur échelon »[88].

Rien n'interdit donc, *a priori*, que l'on attribue des appellations variées à cette matière : droit fiscal des collectivités territoriales décentralisées, droit fiscal local, droit financier local en sont des exemples.

Le contenu de la matière n'en change pas pour autant, mais l'on retiendra que le droit fiscal local varie d'un pays à un autre, et les similitudes liées au calquage de quelque modèle étranger révèlent généralement des variantes entre le pays calqueur et le pays calqué. Pareillement, les collectivités territoriales sont des subdivisions infra-étatiques pour lesquelles il n'existe pas de règles d'homogénéité, et la diversité de particularismes nationaux n'échappe pas toujours aux réformes territoriales, accentuant ainsi les dissemblances (nombre d'échelons locaux, types de structures territoriales notamment). À titre d'exemple, outre les collectivités territoriales situées Outre-mer et les structures de coopération intercommunale, la commune, le département et la région se comptent aussi parmi les collectivités territoriales de France. L'on peut aussi citer l'exemple du Sénégal où les régions, la commune, la communauté rurale et la communauté d'arrondissement constituaient les collectivités territoriales du pays, jusqu'à ce qu'une loi de 2013 vienne supprimer les régions collectivités locales, et érige les départements en collectivités locales, loi qui a procédé à la communalisation intégrale en érigeant des communautés rurales et des communes d'arrondissement en communes[89]. Au Togo, les collectivités territoriales prévues par la Constitution

---

opposition aux impôts d'État. En outre, dans un sens vague et toujours selon le même auteur, le mot taxe est synonyme d'impôts, d'imposition et de contribution. Voir G. Cornu, *Vocabulaire juridique*, *op.cit.*, p.1006.

S'agissant de la *redevance*, J. Buisson souligne qu'elle se rapproche de la taxe en ce qu'elle est perçue à l'occasion d'une prestation qui lui est fournie par un service public, en rappelant qu'elle se distingue nettement de la taxe parce qu'elle n'est due que par l'usager bénéficiaire du service en question. On dira donc avec J. Buisson que « la redevance est en fait le prix d'un service rendu par une personne publique à un client qui utilise ledit service (prix d'entrée dans un musée, ou dans une piscine, tarif d'une crèche, péage d'autoroute ». Voir, J. Buisson, *Finances publiques*, 14e édition, Dalloz, p. 97. Cette définition peut être rapprochée de celle de G. Cornu. D'une manière générale, la redevance est pour ce dernier une somme que l'on doit périodiquement soit à titre de rente, soit à titre de loyer. Plus spécialement, dans le sens de *taxe*, G. Cornu précise que la redevance est une somme due en contrepartie d'une concession, d'une utilisation du domaine, d'un service public, ou d'un avantage particulier. *Idem*, p. 860.

[88] *Lexique des termes juridiques 2012*, Dalloz, 2011, p. 166.

[89] Voir, en ce sens, la loi sénégalaise n° 2013-10 du 28 décembre 2013 portant Code général des collectivités locales.

de ce pays sont les communes, les préfectures et les régions[90]. Les collectivités territoriales du Tchad sont, au titre de l'article 203 de la Constitution du 31 mars 1996 révisée, les régions, les départements, les communes et les communautés rurales.

On peut d'ailleurs s'étonner que cette prolifération de collectivités territoriales décentralisées n'ait pas suscité davantage d'intérêt pour la fiscalité locale camerounaise, pourtant censée être au service de ces collectivités. En effet, force est de constater que trop peu d'écrits ont jusqu'ici été consacrés à cette matière, ce qui amène à la qualifier de *parent pauvre de la littérature juridique camerounaise*.

B. LA FISCALITÉ LOCALE : LE PARENT PAUVRE DE LA LITTÉRATURE JURIDIQUE CAMEROUNAISE

Depuis son accession à la souveraineté internationale il y a cinquante-six ans, le Cameroun n'avait pas enregistré de thèse sur la fiscalité locale. Celle de Prosper Konman soutenue en mars 2013 à l'université de Paris 1 vient certes combler ce vide, mais la fiscalité locale n'en reste pas moins, comme ci-dessus indiqué, le parent pauvre de la littérature juridique camerounaise. La vision quelque peu restrictive, mais en même temps très « pratique » de la thèse susvisée (présentation chronologique des différents impôts, problématique sur le compte unique du Trésor, péréquation et longs développements sur l'emprunt) lèse néanmoins certains aspects théoriques qui ne sont pas (ou sont superficiellement) abordés, à l'instar de la répartition des compétences en matière fiscale, de l'autonomie financière ou de la légitimité de l'impôt.

Les ouvrages sur la fiscalité locale sont rares. Ceux de Martin Finken — *Communes et gestion municipale au Cameroun* d'une part, et *Gouvernance communale en Afrique et au Cameroun* d'autre part — constituent les premiers repères de la fiscalité locale au Cameroun certes, mais ils ne traitent pas exclusivement de cette matière.

Cet ouvrage qui se veut une monographie se focalisera sur le contexte du Cameroun. De temps en temps, l'ouvrage sera enrichi de références étrangères : à titre d'exemples éclairants, de modèles dont le Cameroun pourrait s'inspirer ou améliorer, et même d'outil de facilitation de la compréhension de la matière, en vue d'une meilleure appropriation.

C. LE CONTEXTE CAMEROUNAIS : L'INTÉRÊT D'UNE ANALYSE COUVRANT LA PÉRIODE DE 1960 À NOS JOURS

Le choix d'une démarche monographique se justifie par le souhait de limiter le sujet au Cameroun, un espace certes restreint, mais très représentatif

[90] Voir l'article 141 de la Constitution du Togo, telle que révisée par la loi n° 2002-029 du 31 décembre 2002.

des autres pays d'expression française de l'Afrique subsaharienne avec lesquels le pays choisi partage de nombreux points communs: indépendances survenues quasiment à la même époque, anciens systèmes dictatoriaux, Pays en voie de développement, forte dépendance vis-à-vis des bailleurs de fonds, adoption du système fiscal (étatique et local) de l'ancienne puissance tutélaire, la France en l'occurrence et, plus récemment, vent de démocratisation des années 1990 à l'origine des processus de décentralisation récemment initiée dans ces différents pays. En ce sens, Martin Finken souligne qu' « en Afrique francophone et particulièrement en Afrique de l'Ouest et centrale, en dehors du cas particulier des anciennes colonies belges (RDC, Rwanda et Burundi), les entités issues de la décentralisation présentent de nombreuses similitudes, résultant du fait que les institutions sont calquées plus ou moins sur le modèle français. L'on note aussi bien sûr de nombreuses différences d'un pays à l'autre, quant à la forme et aux missions des collectivités locales. Mais les ressemblances sont suffisamment importantes pour que l'on puisse parler d'un modèle commun à l'Afrique francophone »[91]. Dans le même ordre d'idées, concernant les textes sur la décentralisation, Alain Rochegude observe que ces textes se ressemblent, tant et si bien que « les modes d'organisation interne des collectivités apparaissent [...] comme dictés par la même inspiration »[92].

Ce travail pourra exceptionnellement faire référence à l'époque précoloniale ; mais il est à noter qu'il portera essentiellement sur la période postindépendance, dont le point de départ correspond à la date auparavant mentionnée du 1er janvier 1960.

Ayant précisé le contexte et délimité le champ de notre recherche, il convient de s'interroger sur l'intérêt que représente le sujet, avant de s'interroger sur la problématique qui en découle.

III. L'intérêt d'une recherche portant sur la fiscalité locale et la problématique

Cette recherche a un enjeu à la fois scientifique, socio-économique et politique (A). La problématique qui en découle peut, quant à elle, être désormais être précisée (B).

---

[91] M. Finken, *Gouvernance communale en Afrique et au Cameroun,* l'Harmattan, 2011, p. 65.

[92] A Rochegude, *Décentralisation, acteurs locaux et foncier. Mise en perspective juridique des textes sur*
la décentralisation et le foncier en Afrique de l'Ouest et du Centre, PDM, Coopération française, 2000, p. 8.

A. UN SUJET AU CŒUR DES ENJEUX SCIENTIFIQUE, POLITIQUE ET SOCIO-ÉCONOMIQUE : UNE MEILLEURE MOBILISATION DES RESSOURCES FINANCIÈRES EN TOILE DE FOND

Écrire sur la fiscalité locale du Cameroun revêt un intérêt scientifique au regard de la quasi-inexistence des ouvrages ayant abordé le sujet. Aussi, se doit-on d'indiquer que le choix de ce dernier a été guidé par la volonté d'assembler des matériaux pouvant apporter des éclairages sur une matière réputée difficile (en raison de la technicité, de la transversalité et de la transdisciplinarité qui la caractérisent), et susceptibles de servir de base à des travaux de recherche portant sur la fiscalité locale ou les disciplines connexes.

Sans doute parce que le droit financier est « fondamentalement politique et naturellement économique »[93], sans doute aussi parce que c'est le droit qui tient l'économie et non l'inverse, le choix de notre sujet a également été guidé par le souci de mettre en exergue les lacunes de la fiscalité locale, d'identifier les obstacles qui entravent l'atteinte des objectifs qui lui ont été assignés, en faisant des propositions à même d'amener les autorités camerounaises à se pencher plus sérieusement sur la question fiscale locale : le développement local et national en dépendent, autant que la crédibilité des choix politiques de ces autorités.

S'agissant de l'intérêt socio-économique, il est à noter que les collectivités territoriales camerounaises sont pauvres, et la médiocrité des services quasi généralisée sur le terrain en est une des parfaites illustrations. Il est même possible que les compétences qui leur ont été transférées dans le cadre de la décentralisation soient un facteur aggravant de leur précarité, car les dotations étatiques destinées à l'exercice des nouvelles compétences ont manifestement pris un mauvais départ. Parallèlement, les nombreuses stratégies internationales de lutte contre la pauvreté (plans d'ajustements structurels, Objectifs du Millénaire pour le développement, etc.), n'ont cessé de montrer leurs limites. Partant, à condition de lui en donner les moyens, la fiscalité locale apparaît comme l'instrument le plus à même d'améliorer les conditions de vie des Camerounais, et de contribuer efficacement au développement local et national, et pourquoi pas à délivrer le pays du joug de la dépendance financière vis-à-vis de l'étranger ?

B. LA PROBLÉMATIQUE, DES TRANSFORMATIONS : UNE AMÉLIORATION CERTAINE DE LA FISCALITÉ LOCALE ?

La contexture de la fiscalité locale du Cameroun a connu des transformations depuis l'indépendance du pays. À partir d'un examen de ces transformations et de l'éclairage qu'apportera l'environnement dans lequel

---

[93] R. Hertzog, « La loi organique relative aux lois de finances (LOLF) dans l'histoire des grands textes budgétaires : continuité et innovation », *Revue française d'administration publique*, 2006/1 no117, p. 15-30. DOI : 10.3917/rfap.117.0015, p.16.

elles se sont progressivement produites, cet ouvrage se donne pour objectif d'aborder successivement les questions suivantes :

Que faut-il entendre par fiscalité locale au Cameroun ? Quelles sont les transformations que cette matière a connues depuis l'accession du Cameroun à l'indépendance? Ces transformations se sont-elles opérées dans un environnement propice et ont-elles, dans le même temps, pu doter ce pays d'une « bonne fiscalité locale » notamment en termes de mobilisation de ressources ?

Les réponses apportées à ces premières questions donneront une image sinon exhaustive, mais suffisamment précise de la fiscalité locale de ce pays telle qu'elle se perçoit aujourd'hui. Cette image n'est pas sans importance puisqu'elle entraînera nécessairement une autre question à laquelle ce travail de recherche devra apporter une réponse : la fiscalité locale du Cameroun appelle-t-elle ou non d'autres transformations ?

Pour répondre à toutes ces questions et à celles qui viendront inéluctablement se greffer à la problématique ci-dessus, deux grands axes seront privilégiés dans cet ouvrage. Ainsi, après avoir montré le caractère évolutif de la contexture de la fiscalité locale du Cameroun (**première partie**), on s'attachera ensuite à montrer qu'en dépit des transformations qu'elle a connues, la fiscalité locale de ce pays est en mal de réforme (**seconde partie**).

PREMIÈRE PARTIE

UNE FISCALITÉ LOCALE À CONTEXTURE ÉVOLUTIVE

On rappellera que la fiscalité locale est une matière occidentale qui s'est imposée au Cameroun avec l'arrivée des colonisateurs. Aussi, l'observateur ne peut-il s'étonner de la frappante similitude qui caractérise le cadre juridique et institutionnel de l'ancienne Métropole (la France) et celui du Cameroun. À cela une raison principale : hormis le fait d'avoir hérité d'un corpus normatif « prêt à l'usage » — dont il ne sera probablement jamais question de s'en départir — le Cameroun entretient cette ressemblance en s'inspirant quasi systématiquement des réformes fiscales et institutionnelles qu'initie la France. D'ailleurs, l'étude de la fiscalité locale du Cameroun et de ses transformations apparaît comme l'un des moyens les plus sûrs de se rendre à l'évidence.

À l'origine d'un « État unitaire », la Constitution de 1972 [94] fait de l'organisation des collectivités locales et de la création de l'assiette et du taux des taxes et impôts des matières ressortissant du domaine de la loi[95], dont l'initiative « appartient concurremment au Président de la République et aux députés de l'Assemblée nationale »[96]. Une fiscalité locale embryonnaire va, pour la première fois être appliquée à l'ensemble du pays à partir de 1974, et ce, à la faveur de la loi camerounaise n° 74-23 du 5 décembre 1974 portant organisation communale, loi qui procède, comme déjà indiqué, à une uniformisation *française* des textes auparavant en vigueur dans les anciennes colonies française et anglaise du pays. Il importe donc de souligner que la loi de 1974 est le point de départ d'une fiscalité locale applicable à tout le pays, une source sur laquelle viendront se greffer d'autres sources[97] au fil du temps. Cette loi n'a pas connu de modification substantielle pendant quelques années

---

[94] Cette Constitution avait été adoptée par le peuple camerounais le 20 mai 1972, et promulguée le 2 juin 1972.

[95] Article 3, alinéa 3 et 4 de la Constitution de 1972.

[96] Article 19 de la Constitution de 1972.

[97] Cette loi a en effet connu des modifications. Par exemple en 1977 (loi n°77/2 du 13 juillet 1977), en 1990 (loi n° 90/057 du 19 décembre 1990), en 1992 (loi n° 92/003 du 14 août 1992), etc.

et, comme l'indique Jean-Pierre Kuaté, « Jusqu'à la fin des années 80, les discours officiels faisaient très peu cas des finances communales. À travers les circulaires du Président de la République ou du ministre des Finances sur la préparation ou l'exécution du budget de l'État, des directives étaient données sur l'exécution des recettes et des dépenses. Mais celles-ci faisaient rarement allusion à la vie financière des communes ; mais vers la fin des années 80, la préoccupation des pouvoirs publics sur les finances communales a été constante d'où de nombreuses réformes intervenues [...] »[98], visant à mobiliser davantage de ressources fiscales pour les communes. À la vérité, il ne s'agissait pas de réformes d'envergure, mais de réformettes fiscales, sans grande incidence puisque la fiscalité locale demeurait embryonnaire et lacunaire, tant et si bien que les budgets communaux ne s'en trouvaient pas davantage financièrement nourris.

D'ailleurs, une fois qu'auront été étudiés les éléments caractéristiques de la fiscalité locale camerounaise (titre I), on se rendra ensuite compte que cette dernière a souvent été à l'épreuve d'une autonomie financière comprimée (titre II).

---

[98] J.-B. Kuaté, « Contribution au renforcement des ressources financières des communes camerounaises », Mémoire de DESS en gestion financière municipale, CESAG-PDM., 2004, p. 35.

TITRE I

LES ÉLÉMENTS CARACTÉRISTIQUES DE LA FISCALITÉ LOCALE DU CAMEROUN

La fiscalité locale du Cameroun se caractérise par une pluralité de sources et une multiplicité d'acteurs (chapitre I). Embryonnaire au moment de l'indépendance du pays, en 1960 et les premières années qui ont suivi, cette branche de la fiscalité a, dans l'entre-temps, connu des mutations timorées (chapitre II), qui se sont aujourd'hui fondues dans la loi du 15 décembre 2009 portant fiscalité locale et ses modifications subséquentes.

CHAPITRE I

UNE PLURALITÉ DE SOURCES ET UNE MULTIPLICITÉ D'ACTEURS

C'est parce qu'il crée le droit que l'État est — du fait d'un pouvoir multidimensionnel dont il est doté — source du droit : « on distingue en lui "un pouvoir constituant", qui fait des lois constitutionnelles ; un " pouvoir législatif ", qui fait des lois ordinaires ; un "pouvoir réglementaire", qui fait des règlements ; [et] un " pouvoir administratif ", qui prend les décisions exécutoires »[99]. L'explication que l'on pourrait en donner est que, « avec son instinct de centralisation, le pouvoir d'État n'admet pas d'autres sources du droit que lui-même, sur le territoire d'État »[100]. Pour ne pas sortir de cette logique, le pouvoir d'État « travaille à subordonner toutes les sources du droit locales ou spontanées, telles que les coutumes et les règlements, à la loi écrite qu'il a elle-même monopolisée »[101]. Unique source du droit dans le Cameroun précolonial, la coutume partage désormais cette qualité avec d'autres sources, dont notamment la loi à laquelle elle se trouve aujourd'hui subordonnée[102]. La coutume est un ensemble d'usages ou de pratiques d'origine ancestrale qui se transmet oralement entre générations d'un espace géographique ou d'un groupe ethnique donné. Elle se perpétue dans le temps. Elle est, pour le groupe auquel elle est léguée, un ensemble de règles de droit traditionnel que les membres du groupe sont censés connaître et se doivent d'observer. Henri Lévy-Bruhl fait remarquer que la coutume n'est pas essentiellement différente de la loi, dans la mesure où toutes deux sont l'expression de la volonté du groupe, avec néanmoins une donnée technique qui les différencie : la loi émane d'un organe spécialisé et prend naissance au moyen d'une procédure (la promulgation), alors que la coutume est spontanée et « inconsciente »[103].

---

[99] M. Hauriou, *Précis élémentaire de droit constitutionnel*, Recueil Sirey, 1930, p. 24.
[100] *Idem.*
[101] *Ibidem.*
[102] Concernant la suprématie des juridictions de droit moderne sur les Tribunaux coutumiers, et donc du droit moderne sur le droit coutumier au Cameroun, voir *infra*, dans la suite de ce chapitre.
[103] H. Lévy-Bruhl, *Sociologie du droit*, PUF, collection « Que sais-je », 1971, p. 55.

La coutume camerounaise s'est vue imposer le droit moderne avec lequel elle est désormais appelée à coexister, primauté étant réservée à ce dernier au cas de conflit[104]. En effet, « [...] le colonisateur a profondément labouré la terre africaine et son sillon a été trop profond pour ne pas avoir laissé des traces indélébiles. La greffe effectuée sur l'arbre africain a été trop bien faite pour ne pas en avoir modifié les fruits. Ceci peut expliquer que les Africains, même lorsqu'ils se veulent révolutionnaires, ont beaucoup de mal à décoloniser le droit que leur a légué l'Occident »[105]. Le conflit pouvait-il être évité en pareil cas ? Force est néanmoins de constater que « ce conflit qui oppose depuis l'époque coloniale, le droit moderne, droit dominant, ayant le soutien de l'État qui l'impose comme droit commun et les droits traditionnels, droits dominés bénéficiant seulement de l'appui des masses rurales et présentés comme droit d'exception, n'a pas encore vu, malgré l'inégalité des armes, la victoire du premier sur les seconds »[106].

On ne peut mieux cerner les transformations de la fiscalité locale qu'en traitant dans un premier temps de ses sources (section I), avant de se tourner vers ses acteurs (section II), c'est-à-dire ceux qui, par leurs actions sur le terrain, aident l'édifice fiscal local à se construire progressivement.

SECTION I. LES SOURCES DE LA FISCALITÉ LOCALE CAMEROUNAISE

Si Pascale Deumier reconnaît que « l'étude du droit débute, en bonne logique, par l'étude de son origine, dans toutes ses acceptions : son histoire, son fondement et, évidemment, ses sources »[107], le professeur Philippe Malinvaud souligne quant à lui que sur ce sujet, les auteurs manifestent d'importantes divergences qui, selon lui, s'expliquent pour une large part parce que tous les auteurs ne parlent pas de la même chose[108]. Mais est-il possible de parler de la même chose lorsque le sujet renvoie lui-même à plusieurs sens ?

Dans son manuel de *philosophie du droit*, Christian Atias affirme que « la théorie des sources du droit est complexe. Elle l'est parce que ses origines sont multiples. Elle l'est parce que ses formulations sont diverses ; ses partisans n'ont nullement unifié leurs thèses. Pour certains, la source du droit pourra être, par exemple, la disposition légale ou la décision juridictionnelle ; pour

---

[104] C'est le cas, lorsque pour une même affaire, une solution peut être trouvée en recourant indifféremment au droit traditionnel ou au droit moderne.

[105] P.-F. Gonidec., *Les droits africains. Évolution et sources*, LGDJ, 1968, tome 1, p. 35.

[106] V.E. Bokalli, « La coutume, source de droit au Cameroun », *RGD*, 1997, p. 48.

[107] P. Deumier, « La mutation des sources du droit privé et l'introduction à l'étude du droit », *Revue de droit d'Assas*, n° 5, février 2012, p. 31.

[108] P. Malinvaud, « La mutation des sources du droit des contrats », *Revue de droit d'Assas*, n° 5, février 2012, p. 37.

d'autres, ce sera le législateur ou le juge »[109]. Rafael Encinas de Munagorri considère quant à lui que « la notion de sources du droit est [...] imprécise »[110] car elle est binaire. En effet, selon lui, cette notion « tantôt renvoie aux conditions historiques et sociologiques d'émergence d'une règle de droit (sources réelles), tantôt elle porte sur son élaboration juridique (sources formelles) »[111]. Pour René Chapus, « lorsqu'on se trouve en présence d'une norme juridique, on peut entreprendre de rechercher pourquoi elle existe, de quelles considérations elle procède, à quelles aspirations elle tend à répondre. Ce faisant, on recherche les sources matérielles de la norme »[112]. Poursuivant son analyse, René Chapus soutient qu' « on peut s'attacher à déterminer par quel jurislateur, c'est-à-dire par quelle autorité créatrice de normes juridiques, ou bien par quel acte les normes ont été édictées. Il s'agit alors de la détermination de leurs sources formelles : par exemple, le législateur ou la loi ; le gouvernement ou le décret »[113]. Henri Lévy-Bruhl souligne pour sa part que le mot *source* désigne l'origine de l'ensemble des règles de droit et répond à la question de savoir « d'où vient le droit »[114] .

Puisqu'il semble désormais établi qu'« envisager la formation des règles de droit permet d'éviter les approximations liées à la notion de source »[115], cette notion devra — dans la présente étude — être entendue au sens que lui donne René Chapus, d'autant plus que les règles destinées à régir la fiscalité locale découlent des sources dites formelles : en témoigne, le cadre normatif mis en place depuis l'harmonisation du droit camerounais en 1974, cadre qui évolue lentement au rythme des textes modificatifs.

En tout état de cause, la fiscalité locale du Cameroun découle de sources internes variées (§ I), auxquelles viennent se greffer des sources externes reconnues, en ce qu'elles ont vocation à régir l'ordre juridique interne (§ II).

§ I. Des sources internes variées

Pour Hans Kelsen, « l'ordre juridique n'est pas un système de normes juridiques placées toutes au même rang, mais un édifice à plusieurs étages superposés, une pyramide ou hiérarchie formée (pour ainsi dire) d'un certain nombre d'étages ou couches de normes juridiques »[116]. Aussi, les règles de droit ne peuvent-elles être comparées que, lorsqu'elles sont de même nature et

---

[109] Ch. Atias, *Philosophie du droit*, PUF, 1999, p. 176.
[110] E.R. de Munagorri, *Introduction générale au droit,* Flammarion, 2006, p. 95.
[111] *Idem.*
[112] R. Chapus, *Droit administratif général*, tome 1, 8e édition, Montchrestien, 1994, p. 23.
[113] *Idem*, P. 23
[114] H. Lévy-Bruhl, *Sociologie du droit*, PUF, collection « Que sais-je », *op.cit.*, p. 39.
[115] E. de Munagorri Rafael, *Introduction générale au droit, op.cit.*, p. 95.
[116] H. Kelsen, *Théorie pure du droit*, traduction Ch. Eisenmann, Dalloz, 2e édition., 1962, p. 299, cité par E.R. de Munagorri, *Introduction générale au droit, op.cit.*, p. 147.

qu'elles relèvent d'un seul ordre juridique »[117] (ordre national, ordre communautaire, international etc.). La jurisprudence est théoriquement subordonnée à la loi car les juges se doivent d'appliquer cette dernière, mais la pratique montre que les lois sont souvent infléchies par la jurisprudence[118]. De prime abord, on y voit une contradiction qui n'en est pas une : « La loi et la jurisprudence ne sont pas dans un rapport de hiérarchie, mais de complémentarité et de rivalité. Or certaines règles jurisprudentielles peuvent s'imposer à d'autres, ce qui justifie d'ailleurs l'existence d'ordres juridictionnels [...] »[119]. Comme le souligne Rafael Encinas de Munagorri, « même restreinte de la sorte, la hiérarchie des normes est d'une redoutable complexité »[120].

Rappelons que le contexte camerounais révèle une coexistence de sources internes et externes. Au premier rang des sources internes se hisse la Constitution, suivie par les lois, les ordonnances, les décrets, les arrêtés, les décisions, les instructions et les circulaires.

L'étude des sources internes de la fiscalité locale impose que l'on s'attarde particulièrement sur la coutume, celle-ci ne pouvant être éludée pour au moins deux raisons. D'abord parce qu'elle revêt un caractère atypique au Cameroun où elle constitue une « législation à part entière »[121] (celle-ci n'est pas inclusive de la fiscalité) ; ensuite, parce que la coutume est souvent considérée dans certaines matières comme une source du droit, ce qui conduit nécessairement à se demander si l'on peut voir en celle du Cameroun une source du droit fiscal local. Ce droit ne serait-il pas un héritage de source française non coutumière ? (A). La réponse à cette question sera suivie de l'examen des sources dites normatives (B), examen qui se poursuivra avec celui de la jurisprudence et de la doctrine, qui n'en constituent pas moins des sources internes du droit fiscal local (C).

---

[117] E.R. de Munagorri, *Introduction générale au droit*, *op.cit.*, p. 148.
[118] *Idem.*
[119] *Ibidem.*
[120] *Ibidem.*
[121] J. Fometeu, « Nul n'est censé ignorer la... coutume, (chronique d'humeur à propos d'une législation d'un genre particulier) », *Lex lata,* n° 017, août 1995, p. 12. J. Fometeu précise que « [...] la coutume constitue une législation à part entière, malgré son oralité qui en fait une législation d'un genre particulier. D'un commun accord, des protagonistes camerounais peuvent donc porter leur litige devant un Tribunal de premier degré ou un Tribunal coutumier afin qu'il y soit mis fin par l'application de leurs coutumes [...] ». En effet, poursuit le même auteur, « A cause du dualisme que connaît le Cameroun, [le pays] connaît un principe d'une célébrité incontestable : l'option de juridiction emporte option de législation. Ce principe signifie en substance que celui qui opte pour le Tribunal de grande instance ou pour le Tribunal de première instance verra son litige réglé selon les règles de droit écrit et que, comme corollaire, celui qui opte pour le Tribunal de premier degré ou pour le Tribunal coutumier verra en principe le sien résolu selon la coutume applicable à l'espèce », *idem.*

A. LA COUTUME, UNE SOURCE DU DROIT FISCAL LOCAL OU UN HÉRITAGE FRANÇAIS DE SOURCES NON COUTUMIÈRES ?

Dans un pays où les coutumes sont si ancrées dans les mœurs qu'elles ont, pour la plupart d'entre elles, résisté à l'assaut de l'autorité coloniale désireuse d'imposer un droit dit moderne, « relayée d'ailleurs en cela par les autorités du Cameroun indépendant »[122], est-il possible d'établir un rapport entre les coutumes camerounaises et la fiscalité en général ou la fiscalité locale (en particulier) telle qu'on l'appréhende de nos jours ? L'observation montre que la coutume, comme source du droit, ne couvre pas l'ensemble du paysage juridique du Cameroun. S'il ne fait aucun doute que la matière civile s'est considérablement imprégnée des coutumes de ce pays, il est en revanche difficile, voire quasi impossible, de dire avec précision quel est l'apport de la coutume dans le domaine de la fiscalité.

Le droit colonial — tel que repris par le législateur camerounais — a écorné de nombreuses coutumes locales. Beaucoup d'entre elles ont survécu et font partie, avec celles écornées, de l'arsenal juridique camerounais[123], raison pour laquelle l'ordre judiciaire du Cameroun a, depuis l'époque coloniale, intégré des Tribunaux coutumiers[124] en son sein en dépit de l'impertinente[125]

---

[122] *Ibidem*, p. 39.

[123] Voir, dans le même sens, J. Fometeu *in* « Nul n'est censé ignorer la… coutume, (chronique d'humeur à propos d'une législation d'un genre particulier) », article précité : « La législation civile camerounaise compte deux volets - le premier est constitué par les textes introduits par la colonisation ainsi que leurs modifications et adaptations depuis l'indépendance. Ce volet est opportunément appelé « droit moderne » […]. La coutume règle de droit, constitue justement le deuxième volet de la législation civile camerounaise ».

[124] Il s'agit du Tribunal du premier degré ou du Tribunal coutumier où les parties sont chacune représentée par un assesseur censé maîtriser sa coutume. Au cas de non-représentation de la coutume de l'une des parties, le président du Tribunal peut faire appel à un notable qui a connaissance des coutumes de la partie concernée (article 10 alinéa 2 du décret n° 69/DF/544 du 19 décembre 1969 tel que modifié par le décret n°71/DF /607 du 3 décembre 1971 fixant l'organisation judiciaire et la procédure devant les juridictions traditionnelles du Cameroun oriental). Un Rapport indique que « la représentation équitable de toutes les coutumes n'est pas assurée auprès des juridictions traditionnelles dans les zones où vivent les peuples autochtones [les pygmées]. À ce jour, aucun assesseur d'origine *baka, bakola-bagyéli ou bedzang* n'intervient dans les Tribunaux coutumiers. Comme il n'y a pas de service d'interprétariat au sein de ces instances, les parties sont obligées de s'exprimer en langues bantoues, langues que la plupart des peuples autochtones ne parlent pas ». Voir, à ce propos, « La situation des droits des peuples autochtones au Cameroun », Rapport supplémentaire du 27 janvier 2010 soumis suite aux 15e-19e Rapports périodiques du Cameroun (CERD/CMR/19), p. 18.

[125] On peut étayer ce propos par un exemple tiré du domaine foncier : si un propriétaire terrien se fonde sur une coutume pour protéger son lopin de terre dans le cadre d'une procédure contentieuse, il a tout intérêt à obtenir gain de cause en première instance car toute mauvaise application ou fausse interprétation de la coutume invoquée par un juge du fond expose ce propriétaire à un risque d'injustice irréparable puisque, d'après la position de la Cour suprême telle que rapportée par J. Fometeu, la coutume constitue un fait « dont la constatation appartient au seul juge du fond et à laquelle la Cour suprême ne saurait contredire dès lors qu'elle n'est pas contraire à l'ordre public, ni aux principes généraux de droit ». Et comme le reconnaît Fometeu, « En d'autres termes, la Haute juridiction se refuse à vérifier qu'une coutume a été bien appliquée ; elle ne peut par conséquent admettre que soit formé un pourvoi en cassation pour

suprématie reconnue aux juridictions de droit moderne et aux règles parfois complexes qui y sont appliquées.

S'agissant de la matière civile, on peut péremptoirement affirmer que la coutume est une source du droit au Cameroun, quoiqu'il soit difficile de démontrer que cette source abreuve l'ensemble des branches du droit de ce pays. Cette difficulté se manifeste d'ailleurs avec acuité dans le domaine du droit fiscal en général et du droit fiscal local en particulier.

Le droit coutumier ou droit traditionnel, ainsi que le droit civiliste et la *common law* sont à la base de la culture juridique du Cameroun. Cependant, il faut souligner que le droit fiscal camerounais est un droit d'émanation exogène. Il remonte à la colonisation et n'est empreint d'aucune coutume du pays.

En droit privé, *a contrario*, l'État camerounais a très tôt admis l'existence d'un droit coutumier applicable notamment au régime de la famille, des successions et du foncier. Rechercher des règles coutumières de droit public — y compris des règles de droit fiscal — est un exercice difficile. Pierre-François Gonidec semble d'ailleurs l'admettre en dépit du sens interrogatif que prend son propos : « On peut légitimement se demander si, en consacrant un mode de désignation traditionnel [des chefs traditionnels] qui obéit davantage aux règles coutumières qu'à un quelconque pouvoir discrétionnaire de l'administration étatique, le juge administratif ne consacre pas la première règle coutumière du droit public qui viendrait modifier le droit légiféré »[126].

Est-il faux de penser que le pouvoir d'État s'est simplement accommodé de la science fiscale, c'est-à-dire une discipline de droit public venue d'ailleurs ? De nombreux auteurs [127] ont donné une connotation fiscale à certaines pratiques qui avaient cours dans l'Afrique précoloniale en général, et au Cameroun en particulier où elles subsistent de manière informelle[128]. Tel qu'il

---

violation de la coutume. Cette solution est très critiquable. Si l'on admet que la coutume constitue une règle de droit, il faut pousser la logique jusqu'au bout et admettre que les justiciables puissent invoquer la coutume comme motif de cassation [...]. Le justiciable qui a perdu devant les juges du fond est donc irrémédiablement lésé dès lors que le contenu éventuellement faux, donné à la coutume appliquée à l'espèce, est conforme à l'ordre public et aux principes généraux de droit, puisqu'il ne peut offrir de rapporter le véritable contenu ou la véritable interprétation devant la juridiction chargée du contrôle de l'application des règles de droit » : Voir J. Fometeu, *in* « Nul n'est censé ignorer la... coutume, (chronique d'humeur à propos d'une législation d'un genre particulier) », *lex Lata*, n° 017, *op.cit.* p. 14.

[126] R. Nlep, *Contribution à l'étude de la dynamique structurelle et normative de l'administration publique en Afrique noire francophone : le cas de l'administration camerounaise*, thèse doctorat d'État, Université de Paris I Panthéon-Sorbonne, 1984, sous la direction de Pierre-François Gonidec, p. 225.

[127] Voir J.-B. Fotsing, *le pouvoir fiscal en Afrique. Essai sur la légitimité fiscale dans les États d'Afrique noire francophone,* LGDJ, 1995, mais aussi Mauss M., *Sociologie et anthropologie*, PUF, 1978.

[128] De nombreuses tribus ont conservé ces pratiques de jadis auxquelles elles restent attachées, surtout en zones rurales. Ces pratiques « officieuses » demeurent en marge du droit positif, au point où il serait erroné d'y voir une source de quelque droit coutumier fiscal applicable devant les juridictions coutumières du pays. De plus, les Tribunaux camerounais ne sanctionnent pas les

se lit de nos jours, le droit fiscal camerounais ne révèle pas des vestiges de ces pratiques. Il est en effet difficile, voire impossible, de s'appuyer sur des éléments de nature à corroborer la thèse suivant laquelle la coutume camerounaise se compterait au rang des sources du droit fiscal[129] de ce pays.

L'absence d'analogie entre deux systèmes peut se démontrer par une démarche suggestive, consistant à présenter les composantes d'un système afin de mieux appréhender celles de l'autre. La perception des différences ne s'en trouve que facilitée, et le sujet mieux cerné. L'incertitude — elle n'est pas loin du doute — résulte d'une lecture comparée de deux contextes bien différents. En premier, celui du colonisateur (la France), un contexte enclin à plus de rationalité et où une fiscalité s'est construite au fil du temps (1). En second celui du colonisé (le Cameroun), un contexte enclin à l'irrationalité, et où la prépondérance de la coutume est manifeste (2), ce dernier pays ayant fini par adopter des règles fiscales dont l'extranéité apparaît d'une évidence qu'il peut être difficile de réfuter.

1. La construction progressive et rationnelle de la fiscalité dans le contexte français

Comme le souligne William Gilles, « le droit fiscal est ancien [puisque] les premières règles que l'on pourrait rattacher à l'impôt figurent dans les livres sacrés [et] que de ces origines lointaines la fiscalité a conservé bon nombre de fondements »[130]. Pour étayer son affirmation, l'auteur de ce propos cite le

---

manquements de nature sacrificielle (sacrifice à Dieu ou aux ancêtres) ou revêtant un caractère de prélèvement (par exemple, une partie de récolte qui n'est pas donnée au chef du village par un de ses sujets). Une pratique coutumière à laquelle certains auteurs prêteraient des ramifications fiscales est celle que l'on retrouve chez les *Bamiléké* de l'Ouest-Cameroun. Ce peuple a de tout temps « nourri » les crânes des morts que les familles récupèrent quelque temps après le décès d'un des leurs. Lors de rites sans rapport avec la fiscalité, certains produits utilisés par les *Bamiléké* tels que l'huile de palme et le sel font office de nourriture pour ces crânes, ce qui, justement dans le cas du sel, peut faire penser à la taxe française sur le sel (la gabelle) de l'ancienne France. L'inobservation de cette pratique place l'individu défaillant en porte-à-faux (exclusivement) avec le monde de l'invisible, ses ancêtres notamment, sans que ni le chef traditionnel, ni aucune juridiction (traditionnelle ou moderne) ne puisse lui infliger de sanction.

[129] À l'évidence, coutume et matière civile au Cameroun sont allées de pair, mais on ne peut pas en dire de même de la coutume et de la fiscalité : les coutumes camerounaises ont largement contribué à l'élaboration du droit actuel soit par survivance, soit du fait de leur fusion avec les règles du Code civil français pour donner naissance à une législation civile camerounaise. C'est la raison pour laquelle l'ordre judiciaire du Cameroun a, depuis l'époque, intégré des Tribunaux coutumiers en son sein en dépit, comme indiqué ci-dessus, de l'impertinente suprématie reconnue aux juridictions de droit moderne et aux règles complexes qui y sont appliquées. En tout cas, s'agissant de la matière civile, on peut péremptoirement affirmer que la coutume est une source du droit au Cameroun, quoiqu'il soit difficile de démontrer que cette source abreuve l'ensemble des branches du droit de ce pays. Cette difficulté se manifeste justement avec acuité dans le domaine du droit fiscal en général et du droit fiscal local en particulier.

[130] W. Gilles, « Les transformations du droit fiscal à l'ère du numérique », *RIMD*, n° 1, 2011, p. 71.

chapitre 41 verset 34 de la genèse biblique[131], dans lequel il est demandé « que le Pharaon agisse et qu'il nomme des fonctionnaires dans le pays, pour lever un cinquième (des récoltes) de l'Égypte pendant les sept années d'abondance ». Et comme lever des récoltes est assimilable à une charge de nature fiscale, on peut adjoindre aux versets ci-dessus les versets 35 et 36[132] de la Bible, lesquels enseignent que ces prélèvements étaient faits sous l'autorité du Pharaon (autrement dit par voie d'autorité), en vue d'épargner l'Égypte des sept années de famine prévues (couverture d'une charge alimentaire). Une situation qui correspond parfaitement à la définition de l'impôt — « une prestation pécuniaire requise des particuliers par voie d'autorité, à titre définitif et sans contrepartie en vue de la couverture des charges publiques »[133] — étant précisé que « l'impôt ne prend pas forcément une forme monétaire, [même s'] il implique toujours une autorité qui a la force de contraindre »[134].

Cette définition classique[135] dont la paternité[136] semble maintenant établie donne une description fidèle du prélèvement qui s'est progressivement transformé au fil du temps; autrement dit du prélèvement tel qu'il est aujourd'hui perçu par le commun des contribuables, sous la forme plus tard léguée au Cameroun. Il s'agit d'une définition dans le champ de laquelle il est difficile d'inclure les rites, offrandes, et prélèvements en nature de toutes sortes qui ont émaillé l'époque précoloniale camerounaise et qui, à l'évidence, subsistent[137] en marge du droit fiscal.

La guerre a été pour l'ancienne France, ce que la famine a été pour l'Égypte des Pharaons car, en France, les rois excipaient des guerres pour imposer leurs sujets. En remontant l'histoire fiscale de la France au moins à l'époque des Capétiens, on s'aperçoit que dans le fond, la monarchie capétienne ne diffère pas fondamentalement du règne des Carolingiens dont on peut dire qu'ils

---

[131] *Cf.* au songe du Pharaon.

[132] Voir le Nouveau Testament, Genèse, chapitre XLI, verset 35 à 36 « Qu'ils rassemblent tous les vivres de ces bonnes années qui vont venir ; qu'ils fassent, sous l'autorité du Pharaon, des réserves de froment et de vivres dans les villes, et qu'ils aient la garde » (verset « (35) ; « Ces vivres seront en dépôt pour le pays, en vue des sept années de famine qu'il y aura dans le pays d'Égypte, afin que le pays ne soit pas consumé par la famine » (verset 36).

[133] Cette définition de G. Vedel (reprise par W. Gilles *in* « Les transformations du droit fiscal à l'ère du numérique ») a déjà été donnée plus haut, accompagnée des références y relatives (voir introduction) ; elle n'est donc redonnée ici qu'à titre de rappel.

[134] X. Pérez, *La raison fiscale de l'ancienne France à la naissance de l'État décentralisé contemporain*, thèse de doctorat en droit, Université Montesquieu-Bordeaux IV, sous la direction de Bernard Gallinato-Contino, p. 12.

[135] La doctrine souhaite actualiser cette définition. En ce sens, voir celle proposée par O. Negrin *in* « Une légende fiscale : la définition de l'impôt de G. Jèse », *Revue de droit public et de la science politique*, 2008, n° 1, p. 119-131, cité par W. Gilles, « Les transformations du droit fiscal à l'ère du numérique », *RIMD, op.cit*, p. 71.

[136] Il s'agit de G. Vedel comme déjà mentionné.

[137] De nos jours, il n'est pas rare qu'une autorité, maire, sous-préfet, préfet, etc. reçoive des dons en nature (une chèvre, des ignames, du vin, etc.) ou en argent. On peut penser que de tels dons relèvent d'une simple culture d'allégeance aux autorités - fussent-elles traditionnelles ou administratives - sans aucun lien avec l'impôt.

avaient posé des jalons d'une fiscalité. Dans le prolongement de ces derniers, les premiers rois capétiens se démarquent en innovant : au-delà de la fiscalité, « leur œuvre se symbolise [...] par la naissance d'une administration fiscale »[138]. A partir du Xe siècle, l'histoire fiscale de la France va connaître de nombreux rebondissements : insuffisance des revenus du domaine du roi entraînant une augmentation de la fiscalité royale afin de pouvoir financer la construction de l'État et les dépenses de guerre, fondation progressive de l'impôt au gré des règnes[139] qui se succèdent, révoltes fiscales notamment au regard de l'impôt sur le revenu en passant par la fin du XVIIIe siècle où les impôts locaux sont constitués de « la taille, la capitation, le vingtième et la corvée des grands chemins. [...] Le roi fixait ce que devait payer chaque collectivité locale et c'était à la localité, la paroisse par exemple, d'en repartir la charge sur les habitants »[140]. La royauté coûte de plus en plus chère avec des répercussions insupportables sur le montant des prélèvements que certains privilégiés ne paient ni ne tiennent à payer, ce qui entraîne une farouche opposition des Parlements à la création de nouveaux impôts et à l'autorité de Louis XV. Il s'ensuit une révolution qui « fait basculer la société française dans une nouvelle période d'imposition. Les privilèges, abolis dans la nuit du 4 août 1789, symbolisent une révolution riche en décisions fiscales et économiques »[141].

2. La réalité camerounaise ou la prépondérance de la coutume

Au Cameroun, où selon Jean-Baptiste Fotsing « l'impôt est au centre d'une relation avec le monde surnaturel »[142] puisque l'on y croit « que c'est aux Dieux qu'il faut acheter et que les Dieux savent rendre le prix des choses »[143], les Carolingiens, les Capétiens, les guerres entre Blancs (Français et Anglais par exemple) financées par les roturiers, les révoltes d'alors, la bourgeoisie, la seigneurie ou la fiscalité n'effleurent pas l'esprit des « indigènes » — comme on les appellera plus tard — d'un territoire lointain et encore innomé[144] où,

---

[138] X.Pérez, *La raison fiscale de l'ancienne France à la naissance de l'État décentralisé contemporain*, thèse de doctorat en droit, *op.cit*, p. 18.

[139] Exemples : Philippe Le Bel qui a régné de 1285 à 1314 a développé l'imposition et a mis fin à l'ordre des Templiers ; Charles VII avait quant à lui, pendant son règne (de 1422 à 1461) pris, en 1439, une ordonnance qui réservait au roi la primauté sur la taille - impôt destiné à financer la première armée permanente - qu'aucun Seigneur ne pouvait plus percevoir sans son autorisation. Voir, X. Pérez, *La raison fiscale de l'ancienne France à la naissance de l'État décentralisé contemporain*, *op.cit*, p. 19-20.

[140] *Idem*, p. 20.

[141] *Ibidem*, p. 21.

[142] J.-B. Fotsing, *Le pouvoir fiscal en Afrique. Essai sur la légitimité fiscale dans les États d'Afrique noire francophone op.cit*, p. 26.

[143] M. Mauss, *Sociologie et anthropologie*, PUF, 1978, cité par J.-B. Fotsing, *ibidem*.

[144] À titre d'illustration, pendant que Charles VII régnait entre 1422 et 1461 et légiférait déjà en matière fiscale (voir son ordonnance de 1439 lui réservant la primauté de la taille, *supra*), le Cameroun était encore loin d'être découvert par des navigateurs portugais, en 1472. Ce sont ces derniers qui, surpris par la multitude des bancs de crevettes qu'ils découvrent dans l'estuaire du

selon toujours Jean-Baptiste Fotsing, « traditionnellement l'impôt apparaît d'abord comme un sacrifice aux ancêtres, témoignage de l'adhésion aux institutions léguées par ces derniers à travers la charte fondamentale renouvelée sans cesse par le biais du mythe »[145] et où l'on a le respect de Dieux vénérés et craints, auxquels on fait des offrandes diverses pour toutes les grâces qu'ils accordent, voire pour tout moyen de subsistance que l'on prélève de la nature.

Pour Jean-Baptiste Fotsing, « ce prélèvement cause un préjudice aux Dieux, il frise le sacrilège et exige réparation et restauration. Aussi importe-il de restituer par des rites, ce que les actes profanes ont soustrait. C'est là que naît l'idée de dette et de sacrifice réparateur », ce qui amène l'auteur à parler de « dette sacrificielle »[146] et de « sacrifice fiscal »[147]. Il en est de même des ancêtres qui, de l'au-delà, continuent de veiller sur les survivants. Ces ancêtres sont aussi vénérés ; une vénération qui se traduit également en offrandes, en sacrifices et en divers rites propres à chaque coutume; ils ont, eux aussi, droit à ce qu'un auteur appelle « le rituel sacrificiel »[148] et qui est « le moyen pour les hommes de s'acquitter d'une dette particulière, celle du sens profond de l'univers »[149], le sacrifice étant « le moyen par excellence d'établir une communication entre le monde profane et le monde sacré »[150]. La relation avec le monde surnaturel implique une contrepartie ; ainsi, par exemple, faut-il payer les dieux pour couper « son » bois, avant d'entreprendre de gratter « sa » terre ou même planter le poteau de « sa » maison.[151] Jean-Baptiste Fotsing reconnaît que « c'est ici que la théorie africaine de l'impôt où l'action de l'individu n'est pas que fonction de son intérêt économique prend son relief. Elle est avant tout l'expression d'un culte aux ancêtres. En effet, ici, la relation a ceci de particulier qu'elle suppose la supériorité du monde de l'au-delà, celui des ancêtres, sur le monde des humains »[152]. Autrement dit, « cela implique un rapport de domination au sein duquel le monde de l'au-delà est supposé redistribuer les paillettes du sacré »[153].

---

fleuve Wouri, vont donner à ce dernier le nom de *Rio does Camaroes* (rivière des crevettes) : le Cameroun tient son appellation de *Camaroes*.

[145] J.-B. Fotsing, *Le pouvoir fiscal en Afrique. Essai sur la légitimité fiscale dans les États d'Afrique noire francophone., op.cit*, p. 27.

[146] *Idem*.

[147] *Ibidem*.

[148] J.-B. Fotsing, *Le pouvoir fiscal en Afrique. Essai sur la légitimité fiscale dans les États d'Afrique noire francophone op.cit*., p. 27.

[149] M. Bouvier, « Anthropologie et finances publiques : réflexion sur la notion de sacrifice fiscal », *RFFP*, n° 17, 1987, p.197, cité par J.-B. Fotsing, *Le pouvoir fiscal en Afrique. Essai sur la légitimité fiscale dans les États d'Afrique noire francophone op.cit.*, p. 27.

[150] H. Henri. et M. Mauss., *Essai sur la nature et les fonctions du sacrifice in Mauss*, œuvres I, 1968, p. 205, cité par J.-B. Fotsing, *op.cit*, p. 28.

[151] M. Mauss, *Sociologie et anthropologie*, PUF, 1978, cité par J.-B. Fotsing, *op.cit*, p. 27.

[152] J.-B. Fotsing, *Le pouvoir fiscal en Afrique…, op.cit*, p. 27.

[153] M. Bouvier, « Anthropologie et finances publiques : réflexion sur la notion de sacrifice fiscal », *op.cit,* voir J.-B. Fotsing, *Le pouvoir fiscal en Afrique…, op.cit, p. 27.*

Au monde de l'au-delà viennent s'ajouter des « prélèvements » en nature qui reviennent de droit à un chef ou à un roi, selon les pratiques propres du ciel sous lequel on se trouve. Chez les *bamiléké* « [...] une petite part de récolte revient au *EFO* [le chef] en tant que gardien des terres de la collectivité. Cette part est généralement estimée à la récolte obtenue sur un sillon »[154]. Il en est de même de la fête *Evin* célébrée en saison sèche dans le royaume *Bafut* en montagne camerounaise où, selon Jean-Baptiste Fotsing « on apportait au souverain une part de la récolte. Les villageois tributaires du roi remettaient selon la nature de leurs ressources, de l'huile ou des poissons séchés. Ces produits étaient remis à un intermédiaire, « *ta mando* », entre le roi et les tributaires [...]. L'impôt comme lien entre le sacré et l'homme met en exergue le rôle important du chef ou du roi comme garant des institutions léguées par les ancêtres ».

À la vérité, il s'agit de pratiques difficilement assimilables à l'impôt. Peut-on raisonnablement attribuer une nature autre que cultuelle, culturelle, traditionnelle et coutumière à des sacrifices faits en reconnaissance de la faveur des ancêtres morts ? Peut-on, de façon certaine, affirmer que l'ensemble des caractéristiques de l'impôt étatique (la contrainte, la sanction, la vocation à couvrir quelque charge collective) est transposable à ces sacrifices ?

Michel Bouvier fait remarquer que « l'acceptation de l'impôt par ceux qui sont soumis repose fondamentalement sur deux types de légitimité. La première est une *légitimité d'ordre politique* qui s'est progressivement construite au fil du temps et qui repose sur l'idée qu'il peut et doit exister une sorte de contrat social entre le peuple et le souverain ; elle relève d'une conception de l'acceptation de l'impôt réfléchie et fondée en raison. La seconde est une *légitimité d'ordre sociologique* qui procède des plus lointaines origines de l'impôt et qui se traduit par une acceptation plus intime, une acceptation quasiment instinctive enfouie au plus profond de l'inconscient collectif, non pas de telle ou telle taxe, mais de la nécessité de la contribution de chacun à un pot commun ».[155] Il y a lieu de souligner que la légitimité d'ordre politique ne pose pas de problème majeur : elle est à l'origine d'un dispositif qui s'est construit progressivement ailleurs, avant d'être implanté, voire imposé au Cameroun où il fait aujourd'hui office de legs colonial. La frappante similitude des systèmes fiscaux locaux de la France et du Cameroun en atteste.

Même le parallèle fait par des historiens avec les pratiques observées au Nord-Cameroun ne remet pas en cause le caractère exogène de l'impôt au Cameroun. Au contraire ! : « À la tête d'un lamidat se trouve un lamido. Il est élu à vie parmi les membres de la famille régnante [...]. Ses sujets lui doivent des impôts : le "zakkat" (*sic*) : aumône légale prescrite par le Koran (*sic*) ;

---

[154] *Le Code coutumier bamiléké*, Édition le réveil des peuples, Sans éd., p. 11.

[155] M. Bouvier (dir.), « Les transformations de la légitimité de l'impôt dans la société contemporaine » *in Réforme des finances publiques, démocratie et bonne gouvernance et bonne gouvernance*, LGDJ, 2004, p. 82.

l'"ouchoura" : impôt établi sur les héritages ; le "soffol" : taxe de pâturage payée par les étrangers qui viennent faire paître leurs troupeaux sur le lamidat. Elle s'élève à un bœuf par troupeau »[156]. L'islam ayant été introduit au Cameroun, en 1715 au temps du roi Boukar de Mandara[157], on en déduit, concernant la *Zakkat* par exemple, qu'elle n'est ni plus ni moins qu'un produit de l'islam[158], sans qu'il soit besoin de préciser que l'origine plus ancienne de l'*ouchoura* et du *soffol* n'est pas aisément démontrable.

De prime abord, les dons faits aux chefs coutumiers semblent renvoyer à la légitimité d'ordre sociologique à laquelle Michel Bouvier fait référence : ainsi, la part des récoltes et les produits de diverses natures offerts au chef sont généralement qualifiés de dîme, sans doute par abus de langage ! Historiquement, la dîme constituait effectivement un impôt français sous la forme d'une fraction de la récolte que prélevait l'église ; or les pratiques précoloniales observées au Cameroun relevaient de phénomènes culturels variant d'une région à une autre au gré des circonstances. Chez les *Bamoun* par exemple : « le côté fête foraine de *Nguon* faisait converger vers Foumban toutes sortes de richesses du royaume. Chaque contrée apportait selon sa spécialité : les produits des récoltes, de la cueillette, de la chasse, de l'artisanat, etc. Tout y passait. Certes, tout cela avait fini par prendre des allures de tributs forcés. Le colonisateur en prit d'ailleurs prétexte pour interdire l'une des plus vivantes manifestations de culture et d'organisation traditionnelles [...]»[159].

Au plan rituel, « les chefs et les cheftaines des tribus sont ceux qui patronnent les cérémonies avec les esprits. Les rituels y sont poussés à leur extrême ainsi que les libations dans le seul but de purifier le peuple [...]. Les rites sont toujours pratiqués de nos jours à chaque début de semences pour s'assurer les faveurs des esprits dans l'attente des fruits de la terre »[160].

À toutes ces pratiques empreintes d'irrationalité — auxquelles il semble difficile d'attribuer une connotation fiscale — se sont substituées des règles de fiscalité rationnelles. Par exemple, l'impôt de capitation[161] a été expérimenté pour la première fois chez les *Douala* en 1903 et, en dépit des résistances de ce

[156] R.P. E. Mveng et D. Beling-Nkoumba, *Histoire du Cameroun*, *op.cit.*, p. 127.

[157] *Idem*, p. 228.

[158] Il semblerait qu'il s'agisse d'une aumône que tout musulman disposant d'une fortune minimale doit verser (annuellement) par solidarité aux pauvres et indigents.

[159] Isaac Njifakue, « Le nguon : une réalité polysémique », *Le journal magazine des grandes journées du peuple Bamoun*, n° 001, décembre 1994, p. 44.

[160] Rabiatou Njoya, « les origines tikar du *Nguon* et les hommes du "*Nguon*" », *Le journal magazine des grandes journées du peuple Bamoun*, n° 003, décembre 1998, p. 38.

[161] En France, l'impôt de capitation fixait un montant déterminé d'impôt par citoyen et faisait partie des impôts assis sur des données physiques comme l'impôt sur les chiens et l'impôt sur les portes et fenêtres, longtemps pratiqués en France. Dans une économie moderne, qui s'est monétarisée, on obtient plus les informations sur la richesse des individus, et par conséquent sur leur capacités contributives, qui sont plus précises, entraînant que l'impôt puisse être assis sur cette richesse : le stock, c'est-à-dire le patrimoine, ou le flux, c'est-à-dire le revenu. Voir, M. Pébereau, *La politique économique de la France*, Armand Colin, 2e édition, 1987, p. 139.

peuple, cet impôt s'étendra à tout le territoire en 1907 et sera formellement institué par un décret du 20 octobre 1908[162].

Si tant est qu'il faille (absolument) parler d'un pouvoir fiscal traditionnel, autant reconnaître que « [...] La pénétration coloniale a sonné le glas [de ce] pouvoir fiscal traditionnel [...]. En effet, exogène par sa source et laïc dans son fondement, le pouvoir fiscal colonial s'est établi sur les cendres du pouvoir fiscal traditionnel »[163]. La fin de ce pouvoir emportait inéluctablement la disparition officielle des pratiques ancestrales qui l'accompagnaient. Par conséquent et à l'évidence, il est très difficile, voire impossible, de rapporter la preuve que la coutume camerounaise a, à un moment ou un autre, contribué à l'édification du droit fiscal local ; celui-ci est une « excroissance du système français »[164]. Jean-Pierre Olivier de Sardan, reconnaît d'ailleurs que les redevances dites « coutumières » et autres « contributions » ou « tributs » prélevés par les autorités coloniales sur les administrés étaient « néo-traditionnels », avant d'ajouter que ces redevances coutumières sous la colonisation dans l'Ouest du Niger étaient loin de refléter les « coutumes précoloniales »[165].

Camille Roger Abolou affirme que « le droit coutumier organise les coutumes autochtones des communautés traditionnelles ou des groupes ethniques. Ces coutumes sont un ensemble de règles tacites et contraignantes qui ont force de loi sur leurs membres. Le droit coutumier, système non écrit, a [...] une valeur ontologique et morale. Le droit civiliste apparaît avec l'avènement de l'État moderne, depuis l'État colonial jusqu'à l'État postcolonial. C'est un ensemble de lois qui codifie, rationalise une société de citoyens et draine des valeurs morales universalisantes d'une contrée à une autre [...] ces deux sources de droit interfèrent l'une avec l'autre en Afrique dans des situations diverses (administration, tribunal, école, foncier, etc.)»[166]. L''une des exceptions dont souffre néanmoins ce diptyque est que le droit fiscal importé[167] est le substrat exclusif[168] de la fiscalité locale camerounaise,

---

[162] S. C. Tagne Kommegne, « L'imposition des cultures de rente dans le processus de formation de l'État du Cameroun (1884-1914) », Mémoire, DEA de sciences politiques, Université de Yaoundé 2 Soa, 2006, consultable sur :
http://www.memoireonline.com/12/09/2981/m_Limposition-des-cultures-de-rente-dans-le-processus-de-formation-de-letat-au-cameroun-1884-1929.html.

[163] J.-B. Fotsing, *Le pouvoir fiscal en Afrique*..., *op.cit*, p. 19.

[164] P. Alaka Alaka, *Les difficultés du recouvrement de l'impôt au Cameroun* : *Contribution à l'étude des dysfonctionnements administratifs*, thèse, Université de paris II, 1996, sous la direction de Claude Goyard, p. 7.

[165] J.-P. O. de Sardan, « Les huit modes de gouvernance locale en Afrique de l'Ouest », *Working paper*, n° 4, 2009, p. 12-13.

[166] C. R. Abolou, « Cultures juridiques et aménagement jurilinguistique en Afrique », *revue Aspects* n° 1- 2008, p. 101-117.

[167] Même si le Cameroun est largement influencé par le système civiliste, il faut néanmoins rappeler que ce pays a été sous le joug de trois administrations coloniales.

[168] « D'une façon générale, dans toutes les législations coloniales européennes, le droit moderne était conçu comme le droit commun, auquel il convenait de recourir en cas de silence du droit traditionnel », voir, N. Rouland, *Anthropologie juridique*, PUF, 1988, p. 351.

une matière admise par le pouvoir d'État local à laquelle il a fallu s'adapter ; une matière qui, au plan linguistique, passait obligatoirement par une *vernacularisation* de ses notions[169].

Stanislas Meloné avait d'ailleurs souligné qu'« il y a une lecture trop française du droit africain [...], Les magistrats [oubliant] souvent ceux pour qui ils disent le droit »[170]. Selon lui, « ce constat est certes réel puisque les juges sont formés à l'école française ou plutôt à l'école d'inspiration française et moins, voire pas du tout, à celle de l'école de la coutume »[171], mais il ne faut cependant pas perdre de vue que, s'agissant de la coutume, le système camerounais tient compte du contexte local. Ce système donne à toute partie qui y consent la possibilité de porter son litige devant un tribunal de droit coutumier à l'effet de voir son litige réglé par application de sa coutume. Par conséquent, et concernant le Cameroun, la lecture par trop française du droit africain imputé aux magistrats africains s'en trouve forcément tempérée. Toutefois, s'agissant cette fois de la fiscalité locale, on ne peut s'empêcher de faire remarquer qu'elle fait partie des matières qui dérivent exclusivement de « l'école d'inspiration française », rendant illusoire toute tentative de dire le droit fiscal local camerounais, en se passant de la lecture — justement — trop française de cette matière.

Toutes les pratiques ancestrales ci-avant abordées n'ont fait l'objet d'aucune codification ; sans doute parce que, au fond, elles n'ont jamais constitué un véritable droit fiscal traditionnel de nature à s'ouvrir à l'harmonieuse synthèse coutume/droit moderne que le Cameroun a connue en matière civile. Sans doute aussi, parce que, au fond, ces pratiques renvoyaient à autre chose que l'impôt. Cette « autre chose » innommée, à laquelle on a cru bon de réserver l'appellation exogène d' « impôt »...

En l'absence de coutumes fiscales[172], et donc de fiscalité coutumière pouvant donner matière à trancher aux juridictions de droit coutumier, la résolution des litiges relevant du domaine de la fiscalité en général et de la fiscalité locale en particulier emprunte (exclusivement) au droit moderne, issu essentiellement de sources normatives.

---

[169] À titre d'exemples, la tribu *yambassa* dans le Centre du pays emploie le vocable *lampo* pour faire référence à « l'impôt », les tribus *bamiléké* (*bafang)* de l'Ouest-Cameroun et *douala* dans le littoral emploient quant à elles le vocable *tassi* qui rappelle les mots français « taxe » et anglais *tax*. Plus proche de ce dernier exemple, la tribu *pongo* utilise les mots *tach* ou *tachi*. Dans les quatre cas ci-dessus, ces mots - qui désignent indifféremment *impôt* et *taxe* - n'ont aucune existence précoloniale. Il ne peut s'agir que d'une déformation de l'appellation d'origine française et anglaise de ces mots.

[170] S. Meloné, « Du bon usage du pluralisme judiciaire en Afrique », *R.D.C*, série n° 31-32, cité par R. Tchapmegni, *Le contentieux de la propriété foncière au Cameroun*, sous la direction d'Encinas Rafael de Munagorri, Université de Nantes, thèse de droit, 2008, p. 420.

[171] *Idem*.

[172] Sur les développements afférents à l'absence de coutumes fiscales au Cameroun où coexistent le droit coutumier et le droit moderne, voir *supra*.

B. LES SOURCES NORMATIVES, DES SOURCES CRÉATRICES DE LA FISCALITÉ LOCALE

La norme est un « terme synonyme de règle de droit, de règle juridique, obligatoire, générale et impersonnelle »[173]. Par conséquent, l'expression *source normative* renvoie à la Constitution[174] (1), à la loi (2) et aux règlements administratifs (3).

1. La Constitution, la consécration des collectivités territoriales décentralisées et de leur autonomie financière

La fiscalité locale n'est pas la seule branche importée de la législation camerounaise ; le constitutionalisme en est une autre pour s'être largement inspiré de la Constitution française de 1958. Toutefois, et à la différence de la coutume auparavant étudiée, la Constitution est une source certaine du droit fiscal local du Cameroun.

En faisant du Cameroun un « État unitaire décentralisé »[175], la Constitution de 1996 ouvre effectivement le chantier de la décentralisation en consacrant les collectivités territoriales décentralisées que sont les régions et les communes, un renvoi en filigrane, mais certain à la fiscalité locale. En effet, l'article 55 de la constitution camerounaise constitue le socle du droit de ces collectivités. Au terme de celui-ci, « (1) Les collectivités territoriales décentralisées de la République sont les régions et les communes. Tout autre type de collectivité territoriale décentralisé est créé par la loi. (2) Les collectivités territoriales décentralisées sont des personnes morales de droit public. Elles jouissent de l'autonomie administrative et financière pour la gestion des intérêts régionaux et locaux. Elles s'administrent librement par des conseils élus et dans les conditions fixées par la loi. Les conseils des collectivités territoriales décentralisées ont pour mission de promouvoir le développement économique, social, sanitaire, éducatif, culturel et sportif de ces collectivités. (3) L'État assure la tutelle sur les collectivités territoriales décentralisées dans les conditions fixées par la loi. (4) L'État veille au développement harmonieux de toutes les collectivités territoriales décentralisées sur la base de la solidarité nationale, des potentialités régionales et de l'équilibre inter - régional. (5) L'organisation, le fonctionnement et le régime financier des collectivités territoriales décentralisées sont déterminés par la loi. (6) Le régime des communes est déterminé par la loi ».

Le résultat est qu'avec la Constitution de 1996, certains principes inhérents aux collectivités territoriales décentralisées — c'est-à-dire la libre

---

[173] *Lexique des termes juridiques 2012*, 19e édition, Dalloz, p. 583.

[174] Le terme Constitution est employé au sens large, puisqu'il englobe le préambule de la Constitution. En effet, selon l'article 65 de la Constitution de 1996, « le préambule fait partie intégrante de la Constitution ».

[175] Article premier alinéa 2 de la Constitution de 1996, article précité.

administration et l'autonomie financière — et (consubstantiellement) à leur fiscalité, acquièrent désormais valeur constitutionnelle.

Même si l'exécutif camerounais s'est toujours réservé la possibilité d'agir en toutes circonstances, en lieu et place d'autres organes institutionnels, au mépris du sacro-saint principe de séparation des pouvoirs affiché par la Constitution — une omniprésente prépondérance qui fait du Président de la République un chef d'orchestre législatif et institutionnel — cette dernière n'en demeure pas moins une source reconnue de la fiscalité locale au même titre que la loi. Celle-ci est (théoriquement) d'émanation parlementaire ou présidentielle comme le prévoient les articles 14 et 25 de la Constitution[176].

2. La loi fiscale, une source certaine de la fiscalité locale

Au contraire de la coutume, la loi fiscale demeure une source incontestable de la fiscalité locale camerounaise. À preuve, « une collectivité territoriale ne peut percevoir un impôt ou une taxe que s'il (ou elle) est créé (e) par la loi, voté (e) par l'organe délibérant et approuvé par l'autorité de tutelle »[177]. Les lois fiscales camerounaises présentent deux traits caractéristiques qu'il serait malvenu de ne pas exposer dans le cadre de cette réflexion. D'une part, elles constituent une copie quasi conforme de la législation fiscale française (a) et, d'autre part, leur procédure d'élaboration est atypique car, si « l'initiative des lois appartient concurremment au Président de la République et aux membres du Parlement » en vertu de l'article 25 de la Constitution, reste que le poids écrasant de l'exécutif en matière législative, parfois sans égards pour la Constitution, amène à penser que l'initiative des lois revient exclusivement au Président de la République (b). Toutefois, la récente mise en place du Sénat (17 ans après son institution)[178] nourrit des espoirs vers plus de légalité (c).

a) La loi fiscale, une transposition française

L'influence de la France au Cameroun en matière législative reste sinon considérable, du moins excessive, au regard de l'ampleur des textes tant hérités que transposés dans ce dernier pays. Comme le rappelle un auteur, « le système juridique camerounais a connu plusieurs transformations eu égard aux différentes influences coloniales qui ont profondément affecté son droit positif. Mais en fin de compte l'héritage juridique français est celui qui a le plus influencé le triangle national »[179]. La décentralisation, et par ricochet la fiscalité locale au Cameroun, ont effectivement été marquées par des textes

---

[176] Sur ces articles, voir *infra*.

[177] Article 3 de la loi n° 2009/019 du 15 décembre portant fiscalité locale.

[178] Le Sénat avait été institué par la Constitution de 1996, mais les premières élections sénatoriales du Cameroun indépendant n'ont été organisées que le 14 avril 2013. Le tout premier président du Sénat camerounais (Marcel Niat Njifenji) est en fonction depuis le 12 juin 2013.

[179] P. Ateba Bouli, *Le régime foncier camerounais : entre mimétisme et créativité*, thèse de droit public, Université de Sophia Antipolis, 2008, sous la direction de Jean-Marie Rainaud, P. 210.

français, notamment[180] la loi n° 55-1489 du 18 novembre 1955 relative à la réorganisation municipale en Afrique occidentale française, au Togo, au Cameroun et à Madagascar[181]. Alain Rochegude reconnaît en effet que « [...] la plupart des pays anciennement colonies françaises, se sont inspirés, dans leur démarche de décentralisation, du système mis en place dans l'ancienne Métropole. La concordance du vocabulaire, des concepts, des procédures, des références, en atteste largement »[182]. À titre d'illustration, il y a lieu de citer les circonscriptions administratives d'origine française non dotées de la personnalité juridique — départements, arrondissements —qui arborent la même appellation au Cameroun où elles ne sont pas plus dotées de la personnalité juridique, tandis que les communes et les régions sont, au Cameroun comme en France, des circonscriptions infra-étatiques dotées de la personnalité juridique et susceptibles de bénéficier d'un transfert de compétences dans le cadre de la décentralisation. Est-il besoin de rappeler que les lois de décentralisation camerounaises ne sont que le prolongement de la loi française de décentralisation de 1982, dite loi Deferre[183] ? Il en va de même, au plan financier, de la loi organique du 2 janvier 1959 relative aux lois de finances dont s'est largement inspirée l'ordonnance camerounaise n° 62/0F du 7 février 1962 (précitée) réglant le mode de présentation, les conditions d'exécution du budget de la République fédérale du Cameroun, de ses recettes, de ses dépenses et de toutes les opérations s'y rapportant (structure budgétaire, préparation, présentation et vote des projets de loi de finances, règles relatives à l'exécution du budget etc.).

Jean-Marie Breton fait remarquer que « la réception des modèles exogènes, par un phénomène de mimétisme juridique, a souvent constitué un processus sinon de « création », *stricto sensu*, du droit en Afrique ou même dans les pays en développement, tout au moins un processus étroitement lié à l'émergence d'un droit national dans les États et les systèmes issus d'un ordonnancement

---

[180] À l'exception toutefois de l'importante loi municipale du 5 avril 1884 car, comme l'écrit A. Valette, « la France, puissance tutélaire, a opté au Cameroun pour une décentralisation prudente et diversifiée : alors que toutes les communes françaises sont soumises au statut juridique défini par la loi municipale du 5 avril 1884, il n'existe pas au Cameroun de statut unique des communes [...] » *in* « L'organisation communale au Cameroun oriental », ORSTOM, *fonds documentaire*, n° 3878, cote B, 25 novembre 1983. En effet, au Sénégal par exemple, les villes de Saint-Louis, Gorée, Rufisque et Dakar étaient régies par la loi française du 5 avril 1884. Cette loi est restée en vigueur au Sénégal jusqu'en 1966, année de l'avènement du Code de l'administration territoriale de ce pays. En revanche, la loi n° 55-1489 du 18 novembre 1955 - un temps en vigueur au Cameroun - avait dans l'entre-temps érigé les communes de Kaolack, Thiès, Louga, Ziguinchor et Diourbel en Communes de plein exercice avec le principe d'un conseil municipal élu et d'un maire nommé. Voir, aussi, les textes précités suivants : le décret du 30 décembre 1912 portant régime financier des Colonies et la loi organique n° 59-2 du 2 janvier 1959 relative aux lois de finances.

[181] Texte précité.

[182] A. Rochegude, *in* Bulletin de liaison du LAPJ, n° 26, septembre 2001, p. 13-32, disponible sur : http://a.c.a.j.free/ROCHEGUDE.html. Consulté le 13 septembre 2012.

[183] Voir les développements déjà consacrés à ce sujet au I (B) de l'introduction de la présente thèse.

hérité de leur passé colonial »[184]. La fiscalité locale du Cameroun n'est pas hors du champ de ce constat : plus de cinquante ans après l'indépendance de ce pays, le législateur national continue de s'inspirer — sans pertinence avérée — de la fiscalité locale française et de ses avatars ; un *modus vivendi* qu'il serait pourtant temps de corriger car, transposer à l'identique la fiscalité locale de la France au Cameroun, autrement dit sans pertinence, c'est abâtardir celle du Cameroun, tout en renvoyant l'efficience et l'efficacité de cette dernière aux calendes grecques. D'ailleurs, « que n'a-t-on dit à propos de la fiscalité locale française ? Un empilement hétéroclite d'impôts réputés archaïques, un amas de mesures fiscales dérogatoires nées au gré des préoccupations successives du législateur. Un système mal équilibré entre l'État et les collectivités locales de divers niveaux, entre les ménages et les entreprises : un système anti économique, obstacle voire ennemi de l'aménagement du territoire, coûteux à administrer voire ingérable. Le mot est lâche : le système fiscal est à bout de course ; ingéré parce qu'ingérable ».[185]

Ces propos alarmistes ne sont pas dénués de sens et d'intérêt dans le cadre d'une étude portant sur le Cameroun, un pays dont la jeune fiscalité locale est une reprise progressive et (presque) à l'identique de la fiscalité locale française. On ne peut faire le procès de ce choix qui garde un certain degré de pertinence — La fiscalité locale française regorge de bons outils, tout dépend de la manière dont on s'en sert —puisqu'un mauvais système français peut se révéler excellent sous d'autres cieux. Mais au Cameroun « [...] où ne peuvent être transposées des solutions exogènes sans de profondes adaptations »[186], la transposition du modèle français s'est souvent faite de manière empirique, c'est-à-dire à dire en se basant sur des formules stéréotypées, sans prise en compte de certaines réalités locales et, généralement, du contexte du pays.

La taxe foncière sur les propriétés immobilières en est une parfaite illustration. À coup sûr, cette taxe a vocation à mobiliser d'importantes ressources, mais son « dépaysement » au Cameroun en fait plutôt un impôt inefficace et injuste comme nous le verrons plus loin.

En France et à titre de comparaison, les origines de cet impôt remontent à la Révolution française où l'appellation *contribution foncière bâtie et non bâtie* fut consacrée par l'Assemblée constituante, qui autorisa la perception de centimes additionnels aux impositions d'État. À la faveur d'une ordonnance de janvier 1959, les quatre anciennes contributions — contribution foncière bâtie et non bâtie ; contribution mobilière ; contribution des patentes — sont

---

[184] J.-M. Breton « Portée et limites de la réception des modèles exogènes : réflexion sur la socialisation » du système juridique dans l'expérience marxiste congolaise (1963-1991) » *in* D. Darbon et J. du Bois de Gaudusson (dir.), *La création du droit en Afrique*, éditions Karthala, 1997, p. 247.

[185] G. Gilbert, « La fiscalité locale en France : du constat aux marges de manœuvres », p.11 sur : http://www.u-picardie.fr/labo/curapp/revues/root/34/guy_gilbert.pdf_4a07ef5f4bdf5/guy_gilbert.pdf.

[186] E. Leroy (dir.), *Retour au foncier*, Bulletin de liaison, n° 26, septembre 2001, LAPJ, Paris, p. 5.

remplacées par quatre nouvelles taxes qui frappent respectivement les mêmes contribuables (la taxe foncière sur les propriétés bâties, la taxe foncière sur les propriétés non bâties, la taxe d'habitation, et la taxe professionnelle)[187]. Les raisons qui avaient conduit à la réforme de 1959 sont rapportées par Pierre Lalumière : « outre son extrême complexité, ce système de contributions [était] inadapté aux réalités économiques [d'alors]. Comme les valeurs locatives[188] de chaque contribution [étaient] calculées à des dates différentes et souvent fort éloignées, elles ne [pouvaient] pas exprimer l'état réel de la matière imposable. [C'était] donc des situations passées sans rapport avec les valeurs [servant] de base à la répartition de l'impôt entre les contribuables et qui entre eux de profondes inégalités. Mais le défaut principal de ce système fiscal [paraissait] cependant résider dans les différences sans cesse croissantes de pression fiscale entre les collectivités locales et plus particulièrement entre les communes. L'industrialisation [avait] eu, en effet, pour conséquence de concentrer la richesse économique dans des secteurs géographiquement délimités ; un écart sans cesse croissant [s'était] établi entre les communes riches et les communes pauvres. Or, malgré des potentiels fiscaux extrêmement variables, toutes les communes [avaient] dû supporter un développement identique de leurs dépenses publiques. De ce fait, la charge fiscale supportée par les contribuables [était] très différente selon la résidence géographique [...] »[189].

Dans la mesure où la réforme que prévoyait l'ordonnance de 1959 était « subordonnée à une révision préalable des évaluations cadastrales des propriétés bâties et non bâties »[190], Pierre Lalumière révèle qu'une révision des valeurs locatives des propriétés non bâties fut effectuée en 1963-1964, alors que les modalités de révision des propriétés bâties furent quant à elles fixées par la loi du 2 février 1968 (décret d'application du 28 novembre 1969). Mais compte tenu des difficultés rencontrées pendant quinze années (réalisation des tâches complexes de recensement et d'évaluation), les nouvelles taxes sur les propriétés bâties et non bâties n'avaient pu être perçues qu'à partir de janvier 1974, et en tout cas après qu'une rationalisation de répartition (impôts locaux/impôts d'État) et une adaptation progressive au contexte français eurent considérablement entamé les injustices, incohérences et complications qui émaillèrent la période allant de la Révolution française au milieu des années 70.

---

[187] P. Lalumière, *Les finances publiques*, Armand Colin, 1976, p. 120.

[188] La valeur locative est déterminée par l'Administration suivant les modalités fixées par une loi de 1968. Elle est selon J.-S. Klein, « [...] le loyer théorique qu'un propriétaire devrait tirer de son bien s'il le louait aux conditions normales du marché » : cité par Pierre Beltrame, *La fiscalité en France*, 15e édition, Hachette, 2009, p. 97.

[189] P. Lalumière, *Les finances publiques*, Armand Colin, *op.cit.*, p. 118.

[190] *Idem*, p. 120.

Contrairement à la France où son instauration avait donné lieu à maturation (voir *infra*), et en dépit de l'urgence[191] qu'il y a à réformer les taxes foncières de l'Hexagone, la taxe foncière a été instituée au Cameroun en 1988 sans véritable étude préalable visant à la rendre plus rationnelle et à l'adapter au contexte du pays. Ici, cet impôt ne génère pas de ressources à hauteur de son potentiel et, comme précédemment indiqué, il se révèle injuste. Il serait donc nécessaire que soit institué un mode de calcul plus objectif, plus rationnel et adapté au contexte camerounais pour rendre la taxe foncière efficiente, efficace et juste.

Outre le défaut de rationalisation du régime de cette taxe et l'incivisme fiscal qui caractérise la société camerounaise, le sous-financement de la taxe foncière peut aussi être attribué au fait que les populations urbaines sont difficiles à tracer pour deux raisons interdépendantes. La première raison procède du caractère irrégulier et peu fiable des recensements démographiques. La deuxième tient à « l'absence d'un cadastre ou d'un

---

[191] Voir, en ce sens, « le Rapport Balladur », Rapport au Président de la République, « Il est temps de décider », Comité pour la réforme des collectivités locales, 5 mars 2009, p. 97 : « Comme dans l'ensemble des pays développés, une base foncière, c'est son actualisation et sa modernisation qui revêtent un caractère d'urgence, comme le Rapport annuel de la Cour des comptes vient de le rappeler. À trois reprises au cours des années 1990, on l'a dit, cet effort a échoué, de sorte que les taxes foncières sont assises sur des valeurs locatives qui sont celles de 1970. Des auditions auxquelles il a procédé, le Comité a retiré la conviction que, pour difficile qu'elle soit, la réévaluation des bases locatives était une absolue nécessité ».
Mais aussi M. Bouvier : « Les valeurs locatives ont fait l'objet d'une révision (loi du 30 juillet 1990) qui n'a cependant jamais été appliquée et qui a finalement été abrogée par la loi de finances rectificative pour 2010 du 30 décembre 2010. Ces bases se trouvent, de ce fait, très largement sous-évaluées en étant issues d'une précédente révision qui remonte à 1961, pour les propriétés non bâties, et à 1970 pour les propriétés bâties [...]. La loi d'orientation pour l'aménagement et le développement du territoire du 4 février 1995 avait prévu quant à elle, que les résultats de la révision générale des évaluations cadastrales devaient être incorporés dans les rôles d'imposition, au plus tard, le 1er janvier 1997 ; il a été décidé ensuite que cette incorporation ne se ferait qu'à partir de 1998, puis 1999 et 2000 [...] », *Les finances locales*, LGDJ, 15e édition, *op.cit.*, p. 96-97. Pour d'amples informations sur le caractère obsolète de la valeur locative et les tentatives avortées de sa révision notamment voir, L. Tartour, *L'autonomie financière des collectivités territoriales en droit français*, LGDJ, 2012, p. 95-102. C'est face à l'obsolescence des valeurs servant de base aux impositions directes locales qu' une réforme des valeurs locatives cadastrales a été initiée en fin 2010 ; l'expérimentation et les travaux de révision ont d'abord concerné les locaux commerciaux et les locaux professionnels, avant d'être étendue aux locaux d'habitation. En ce sens, voir l'article 74 de la loi 2013-1279 du 29 décembre 2013 de finances rectificative pour 2013 qui « a eu pour objet de permettre d'engager une expérimentation de la révision des valeurs locatives des locaux d'habitation. Cette expérimentation a été menée de la mi-février 2015 à la mi-avril 2015 dans cinq départements représentatifs [...]. Cette expérimentation doit faire l'objet d'une évaluation dans le cadre d'un Rapport qui sera remis par le Gouvernement au Parlement au plus tard le 30 septembre 2015 [...]. Les premiers travaux pourraient ainsi intervenir en 2016. L'année 2017 serait consacrée à la fixation des secteurs d'évaluation, des grilles tarifaires et, le cas échéant, des coefficients de localisation voire d'entretien par des Commissions locales dont la composition serait prévue par la loi généralisant la révision. Les résultats de la révision pourraient alors être intégrées dans les bases des impôts directs locaux à l'automne 2018 ». voir le *Rapport de l'Observatoire des finances locales, Les finances des collectivités locales en 2015*, septembre 2015, p. 147-148.

système d'adressage à jour »[192] dans un pays où coexistent trois formes de propriété, toutes en butte à l'insécurité foncière[193] : il s'agit d'abord de la tenure coutumière constituée de terres lignagères n'ayant jamais été immatriculées et de l'appropriation par voie d'immatriculation (appropriation moderne inspirée du *Torrens Act*)[194] qui a du mal à se généraliser[195]. Beaucoup plus précaire que les deux précédentes et caractéristique du foncier camerounais, la troisième forme de propriété relève du phénomène d'occupations anarchiques de sites dangereux (marécages, versants des

[192] M. Finken, *Gouvernance communale en Afrique et au Cameroun, op.cit.*, p. 194.

[193] « L'insécurité foncière est [...] l'état d'un bien-fonds ou de son propriétaire sur lesquels plane un danger réel » : *Cf.* P. Belebenie « L'insécurité foncière au Cameroun : un plomb dans l'aile de la fiscalité locale ? », quotidien *Mutations*, n° 3489 du 19 septembre 2013. En effet, il a déjà été indiqué (voir, P. Belebenie *in* quotidien *Mutations* n° 3349 du 28 février 2013) que « l'administration camerounaise est parfois amenée à faire un usage abusif de la procédure d'expropriation pour cause d'utilité publique, autrement dit à déloger des propriétaires pour un oui pour un non : des expropriations ont lieu alors que le projet qui les justifie n'est pas venu à maturité [...]. Mieux, l'Administration est souvent amenée à frapper d'expropriation une étendue de terres beaucoup plus vaste que ne nécessite le projet envisagé, une pratique relativement ancienne [et remontant au milieu des années 70] ». D'où la proposition suivant laquelle ces collectivités pourraient obtenir de l'État que soit fiscalisée l'expropriation pour cause d'utilité publique à leur profit : en évinçant l'occupant d'un terrain, l'État "ampute " la commune du lieu de situation de ce terrain d'un contribuable et, partant, d'une partie de ses ressources. La réforme foncière envisagée pourrait très bien prévoir une indemnité de perte de contribuable [...]. Actuellement dérisoire, l'indemnité d'expropriation devra alors - dans le respect du droit de propriété des individus - refléter la valeur réelle du bien immobilier à dire d'expert. L'indemnité ainsi versée en amont permettrait à la commune frappée par la perte d'un contribuable de se "financer " en aval. De même, une action pour expropriation abusive contre l'État pourrait très bien être ouverte aux expropriés pour tout projet non réalisé sur leur terrain après un certain délai légal. Les dommages-intérêts accordés à cette occasion (à l'exproprié) pourraient donner lieu à prélèvement d'un taux fixé par la loi, profitable à la collectivité locale d'origine ».
Pour G. Cornu, l'insécurité foncière, c'est-à-dire « le manque de sécurité », est la « situation où les acteurs considèrent leurs droits fonciers menacés par d'autres acteurs (particuliers, communautés ou l'État) et incertains quant à leur durée.

[194] Du nom de l'inventeur du livre foncier en Australie, Sir Robert Torrens, fonctionnaire britannique se retrouvant dans un nouveau territoire - l'Australie du Sud - qu'il considère comme vierge, met en place un système qui permet de gérer la propriété du sol au profit des colons. Dans ce système, il fallait régler le problème de la preuve de la propriété car, dans les systèmes du nord, c'était le système de la preuve en cascade, la propriété se démontrant au moyen des actes faits durant les trente dernières années conformément à la loi. Dans le système Torrens, on avait l'inverse, qui était : la propriété « de » à un moment donné. Torrens met en place un dispositif dans lequel on aura une identification du terrain avec les bornes et un numéro unique attribué au terrain. Ces indications vont être portées dans le livre foncier, et le terrain devient un objet spécifique, unique. Tout changement ayant lieu sur le terrain est enregistré, entraînant que l'on aura un suivi par rapport au terrain et non par rapport au propriétaire. Le système de la preuve devient différent car tout se trouve dans le livre foncier qui donne le statut du terrain à une date précise.

[195] M. Finken souligne à ce propos que d'après les données du ministère des Domaines et des Affaires foncières, l'ensemble du pays ne compte actuellement qu'environ cent mille titres régulièrement délivrés, cependant que plus de 80% de transactions foncières sont conduites de manière informelle. *In Gouvernance communale en Afrique et au Cameroun, op.cit,* p. 194-195.

collines, etc), de ventes faites par des personnes peu scrupuleuses de terrains déjà titrés ou dépendant du domaine public, ainsi que de l'occupation illégale de ces derniers. Ces situations amènent régulièrement les autorités compétentes à prendre des mesures de déguerpissements[196] à l'encontre de ces propriétaires précaires dont l'assujettissement[197] à la taxe foncière n'a pas été organisé[198] de manière cohérente.

De plus, la taxe foncière sur les propriétés immobilières ne revêt pas un caractère juste pour au moins deux raisons. La première raison est que, la valeur des biens immobiliers nus ou construits étant déclarative[199] comme dans l'ancien système français[200], certains propriétaires de mauvaise foi peuvent être tentés d'en minorer la valeur, en dépit du risque encouru[201]. La deuxième

---

[196] Un déguerpissement (terme très usité au Cameroun) correspond à la situation dans laquelle l'Administration chasse l'occupant d'une terre, par voie d'exécution forcée, pour cause d'installation illégale ou pour cause d'utilité publique. Les déguerpissements sont monnaie courante au Cameroun. À Yaoundé par exemple, cette pratique s'est amplifiée avec l'arrivée de Tsimi Évouna à la tête de la Communauté urbaine en 2005 : 1200 ménages avaient été déguerpis des collines d'*Etefak* en 2007, le bilan étant de 620 maisons détruites ; au camp sic *Tsinga*, les démolitions avaient débuté le 1er septembre 2008 et avaient duré deux mois ; à *Ntaba*, 5000 personnes avaient été déguerpies en 2009, et des déguerpissements étaient à ce moment-là prévus à la vallée du *Mfoundi*, à la vallée de *Tongolo* à celle du *ntem*. Ils devaient s'étendre à celle d'*Olezoa*, ainsi qu'à d'autres quartiers, dont ceux de *Nsam Efoulan* et *Dakar*. *In La Tribune du citoyen*, n° 40, juin 2009, p. 40.

[197] Selon l'article 577 du CGI de 2009 en effet, « [...] Est redevable de la taxe sur la propriété foncière toute personne physique ou morale propriétaire d'immeuble (s) bâti (s) ou non bâti (s), y compris tout propriétaire de fait ».

[198] Sur ce point, voir *infra*.

[199] Article 580 du CGI de 2009 : l'Administration a pour seul élément de calcul « la valeur des terrains et des constructions telle que déclarée par le propriétaire ».

[200] Dans le nouveau système français, la taxe foncière sur les propriétés bâties est due (sauf exonération) par les propriétaires ou usufruitiers ; elle est assise sur 50% de la valeur locative des immeubles d'habitation et à usage professionnel. L'abattement de 50% sert à couvrir certains frais visés à l'article 1388 du CGI (frais de gestion, d'assurance, d'amortissement, d'entretien, et de réparation de l'immeuble). La valeur locative du bien immeuble est déterminée forfaitairement au coup d'œil : état d'entretien de l'immeuble, lieu de situation, superficie, apparence architecturale et éléments de confort sont pris en compte. Ce système n'est pas exempt de risque d'erreur : l'occupant d'une HLM (habitation à loyer modéré) de cent (100) mètres carrés - bien entretenue et située dans une banlieue pauvre et éloignée - peut être plus lourdement imposé à la taxe foncière que le propriétaire d'un pavillon de 80 mètres carrés mal entretenu de Neuilly-sur-Seine. Concernant la taxe foncière sur les propriétés non bâties, elle est due annuellement par tout propriétaire d'au moins un bien immobilier nu, c'est-à-dire non bâti de toute nature (étangs, mines, salines, etc.). La base d'imposition est la valeur locative, diminuée d'un taux forfaire de 20% pour charges d'entretien (article 1396 du CGI). La valeur locative des terrains est déterminée en fonction de leur superficie et de leur usage (terres, carrières, terrains à bâtir). Elle est actualisée chaque année à partir de coefficients fixés par la loi de finances de chaque année (1,018 pour 2013).

[201] Voir, en ce sens, le décret n° 2006/3023/PM/ du 29 décembre 2006 fixant les modalités d'évaluation administrative des immeubles en matière fiscale, article 2 : « L'évaluation administrative s'applique en cas de minoration de la valeur vénale ou locative constatée dans les actes et déclarations déposés auprès de l'administration fiscale ». La détermination de la valeur administrative du bien se fera en fonction de la nature (bâtie ou non bâtie) de l'immeuble ou des immeubles en cause, selon des critères et paramètres propres à chaque catégorie.

raison réside dans le fait qu'une frange importante de la population n'est pas maîtrisée par l'Administration, celle-ci ayant du mal[202] à les localiser. Cette partie de la population n'est en conséquence pas assujettie à la taxe foncière, ce qui donne lieu à une véritable injustice pour ceux qui la paient et un manque à gagner considérable pour les caisses des collectivités locales.

En effet, de nombreux Camerounais nantis — vivant pour la plupart en ville — disposent de très luxueuses habitations principales ou secondaires dans des villages éloignés, habitations qui prennent généralement le nom de « maisons de retraite ». Celles-ci sont souvent construites au mépris de la procédure d'immatriculation, autrement dit à l'insu des autorités fiscales, lesquelles ne disposent pas encore d'un outil permettant de recenser de telles propriétés en vue de les soumettre à la taxe foncière. L'autre constat est qu'il ne suffit pas de s'éloigner de la ville pour être un « exonéré de fait » de la taxe foncière sur les propriétés immobilières. Par exemple, plusieurs propriétaires de logements et de terrains nus interrogés à Yaoundé (la capitale) affirment (en dépit de l'instauration par la loi de 2009 d'enquêtes cadastrales[203]) n'avoir jamais payé de taxe foncière. Mieux, certains parmi eux avouent n'avoir pas connaissance de l'existence de cette taxe! En conséquence, « les personnes inconnues de l'administration fiscale laissent les caisses [des] communes "sans sous ni maille", et celles qui ont l'infortune d'être localisées restent seules

[202] En règle générale, « identifier son contribuable reste pour la commune africaine une équation à plusieurs inconnues » : C. Nach Mback *in* www. Afrikibouge.com. Dans le cas du Cameroun, le problème se pose avec acuité, tant pour les fichiers des contribuables personnes physiques que pour les entreprises, comme l'a récemment reconnu la Direction générale des impôts par la voix de son directeur (M. Mopa) : « La première bataille à gagner est la bataille du fichier [...]. Tant que nous n'aurons pas maîtrisé le portefeuille de nos contribuables, nous naviguerons toujours à vue ». Voir, dîner-débat organisé par le GICAM, le 12 mars 2014 sur le thème « Accélération de croissance par l'investissement : la loi de finances 2014 et les incitations à l'investissement constituent-elles des leviers capables d'attirer les investisseurs ? ».

[203] Dans son titre IX (dispositions diverses, transitoires et finales), la loi du 15 décembre 2009 portant fiscalité locale a prescrit des enquêtes portant sur les parcelles et les constructions, les occupants de ces dernières et les activités qui s'y exercent (article 145 et 146). Par ces enquêtes, il sera procédé tous les cinq ans à la collecte de renseignements destinés à nourrir l'assiette des impôts et taxes, l'idée étant de permettre la constitution d'un fichier et d'un Système d'Information géographique (SIG) pouvant être exploités par les services des impôts et les communes. Lors de ces enquêtes, les agents enquêteurs sont habilités à exiger que leur soient remis des copies des titres de propriété, des permis de bâtir, des titres de patente, de licence, de l'impôt libératoire, les justificatifs de paiement de la taxe foncière ainsi que les actes de mutation immobilière (actes de cession de propriété notamment). L'enquête cadastrale donnera lieu à redressement et ses modalités seront prévues par voie réglementaire. Notons toutefois que le succès de ces enquêtes sera rendu difficile si aucune solution n'était trouvée aux nombreuses insuffisances qui persistent dans l'organisation et l'exécution des contrôles fiscaux que la Direction générale des impôts est amenée à effectuer : mauvaise programmation des contrôles, nombreux contrôles non exécutés, sous exploitation des renseignements mis à la disposition des structures opérationnelles par la Brigade des enquêtes fiscales, non confection des Rapports de vérification etc. Sur les pesanteurs relevées à la Direction générale des impôts, voir l'instruction n°0001/MINFI/DGI/DECF du 3 janvier 2008 portant orientation du contrôle fiscal au titre de l'exercice 2008.

assujetties aux impôts locaux, dont la taxe foncière »[204]. Il en résulte une rupture d'égalité devant les charges publiques en raison de l'inégale « répartition » de la charge fiscale qui, au final, induit une forte pression fiscale.

Les mêmes causes produisant les mêmes effets, toute réforme du système fiscal local devra tenir compte du contexte du Cameroun, les autorités devant garder à l'esprit qu'il n'est point de loi (fût-elle fiscale ou non) prise au mépris du contexte du pays où elle est appliquée qui ne soit vouée à l'échec. L'exemple de la taxe foncière sur les propriétés immobilières suggère (justement) qu'il faut améliorer le régime de cet impôt et l'adapter au contexte camerounais. Bien entendu, en tenant compte notamment des paramètres ci-avant mentionnés pour plus de chances de succès.

En ce sens, Montesquieu souligne que les lois « doivent être tellement propres au peuple pour lequel elles sont faites que c'est un grand hasard si celles d'une nation peuvent convenir à une autre »[205]. Selon cet auteur en effet, « elles doivent être relatives au physique du pays, au climat, brûlant ou tempéré, au genre de vie du peuple, laboureur, chasseur, pasteur ; elles doivent se rapporter au degré de liberté que la constitution peut souffrir, à la religion des habitants, à leur inclination, à leurs manières et c'est dans toutes ces vues qu'il faut les considérer. Ces rapports forment ensemble ce que l'on appelle l'esprit des lois »[206]. Il s'ensuit qu'au Cameroun où le droit fiscal français reste le catalyseur quasi exclusif du développement de la fiscalité locale du pays, le législateur ne peut s'enliser dans un mimétisme fiscal irréfléchi sans qu'en découle une fiscalité locale parfaitement inadaptée au contexte, et par conséquent d'efficacité et d'efficience douteuses.

Au fond, l'idée n'est pas de décrier le mimétisme ou de prôner une évolution de la fiscalité en vase clos. D'ailleurs, sauf à vivre en complète autarcie, on finit par tôt ou tard copier le droit d'autrui en vue d'enrichir son propre système, fût-il juridique, fiscal, ou institutionnel. À la vérité, l'idée est de faire prendre conscience que s'il est normal et même recommandable de mimer, il n'en demeure pas moins que le faire avec pertinence est toujours mieux. Le législateur camerounais ne semble pas partager cette vision ; il s'enferme délibérément dans une situation de dépendance inouïe vis-à-vis de son homologue français, ce qui à la longue peut se révéler pernicieux pour l'édifice fiscal local.

L'idée n'est pas non plus d'affirmer que le législateur camerounais est resté dans l'inaction totale, avec pour seule référence la pratique à l'aveuglette du mimétisme fiscal. Au contraire, il a parfois tenté, certes de manière timorée,

---

[204] Voir, en ce sens P. Belebenie, « L'insécurité foncière au Cameroun : un plomb dans l'aile de la fiscalité locale ? », *art.cit.*

[205] Montesquieu, cité par Rouland Norbert i*n Anthropologie juridique*, PUF., 1990, P. 85.

[206] V.E. Bokalli « La coutume, source de droit au Cameroun », *Revue générale du Droit*, 1997, *op.cit*, p. 68.

mais avec quelque succès, d'asseoir des règles fiscales[207] auxquelles on ne peut prêter d'influences extérieures.

En dépit de l'hybridité qu'elle révèle (superposition, voire enchevêtrement de textes franco-français, franco-camerounais, et camerounais tout court), l'entreprise de création de règles de fiscalité locale cadrant avec le contexte camerounais doit être salué, et bien entendu encouragé. C'est une matière hybride du fait qu'au Cameroun, la fiscalité locale coloniale a précédé l'État, auquel elle s'est finalement imposée ; ailleurs, bon nombre de nations ont précédé une fiscalité locale qu'elles ont vu naître, et qu'elles continuent d'élaborer ou de reformer au fil du temps.

b) La loi fiscale, à l'épreuve de la monocratie

La loi apparaît à la faveur de l'article 14[208] de la Constitution de 1996 comme la source par excellence de la fiscalité en général et de la fiscalité locale en particulier. Tout en rappelant en son alinéa 1 que « la loi est votée par le Parlement », l'article 26 de la Constitution du Cameroun fait une énumération limitative des matières qui ressortissent au domaine de la loi. Parmi celles-ci, on peut citer « l'organisation politique, administrative et judiciaire concernant [...] l'organisation, le fonctionnement, la détermination des compétences et des ressources des collectivités décentralisées »[209] ou encore « les questions financières et patrimoniales suivantes [...] le budget ; la création des impôts et taxes et la détermination de l'assiette, du taux et des modalités de recouvrement de ceux-ci »[210], des dispositions qui touchent directement ou indirectement à la fiscalité locale. En ce sens, la loi communale du 5 décembre 1974 portant organisation communale a eu pour mérite d'uniformiser le système fiscal du pays et de régir l'essentiel de la fiscalité locale, avant que ne lui succède l'actuelle grande loi de 2009 portant fiscalité locale.

---

[207] Cas de la redevance forestière ou de la taxe sur le bétail qui, au demeurant, se prêtent au contexte du pays.

[208] Cette disposition prévoit que le pouvoir législatif s'exerce par le Parlement, lequel est désormais constitué de deux chambres : L'Assemblée nationale et le Sénat (depuis 2013). L'alinéa 2 de l'article 14 dispose que « Le Parlement légifère et contrôle l'action du Gouvernement ». Pourtant, les chambres ne peuvent se réunir en se passant du Président de la République ! En effet, les convocations par les bureaux de l'Assemblée nationale au cas de sessions ordinaires (elles se tiennent chaque année aux mois de mars, juin et novembre) donnent lieu à consultation préalable du Président de la République, et les sessions extraordinaires ne peuvent se tenir qu'à la demande de ce dernier, ou du tiers des membres qui composent les deux chambres. Celles-ci peuvent par ailleurs être réunies en congrès (article 14 alinéa 4 de la Constitution de 1996) à la demande du Président de la République « pour entendre une communication ou recevoir un message du Président de la République [...] « pour se prononcer sur un projet ou une proposition de révision constitutionnelle » (article 14 alinéa 4 de la Constitution de 1996).

[209] Article 26 alinéa 2 c-3 de la Constitution de 1996.

[210] Article 26 alinéa 2 d- 2 et 3 de la Constitution de 1996.

Aujourd'hui, les principes posés par l'article 14 alinéas 1 à 4 de la Constitution de 1996 suggèrent une compétence exclusive du Parlement, du moins sous la supervision du chef de l'État, dans les matières qu'énumère l'article 26 de la Constitution : « l'initiative des lois appartient concurremment au Président de la République et aux membres du Parlement »[211]. Pourtant, il est de notoriété publique que « dans ses rapports avec les pouvoirs législatif et judiciaire, le pouvoir exécutif en Afrique, bien qu'étant constitutionnellement cantonné dans sa sphère propre de compétence, se présente néanmoins comme un pouvoir prépondérant. Ceci trouve son origine dans le fait que le chef de l'État constitue la clef de voûte de toutes les institutions »[212]. Il ne s'agit ni plus, ni moins, d'une monocratie. Selon le lexique des termes juridiques, le terme « monocratie » vient du « grec *monos, seul, et cratos,* gouvernement. [C'est donc] le nom générique des régimes politiques où le pouvoir appartient à un seul »[213]. Dans le cas du Cameroun, ce « seul » auquel appartient le pouvoir n'est autre que le chef de l'État. Ce dernier pèse de tout son poids sur le système juridique et fiscal, au risque de rendre illusoire les concepts de démocratie et de séparation des pouvoirs.

Au Cameroun, le Président Ahmadou Ahidjo[214] avait en son temps justifié cette situation en ces termes : « Nous avons préféré une démocratie efficace dans laquelle l'exécutif et le législatif tous deux issus du suffrage universel collaborent étroitement à l'expression et à la réalisation de la volonté populaire. Cela semble aller contre la séparation des pouvoirs chère aux théoriciens de la démocratie abstraite. En vérité, la séparation des pouvoirs dans l'État moderne n'a plus dans les faits d'autre signification que celle d'une technique de répartition des fonctions étatiques »[215]. La répartition des fonctions à laquelle il est ainsi fait référence est plutôt léonine, étant donné que la prépondérance de l'Exécutif ne fait aucun doute. Il est constant qu'aucune des matières qui sont du domaine de la loi en vertu de l'article 26-2 de la Constitution de 1996 n'échappe à l'emprise du Président de la République. Dans ces matières en effet, « le Parlement peut autoriser le Président de la République [...] à prendre des ordonnances. Ces ordonnances entrent en vigueur dès leur publication »[216].

---

[211] Article 25 de la Constitution de 1996. Notons qu'il s'agit de la nouvelle rédaction de l'ancien article 19 de la Constitution de 1972 (voir *supra*), les mots « députés de l'Assemblée » ayant été remplacés dans la nouvelle Constitution par « membres du parlement » pour tenir compte de la nouvelle configuration du Parlement.

[212] G. Moyen, « L'Exécutif dans le nouveau constitutionnalisme africain » : le cas du Congo, du Bénin et du Togo, *Annales de l'Université Marien Ngouabi*, 2009, p. 53, consultable sur www.annales-umng.org.

[213] S. Guinchard et T. Debard, (dir.), *Lexique des termes juridiques*, 19e édition, 2012, p. 568.

[214] Né le 24 août 1924 à Garoua, il fut le premier Président du Cameroun indépendant de 1960 à 1982. Il mourut en exil à Dakar, où il fut enterré le 30 novembre 1989.

[215] P. Alaka Alaka, *op.cit.*, p. 22. Voir aussi discours d'Ahmadou Ahidjo du 21 octobre 1969 à l'Assemblée nationale fédérale, *in Recueils des discours présidentiels* 1968-1973, édition Paul Bony, Monte-Carlo, p. 95.

[216] Article 28 de la Constitution de 1996.

La majorité des membres du Parlement camerounais doivent s'en remettre au Président de la République, qui conserve la maîtrise de la décision fiscale : il peut « légiférer de manière permanente par voie de décret ou par voie d'ordonnance »[217] et reste, en définitive, « maître de l'élaboration des normes fiscales »[218] en général et fiscales locales en particulier. Qualifié de « Jupiter fiscal »[219] au regard du poids qu'il exerce sur le processus de décision et du fait « qu'il a réussi à s'imposer comme l'organe normatif en matière fiscale »[220], on en déduit, au final, que la loi communale de 1974 et la récente loi du 15 décembre 2009 portant fiscalité locale relèvent plus d'une œuvre présidentielle que parlementaire. Dès lors, se pose la question de la légalité de textes élaborés au mépris des dispositions constitutionnelles.

c) La loi fiscale, vers un renforcement de la légalité?

Dans son ouvrage de « sociologie du droit », Henri Lévy-Bruhl soutient que « le problème de la constitutionnalité des lois est peut-être plus théorique que réel, car le législateur, d'une manière générale, se gardera de voter des lois en contradiction formelle avec la lettre ou l'esprit des textes constitutionnels »[221]. Or, on ne peut ne pas objecter que ces propos sont en contradiction avec l'actuel contexte français du contrôle de la constitutionnalité des lois. Au Cameroun en revanche, les pratiques observées confirment souvent cette vision d'Henri Lévy-Bruhl. Dans ce dernier pays, on constate que le processus d'élaboration des lois ne cadre pas avec les dispositions constitutionnelles de l'article 14 susvisé. Par exemple, la deuxième chambre (le Sénat) censée prendre pleinement part à l'exercice du pouvoir législatif — depuis son institution à la faveur de la Constitution de 1996 — et représenter les collectivités territoriales décentralisées[222] n'a été mis en place qu'en 2013, cependant que l'exercice du pouvoir législatif par la première chambre (l'Assemblée nationale) n'est pas effectif, puisque « l'examen des étapes d'élaboration [des lois camerounaises] laisse constater qu'il est difficile, voire impossible, qu'un vœu de loi qui n'aurait pas recueilli l'accord du Président de la République soit votée par l'Assemblée nationale, Cela [résultant] aussi bien de l'initiative des lois que de leur discussion et de leur promulgation »[223].

---

[217], P. Alaka Alaka, *op.cit.*, p. 21.
[218] *Idem*, p. 20.
[219] *Ibidem*.
[220] J.-B. Fotsing, *Le pouvoir fiscal en Afrique. Essai sur la légitimité fiscale dans les États d'Afrique noire francophone*, *op.cit.*, p. 177.
[221] H. Lévy-Bruhl, *Sociologie du droit*, PUF, collection « Que sais-je », *op.cit.*, p. 61.
[222] Article 20 de la Constitution de 1996.
[223] M. Dzukou Tahouo, *La nature et l'exercice de la fonction législative au Cameroun - Essai sur la notion de législation gouvernementale*, thèse pour le doctorat d'État en droit, *op.cit*, p. 102.

L'ensemble de ces textes, y compris ceux afférents à la fiscalité locale étaient manifestement en contradiction [224] avec des dispositions constitutionnelles, alors que leur constitutionnalité semblait plus ou moins établie, le constituant ayant usé d'un subterfuge constitutionnel consistant à prévoir dans les « dispositions transitoires et finales » de la Constitution de 1996 (article 67, alinéa 1 à 3) que : « Les nouvelles institutions de la République prévues par la [...] constitution seront progressivement mises en place. Pendant leur mise en place et jusqu'à cette mise en place, les institutions de la République actuelles demeurent et continuent de fonctionner : [...] l'Assemblée nationale exerce la plénitude du pouvoir législatif et jouit de l'ensemble des prérogatives reconnues au parlement jusqu'à la mise en place du Sénat »[225]. Au vu de ce qui précède, et en dépit de la mise en place récent de ce dernier, il est encore prématuré d'affirmer que le système camerounais d'adoption des lois s'achemine effectivement vers plus de légalité.

3. Les règlements administratifs

Face à un pouvoir réglementaire large et diversifié de l'Administration, les règlements administratifs, auxquels il est fait référence ici, sont ceux qui sont émis par une autorité administrative « en vue de modifier l'ordonnancement juridique par les obligations qu'il impose ou par les droits qu'il confère »[226] ; il s'agit de l'acte juridique « de portée générale et impersonnelle »[227] qu'édicte unilatéralement cette autorité administrative, en vertu d'une compétence propre qui lui est reconnue par un texte ou à l'occasion d'une délégation de pouvoirs. Aux termes de l'article 10 de la Constitution de 1996 par exemple, le Président de la République peut déléguer aux autres membres du Gouvernement des pouvoirs leur permettant d'agir dans le cadre de l'article 27 de la Constitution camerounaise de 1996, selon lequel « les matières autres que celles qui sont du domaine de la loi ressortissent au pouvoir réglementaire ».

Les règlements administratifs afférents aussi bien aux collectivités territoriales décentralisées[228] qu'à leur fiscalité sont généralement constitués de décrets pris par le Président de la République ou le Premier ministre chef du Gouvernement, d'arrêtés ministériels, d'instructions, de circulaires, de décisions et lettres-circulaires notamment ministérielles. Par exemple, en sa qualité de ministre de tutelle des collectivités territoriales décentralisées, le

---

[224] Cette contradiction peut se déduire des propos du chef de l'État lui-même, tenus à Yaoundé le 4 novembre 2011, lors de sa prestation de serment : « l'Assemblée nationale sera bientôt épaulée par le Sénat. Le pouvoir législatif sera alors exercé par un Parlement complet où les collectivités territoriales seront [enfin], elles aussi représentées ».

[225] Article 67 alinéas 1, 2 et 4 de la Constitution camerounaise de 1996.

[226] M. Dzukou Tahouo, *La nature et l'exercice de la fonction législative au Cameroun - Essai sur la notion de législation gouvernementale*, *op.cit*, p. 169.

[227] S. Guinchard et T. Debard, (dir.), *Lexique des termes juridiques*, 19e édition, 2012, p. 738.

[228] Pour d'amples informations, voir les recueils de textes de J.-P. Kuaté sur *Les collectivités territoriales décentralisées au Cameroun*, quatrième édition, Les Dynamiques Locales, Douala, 2007, et cinquième édition, les presses de Macacos, Douala, 2012.

ministre de l'administration Territoriale et de la décentralisation dispose d'un pouvoir réglementaire non négligeable au regard de la multitude des textes qu'il signe, parfois conjointement avec le ministre des Finances.

On ne peut s'empêcher d'indiquer que la prolifération de règlements administratifs constatée risque, à la longue, d'entraîner une inflation de textes qui, ajoutés aux autres sources de la fiscalité locale, feront de cette dernière une matière illisible en dépit du fait que l'Administration s'oblige souvent à rendre ses textes plus lisibles par le biais de la doctrine administrative fiscale (voir *infra*).

L'ensemble des sources ci-dessus constitue une précieuse source d'inspiration à laquelle les juges nationaux accordent une considération particulière. Pour au moins une raison : ces juges y puisent pour élaborer la jurisprudence du pays, c'est-à-dire, « Au sens large, l'ensemble des décisions de justice rendues pendant une certaine période dans [le domaine du droit fiscal local] ou dans l'ensemble du droit »[229]. Cette jurisprudence qu'élabore le juge a vocation à « nourrir » le droit fiscal local camerounais au même titre que la doctrine administrative du ministère des Finances.

C. LA JURISPRUDENCE ET LA DOCTRINE ADMINISTRATIVE, UN APPORT CERTAIN AU DROIT FISCAL LOCAL

La jurisprudence et la doctrine administrative sont d'un apport certain au droit fiscal. En effet, on peut aisément démontrer que la jurisprudence est une source affirmée de la fiscalité locale (1), et relever que la doctrine administrative — elle interprète une disposition législative ou réglementaire afin de lui donner plus de sens et de lisibilité —fait autorité, en ce sens qu'elle est opposable à l'administration fiscale (2).

1. La jurisprudence, une source affirmée de la fiscalité locale

Même s'il « est l'un des parents pauvres au Cameroun » comme le reconnaît une auteure[230], le contentieux de la fiscalité[231] donne quelquefois lieu

---

[229] *Lexique des termes juridiques*, 19e édition, Dalloz, 2012, p. 505.

[230] O. Togolo, *Administration fiscale et ressources humaines en Afrique subsaharienne. Le cas du Cameroun*, thèse de droit, Université Paris X-Nanterre, 1996, sous la direction de Lucille Tallineau, publiée aux presses universitaires du septentrion, Villeneuve d'Ascq, 1997, p. 315-316. Par cette expression, cette auteure veut marquer la différence entre l'abondant contentieux des pays riches, comme la France, où les contestations contre l'Administration ne cessent de croître et d'autre part, le faible contentieux fiscal observé dans les pays pauvres, qui pourrait conduire à croire, selon elle, « que personne ne se plaint ni de l'impôt ni de l'Administration », à l'instar du Cameroun où les plaignants sont rares. Dans le même sens, A. Bango souligne qu'« au Cameroun, sur 32 jugements rendus en 1966 en matière de contentieux administratif *lato sensu*, un seul concernait le contentieux fiscal, (soit 3%). Ce nombre est passé à 8 sur un total de 34 jugements en 1970 (23%) ; 9 sur un total de 43 en 1972 (soit 21%) ; 5 sur un total de 31 jugements en 1977/1978 (soit 16%). De 1982 à 1987, l'action du juge fiscal camerounais a été non négligeable, comparativement aux autres pays de la CEMAC [...]. Au titre de l'exercice

à des décisions de justice que rendent les juridictions compétentes. Exclusivement inspiré du seul droit moderne, l'ensemble de ces décisions — solutions apportées par les juges aux différents litiges dont ils sont saisis — constitue la jurisprudence du pays en matière fiscale.

Contrairement aux pays qui relèvent de la *Common Law* où il est constant « que la jurisprudence constitue une source éminente du droit »[232], cette question a donné lieu à controverse en France où des juristes ne voyaient pas en la jurisprudence une source effective du droit. Toutefois, dans l'entre-deux-guerres, Henri Capitant avait objectivement tranché en indiquant que « la jurisprudence est, en effet, bien qu'on l'ait contesté, une source de droit comme la loi elle-même »[233].

C'est dire qu'une décision de justice rendue par un juge au regard d'un litige crée une règle de droit fiscal car « les juges sont tenus de donner les motifs de droit à l'appui de leurs décisions. Ils sont en effet soumis à une double obligation : rendre une décision motivée, et se fonder sur une règle de droit »[234]. En présence d'un vide juridique, autrement dit d'une absence de texte applicable, les juges se doivent — afin d'éviter des poursuites[235] basées sur un déni de justice — de combler ce vide en vertu de l'obligation de statuer qui pèse sur eux. Dans l'hypothèse d'un manque de clarté de la règle juridique, les juges se soumettent à un exercice d'interprétation adéquate, gage d'une bonne justice. En pareilles situations, il y a création de règles de droit (fiscal) destinées à dorénavant régir des situations semblables.

La jurisprudence Nomeny Nguissi contre l'État du Cameroun[236] en est une illustration : Monsieur Nomeny Nguissi est propriétaire d'un immeuble donné

---

fiscal 2004, sur environ deux mille réclamations préalables déposées par les contribuables auprès de l'administration fiscale, à peine une dizaine de ces réclamations préalables déposées par les contribuables auprès de l'administration fiscale, à peine une dizaine de ces réclamations ont fait l'objet de requêtes introductives d'instances fiscales auprès de la Chambre administrative de la Cour suprême », voir sa thèse précitée : *L'élaboration et la mise en œuvre de la fiscalité dans les pays de la communauté économique et monétaire (CEMAC),* p. 269.

[231] On se reportera à la définition que donne T. Lambert du « contentieux fiscal ». Selon lui, ce terme renvoie à deux acceptions : « au sens large, il désigne toute contestation au conflit opposant l'administration fiscale et le contribuable sur leurs droits respectifs, quels que soient les moyens par lesquels les parties tentent de les résoudre. Pris dans un sens plus étroit, il vise les contestations portées devant le juge et réglées selon les procédures juridictionnelles. La particularité de la matière fiscale fait qu'en ce domaine, à côté du contentieux juridictionnel, il existe des procédures administratives qui pourront faire l'objet ultérieurement de contentieux juridictionnels et qui permettent à l'Administration de prendre des mesures dites gracieuses [...]. Voir, T. Lambert, *Contentieux fiscal*, Hachette, 2011, p. 11.

[232] E.R. de Munagorri, *Introduction générale au droit, op.cit.*, p. 106.

[233] H. Capitant, *GAJC*, préface de la première édition, cité par E.R. de Munagorri *in Introduction générale au droit, op.cit.*, p. 107.

[234] E.R. de Munagorri, *Introduction générale au droit, op.cit*, p. 107.

[235] Article 4 du Code civil : « le juge qui refusera de juger, sous prétexte du silence, de l'obscurité ou de l'insuffisance de la loi, pourra être poursuivi comme coupable de déni de justice ».

[236] CS-CA, jugement n° 8/74-75 du 28 novembre 1974, Nomeny Nguissi Emile contre République unie du Cameroun.

en location dans la ville de Dschang. Toutefois, en raison d'une inactivité générale dans cette ville, son locataire ne lui a jamais versé de loyer. Imposé notamment au titre de la contribution des patentes, Monsieur Nomeny introduit une requête auprès de la Cour suprême à l'effet de voir annuler ces impositions. Dans cette affaire, la Chambre administrative de la Cour suprême a tenu le raisonnement qui suit :

« Considérant que l'article 111 du CGI dispose que : "toute personne physique ou morale qui exerce au Cameroun une activité, une industrie, une profession non comprise dans les exemptions prévues par le CGI est assujettie à la contribution des patentes"[237].

Considérant qu'en application de ces textes Nomeny Nguissi exerce l'activité de loueur de fonds de commerce prévue au tableau B du tarif des patentes, pour avoir donné son hôtel pourvu d'un bar-restaurant en gérance libre à une tierce personne.

Qu'il est donc soumis à la patente afférente à cette activité quand bien même il n'aurait perçu aucun loyer de son locataire ; la perception d'un revenu étant sans incidence sur la contribution de la patente ; qu'il suffit en effet que l'activité considérée ait été exercée normalement au cours de l'année d'imposition ».

Rappelons[238] que le Cameroun a été largement influencé par le système juridique des puissances coloniales — Allemagne, Angleterre, France —qui se sont succédées sur son sol. « L'empreinte culturelle [et fiscale] du colonisateur allemand n'a pas résisté à l'action du temps »[239] ; le système anglais a résisté jusqu'à l'harmonisation des textes qui ont suivi l'unification du pays, mais le système français a définitivement pris le dessus en s'imposant aux côtés de celles des coutumes locales qui avaient échappé à l'assaut des colons. Par conséquent, la jurisprudence camerounaise est binaire, car toute étude s'y rapportant ne peut — en principe — se passer du diptyque « droit coutumier/droit moderne », reflet d'une organisation judiciaire dans laquelle coexistent des tribunaux coutumiers et des tribunaux de droit écrit. Cette dualité juridictionnelle est gouvernée par le principe de l'option de juridiction qui institue un parallélisme des procédures. En clair, à l'occasion d'un litige, le justiciable qui opte pour une juridiction — de droit coutumier ou de droit moderne — entend ainsi porter son choix sur le droit[240] qui devra lui être appliqué. Cependant, aux termes de l'article 2 du décret n° 69/DF/544 du 19 décembre 1969 portant organisation judiciaire et la procédure devant les

[237] Il faut noter que cet article est par la suite devenu l'article 159 du Code général des impôts, avant de devenir l'actuel article C8 du même Code : « Toute personne physique ou morale de nationalité camerounaise ou étrangère, qui exerce dans une commune une activité économique, commerciale ou industrielle, ou toute autre profession non comprise dans les exemptions déterminées par la présente loi, est assujettie à la contribution des patentes ».

[238] Sur l'influence - plus ou moins marquée - respective de ces pays, se reporter à l'introduction.

[239] M. Prouzet, *Le Cameroun*, Paris, LGDJ, collection Comment ils sont gouvernés, 1974, p. 67.

[240] Cette option reste limitativement possible en matière civile et ne peut s'étendre à la matière fiscale du fait de l'inexistence de coutumes fiscales.

juridictions traditionnelles du Cameroun oriental, les juridictions traditionnelles ne sont compétentes que si toutes les parties en cause y consentent expressément. De plus, la partie qui souhaite décliner la compétence de la juridiction traditionnelle a intérêt à le faire avant toute défense au fond au risque d'être forclose.

2. La doctrine administrative fiscale, une interprétation opposable à l'Administration

Lorsqu'il parle de la doctrine, c'est-à-dire « des opinions motivées de ceux qui s'adonnent au droit, de ceux qu'on appelle, au sens large, des juristes [...] de la pratique judiciaire ou extra judiciaire »[241], Henri Lévy-Bruhl n'y voit pas véritablement une source du droit. Selon lui, elle est tout au plus une « source indirecte »[242]. Poursuivant son raisonnement, cet auteur reconnaît aussi que « les opinions des juristes, telles qu'elles se trouvent exprimées dans leurs écrits [...] n'ont par elles-mêmes, aucune force juridique, aucune vertu contraignante. Elles n'acquerront cette efficacité que, lorsque et dans la mesure où elles seront consacrées par la loi, la coutume où la jurisprudence. C'est dire qu'il y a quelque abus à les considérer comme une source de droit »[243]. Poursuivant dans le même sens, René Chapus soutient dans son manuel consacré au *droit administratif général* « qu'il n'est pas difficile d'exclure de ces sources [les sources du droit administratif] les ouvrages doctrinaux. Outre l'exposé de l'État du droit, ils peuvent contenir diverses informations, critiques et propositions : elles ne pourront jamais être autre chose, si elles sont prises en considération par l'autorité publique, que la source matérielle des normes édictées. La doctrine peut ainsi, non créer [directement] le droit, mais aider à sa création par les ressources de son imagination et de sa réflexion sur l'état du droit »[244]. Parfois implicitement, certains auteurs [245] semblent souscrire aux thèses ci-dessus, leur silence pouvant être interprété comme une réfutation de l'idée suivant laquelle la doctrine peut constituer une source du droit. Cette position est compréhensible, quoique discutable sur le terrain de la doctrine *stricto sensu.*

A contrario, la doctrine administrative fiscale ne semble pas poser de problèmes majeurs. Celle-ci est loin d'être un ensemble de pensées émises par quelque auteur, susceptibles de donner lieu à controverse ou d'inspirer quelque législateur. La doctrine administrative a vocation à remédier à l'insuffisance de clarté d'une mesure, fût-elle législative ou réglementaire, en donnant à cette dernière davantage de sens et de lisibilité. Par cette doctrine, l'Administration uniformise le droit applicable, limitant ainsi des contestations intempestives de

---

[241] H. Lévy-Bruhl, *Sociologie du droit*, Paris, Collection « Que sais-je », 1971, *op.cit.*, p. 78.
[242] *Idem.*
[243] *Ibidem.*
[244] R. Chapus, *Droit administratif général*, tome 1, 8e édition, Montchrestien, 1994, p. 23.
[245] Dans son manuel intitulé *Introduction générale au droit* (ouvrage précité), R. E. de Munagorri, par exemple, ne fait pas référence à la doctrine en tant que source du droit.

contribuables plus que jamais éclairés. Du fait de la lumière qu'elle jette sur les zones d'ombre que recèle un texte, la doctrine rend parlantes des dispositions qui étaient à la base muettes. De ces points de vue, la sécurité juridique ne peut que s'en trouver assurée. La vocation de la doctrine administrative n'est toutefois pas sans limites ; ainsi ne doit-elle pas ajouter à la loi sous prétexte de la compléter. Ce faisant, elle ne relèverait plus du domaine doctrinal et deviendrait une norme, alors qu'elle ne doit se limiter qu'à contribuer à la création de celle-ci en l'interprétant au mieux. L'interprétation restitue au texte sa véritable couleur, en lui ôtant celle qu'auraient perçue des contribuables « ignorants ». Il se crée une évidente consubstantialité entre la couleur restituée et le texte lui-même : le texte n'est pas le texte par lui-même, il le devient effectivement par interprétation interposée. À preuve et plus précisément dans le domaine de la fiscalité, l'Administration qui interprète un de ses textes devient absolument liée par la nouvelle interprétation qu'elle choisit de communiquer au contribuable.

L'interprétation d'une mesure législative ou réglementaire profite au contribuable, qui peut l'opposer à l'Administration, ce d'autant plus que ladite mesure est réputée claire du fait justement de l'interprétation qui en a été faite. Autant un justiciable peut se prévaloir d'un arrêt de principe, autant un contribuable peut s'appuyer sur cette sorte de *jurisprudence administrative* née de l'interprétation de mesures telles que les circulaires, les instructions, les notes de service, les directives, et même les réponses écrites des ministres aux questions des parlementaires, lorsque ces réponses ont fait l'objet d'une publication.

Un autre exemple peut très bien être tiré du rescrit fiscal, grâce auquel tout contribuable peut saisir la Direction générale des impôts avant toute conclusion de transaction à caractère fiscal. Dans ce cas, toute réponse que donne l'Administration lui étant opposable, il s'ensuit, à cette occasion, la création d'une règle destinée à régir des situations semblables dans le futur : une source du droit fiscal en quelque sorte.

La jurisprudence et la doctrine administrative fiscales sont des sources de la fiscalité locale au même titre que les sources normatives (Constitution, loi et règlement administratif).

Comme le souligne Michel Bouvier[246], la tradition démocratique qui confiait aux seuls Parlements (nationaux) un pouvoir normatif en matière budgétaire et financière s'accompagne désormais d'une production de normes financières par des organismes autres que les États eux-mêmes. Il s'agit, selon cet auteur, de parvenir à une adoption par ces États de standards, et de partager une même logique de gestion, voire d'épouser un mode de fonctionnement de nature à instaurer une autodiscipline. Cet auteur indique que l'objectif général est d'assurer le respect de règles universelles et de références internationales plus ou moins centrées sur la transparence des finances publiques. En ce sens,

---

[246] M. Bouvier, « Mutations des finances publiques et crise du pouvoir politique ? », *RFFP*, n° 79, LGDJ, p. 255-256.

L'OCDE et le FMI proposent des Codes sur la transparence. Toutefois, Michel Bouvier reconnaît qu'en l'absence d'un contrôle suffisamment sûr, et eu égard à l'insuffisance de ces dispositifs au demeurant basés sur le volontariat, certains pays se sont organisés en régions pour renforcer au mieux la surveillance multilatérale de leurs finances (comme dans le cas de l'Union européenne), entraînant, au final, « une délocalisation de la production des normes ainsi que d'une confusion des niveaux de pouvoirs [...][247].

S'agissant du Cameroun, les sources ci-dessus mentionnées s'accompagnent effectivement de sources externes qui ne sont pas l'œuvre d'une autorité camerounaise, mais qui n'en restent pas moins applicables dans le pays, du fait de l'appartenance de celui-ci à la Communauté des États de l'Afrique centrale (CEMAC) dont le champ d'action s'étend à la fiscalité locale.

§ II. Des sources externes reconnues

Les sources externes sont des normes édictées par une autorité extérieure au Triangle national[248]. Elles sont directement applicables dans l'ordre juridique interne, de la même manière que celles qui sont édictées par le législateur national, et jouissent d'un statut supranational. Hormis les sources à valeur universelle[249], il peut s'agir d'obligations auxquelles souscrit un État par convention interposée ; dans ce cas la convention n'est applicable qu'à l'égard de ceux des pays qui l'ont valablement ratifiée.

Pour ne pas sortir du cadre de la fiscalité locale, on peut faire remarquer qu'aux actes juridiques de l'UDEAC[250] qui ont pendant longtemps constitué

---

[247] *Idem*, p. 256.

[248] Appellation généralement donnée au Cameroun par rapport à sa forme schématique qui rappelle celle d'un triangle.

[249] La Déclaration des droits de l'homme et du citoyen en est une illustration : « Pour l'entretien de la force publique, et pour les dépenses d'administration, une contribution commune est indispensable : elle doit être également répartie entre tous les citoyens, à raison de leurs facultés » (article 13). « Tous les citoyens ont le droit de constater, par eux-mêmes ou par leurs représentants, la nécessité de la contribution publique, de la consentir librement, et d'en suivre l'emploi, et d'en déterminer la quotité, l'assiette, le recouvrement et la durée » (article 14). « La société a le droit de demander compte à tout agent public de son administration » (article 15).

[250] L'UDEAC (Union douanière et économique de l'Afrique centrale) créée par le traité de Brazzaville de 1964 a été remplacée par la CEMAC en 1994. Le lancement officiel des activités de la CEMAC a eu lieu le 25 juin 1999. Historiquement, cette institution sous-régionale puise ses racines dans la période coloniale. C'est au cours de celle-ci que le Congo, le Gabon et le Tchad et la République centrafricaine constituaient une entité géoéconomique intégrée (l'Afrique équatoriale Française ou AEF) créée en 1910. Ces pays créent l'Union douanière équatoriale (UDE) le 29 juin 1959. Au moment de leurs indépendances respectives en 1960, les quatre pays optent pour le renforcement des liens tissés pendant la période coloniale et pour le renforcement de leur Union douanière. Le Cameroun avait rejoint l'UDE, en 1962, et le 8 décembre 1964, les chefs d'État des cinq pays signèrent à Brazzaville le Traité instituant l'Union douanière et économique de l'Afrique centrale (UDEAC). Un désaccord portant sur la répartition amène le Tchad à se retirer de l'Union entre 1968 et 1984, année au cours de laquelle

une incontestable source du droit fiscal se sont substitués ceux, plus récents, de la CEMAC,[251] (A) ; l'application et l'interprétation de ces actes seront assurément à l'origine d'une abondante jurisprudence.

A. LES ACTES JURIDIQUES DE LA CEMAC

Le Traité instituant la Communauté économique et monétaire (CEMAC) du 16 mars 1994 et 25 avril 2007 a été révisé le 25 juin 2008 par les six pays membres[252] en réorganisant le système institutionnel et juridique de la Communauté. Celle-ci est désormais dotée de cinq institutions : l'Union monétaire de l'Afrique centrale ; l'Union économique de l'Afrique centrale ; le Parlement communautaire ; la Cour de justice, et la Cour des Comptes. Neuf organes ont été constitués au sein de la Communauté : la Conférence des chefs d'État, le Conseil des ministres, le Comité ministériel, la Commission de la CEMAC, la Banque des États de l'Afrique centrale (BEAC), la Banque de développement des États de l'Afrique centrale (BDEAC) et la Commission bancaire de l'Afrique centrale (COBAC).

Comme actes juridiques de la Communauté, on peut citer les actes additionnels au traité qui sont adoptés par la Conférence des chefs d'État ainsi que les décisions de cette dernière. S'y ajoutent les règlements, les règlements cadres, les directives, les décisions, les recommandations ou avis émanant du Conseil des ministres et du Comité ministériel.

L'article 41 du traité instituant la CEMAC tel que révisé apporte plus de précisions quant à l'applicabilité de ces actes. Il indique en effet que « Les actes additionnels sont annexés au traité de la CEMAC et complètent celui-ci sans le modifier. Leur respect s'impose aux institutions, aux organes et aux institutions spécialisées de la Communauté ainsi qu'aux autorités des États membres.

Les règlements et les règlements cadres ont une portée générale. Les règlements sont obligatoires dans tous leurs éléments et directement applicables dans tout État membre. Les règlements cadres ne sont directement applicables que pour certains de leurs éléments.

Les directives lient tout État membre destinataire quant au résultat à atteindre tout en laissant aux instances nationales leur compétence en ce qui concerne la forme et les moyens.

Les décisions sont obligatoires dans tous leurs éléments pour les destinataires qu'elles désignent.

Les recommandations et les avis ne lient pas ».

---

la Guinée équatoriale adhère. Voir, A. Bango, *L'élaboration et la mise en œuvre de la fiscalité dans les pays de la communauté économique et monétaire (CEMAC)*, *op.cit.*, p. 11-12.

[251] Communauté économique et monétaire de l'Afrique centrale.

[252] Les six pays membres de la CEMAC sont : la République du Gabon, la République du Tchad, la République centrafricaine, la République de Guinée équatoriale, La République du Congo et la République du Cameroun.

À l'exception des actes additionnels adoptés par la Conférence des chefs d'État et des recommandations et avis qui restent quant à eux des actes non contraignants, les actes juridiques de la Communauté doivent être motivés.

À l'époque de la défunte UDEAC, l'harmonisation fiscale induite par la législation d'alors apparaît limitée à la seule fiscalité de l'administration centrale. Une avancée s'opère avec des textes de la CEMAC, faisant désormais référence aux collectivités territoriales et conséquemment aux impôts locaux. La directive relative aux lois de finances dans les pays membres de la CEMAC[253] en est un exemple éclairant : adoptée par le Conseil des ministres en sa séance du 20 juin 2008, elle « fixe les règles fondamentales relatives à la nature, au contenu, à la procédure d'élaboration, de présentation et d'adoption des lois de finances, ainsi qu'aux opérations d'exécution et de contrôle du budget de l'État, applicables dans les États membres de la Communauté économique et monétaire de l'Afrique centrale ». Plusieurs dispositions de la directive ci-avant visée font mention des collectivités territoriales : l'article 6 relatif aux charges budgétaires de l'État fait des transferts aux collectivités territoriales une des dépenses d'intervention de l'État. Et l'article 7 quant à lui pose en principe qu' « un montant déterminé des recettes de l'État peut être rétrocédé directement au profit des collectivités territoriales ou de la Communauté économique et monétaire d'Afrique centrale en vue de couvrir des charges incombant à ces bénéficiaires ou de compenser des exonérations, des réductions ou des plafonnements d'impôts établis au profit des collectivités territoriales . Ces prélèvements sur les recettes de l'État [devant être], dans leur destination et leur montant, définis et évalués de façon précise et distincte ».

On peut en conclure que le droit communautaire est une source du droit fiscal et du droit des collectivités locales décentralisées, une source dont s'inspirera assurément le juge communautaire aux fins de développer sa jurisprudence.

B. LA JURISPRUDENCE COMMUNAUTAIRE

Le contexte de l'Afrique centrale où des désordres récurrents entravent la bonne marche de la CEMAC présage un abondant contentieux communautaire. Il est prévu que « la commission, sous l'autorité de son président, exerce en vue du bon fonctionnement et de l'intérêt général de la Communauté les pouvoirs propres que lui confère le présent traité. À cet effet, elle [...] veille au respect et à l'application, par les États membres ou leurs ressortissants, des dispositions du présent Traité et des actes pris par les organes de la Communauté. Elle attire l'attention des États sur les conséquences du non-respect des politiques communautaires. Elle établit dans ce sens un Rapport au Conseil des ministres. En cas de silence du Conseil, le

---

[253] Il s'agit de la directive n° 01/08-UEAC- 190-CM-17 du 20 juin 2008.

président de la Commission saisit la Cour de justice aux fins de faire constater le manquement et de faire prononcer des sanctions »[254]. C'est notamment dans des circonstances de recours en manquement exercés par la Commission européenne ou par un État que la jurisprudence de la communauté européenne s'est progressivement développée, ce qui amène Joël Rideau à conclure que « l'apport normatif de la jurisprudence à l'affermissement et à l'évolution de l'ordre juridique communautaire a été considérable. L'importance de la jurisprudence comme source de droit [apparaissant] très clairement dans les méthodes d'interprétation utilisées par la juridiction ainsi que dans le recours qu'elle fait aux principes généraux de droit »[255]. Cet auteur reconnaît en effet que « l'analyse des méthodes d'interprétation permet de mesurer l'intensité de la création jurisprudentielle par l'interprétation de normes existantes ou par l'élaboration de règles dans un système juridique. L'interprétation par le juge ne se borne pas, en effet, à résoudre les difficultés d'interprétation de textes. Il lui appartient aussi de déterminer les textes applicables à une situation donnée et, éventuellement, en l'absence de textes, de pallier les lacunes du législateur, voire du Constituant, en énonçant la règle applicable »[256]. Joël Rideau indique en outre que « le recours du juge aux principes généraux du droit témoigne de l'importance de la création jurisprudentielle. Le juge a théoriquement pour tâche de les identifier et de les interpréter. Son rôle ne peut être sous-estimé car il est appelé à qualifier telle règle de principe général et à en définir le contenu ou à refuser de reconnaître un principe. L'origine de ces principes est significative de l'orientation donnée par le juge à l'ordre juridique de l'Union européenne et, plus particulièrement, avant le traité de Lisbonne, à l'ordre juridique communautaire »[257].

Sur le plan institutionnel et organisationnel, force est de constater que la CEMAC s'est largement inspirée du modèle de l'Union européenne. On peut donc prédire, compte tenu de l'expérience européenne, que le juge communautaire apportera forcément sa pierre à l'édification de l'arsenal juridique et fiscal de la CEMAC : la stricte application des textes existants fera place à une interprétation de ceux-ci lorsque les circonstances s'y prêteront, de même sera-t-il remédié aux vides juridiques laissés par le législateur ou le constituant, au moyen d'une énonciation de la règle applicable.

Les transformations de la fiscalité locale au Cameroun ne pouvaient s'envisager sans référence à ces sources évolutives. Il semble autant nécessaire d'en examiner les acteurs, dont il est clair qu'ils constituent des maillons essentiels de la chaîne fiscale.

---

[254] Article 35 du traité instituant la CEMAC tel que révisé.

[255] J. Rideau, *Droit institutionnel de l'Union européenne*, 6e édition, Paris, LGDJ, Lextenso éditions, 2010, p. 220.

[256] *Idem*, p. 222.

[257] *Ibidem*, p. 245.

SECTION II. LES ACTEURS DE LA FISCALITÉ LOCALE CAMEROUNAISE

Selon le petit Robert, un acteur (au sens figuré) est « une personne qui prend une part active, joue un rôle important »[258]. De nombreuses personnes physiques et morales peuvent être rangées sous l'étiquette d'« acteurs » parce qu'elles constituent, à un titre ou à un autre, un maillon de la chaîne fiscale locale. Les acteurs camerounais de la fiscalité locale se caractérisent par leur multiplicité, et même parfois par une polyvalence qui dépasse largement le simple cadre fiscal local. Sans doute au regard d'une certaine consubstantialité, il n'est pas rare que certains acteurs revêtent la double casquette d'acteur de la décentralisation et d'acteur de la fiscalité locale. Les acteurs qui présentent un lien avec la fiscalité locale pouvant à eux seuls donner lieu à une étude particulière, les développements qui suivent se limiteront — par nécessité de concision et à titre d'exemples — à deux acteurs majeurs : d'une part, le ministère des Finances qui sera davantage examinée sous l'angle de la Direction générale des impôts qui en constitue l'organe moteur (I) et, d'autre part, le FEICOM (II). Mais une étude consacrée à ces deux acteurs ne pouvant refléter la multiplicité qui les caractérise, le tableau (n° 1) ci-dessous a vocation à restituer non pas l'ensemble de ces acteurs, mais au moins une énumération plus large de ces derniers et du résumé de leurs différents rôles.

§ I. Le ministère des Finances, une administration et des structures internes en mutation : l'exemple de la DGI

Le ministère des Finances est certes constitué de nombreux autres organes comme on le verra brièvement *infra* mais, dans le cadre de ce travail, la Direction générale des impôts apparaît comme la cheville ouvrière du rôle d'acteur que l'on attribue au ministère des Finances. Le ministère des Finances a connu des transformations en amont (A) qui n'ont pas été sans incidence sur la Direction générale des impôts en aval : mis à part des restructurations, cette Direction s'est vue confier des missions d'intérêt public plus élargies (B).

A. LES TRANSFORMATIONS DU MINISTÈRE DES FINANCES

En France, « c'est par une ordonnance du 17 décembre 1844 que le ministère des Finances, uniquement chargé depuis 1802 de la perception des recettes, absorba le ministère du Trésor jusqu'alors responsable des opérations de dépenses, pour former une administration unique ayant compétence pour tous les problèmes financiers de l'État. Les tâches confiées correspondaient à une fonction de "caisse" : préparer et tenir les comptes de l'État, asseoir et

---

[258] Petit Robert, édition de 1977, p. 21.

recouvrer les impôts, payer les dépenses, gérer la dette publique, mettre à disposition de l'État une trésorerie suffisante »[259]. Il a fallu attendre la Première Guerre mondiale pour voir se transformer les structures et les attributions initiales de ce ministère, des transformations liées aux nouvelles tâches, que le ministère des Finances se voyait progressivement confiées, qui ont eu pour conséquence d'en faire « un instrument de contrôle ou d'intervention dans les domaines monétaires, financiers et économiques »[260], en lieu et place du simple service de gestion de la caisse qu'il était. C'est à l'image de ce ministère que s'est créé le ministère des Finances du Cameroun et l'ensemble de ses organes. Ici, ce ministère a connu des appellations diverses : ministère des Finances et du Plan (mais aussi ministère des Finances[261]) dans les années 60[262], ministère de l'économie et des Finances dans les années 90 et au delà[263]. Le ministère des Finances est placé sous l'autorité d'un ministre (le ministre des Finances), assisté d'un ministre délégué[264]. Le ministre des Finances est chargé de l'élaboration et de la mise en œuvre de la politique du Gouvernement en matière financière, budgétaire, fiscale et monétaire[265]. Son ministère se décline en une impressionnante machine financière, constituée d'une administration centrale, de services déconcentrés, et de services extérieurs.

L'administration centrale est constituée de neuf composantes : un Secrétariat général et huit directions : la Direction générale du budget ; la Direction générale des douanes ; la direction générale des impôts ; la Direction générale du Trésor et de la coopération financière et monétaire ; la Direction de la normalisation et de la comptabilité matières ; la direction de la prévision ; la Direction des ressources financières et la Direction des ressources humaines[266].

Les services déconcentrés du ministère des Finances se déclinent en quatre services : ceux de la Direction générale du budget, ceux de la Direction générale des douanes, ceux de la Direction générale des impôts et, enfin, ceux

---

[259] P. Lalumière, *Les finances publiques*, Librairie Amand Colin, 1976, p. 47.

[260] *Idem*.

[261] Cette appellation a été trouvée dans la loi de finances n° 66-LF-2 du 10 juin 1966 pour l'exercice 1966-1967. Voir, *Journal officiel de la République fédérale du Cameroun* du 1er juillet 1966, p. 50-52.

[262] Cette appellation a été trouvée dans la loi de finances n° 63-1-COR du 26 juin 1963 pour l'exercice 1963-1964. Voir, *Journal officiel de l'État fédéré du Cameroun*, n° 2 (supplémentaire) du 30 juin 1963, non paginé.

[263] Voir, en ce sens et à titre d'exemple, l'instruction n° 41 /MINEFI/DT/SDER du 8 décembre 1998.

[264] Article 1er alinéa 1du décret n° 2008/365 du 08 novembre 2008 portant organisation du ministère des Finances. Voir aussi le décret n° 2005/119 du 15 avril 2005 portant organisation du ministère de l'économie et des Finances.

[265] *Idem*, article 1er alinéa 2 du décret de 2008 précité.

[266] Article 7 du décret n° 2008/365 du 8 novembre 2008 portant organisation du ministère des Finances.

de la Direction générale du Trésor et de la coopération financière et monétaire[267].

Les services extérieurs du ministère des Finances sont pour leur part constitués de services placés auprès des missions diplomatiques ou consulaires ; ceux-ci comprennent exclusivement des services relevant de la Direction du budget, ou de la Direction du Trésor et de la coopération financière et monétaire. Mais, en tant que de besoin, d'autres services extérieurs peuvent être créés dans ces missions diplomatiques et consulaires par décret du Président de la République[268].

En dehors des attributions qui sont reconnues au ministre des Finances en matière monétaire et financière[269], celui-ci est, en matière budgétaire et fiscale, responsable de l'élaboration de la loi de finances, de la préparation du suivi et du contrôle de l'exécution du budget de fonctionnement de l'État, ainsi que de l'exécution du budget d'investissement en relation avec le ministère chargé de l'Économie, de la planification et de l'aménagement du territoire ; il en est de même des impôts et des douanes, du contrôle financier des organismes dotés d'un budget annexe et des établissements publics autonomes suivant les règlements propres à chaque organisme. Il est en outre responsable de la mise en œuvre des privatisations et de la réhabilitation des entreprises publiques, du suivi et du contrôle de la gestion des créances et des participations publiques, de l'endettement des personnes morales de droit public et de l'emploi des subventions, ainsi que de la prévision à court terme dans le cadre de l'élaboration du budget.

À travers ses services (centraux, déconcentrés et extérieurs), le ministère des Finances exerce donc de nombreuses prérogatives dont l'étude au détail ne peut relever que d'une étude qui y serait spécialement consacrée. Ces prérogatives procèdent d'importantes restructurations que ce ministère a connues au fil du temps, qui ne manqueront d'ailleurs pas de se poursuivre : la dernière organisation de ce ministère datant de 2008 alors que la loi portant fiscalité a, quant à elle été définitivement adoptée en décembre 2009, on peut en déduire que des ajustements pour s'adapter à cette loi seront inévitables.

Ici encore, il n'est pas possible de revenir sur les mutations que ses différents services ont subies. Celles-ci peuvent néanmoins être perçues en s'aidant d'un exemple, celui de la Direction générale des impôts — nouvelle version de l'ancienne *Direction des impôts* des années 90 — au regard de la mission fiscale qui lui est assignée, et qui contribue (largement) à faire de la

---

[267] Article 279 du décret n° 2008/365 du 8 novembre 2008 portant organisation du ministère des Finances.

[268] Article 398 du décret n° 2008/365 du 8 novembre 2008 portant organisation du ministère des Finances.

[269] Sur ces attributions, voir l'article 1er (2) (ii) du décret n° 2008/365 du 8 novembre 2008 précité, mais aussi les alinéas 3,4, et 5 dudit décret, relatifs à la tutelle qu'il assure sur certains organismes, aux organismes qui lui sont rattachés et à sa qualité de coprésident du Comité interministériel chargé des privatisations.

Direction générale des impôts l'un des acteurs majeurs de la fiscalité locale du Cameroun.

B. L'INCIDENCE DES TRANSFORMATIONS DU MINISTÈRE DES FINANCES SUR LA DIRECTION GÉNÉRALE DES IMPÔTS

Alors que l'ancienne Direction des impôts (comme elle était appelée) semblait plus simplifiée du point de vue de ses structures et de ses missions (1), l'actuelle Direction générale a connu des transformations, et s'est vue par la même occasion dotée d'attributions plus étendues (2).

1. La structure et les missions de l'ancienne Direction des impôts : une administration simplifiée

Les bases de la Direction des impôts avaient été posées en premier par le décret n° 91/498 du 18 décembre 1991 portant réorganisation du ministère des Finances dont le chapitre IV visait la Direction générale des impôts. Ce décret avait notamment procédé à la fusion de l'ancienne Direction de l'enregistrement et de la Direction des impôts, une fusion qui a abouti à une Direction unique : la *Direction des impôts.* Cette Direction avait continué à prendre forme avec l'arrêté n° 58/MINFI/DI du 6 avril 1993 portant création des Centres départementaux et divisionnaire des impôts ; elle était constituée d'une administration centrale et de services extérieurs.

L'administration centrale était, aux termes des articles 65 à 72 du décret de 1991 susvisé, composée d'une Direction, et de services centraux (Inspection des services ; Division de la législation, du contentieux et des relations fiscales internationales, la Division des émissions, de l'informatique et des statistiques ; Division des enquêtes, des vérifications et de la fiscalité immobilière, etc.). Ces services centraux étaient eux-mêmes constitués de sous-directions, ayant chacune des missions prévues par les dispositions du décret de 1991 susvisé.

Il ne nous semble pas utile de revenir plus en détail sur toutes les missions des composantes de l'administration centrale (Direction et services centraux), mais notons, à titre d'exemple, que la Direction des impôts était par le truchement de son directeur chargée, entre autres, de l'élaboration et de l'exécution des textes législatifs en matière de toutes impositions, et de leur adaptation aux exigences de l'évolution économique, de l'organisation et de la gestion du système d'informations foncières à usage fiscal, de la perception des impôts indirects et des impôts et taxes payés par anticipation ou à versements spontanés autres que ceux qui sont émis par voie de rôle, de l'instruction des requêtes contentieuses et gracieuses des contribuables, etc Concernant les missions des services centraux, on peut citer l'exemple de la Division des enquêtes, des vérifications et de la fiscalité immobilière dont les missions avaient été prévues par l'article 70 du décret de 1991, savoir : la collecte et la centralisation des renseignements utiles aux contrôles et aux vérifications.

Les services extérieurs de la Direction des impôts étaient visés aux articles 73 à 75 du décret du 18 décembre 1991. L'on peut noter que ces services étaient constitués des Centres provinciaux des impôts et des Centres départementaux ou divisionnaires des impôts.

Constitué d'une Recette des impôts, d'une Brigade provinciale de contrôle et de vérification, d'un Service des affaires générales, d'un Service des retenues, des versements spontanés et du fichier fiscal, d'un Service informatique et, enfin, d'un Bureau de la curatelle, des saisies et des confiscations, le Centre provincial des impôts était chargé du suivi et de l'application des textes législatifs et réglementaires relevant du domaine de la fiscalité[270] ; il contrôlait, coordonnait et animait tous les services de la Direction des impôts des différentes provinces (aujourd'hui devenues régions) ; il était en outre chargé « de la collecte, de la centralisation et de la mise à disposition et du suivi de l'exploitation par les services d'assiette, des renseignements à but fiscal : de l'organisation et de la direction de certains contrôles et vérifications au niveau de la province »[271].

Le Centre départemental ou divisionnaire des impôts — il était composé d'une Section de l'enregistrement, d'une Section des droits indirects, d'une Section des droits indirects et de la fiscalité foncière, d'une caisse, d'un Bureau de liaison et du courrier — avait quant à lui la charge de l'assiette, de la liquidation et de l'émission des impôts, des droits et taxes en vigueur et du contentieux fiscal.

Le décret n° 2005/119 du 15 avril 2005 portant organisation du ministère de l'économie et des Finances est venu ériger l'ancienne *Direction des impôts* en *direction générale des impôts*, un changement d'appellation qui est loin d'être l'unique changement subi par cet organe.

2. La Direction générale des impôts : une structure transformée et des attributions étendues

Les dispositions qui, dans l'entre-temps, organisaient le ministère des Finances, y compris celles du décret (susvisé) n° 2005/119 du 15 avril 2005 portant organisation du ministère de l'économie et des Finances ont été abrogées par le décret présidentiel n° 2008/365 du 8 novembre portant organisation du ministère des Finances. L'article 127 de ce dernier décret consacre une structure qui révèle une restructuration de la Direction générale des impôts, avec une multiplication de *sous-services* (a) auxquels sont assignées des missions visiblement plus élargies (b). Les missions de la Direction générale des impôts, et particulièrement de ces composantes, sont en

[270] O. Togolo, *Administration fiscale et ressources humaines en Afrique subsaharienne. Le cas du Cameroun*, *op.cit*, p.95.
[271] *Idem*.

règle générale dédiées à l'ensemble des impôts. Une présentation détaillée de toutes ces composantes et de leurs missions revêt une importance certaine. Mais, par souci de simplicité et de cohérence, des exemples de *sous-services* qui ont été mis au service de la fiscalité locale peuvent être donnés à titre purement illustratif (c).

a) La restructuration de la Direction générale des impôts

Les services centraux étaient autrefois constitués de sept *sous-services* ; ils en comptent désormais treize (13) : le Service d'ordre ; la Cellule de l'information et de la communication ; la Cellule de perfectionnement et de la formation continue ; la Sous-direction des affaires générales ; la Division informatique ; la Cellule des études et des réformes fiscales ; l'Inspection nationale des services des impôts ; la Division de programmation et du suivi des enquêtes et du contrôle fiscal ; la Direction du recouvrement, des valeurs fiscales et de la curatelle ; la Division des statistiques, des simulations et de l'immatriculation ; la Division de la législation et des relations fiscales internationales ; la Division du contentieux et la Direction des grandes entreprises.

De nouveaux *sous-services* sont dorénavant attachés à la DGI (cas du Service d'ordre, de la Division du contentieux, de la Cellule de l'information et de la communication, de la Cellule de perfectionnement et de la formation continue, ou de la Direction des grandes entreprises pour ne citer que ces exemples). L'augmentation en nombre de ces *sous-services* s'est parfois accompagnée d'un changement de nom à l'instar de *l'Inspection des services* qui devient *l'Inspection nationale des services des impôts*, ou de la *Division des émissions, de l'informatique et des statistiques* qui se transforme en *Division informatique*, ou d'une suppression de certains *sous-services* (cas de *la Division des enquêtes, des vérifications et de la fiscalité immobilière,* et celui de *la Sous-direction des ressources humaines et des affaires générales*).

S'agissant des services déconcentrés de la DGI, — traduction sur le terrain de l'approche préconisée par le Gouvernement, à savoir que l'accueil des usagers soit dorénavant fait par catégorie de contribuables et non plus en fonction de la nature de l'impôt comme par le passé — ils s'entendent des Centres régionaux des impôts (CRI)[272] situés dans les chefs-lieux de région et ayant une compétence régionale[273], des Centres des impôts de moyennes entreprises (CIME), des Centres divisionnaires (CDI) ayant en principe une compétence départementale[274] et des Centres spécialisés des impôts (CSI).

Le Centre régional des impôts est coiffé par un chef de Centre. Les attributions du centre régional dans son ressort territorial de compétence ont

[272] Ces Centres étaient initialement appelés *Centre provincial des impôts*. L'érection des anciennes provinces en régions a logiquement entraîné la nouvelle appellation de *Centre régional des impôts (CRI)*.
[273] À l'exception du Centre et du Littoral qui ont plusieurs Centres régionaux.
[274] À l'exception du département du Mfoundi dans le Centre et du Wouri dans le Littoral.

été fixées par l'article 333 du décret du 08 novembre 2008 portant organisation du ministère des Finances : il s'agit, entre autres attributions, du suivi de l'application des textes législatifs et réglementaires en matière fiscale, de la collecte, de la centralisation, de la mise à disposition et du suivi de l'exploitation par les services compétents des renseignements à but fiscal, de l'identification, de la localisation et de l'immatriculation des contribuables, des émissions et du recouvrement en matière d'impôts directs et indirects, des droits d'enregistrement et du timbre, de redevances et taxes diverses, de l'exploitation fiscale des informations foncières, de la centralisation des données statistiques sur les émissions et le recouvrement en matière d'impôts directs et indirects, de droits d'enregistrement, du timbre et de la curatelle, de redevances et taxes diverses, y compris les taxes pétrolières, minières, forestières, agricoles, pastorales et sur les produits halieutiques, de la lutte et la répression pénale de la fraude fiscale, etc.

Les Centres régionaux des impôts sont créés par arrêté du ministre des Finances et sont classés par Centres régionaux des impôts de première classe, et Centre régionaux des impôts de deuxième classe, constitués des mêmes services[275] que chaque centre exerce dans le cadre de ses compétences.

Les Centres des impôts des moyennes entreprises (CIME) sont créés par arrêté du ministre des Finances ; ils sont chargés, à l'intérieur d'un ressort territorial donné, des opérations d'assiette, de contrôle, de recouvrement et du contentieux des impôts, droits et taxes relevant de la compétence de la Direction générale des impôts (DGI)[276].

Concernant les Centres divisionnaires ou spécialisés des impôts (CSI), ils sont aussi créés par arrêté du ministre des Finances. Contrairement aux Centres des impôts des moyennes entreprises, ces Centres sont classés par Centres divisionnaires des impôts de première classe et Centres divisionnaires des impôts de deuxième classe. Leurs attributions sont les mêmes que celles des CIME, à la seule différence qu'ils les exercent à l'intérieur d'un ressort territorial relevant de leur compétence.

b) L'élargissement des missions de la Direction générale des impôts

Sous le décret du 18 décembre 1991 susvisé, la Direction des impôts concourait en règle générale à la détermination des recettes de l'État et à leur exécution. En principe, elle participait à l'élaboration des textes fiscaux et intervenait dans les négociations fiscales[277]. Ces missions sont apparues plus lisibles avec le décret n° 95/168 du 16 août 1995 portant réorganisation du ministère de l'économie et des Finances du Cameroun, sa mission essentielle étant de rédiger les textes législatifs et réglementaires en matière fiscale, d'en

---

[275] Sur l'ensemble de ces services et leurs attributions, voir les articles 336 à 358 du décret n° 2008/365. du 8 novembre 2008 portant organisation du ministère des Finances, décret précité.

[276] Voir les articles 359 et 360 du décret du 8 novembre 2008 précité.

[277] P. Alaka Alaka, *Les difficultés du recouvrement de l'impôt au Cameroun : contribution à l'étude des dysfonctionnements administratifs*, *op.cit.*

assurer le suivi, de déterminer les recettes de l'État et d'en surveiller l'exécution, tout en assurant la gestion des ressources humaines et matérielles[278].

Ces missions semblent avoir été élargies et davantage précisées avec le décret de 2008, dont l'article 127 place la Direction générale des impôts sous l'autorité d'un directeur général. En dépit du lien que l'on peut percevoir avec la fiscalité locale, les dispositions de ce décret ne font expressément pas référence à cette dernière. Ce manquement peut être attribué au fait que le décret de 2008 a précédé (de plus d'un an) la loi de 2009 portant fiscalité locale. Aux termes de l'article 127 susvisé, « la Direction générale des impôts est chargée de l'élaboration des textes législatifs et réglementaires en matière d'impôts directs et indirects, de droits d'enregistrement, du timbre et de la curatelle, des redevances et taxes diverses, notamment des taxes pétrolières, minières, forestières agricoles, pastorales et sur les produits halieutiques, y compris tous droits et taxes dont la compétence relève de la Direction générale des impôts, et en liaison avec les départements ministériels compétents ; du contrôle, de la coordination et de l'animation des Services des impôts ; de la collecte, de la centralisation, de la mise à disposition et du suivi de l'exploitation des renseignements à but fiscal ; de l'identification, de la localisation et de l'immatriculation des contribuables ; des émissions et du recouvrement des impôts directs et indirects, des droits d'enregistrement, du timbre et de la curatelle, des redevances et taxes diverses, notamment les taxes pétrolières, minières, forestières, agricoles, pastorales et sur les produis halieutiques, y compris tous droits et taxes dont la compétence relève de la Direction générale des impôts ; des contrôles et vérifications des impôts directs et indirects, des droits d'enregistrement, du timbre et de la curatelle, des redevances et taxes diverses, notamment les taxes pétrolières, minières, forestières, agricoles, domaniales, cadastrales, foncières, pastorales et sur les produits halieutiques, y compris tous droits et taxes dont la compétence relève de la Direction générale des impôts ; de la collecte et de l'exploitation fiscale des informations foncières ; de la curatelle ; de la centralisation des données statistiques sur les émissions et le recouvrement des impôts directs et indirects, des droits d'enregistrement, du timbre et de la curatelle, des redevances et taxes diverses, notamment les taxes pétrolières, minières, forestières, agricoles, domaniales, cadastrales, foncières, pastorales et sur les produits halieutiques, y compris tous droits et taxes dont la compétence relève de la Direction générale des impôts ; de la lutte contre la fraude et de la répression des infractions fiscales ; de l'instruction des réclamations gracieuses et contentieuses des contribuables portant sur les impositions émises ; des conventions et accords en matière fiscale, ainsi que de la participation à la détermination des recettes de l'État ».

[278] *Idem.*

c) La mise de la Direction générale des impôts au service de la fiscalité locale

Au niveau central, on peut citer, en premier exemple, celui de la *Direction du recouvrement, des valeurs fiscales et de la curatelle* prévue à l'article 146 du décret de 2008 susvisé. Cette Direction a la charge de la collecte, de la consolidation et de l'analyse des statistiques sur les émissions et le recouvrement des impôts et taxes. Elle est également chargée du suivi de l'animation de l'action en recouvrement et, entre autres, de la gestion des valeurs fiscales et de la curatelle.

Le deuxième exemple est, au niveau central, celui de la *Division des statistiques, des simulations et de l'immatriculation.* Ce service a la charge de la collecte, de la consolidation, et de l'analyse des statistiques sur le émissions et le recouvrement des impôts et taxes. Il assure le suivi statistique des projets et des programmes de sécurisation des recettes fiscales, et des simulations fiscales. En outre, il coordonne et assure le suivi des questions relatives à l'immatriculation des contribuables

Le troisième exemple que l'on peut citer est celui de la *Direction des grandes entreprises* prévue à l'article 167 du décret de 2008 : celle-ci est chargée de la gestion de l'assiette et de la liquidation de tous les droits et taxes dus par les entreprises qui relèvent de sa compétence.

Ces trois services de la DGI font partie — avec la Division informatique (elle est chargée de la coordination des activités informatiques de la Direction générale, du recueil et de l'analyse des besoins, de l'élaboration des tableaux de bord et notamment de la gestion électronique des documents), la Division de la programmation et du suivi des enquêtes et du contrôle fiscal (celle-ci est chargée des enquêtes en vue de la recherche et de la collecte d'informations, de renseignements, des investigations et constatations des manquements et infractions à la législation fiscale, de la répression pénale des infractions, etc.), et les services déconcentrés de la DGI — des services qui se distinguent par l'important rôle qu'ils jouent en matière de recouvrement des recettes destinées au FEICOM[279]. Celui-ci travaille en étroite collaboration avec le MINFI, et sa mission d'assistance financière et technique — en complément à celle de l'État — permet (théoriquement) aux collectivités territoriales décentralisées de réaliser leurs projets de développement.

[279] J.C. Etana Omgba, *Postes comptables et recouvrement opérationnel de la fiscalité locale au FEICOM,* Afrédit, 2011, p.20.

§ II. Le FEICOM, un rôle de centralisation et de distribution : la mission de développement local

Le Fonds spécial d'équipement et d'intervention intercommunale (FEICOM) est un établissement public administratif[280], doté de la personnalité juridique et de l'autonomie financière, dont le siège est à Yaoundé. Le FEICOM a été créé par la loi n° 74/23 du 5 décembre 1974 portant organisation communale et est devenu opérationnel en novembre 1977. Entre 1977 et 2000, le FEICOM a été géré par une Direction administrative, une structure déconcentrée du ministère de l'administration Territoriale. Depuis lors, à la faveur de trois décrets présidentiels, décembre 2000 et mai 2006, cette institution a connu des changements importants tant du point de vue de son statut (accession au statut de Direction générale) que de son organisation et son fonctionnement (A). Ses missions et ses ressources ont été précisées par décret (B) et, dans un souci d'assainissement, le FEICOM s'est doté, en 2007 d'un Code d'intervention destiné, entre autres, à mettre fin à l'arbitraire, à la confusion et aux abus dans lesquels l'institution s'était enlisée au fil du temps (C). L'adoption d'un Code d'intervention du FEICOM (CIF en abrégé) était une entreprise nécessaire, mais pas suffisante pour enrayer certaines lacunes relevées (D).

A. L'ORGANISATION ET LE FONCTIONNEMENT INTERNE DU FEICOM

Placé sous la double tutelle du ministère de l'administration Territoriale et de la décentralisation (tutelle technique)[281] et du ministère chargé des Finances (tutelle financière)[282], le FEICOM était autrefois géré par un comité de gestion[283] et une Direction administrative[284]. Nonobstant l'intermède[285],

---

[280] Il s'agit d'une personne morale distincte de l'État. En dépit de l'autonomie qui lui est reconnue, le FEICOM reste néanmoins sous la dépendance et l'étroit contrôle du pouvoir central.

[281] « La tutelle technique a pour objet de fixer les objectifs du FEICOM et d'en assurer la régulation en vue de son fonctionnement normal. Elle veille aux rapports harmonieux entre le FEICOM et les autres intervenants du secteur » (article 3 (nouveau) 2° du décret 2006/182 du 31 mai 2006 modifiant et complétant certaines dispositions du décret n° 2000/365 du 11 décembre 2000 portant réorganisation du Fonds spécial d'équipement et d'intervention Intercommunale)

[282] « La tutelle financière a pour objet d'apprécier les opérations de gestion à incidence financière du FEICOM et d'en suivre les performances » (article 3 (nouveau) 3° du décret 2006/182 du 31 mai 2006 modifiant et complétant certaines dispositions du décret n° 2000/365 du 11 décembre 2000 portant réorganisation du Fonds spécial d'équipement et d'intervention Intercommunale.

[283] Ce comité de gestion avait connu des modifications aussi bien du point de vue de ses membres que de ses missions : à l'origine, c'est-à-dire sous le décret du 22 mars 1977 (article 4), le comité de gestion était chargé de l'administration du FEICOM et était composé du ministre de l'administration Territoriale, du ministre de l'Économie et du plan, du ministre des Finances, du ministre de l'Équipement et de l'Habitat et du secrétaire général auprès du Premier ministre. Le décret n° 85/130 du 31 janvier 1985 portant modification du décret du 22 mars 1977 fixant les

l'organisation et le fonctionnement de cette institution ont fondamentalement changé à la faveur du décret n° 2000/365 du 11 décembre 2000 portant réorganisation du Fonds spécial d'équipement et d'intervention intercommunale. Le FEICOM est, à compter dudit décret, administré par deux organes : le conseil d'administration et la Direction générale (article 5 du décret du 11 décembre 2000 suscité).

Autrefois composé de neuf membres nommés par le Président de la République de la même manière que l'était la personne qui le présidait (article 6 du décret ci-dessus), le conseil d'administration du FEICOM est actuellement régi par les dispositions du décret n° 2006/182 du 31 mai 2006 modifiant et complétant certaines dispositions du décret n° 2000/365 du 11 décembre 2000 portant réorganisation du Fonds spécial d'équipement et d'intervention intercommunale. Aux termes de l'article 6 (nouveau) du décret de 2006, le conseil d'administration du Fonds est désormais composé de douze membres : (1) le représentant de la présidence de la République ; (2) le représentant des services du Premier ministre ; (3) le représentant du ministère chargé des CTD ; (4) le représentant du ministère chargé des Finances ; (5) le représentant du ministère chargé du Développement urbain ; (6) le représentant du ministère des Finances : (7) le représentant du ministère chargé de l'Aménagement du territoire ; (8) le représentant du personnel (9) quatre

---

modalités de fonctionnement et de gestion du Fonds spécial d'équipement et d'intervention intercommunale modifie la composition du comité de gestion. En dehors du ministre de l'administration Territoriale qui demeure président du comité de gestion, d'anciens membres - le ministre de l'Économie et du plan, le ministre de l'équipement et de l'Habitat, et le secrétaire général auprès du Premier ministre - perdent la qualité de membres du comité de gestion au profit de nouveaux membres, en l'occurrence le ministre du Plan et de l'Aménagement du territoire et un représentant de la présidence de la République (article 4 nouveau du décret du 31 janvier 1985), Le comité de gestion étant alors présidé par le ministre de l'administration Territoriale, ordonnateur du budget du comité de gestion. Ce dernier avait notamment pour mission d'arrêter annuellement le programme d'action du fonds, fixer les modalités pratiques d'octroi des subventions et avances à accorder aux communes et syndicats de communes, adopter le budget du Fonds, répartir les crédits disponibles pour chaque exercice, faire procéder si bon lui semble au contrôle sur le fonctionnement ou la gestion du Fonds, suivre l'utilisation des fonds accordés et recevoir périodiquement à cet effet des comptes-rendus du directeur administratif, etc.

[284] La Direction administrative était chargée d'organiser les services du fonds, de préparer et d'exécuter le budget du fonds, de préparer les dossiers des réunions, d'assurer le secrétariat des séances, de conserver les documents du comité de gestion, d'exécuter les décisions du comité de gestion, de procéder périodiquement aux rapprochements des écritures avec le trésorier-payeur, de gérer le personnel recruté pour le compte du Fonds (article 10-1 du décret du 22 mars 1977). Le directeur administratif était en outre habilité à représenter le Fonds dans les actes de la vie civile et en justice (article 10-1 du décret du 22 mars 1977).

[285] « […] En 2005, l'organisme avait connu de graves dysfonctionnements qui amenèrent le Gouvernement à le placer sous l'autorité d'un administrateur provisoire. Après une profonde restructuration de dix mois, le FEICOM a été remis sur les rails et a retrouvé à nouveau son statut de direction générale », à la faveur du décret présidentiel du 31 mai 2006. Extrait de l'article d'Angèle Thamar Dzama, « FEICOM : 30 ans déjà » *in Le communal*, n° 11, janvier/février/mars 2007, édition spéciale, 30e anniversaire, p. 7.

représentants des collectivités territoriales décentralisées. Le conseil d'administration du FEICOM est présidé par une personnalité nommée par décret présidentiel. Ses membres sont aussi nommés par décret présidentiel, sur proposition des administrations et des organismes socioprofessionnels auxquels ils appartiennent, à la diligence du ministre de tutelle technique.

Le conseil d'administration dispose des pouvoirs les plus étendus pour administrer le Fonds, définir et orienter sa politique générale et évaluer sa gestion dans les limites fixées par son objet social. À titre d'exemple, « il fixe les objectifs et approuve le programme d'action annuel du FEICOM ; il approuve sur proposition du directeur général, l'organigramme, le règlement intérieur, la grille des rémunérations et les avantages du personnel ; il adopte le budget du FEICOM et arrête, de manière définitive, les comptes et états financiers annuels ; [...] ; il accepte tous dons, legs et subventions ; il peut à tout moment, faire procéder aux contrôles relatifs au fonctionnement ou à la gestion du FEICOM ; il suit la mise en œuvre des projets financés par le FEICOM et reçoit périodiquement à cet effet des comptes rendus du directeur général ; le conseil d'administration peut déléguer certains de ses pouvoirs au directeur général [...] »[286]

Parallèlement au conseil d'administration, le FEICOM est placé sous l'autorité d'un directeur général nommé par décret du Président de la République. Le directeur général est assisté d'un directeur général adjoint, lui aussi nommé par décret présidentiel. Ils sont tous les deux nommés pour un mandat de trois ans (3) renouvelable deux fois.

La Direction générale du FEICOM a été dotée de services qui lui sont rattachés (le cabinet du directeur général, le secrétariat du directeur général adjoint, l'Inspection générale des services, la Cellule des études, des programmes et des statistiques, la cellule informatique, le Service du courrier et de liaison, le Service de traduction, le Service interne et de sécurité). Il est précisé à l'article 18 du décret n° 2000/365 du 11 décembre 2000 précité que « Le directeur général est chargé de la gestion et de l'application de la politique générale du FEICOM sous le contrôle du conseil d'administration à qui il rend compte de sa gestion »[287]. Par exemple, et entre autres pouvoirs, il prépare le budget, les états financiers annuels et les Rapports d'activités ; il prépare également les délibérations du conseil d'administration, assiste avec voix consultative à ses réunions et exécute les décisions qui en découlent ; il gère les biens meubles et immeubles corporels et incorporels du FEICOM, dans le respect de son objet et des dispositions de l'article 10, relatif aux pouvoirs du conseil d'administration ; il représente le FEICOM dans tous les actes de la vie civile et en justice, etc., étant précisé qu'il peut déléguer ses pouvoirs.

---

[286] Article 10 du décret n° 2000/365 du 11 décembre 2000 portant réorganisation du Fonds Spécial d'Équipement et d'Intervention Intercommunale modifié par le décret n° 2006/182 du 31 mai 2006

[287] Article 18 du décret n° 2000/365 du 11 décembre 2000, précité.

Le FEICOM dispose aussi de services centraux (Direction des projetsd'architectures, Direction des projets d'infrastructures et d'urbanisme, Direction des concours financiers, Direction des finances et du matériel, Direction des ressources humaines, Division des affaires juridiques et du contentieux, Division de la coopération, de la communication et de la documentation).

Le FEICOM dispose enfin de services extérieurs constitués d'agences établies dans des villes dont le territoire de compétence couvre une des dix (10) provinces, au sens de collectivité territoriale se déclinant désormais en *région*. Par exemple, l'agence de Yaoundé couvre la région du Centre ; celle de Douala couvre la région du Littoral ; celle de Bafoussam couvre la région de l'Ouest, tandis que celle de Garoua couvre la province du Nord... Sur proposition du directeur général, d'autres agences du FEICOM peuvent être créées, en tant que de besoin, sur l'ensemble du territoire national par délibération du conseil d'administration.[288]

B. LES MISSIONS ET LES RESSOURCES DU FEICOM

Les missions assignées au FEICOM ont été prévues par l'article 2 du décret n° 77/85 du 22 mars 1977 fixant les modalités de fonctionnement et de gestion du Fonds spécial d'équipement et d'intervention intercommunale. Le FEICOM se destine en effet « […] à l'entraide entre les communes notamment par des avances de trésorerie dans la limite des crédits prévus à cet effet ; au financement des travaux d'investissement communaux ou intercommunaux ; à la couverture des frais d'assiette et des charges de recouvrement des recettes fiscales dont les communes perçoivent la totalité ; à la couverture des frais relatifs à la formation du personnel communal et du personnel de l'état civil ». Depuis 1998[289], la centralisation et la redistribution des centimes additionnels communaux relèvent dorénavant des missions assignées au FEICOM.

De même, et toujours au titre des missions de cet organisme, on peut relever que le FEICOM finance, sous certaines conditions d'éligibilité (communes à faible revenu), des projets ayant un impact direct sur l'amélioration des conditions et du cadre de vie des populations, des projets générateurs de revenus ou d'équipements abritant les services locaux (hôtels de ville). Les concours financiers octroyés dans le cadre de ce Programme constituent des contributions de solidarité au sens du Code d'intervention FEICOM, CIF en abrégé (voir ci-dessous)[290].

---

[288] Article 2 (nouveau) du décret n° 2000/365 du 11 décembre 2000, précité.

[289] Voir le décret n° 98/263 PM du 12 août 1998 modifiant certaines dispositions du décret n° 95/690/PM du 26 décembre 1995 fixant les modalités de répartition du produit des centimes additionnels communaux.

[290] Voir, en ce sens, et *infra* (en deuxième partie), Décision n° 003/D/FEICOM/CA du 14 janvier 2009 portant création d'un Programme d'assistance aux communes à revenu faible (PACARF).

Concernant les ressources de cet organisme, l'article 3 du décret ci-avant visé prévoyait une « alimentation » du FEICOM par « les cotisations des communes à raison de 10% du produit de l'impôt forfaitaire, des contributions des patentes et licences et de la taxe sur le bétail ; les subventions de l'État ; les ristournes consenties par les caisses de stabilisation sur la vente des produits de base, conformément à la loi ; la totalité de la taxe douanière municipale ; 50% de la taxe de transit du bétail; 50% des centimes additionnels communaux à l'impôt sur les sociétés et le chiffres d'affaires ; 50% de la taxe de stationnement ; 50% de la taxe de transhumance ; toutes autres ressources éventuelles qui lui sont attribuées ».

Sous le décret n° 96/098 du 7 mai 1996 modifiant certaines dispositions du décret n° 77/85 du 22 mars 1977 fixant les modalités de fonctionnement et de gestion du Fonds spécial d'équipement et d'intervention intercommunale, le Fonds est désormais alimenté par « les cotisations des communes à raison de 10% du produit de l'impôt libératoire, des contributions des patentes et licences et de la taxe sur le bétail ; les ristournes sur la vente des produits de base, conformément à la loi ; la totalité de la taxe douanière municipale ; 20% du produit des centimes additionnels communaux provenant : de l'impôt sur le revenu des personnes physiques, de l'impôt sur les sociétés, des taxes sur les jeux, de la taxe sur le chiffre d'affaires ; 50% de la taxe de stationnement ; 50% de la taxe de transhumance [et] les subventions de l'État »[291].

Outre le taux de 10% appliqué à l'impôt libératoire en lieu et place de l'impôt forfaitaire supprimé par la loi de finances 1995/1996, l'autre changement notable issu du nouvel article 3 du décret de 1996 ci-dessus porte sur la baisse du taux du produit des centimes additionnels (20% au lieu des 50% précédemment appliqués) et le rallongement de la liste d'impôts principaux dont 20% du produit sont dorénavant destinés au FEICOM, une rallonge constituée justement de l'impôt sur le revenu des personnes physiques, l'impôt sur les sociétés, les taxes sur les jeux, et la taxe sur le chiffre d'affaires.

La liste d'impôts de l'article 3 (nouveau) du décret du 7 mai 1996 n'a pas été entièrement reconduite par le décret n° 2000/365 du 11 décembre 2000 portant réorganisation du Fonds Spécial d'Équipement. Sous ce décret en effet, les 20% du produit des centimes additionnels communaux assis sur l'impôt sur le revenu des personnes physiques, l'impôt sur les sociétés, les taxes sur les jeux et la taxe sur le chiffre d'affaires n'alimentent plus le FEICOM. En revanche, 20% des centimes additionnels communaux continuent de faire partie des ressources du FEICOM. Au titre des ressources de cet organisme, le décret du 11 décembre 2000 précité a rajouté « les subventions et ristournes consenties par l'État », « les emprunts », ainsi que « toutes autres ressources éventuelles qui lui sont attribuées ou dont la gestion lui est confiée au regard

---

[291] Voir l'article 3 (nouveau) dudit décret.

de ses missions »[292]. Le décret du 11 décembre 2000 a supprimé l'ancienne ressource FEICOM constituée par « la totalité de la taxe douanière municipale » autrefois instituée par le décret de 1977.

Le décret présidentiel n° 2006/182 du 31 mai 2006 modifiant et complétant certaines dispositions du décret n° 2000/365 du 11 décembre 2000 susvisé garde dans leur quasi-entièreté les dispositions antérieures relatives aux ressources du FEICOM, avec néanmoins un rajout, puisque les ressources du FEICOM sont aussi désormais constituées de « toutes ressources éventuelles provenant de la coopération internationale, ou dont la gestion [est confiée au FEICOM] au regard de ses missions »[293]. Au rang de ces ressources, en plus du produit des subventions et de ristournes consenties par l'État et de la vente des cocardes et gadgets FEICOM [294], on peut également citer les dons, legs et subventions que le conseil d'administration peut accepter dans le cadre des pouvoirs qui lui sont reconnus par l'article 10 du décret n° 2000/365 du 11 décembre 2000 précité. Les nouvelles dispositions ont changé la structure de ces ressources du FEICOM. Elles sont désormais constituées des centimes additionnels communaux, des droits de timbre, de la Forestière annuelle, de la taxe de développement local, de la taxe sur les propriétés immobilières, des droits de mutation immobilières, de la taxe de stationnement, de la contribution des patentes et de la contribution des licences. Actuellement, l'ensemble de ces impôts est réparti entre notamment les collectivités territoriales, l'État et le FEICOM, suivant une clef de répartitions[295] prévues par les textes en vigueur[296].

Le mode de fonctionnement du FEICOM et ses modalités d'intervention appellent toutefois un assainissement de l'organisme et plus de transparence.

C. L'ASSAINISSEMENT DE L'INSTITUTION ET LA TRANSPARENCE DES MODALITÉS D'INTERVENTION

Deux audits « réalisés en 2003 (Contrôle supérieur de l'État) et 2005 (2AC et ACP) [avaient] de façon unanime remis en cause les modalités de financement du Fonds spécial d'équipement et d'intervention intercommunale. Les auditeurs ont en effet relevé que l'allocation des concours du FEICOM ne

[292] Article 23 du décret n° 2000/365 du 11 décembre 2000 portant réorganisation du Fonds spécial d'équipement et d'intervention intercommunale.

[293] Article 23 (nouveau) du décret n° 2006/182 du 31 mai 2006 modifiant et complétant certaines dispositions du décret n° 2000/365 du 11 décembre 2000 portant réorganisation du Fonds spécial d'équipement et d'intervention intercommunale.

[294] Disponible sur : http://www.feicom.cm/www/index.php/le-feicom/les-ressources, consulté le 07/12/2014.

[295] Un tableau consacré à cette clef de répartition sera donné plus loin dans ces travaux.

[296] Voir la loi n° 2009/019 du 15 décembre 2009 portant fiscalité locale et les modificatifs subséquents, (Loi n° 2010/015 du 21 décembre 2010 portant loi de finances pour 2011) notamment ses articles 115, 116 et 117, et le décret n° 2011/1731/PM du 18 juillet 2011 fixant les modalités de centralisation, de répartition et de reversement du produit des impôts communaux soumis à péréquation.

reposait pas sur des critères objectifs et équitables en l'absence d'un document cadre formalisant les interventions et précisant la nature des projets à financer par l'organisme [...]. En l'absence de règles formelles (procédures d'octroi des concours), le FEICOM s'est retrouvé entrain de financer des projets parfois en faveur des particuliers (qui ne sont pourtant pas clients de l'organisme). Des investissements ont aussi été réalisés en faveur des communes sans convention. Or la gestion des fonds issus de la mutualisation impose que ceux-ci soient reconstitués. Cette absence de règles formelles et connues d'avance par les édiles a très souvent fait dire que les interventions de l'entreprise sont arbitraires et peu rigoureuses »[297].

C'est pour pallier ces insuffisances et faire obstacle aux malversations et nombreux abus[298] révélées par les cabinets français et camerounais ci-dessus

---

[297] Avant-propos du président du conseil d'administration, Hamidou Yaya Marafa, *in* Code d'intervention du FEICOM, 16 novembre 2007, p. 2.

[298] L'article du quotidien *Mutations,* Comment on a pillé le FEICOM » (extrait) daté du 6 octobre 2005 apparaît de ce point de vue éclairant et justifie le recours à un audit : « le financement des communes sous forme de prêts à l'équipement ou au fonctionnement constitue l'activité majeure du FEICOM. Ici, le brouillard n'est pas moins épais. Diverses anomalies relevant de la technique bancaire élémentaire ont été relevées. Mais là où la générosité du [directeur général du FEICOM] est restée sans bornes (et sans normes), c'est dans l'accord desdits prêts. La commune d'Ambam (dont est originaire le DG) a par exemple reçu des financements pour 27 projets d'un montant cumulé de 3,4 milliards [de francs CFA] (dont 2,3 milliards sous forme de subventions !), représentant, selon le calcul de l'auditeur, exactement "27 fois la valeur cumulée des financements accordés au 20 dernières communes du classement dont la plupart ont une population supérieure à celle d'Ambam". En seconde position se trouve... Meyomessala, celle d'origine du chef de l'État, avec 1,3 milliard. Tout comme Yaoundé 1er du député-maire Émile Andzé Andzé, administrateur du FEICOM au titre de l'association des communes et villes fait aussi partie des communes chouchoutées. On note aussi que les provinces du Centre et du Sud ont, à elles seules, absorbé 51,5% des concours financiers, alors qu'elles ne représentent que 1/5e de la population nationale [...]. Autre exemple, la province la plus peuplée du Cameroun, l'extrême Nord n'a bénéficié que de 7% des concours. Et l'auditeur relève que l'encours des crédits représente 81% du montant des prêts, majorés des intérêts et de la TVA ; ce qui "traduit une incapacité réelle des communes à faire face au remboursement des prêts accordés". C'est le cas manifestement des 2,5 milliards d'Ambam [...]. On a aussi des dépenses diverses sans la moindre pièce justificative (frais de restaurant, billets d'avion, etc.) pour un peu plus de 3,7 milliards au cours de la même année. Le total des dépenses sans justificatifs s'élève, pour les quatre exercices [de 2000 à 2003], à 8,578 milliards [...]. L'une des plus grosses brèches, c'est les marchés des travaux et livraisons diverses illégalement gérés par le FEICOM, en lieu et place des communes. Ici, le procès-verbal de réception présente une inconnue majeure : 252 marchés payés pour la seule année 2003 pour un cumul de 6,166 milliards, sans le moindre début de preuve de réalisation ou de livraison. Dans d'autres cas, on n'est même pas embarrassé de confectionner un marché ; il suffit de passer à la caisse : 3,062 milliards en 2003 (168 paiements) ; 4,278 milliards en 2001-2002 (181 paiements), sans commande ! ». Précisons que le marché dont il est fait mention dans cet article renvoie au marché public, lequel - au sens du décret du 9 juin 1995 - est un contrat écrit par lequel un entrepreneur (fournisseur ou prestataire de services) s'engage envers l'État, une collectivité locale, un établissement public ou une entreprise publique, soit à réaliser un ouvrage ou des travaux de quelque nature que ce soit pour leur compte ou sous leur surveillance, soit à leur fournir des biens ou des services moyennant un prix. Pour d'amples informations sur ces marchés, voir le décret n° 95/101 du 9 juin 1995 portant réglementation des marchés publics et

que le conseil d'administration a, lors de sa sixième réunion en session extraordinaire du 5 juillet 2007, demandé à la Direction générale du FEICOM l'élaboration d'un document destiné à combler les faiblesses relevées en « [garantissant] plus de transparence et d'équité dans les interventions du Fonds »[299]. Ledit document a été examiné avant d'être adopté par le conseil d'administration réuni lors de sa septième (7e) session extraordinaire du 16 novembre 2007. L'article 1er de la décision datée du même jour portant Code d'intervention du FEICOM (CIF) — entré en vigueur en 2008 — précise en son alinéa 2 que « le CIF détermine les règles appliquées par le FEICOM dans ses interventions au profit des communes et de leurs groupements dans le cadre de ses missions. Il précise l'éligibilité des communes ou de leurs groupements à un prêt, la typologie des interventions, la structuration des concours financiers, les conditions d'accès aux concours, la signature de la convention, la gestion des fonds de coopération, le remboursement des prêts ainsi que les dispositions transitoires, diverses et finales ».

L'on se doit de préciser que les interventions du FEICOM au profit des communes ou d'un groupement de communes peuvent se faire sous forme d'un concours financier ou d'un concours non financier, en visant obligatoirement l'intérêt général. La structuration des concours financiers que le FEICOM est amené à apporter aux communes et leurs groupements varie en fonction du projet : projet générateur de revenus, projet non générateur de revenus ou avance de trésorerie[300]. Une instance sous la houlette du directeur général — le Comité des concours Financiers du FEICOM (CCFF) — examine les demandes de financement présentées par les collectivités territoriales décentralisées.

Au titre des concours financiers, il appartient au FEICOM et à la commune — ou au groupement des communes — sollicitant un appui de fixer de concert les mécanismes financiers devant s'appliquer, selon que le projet est susceptible ou non de générer des revenus »[301]. Les « mécanismes financiers » auxquels il est fait référence sont justement visés aux articles 16 à 22 du CIF.

---

le décret n°102 du 9 juin 1995, mais aussi le décret n°2000/155 du 30 juin 2000 modifiant et complétant les dispositions du décret 95/101 du 9 juin 1995 portant réglementation des marchés publics et le décret 2000/156 du 30 juin 2000 modifiant et complétant les dispositions du décret n° 95/102 du 9 juin 1995.

[299] *Rapport annuel 2007* du FEICOM, propos du ministre de l'administration Territoriale et de la décentralisation, p. 7.

[300] « Sont considérés comme avances de trésorerie, les fonds alloués pour : les arriérés de salaires [et] les voyages de coopération ou d'études des édiles » (article 11 du CIF). La structuration des avances de trésorerie est qu'aucun apport en ressources définitives n'est demandé aux communes ou à leurs groupements, la contribution de solidarité est quant à elle inexistante, et le prêt est de 100%, sachant que les frais financiers sur le prêt sont de 9% et que la durée de remboursement ne peut excéder 2 ans (article 23 du CIF).

[301] Exposé du directeur général du Fonds spécial d'équipement et d'intervention intercommunale (FEICOM) sur le thème : « Le financement des projets communaux » lors de la conférence africaine de la décentralisation et du développement local tenue à Yaoundé le 29 mai 2008.

Par exemple, au cas de projets générateurs de revenus et concernant la structuration des projets d'équipements utilitaires [302], aucun apport en ressources définitives n'est demandé aux communes et à leurs groupements, il n'y a pas de contribution de solidarité[303] ; la totalité du projet est financée par le prêt, et les frais financiers sur le prêt (c'est-à-dire l'ensemble des frais prélevés à l'occasion du remboursement d'un prêt pour pallier la dépréciation monétaire et amortir les dépenses) sont de 7%, la durée de remboursement ne pouvant excéder quatre ans. Un autre exemple concernant les projets non générateurs de revenus peut être tiré de l'article 22, relatif à la structuration des prêts au fonctionnement, pour lesquels aucun apport en ressources définitives n'est demandé aux communes et à leurs groupements, pas plus que n'existe de contribution de solidarité, cependant que les frais financiers sur le remboursement sont de 9%, avec une durée de remboursement qui ne peut excéder deux ans.

Dans le prolongement des concours susvisés, l'article 5 du CIF fournit une liste de cinq aspects sur lesquels le Fonds intervient par concours financiers au profit des communes ou de leurs groupements. Ce sont : (1) les projets sociaux (2) les projets d'équipements collectifs (3) les projets d'équipements marchands (4) les projets d'équipements utilitaires (5) les prêts au fonctionnement. Les articles 6 à 11 du CIF apportent des précisions sur ces typologies. Selon l'article 6 du CIF par exemple, les projets sociaux visent les infrastructures hydrauliques, les infrastructures énergétiques, les voiries, les travaux routiers, les écoles et notamment les centres de santé.

L'article 7 du CIF répute projets d'équipements collectifs les bâtiments abritant les services locaux et les équipements culturels.

On peut citer, en dernier exemple[304], l'article 9 du CIF qui considère comme projets d'équipements marchands les marchés, les gares routières, les auberges municipales, les abattoirs, les salles de fêtes et notamment la construction de logements.

Outre les concours financiers ci-avant mentionnés, le FEICOM accorde des concours non financiers — visés aux articles 13 à 15 du CIF — (aux communes et leurs groupements) non seulement pour la formation du personnel communal et d'état civil, formation qui s'étend aux maires, mais aussi pour accompagner les communes dans le montage de leurs projets de développement.

Les concours non financiers du FEICOM sont exécutés sous la forme d'une assistance technique (dans les domaines dont il dispose des compétences en personnel, et ce de manière non rémunérée)[305], ou d'une assistance-conseils

---

[302] Il s'agit des projets relatifs à l'acquisition du matériel roulant, de bureau ou de mobilier de bureau.

[303] Il s'agit de l'appui financier apporté à une commune ou un groupement de communes par l'ensemble des autres communes dans le cadre de la péréquation opérée sur les fonds collectés (définition donnée par le CIF).

[304] Pour plus de détails, voir l'ensemble des articles 6 à 11 du CIF.

[305] Code d'intervention du FEICOM, article 14.

apportée gratuitement aux communes ou leurs groupements dans des domaines se rapportant à son objet[306]. Cette double assistance financière et technique est apportée aux collectivités territoriales décentralisées dans le but de favoriser leur développement économique et social[307].

Il est d'ailleurs admis que le Code d'intervention du FEICOM (CIF) et le Comité des concours Financiers du FEICOM s'inspirent des exemples marocain et français du Fonds d'Équipement communal et de Dexia Crédit Local auprès desquels des missions d'études avaient préalablement été conduites[308].

Le FEICOM donne ainsi l'impression d'une machine bien huilée, mais force est de constater que des lacunes restent néanmoins à déplorer.

D. LES LACUNES À COMBLER

Le FEICOM s'est vu conférer une reconnaissance internationale par la certification de ses activités à la norme ISO 9001 version 2008. « Les domaines pris en compte par cette certification sont : les études, l'assistance-conseil aux élus, la mobilisation des ressources, la conception, le financement et le suivi des projets de développement local »[309]. Pourtant, l'institution présente des lacunes. Dans le domaine de la mobilisation des ressources par exemple, et plus précisément celui du recouvrement, le FEICOM reste une institution fragile : il fait partie des dernières structures de recouvrement créées et a en face des partenaires[310] qui, dans le domaine du recouvrement, sont plus aguerris et plus performants[311]. Parmi les lacunes que l'on peut relever le chef de recouvrement douane à la Direction générale de cette structure indique que « le FEICOM laisse entrevoir certaines failles dans son organisation au recouvrement [car] ses supports de recouvrement ne sont pas sécurisés : les fiches de recettes et de droit ne présentent que les recettes de l'entreprise sans principal de l'impôt, ni parts partenaires (sic), ce qui ne permet pas de faire des rapprochements et de s'assurer que les recettes perçues sont celles qui sont dues. Même la stratégie de redressement des comptes administratifs utilisée par le FEICOM pour recouvrer sur la base des parts CTD observées, ses pertes

[306] *Idem*, article 15.

[307] Voir exposé du directeur général du Fonds spécial d'équipement et d'intervention intercommunale (FEICOM) sur le thème : « Le financement des projets communaux » lors de la conférence africaine de la décentralisation et du développement local tenue à Yaoundé le 29 mai 2008. Précité.

[308] Voir avant-propos de P. C. Akoa, directeur général du FEICOM *in* Rapport annuel 2007 du FEICOM, p. 9.

[309] Voir le Rapport annuel 2010 du FEICOM

[310] Comme acteurs du recouvrement des recettes du FEICOM, on peut citer certains services du ministère des Finances (services fiscaux, douaniers, du budget ou du Trésor), ainsi que le ministère de l'administration Territoriale et de la décentralisation.

[311] J.C. Etana Omgba, *Postes comptables et recouvrement opérationnel de la fiscalité locale au FEICOM. Analyse de quelques éléments stratégiques de base en matière de recouvrement fiscal et douanier*, *op.cit.*, p. 683.

de recettes recouvrées dans les communes, n'est pas satisfaisante. Car lesdits comptes mettent du temps à être validés par les autorités administratives compétentes. En plus, les redressements effectués ne font pas l'objet d'un paiement immédiat des communes. Par ailleurs, contrairement à la fiche de droit, la fiche de recette (sic) ne présente pas non seulement pas les pourcentages d'impôts devant être payés au FEICOM, mais également aucun impôt. C'est l'agent d'émission partenaire qui inscrit sur la fiche la nature et le montant de l'impôt payé : il est donc possible que la nature de l'impôt et le montant inscrits soient erronés. On observe une utilisation de plusieurs supports de recouvrement dans les agences régionales, supports utilisés dans les postes comptables du Fonds après le recouvrement des recettes. Dans leur utilisation, on constate que pour les mêmes natures d'impôt, l'organisation desdits supports est différente qu'on aille des quittanciers baladeurs aux registres comptables. De plus, il y a des supports qui sont en service dans certaines agences et dans d'autres pas, en l'occurrence les fiches journalières de recouvrement, les états de reversement de recettes aux organismes, la situation caisse, les bordereaux de transmission des chèques, les fiches de reversement quinzaine. [...]. Le personnel des postes comptables se forme dans le tas et dans le tard, alors qu'il est soumis aux exigences de résultat. Il n'a ni profil, ni statut, ni profil de carrière, ce qui est une source de démotivation induisant un renforcement des comportements indélicats »[312].

En tant que principal organisme financier des communes, le FEICOM doit, pour justifier sa reconnaissance internationale et surtout maintenir sa crédibilité, remédier aux lacunes inhérentes à ces méthodes de recouvrement au moyen d'une meilleure organisation : uniformisation des outils et méthodes de recouvrement (ceux-ci devraient en tout état de cause être davantage rationalisés), et formation pointue du personnel affecté au recouvrement avec, en prime, des méthodes de gestion visant à sécuriser les recettes recouvrées.

L'étude de ces deux principaux acteurs (la DGI et le FEICOM) ne doit pas faire perdre de vue qu'il existe une pléthore d'acteurs de la fiscalité locale au Cameroun : peut-on occulter que le contribuable local fût-il personne morale ou physique est un acteur incontournable de la fiscalité locale ? Cette matière ne peut exister qu'autant qu'il y a des contribuables locaux ! Comment oublier, comme nous le verrons plus loin, le rôle du Contrôle supérieur de l'État (CONSUPE) dont les missions s'étendent jusqu'au contrôle de l'exécution des budgets des collectivités territoriales décentralisées ? Ou même celui de la Commission nationale anticorruption (CONAC), principale institution indépendante créée en 2006 dont l'objectif principal est de protéger les deniers publics en luttant contre la corruption ? Comment faire fi de celui du MINATD, à l'origine de nombreuses circulaires élaborées conjointement avec le MINFI ? etc.

---

[312] *Idem*, p. 678-680.

D'où la nécessité de faire remarquer que le tableau des acteurs ci-dessous est établi sans aucune prétention d'exhaustivité, étant précisé qu'à l'observation, l'étude de certains de ces acteurs — elle s'imposera dans la deuxième partie de ce travail en partie consacrée à la bonne gouvernance — conduit, d'ores et déjà, à relever que les autorités camerounaises n'ont pas cru bon de privilégier quelque coordination que ce soit entre ces différents acteurs dans l'intérêt de la fiscalité locale.

Tableau 1 : Des exemples additionnels d'acteurs de la fiscalité locale et de leurs rôles respectifs (approche non exhaustive)

Appellation	**Rôle**	**Texte**
Président de la République	Définit la politique, détient le pouvoir réglementaire ; il a l'initiative des lois et promulgue celles-ci	Article 5, 8 et 25 de la Constitution de 1996 ;
Gouvernement	Chargé de l'exécution des lois ; le premier ministre en sa qualité de chef du Gouvernement détient le pouvoir réglementaire, sous réserve des pouvoirs reconnus au Président de la République	Article 12, Constitution de 1996
Parlement (Assemblée nationale et Sénat)	Le parlement légifère et contrôle l'action du gouvernement ; il a l'initiative des lois concurremment avec le Président de la République ; il vote la loi ; le Sénat peut adopter les textes transmis par le Parlement ou y apporter des amendements	Article 14, 20, 25, 26 et 30 de la Constitution de 1996
Comité national des Finances locales (CONAFIL)	Sous l'autorité du ministre chargé des Collectivités territoriales, il est chargé notamment du suivi de la mobilisation optimale des recettes des collectivités territoriales. C'est à ce titre qu'il assure la liaison permanente entre les différents départements ministériels, organismes et collectivités territoriales décentralisées impliquées dans l'assiette, l'émission, le recouvrement et le reversement des impôts et taxes locaux ; élabore et suit la mise en œuvre des stratégies appropriées pour une mobilisation optimale des ressources des collectivités territoriales ; veille au transfert effectif par l'État de la fiscalité locale, des dotations diverses et des ressources issues des transferts de compétences ; formule les recommandations sur les projets de textes législatifs et réglementaires à caractère financier concernant les collectivités territoriales ; veille à la modernisation et à l'informatisation de la gestion financière des collectivités territoriales, etc.	Loi n°2009/011 du 10 juillet 2009 et décret n° 2011/1732/PM du 18 juillet 2011

Comité conjoint de suivi des impôts locaux	Maintient une liaison permanente entre les différents ministères, organismes et collectivités locales impliqués dans l'assiette, l'émission, le recouvrement et le reversement des impôts locaux et centimes additionnels destiné aux CTD ; prépare chaque trimestre des textes et documents nécessaires à l'ordonnancement et à la répartition et le reversement des centimes additionnels ; étudie et propose toute mesure nouvelle nécessaires à la mise en œuvre des réformes inhérentes : à la création et à la mise en place des recettes municipales, à la création et à la mise en place des services d'assiette des communes, au développement d'une fiscalité locale propre à améliorer le financement des collectivités publiques décentralisées, et notamment au déblocage de la dotation spéciale prévue au bénéfice des communes, à titre de mesure transitoire après la suppression de l'impôt forfaitaire	Décision conjointe n° 0148/MINAT/MINEFI du 13 mars 1996 portant création d'un Comité conjoint de suivi des impôts locaux
Comités départementaux des impôts locaux	Suit l'application des instructions relatives aux impôts locaux ; suit les opérations se rapportant à l'assiette, à l'émission et au recouvrement des divers taxes et impôts locaux ; relever les difficultés d'application des différents textes relatifs aux taxes et impôts locaux et proposer des solutions auxdites difficultés ; constitue un cadre de réflexion, de concertation et de dialogue entre les différentes administrations et partenaires impliqués dans les procédures de gestion de la fiscalité locale	Arrêté conjoint n° 0349 MINAT/MINEFI du 22 octobre 2001 portant modalité d'assiette, de recouvrement et de reversement d'impôts et taxes destinés au FEICOM
Communes et assimilées	Financent les dépenses communales en votant le taux de l'impôt dans la limite des fourchettes fixées par la loi. Le Conseil municipal peut instituer des taxes dont le produit est recouvré en même temps que les impôts perçus sur rôle ; prépare et exécute le budget de la communauté ; gère les revenus communaux	Loi du 5 décembre 1974 portant organisation communale ; loi du 22 juillet 2004 fixant les règles applicables aux communes, décret n° 77/91 du 25 mars 1977 déterminant les pouvoirs de tutelle sur les communes, syndicats de communes et établissements communaux, modifié par le décret n°90/1464 du 9 novembre 1990

Source : textes susmentionnés

Traitement auteur

CHAPITRE II

DES MUTATIONS TIMORÉES DU CADRE NORMATIF INITIAL

La fiscalité locale du Cameroun des années 60 était essentiellement constituée des centimes additionnels communaux, de l'impôt forfaitaire[313], et de nombreuses taxes et redevances qui ne pouvaient apporter des moyens financiers suffisants aux communes. La loi n° 74-23 du 5 décembre 1974 portant organisation communale n'est certes pas en soi une révolution fiscale — du fait des lacunes qui émergeront des développements qui vont suivre et de la réforme qu'elle appelait — mais elle n'en reste pas moins la réforme phare de l'après indépendance : les traditions coloniales d'administration territoriale et fiscale ayant été conservées aussi bien dans la partie francophone qu'anglophone du pays, il a fallu attendre la loi de 1974 « pour voir s'amorcer une tentative de codification à l'effet d'harmoniser les textes et les pratiques antérieures à l'unification du Cameroun [...] »[314]. Tout en harmonisant les textes des anciennes colonies française et anglaise du Cameroun, la loi de 1974 porte organisation communale et consacre le principe de décentralisation jadis éludé par le constituant de 1961, et ce d'ailleurs en parfaite cohérence avec le vœu du constituant de 1972[315]. À cette occasion, la commune — seul niveau de collectivité — devient par l'effet de l'article 1er de la loi de 1974 « [...] une collectivité publique décentralisée et une personne morale de droit public ».

---

[313] Sur cet impôt, voir *infra*.

[314] B.-R. Guimdo Dongmo, « La décentralisation dans les pays africains : exemple du processus camerounais », 8e réunion générale de l'AFERA, 12-15 octobre 2009, Yaoundé, Cameroun, atelier technique du 12 au 13 octobre 2009, thème : « *la gouvernance des FER face aux défis de la décentralisation et de l'intégration régionale en Afrique* », p. 5. Cette loi a effectivement abrogé un ensemble de dix textes, périodes coloniale et postindépendance comprises, à l'instar de la loi n° 1489 du 18 novembre 1955 portant réorganisation municipale, de la loi n° 59/44 du 17 juin 1959 régissant les communes mixtes rurales, la loi n° 62/COR/4 du 11 juillet 1962 autorisant les communes à établir des taxes municipales ou encore la loi n° 68/COR/ du 4 décembre 1968 relative à la nomination et à la révocation des maires et adjoints aux maires des communes de plein exercice. Pour plus de précisions, voir l'article 182 de la loi de 1974.

[315] L'article 20 alinéa 2 de la Constitution de 1972 avait en effet réservé l'organisation des collectivités locales au domaine de la loi.

Cette loi distingue quatre catégories de recettes communales : (i) le produit des recettes fiscales (ii) le produit de l'exploitation du domaine et des services communaux (iii) les ristournes, redevances et amendes de police accordées par l'État (iv) les recettes diverses et accidentelles. Aux termes de l'article 1er de l'arrêté conjoint MINAT/MINEFI du 22 octobre 2001[316], « l'assiette, le recouvrement et le reversement des impôts et taxes destinés en partie ou en totalité aux communes et au Fonds spécial d'équipement et d'intervention intercommunale, en abrégé FEICOM, sont assurés par les services de la Direction des impôts, de la direction du Trésor, de la direction les Douanes, des collectivités territoriales décentralisées et du FEICOM »[317] suivant des modalités définies par ledit arrêté. La loi du 5 décembre 1974 et ses « retouches » progressives affichent trois catégories d'impôts dont l'assiette, le recouvrement et le reversement sont soumis aux règles fixées par l'arrêté conjoint MINAT/MINEFI susvisé, arrêté conjoint dont l'article 2[318] vise les centimes additionnels (section I) les impôts perçus sur rôle (section II), et les taxes communales (section III). Par nécessité d'équilibre et compte tenu de l'importance que revêtent les centimes additionnels communaux, ceux-ci seront examinés séparément en dépit de leur évidente appartenance à la catégorie d'impôts perçus sur rôle (section I).

SECTION I. LES CENTIMES ADDITIONNELS COMMUNAUX (CAC), UN « IMPÔT PIVOT » HYBRIDE

Les centimes additionnels communaux (CAC) se déclinent en « un impôt additionnel » qui naît par application d'un taux légal à un impôt principal. C'est dire que les CAC ne peuvent exister qu'autant qu'existe un impôt principal auquel ils sont attachés, et qui en constitue l'assiette. Les CAC ont été introduits au Cameroun, en 1952 par la puissance coloniale française, sur le modèle des « centimes additionnels » ayant existé en métropole[319] où ils ont complètement disparu en 1973. Le système des CAC a été reconduit par la loi communale de 1974 dont il ressort de l'article 95 que le produit des CAC provient notamment de certains impôts nationaux — l'impôt sur le revenu des personnes physiques (IRPP), l'impôt sur les sociétés (IS), la taxe foncière sur les propriétés immobilières (TFPI), la taxe sur les jeux de hasard et de divertissement (TSJHD), la taxe sur le chiffre d'affaires (TCA)[320], plus tard

---

[316] Il s'agit de l'arrêté conjoint n° 00349/MINAT/MINEFI du 22 octobre 2001 portant modalités d'assiette, de recouvrement et de reversement d'impôts et taxes destinés aux communes et au Fonds spécial d'équipement et d'intervention intercommunale (FEICOM).

[317] Article 1er de l'arrêté du 22 octobre 2001 susvisé.

[318] Il faut préciser que cet article vise à la fois les CAC issus des différents impôts et taxes, le produit des CAC recouvrés par voie de rôle et le produit des CAC retenus à la source.

[319] M. Finken, *Gouvernance communale en Afrique et au Cameroun*, L'Harmattan, 2011, p. 189.

[320] La taxe sur le chiffre d'affaires (TCA) a été instaurée par ordonnance du 24 janvier 1994 pour faire suite à l'acte du 30 avril 1992 du Comité de direction de l'UDEAC (actuelle

étendue à la taxe sur la valeur ajoutée (TVA) — auxquels est appliqué un pourcentage, d'où le qualificatif *additionnel* pour définir cette superposition de taux.

La loi communale de 1974 avait institué un mode de répartition inéquitable du produit des CAC, mais le système de répartition est apparu plus juste avec le décret du 12 août 1998[321]. En effet, comme l'indique Martin Finken, lorsque les CAC furent reconduits en 1974, l'impôt sur le revenu des personnes physiques et l'impôt sur les sociétés étaient ceux qui avaient un rendement plus élevé, de tous les prélèvements qui en étaient concernés. Ces impôts étant déclarés par les sociétés et leurs sièges, le produit des CAC générés profitait en totalité aux communes du lieu du siège des sociétés, même lorsque celles-ci déployaient des activités dans d'autres villes du pays. Cette injustice fut relevée par les responsables municipaux, qui plaidèrent en faveur d'un système plus équitable. Suite à ces doléances, le principe de centralisation des CAC fut institué et appliqué dès l'exercice budgétaire 1996/1997. La répartition des CAC fut d'abord fonction de la seule population communale, mais le mode de calcul changea par la suite (prise en compte dans une certaine mesure du fait générateur). En effet, depuis le décret du 12 août 1998, une fraction des fonds revient à la commune où la collecte est effectuée. Le système actuel a été mis en place par le décret du 3 septembre 2007, avant d'être reconduit par le décret n° 2011/1731/PM du 18 juillet 2011 fixant les modalités de centralisation, de répartition et de reversement du produit des impôts communaux soumis à péréquation ; ce système associe les communes d'arrondissement au partage des recettes, donnant ainsi satisfaction aux doléances récurrentes des maires de ces collectivités territoriales[322].

Les CAC sont modulables en ce sens qu'ils s'attachent indifféremment — au gré du législateur — à d'autres impôts ; leur mode de répartition et de gestion fait appel à une pluralité d'acteurs (§ I), ce qui rend difficile toute entreprise de détermination de leur véritable nature (§ II). Le taux de redistribution des CAC est en nette augmentation, alors que le produit de ce prélèvement s'avère (paradoxalement) insuffisant par rapport aux besoins des communes, sans doute parce que cet impôt est en proie à des dysfonctionnements (§ III).

CEMAC) l'introduisant. À noter cependant que l'appellation TCA (taxe sur le chiffre d'affaires) préalablement usitée dans les comptes communaux jusqu'aux années 93/94 (CAC sur TCA) était en réalité une appellation déformée, voire abusive de l'impôt sur le chiffre d'affaire intérieure (ICAI) auquel la véritable TCA est venue se substituer. La TVA a pris le pas sur cette dernière à la faveur de la loi de finances pour 1998/1999.

[321] Il s'agit du décret n° 98/263/PM portant réorganisation du mécanisme de collecte, de centralisation et de répartition des centimes additionnels communaux ; celui-ci a modifié et complété le décret n° 95/690/PM du 26 décembre 1995 fixant les modalités de répartition des centimes additionnels communaux.

[322] M. Finken, *Gouvernance communale en Afrique et au Cameroun*, *op.cit.*, p. 191.

§ I. Les centimes additionnels communaux : des impôts modulables et une gestion ouverte à plusieurs acteurs

L'examen d'un certain nombre d'indices attribue effectivement un caractère modulable aux impôts locaux (A) et, comme déjà indiqué, la répartition et l'administration de ceux-ci renvoie à une multitude d'acteurs (B).

A. LE CARACTÈRE MODULABLE DES IMPÔTS LOCAUX

À la faveur de la loi du 15 décembre 2009 portant fiscalité locale, les centimes additionnels ont été institués au profit des communes sur les taxes et impôts suivants : l'impôt sur le revenu des personnes physiques, l'impôt sur les sociétés et la taxe sur la valeur ajoutée. Martin Finken fait remarquer qu' « avant la promulgation de la loi du 15 décembre 2009 sur la fiscalité locale, les CAC pouvaient être classés en deux groupes suivant leur administration. Le premier groupe comportait les CAC centralisés au Fonds spécial d'équipement et d'intervention intercommunale (FEICOM) avant d'être redistribués aux communes ; ils étaient prélevés sur l'impôt sur le revenu des personnes physiques, l'impôt sur les sociétés, la taxe sur la valeur ajoutée, et la taxe sur les jeux de hasard et de divertissement. Le deuxième groupe comprenait les CAC sur la patente, la licence et la taxe foncière. La patente et la licence dont le produit était déjà reversé en totalité aux communes supportaient des CAC aux taux respectifs de 10% et 25%. La taxe foncière supportait quant à elle des CAC au taux de 25% reversés à la commune abritant la propriété immobilière imposée »[323].

L'article 53 de la loi du 15 décembre 2009 a, par la suite, institué des CAC au profit des communes sur trois types d'impôts : l'impôt sur revenu des personnes physiques, l'impôt sur les sociétés la TVA (taxe sur la valeur ajoutée). Le taux de ces CAC est fixé à 10% du principal de l'impôt concerné ainsi qu'il ressort de la même loi (article 54-1). Cette loi ayant destiné aux communes l'intégralité du produit de la patente et de la licence, ces deux impôts ne supportent plus de CAC au taux de 10%.

La loi de finances pour l'exercice 2011 a procédé à une régularisation du dispositif relatif aux centimes additionnels des chambres consulaires, ledit dispositif ayant été omis au moment de la codification de la loi du 15 décembre 2009 portant fiscalité locale. Désormais, et après cette « simple réparation de pure forme »[324], ces CAC continueront d'être perçus comme par le passé, conformément à l'article C 56 bis du nouveau Code général des impôts : « Les impositions assises au titre de la contribution des patentes et de la contribution des licences sont majorées de 3% sur le principal au titre des

---

[323] M. Finken, *Gouvernance communale en Afrique et au Cameroun*, *op.cit.*, p. 189.

[324] Voir la circulaire n°0005/MINFI/DGI/LC/ du 31 décembre 2010 précisant les modalités d'application des dispositions fiscales de la loi n° 2010/015 du 21 décembre 2010 portant loi de finances de la République du Cameroun pour l'exercice 2011.

centimes additionnels au profit des chambres consulaires. Les centimes additionnels versés à ce titre par les entreprises commerciales ou industrielles à l'exception de ceux qui sont visés ci-dessous, reviennent à la chambre de commerce, d'industrie, des mines et de l'artisanat. Les centimes additionnels versés par les entreprises forestières et agricoles sont rétrocédés à la chambre d'agriculture, des pêches, de l'élevage et des forêts. Ils figurent distinctement sur les patentes et les licences. Leur recouvrement est poursuivi avec le principal ».

Pareillement, il n'existe plus de CAC sur la taxe foncière[325] ou la taxe sur les jeux de hasard et de divertissement puisque l'intégralité de leur produit profite désormais aux collectivités territoriales décentralisées. La loi de finances 2011[326] a cependant adopté le principe d'une retenue de 10% — au titre des frais d'assiette et de recouvrement — sur tous les impôts recouvrés par l'administration fiscale au profit des collectivités territoriales décentralisées. Il faut préciser que neuf impôts et taxes sont concernés par cette retenue : les centimes additionnels communaux, la contribution des patentes, la contribution des licences, la taxe sur les propriétés foncières immobilières, la vignette automobile, les droits de mutation immobilière, les taxes sur les jeux de hasard et de divertissement, la redevance forestière annuelle pour la quote-part affectée aux communes et la taxe de développement local.

B. L'INTERVENTION PLURIELLE EN MATIÈRE DE RÉPARTITION ET DE GESTION DES CAC

La loi communale de 1974 (article 95 alinéa 1) pose en principe que « les CAC perçus sur le territoire de la commune sont créés par délibération du conseil municipal dans la limite fixée par la législation fiscale »[327], mais la gestion des CAC relève finalement d'autres acteurs (administration centrale, FEICOM), les communes se contentant du reversement d'un pourcentage prévu par les textes.

En effet, les CAC sont émis par les services de la Direction des impôts et ceux de la Direction des douanes en même temps que le principal. Le produit des CAC recouvré par versement spontané s'encaisse de la manière suivante : par le receveur des impôts ou le comptable du Trésor (pour la part qui revient à l'État) ; par le receveur municipal (pour la part retenue à la base au profit de la

---

[325] En même temps qu'elle exonère de la taxe sur la propriété foncière due sur les infrastructures sportives, c'est-à-dire des structures déployées pour la pratique du sport (aires de jeux, gymnases, piscines, terrains et bâtiments spécialisés dans la formation ou l'encadrement des sportifs), la loi de finances pour l'exercice 2013 supprime les centimes additionnels sur la taxe foncière.
[326] Circulaire n° 005/MINFI/DGI/LC/L du 31 décembre 2010 précisant les modalités d'application des dispositions fiscales de la loi n° 2010/015 du 21 décembre 2010 portant loi de finances de la République du Cameroun pour l'exercice 2011 (article C4).
[327] Article 95 alinéa 1 de la loi communale de 1974.

commune conformément aux taux de répartition de l'article 2 du décret du 3 septembre 2007 fixant les modalités d'émission, de recouvrement, de centralisation, de répartition et de reversement des centimes additionnels : voir *infra*), et par l'agent comptable du FEICOM (pour la part revenant au FEICOM et le reliquat centralisé à répartir aux communes, aux communes d'arrondissement et aux communautés urbaines). Le produit des CAC recouvrés par voie de rôle et celui des CAC retenus à la source sur salaires des personnels de l'État, où lors du règlement des marchés publics, autres fournitures ou prestations à l'État sont reversés mensuellement au FEICOM (pour centralisation) par le trésorier payeur général du Trésor, suivant des modalités fixées par le décret du 3 septembre 2007 susvisé et celui du 18 juillet 2011 — abrogeant toutes dispositions antérieures contraires, notamment celles du décret de 2007 ci-avant visé — tel qu'exposé dans les développements qui vont suivre.

Si l'on tient compte de ce qui précède, on est logiquement conduit à s'interroger sur la véritable nature des CAC : sont-ce des impôts locaux ? Sont-ce plutôt des impôts d'État ou des dotations ?

§ II. Les centimes additionnels communaux : une nature floue et controversée

La formulation de la loi du 15 décembre 2009 attribue la nature d'impôts locaux aux CAC. Pourtant, certains y voient des impôts relevant d'une fiscalité partagée entre l'État central et les collectivités locales, des impôts qui, « par abus de langage » pourraient être rangés dans la catégorie d'impôts locaux par destination[328]. Martin Finken soutient pour sa part que les CAC relevaient de la fiscalité locale sous la loi de 1974 parce qu'ils étaient, du moins en théorie, institués par délibération du conseil municipal qui devait en fixer les taux — ces taux étaient dans les faits invariables et étaient ceux fixés par la loi de finances (10%) — dans les limites prévues par les textes fiscaux. Poursuivant son raisonnement, l'auteur susvisé indique que les CAC pouvaient, dans ces conditions, être considérés comme des impôts locaux au « sens large ». Mais il affirme que le système de répartition introduit par le décret du 3 septembre 2007[329] conduit à nuancer les choses : seule la partie prélevée d'office au profit

---

[328] Voir, par exemple, J.-P. Kuaté, « Contribution au renforcement des ressources financières des communes camerounaises », Mémoire du cycle de formation continue en gestion financière municipale, sous la direction de Joseph Nsibeuweula, Centre d'études supérieures en gestion municipale de Dakar, 2003, p. 17.

[329] Décret n° 2007/1139/PM du 3 septembre 2007 fixant les modalités d'émission, de recouvrement, de centralisation, de répartition et de reversement des centimes additionnels communaux. Dans le système antérieur, la quote-part qui revenait aux communes et communes urbaines étaient grevée d'une retenue destinée à profiter à la commune où la collecte avait été réalisée. Ainsi la CUY recevait 40%, la CUD recevait 20%, et le reste des communes 36% au regard des critères d'éligibilité fixés par un arrêté du ministre de l'administration Territoriale de septembre 2000. Une dotation de 3% du reliquat centralisé profitait aux communes remplissant

de la commune ou de la communauté urbaine et effectivement reversée à ces collectivités constitue une ressource fiscale propre pour ces dernières (un impôt local). Quant au reste de la collecte, conclut Martin Finken, la centralisation et la répartition de celle-ci sur des critères démographiques lui donne le caractère d'un transfert de péréquation[330].

Les positions qui précèdent ont le mérite de montrer la difficulté qu'il y a à identifier l'enveloppe catégorielle dans laquelle les CAC pourraient objectivement être rangés. D'abord, constituent-ils « un impôt local » ou devrait-on y voir « un impôt d'État » ? On serait tenté d'y répondre par : *ni l'un ni l'autre, mais plutôt l'un et l'autre du fait de la consubstantialité qui caractérise ces deux catégories dans le contexte camerounais*. Mais si tant est qu'il faille sortir les CAC de l'hybridité, une solution consisterait à voir en ceux-ci un impôt d'État par transposition de la règle de l'accessoire (*accessorium sequitur principale)* à la matière. Par application de cet adage, le principal (impôt sur les sociétés, impôt sur le revenu des personnes, TVA) étant un impôt d'État, les CAC qui en constituent l'accessoire ne peuvent logiquement pas être qualifiés d'impôts locaux. En revanche, les CAC prélevés sur des impôts locaux tels que la patente ou la licence empruntent forcément la qualité *locale* de ces derniers. Il y aurait alors lieu, en pareil cas, de leur réserver l'appellation d'« impôt locaux ».

Ensuite, peut-on voir dans les CAC une dotation par péréquation ? À la vérité, abstraction faite de la règle de l'accessoire ci-dessus mentionnée, les modalités *via* un organisme de péréquation (*id est* : le FEICOM) semblent lui

---

les critères d'éligibilité (fixés par un arrêté du ministre de l'administration Territoriale de septembre 2000) tenant à la nature des activités exercées sur le sol de la commune (commerciales, industrielles ou de service génératrice de CAC), au type de structures abritant lesdites activités (la structure doit contribuer à ces activité de manière substantielle et réaliser un chiffre d'affaires d'au moins trois cents (300) millions. À l'issue des prélèvements ci-avant indiqués, la quote-part restante des CAC destinés aux communes est centralisée au FEICOM qui les répartit (de manière périodique) à proportion de 22% pour les communes urbaines et 78% aux communes. La répartition finale entre communes urbaines et communes se fait au prorata du nombre d'habitants de chacune de ces collectivités. Le décret du 3 septembre 2007 et celui du 18 juillet 2011 ont, comme indiqué *supra*, étendu le partage du produit des centimes additionnels centralisés et à reverser par le FEICOM aux communes d'arrondissement. Celles-ci ont d'abord bénéficié de 30% du montant reversé à leur communauté urbaine de rattachement (sous le régime du décret du 3 septembre 2007), avant de passer à 40 % (communes d'arrondissement non éligibles à la retenue de base).

[330] L'article 2 du décret de 2007 dispose en effet que « (1) Le produit des centimes additionnels communaux est réparti comme suit :
- 10% au profit de l'État, au titre des frais d'assiette et de recouvrement ;
- 20% au profit du Fonds spécial d'équipement et d'intervention intercommunal (FEICOM) ;
-70% au profit des communes, des communes, des communes d'arrondissement et des communautés urbaines.
(2) Les mêmes taux de répartition s'appliquent aux centimes additionnels communaux recouvrés par retenue à la source conformément à l'article 6 ci-dessous. (3) Les communes d'arrondissement bénéficient globalement d'un quota de 30% du produit des centimes additionnels centralisés et reversés par le FEICOM à leur communauté urbaine de rattachement ».

donner cette définition. Partiellement toutefois, car la notion de dotation par péréquation se trouve édulcorée lorsque l'on tient compte du pourcentage (28%) collecté et redistribué selon des modalités qui leur donnent le caractère de recettes fiscales communales (voir *supra*).

Concernant l'idée de péréquation, l'instruction de la Direction générale du Trésor et de la Coopération financière et monétaire (DGTCFM) de février 2011[331] a créé dans la nomenclature budgétaire et comptable harmonisée des comptes dont elle précise les modalités de fonctionnement. À titre d'exemple, le compte 480026 est affecté à l'enregistrement des « CAC issus des versements directs à répartir - FEICOM ». Et l'instruction distingue deux grandes catégories de produits et taxes communaux perçus par l'État : en premier le produit des impôts d'intercommunalité (partagé entre les communes, les communes urbaines et le FEICOM) où se range la part propre du FEICOM des centimes additionnels communaux, en second le produit des impôts soumis à péréquation, rubrique dans laquelle se rangent le reliquat et la retenue à la source du réseau Trésor des centimes additionnels communaux.

Dans le même sens, le décret du 18 juillet 2011 fixant les modalités de centralisation, de répartition et de reversement du produit des impôts communaux soumis à péréquation semble avoir tranché en faveur de la dotation de péréquation dans la mesure où « la quote-part des centimes additionnels communaux »[332] fait partie des impôts communaux soumis à péréquation. On n'en est pas pour autant plus avancés, la quote-part restante pouvant constituer une ressource fiscale propre. Qu'en est-il donc, par exemple, des 10% qui reviennent d'office à l'État au titre de frais d'assiette et de recouvrement ? Sauf à retenir que les CAC sont des impôts locaux par destination de la loi, la difficulté qu'il y a à les catégoriser (impôts locaux, impôts d'État, transfert ou autres) sans recourir à une catégorisation au moins binaire demeurera. Cette difficulté amène à conclure que les CAC relèvent d'une catégorie *sui generis* qui rend difficile, et même impossible, la mesure de l'autonomie (fiscale et financière) des collectivités territoriales décentralisées.

§ III. Les centimes additionnels communaux : un prélèvement rentable en proie à des dysfonctionnements

Le montant des CAC a connu une nette augmentation ces dernières années, passant de vingt milliards de francs CFA à 37 milliards de francs CFA entre 2008 et 2010[333]. C'est justement en 2010 que 47 687 589 473 milliards de

---

[331] Instruction n° 11/002/I/MINFI/SG/DGTCFM/CLC du 28 février 2011 portant création des comptes et institution de la procédure de comptabilisation des impôts communaux perçus par l'État.

[332] Article 2 du décret visé, voir *infra*, sur la partie réservée à la péréquation.

[333] *Le communal*, n° 20, novembre-décembre 2011, p. 37. Ces chiffres sont donc à jour de 2011/2012.

francs CFA ont été répartis entre les communes, représentant le plus fort taux de redistribution des CAC des sept dernières années[334]. Les CAC constituent la principale ressource de bon nombre de petites communes qui doivent souvent faire face à des besoins pressants au plan local. Ces besoins « [...] sont toujours immenses par rapport aux moyens »[335], lesquels « [...] semblent dérisoires pour répondre aux besoins des communes »[336]. La commune de Pouma où « des besoins persistent »[337] au dire de son maire est un exemple[338] éclairant. En effet, 80% des recettes de cette commune proviennent des transferts effectués par le FEICOM au titre des centimes additionnels communaux. Dans le cas de la ville de Pouma, une bonne partie de ces recettes est parfois affectée à la couverture de dépenses fortuites, et dont certains aléas peuvent rendre toute estimation préalable difficile. Ainsi, « une personne aveugle ne disposant pas de trois cent mille francs (300 000) CFA pour une opération de ses yeux » et « une vieille dame dont le toit de maison a été emporté par le vent » ont-ils eu à se tourner vers le maire pour une aide[339]. Dans le même ordre d'idées, une équipe constituée de vingt trois médecins marocains est récemment venue dans la ville de Pouma à la demande de son maire. La présence de ce corps médical a donné lieu à vingt cinq mille cents soixante dix sept (25177) consultations, qui se sont soldées par deux cent cinquante (250) opérations diverses. Il va sans dire que les dépenses liées à une opération de cette nature seront couvertes sinon exclusivement, du moins en grande partie par des CAC. Or, le produit de cet impôt est certes en nette augmentation, mais insuffisant au regard de nombreux besoins restés insatisfaits dans les communes. D'où la nécessité de remédier à certains dysfonctionnements liés à cette importante ressource. Par exemple, comme le souligne Chantal Marie Ngo Tong, tous les CAC ne sont pas reversés directement au FEICOM ; certains sont reversés au Trésor public et d'autres, à l'instar de ceux provenant de la taxe sur la valeur ajoutée sont placés sur un compte séquestre à la Banque des États de l'Afrique centrale (BEAC). De plus, la taxe sur la valeur ajoutée demeure la fraction des impôts partagés la plus importante, ainsi que celle dont le système de recouvrement est le moins

---

[334] *Idem*, p. 28.

[335] Propos de P. C. Akoa, directeur général du FEICOM sur la *CRTV* (*Cameroon Radio Television*), émission du journaliste Alain Bélibi (*Actualités Hebdo,* en rediffusion à la date du 13 août 2012) sur le thème de la décentralisation, à l'occasion de la journée africaine de la décentralisation.

[336] Propos d'E. Owono Owono, directeur des collectivités territoriales sur la *CRTV*. Émission télévisée du journaliste Alain Bélibi, précitée.

[337] Propos de F. Soman (maire de la ville de Pouma), émission télévisée du journaliste Alain Bélibi du 13 août 2012, précitée.

[338] Cet exemple a été fidèlement reformulé par nos soins sur la base des propos de F. Soman, maire de Pouma et vice-président du regroupement des Communes et Villes du Cameroun (CVUC). Émission télévisée du journaliste Alain Bélibi sur le thème de la décentralisation lors de la journée africaine de la décentralisation du 13 août 2012. Émission précitée.

[339] Les exemples ayant nécessité cette aide ont été donnés par F. Soman lors de l'émission télévisée du 13 août susvisée.

efficace comme ont pu le constater les membres du comité de pilotage du programme FAC/ADCL : « les CAC issus de la TVA représentent près des 2/3 de l'ensemble, alors même que le système de leur collecte (placée sur un compte séquestre à la BEAC) n'a pas atteint sa phase de croisière, pénalisant donc à hauteur de plus de 60% le système redistributif »[340]. Chantal Marie Ngo Tong indique en outre que « les nouvelles modalités de recouvrement des CAC définies en 2007[341] n'ont pas amélioré la performance de recouvrement de ces taxes », avant d'ajouter qu' « outre l'ineffectivité du système de collecte, les délais [...], comme les montants des versements ne sont pas fixes », et de conclure que « l'irrégularité des versements constitue un handicap pour de nombreuses communes dont le fonctionnement dépend presque entièrement de ces CAC »[342].

Il convient néanmoins de souligner qu'outre d'éventuelles dotations spéciales prévues par la loi[343], les CAC se complètent principalement par une dotation générale de la décentralisation (DGD)[344] destinée au financement partiel de la décentralisation. La DGD se compose d'une dotation générale de fonctionnement (DGF) et d'une dotation générale d'investissement (DGI) ; elle avait été instituée par la loi n° 2004/17 d'orientation de la décentralisation, et le décret présidentiel n° 2009/248 du 5 août 2009 fixant les modalités d'évaluation et de répartition de la DGD l'a destinée à certaines dépenses (des collectivités territoriales décentralisées et de leurs établissements) réputées prioritaires, comme, par exemple, les dépenses relatives aux traitements des personnels et des élus ou de celles relatives aux charges de fonctionnement résultant des compétences transférées[345], ou encore des dépenses liées au fonctionnement des services déconcentrés de l'État qui apportent leur concours ou leur appui aux collectivités territoriales décentralisées dans l'accomplissement de leurs missions[346]. À sa lecture, le décret du 5 août 2009 semble reléguer certaines dépenses imprévues des collectivités territoriales décentralisées (cas des dépenses exceptionnelles d'urgence nécessaires à la

---

[340] Rapport du 2e Comité de pilotage FAC/ADCL, session du 26 mai 2000, p. 10, cité par C.H. Ngo Tong, *Intercommunalité, coopération décentralisée et stratégies de lutte contre la pauvreté au Cameroun. Étude spécifique des villes de Limbé et Kribi et de la commune de Dschang, op.cit.*, p. 381.

[341] Par le décret n° 2007/1139/PM du 3 septembre 2007 fixant les modalités d'émission de recouvrement, de centralisation, de répartition et de reversement des centimes additionnels : texte précité. Comme indiqué plus haut, le système instauré par ce décret a été reconduit par le décret n° 2011/1731/PM du 18 juillet 2011 fixant les modalités de centralisation, de répartition et de reversement du produit des impôts soumis à péréquation, et associant désormais les communes d'arrondissement au partage des recettes issues des CAC (décret précité).

[342] C.H. Ngo Tong, *Intercommunalité, coopération décentralisée et stratégies de lutte contre la pauvreté au Cameroun. Étude spécifique des villes de Limbé et Kribi et de la commune de Dschang, op.cit.*, p. 381.

[343] Article 24 alinéa 3 de la loi n° 2004/17 du 22 juillet 2004 d'orientation de la décentralisation.

[344] Pour plus de détails sur ces dotations, voir le titre II de la deuxième partie de ce travail, plus précisément son chapitre II.

[345] Article 11, alinéa 1 du décret n° 2009/248 du 5 août 2009.

[346] Article 11, alinéa 2 du décret n° 2009/248 du 5 août 2009.

suite d'un sinistre ou d'une catastrophe) au rang de dépenses non prioritaires[347].

Même lorsqu'il s'agit de dépenses prévues, voire prioritaires, il n'est pas acquis que le FEICOM les subventionne systématiquement à hauteur de 100%. Tel est justement le cas lorsque ces dépenses portent sur des projets d'équipements non générateurs de revenus. Partant, comme il sera reprécisé plus loin, les collectivités territoriales décentralisées devraient s'investir à rechercher des sources de financement non fiscales.

De son côté l'État devrait, dans l'idéal, renoncer définitivement au « partage » des CAC avec les collectivités territoriales. De même, devrait-il trouver des voies et moyens visant à élargir le champ des impôts ayant vocation à supporter les CAC ; le produit de ces derniers viendrait alors s'ajouter à celui des autres impôts perçus par voie de rôle.

SECTION II. LES AUTRES IMPÔTS PERCUS PAR VOIE DE RÔLE, DES TRANSFORMATIONS PERCEPTIBLES

Le rôle renvoie aux impôts directs, c'est-à-dire à la fiscalité directe, par opposition à la fiscalité indirecte. Cette dernière est due à l'occasion d'un acte ou d'une activité, alors que la première est perçue par voie de rôle et constate un état[348]. Il s'ensuit donc que « [...] si le produit de la fiscalité directe peut être facilement estimé, celui de la fiscalité indirecte est davantage constaté, car le stock à la base de l'impôt direct est relativement stable, tandis que le flux à l'origine de l'impôt indirect est plus aléatoire. La fiscalité directe est globalement identique pour toutes les catégories de collectivités dont le territoire abrite le même stock, la fiscalité indirecte [étant] plutôt particulière à chacune d'elles »[349]. Inspiré de l'ancien système français, le *rôle* au sens fiscal[350] du terme, est « un répertoire des contribuables assujettis pour une année donnée à des impôts directs, avec indication de leur imposition individuelle, établi par l'administration [...] et transmis aux percepteurs de ces impôts pour valoir titre exécutoire à l'encontre des redevables »[351]. On est

---

[347] Article 11, alinéa 3 du décret n° 2009/248 du 5 août 2009.

[348] J. Girardon, *Les collectivités territoriales*, ellipses, 2001, p.99.

[349] *Idem.*

[350] Le terme *rôle* est (et reste) très usité dans le cadre des procédures civiles (*mise au rôle*).

[351] R. Guillien, J. Vincent (dir.), *Lexique de termes juridiques*, Paris, Dalloz, 1974, p. 312. Voir, dans le même sens, P. Lalumière, *Les finances publiques*, Librairie Armand Colin, Paris, 1976, p. 350 : « Le montant de la créance fiscale étant exactement connu, le service des Contributions directes [procédait] à l'*émission d'un titre de perception* appelé « rôle nominatif ». Celui-ci [était] un titre de perception collectif comportant la liste des contribuables avec les éléments retenus pour l'assiette de l'impôt et le montant de celui-ci. L'émission du rôle [comportait] deux opérations : 1) *la confection du rôle* [était] réalisée par l'administration des Contributions directes à partir de la matrice ; 2) *l'homologation du rôle* [était], en principe, réalisée par le préfet. Elle [consistait] dans l'apposition d'une mention par laquelle celui-ci [certifiait] avoir vérifié le contenu du rôle, en [arrêtait] le montant et [donnait] ordre au comptable d'en assurer le

amené à penser qu'avec l'informatisation de l'administration des impôts, il sera de moins en moins fait allusion au *rôle*.

À la suite de l'article 154 du Code général des impôts qui énumerait les recettes de la commune, dont le produit des recettes fiscales, l'article 155 dudit Code précisait que les recettes fiscales s'entendent de cinq catégories de produits : le produit de l'impôt libératoire, le produit des contributions des patentes et licences, le produit de la taxe sur le bétail, le produit des taxes communales directes et indirectes. En vertu de la loi du 15 décembre 2009 portant fiscalité locale[352], le produit de l'impôt libératoire et celui des contributions des patentes et licences ont été classés *impôts communaux*. Cette catégorie englobe aussi la taxe foncière sur les propriétés immobilières, la taxe sur les jeux de hasard et de divertissement, les droits de mutation d'immeubles, le droit de timbre automobile et la redevance forestière pour la quote-part affectée aux communes. Le produit des taxes communales directes et indirectes sera désormais classé *taxes communales*, tandis que le produit de la taxe sur le bétail semble avoir été scindé en taxe d'abattage du bétail et taxe communale sur le bétail avant d'être classé *autres taxes communales*. On note aussi, sous la loi de du 15 décembre 2009, que les impôts dont le produit est globalement destiné aux communes (patente, licence) ne font plus l'objet d'une majoration au titre de centimes additionnels communaux[353]. Ce changement n'a pas survécu à la loi de finances pour 2011[354], celle-ci ayant institué comme déjà indiqué une retenue de 10% sur tous les impôts recouvrés par l'administration fiscale au profit des collectivités territoriales décentralisées au titre des frais d'assiette et de recouvrement. Afin de mieux cerner le décor planté à la fois par la loi du 15 décembre 2009 et la loi de finances 2011 mentionnées ci-dessus, il convient d'examiner en premier l'ancienne génération d'impôts communaux, autrement dit ceux qui procuraient déjà des ressources aux collectivités territoriales (§ I), avant de s'attacher, en second, à présenter ceux de la nouvelle génération (§ II) ; ces derniers sont constitués de prélèvements obligatoires transférés par l'État aux CTD. La finalité de ces nouvelles recettes fiscales est de permettre à ces

---

recouvrement. Cette opération d'homologation [rendait] le titre exécutoire [...]. En raison de la règle de l'annualité, la confection et l'homologation du rôle *[devaient] être renouvelées chaque année*. Le rôle [était] valable pour une année et ne [pouvait] comporter que les impositions d'une année. La stricte règle de l'annualité du rôle [avait] été, cependant, assouplie. En cas d'omission ou de dissimulation de matière imposable, il [était] possible d'émettre des rôles supplémentaires ».

[352] Sous sa forme codifiée, cette loi correspond actuellement au livre troisième (portant fiscalité locale) du CGI. Voir, pour plus d'informations, les articles C1er à C149 du CGI remplaçant les anciens articles 154 à 205 bis du titre III « Fiscalité locale » du même Code.

[353] Rappelons que la patente supportait des CAC au taux de 10%, tandis que le taux appliqué à la licence était de 20%.

[354] Circulaire n°005/MINFI/DGI/LC/L du 31 décembre 2010 précisant les modalités d'application des dispositions fiscales de la loi n° 2010/015 du 21 décembre 2010 portant loi de finances de la République du Cameroun pour l'exercice 2011, précitée

collectivités de mener à bien une partie des missions qui leur ont été dévolues dans le cadre de la décentralisation.

§ I. Les impôts communaux de l'ancienne génération : les ressources fiscales pré-décentralisation, un héritage français

Comme les CAC déjà étudiés, la contribution des patentes (A), l'impôt libératoire (B) et la contribution des licences (C) constituent l'ancienne génération d'impôts communaux, au sens où ils alimentaient déjà les caisses des communes avant la mise en œuvre de la décentralisation. Le dénominateur commun à l'ensemble de ces prélèvements est qu'ils appartiennent au « patrimoine » fiscal hérité de la France.

A. LA CONTRIBUTION DES PATENTES

La contribution des patentes est une invention de la France où elle a fait l'objet de plusieurs réformes, ayant parfois entraîné des changements d'appellation, dont l'actuelle *contribution économique territoriale* ; les lendemains en termes de rendement de cet impôt économique demeurent toutefois incertains (1). La patente a, dans l'entre-temps été léguée au Cameroun et, ici, elle a gardé son appellation d'origine (2).

1. Les transformations françaises d'un impôt au rendement incertain

Bien avant sa transposition au Cameroun, l'ancienne métropole avait institué la patente par décret des 2-17 mars 1791 (le décret d'Allarde) en lieu et place des maîtrises et jurandes. L'article 7 de ce décret avait prévu « qu'il sera libre à toute personne de faire tel négoce, ou d'exercer telle profession, art ou métier qu'elle trouvera bon ; mais elle sera tenue de se pourvoir auparavant d'une patente, d'en acquitter le prix suivant [des taux déterminés], et de se conformer aux règlements de police qui sont ou pourront être faits »[355].

Réformée à plusieurs reprises, la patente fut supprimée en tant qu'impôt d'État — elle fut remplacée à ce titre par l'impôt sur les bénéfices industriels et commerciaux à la faveur d'une loi du 31 juillet 1917 — et devint un impôt local destiné à alimenter les budgets des départements et des communes. La patente fera son entrée dans le Code général des impôts directs avec la loi du 6 juillet 1934 créant ledit Code, mais elle sera supprimée et remplacée par la taxe professionnelle (à compter du 1er janvier 1976) par la loi du 29 juillet 1975. Considérée comme « une rénovation et une simplification de l'ancienne contribution des patentes », la taxe professionnelle était la ressource fiscale la

---

[355] J.-B. Duvergier, *Lois-Décrets*, tome 2, Guyot et Scribe, 1824, p. 281-283 *in* Tartour Laurence, *L'autonomie financière des collectivités territoriales en droit français*, LGDJ, 2012, p. 91.

plus importante des collectivités territoriales. Pourtant, elle n'en demeurait pas moins l'impôt le plus contesté en raison des distorsions de richesses fiscales qu'elle générait entre les différentes collectivités et même des différences d'impositions observées entre les contribuables[356]. Le 15e Rapport du Conseil des impôts avait conclu que « si la nature d'un bon impôt est d'être large dans son assiette, modéré dans son taux, proportionné aux capacités contributives des contribuables, compréhensible pour ces derniers et aisément recouvrable par l'Administration, force est de reconnaître que la taxe professionnelle ne répond aujourd'hui à aucune de ces conditions »[357]. Devenue inévitable compte tenu des critiques qui lui étaient faites, la suppression de la taxe professionnelle est intervenue pour toutes les entreprises par l'effet de la loi de finances 2010, l'objectif étant, de « favoriser des investissements, créer des emplois et même asseoir des ressources fiscales des collectivités locales. La taxe professionnelle a été remplacée par la contribution économique territoriale (CET), laquelle est composée de deux taxes : la cotisation foncière des entreprises (CFE) et la cotisation sur la valeur ajoutée des entreprises (CVAE)[358]. Pour l'heure, le rendement de la CET ne semble pas définitivement établi. Ainsi, l'agence Fitch Ratings avait-elle prévu que « la situation budgétaire [serait] tendue en 2012 pour les collectivités locales »[359] françaises, en indiquant que « les régions et les départements ont été particulièrement affectés par la réforme de la taxe professionnelle de 2010, qui a réduit la flexibilité de leurs recettes, alors que les dépenses sociales et autres dépenses contra-cycliques vont croissant et que la récession devrait freiner la croissance des recettes fiscales »[360]. Malgré les espoirs que semble susciter le Rapport de l'Observatoire des finances locales[361], on peut objectivement penser que l'État devra, contrairement à ses prévisions initiales, puiser davantage dans ses caisses, aux fins de compenser les collectivités territoriales

---

[356] Terrien Gérard, et alii, (dir.), *Finances publiques*, concours fonction publique, Éditions Foucher, 2007, p. 213.

[357] R. Muzellec, *Finances locales*, Paris, Dalloz, 2005, p. 107.

[358] P. Belebenie, « Les réformes fiscales locales tournées vers la bonne gouvernance : une approche comparative, France, Maroc, Cameroun », *art. cit.*

[359] Disponible sur : http://.lagazettedescommunes.com/93456/la-situation-budgetaire-restera-tendue-en-2012-pour-les-collectivites-locales-predit-fitch-ratings/.

[360] *Idem.*

[361] « En 2014, le produit des impôts économiques a baissé de 1,3%, essentiellement en raison du fléchissement (-2,5%) de la CVAE, la composante principale. L'évolution de cette dernière, contrcoup de la hausse exceptionnelle de 2013 (+7,5%), est liée aux modalités techniques de son reversement. Toutefois, la baisse de 2014 ne remet pas en cause le dynamisme tendanciel de cet impôt : le montant de la CVAE reversé aux collectivités en 2014 est nettement supérieur à celui de 2011 (14,7 Md€), première année de la mise en place de la réforme pour les collectivités locales, et représente un taux de croissance moyen de 2,7% par an. D'ailleurs, le produit de cette taxe progressera à nouveau en 2015 (+4,4%) pour atteindre 16,6 Md€. Quant à la cotisation foncière des entreprises, seul impôt économique sur lequel les collectivités du secteur communal ont conservé un pouvoir de taux, le produit a enregistré une faible croissance de 0,6% en 2014 ». Voir, *Rapport de l'Observatoire des finances locales, Les finances des collectivités locales en 2015*, Rapport précité.

pour tout manque à gagner en rapport avec l'institution de la contribution économique territoriale, dont on est peu sûr qu'elle réglera définitivement le problème de l'autonomie (financière et fiscale) des collectivités locales françaises.

2. Un héritage français pour le Cameroun

La patente a été instituée au Cameroun par la loi du 5 décembre 1974 portant organisation communale. Elle est due par toute personne physique ou morale, quelle qu'en soit la nationalité, qui exerce un commerce, une industrie ou une profession[362] qui ne fait pas partie des nombreuses exemptions prévues à l'article C11[363] — ancien article 162 — du Code général des impôts (CGI). La patente n'est due qu'autant que la profession s'exerce de manière effective et habituelle dans un but lucratif. Les entreprises nouvelles ne sont pas soumises à la contribution de la patente pendant les deux premières années de leur exploitation[364]. Aux termes de l'article C13 du CGI (ancien article 163 du même Code), « la contribution due résulte de l'application d'un taux sur le chiffre d'affaires annuel réalisé par le contribuable. Ce taux est arrêté par les collectivités territoriales décentralisées bénéficiaires du produit de la patente, à l'intérieur d'une fourchette (fixée par la loi) par tranche de chiffre d'affaires. Au-delà du chiffre d'affaires de 2 milliards, un abattement de 5% est appliqué à chaque tranche entière de 500 millions de francs, sans que la réduction totale ne puisse dépasser 30% du chiffre d'affaires au-dessus de 2 milliards de francs ». Les transporteurs interurbains de personnes et les transporteurs de machines obéissent à un régime spécifique donnant lieu à un mode de calcul particulier de la patente[365].

Tout en précisant les conditions dans lesquelles on est patentable, l'article C14-1 (anciennement article 165) du CGI prévoit qu'une patente est due par établissement ; l'établissement distinct est constitué selon cette disposition des « immeubles ou parties d'immeubles nettement séparés », avec cette précision que l'on peut être patentable pour un établissement distinct dès lors qu'on fait vendre des produits ou des marchandises ou que l'on « fait travailler des

---

[362] Voir l'article C8 du Code général des impôts, anciennement article 159 du même Code.

[363] Cet article auquel on se référera pour d'amples informations liste de nombreuses exemptions : État, collectivités territoriales, société coopérative de développement rural, auteurs compositeurs, certains centres hospitaliers, salariés, certains pêcheurs, cultivateurs et planteurs rentrant dans certaines catégories, propriétaires et locataires appartenant à certaines catégories, piroguiers à l'exception de ceux qui utilisent un bateau à moteur ou à vapeur, etc.).

[364] Article C12-1 du CGI (ancien article 162 bis du CGI). Cet article prévoit en outre qu' « il est délivré aux entreprises nouvelles exonérées, sur leur demande, un titre de patente portant la mention EXONÉRÉ ».

[365] Pour les transporteurs de personnes et par véhicule : une taxe déterminée égale à 27 500 francs, et une taxe variable égale à 1250 francs par place à partir de la 11e place. Pour les transporteurs de marchandises et par véhicule : une taxe déterminée égale à 37 500 francs, et une taxe variable égale à 2500 francs par tonne de charge utile au dessus de trois tonnes (voir article C13-5).

artisans pour son compte sur le trottoir, sous l'auvent ou sous la véranda non fermé de son établissement commercial »[366].

La patente n'est pas cessible en ce sens qu'elle n'a d'utilité que pour celui à qui elle a été délivrée ; elle est due pour l'année entière par qui exerce une activité imposable au premier janvier, mais les personnes entreprenant en cours d'année une activité soumise à patente ne doivent cette contribution qu'à compter du 1er jour du mois où démarre l'activité, à moins que la nature de l'activité ne se prête à l'exercice de celle-ci pendant toute l'année ; en pareil cas, la patente sera due pour l'année entière indépendamment de l'époque à laquelle commence l'activité[367]. Il appartient à la personne soumise à la contribution des patentes d'en faire une déclaration (verbale ou écrite) au centre des impôts dans les dix jours du début de l'activité. La patente doit être affichée[368] dans l'établissement du patentable ; celui-ci est tenu d'acquitter en une seule fois les droits auxquels il est soumis : dans les deux mois suivant le début de l'activité en cas d'activité nouvelle, ou dans les deux mois qui suivent le début de l'année fiscale au cas de renouvellement de la patente[369]. Au titre des pénalités, le contribuable qui n'a pas acquitté sa patente dans les délais ci-dessus ou qui, dans les mêmes délais, n'aura pas fourni les renseignements nécessaires à l'établissement de sa patente (nom, prénoms ou raison sociale, numéro d'immatriculation de l'entreprise, numéro de la boîte postale, lieu de situation de l'établissement, nature de l'activité etc.) se voit appliquer une pénalité de 10% par mois de retard dans la limite de 30%[370]. Enfin, et aux termes de l'article C30 (ancien article 179) du CGI, tout contribuable exerçant une activité soumise à patente qui n'aura pas acquitté les droits est taxé d'office pour l'année entière, et sa cotisation est, selon que sa bonne foi est établie ou non, assortie d'une majoration de 50% ou de 100%[371] ; au cas d'exercice d'activités illégale ou prohibée, un procès-verbal est dressé par tout fonctionnaire de l'administration fiscale ayant au moins le grade de controleur ou tout agent assermenté de la force publique pour transmission à l'autorité compétente (ce procès verbal était autrefois dressé « par tout agent assermenté des impôts ou de la force publique »[372] qui le transmettait à l'autorité compétente) ; la patente normalement due est alors assortie d'une majoration de 100%, dont le règlement ne donne pas lieu à délivrance du titre de patente[373].

---

[366] *Cf.* Article C14-1 (ancien article 164) du CGI.

[367] *Cf.* Articles C16 (anciennement 166), C18 (anciennement 168) et C19 (anciennement 169) du CGI.

[368] Voir, l'article C21-4 (ancien article 180) du CGI : le défaut d'affichage de la patente est en effet sanctionné par une amende fiscale de 10 000 francs par infraction. Ladite amende fait l'objet d'un bulletin de versement payable immédiatement (article C31-1 du CGI).

[369] *Cf.* Article C23 -1 (ancien article 176).

[370] *Cf.* Article C29 (ancien article 178) du CGI.

[371] Article C30-1

[372] Article 179 du CGI.

[373] *Cf.* Article C30 (ancien article 179) du CGI.

Tableau 2 : Classes des patentes et fourchettes correspondantes

TRANCHES DE CHIFFRE D'AFFAIRES ANNUEL (C.A.) EN FCFA	CLASSES	FOURCHETTES DES TAUX (%)
C. A. égal ou supérieur à 2 milliards de	1ère	0,075% à 0,0875%
C.A au moins égal à 1 milliard et inférieur à 2 milliards	2e	0,0875% à 0,100%
C.A. au moins égal à 500 millions et inférieur à 1 milliard	3e	0,100% à 0,10%
C.A. au moins égal à 300 millions et inférieur à 500 millions	4e	0,108% à 0,116%
C.A. au moins égal à 100 millions et inférieur à 100 millions	5e	0,133% à 0,150%
C.A au moins égal à 15 millions et inférieur à 100 millions	6e	0,158% à 0,16%
C.A. au moins égal à 5 millions et inférieur à 15 millions	7e	0,283% à 0,400%

Source : Code général des impôts de 2012 (annexe I du chapitre I)

B. L'ANCIEN IMPÔT FORFATAIRE DEVENU IMPÔT LIBÉRATOIRE

L'impôt libératoire a été instauré au Cameroun par la loi de finances 95/010 du 1er juillet 1995 en remplacement de l'impôt forfaitaire. Celui-ci était entièrement reversé aux communes et était géré par le ministère de l'administration Territoriale à travers les sous-préfectures et les districts ; il était payable annuellement par « toute personne de plus de 18 ans disposant de revenus imposables, et non soumise au paiement minimum de 3000 F de la surtaxe progressive. Toute personne ayant un revenu mensuel inférieur à 25 000 F en était également soumise. Pour l'exercice 1990-91, l'impôt forfaitaire avait apporté environ 5 milliards FCFA aux collectivités locales, dont 3 milliards aux seules communes rurales. Ces sommes représentaient respectivement 41% des recettes des communes rurales et 15,6% des recettes de l'ensemble des collectivités locales »[374]. Martin Finken indique que l'impôt forfaitaire était d'un rendement faible, et même négatif lorsque étaient pris en compte les dépenses qui incombaient au FEICOM pour sa mobilisation[375]. Pierre Alaka Alaka apparaît quant à lui moins fataliste en soulignant que la suppression de cet impôt — pourtant ancré dans les mentalités — dont la gestion ne demandait qu'à être revue, a été justifiée par ses relents colonisateurs. Pour ce dernier auteur, les populations avaient compris (à tort) qu'elles ne paieraient plus l'impôt forfaitaire.

Il va sans dire que toute suppression d'impôt d'une carte fiscale emporte toujours un manque à gagner qui nécessite d'être compensé d'une manière ou

[374] M. Finken, *Communes et gestion municipale au Cameroun, op.cit.*, p. 147.
[375] M. Finken, *Gouvernance communale en Afrique et au Cameroun, op.cit.*, p. 193.

d'une autre. La suppression de l'impôt forfaitaire a pourtant pénalisé les communes, puisque l'impôt libératoire qui lui a été substitué manque d'objectivité et ne semble pas remplir convenablement sa mission en termes de rendement (voir *infra*).

L'impôt libératoire est un impôt qui vise les contribuables ayant une activité commerciale ou industrielle, artisanale ou agro-pastorale, mais qui ne relèvent ni du régime réel, ni du régime simplifié d'imposition ou du régime de base. En payant l'impôt libératoire, ces contribuables sont automatiquement exclus du paiement de la patente, de l'impôt sur le revenu des personnes physiques, et de la taxe sur la valeur ajoutée.

L'article 47 de la loi du 15 décembre 2009 prévoit que l'impôt libératoire est dû par commune, et par établissement ; il est dû par activité au cas d'exercice d'activités distinctes dans le même établissement. Lorsqu'il justifie pour une activité donnée du paiement de l'impôt libératoire dans sa commune de résidence, le marchand ambulant n'est plus imposé dans toutes les autres communes pour cette même activité. L'acquittement de l'impôt se fait sur une base trimestrielle — dans les 15 jours suivant la fin de chaque trimestre — à la caisse de la recette municipale au moyen d'une fiche spécifique[376].

L'impôt libératoire avait, pendant quelques années, constitué un impôt local au sens vrai du terme puisque les opérations s'y rapportant — de l'assiette au recouvrement — incombaient exclusivement aux communes. Ces opérations ont par la suite été confiées aux services compétents de la Direction des impôts auxquelles revenaient en partie[377] la charge du recouvrement de l'impôt libératoire. Mais l'article 46 de la loi du 15 décembre 2009 prévoit que « (1) L'impôt libératoire est liquidé et émis par les services des impôts. (2) Les tarifs de l'impôt libératoire sont arrêtés par les collectivités territoriales bénéficiaires du produit de cet impôt à l'intérieur d'une fourchette fixée par catégorie d'activités ainsi qu'il suit :

Catégories :
A : de 0 F à 20 000 F ;
B : de 21 000 F à 40 000 F ;
C : de 41 000 F à 50 000 F ;
D : de 51 000 F à 100 000 F.

[376] L'article 47 de la loi du 15 décembre 2009 donne une liste exhaustive des informations contenues dans cette fiche : nom, prénoms ou raison sociale ; date de naissance ou de constitution ; lieu de naissance ou de constitution ; nom et prénoms et adresse du père ou du gérant ; nom, prénoms et adresse de la mère ; numéro de la boîte postale ; nature de l'activité ; numéro du centre des impôts compétent ; montant du chiffre d'affaires et tous autres renseignements nécessaires à l'établissement de l'impôt libératoire ; groupe et catégorie à l'impôt libératoire, etc.

[377] Ainsi que le confirme M. Finken, « [...] toutes les recettes ne [transitaient] pas par la Direction des impôts et dans certaines circonstances des recettes [étaient] directement recouvrées par les communes ». Voir, M. Finken, *Communes et gestion municipale au Cameroun*, *op.cit.*, p.148.

Les communes peuvent, à l'intérieur de chaque catégorie, appliquer des taux spécifiques à chaque activité dans la limite de la fourchette concernée ».

La catégorie A correspond à 49 (quarante-neuf) petites activités supposées peu rémunératrices (coiffeur ambulant, vendeur de soya, vendeur de fleurs, transporteur de personnes par moto-taxis etc.). La catégorie B correspond à 23 (vingt-trois) activités supposées plus rémunératrices que les premières, à l'instar du loueur de bicyclettes ayant moins de 10 bicyclettes, du tenant d'un atelier d'impression sur tissu, du prestidigitateur ou illusionniste, ou encore du mécanicien, tôlier, électriciens automobile sans moyens mécaniques etc. Les 18 (dix-huit) activités de la catégorie C (sage-femme donnant des soins à domicile, restaurant non classé, exploitant de taxi et par taxi, marchand de sable, de gravier ou de moellons, etc.) sont quant à elles supposées moins rémunératrices que les 12 (douze) activités de la catégorie D — (loueur de bicyclettes ayant plus de 20 bicyclettes, boucher ne disposant pas de moyens frigorifiques vendant moins de 100 (cent) bêtes par an, exploitant d'une téléboutique réalisant un chiffre d'affaires compris entre 10 (dix) et 15 (quinze) millions etc.) — censées se compter parmi les métiers les plus rémunérateurs, et donc les plus lourdement imposés.

Cette catégorisation ne repose sur aucune base objective, entraînant qu'elle n'est forcément pas garante de justice. Comment, par exemple, établir avec certitude dans le contexte camerounais, qu'un transporteur de personnes par moto-taxis (catégorie A) est plus nanti qu'un loueur de bicyclettes ayant plus de vingt bicyclettes ?

Notons néanmoins que, contrairement à ce qui se passait sous l'ancien système, l'impôt libératoire devient définitivement une ressource locale : les recettes générées par cet impôt sont en totalité versées aux communes et aux communes d'arrondissement ; sous l'ancien système, ces dernières étaient tenues de reverser 10% du produit de l'impôt libératoire au FEICOM. Les contribuables soumis à l'impôt libératoire relèvent majoritairement de la catégorie A que vise l'article 46 susvisé. La grande partie des contribuables (les quatre catégories de l'article 46 totalisent une liste de plus de cent métiers) relève de ce régime à faible rendement comme en attestent les propos du directeur des impôts : « j'aimerais d'abord dire que l'administration fiscale ne peut se contenter uniquement de l'impôt libératoire ; nous aimerions qu'à la limite, nous nous concentrions sur des impôts à plus forte valeur ajoutée, même si le gros des contribuables relève de ce régime. Il faut savoir que ce n'est pas forcément avec l'impôt libératoire que nous réalisons des résultats »[378].

Avant 2009, le maire pouvait — exceptionnellement et en l'absence de services d'assiette des impôts installés localement — procéder au recensement des personnes imposables et à leur pré-classification dans les différentes

[378] Voir, l'article de D. Tongo : « Cameroun : interview d'Alfred Bagueka Assobo, directeur général des Impôts », *Journal du Cameroun.Com*, 8 janvier 2011, consultable sur : http://www.journalducameroun.com/article.php?aid=7939.

catégories de l'impôt forfaitaire. Il en communiquait l'état au chef du centre des impôts du ressort de la collectivité concernée, et ce avant l'émission et le recouvrement par la commune ; la situation des émissions et des recouvrements devait être mensuellement communiquée audit centre[379]. La loi de 2009 fait désormais obligation à toute personne se livrant à une activité soumise à l'impôt libératoire d'en faire la déclaration[380] au service des impôts ou au bureau de la poste (en cas d'absence d'un service des impôts) dans les 15 (quinze) jours qui suivent le début de l'activité. Le règlement de l'impôt libératoire donne lieu à la délivrance d'une fiche de paiement visée par les services des impôts ou en l'absence de ceux-ci, par l'exécutif municipal[381].

Le commencement d'une activité soumise à impôt libératoire en cours d'année, ne donnera lieu à imposition qu'à compter du premier jour du trimestre du début de l'activité. Les assujettis à l'impôt libératoire doivent en rapporter la preuve par affichage dans leur établissement. La fiche de paiement n'est valable que pour autant qu'elle s'accompagne de la quittance constatant le paiement effectif de l'impôt ; le défaut d'affichage entraîne la fermeture de l'établissement et une amende fiscale de 5000 (cinq mille) francs CFA. Les marchands ambulants et les transporteurs qui ne peuvent présenter leur fiche de paiement se voient saisir leurs biens meubles non périssables ou du véhicule et leur conservation à la fourrière municipale dans les conditions fixées par la loi.

Le défaut de règlement des sommes dues au titre de l'impôt libératoire dans les délais donne lieu à fermeture de l'établissement ou, selon le cas, des établissements, fermeture à laquelle se greffe une pénalité de 30% du montant de l'impôt dû. En outre, « […] lorsque pour un contribuable soumis à l'impôt libératoire, des éléments positifs permettent de déterminer un chiffre supérieur à 15 (quinze) millions, ce dernier est soumis à la contribution des patentes, et selon le cas au régime de base, au régime simplifié d'imposition ou au régime du bénéfice réel. […] Dans ce cas l'impôt libératoire acquitté constitue un acompte à valoir sur le principal de la contribution des patentes. […] Les contribuables relevant de l'impôt libératoire peuvent opter pour le régime de base. L'option est irrévocable et emporte également option pour le même régime à la TVA ».

---

[379] *Cf.* arrêté conjoint n° 0349/MINAT/MINEFI du 22 octobre 2001 « portant modalités d'assiette, de recouvrement et de reversement d'impôts et taxes destinés aux communes et au Fonds Spécial d'Équipement et d'Intervention Intercommunale ».

[380] Cette déclaration comporte les mêmes renseignements que ceux de la fiche d'acquittement de l'impôt ci-dessus mentionnée : nom, prénom ou raison sociale ; date de naissance ou de constitution ; nature de l'activité ; chiffre d'affaires requis, etc.

[381] Voir l'article 47, alinéa 6 de la loi du 15 décembre 2009 portant fiscalité locale.

C. LA CONTRIBUTION DES LICENCES

La contribution des licences est un impôt qui frappe les personnes physiques ou morales qui, à un titre quelconque, sont autorisées à se livrer à la vente (en gros ou au détail) ou à la fabrication des boissons alcoolisées ou non alcooliques[382] visées à l'article 34[383] de la loi de 2009. Le produit de cet impôt revient entièrement aux communes de la même manière que celui de la patente avec laquelle il présente des similitudes quant aux règles de paiement et de recouvrement. Due par les importateurs, producteurs et débitants des boissons donnant lieu à licence, la contribution des licences est annuelle et personnelle. Elle est due par établissement suivant les mêmes règles que celles applicables selon le cas, à la contribution des patentes ou à l'impôt libératoire, étant précisé que la licence est fixée d'après le chiffre d'affaires[384]. Avant la loi de 2009, le paiement de la contribution des licences était indépendant de celui de la contribution des patentes et l'imposition de l'une ne dispensait pas du paiement de l'autre ; de plus, le cumul de la vente des boissons avec un autre commerce comportait le paiement de la contribution des licences et de la contribution des patentes applicables au second commerce[385]. Dorénavant, et aux termes de l'article 42 de la loi du 15 décembre 2009, le paiement de la contribution des licences est indépendant de celui de la contribution des patentes autant qu'il est de l'impôt libératoire, le paiement de l'une ne dispensant pas du paiement des autres ; pareillement, « le cumul de la vente des boissons avec un autre commerce emporte le paiement de la contribution des licences et de la contribution des patentes ou de l'impôt libératoire applicable au second commerce »[386]. Sous le système d'avant 2009, toutes les dispositions relatives à la contribution des patentes et touchant les principes, la notion d'établissement, les déclarations à souscrire, leur vérification et l'établissement des impositions [étaient déjà] applicables à la contribution des licences »[387], alors que celles relatives à l'impôt libératoire le sont depuis la loi du 15 décembre 2009.

---

[382] Article 33, loi n° 2009/019 du 15 décembre 2009, portant fiscalité locale.

[383] Se référer à cette disposition pour d'amples informations. Sont par exemple considérées boissons alcoolisées, les bières, les vins, les liqueurs et boissons autres que celles réputées boissons non alcooliques : cas de la bière à teneur sans alcool provenant d'un moût préparé à l'aide de malts, d'orge ou de riz, de houblon et d'eau, ou le cidre, le poiré, résultant de la fermentation du jus de pommes et de poires fraîches, etc. Notons qu'à titre d'exception à l'article 34 susvisé, l'article 35 de la même loi exclut de la contribution des licences «[...] la vente des eaux minérales, eaux gazeuses, aromatisées ou non par extraits non alcoolisés et la vente de jus de fruits frais non fermentés, lorsqu'elles sont effectuées dans un établissement distinct de celui comportant des boissons imposables ».

[384] Article 36 de la loi n° 2009/19, précitée.

[385] Voir l'article 190 du Code général des impôts de 2008.

[386] Article 42 alinéa 2 de la loi n° 2009/019 du 15 décembre 2009, précitée.

[387] Voir l'article 43 alinéa 1 de la loi n° 2009/019 du 15 décembre 2009, précitée.

Tableau 3 : Tarifs de la contribution des licences

Nature de l'activité		Activités assujetties à la patente	Activités soumises à l'impôt libératoire
Classe de licence	Élément de base	Contribution de la patente	Le montant de l'impôt libératoire
1re classe	Boissons non alcoolisées	02 fois la contribution de la patente	01 fois le montant de l'impôt libératoire
2e classe	Boissons non alcoolisées	04 fois la contribution de la patente	02 fois le montant de l'impôt libératoire

Source : article C 44, Code général des impôts, éditions de 2012

§ II. Les impôts communaux de la nouvelle génération : les ressources fiscales post-décentralisation, la compensation des récents transferts de compétences

Les impôts communaux de la nouvelle génération s'entendent de nouveaux impôts, que l'État central a transférés aux CTD, afin de disposer ces dernières à l'exercice des compétences qui leur ont été dévolues dans le cadre de la décentralisation (A). La redevance forestière annuelle (B) n'a pas fait l'objet d'un transfert, mais il faut noter qu'elle fait désormais (partiellement) l'objet d'une péréquation horizontale[388].

A. DE NOUVEAUX IMPÔTS TRANSFÉRÉS DANS LE CADRE DU PROCESSUS DE DÉCENTRALISATION

Au rang de ces nouveaux impôts se comptent la taxe foncière sur les propriétés immobilières (1), les droits de mutation d'immeubles (2), la vignette automobile (3) et la taxe sur les jeux de hasard et de divertissement (4).

1. La taxe foncière sur les propriétés immobilières. Des ressources plus consistantes pour les collectivités territoriales décentralisées ?

La taxe foncière est « un impôt direct perçu au profit des collectivités locales […]. Tout propriétaire d'un immeuble est en principe soumis à la taxe foncière dans la commune où est situé cet immeuble. Suivant le cas il s'agit de la taxe foncière sur les propriétés bâties ou sur les propriétés non bâties »[389].

---

[388] La péréquation horizontale désigne le cas où des prélèvements sont effectués sur les ressources des collectivités plus nanties aux fins de les attribuer aux collectivités défavorisées. Elle s'oppose à la péréquation verticale en ce que dans cette dernière, l'État verse des dotations aux collectivités défavorisées pour corriger les écarts de richesses existant entre les collectivités territoriales décentralisées. D'où l'appellation de mécanisme correcteur souvent donnée, notamment au mécanisme de la péréquation.

[389] A. Barilari et R. Drapé, *Lexique fiscal*, Dalloz, 2e édition, 1992, p. 87.

Instaurée depuis bientôt un quart de siècle[390], la taxe foncière due était graduée et fixée en fonction de la superficie développée (superficie du sol augmentée de la superficie de chaque niveau) en cas d'immeubles bâtis, ou de la superficie du sol pour les immeubles non bâtis. À titre d'exemple[391], jusqu'à 400 mètres carrés, la taxe due en cas de propriété non bâtie était de 2500 francs CFA ; la taxe due au cas de propriété bâtie était le double de la taxe normalement due pour une propriété non bâtie d'égale surface. Ainsi, dans l'exemple relatif aux 400 mètres carrés ci-dessus, elle aurait été de 5000 francs. Les immeubles non bâtis excédant 5000 mètres carrés supportaient 5 (cinq) francs CFA par mètre carré supplémentaire, sans pouvoir excéder 50 000 francs CFA. Pareillement, les immeubles bâtis excédant 5000 mètres carrés en supportaient le double, soit 10 (dix) francs par mètre carré supplémentaire, sans pouvoir excéder 10 0000 francs CFA. La taxe en principal aux différents tarifs était majorée de 25% au titre de centimes additionnels communaux reversés directement à la commune du lieu de situation de l'immeuble.

Aujourd'hui, cette taxe est due annuellement par tout propriétaire (personne physique ou morale), y compris tout propriétaire de fait d'immeubles) bâti(s) ou non bâti(s) situés dans les chefs-lieux d'unités administratives ; il en est de même, lorsque de telles propriétés immobilières sont situées dans des agglomérations bénéficiant d'infrastructures ou de services urbains tels que les réseaux de voies carrossables ou bitumées, d'adduction d'eau, d'électricité et/ou de téléphone [392]. Dans le cas où l'immeuble est loué par bail emphytéotique, par bail à construction, par bail à réhabilitation, ou a fait l'objet d'une autorisation d'occupation temporaire du domaine public constitutive d'un droit réel, la taxe foncière frappe l'emphytéote, le preneur à bail à construction ou à réhabilitation ou du titulaire de l'autorisation[393]. La taxe sur les propriétés bâties ou non bâties est fonction de la valeur desdites propriétés telle que déclarée par les propriétaires, étant indiqué que le taux de ladite taxe est de 0,1% de la valeur communiquée.

La valeur des immeubles non déclarés ou ayant fait l'objet d'une fausse déclaration (cas d'une minoration) est déterminée par les services du fisc. En pareil cas, l'Administration doit, pour fixer la valeur taxable, recourir à l'évaluation administrative (suivant des modalités fixées par voir réglementaire), les parties pouvant, en cas de désaccord, recourir à une expertise par requête adressée au tribunal compétent[394].

Sont toutefois exonérées de la taxe foncière, les propriétés appartenant à l'État, celles des collectivités territoriales décentralisées et des établissements

---

[390] M. Finken : « la taxe foncière a été introduite au Cameroun au cours de l'exercice 1988/89 » : M. Finken, *Communes et gestion municipale au Cameroun*, *op.cit*, p. 145.

[391] Voir la loi de finances pour l'exercice 1997/1998.

[392] Voir l'article 577 alinéa 1 et 2 du CGI de 2009.

[393] *Idem*, alinéa 3.

[394] Voir l' article 546 bis du CGI.

publics n'ayant pas un caractère industriel et commercial ; celles des organismes confessionnels et associations culturelles ; celles des entreprises industrielles, agricoles, d'élevage et de pêche en ce qui concerne leurs constructions à usage d'usine, de hangar ou de magasins de stockage, à l'exception des constructions à usage de bureau ; les propriétés des organismes internationaux ayant signé un accord de siège avec le Cameroun de même que celles des représentations diplomatiques (sous réserve de réciprocité) ; les terrains exclusivement affectés à l'agriculture, à l'élevage ou à la pêche en sont également exonérées[395].

Le produit de la taxe foncière sur les propriétés immobilières est affecté en totalité à la commune du lieu de situation de l'immeuble[396] . Mais depuis la loi des finances de 2011 mentionnée plus avant, la taxe foncière sur les propriétés immobilières fait partie des impôts concernés par la retenue (au niveau du Trésor) de 10% au titre de frais d'assiette et de recouvrement.

Outre cette retenue, et même si on y reviendra dans le cadre de cette étude, l'on peut d'ores et déjà retenir que le foncier camerounais donne lieu à une situation paradoxale : le transfert de la taxe foncière aux collectivités territoriales décentralisées entraîne inéluctablement une hausse des ressources fiscales pour ces dernières, mais celles-ci s'avèrent insuffisantes du fait d'une fiscalisation inappropriée et de l'insécurité foncière, étant en outre souligné que, comme partout en Afrique, « l'acceptation de cet impôt est difficile et son recouvrement nécessite des moyens (matériels et humains) importants[397].

2. Les droits de mutation d'immeubles

Les droits de mutation se rapportent à « un impôt qui frappe à un tarif en général proportionnel de très nombreuses catégories de mutations et, plus particulièrement, celles qui affectent les immeubles et les droits immobiliers, les cessions de fonds de commerce ou les cessions de parts sociales. Cet impôt est de nature hybride. Il constitue pour partie une forme d'imposition du capital et pour partie un impôt indirect sur la dépense puisqu'il constitue un élément du prix des biens auxquels il s'applique »[398] . On distingue les mutations à titre gratuit (transmission de propriété sans contrepartie financière ou par d'autres biens, résultant d'un décès, cas des successions, ou d'une libéralité dans le cas de donations), et les mutations à titre onéreux (changement de propriétaire d'un bien immobilier ou mobilier), cas de ventes d'immeubles soumis à un droit d'enregistrement et à la taxe de publicité

---

[395] Voir l'article 578 du CGI.

[396] Articles 48 de la loi du 15 décembre précitée.

[397] Voir l'étude réalisée par G. Chambas et E. Duret, « La mobilisation des ressources locales au niveau des municipalités d'Afrique subsaharienne », ministère des Affaires étrangères, avril 2000, p. 53. Disponible sur :
http://www.diplomatie.gouv.fr/fr/IMG/pdf/La_mobilisation_des_ressources_locales-2.pdf.

[398] Voir A. Barilari et R. Drapé, *Lexique fiscal*, Dalloz, 2e édition, 1992, p. 118.

foncière dont le produit revient en France aux départements, les communes bénéficiant quant à elles de taxes additionnelles qui s'y ajoutent[399].

Autrefois réservé aux seules communes urbaines du Cameroun, le produit des droits de mutation d'immeubles a été étendu par la loi du 8 août 1995 à toutes les communes[400].

Il ressort de l'article 265 du CGI que la perception des droits d'enregistrement se fait en tenant compte de la forme extérieure des actes ou la substance de leurs dispositions, sans qu'il soit tenu compte de leur validité, des causes de résolution quelle qu'elles soient, ou même d'annulation, sauf exceptions[401] prévues par le Code général des impôts.

D'un côté, un droit fixe est appliqué aux actes ne contenant ni obligation, ni condamnation de sommes et valeurs, ni libérations, ni transmission de propriété, d'usufruit ou de jouissance de biens meubles ou immeubles et, généralement, des actes normalement exempts de la formalité d'enregistrement, qui y sont volontairement portés[402]. D'un autre côté, « les droits proportionnels, progressifs ou dégressifs sont établis pour les transmissions de propriété, d'usufruit ou de jouissance de biens meubles ou immeubles, soit entre vifs, soit par décès, les obligations, libérations, condamnation attributions, collocations ou liquidations de sommes de valeurs ». Ces droits sont assis sur les sommes et valeurs arrondies au millier de franc supérieur et sont fixés par les textes selon la nature du taux[403] auquel ils se rapportent et conformément à une classification précise : taux élevé[404], taux intermédiaire[405], taux moyen[406], taux réduit[407] ou super réduit[408].

---

[399] *Idem*, p. 118-119.

[400] M. Finken, *Communes et gestion municipale au Cameroun*, *op.cit.*, p. 150.

[401] Sur ces exceptions, voir les articles 337 (actes à enregistrer gratis) et 338 (actes exempts de la formalité) du CGI. À noter qu'en complément aux dispositions de l'article 337, la loi de finances 2011 a ajouté, au titre d'actes à enregistrer gratis « les actes dont l'enregistrement est à la charge des organisations internationales, sauf dispositions contraires de l'Accord de siège signé avec un État de la CEMAC » (article 546- A- 7°) ; en complément des dispositions de l'article 338 susvisé, la même loi de finances est venue enrichir le CGI d'une exemption supplémentaire constituée « des actes établis par les missions diplomatiques ou consulaires étrangères hors CEMAC, sous réserve de réciprocité ».

[402] Article 266 du CGI.

[403] Sur l'ensemble des taux appliqués aux droits proportionnels, voir les articles 339 et 543 du Code général des impôts.

[404] Voir l'article 340 du CGI ; ce sont, à titre d'exemples, les ventes d'immeubles de gré à gré, judiciaires ou par adjudication ; les licitations d'immeubles ; les résolutions de ces ventes ; les concessions des terres domaniales, etc.

[405] Voir l'article 341 du CGI qui soumet aux taux élevés ou intermédiaires notamment les mutations à titre onéreux de fonds de commerce ou de clientèle, les baux, sous-baux, cession de baux ou leur prorogation et les locations verbales à durée limitée d'immeubles à usage professionnel, industriel ou commercial, etc. Le taux intermédiaire est de 10% (article 543 du CGI).

[406] Exemples : Les baux, les sous-baux, leur cession ou leur prorogation, les échanges de meubles, les soultes ou retour d'échanges et de partage de meubles, les jugements contradictoires et par défaut en matière de police ordinaire, de police correctionnelle ou en matière criminelle, etc., voir article 342 du CGI.

La valeur de la propriété, de la jouissance et de l'usufruit des biens de toute nature ou les sommes servant d'assiette à l'impôt sont déterminées, pour la liquidation et le paiement des droits proportionnel, progressif ou dégressifs suivant la nature des actes juridiques. Exemples : « pour les baux, les sous-baux, cessions et rétrocessions, prorogations de baux de biens meubles, fonds de commerce et immeubles, la valeur servant d'assiette à l'impôt est déterminé par le prix annuel exprimé, en y ajoutant les charges imposées au preneur et incombant normalement au bailleur. Pour les baux à durée limitée, notamment les constitutions d'emphytéose, la valeur est déterminée par le montant cumulé des annuités stipulées en y ajoutant les charges imposées au preneur. Pour les baux à rentes perpétuelles et ceux dont la durée est illimitée, la valeur est déterminée par un capital formé de vingt (20) fois la rente ou le prix annuel augmenté des charges [...] »[409] ; le droit est liquidé sur le montant net des apports personnels des futurs époux dans le cas des contrats de mariage[410] ; pour la liquidation et le paiement des droits portant sur les échanges de biens (meubles et immeubles), ces biens sont estimés d'après leur valeur vénale réelle à la date de transmission, d'après une déclaration estimative faite par les parties[411]...

Les articles 276 à 279 du CGI fixe des délais[412] pour faire enregistrer les actes : Quinze jours minimum à un mois à compter de la date d'actes de notaires, greffiers, huissiers, commissaires-priseurs, des actes judiciaires et administratifs constatant des conventions entre l'État ou les personnes morales de l'État et les particuliers, etc., ce délai pouvant être porté à trois mois lorsqu'il n'existe pas de centre des Impôts à la résidence des officiers publics ou des autorités rédactrices. Ce délai passe d'un mois à trois mois à compter de leur signature, des actes sous seing privé constatant des conventions synallagmatiques, en particulier des baux, sous-locations, leurs cessions, résiliation, vente, échange, etc. Les actes authentiques ou sous seing privé passés hors d'un État de la CEMAC et portant mutation de propriété,

---

407 Voir l'article 343 du CGI ; ce sont, à titre d'exemples aussi, les occupations du domaine public, les cessions d'actions, de parts et d'obligations de sociétés commerciales ou civiles n'ayant pas leur siège social dans un pays de la CEMAC ou lorsqu'il en est fait usage dans un pays de la CEMAC ; les prêts sur nantissement et sur hypothèque, les reconnaissances de dette, etc.

408 Voir l'article 344 du CGI ; ce sont, par exemple, les délivrances de legs, les prises d'hypothèques sur crédit habitat, les partages purs et simples de biens meubles et immeubles, les contrats de mariage qui ne contiennent aucun avantage particulier pour l'un des époux et tous actes et écrits constatant la nature, la consistance ou la valeur des biens appartenant aux futurs époux, etc.

409 Voir l'article 281 du CGI.

410 Voir l'article 282 du CGI.

411 Voir l'article 285 du CGI.

412 Voir l'article 274 du CGI : « [...] pour l'enregistrement des actes et des déclarations, le jour de la date de l'acte, de la mutation ou celui de l'ouverture de la succession ne sera point compté. Les mois du délai se comptant de quantième en quantième sans tenir compte du nombre de jours ».

d'usufruit ou de jouissance d'immeubles ou de fonds de commerce situés dans cet État, ou constitution de sociétés ayant leur siège social dans cet État, doivent être enregistrés dans le délai de six mois à compter de leur date. L'enregistrement des testaments déposés ou non chez un notaire doit s'effectuer dans un délai de trois mois à six mois à la diligence des héritiers, donataires, légataires ou exécuteurs testamentaires. Lorsque la signature est subordonnée à la signature ou à l'acceptation de l'Administration, les délais ci-dessus mentionnés ne courent qu'à partir du jour où le contribuable a connaissance de cette signature ou de cette approbation. En pareil cas, la charge de la preuve de la date à laquelle il a été avisé incombe au débiteur.

L'affectation des droits de mutation d'immeubles se fait par attribution de 80% à la commune du lieu de situation de l'immeuble, 60% revenant à la communauté urbaine, 20% à la commune d'arrondissement, et 20% au FEICOM. Le produit des droits de mutation a néanmoins été affecté (en totalité) à la commune du lieu de situation de l'immeuble à la faveur de l'article C 49 du CGI. Mais comme ci-avant indiqué, la loi de finances 2011 a rangé les droits de mutation immobilière dans la catégorie des impôts et taxes soumis à la retenue de 10% qu'effectue le Trésor au titre des frais d'assiette et de recouvrement.

3. La vignette automobile ou droit de timbre automobile

En France, la vignette automobile était le nom généralement donné à la taxe différentielle sur les véhicules à moteur, perçue annuellement au profit des départements[413] en fonction de la puissance « fiscale » du véhicule et de l'âge de celui-ci. La loi de finances pour 2001 l'a supprimée pour les personnes physiques, les associations, ainsi que les personnes morales pour les trois premiers véhicules[414].

Dans le contexte camerounais, cette taxe est indifféremment appelée vignette automobile ou droit de timbre automobile ; il s'agit d'un droit institué sur les véhicules automobiles et les engins moteur à deux roues circulant sur le territoire[415]. En sont toutefois exonérés, les engins sans moteur à deux ou trois roues, les véhicules dont les propriétaires peuvent justifier du privilège diplomatique ou consulaire, les véhicules en admission temporaire exclusivement utilisé dans le cadre des projets de coopération internationale, les véhicules d'essai immatriculé « WG », les véhicules en transit immatriculés « WT », les véhicules concourant au maintien de l'ordre ayant les plaques minéralogiques propres aux Forces armées, à la gendarmerie, et à la Sûreté nationale, les ambulances, les engins spéciaux immatriculés « CE », les véhicules spéciaux utilisés par les infirmes et les mutilés et, enfin, les

---

[413] Une loi du 7 janvier 1983 et la loi de finances pour 1984 avaient transféré aux départements la vignette, laquelle avait été instituée au profit de l'État par la loi du 30 juin 1956. C'était le seul impôt dont l'intégralité du produit revenait aux départements.

[414] R. Muzellec, *Finances locales*, Dalloz, 5e édition, 2005, p. 143.

[415] Voir l'article 594 du CGI.

véhicules à immatriculation étrangère dont les propriétaires justifient d'un passeport ayant un visa touristique d'une durée inférieure à trois mois ou d'une autorisation de circuler sur le territoire camerounais pour une durée d'au plus trois mois[416]. Le redevable de la taxe est la personne physique ou morale propriétaire du véhicule ; toutefois, en cas de mise à disposition d'un véhicule par une personne morale à une personne physique, cette dernière sera redevable de la taxe en sa qualité d'utilisateur du véhicule en cause. Le droit de timbre s'acquitte annuellement[417], la période d'imposition s'étendant du 1er janvier au 31 décembre au 31 décembre de l'année suivante. Les taux[418] de la vignette automobile sont fixés en fonction du type de véhicule et de la puissance en termes de chevaux fiscaux de celui-ci.

Avant la loi du 15 décembre 2009 portant fiscalité locale, le produit du droit de timbre était entièrement versé à l'État. Suite à cette loi, « le produit des droits de timbre automobile prévu par le Code général des impôts est affecté en totalité au FEICOM ou à tout autre organisme chargé de la centralisation et de la péréquation, pour redistribution intégrale aux communes ». Il est toutefois précisé que cet impôt local n'échappe pas au niveau du Trésor à la retenue de 10%, opérée au titre des frais d'assiette et de recouvrement[419].

4. La taxe sur les jeux de hasard et de divertissement

Depuis l'exercice 1992/1993 les jeux de hasard et de divertissement[420] sont frappés d'une taxe du même nom, dont le produit profitait essentiellement à l'État puisque seuls 10% de ce produits revenaient aux communes sous la forme de centimes additionnels communaux; sont assujetties à cette taxe, toutes personnes physiques ou morales qui exploitent sur le territoire national — à titre principal ou accessoire — des jeux fondés sur l'espérance d'un gain en nature ou en argent susceptible d'être acquis par la voie du sort ou d'une autre façon, ou des jeux destinés à procurer un simple divertissement[421].

[416] Voir l'article 595 du CGI.

[417] Il est acquitté dans le mois qui suit le début de l'année fiscale en cas de renouvellement, au moment de la mise en circulation pour les véhicules qui sont nouvellement mis en circulation, ou à la fin de la période d'exonération pour ceux des véhicules qui auront été acquis sous le régime de l'admission temporaire (voir, article 598 du CGI).

[418] Voir l'article 597 du CGI : ces taux sont de 2000 FCFA pour les motocyclettes, de 15 000 FCFA pour les véhicules de 2 à 8 CV, de 25 000 FCFA pour les véhicules de 8 à13 CV et, enfin, de 100 000 FCFA pour les véhicules de plus de 13 CV.

[419] Loi n° 2010/015 du 21 décembre 2010 portant loi de finances pour 2011, article C 54.

[420] Sont assimilés aux divertissements, les activités exercées (de façon habituelle ou occasionnelle) dans des établissements tels que les salles de cinéma, de théâtre, de concert, de bal, de vidéo-club, discothèque, boîtes de nuit, café, etc. Voir, à ce sujet, l'article 18 du décret n°/2175/PM du 20 décembre 2002 fixant les taux maxima et les modalités de recouvrement des taxes communales indirectes.

[421] Voir les articles 206 et 207 du CGI.

À ce titre, l'article 208 du CGI vise certaines catégories de jeux tels que : les jeux de hasard ou de contrepartie (la boule, le 23, les roulettes, le black jack, etc., ou tout autre jeu de même nature) ; les jeux dits « de cercle » (baccara, chemin de fer, le baccara américain, etc., ou tout autre jeu de même nature) ; « les machines à sous ou appareils dont le fonctionnement nécessite l'introduction d'une pièce de monnaie ou d'un jeton destinés ou non à procurer au joueur la chance d'un gain ».

Des dispositions spécifiques aux casinos sont prévues aux articles 209 à 215 du CGI. En substance, le produit des jeux est ici constitué par la différence entre le montant de l'encaisse en fin de partie et celui de la mise initiale (jeux de contrepartie), ou par le montant intégral de la cagnotte (jeux de cercle)[422]. L'assiette du prélèvement est quant à elle « constituée par l'ensemble des produits bruts des jeux, y compris les recettes accessoires conformes aux éléments d'une comptabilité particulière obligatoirement tenue par l'exploitant par nature de jeu [...] », les modalités de cette comptabilité étant précisées par voie réglementaire[423]. Le prélèvement se liquide au taux de 15% applicable au chiffre d'affaires réalisé pendant la période d'imposition et déterminé conformément aux règles ci-avant citées. La taxe obtenue est majorée de 10% au titre de CAC perçus au profit de la commune du lieu d'exploitation des jeux ; Cette taxe constitue une charge déductible pour l'exploitant des jeux lors de la détermination du résultat imposable, et « elle n'est pas exclusive de toute autre taxe prévue au titre du cahier des charges qui fixe les obligations de l'exploitant envers la commune sur le territoire de laquelle il exerce son activité »[424]. Tout assujetti à la taxe doit souscrire à une déclaration au service des impôts territorialement compétent, et le paiement de la taxe s'effectue dans les 15 jours suivant la réalisation des opérations taxables à l'aide d'un imprimé qu'il peut se procurer dans les bureaux des services fiscaux[425].

Des dispositions spécifiques aux jeux de divertissement et machines à sous ont également été prévues : « l'exploitation à but lucratif des machines à sous et appareils visés à l'article 208 du présent Code donne lieu au paiement d'une taxe annuelle forfaitaire non exclusive du paiement des autres impôts, notamment l'impôt sur le revenu et la TVA. Elle constitue une charge déductible pour la détermination du résultat imposable ». La taxe est liquidée, quel que soit le régime d'imposition, par catégorie : la première catégorie concerne le baby foot (soit 20 000 FCFA par appareil et par an) ; la deuxième catégorie est celle des flippers et jeux vidéo (soit 40 000) FCFA par an et par appareil) ; la troisième catégorie est celle des machines à sous (soit 100 000 FCFA par machine et par an ; ces montants sont majorés de 10%, CAC profitant à la commune du lieu d'exploitation. Les assujettis à cette taxe sont tenus de souscrire à une déclaration au service des impôts du lieu

---

422 Article 209 du CGI.
423 Article 210 du CGI.
424 Article 211 du CGI.
425 Article 212 du CGI.

d'exploitation des machines entre le 1er janvier et le 31 mars, le paiement de la taxe devant intervenir au plus tard le 31 mars de la même année.

Contrairement au système antérieur dans lequel les collectivités territoriales profitaient de cette taxe via les CAC versés après centralisation par le FEICOM, la loi du 15 décembre 2009 affecte l'intégralité de cette taxe aux communes du lieu de recouvrement[426]. Avec la loi du 21 décembre 2010 portant loi de finances au Cameroun pour l'exercice 2011, la taxe sur les jeux de hasard et de divertissement fait néanmoins l'objet, au niveau du Trésor, d'une retenue de 10% au titre des frais d'assiette et de recouvrement.

B. UNE ANCIENNE REDEVANCE FORESTIÈRE DÉSORMAIS SOUMISE À PÉRÉQUATION

La redevance forestière annuelle (RFA) est un impôt communal assis sur la superficie du titre d'exploitation forestière, et constituée du prix plancher et de l'offre financière[427]. Conformément à l'article 66 de la loi n° 94/01 du 20 janvier 1994, à savoir que le taux de la redevance est fixé par la loi de finances, la loi n° 98/007 du 30 juin 1999 pour l'exercice 1999/2000 reprenant *in extenso* la précédente loi de finances avait fixé la redevance forestière annuelle à 2500 FCFA par hectare pour les ventes de coupes, 1500 FCFA par hectare pour les concessions et 1500 FCFA pour les licences ; les lois de finances ultérieures ont fixé le prix plancher à 2500 FCFA par hectare s'agissant des ventes de coupe, et à 1000 FCFA par hectare s'agissant des concessions. Pour ces dernières, la redevance forestière annuelle (RFA) s'acquitte en trois versements d'égal montant à des dates précises (15 mars pour le premier versement, 15 juin pour le second et 15 septembre pour le troisième). Quant aux ventes de coupe, la redevance forestière annuelle s'acquitte en totalité dans les 45 jours qui suivent la date de dépôt ou de renouvellement de la caution de garantie[428].

Le bois constituant l'une des principales exportations du pays, il n'est pas étonnant que la redevance forestière ait souvent généré des ressources relativement importantes. Le produit de cette taxe a pendant longtemps été inégalement réparti : les communes rurales abritant les surfaces forestières et

---

[426] Voir l'article 50 de la loi du 15 décembre 2009 portant fiscalité locale (article C 50 du CGI).

[427] Voir l'article 243 du CGI.

[428] Voir l'article 245 du CGI : « Il est institué un cautionnement bancaire couvrant aussi bien les obligations fiscales et environnementales, prescrites par les lois et règlements en vigueur, que les obligations prévues dans les cahiers de charges et les plans d'aménagement.

Le cautionnement est constitué auprès d'une banque de premier ordre agréée par l'Autorité monétaire dans un délai de quarante cinq jours à compter de la date de notification de sa sélection pour la vente de coupe, ou de l'accord de l'Administration pour les concessions, ou à compter du premier jour de l'exercice fiscal pour les anciens titres.

Dès le 1er juillet 2000, tous les titres d'exploitation forestière, valides ou en cours d'attribution, sont soumis à la formalité du cautionnement.

[Sauf exemptions], le défaut de production de la caution bancaire dans le délai imparti entraîne l'annulation d'office du titre d'exploitation attribué […] »

les populations riveraines étaient avantagées[429] au détriment des communes urbaines, tant et si bien que « des voix se sont fait entendre pour souhaiter que les produits de cette redevance profitent à l'ensemble des communes »[430].

La loi du 15 décembre 2009 semble apporter une nette amélioration en ce sens : « (1) une quote-part (40%) du produit de la redevance forestière annuelle est affectée aux communes conformément aux dispositions du Code général des impôts.

(2) La quote-part communale de la redevance forestière annuelle est répartie ainsi qu'il suit :

- 50% au titre de la retenue à la base au profit de la commune de localisation ;

- 50% au titre du reliquat centralisé par le FEICOM ou tout autre organisme chargé de la centralisation et de la péréquation des produits des impôts, taxes et redevances dues aux communes.

(3) Le reliquat centralisé de la redevance forestière annuelle est réparti à toutes les communes, suivant des modalités fixées par voie réglementaire »[431].

Mais comme l'a récemment constaté la Banque mondiale, « La formulation du cadre juridique qui régit la répartition de la RFA [redevance forestière annuelle] est ambiguë et floue. D'après la loi 2009/019 (article 52), une quote-part des 40% est affectée aux communes, la moitié (20 pourcent) suivant le principe de base, et 20 pourcent au FEICOM pour la redistribution conformément [au décret n° 2011/1731/PM du 18 juillet 2011 précité]. Le reste, c'est-à-dire 60 pour cent, est géré et conservé par l'État comme prévu par le Code général des impôts. Cependant, la loi 2009/019 manque de clarté, son article 52(2-3) disposant que le reliquat centralisé est réparti à toutes les communes selon les modalités fixées par voie réglementaire. La formulation est confuse et la distinction entre les 20 pourcent redistribués par le FEICOM et les 60 pourcent allant à la Trésorerie n'est pas claire.

De plus, selon l'article 116 (2) de la loi de 2009/19, 50 pourcent de la quote-part de redevance forestière doivent être redistribués aux communes rurales et urbaines. Étant donné la formulation ambiguë de l'article 52, les 50 pourcent visés par la loi manquent de clarté : (1) cinquante pourcent affectés

---

[429] « Pour l'exercice 2000/2001, 52 communes se sont partagé la somme de 4,251 milliards FCFA. Les communautés villageoises recevaient au même moment 1,042 milliard FCFA. L'importance des recettes de la redevance territoriale pour certaines communes a soulevé un émoi bien compréhensible lorsque l'on considère certains chiffres. La communauté urbaine de Yaoundé et ses six communes d'arrondissement enregistrent ensemble ces dernières années une recette annuelle de l'ordre de 7,5 milliards. Lorsque l'on divise cette somme par la population (estimée à 1.200.000 habitants), nous obtenons une recette municipale de 6 250Fcfa par habitant. Le même calcul effectué à Douala donne un ratio comparable [...]. On constate que [des] communes rurales sont bien plus riches que les deux principales métropoles du Cameroun. Le record est atteint dans la petite commune rurale de Mintom [4092 habitants] où le ratio dépasse 71 000 FCFA par habitant », Finken Martin, *Communes et gestion municipale au Cameroun*, *op.cit.*, p. 156.

[430] M. Finken, *Gouvernance communale en Afrique et au Cameroun*, *op.cit.*, p. 197.

[431] Article 52 de la loi n°2009/019 du 15 décembre 2009 portant fiscalité locale.

aux communes — c'est-à-dire la moitié de 40 pourcent autrement dit 20 pourcent, comme ci-dessus à l'article 52 (2) ; or (2) 50 pourcent du reste, c'est-à-dire des 60 pourcent. Mais l'article 52 (3) suggère que les 60 pourcent sont distribués sur la base de l'article 52 (2). Par ailleurs, l'arrêté conjoint 0520 du 28 juillet (art.2) dispose que 20 pourcent vont aux communes de localisation, 20 pourcent au FEICOM en vue d'une redistribution entre le reste des communes et 10 pourcent aux communautés villageoises riveraines. Le reste des 50 pourcent va au Trésor mais il est régi par le Code des impôts et n'apparaît pas dans l'arrêté. Ainsi, le décret 2011/1731/PM du 18 juillet 2011 établit pour la première fois des règles convenables de répartition de la RFA »[432].

En effet, l'article 8 (1) du décret n° 2011/1731/PM du 18 juillet 2011 fixant les modalités de centralisation, de répartition et de reversement du produit des impôts communaux soumis à péréquation modifie les modalités de répartition antérieurement appliquées à la redevance forestière annuelle. Le produit de celle-ci se répartit à raison de 50% pour l'État, de 10% pour les communautés villageoises riveraines, de 4% (soit 10% des 40%) à l'appui au recouvrement, 18% (soit 45% des 40%) de centralisation au FEICOM, et les 18% restant (soit 45% des 40%) aux communes de localisation du titre d'exploitation forestière. Cette disposition prévoit enfin que la quote-part que centralise le FEICOM est répartie aux communes d'arrondissement et aux communes, à l'exclusion des communautés urbaines.

---

[432] Voir le Rapport de la Banque mondiale n° 63369-CM, « *Cameroon The path to fiscal decentralization, opportunities and challenges* », septembre 2012, p. 59: *"The wording and legal framework governing the distribution of the RFA is ambiguous and unclear. According to the 2009/019 Law (art.52), a share of 40 percent is allocated to municipalities, half (20 percent) according to the origin principle, and 20 percent to FEICOM for redistribution according to future regulation. The rest (that is, 60 percent) is managed by and remains with the state as indicated in the General Taxation Code. This however is not clear from the 2009/019 Law, art. 52(2-3) which states that the balance to be centralized is to be distributed between all local governments according to rules and formulae which should be fixed by central regulation. The wording is confusing and the distinction between the 20 percent redistributed by FEICOM and the 60 percent to the Treasury is not clear.*
Moreover, according to article 116 (2) of the 2009/019 Law, 50 percent of the forest license attributed to the local governments should be redistributed to all rural and urban municipalities. Given the ambiguous wording in article 52, it is not clear which 50 percent is sanctioned by law: (1) fifty percent of the 40 percent attributed to municipalities – that is half of 40 percent = 20 percent, as above in art. 52(2); or (2) 50 percent of the rest, that is of the 60 percent. But article 52(3) suggests that these 60 percent are to be distributed on the basis of a future regulation mentioned in article 52(2). Further, joint Arrêté 0520 of July 28 2010 (art.2) states that 20 percent goes to producing municipalities, 20 percent to FEICOM for redistribution among remaining municipalities, and 10 percent to neighboring village communities. The remaining 50 percent goes to the treasury but is regulated by the taxation code and is not mentioned in the Arrêté. Thus, decree 2011/1731/PM of July 18 2011 states for the first time the rules for the full distribution of the RFA". (La traduction en français est de l'auteur de l'ouvrage).

Par rapport à sa devancière de 1974, la loi de 2009 a procédé à une synthèse d'anciennes taxes, dorénavant regroupées sous l'appellation de « taxes communales ».

SECTION III. LES TAXES COMMUNALES

La loi de 2009 portant fiscalité locale a mis fin à la distinction jadis faite par le législateur de 1974 « taxes communales directes » d'une part et « taxes communales indirectes » d'autre part. Les premières ont été fusionnées pour prendre l'appellation unique de « taxe de développement local » (§ I). Quant aux deuxièmes pour lesquelles le législateur opte pour la tradition et la modernité, elles prennent dorénavant l'appellation de « taxes communales » et englobent les nouvelles taxes qu'institue la loi de 2009 (§ II).

§ I. La taxe de développement local, une nouvelle taxe issue de la fusion d'anciennes taxes communales indirectes

La taxe de développement local est une nouvelle taxe qui semble présenter des limites tant du point de vue de son assiette, que du point de vue de l'espace fiscal qu'elle couvre (A). De plus, les craintes suscitées par cette taxe et certains facteurs compromettants conduisent à s'interroger sur son efficacité (B), d'autant plus que l'on en a fait une recette de péréquation.

A. UNE ASSIETTE ET UN ESPACE FISCAL LIMITÉS

Conscient du caractère diffus que présente la fiscalité locale camerounaise, et surtout de ce que les taxes communales directes — dont l'institution et les tarifs sont soumis à l'approbation préalable de l'autorité de tutelle — demeurent d'un rendement très faible dans l'ensemble des recettes communales[433], le législateur de 2009 a cru devoir instaurer une nouvelle taxe communale — la taxe de développement local » (TDL) — par fusion des cinq "taxes communales directes" autrefois prévues par la loi communale de 1974 en son article 96[434], et dont le décret n° 80-017 du 15 janvier 1980 fixant les

[433] L. Ngono Tsimi, *L'autonomie administrative et financière des collectivités territoriales décentralisées : l'exemple du Cameroun*, thèse de droit public, sous la direction de Christine Houteer, Université de Paris-Est Créteil, 2010, p. 180.

[434] Article 96 de la loi communale de 1974 : « Le conseil municipal peut instituer des taxes dont le produit est recouvré en même temps que les impôts perçus sur rôle. Ces taxes sont dites "taxes communales directes" [...]. Elles comprennent notamment : 1. La taxe d'eau [...]. 2. La taxe d'éclairage [...]. 3. La taxe d'enlèvement des ordures ménagères. 4. La taxe de fonctionnement des ambulances municipales. 5. La taxe d'électrification ». Pour un exposé plus détaillé de cet article, voir *infra*.

taux maxima des taxes communales directes s'en était fait l'écho[435]. La loi de finances 2011 a procédé à l'introduction effective de cette taxe. La TDL est perçue en contrepartie des services de base et des prestations rendus aux populations, comme, par exemple, l'éclairage public, l'assainissement, l'enlèvement des ordures ménagères, le fonctionnement des ambulances, l'adduction d'eau ou l'électrification [436]. Consacrée en priorité au développement ou à l'entretien des prestations ou de services ci-avant mentionnés, [437] la taxe de développement local est justement due en contrepartie des prestations qui, avant la réforme de 2009, auraient donné lieu — séparément — à perception d'une taxe communale directe. En vertu de la loi de 1974, les taxes communales directes se présentaient sous la forme de redevances forfaitaires annuelles, exigibles des habitants des agglomérations bénéficiant des prestations prévues à l'article 96 susvisé. La loi de 2009 soumet, quant à elle, à la taxe de développement local les employés du secteur public et privé, ainsi que les assujettis à l'impôt libératoire ou à la contribution des patentes[438]. Nous pouvons donc en déduire que, comme sa devancière de 1974 assujettissant des habitants d'une certaine catégorie d'agglomération aux taxes communales directes (agglomérations où existent des fontaines d'eau ou des points d'eau communs, agglomérations où la commune supporte des frais d'éclairage des rues, agglomération où existe un service d'enlèvement des ordures ménagères, etc.), la TDL a une portée limitée car elle vise moins les zones rurales que les zones urbaines. C'est en effet dans ces dernières que sont concentrés la plupart des employés des secteurs publics et privé, ainsi que des personnes assujetties à l'impôt libératoire ou à la contribution des patentes.

Il est difficile de cerner la pertinence d'un choix tendant à transformer plusieurs taxes à faible rendement en une *taxe de développement local* progressive attachée à des impôts principaux dont certains, comme l'impôt libératoire et la patente, souffrent d'un manque à gagner dû notamment au nombre exponentiel d'activités informelles.

B. UNE TAXE EFFICACE EN TERMES DE RENTABILITÉ?

D'abord, la TDL ayant vocation à couvrir des charges de services et de prestations au demeurant approximatifs (coupures d'eau et d'électricité trop fréquentes, services d'ambulances peu performants, enlèvements irréguliers des ordures ménagères), on peut craindre qu'elle ne se révèle aussi peu rentable que les taxes dont elle est la fusion, qu'elle ne puisse financer les

[435] En effet, aux termes de l'article 1er de ce décret, les cinq taxes communales directes visées à l'article 96 de la loi communale de 1974 pouvaient être instituées par les communes en vue d'assurer l'exploitation d'un service public.
[436] Voir l'article 57 de la loi n° 2009/019 du 15 décembre 2009 précitée.
[437] *Idem*, mais aussi titre X intitulé « Des taxes communales » de la circulaire conjointe n° 002335//MINATD/MINFI du 20 octobre 2010 précisant les modalités d'application de la loi n° 2009/019 du 15 décembre 2009 portant fiscalité locale.
[438] Voir l'article 58 de la loi du 15 décembre 2009 précitée.

services publics locaux, rendant illusoire la performance des services pour lesquels elle a été conçue.

Ensuite, ce choix est capable d'entraîner une pression fiscale plus forte, c'est-à-dire du taux global des prélèvements obligatoires (TPGO), lequel se mesure en établissant le rapport entre le montant annuel des prélèvements obligatoires (prélèvements sociaux y compris) et le produit intérieur brut[439]. Or, bon nombre d'économistes libéraux reconnaissent qu'une pression fiscale trop forte dissuaderait les particuliers et les entreprises à investir, épargner, produire, ou travailler. L'effort étant découragé, il s'ensuivrait nécessairement une baisse de l'activité (effet de substitution)[440]. En tout état de cause, il est admis que « tout accroissement de la pression fiscale entraîne une baisse des activités ou une augmentation de la fraude et de l'évasion, et qu'il s'ensuit nécessairement une diminution des rentrées d'impôts. Mais dès lors que les "hauts taux tuent les totaux", une diminution de la pression fiscale devrait susciter un regain d'activité sans que la masse totale de l'impôt s'en trouve fortement affectée »[441], rendant peu probable quelque révolte fiscale.

Enfin, Les taux maxima de la TDL étant progressifs — comme déjà indiqué, ils s'appliquent aux salariés du secteur public et privé en tenant compte de leur salaire de base mensuel ainsi qu'aux assujettis à l'impôt libératoire ou à la contribution des patentes, et ce, sur la base de l'impôt en principal — il n'est pas exclu que la progressivité de cette taxe aggrave les inégalités, tout en constituant un frein aussi bien à l'investissement, qu'à la consommation, et en tout cas à l'activité économique en général[442].

Tableau 4 : Taux maxima de la taxe de développement local

TAUX MAXIMA DE LA TDL	
Employés du secteur public et privé	
Salaire de base mensuel	**Taux**
Entre 62 000 et 75 000	3 000 F/an
Entre 7 5001 et 100 000	6 000 F/an
Entre 100 001 et 125 000	9 000 F/an
Entre 125 001 et 150 000	12 000 F/an
Entre 150 001 et 200 000	15 000 F/an
Entre 200 001 et 250 000	18 000 F/an
Entre 250001 et 300 000	24 000 F/an
Entre 300 001 et 500 000	27 000 F/an
Supérieur à 500 000	30 000 F/an

439 M. Bouvier, *Introduction au droit fiscal général et à la théorie de l'impôt*, 9e édition, LGDJ, 2008, p. 218.
440 *Idem.*
441 Idée de l'économiste libéral américain, A. Laffer, ici résumée par M. Bouvier, *Introduction au droit fiscal général et à la théorie de l'impôt*, 9e édition, *op.cit.*, p. 218-219.
442 M. Bouvier, *Introduction au droit fiscal général et à la théorie de l'impôt*, 9e édition, *op.cit.*, p. 220.

Les assujettis à l'impôt libératoire ou à la contribution à la patente	
Impôt en principal	**Taux**
Égal ou inférieur à 30 000	7 500 F/an
Compris entre 300 001 et 60 000	9 000 F/an
Compris entre 60 001 et 100 000	15000 F/an
Compris entre 100 001 et 150 000	22500 F/an
Compris entre 150 001 et 200 000	30000 F/an
Compris entre200 001 et 300 000	45000 F/an
Compris entre300 001 et 400 000	60000 F/an
Compris entre 400 001 et 500 000	75000 F/an
Supérieur à 500 000	90 000 F/an

Source : article 58 de la loi du 15 décembre 2009 portant fiscalité locale (traitement auteur)

Dès son institution, la taxe de développement local a fait l'objet de critiques qui méritent d'être relevées : dans les localités urbaines, cette taxe est destinée aux communautés urbaines, et dans les autres localités, elle appartient aux communes. Le problème posé par la taxe sur le développement local est que son potentiel est important dans les localités urbaines, ce qui présente un avantage pour les communautés urbaines, mais il est insignifiant dans la plupart des communes[443]. Cette taxe ne contribue donc pas au développement des communes, puiqu'elle n'y joue pas véritablement le rôle pour lequel elle fut créée[444]. Car, « quelle est l'importance de l'effectif des employés du secteur public et privé dans les communes, et quelle y est celle des assujettis à l'impôt libératoire et à la contribution de la patente ? Bien plus, la plupart des employés ayant un salaire important se situent dans les localités urbaines. C'est également le cas pour les contribuables assujettis à la contribution de la patente et à l'impôt libératoire »[445]. Aussi, comprend-on aisément les raisons pour lesquelles le potentiel de cette taxe ne s'observe que dans certaines agglomérations, c'est-à-dire celles-là même qui étaient déjà concernées — contrairement aux zones où elle est inexistante ou insignifiante — du fait de l'existence d'une certaine catégorie d'infrastructures sur leur territoire.

Nonobstant les critiques ci-dessus relevées, et en dépit des faiblesses que présentait déjà ce prélèvement, la loi de finances pour 2011 a consacré la taxe de développement local due par les contribuables relevant de la DGE en recette d'intercommunalité et de péréquation. Le produit de la taxe de développement local frappant les salariés du secteur public et ceux des entreprises relevant de la structure chargée des grandes entreprises est, depuis le 1er janvier 2011 affecté au FEICOM (ou tout autre organisme chargé de la

[443] J.C. Etana Omgba, *Postes comptables et recouvrement opérationnel de la fiscalité locale au FEICOM*, afrédit, 2011, p. 577.
[444] *Idem.*
[445] *Ibidem.*

décentralisation et de la péréquation) après retenue à la source et suivant des critères et modalités fixés par voie réglementaire.

Ce nouveau dispositif est censé alimenter la trésorerie de l'intercommunalité et de la péréquation en vue de profiter à l'ensemble des communes du pays : les activités salariées donnent lieu à un prélèvement à la source, à charge pour l'employeur du redevable de la TDL d'en reverser le montant à l'administration fiscale dans un délai de 15 jours du mois suivant celui au cours duquel le paiement des salaires a été effectué. Toutefois, outre la question de l'efficacité de la TDL en tant que recette de péréquation qui reste posée, on peut craindre — dans le cas des activités lucratives soumises à l'impôt libératoire ou à la patente — que la mobilisation des ressources par la TDL ne soit compromise par l'ampleur du secteur informel et l'incivilité fiscale ambiante. Dans ces conditions, on est amené à penser que la faiblesse du rendement de l'impôt libératoire deviendrait inévitable, comme en témoignent les propos de Félix Botele Ndiomo (maire de la ville de Bokito dans le Centre du pays) : « mon angoisse réside dans le refus des agents économiques [à se soumettre au] paiement de l'impôt libératoire [...]. Donc, la mobilisation des ressources locales reste faible »[446]. En effet, de nombreux contribuables potentiels ne se soumettent pas spontanément aux obligations déclaratives prévues par les articles L 1 à L 3 du Livre des procédures fiscales[447], un dispositif quasi infaillible de traçabilité des contribuables immatriculés, autrement dit connus de l'Administration, mais une arme inoffensive pour ceux dont le choix consiste à s'auto-exonérer en opérant dans l'informel[448], ceux-là même dont le comportement entraîne (inévitablement)

[446] Propos recueillis par Angèle Thamar Dzama Atangana, *in Le communal*, n° 11, janvier/février/mars 2007, édition spéciale 30e anniversaire, p. 62.

[447] Article L 1 du LPF « Toute personne physique ou morale assujettie en sa qualité de redevable légal au paiement d'un impôt, droit ou taxe en vertu des dispositions du Code général des impôts, est tenue de souscrire une demande aux fins d'immatriculation auprès du service des impôts territorialement compétent, dans les quinze jours qui suivent le début de ses activités, et de joindre à sa demande un plan de localisation. Un numéro identifiant unique est attribué à titre définitif par la Direction générale des impôts après certification de la localisation effective du contribuable [...]. Ces obligations déclaratives s'appliquent également aux salariés des secteurs public et privé, ainsi qu'aux contribuables étrangers qui effectuent au Cameroun des activités économiques sans y avoir un siège [...]. Article L 1 bis «(1) : Le Numéro Identifiant Unique est obligatoirement porté sur tout document matérialisant les transactions économiques. (2) Il est requis par les personnes morales, publiques ou privées, lors des paiements qu'elles effectuent ou, en tant que de besoin, pour toutes autres opérations, matérielles ou immatérielles. Article L 2 : « Toute personne physique ou morale assujettie en sa qualité de redevable légal au paiement d'un impôt, droit ou taxe, ou désignée pour procéder à des retenues d'impôts à la source en vertu des dispositions légales ou réglementaires est tenue de souscrire des déclarations selon le modèle fourni par l'administration fiscale camerounaise, accompagnées des documents annexes obligatoires dans les délais prévus par la loi [...] ».

[448] Le Livre des procédures fiscales prévoit, en son article L 3 l'envoi d'une lettre de relance valant mise en demeure à tout contribuable qui s'abstient de notamment souscrire à une demande aux fins d'immatriculation, mais la traçabilité d'un contribuable non connu par l'Administration ne relève-t-elle pas d'un leurre ?

une perte de ressources pour les collectivités territoriales décentralisées, d'autant plus que les (louables) enquêtes cadastrales prévues aux articles 145 et 146 de la loi de 2009 portant fiscalité locale [449] sont loin d'être systématisées.

Déjà évoqué, l'autre facteur est que si la majorité des contribuables relève du régime de l'impôt libératoire, il n'en demeure pas moins que le rendement de cet impôt — duquel la TDL est censée tirer des ressources — est paradoxalement faible. Peut-on raisonnablement, au vu de ce qui précède, voir en la TDL un instrument efficace de mobilisation des recettes destinées à favoriser le développement local ?

Notons, pour finir, que les redevables de la taxe de développement local la paient au service des impôts compétent en même temps que l'impôt principal (impôt sur le revenu des personnes physiques, impôt libératoire ou patente)[450], l'article 60 de la loi du 15 décembre 2009 ayant pour sa part posé le principe suivant lequel « l'assiette, l'émission, le recouvrement, les délais, les sanctions, les poursuites et le contentieux de la taxe de développement local suivent les procédures applicables aux impôts et droits sur lesquels elle est assise »[451].

Une autre innovation de la loi de 2009 a consisté à transformer d'anciennes taxes communales indirectes en taxes communales.

---

[449] Il est nécessaire de revenir sur la teneur de ces dispositions déjà évoquées (voir chapitre premier, à la première section consacrée aux *sources de la fiscalité locale camerounaise*). Article 145 : « (1) En vue de la maîtrise de l'assiette fiscale et en rapport avec les communes de localisation, les administrations et organismes du secteur, ainsi que l'administration fiscale organisent, sur la base d'une cartographie, des enquêtes juridiques et physiques sur les parcelles, les constructions, les occupants et les activités qui s'y rapportent. (2) Ces opérations encore appelées "enquêtes cadastrales" sont organisées suivant des modalités prévues par voie réglementaire. (3) À l'occasion des enquêtes cadastrales, l'administration fiscale peut se faire présenter les originaux et emporter copie de titre de propriété, de permis de bâtir, de patente ou d'impôt libératoire, ainsi que des actes de mutation de propriété et de jouissance relatifs aux immeubles assujettis aux différents impôts et taxes sur le foncier, l'immobilier et les activités. (4) À la suite des opérations d'enquêtes cadastrales, il est mis en place un Système d'Information Géographique (SIG) à usage fiscal et un fichier de contribuables partagés par les services fiscaux de l'État et les communes. (5) Un recensement fiscal est organisé dans les trois (3) mois qui précèdent le début de chaque exercice en vue de la mise à jour du fichier fiscal susvisé. (6) Les opérations d'enquêtes cadastrales sont organisées tous les cinq ans […] ». Article 146 : « (1) Chaque enquête cadastrale donne lieu à la mise à jour d'un plan et à l'annotation d'une fiche d'enquête conjointement signée par les enquêteurs et par le propriétaire ou son représentant. (2) Mention est faite de son refus de signer. (3) L'enquête cadastrale donne lieu à une notification d'impôts locaux dus et dont les faits générateurs sont constatés ».

[450] Voir l'article 59 de la loi du 15 décembre 2009 précitée.

[451] Voir la circulaire n°005/MINFI/DGI/LC/L du 31 décembre 2010, précisant les modalités d'application des dispositions fiscales de la loi n° 2010/015 du 21 décembre 2010 portant loi de finances de la République du Cameroun pour l'exercice 2011, précitée.

§ II. Les autres taxes communales, tradition et modernité

Les autres taxes communales sont constituées de taxes nées de la transformation d'anciennes taxes indirectes (A) et de l'instauration de nouvelles qui, bien entendu, emportent création d'une nouvelle structure des taxes communales (B).

A. LES TAXES COMMUNALES, FISCALITÉ INDIRECTE

La loi du 5 décembre 1974 distinguait les taxes communales directes[452] d'avec les taxes communales indirectes[453]. Les premières — censées[454] être des rémunérations pour service rendu exclusivement — étaient celles que le conseil municipal pouvait instituer, et dont le produit était recouvré en même temps que les impôts sur rôle[455]. Lorsque « le conseil municipal pouvait voter au profit du budget communal des droits et taxes dont les taux maxima et les modalités de recouvrement étaient fixés par décret », l'on se trouvait alors en présence de taxes dites taxes communales indirectes »[456]. Rappelons que sous la loi du 15 décembre 2009 les anciennes appellations — taxes communales directes et taxes communales indirectes — sont devenues des « taxes communales », un ensemble de droits et taxes que le conseil municipal peut voter au profit du budget de la commune.

La loi de 2009 a conservé une certaine parité pour ce qui est du nombre de taxes communales reconduites et nouvellement instituées. Comme déjà

---

[452] Voir l'article 96 de la loi du 5 décembre 1974 portant organisation communale : ces taxes se présentaient sous forme de redevances forfaitaires annuelles, exigibles des habitants d'une agglomération. Elles pouvaient être instituées par les communes en vue d'assurer l'exploitation d'un service technique ou d'un établissement public (article 1er du décret n° 80/017 du 15 janvier 1980 fixant les taux maxima des taxes communales directes). Elles étaient constituées de la taxe d'eau (perçue dans les agglomérations où existaient des fontaines ou des points d'eau communs et dans les agglomérations où la commune supportait les frais d'adduction d'eau), la taxe d'éclairage (perçue dans les agglomérations où la commune supportait des frais d'éclairage des rues et autres lieux publics ou lorsqu'elle faisait entreprendre des travaux pour l'éclairage de tels lieux), la taxe d'enlèvement des ordures ménagères, la taxe de fonctionnement des ambulances municipales (redevance forfaitaire annuelle exigible des habitants d'une commune assurant un service gratuit d'ambulance), et la taxe d'électrification (perçue lorsque la commune produisait l'électricité utilisée dans l'agglomération).

[453] Voir l'article 98 de la loi de 1974 précitée. Cette disposition visait la taxe d'abattage ; la taxe d'inspection sanitaire ; les droits de fourrière ; les droits de place sur les marchés ; les droits sur les permis de bâtir ; les droits d'occupation temporaire de la voie publique ; les droits d'occupation des parcs de stationnement ; la taxe de stationnement ; la taxe sur les spectacles ; les droits de stade ; la taxe sur la publicité ; la taxe sur les lots urbains non mis en valeur ; les droits de timbre ; les redevances pour dégradation de chaussée ; la taxe de transhumance ; la taxe de transit ; la taxe douanière municipale.

[454] La nomenclature budgétaire les faisait apparaître sous la rubrique *ressources fiscales*, mais elles pouvaient à la fois être vues comme des redevances destinées à couvrir les services que la collectivité rendait à la population, et comme un impôt car le corollaire de la taxe due n'était pas aisément discernable.

[455] Voir l'article 96 de la loi du 5 décembre 1974. Précité.

[456] *Idem.*

indiqué, elle a procédé par fusion (l'ensemble des taxes communales directes qui avaient été instaurées par la loi de 1974 ont été fusionnées en une *taxe de développement local*, par suppression de certaines taxes communales indirectes (cas de la taxe sur les lots urbains non mis en valeur, de la taxe d'inspection sanitaire et de la taxe douanière municipale) et par ajout de nouvelles taxes communales transformées ou créées. Ainsi, par exemple, l'ancienne « taxe d'abattage » s'est-elle transformée en *taxe d'abattage du bétail,* que les anciens « droits sur les permis de bâtir » sont devenus des *droits sur les permis de bâtir ou d'implanter*, que les « droits de timbre » ont été remplacés par des *droits de timbre communaux*, tandis que la « taxe de transit » et la « taxe de transhumance » ont fusionné pour créer une *taxe communale de transit et de transhumance.*

Les dispositions applicables aux anciennes taxes communales ont fait l'objet d'une reconduction en 2009 et ont, pour la plupart d'entre elles, fait l'objet d'aménagements destinés notamment à tenir compte de certaines évolutions, et à donner davantage de complétude et de lisibilité aux dispositions de 1974. On peut, citer l'exemple de l'article 107 de la loi de 1974, article qui traite de la taxe de stationnement en ces termes : « La taxe de stationnement est due par les exploitants des véhicules destinés aux transports publics urbains.

La commune doit, en contrepartie du paiement de cette taxe, aménager des emplacements appropriés notamment aux points de rassemblement de personnes, tels que les gares, bureaux, usines et marchés ».

Suite à la réforme de 2009, la taxe de stationnement relève désormais des articles 94, 95 et 96 de la nouvelle loi. Aux termes de l'article 94, « (1) La taxe de stationnement est due par tout véhicule utilisé pour le transport urbain de personnes exclusivement dans les villes et agglomérations où les municipalités ont mis à disposition des aires de stationnement ou aménagé un plan de circulation.

(2) La commune doit, en contrepartie du paiement de cette taxe, aménager des aires destinées au stationnement notamment au voisinage des bureaux, des usines ou des marchés ».

Dans le prolongement de cette disposition, l'article 95 de la loi de 2009 dispose que « Les taux maxima trimestriels de la taxe de stationnement sont fixés comme suit :

- motos-taxis 3000 F ;
- taxis 10 000 F ;
- autobus 15 000 F ».

L'article 96, dernier article traitant de la taxe de stationnement, dispose quant à lui que « (1) la taxe de stationnement est payée dans les quinze jours qui suivent le début de chaque trimestre dans la commune où le transporteur est domicilié. Le domicile est déterminé par le titre de patente ou de l'impôt libératoire.

(2) Le paiement de la taxe de stationnement est effectué contre délivrance d'une vignette présentée sur le modèle de la vignette automobile.

(3) Toutes contrefaçons et toutes ventes frauduleuses des vignettes de la taxe de stationnement ou du document en tenant lieu, constaté par procès-verbal verbal entraîne la mise en fourrière du véhicule sans préjudice du paiement du principal de la taxe ».

L'exemple de la taxe de stationnement n'est pas un cas isolé ; outre les taxes nouvellement instituées ci-dessus mentionnées, le législateur de 2009 a procédé à des aménagements des dispositions relatives à bon nombre d'autres taxes. Il en va ainsi des dispositions de l'article 101 (loi de 1974) relatif aux droits de fourrière. Sous la bannière de l'article 78 de la loi de 2009, ces dispositions se sont enrichies de points supplémentaires (taux des droits de fourrière, autorité en charge du recouvrement de ceux-ci, vente aux enchères d'animaux, véhicules ou objets non réclamés après mise en demeure au terme d'un délai de 30 jours de fourrière). Il en va également ainsi de l'article 102 de la loi de 1974 dont la nouvelle formulation, plus prolixe, relève désormais des articles 80 à 86, lesquels apportent d'utiles précisions sur : les redevables de droits fixes ou de droits journaliers, l'autorité en charge des tarifs, les modalités d'attribution des boutiques, le taux des loyers et les sanctions en cas de loyer impayé, le montant d'un droit de place journalier, etc.

B. LA CRÉATION DE NOUVELLES TAXES, VERS UNE AUTRE STRUCTURE DES TAXES COMMUNALES AU CAMEROUN

Notons, pour mémoire, que de nouvelles taxes ont été créées par la loi du 15 décembre 2009, à savoir : la taxe communale sur le bétail ; la taxe d'hygiène et de salubrité (elle remplace l'ancienne taxe d'inspection sanitaire qui était perçue par la même collectivité au titre du contrôle exercé par les services vétérinaires sur le bétail, les viandes et les conserves d'origine animale destinée à la consommation du public ; cette dernière était payée par les bouchers ou propriétaires de ces denrées et bétail) ; le ticket de quai, la taxe sur le transport des produits de carrière et, enfin, la taxe sur les produits de récupération.

S'agissant de la structure actuelle des taxes communales, celle-ci apparaît clairement dans les dispositions du Code général des impôts et à l'article 62 de la loi du 15 décembre 2009 :

« Les taxes communales comprennent : la taxe d'abattage du bétail ; la taxe communale sur le bétail ; la taxe sur les armes à feu ; la taxe d'hygiène et de salubrité ; les droits de fourrière ; les droits de place sur les marchés ; les droits sur les permis de bâtir ou d'implanter; les droits d'occupation temporaire de la voie publique ; la taxe de stationnement ; les droits d'occupation des parcs de stationnement ; les tickets de quai ; la taxe sur les spectacles ; les droits de stade ; la taxe sur la publicité ; le droit de timbre communal ; la redevance pour dégradation de la chaussée ; la taxe communale de transit ou de transhumance (fusion de l'ancienne taxe de transhumance et de l'ancienne taxe de transit) ; la taxe sur le transport des produits de carrière ; les droits de parkings ; la taxe sur les produits de récupération ».

Tableau 5 : Structure actuelle des taxes communales
(taxe de développement local non comprise)

Dénomination de la taxe communale	Redevables	Fait générateur	Dispositions relatives aux taux
Taxe d'abattage du bétail	Boucher	Bétail tué dans les abattoirs aménagés ou gérés par la commune	Article C 64 du CGI (article 64 de la loi du 15 décembre 2009)
Taxe communale sur bétail	Propriétaire/détenteur de bovidés à raison du nombre possédé	Propriété ou détention de bovidés	Article C 69 du CGI (article 69 de la loi du 15 décembre 2009)
Taxe sur les armes à feu	Détenteur d'une arme à feu	Détention d'une arme à feu	Article C 73 du CGI (article 73 de la loi du 15 décembre 2009)
Taxe d'hygiène et de salubrité	Commerçant	Contrôle des denrées alimentaires et des immeubles à usage commercial et industriel	Article C 77 du CGI (article 77 de la loi du 15 décembre 2009)
Droits de fourrière	Propriétaires d'animaux et d'objets divers	Animaux en divagation récupérés, véhicules et objets trouvés sans gardien ou en infraction	Article C 79 du CGI (article 79 de la loi du 15 décembre 2009)
Droits de place sur les marchés	Commerçants réguliers et vendeurs occasionnels	Occupation d'une place dans tout marché du ressort territorial d'une commune	Articles C 83 et C 84 du CGI (article 83 et 84 de la loi du 15 décembre 2009)
Droits sur le permis de bâtir ou d'implanter	Constructeur (immeubles)	Toute construction élevée au chef-lieu de la commune ou dans les agglomérations ayant un plan d'urbanisme approuvé	Article C 88 du CGI (article 88 de la loi du 15 décembre 2009)
Droits d'occupation temporaire de la voie publique	Occupants et usagers de la voie publique ou de ses emprises	Occupation de la voie publique ou de ses emprises par des dépôts de matériaux (sable, pierre, bois, etc)	Article C 93 du CGI (article 93 de la loi du 15 décembre 2009)
Taxe de stationnement	Propriétaire de véhicule	Possession d'un véhicule utilisé pour le transport urbain des personnes dans les villes et agglomérations dotés d'aires de stationnement ou de plans de circulation	Article C 95 du CGI (article 95 de la loi du 15 décembre 2009)
Droits d'occupation des parcs de stationnement	Exploitants de véhicules destinés au transport public des marchandises et des personnes (cars, camions, camionnettes et autobus	Occupation des parcs de stationnement dans les espaces aménagés par la commune	Article C 98 du CGI (article 98 de la loi du 15 décembre 2009)
Ticket de quai	Usager	Embarquement dans une gare routière ou dans un débarcadère municipal aménagé	Article C 99 du CGI (article 99 de la loi du 15 décembre 2009)

Dénomination de la taxe communale	Redevables	Fait générateur	Dispositions relatives aux taux
Taxe sur les spectacles	Organisateurs habituels ou occasionnels de spectacles	Organisation de réjouissances organisées habituellement ou occasionnellement dans un but lucratif	Article C 101 du CGI (article 101 de la loi du 15 décembre 2009)
Droits de stade	Organisateurs de manifestations sportives ou de réjouissances populaires sur le territoire de la commune	Manifestations sportives ou réjouissances populaires lorsque l'entrée au stade n'est pas gratuite	Article C 102 du CGI (article 102 de la loi du 15 décembre 2009)
Taxe sur la publicité	Annonceurs publicitaires	Publicité locale sur les panneaux-réclames, calicots et enseignes lumineuses, véhicules avec ou sans diffuseur, sonorisation des magasins, affichages, oriflammes.	Article C 103 du CGI (article 103 de la loi du 15 décembre 2009)
Droit de timbre communal	Usagers des services communaux	Copie ou extrait d'état civil, légalisation ou certification matérielle de signature ou de document, procuration, etc.	Article C 104 du CGI (article 104 de la loi du 15 décembre 2009)
Redevance pour dégradation de la chaussée	Concessionnaires, entrepreneurs, utilisateurs d'engins non munis de pneumatiques	Détérioration, terrassements, canalisations et autres dégradations de la chaussée	Article C 106 du CGI (article 106 de la loi du 15 décembre 2009)
Taxe communale de transit ou de transhumance	Propriétaire ou convoyeur de bétail en provenance des États limitrophes	Séjour de plus de 15 jours sur le territoire de la commune	Article C 107 du CGI (Article 107 de la loi du 15 décembre 2009)
Taxe sur le transport des produits de carrières	Propriétaire des véhicules de transport des produits de carrière autre que ceux de l'exploitant	Transport des produits de carrières	Article C 109 du CGI (article 109 de la loi du 15 décembre 2009)
Droits d'occupation des parkings	Usager	Occupation par des véhicules privés des parkings ou aménagés ou matérialisés par la commune	Article C 112 du CGI (article 112 de la loi du 15 décembre 2009)
Taxe sur les produits de récupération	Récupérateur	Récupération des produits en provenance des forêts non communales et non communautaires	Article C 113 du CGI (article 113 de la loi du 15 décembre 2009)

Source : Code général des impôts et loi du 15 décembre 2009 portant fiscalité locale, traitement auteur

Conclusion du premier titre

L'empreinte française de l'organisation administrative et de la fiscalité en général est très visible au Cameroun, si bien qu'il est difficile de voir en la coutume de ce pays une source de la fiscalité locale. Cette matière a été implantée au Cameroun par l'ancienne puissance tutélaire, et ses transformations (généralement inspirées de celles de l'ancienne Métropole) semblent être le meilleur reflet de son extranéité, ce qui semble ôter tout relent de fiscalité aux pratiques ancestrales de jadis, des pratiques qui n'ont pas disparu pour la plupart, et qui subsistent de nos jours en marge de la fiscalité *stricto sensu*. Force est de constater que la loi n° 74/23 du 5 décembre 1974 portant organisation communale reste la clé de voûte de la fiscalité locale camerounaise, une discipline dont les sources se prêtent progressivement à la sous-régionalisation, et ce à la faveur de la CEMAC.

La fiscalité locale du Cameroun s'ouvrant à de nombreuses sources dynamiques tant au plan interne qu'externe, il est très probable — au vu de la tendance[457] observée — que le pays s'achemine vers une prolifération de textes, le risque étant que soit assise une matière plutôt illisible, incohérente, ineffective, inaccessible, et donc inefficiente. Peut-être convient-il — comme en France et en guise de remède — de recourir à la codification, afin de faciliter une connaissance des règles éparses et diverses par leur origine, en les regroupant formellement[458]. Le problème n'en serait pas pour autant résolu puisque « [...] la frénésie administrative et mandarinale aidant, on observe aujourd'hui [en France] un pullulement de codes s'ajoutant au pullulement des

---

[457] La loi de n° 2009/019 du 15 décembre 2009 portant fiscalité locale et la circulaire conjointe n° 0002335/MINATD/MINFI du 20 octobre 2010 en précisant les modalités d'application ont, à ce jour, été suivies de décrets, circulaires et instructions administratives - décret n° 2011/1731/PM du 18 juillet 2011 fixant les modalités de centralisation, de répartition et de reversement du produit des impôts soumis à péréquation ; circulaire 0002646/MINATD/DCTD du 12 novembre 2010 relative à la préparation des budgets communaux de l'exercice 2011 ; instruction conjointe n° 0000079 /IC/MINATD/MINFI du 10 janvier 2012 relative à la tenue de la comptabilité des collectivités territoriales décentralisées, etc, auxquels s'ajoute une doctrine administrative foisonnante. Cette pratique d'appoint normatif ne se limite pas à la fiscalité locale *stricto sensu*, elle s'étend à des domaines peu ou prou connexes à cette dernière. Dans le cadre du processus de décentralisation par exemple, l'État camerounais a dû recourir à neuf décrets pour transférer dix compétences aux communes (transferts dits « de première génération). Le processus n'est qu'à ses débuts, et l'on sait que d'autres compétences annoncées seront progressivement transférées aux collectivités territoriales décentralisées. Bien entendu, ces transferts donneront aussi lieu à d'autres décrets, et de nombreux autres textes destinés à accompagner le processus continueront de se révéler nécessaires. En ce sens, A. Desbrosses indique que pour l'heure,« on peut comptabiliser 150 textes principaux de nature législative ou réglementaire concernant la mise en place du processus de décentralisation au Cameroun depuis 1996 ». Voir, A. Desbrosses, « La décentralisation au Cameroun : un goût d'inachevé », disponible sur : http://www.wikiterritorial.cnfpt.fr/xwiki/wiki/econnaissances/view/Notions-Cles/LadecentralisationauCamerounungoutdinacheve, consulté le 15/10/2014.

[458] F. Terré, *Le droit*, *op.cit.*, p. 99.

lois ». S'en tenir à « moins de textes »[459] serait, comme l'écrit François Terré, une solution pouvant efficacement pallier la profusion normative. Du fait de la pluralité de ses sources, du fait de la tendance observée à produire régulièrement des règlements administratifs, en raison aussi de son assimilation établie au système français, la fiscalité locale camerounaise s'expose au « grave phénomène d'inflation législative »[460], un « mal »[461] que l'on déplore en France depuis la fin de la IIIe République et qui s'y amplifie[462]. Étant donné que « Trop de droit tue le droit »[463], il conviendra d'opter pour une activité législatrice pertinente, mesurée, ordonnée, et assortie d'une codification des règles fiscales puisque « l'accessibilité, la compréhension, la connaissance et, par voie de conséquence, l'application »[464] s'en trouveraient facilitées.

De toutes les sources précédemment étudiées, la loi demeure le catalyseur de la fiscalité locale camerounaise. En ce sens, la loi n° 74-23 du 5 décembre 1974 portant organisation communale a fait suite à l'unification du pays, en offrant aux deux anciens États fédérés une fondation juridique commune. Cette loi a emprunté sans tamisage au cadre juridique et institutionnel français d'antan, en en gardant les lacunes les plus pernicieuses : démocratie parlementaire de façade compte tenu d'un Exécutif par trop présent en matière législative[465], décentralisation approximative et, généralement, mépris des

---

459 *Idem*, p. 101.

460 F. Terré, *Le droit*, Flammarion, 1999, p. 90.

461 En effet, « Dans un Rapport retentissant, le Conseil d'État a, en 1991, dénoncé [ce] mal. Même si à certains égards, les chiffres peuvent présenter un caractère approximatif, ils sont quand même tristement éclairants : 110 à 120 fois par an contre 80 au début de la Ve République ; près de 80 000 à 90 000 décrets réglementaires applicables ; 10 000 à 15 000 circulaires et instructions par an pour les seuls services centraux ; 21 000 règlements applicables dans la CEE. L'accumulation de ces textes est impressionnante. De source particulièrement autorisée puisqu'il s'agissait du Premier ministre, M. Michel Rocard, il résultait qu'il n'existait en 1989 pas moins de 360 000 textes applicables, dont 7235 lois. À quoi s'ajoutait un impressionnant corpus de règles communautaires. Cette information serait parcellaire, donc trompeuse, si l'on négligeait un processus impressionnant d'allongement des textes, de dispersion des sources, des formes et des lieux d'émergence des règles, décrets, arrêtés, circulaires, recommandations et avis de toutes sortes, et une dépréciation continue de l'expression juridique [...]. Se décidera-t-on un jour à étudier la part de l'inutile dans le droit ? [...]. La prolifération ne caractérise pas seulement les lois. Elle marque aussi les règlements administratifs émanant de bureaux naturellement irresponsables et qui exercent leur pouvoir d'édiction non seulement dans des terres jusque-là vierges, mais aussi là où elles sont déjà couvertes et recouvertes à une cadence impressionnante » ? Voir, F. Terré, *Le droit*, Flammarion, *op.cit.*, p. 90-91.

462 *Idem*, p. 94.

463 *Ibidem*.

464 *Ibidem*, p. 99.

465 En ce sens, se réferer à la déclaration de Patricia Ndam Njoya (député invitée de la CRTV à l'émission *Honorable* de la journaliste Céline Ngoumou en date du 17 février 2013) : « Le Parlement ne joue pas pleinement son rôle et constitue le tendon d'Achille de notre système institutionnel [...]. L'Assemblée ploie sous le poids de l'Exécutif [...]. L'action du Gouvernement n'est pas contrôlée, la plupart des 180 députés que compte le Cameroun appartiennent à la majorité présidentielle ».

principes démocratiques basiques, sans lesquelles la mise en place d'une fiscalité locale autonome et pertinente peut se révéler difficile. Elle n'en reste pas moins une fondation qui, tout en subissant de timides mutations, a vu germer autour d'elle d'autres sources qui — pour certaines d'entre elles — l'accompagnent dans la mise en place progressive du cadre juridique et institutionnel du pays.

La loi de 1974 et ses modifications subséquentes avaient progressivement planté un décor fiscal constitué de quatre impôts principaux — les CAC, la contribution des patentes, la contribution des licences, l'impôt libératoire — que complétaient des impôts et taxes divers, ainsi que quatre taxes communales directes à faible rendement[466]. L'institution et les tarifs de ces dernières étaient soumis à l'approbation préalable de l'autorité de tutelle[467]. La loi du 15 décembre 2009 est venue remplacer ces quatre taxes par une taxe unique (la taxe de développement local) dont les assujettis sont les salariés des secteurs privé et public, ainsi que les personnes assujetties à la patente et à l'impôt libératoire. L'efficacité et l'efficience de cette nouvelle taxe restent, en l'état actuel, douteuses. « Quant aux taxes communales indirectes, elles sont extrêmement variées et présentent un caractère non fiscal en ce sens qu'elles ne s'appliquent pas à toute la population locale, mais plutôt à la catégorie d'usagers du service offert. Leur régime de tarification ainsi que leur rendement ne diffèrent fondamentalement pas de celui des [anciennes] taxes communales directes »[468]. Sous la loi du 15 décembre 2009 portant fiscalité locale, les anciennes taxes directes (aujourd'hui regroupées en *taxe de développement local*) et indirectes se fondent sous l'appellation de taxes communales. Au niveau des anciennes taxes indirectes, la loi de 2009 susvisée a procédé par suppression de certaines taxes et par ajout de nouvelles, sans que cela affecte en quoi que ce soit le caractère diffus de la fiscalité locale du pays.

Peut-on objectivement envisager la question de la fiscalité des collectivités territoriales camerounaises en éludant celle de leur autonomie financière ?

---

[466] Voir, en ce sens, L. Ngono Tsimi, *L'autonomie administrative et financière des collectivités territoriales décentralisées : l'exemple du Cameroun*, thèse de droit public précitée, p. 180. Cet auteur souligne en effet que les taxes communales directes représentaient environ 6% de l'ensemble des recettes communales près d'une année après la promulgation par l'Assemblée nationale de la loi du 15 décembre 2009 portant fiscalité locale.

[467] *Idem.*

[468] *Ibidem.* Les taxes communales indirectes, selon cet auteur, représentaient quant à elles 10% seulement des recettes communales.

TITRE II

LA FISCALITÉ LOCALE CAMEROUNAISE À L'ÉPREUVE D'UNE AUTONOMIE FINANCIÈRE « COMPRIMÉE »

Dans le contexte camerounais, l'autonomie financière avait d'abord été constitutionnellement consacrée — pour une très courte durée et sans manifestation apparente dans les faits — par le premier texte constitutionnel dont s'était doté le pays au moment de son indépendance[469]. Cette notion ayant réapparu dans l'actuel dispositif constitutionnel, il peut être intéressant d'apprécier le degré d'autonomie financière des collectivités territoriales camerounaises, à la lumière des pratiques observées sous d'autres cieux.

En France, et ce jusqu'à la révision constitutionnelle du 28 mars 2003, l'autonomie financière n'avait jamais « été précisée par aucun texte constitutionnel ou légal de portée générale »[470], mais la doctrine s'est toujours attachée à lui trouver une définition.

Dans les années 70 par exemple, Pierre Lalumière avait indiqué que « [...] La définition de l'autonomie financière doit être établie à partir des *principes politiques qui ont inspiré l'œuvre de décentralisation*. Il s'agit, en effet, de reconnaître aux collectivités décentralisées un minimum de pouvoirs réels de décision dans leur gestion financière qui s'exercerait dans un cadre légal préalablement établi à l'échelon national. Trois éléments caractéristiques paraissent donc devoir être retenus : 1) les collectivités locales doivent disposer de *ressources propres* en quantité suffisante pour exercer sans difficultés financières majeures les compétences qui leur sont dévolues ; 2) les collectivités *doivent pouvoir déterminer leurs recettes et leurs dépenses* lors de l'établissement de budgets ou d'états prévisionnels ; si certaines restrictions peuvent être admises (liste de dépenses obligatoires, détermination par la loi de l'assiette des l'impôts ou cotisations), la fixation des taux de l'impôt ou de la cotisation doit leur être attribuée ; 3) ces collectivités doivent supporter un *contrôle uniquement exercé a posteriori* ; toute surveillance préalable doit être

[469] Sur ce point, voir les développements *infra*.

[470] P. Lalumière, *Les Finances publiques*, Armand colin, 1976, p. 153.

interdite sauf dans quelques cas exceptionnels légalement déterminées par la loi »[471]. Lorsque ces caractéristiques font défaut dans un organisme public doté de la personnalité morale, on est alors, selon Pierre Lalumière, en présence d'un simulacre de décentralisation[472].

Plusieurs années après cette pierre apportée par Lalumière à l'édifice de l'autonomie financière, les débats visant à donner une définition juridique à cette notion se poursuivent. On peut légitimement penser que ces débats iront en s'exacerbant car une récente décision du Conseil constitutionnel[473] vient fondamentalement remettre en cause l'idée que la majorité doctrinale se faisait de l'autonomie financière, une notion *a priori* simple mais complexe au fond.

Pourtant, au-delà des débats scientifiques, l'adjectif *autonome* peut être clairement défini ; il vient, selon le petit Robert du grec, *autonomos* : autrement dit, « qui se gouverne par ses propres lois », « qui se détermine selon des règles librement choisies ». Tout en énumérant les termes antagoniques à cette notion (dépendant, assujetti, soumis, subordonné, sujet et vassal), le petit Robert précise que *l'autonomie*, autrement dit « le droit de se gouverner par ses propres lois » suppose, dans le cadre de la décentralisation, une autonomie financière se traduisant par une « gestion financière indépendante »[474].

Cette définition ne peut qu'aider sur le terrain de la fiscalité locale : on peut en déduire que toute forme de dépendance, d'assujettissement ou de soumission — fut-elle financière ou administrative — d'une collectivité locale vis-à-vis de l'État central ou d'une autre collectivité emporte absence d'autonomie. Ce raisonnement est certes simpliste mais éclairant. En effet, d'où vient-il que cette notion d'une clarté d'eau de roche apparaisse juridiquement indéfinissable ? Serait-elle vraiment une « réalité complexe »[475] de par sa nature, ou une réalité délibérément complexifiée pour éviter que les collectivités locales ne jouissent d'une véritable autonomie financière ? Qui, de la doctrine ou du Conseil constitutionnel français adopte une approche plus objective de ce qu'il faut entendre par autonomie financière ? En quoi les exemples étrangers d'autonomie financière diffèrent-ils du modèle français ? Qu'en est-il finalement du modèle camerounais d'autonomie financière ?

---

[471] *Idem.*

[472] *Ibidem*, p. 153-154.

[473] Il s'agit de la décision n°2009-599 DC du 29 décembre 2009, loi de finances pour 2010, considérant 94 (à voir *infra*).

[474] Le petit Robert, édition 1977, p. 136.

[475] Voir V. Dussart, *L'autonomie financière des pouvoirs publics constitutionnels*, thèse, Université de Lille 2, CNRS éditions, 2000, Paris, p. 13-15, *in L'autonomie financière des collectivités territoriales en droit français*, ouvrage de L. Tartour, *op.cit.*, p. 3.

CHAPITRE I

L'AUTONOMIE FINANCIÈRE, UNE NOTION POLYMORPHE ET À GÉOMÉTRIE VARIABLE

La notion d'autonomie financière renvoie à un phénomène de similitude (l'appellation largement partagée) et de différences (les pratiques observées ici et là). L'expression autonomie financière ne veut en effet pas dire la même chose, selon que l'on se trouve dans un État fédéral (Allemagne, Belgique, Autriche), dans un État régionalisé (Italie, Espagne), ou dans un État unitaire décentralisé (France, Grande-Bretagne)[476], encore que, à l'exemple de ces deux derniers, et en dehors de toute considération liée au modèle d'autonomie dont peut bénéficier un État, des divergences préalables peuvent être notées entre pays selon le type d'État.

Pour une meilleure compréhension des développements qui vont suivre, il faut noter que des différences sont à relever entre État fédéral et État à autonomies régionales . En ce sens, des travaux[477] comme ceux du Centre

---

[476] À titre de rappel, la Grande-Bretagne est constituée de l'Angleterre, de l'Écosse et du Pays de Galles. On parle du Royaume-Uni lorsque s'y ajoute l'Irlande du Nord.

[477] R. Hertzog indique par exemple que « La décentralisation territoriale n'est pas le propre de l'État unitaire. Elle se retrouve dans l'État régional où les collectivités secondaires dotées de régimes différenciés viennent encore compliquer la forme de l'État. La décentralisation est aussi un dosage instable d'intégration et d'autonomie, tant sur les plans institutionnels que financiers. L'unité tient dans l'existence d'une seule autorité législative qui donnent leurs compétences moyens à l'ensemble des personnes publiques et qui a le monopole du pouvoir fiscal primaire. En outre, les agents de l'État ont un droit de contrôle sur les décisions des autorités locales et des procédures formalisées des négociations ou des moyens informels de pression réciproque permettent de coordonner les politiques entre les acteurs locaux et nationaux. La décentralisation financière, qui connaît une grande variété de modèles réels, pose plusieurs problèmes. Dans les États fédéraux et régionaux elle complique la distribution des ressources publiques et les collectivités de base y souffrent souvent de stress financier. Partout, la régulation économique est rendue plus ardue par l'autonomie des administrations locales, surtout lorsqu'une grande partie des dépenses est assurée par celles-ci. On assiste à des réformes de sens contradictoires : renforcement des garanties d'autonomie financière et extension des dotations, qui sont les plus faciles à calibrer pour compenser chez chaque collectivité des transferts de charge (compétences) et à contrôler dans leur volume total. L'originalité de la décentralisation nous semble tenir dans ce que les relations entre collectivités doivent être analysées non en termes de superposition ou hiérarchie mais plutôt de juxtaposition, avec

d'études et de prévision du ministère français de l'Intérieur intitulés « Les régions en Europe entre l'État et les collectivités territoriales » sont des plus éclairants : il en ressort en effet que les autonomies régionales ont été créées dans les États unitaires dont la structure est remise en cause, étant donné que le pouvoir législatif et le pouvoir gouvernemental sont divisés et partagés entre l'État central et les régions. Avec sa « complexité intrinsèque »[478], l'État fédéral procède quant à lui d'une union d'États et, plutôt qu'une volonté de protéger les composantes, c'est au contraire celle d'établir une puissance supérieure, capable de faire prévaloir les intérêts communs, qui est exprimée. Le statut des États fédérés ne procède pas de pouvoirs conquis sur l'État central, mais d'un abandon de souveraineté au profit de l'État fédéral, quoique la Constitution puisse affirmer symboliquement le contraire, à l'exemple de la Constitution fédérale de la Suisse (Constitution du 18 avril 1999) dont l'article 3 indique que les cantons sont souverains, et leur souveraineté n'est pas limitée par la Constitution fédérale ; ils exercent tout droit non expressément délégué à la confédération. D'autre part, l'État fédéral se caractérise par l'existence d'un double pouvoir constituant : en dehors de la Constitution fédérale, chaque membre de la fédération est doté de sa propre Constitution, qui en organise les pouvoirs publics mais contient aussi des dispositions normatives s'imposant au législateur. Ces Constitutions doivent respect à la Constitution fédérale et, en règle générale d'ailleurs à l'intégralité du droit fédéral comme c'est le cas en Allemagne et en Suisse, mais elles sont édictées par le seul pouvoir constituant, bien qu'elles doivent respecter des prescriptions minimales que fixe la Constitution fédérale. Dans les États à autonomies régionales au contraire, les régions sont régies par un statut qui doit être approuvé par le législateur national, même dans les cas où son contenu est élaboré par la région, à l'exemple de l'Espagne, où le statut de chaque communauté autonome donne lieu à une loi organique, de même que sa révision (article 147 et 152), ou encore l'exemple du Royaume-Uni où c'est la loi de Westminster qui établit les statuts d'autonomie (tel était le cas en Italie selon la Constitution de 1947 pour les régions à statut ordinaire). Cette distinction doit néanmoins être nuancée. Dans les États fédéraux le pouvoir fédéral aurait les moyens de faire échec à des constitutions qui sont contraires au droit fédéral. Par ailleurs, les statuts s'acheminent vers l'expression d'un pouvoir constituant. En Espagne, le Tribunal constitutionnel a jugé que la loi de l'État ne pouvait s'interposer entre la Constitution et les statuts des communautés autonomes,

---

partage de fonctions et de moyens spécifiques ». En outre, l'auteur précise qu'il est possible que la superposition joue en matière fiscale en donnant une fonction de péréquation à l'autorité gérant l'espace le plus vaste. Voir R. Hertzog, « À la recherche d'une théorie du système financier public complexe », *in Constitution et Finances publiques*, Economica, 2005, p. 407.

[478] *Idem,* p. 405. Selon R. Hertzog, cette complexité découle du fait qu'il y a partage entre deux niveaux des fonctions étatiques et des recettes nécessaires pour les assurer, étant précisé par le même auteur que cet état préoccupe les économistes en raison de la difficulté que crée la multiplicité des pouvoirs et des budgets à dessein d'assurer « la cohérence des politiques publiques et la régulation macroéconomique »

faisant ainsi de ceux-ci l'expression d'un droit constitutionnel dérivé ; certes, l'exigence de la loi organique pour leur introduction ou même leur révision demeure. La révision constitutionnelle italienne du 18 octobre 2001 a procédé au changement des règles : désormais, le statut de chaque région pourra être adopté par le conseil régional puis soumis à référendum régional, étant à préciser qu'il n'est plus soumis à l'approbation d'une loi nationale ; le Gouvernement peut, conformément à l'article 123, saisir la Cour constitutionnelle. À noter toutefois que chacune des régions à statut spécial demeure régie par une loi constitutionnelle.

Troisièmement, concernant les États fédéraux, la Constitution organise la participation des membres à l'exercice du pouvoir législatif : en Allemagne, le *Bundesrat* constitue une représentation des Gouvernements des *Länder* qui participe au pouvoir législatif, de même qu'à l'administration de la fédération et aux affaires de l'Union européenne (article 50). En revanche, les Constitutions des États à autonomie régionale n'ont pas organisé la participation des régions à la politique nationale. En Italie, le Sénat est élu (dans le cadre des régions) au suffrage universel direct, le nombre des sénateurs étant proportionnel à la population. Ici, la région n'est en fait qu'une circonscription électorale. En Espagne, le Sénat est la chambre de la représentation territoriale (article 69.1). Au Royaume-Uni, aucune représentation de l'Écosse n'est associée à la politique nationale, même si, pour des raisons historiques, l'Écosse reste surreprésentée à la chambre des Communes, une compensation accordée à l'Écosse au moment de l'acte d'Union en 1701. Enfin, et sans doute surtout, les États fédéraux sont fondés sur l'égalité de droit et de statut de tous les membres de la fédération, aucun membre de la fédération ne pouvant avoir des pouvoirs ou des compétences plus étendus que les autres. Au contraire, les États à autonomies régionales reposent aussi bien sur l'institutionnalisation et la garantie constitutionnelle des particularismes, ce qui fait donc tendre à la différenciation des statuts et des pouvoirs. En Italie, la Constitution distingue ainsi depuis 1947 les régions à statut spécial et les régions à statut ordinaire dont la mise en place a eu lieu, en 1970. Au Royaume-Uni, il n'y a que l'Écosse et l'Irlande du Nord qui peuvent être considérées comme des autonomies régionales. Les statuts de 1998 donnent une expression institutionnelle (y compris au Pays de Galles) à des particularismes d'ordre culturel, historique, ou politique qui les distingue finalement de l'Angleterre[479]. « Une autre distinction entre l'État fédéral et l'État à autonomies régionales porte sur la compétence relative aux régimes des collectivités locales [...]. Dans le premier, elle tend à être une compétence exclusive de la fédération, sur la base des dispositions constitutionnelles

479 Voir, *Travaux du Centre d'études et de prévision du ministère de l'Intérieur*, « Les régions en Europe entre l'État et les collectivités locales », sous la direction de G. Marcou, Éditions SIRP, 2003, n° 6, p. 20-22.

lorsqu'elles existent, tandis que dans les États à autonomies régionales il existe un partage de compétences des régions »[480].

Afin de mieux cerner la notion d'autonomie financière dans le contexte camerounais, il peut être intéressant d'avoir un regard sur la marge de manœuvre financière dont bénéficient certaines collectivités territoriales étrangères. Cette démarche peut permettre de mieux appréhender la lecture que d'autres pays ont de la notion d'autonomie financière et, partant, servir de base de réflexion dans l'intérêt de la jeune fiscalité locale camerounaise.

Au titre d'exemples étrangers, et relativement au Cameroun, on se penchera sur le cas de quatre pays : la Grande-Bretagne, l'Italie, l'Espagne, et la France.

Le cas de la Grande-Bretagne peut apparaître atypique au regard de sa spécificité (État unitaire d'apparence fédéral), mais il n'en est pas moins intéressant dans le cadre d'une analyse comparative tendant à mettre en lumière les différentes conceptions que certains pays ont de l'autonomie. En effet, « les collectivités locales britanniques[481] dépendent de plus en plus financièrement des transferts du Centre [...], un centralisme financier qui apparaît paradoxal à l'ère de la dévolution[482] [...]. Bénéficiant d'une autonomie de gestion, les collectivités locales britanniques constituent en matière de finances locales un modèle en soi qui se distingue de celui des pays dotés d'une autonomie fiscale (Italie, Espagne, [Danemark]) ou d'une autonomie budgétaire (France). La particularité de leur financement [résultant] en particulier d'une autonomie financière qui est traditionnellement faible »[483].

La Grande-Bretagne, l'Italie et l'Espagne constituent des modèles extrêmes d'autonomie financière qu'il convient d'envisager en premier (section I). Ensuite, on traitera du cas de la France, où les pratiques montrent un modèle d'autonomie intermédiaire (par opposition aux modèles britannique, italien et espagnol), celui d'une autonomie budgétaire (section II).

---

[480] *Idem.*

[481] En Grande-Bretagne, les expressions plus appropriées de « gouvernement local » (*local government*) et d' « autorités locales » (*local authorities*) sont préférablement usitées.

[482] Poursuivant dans la continuité de John Smith - Homme politique d'envergure nationale et internationale, partisan de la dévolution, ministre ayant piloté le *Scotland Bill* contre vents et marées dans les années 1976-1978 mort brutalement, en 1994 et enterré en héros national dans l'île de Barra - Tony Blair avait jeté les bases de la dévolution au Royaume-Uni à travers l'adoption (en 1998) de trois textes qui constituent l'essentiel du cadre juridique de la dévolution : le *Scotland Act*, le *Northern Ireland Act* et le *Government of Wales Act*. Cette dernière loi a opéré un transfert de certaines compétences autrefois exercées par le Centre à la nouvelle assemblée du Pays de Galles. *Cf.* W. Gilles et P. Belebenie « Les nouveaux enjeux du financement des collectivités locales britanniques », intervention au colloque *L'administration locale au Royaume-Uni et en Irlande : si loin, si proches,* 2e colloque européen OLA (*Observatory on Local Autonomy*) tenu à l'Université de Valenciennes, les 23 et 24 novembre 2012, parue en 2014, dans l'ouvrage *La régionalisation en Europe. Regards croisés*, sous la direction d'E. Cherrier et S. Guérard, paru aux éditions Bruylant en 2014.

[483] *Idem.*

SECTION I. LES MODÈLES EXTRÊMES D'AUTONOMIE

Deux sous-modèles peuvent ici être distingués : d'une part celui de l'autonomie de gestion, modèle choisi par la Grande-Bretagne (§ I) et, d'autre part, celui de l'autonomie fiscale, modèle sur lequel s'est porté le choix de l'Italie et de l'Espagne (§ II).

§ I. L'autonomie de gestion : l'exemple britannique

Le système actuel du *Local governement* (Gouvernement local) résulte, pour l'Angleterre et le Pays de Galles, du *Local Government Act* de 1972 qui a été modifié dans les années 1990 ; cette loi instaurait un système constitué de deux niveaux : le niveau supérieur des conseils de comté et le niveau inférieur des conseils de district[484].

La Grande-Bretagne se caractérise par un système d'autonomie de gestion des collectivités locales, une autonomie on ne peut plus contrainte par l'État central. En effet, « Les collectivités locales britanniques dépendent financièrement de l'État. Elles ne sont dotées ni d'une autonomie fiscale, ni d'une autonomie budgétaire. Leur pouvoir fiscal reste significativement faible et leur choix en matière de gestion demeure sous la "tutelle" de l'État. Celui-ci intervient en effet au niveau local pour mettre en place des services publics locaux efficaces qui, au demeurant, sont tenus de respecter des indicateurs de performance fixés par le centre ».[485]

Quant à l'autonomie fiscale des collectivités locales britanniques, celle-ci s'avère irrémédiablement compromise. À cet égard, Chris Himsworth souligne que : " *the amount of fiscal autonomy enjoyed by local government has been gradually eroded throughout the last century with local authorities raising 90 percent of their revenue locally in the 1900s whereas now they raise only 20 percent* "[486]. Dans le cas des collectivités locales britanniques, prélever un impôt est une chose, et pouvoir en disposer en est une autre. C'est le cas du *national non domestic rates*. Celui-ci est un impôt foncier basé sur la valeur locative des propriétés immobilières des entreprises ; son taux est fixé par l'État central et est uniforme sur tout le territoire britannique. La *national*

---

[484] A. Delcamp et J. Loughlin (dir.), *La décentralisation dans les États de l'Union européenne*, Collection « Les études », la documentation française, 2002, p. 286.

[485] *Ibidem.*

[486] C. Himsworth, "*Local Government in Scotland*", *in* A. McHarg, T. Mullen (eds.), *Public Law in Scotland*, Edinburgh, Avizandum, 2006 ; cité par David R. Martin, *in "Scottish Local Government in Age of Devolution: plus ça change*?", *Hertie school of governance-working papers*, n° 44, November 2009, p. 21, consultable sur: http://www.hertie-school.org/fileadmin/images/Downloads/working_papers/44.pdf, cité par W. Gilles et P. Belebenie *in* « Les nouveaux enjeux du financement des collectivités locales britanniques », intervention au colloque *L'administration locale au Royaume-Uni et en Irlande : si loin, si proches*, *op.cit.* Traduction de l'auteur : « Le niveau d'autonomie fiscale dont bénéficiaient les collectivités locales s'est érodé au cours du siècle dernier où les autorités locales levaient 90% de leurs recettes au niveau local alors qu'elles n'enlèvent que 20% aujourd'hui ».

domestic rates est collecté par les collectivités locales, qui doivent en reverser le produit à l'État, à charge pour ce dernier de le redistribuer aux collectivités locales en fonction de la population de leur territoire. Ces collectivités ne peuvent fixer librement le montant que d'un seul impôt local, la *council tax* [487].

Ainsi, l'obstacle majeur auquel sont confrontées les collectivités locales britanniques est, comme ci-dessus indiqué, celui d'une autonomie financière fortement contrainte par l'État. Ces collectivités dépendent financièrement de l'État, tant et si bien qu'il devient sinon impossible, du moins difficile de leur reconnaître quelque pouvoir fiscal. À preuve, [...] plusieurs dispositifs ont été adoptés pour encadrer leur pouvoir fiscal déjà très faible. Parmi les nombreux textes[488] visant à limiter ce pouvoir, on peut citer le *Rates Act* de 1984 limitant le taux d'imposition (*rate capping*) : seul le Gouvernement garde la possibilité d'augmenter l'impôt que lèvent les collectivités locales. Partant, les autorités contrevenantes s'exposent à des poursuites, à une suspension pouvant aller jusqu'à dix ans et à une amende. En outre, en dépit de l'existence incontestée de ressources financières tirées des impôts locaux[489], le financement des activités locales dépend fortement des subventions octroyées par l'État. Ce dernier subventionne les collectivités locales à plus de 75%, étant précisé que plus des deux tiers des subventions doivent être affectés à des services publics spécifiques (*ring-fenced grants*). De plus, et au regard de certains critères[490] qui sont caractéristiques d'une hausse excessive de la fiscalité, l'État se

---

[487] J. Fougerouse, *L'État régional, une nouvelle forme d'État ? Un exemple de recomposition territoriale en Europe et en France*, Bruylant, 2008, p. 223.

[488] Voir aussi la *Local Government Finance Act* de 1988 (29 juillet 1988) ou la *Local Government Finance Act* de 1992 notamment.

[489] À la vérité, un seul impôt foncier appelé *domestic rate* était levé par les autorités locales. Il était un impôt sur la propriété auquel étaient assujettis les propriétaires de biens immeubles ou, à défaut, leurs locataires si le contrat de bail prévoyait une clause en ce sens. La *Local Government Act* de 1988 remplaça le *domestic rate* par la *community charge*,ou *poll tax* dont était redevable tout adulte vivant sur le territoire d'une collectivité locale. L'actuelle *council tax* fut quant à elle instituée par la *Local Finance Government Act 1992* (cette loi avait en même temps aboli la *poll tax*) ; elle frappe 8 catégories de propriétés sur la base de leur valeur estimée. Cette taxe frappe aussi les logements occupés par au moins deux adultes en fonction de certaines situations : les logements occupés par une personne bénéficient d'un taux réduit (25%) et les ménages à faibles revenus bénéficient de dégrèvements. Le taux de la *council tax* - dont il faut rappeler qu'il est l'unique impôt local - est fixé par la collectivité locale ; il peut toutefois être plafonné par l'administration centrale par la procédure du *rate capping*, qui permet à l'État de réduire le montant de la *council tax* perçue par une collectivité dont les dépenses de fonctionnement dépassent le niveau fixé par le Gouvernement au moyen de la *Standard Spending Assessment* (c'est la jauge, le point de référence qui éclaire le Gouvernement ; la *Standard Spending Assessment* permet d'évaluer le montant de l'enveloppe financière qui permettra à une autorité locale donnée de fournir des services d'un niveau acceptable. C'est par le même procédé d'évaluation des besoins que le Gouvernement apprécie le montant de la *Revenue Support Grant (RSG)* - il s'agit de la principale dotation de fonctionnement que verse l'État aux collectivités locales pour compenser l'écart entre les besoins et les ressources locales de ces dernières - devant être versée à chaque collectivité.

[490] Il s'agit de critères fixés annuellement par l'État qui, aux yeux de ce dernier sont caractéristiques d'une hausse jugée excessive.

réserve le droit de limiter toute augmentation importante d'impôts locaux (*council tax capping*) par les collectivités »[491]. Suite aux promesses faites par le parti travailliste, en 1997, ce mécanisme généralement appelée *ratecapping* (voir *infra*) n'est plus systématiquement[492] mis en œuvre ; une modération en trompe-l'œil, en laquelle on peut voir une véritable amorce d' « autonomisation » du local susceptible de faire penser à une machine dévolutionniste bien huilée. L'épée de Damoclès n'en demeure pas moins présente, puisque la mise en œuvre de ce mécanisme est laissée à l'appréciation du Gouvernement (*reserve powers*), celui-ci restant juge des dépenses excessives.

Il est par exemple reconnu au Parlement écossais un pouvoir d'augmentation du taux de base de l'impôt sur le revenu (trois *pences* par livre sterling). Pourtant, cette ouverture à une politique fiscale plus autonome n'est qu'apparente : elle est difficile à mener puisqu'il n'est pas donné au Parlement écossais de marge de manœuvre permettant de baisser cet impôt[493]. Pour remplir les missions qui lui sont dévolues, le Parlement écossais se voit verser une dotation générale (*block grant)* par le Trésor britannique. Ce système d'allocation annuelle (calculée en fonction de la formule Barnett[494]) ne peut qu'avoir pour effet de limiter l'autonomie fiscale de ce Parlement.

L'Assemblée galloise quant à elle la possibilité d'augmenter son propre budget en diminuant ses allocations budgétaires aux collectivités locales ; mais elle ne peut, comme dans le cas de l'Écosse, augmenter le taux de référence de l'impôt[495]. « Ne disposant pas d'un pouvoir fiscal autonome, le budget du pays de Galles est presque entièrement constitué de la dotation du Trésor, un budget qui se négocie entre le Trésor à Londres et le Secrétaire d'État pour le pays de Galles. L'Assemblée — qui ne peut lever l'impôt — ne participe pas à cette négociation, mais elle est consultée à dessein de recueillir ses préférences dont il est tenu compte[496]. S'agissant de cette négociation, on peut affirmer avec Fiona-Simpkins-Spear que « cela ne devrait pas poser de problèmes

[491] Voir l'« Étude comparée n° 22 - janvier 2012 - le contrôle de la légalité des actes des collectivités territoriales » *in* site du Sénat, http://www.senat.fr/lc/lc221/lc221_mono.html, consulté le 7 novembre 2012.

[492] En 1997/1998 par exemple, 436 autorités locales avaient été soumises à la procédure du *capping* : 364 avaient respecté le plafond fixé par le Gouvernement, soit un taux de 83% ; 3 étaient au-delà du plafond, tandis que 69 étaient en dessous de celui-ci. Voir : E. Wood, « *Council Tax Capping in England* », *Research Paper*, 97/89, 16 july 1997, p. 10.

[493] Voir les *Travaux du Centre d'études et de prévision du ministère de l'intérieur*, « Les régions en Europe entre l'État et les collectivités locales », sous la direction de Gérard Marcou, *op.cit.*, p. 219.

[494] D'amples informations sur ce mécanisme et les critiques qui en sont faites sont consultables sur : http://www.assemblywales.org/11-029.pdf.

[495] Fiona Simpkins-Spear, *La dévolution en Écosse et au pays de Galles. La réinvention de la nation 1977-2007*, thèse, sous la direction de Keith Dixon, Université Lyon 2, études anglophones, 2008, p. 295.

[496] Travaux du Centre d'études et de prévision du ministère de l'Intérieur, *Les régions en Europe entre l'État et les collectivités locales*, *op.cit.*, p. 218-219.

particuliers lorsque l'Assemblée et le secrétaire d'État appartiennent à des majorités similaires, mais des conflits se profileront inévitablement dans le cas contraire. Ces conditions signifient en outre une dépendance de Londres : les décisions politiques de l'Assemblée seront naturellement limitées par les décisions budgétaires de Londres. Les arrangements financiers définis dans le *Government of Wales Act*, très centralisateurs, apparaissent donc d'emblée comme un handicap pour l'Assemblée galloise et laissent entrevoir des conflits futurs entre l'Assemblée galloise et Londres »[497].

Le rapport tutélaire entre l'État central britannique et ses collectivités locales est donc établi, comme en témoignent les nombreuses subventions (*subsidies*) souvent octroyées. À titre d'exemple, le Gouvernement britannique avait décidé d'allouer pour les années 2011-2012 et 2012-2013 une subvention supplémentaire — la *Transition Grant* — à des collectivités locales qui, autrement, auraient vu le montant de certaines de leurs ressources baisser de plus de 8,8%[498]. Au moyen de cette subvention, le Gouvernement entendait venir en aide aux collectivités locales les plus affectées financièrement par cette baisse de ressources. Cette subvention devait permettre aux collectivités locales éligibles de mieux gérer les baisses en les maintenant en deçà de 8,8%[499]. On peut aussi donner l'exemple de la *Bus Service Operators' Grant* (BSOG) par laquelle le Gouvernement subventionne les services de transport par bus, ou même les allocations de voyages concédés (*Concessionary Travel Grants*) gérées via les collectivités locales destinées à rembourser des compagnies de bus ayant transporté une certaine catégorie de passagers à prix réduit ou gratuitement (cas des personnes âgées de plus de 60 ans). Selon Louise Butcher, l'ensemble des subventions et allocations consacrées au seul transport public a connu une augmentation considérable, passant de 763 000 livres entre 1997 et 1998, pour atteindre environ 2,36 millions de livres entre 2010 et 2011, soit à peu près la moitié du chiffre d'affaires total des opérateurs de bus[500].

Cette dépendance vis-à-vis de l'État s'observe aussi au niveau des dépenses locales. Aussi, un Rapport conclut-il que « l'incidence de ces dernières sur l'ensemble de l'économie explique aussi l'interventionnisme de l'État dans les affaires financières des administrations locales »[501].

---

497 F. Simpkins-Spear, *La dévolution en Écosse et au pays de Galles. La réinvention de la nation 1977-2007*, *op.cit.*, p. 131.

498 *Cf.* W. Gilles et P. Belebenie « Les nouveaux enjeux du financement des collectivités locales britanniques », intervention au colloque *L'administration locale au Royaume-Uni et en Irlande : si loin, si* proches, *art.cit.*

499 *Idem.*

500 L. Butcher "*Buses : grants and subsidies*", disponible sur: www.uk/briefing-papers/SN01522.pdf, Consulté le 30 octobre 2012.

501 Conseil de l'Europe, Rapport préparé pour le Comité directeur des autorités locales et régionales (CDLR), « Gestion financière des collectivités locales. Le cas de la France et du Royaume-Uni », Communes et régions d'Europe, n° 50, *Les éditions du Conseil de l'Europe*, 1993, p. 99.

Depuis 1980[502], les collectivités locales doivent respecter un plan global de dépenses sous peine de voir le montant de leurs subventions réduit en cas de non-respect de ce plafond de dépenses[503]. De plus, le Gouvernement a pris ces dernières années plusieurs mesures visant à délimiter le champ d'action des collectivités territoriales. En ce sens, il faut rappeler que le Parlement a mené des opérations de privatisation de certaines entreprises locales dont les collectivités territoriales étaient propriétaires dans le domaine des transports publics ou du logement social. Ces exemples démontrent que les contraintes qui pèsent sur les collectivités locales ne reposent pas uniquement sur leurs modalités de financement, mais également sur les choix[504] opérés en matière de gestion.

Il avait été précisé qu'un enjeu important, concernant l'autonomie financière des collectivités locales britanniques, est le rôle que peut avoir l'État dans la recherche d'une plus grande efficacité des services publics locaux, la dimension financière étant, bien entendu, étroitement associée à cet objectif dans la mesure où il est question d'inciter les collectivités locales à se gérer efficacement, autrement dit à moindre coût[505].

Rappelons que « pour ce faire, les collectivités locales britanniques sont soumises au respect d'indicateurs de performance pour les services publics dont elles conservent la gestion, le *Local Goverment Act* de 1999 ayant notamment introduit la notion de "*Best value*" pour imposer aux assemblées délibérantes de garantir des services efficaces, efficients et de bonne qualité[506]. Ces assemblées doivent s'assurer que la qualité et les normes de coûts qu'elles adoptent sont consultables par le public[507]. Une fois par an au moins, elles doivent tenir leurs communautés informées des différentes actions entreprises visant à s'assurer que l'application du "*Best value principle*" a été suivie d'effet[508].

Cet intérêt pour l'optimisation de la dépense publique n'est pas une exception britannique, puisqu'il se manifeste dans de nombreuses collectivités locales d'autres pays, l'idée étant de passer d'une logique de moyens à une

---

[502] *Cf.* le *Local Government Planning and Land Act* 1980.
[503] Les sanctions prévues en cas de non-respect de l'objectif de dépenses ont été accentuées par le *Local Government Finance Act* 1982.
[504] Il convient de faire remarquer que la recherche de plus d'efficacité est souvent en filigrane, afin de permettre à l'État de peser sur les choix des collectivités locales britanniques.
[505] *Cf.* W. Gilles et P. Belebenie « Les nouveaux enjeux du financement des collectivités locales britanniques », intervention au colloque *L'administration locale au Royaume-Uni et en Irlande : si loin, si* proches, *art.cit.*
[506] R. Le Mestre, « L'administration territoriale britannique : du *local Government à la Local governance* », *Revue du droit public et de la science politique en France et à l'étranger*, n° 1, 2011.
[507] Voir l'article 208 F du *Local Government (Best Value Principles) Act* 1999.
[508] Voir l'article 208 G du *Local Government (Best Value Principles) Act* 1999.

logique de résultats, une pratique qui a toujours eu cours dans les entreprises et qui s'observe de plus en plus au niveau des États[509].

Cependant, il importe de souligner le processus particulier qui se développe en Grande-Bretagne car les indicateurs de performance seraient annuellement fixés par les différents ministères et transmis aux autorités locales à charge pour ces dernières d'élaborer des plans locaux de performance destinés à mettre en œuvre cette politique de performance. La surveillance du respect, ou non de ce plan de performance est assurée par un contrôleur de gestion habilité à recommander un amendement du plan ou à demander au secrétaire d'État chargé de l'administration locale d'ordonner à la collectivité locale « fautive » de prendre toutes les mesures nécessaires pour mieux respecter les objectifs. À défaut, la collectivité locale peut se voir retirer la gestion du service en question. Le « bâton » faisant parfois place à la « carotte », Les collectivités locales britanniques qui atteignent les objectifs fixés se voient « récompensées » car les objectifs prévus sont parfois assortis d'incitations financières[510].

Il est désormais nécessaire de réfléchir à l'efficacité et à l'opportunité du centralisme de l'État britannique parfois excessif vis-à-vis de ses collectivités

---

[509] On peut évoquer le processus qui s'est engagé en France avec l'adoption de la loi organique relative aux lois de finances du 1er août 2001. On peut également citer l'exemple du Canada où le secrétariat du Trésor du Canada (SCT) avait introduit (en 2000) la mesure du rendement, c'est-à-dire de la performance afin de « renforcer la responsabilisation et améliorer les pratiques managériales (en venant à l'appui du processus décisionnel et en permettant une meilleure allocation des ressources), mais aussi à mieux rendre compte au public et au Parlement des résultats des divers investissements. La mesure de rendement se décline en deux grandes composantes : l'architecture des activités de programme (AAP) vise à donner un aperçu des programmes gouvernementaux et de la manière par laquelle l'organisme envisage d'atteindre ses résultats stratégiques, tout en servant de base à l'élaboration d'un Cadre de mesure du rendement (CMR). Cette deuxième composante remplit une double fonction : outre lier les différentes activités et sous-activités de l'AAP « aux indicateurs de référence, aux objectifs qualitatifs et aux mesures de résultats attendus », le CMR va permettre au ministère de renseigner le Parlement et les Canadiens sur la manière dont les deniers du contribuable ont été gérés en vue de la réalisation des objectifs. Voir, OCDE, *Conduire les politiques de développement régional. Les indicateurs de performance*, 2009, consultable sur : http://browse.oecdbookshop.org/oecd/pdfs/product/4209042e.pdf, Voir W. Gilles et P. Belebenie, « Les nouveaux enjeux du financement des collectivités locales britanniques », *art.cit.*

[510] Par exemple, les *Local Public Service Agreements* (*LPSA*), Accords de services publics locaux avaient été conclus dans les années 2000 avec les autorités locales. Ces accords dits de première génération fixaient des objectifs à atteindre en intégrant des incitations : des subventions d'amorçage furent accordées dès le début à dessein de permettre aux autorités locales de disposer des financements leur permettant d'atteindre les objectifs fixés. Et toute autorité ayant réalisé au moins 60% de l'objectif flexible après trois ans reçoit pour cette performance une subvention égale à au moins 2,5% de son budget annuel net. Une seconde génération de *LPSA* avait été lancée en 2003, le changement étant la participation des collectivités locales dans le choix des objectifs et d'indicateurs pertinents. Cette participation du niveau local dans la sélection des indicateurs pertinents est louable. Mais dans la mesure où la décision finale est prise sous la supervision de l'État central, peut-on être certain que ce dernier a une parfaite maîtrise des véritables besoins des collectivités locales ?

locales, tant et si bien que l'autonomie de gestion dont bénéficient les collectivités locales du pays s'en trouve « édulcorée ». L'idée n'est pas de contester le choix du Royaume-Uni en faveur de l'autonomie de gestion plutôt que l'autonomie fiscale ou l'autonomie budgétaire. Cette décision correspond à l'histoire du pays et relève bien entendu de la souveraineté nationale. Il s'agit plutôt d'examiner comment les collectivités locales britanniques pourraient retrouver de nouvelles marges de manœuvre qui leur permettent de préserver une libre administration, au moins en ce qui concerne les dépenses[511]. On peut reconnaître que l'autonomie de gestion n'est pas incompatible avec cette liberté de dépenser qui, actuellement, apparaît relativement réduite en raison des contraintes diverses qui pèsent sur les collectivités locales britanniques comme le prouvent les développements qui précèdent. En clair, il est devenu sinon urgent, du moins nécessaire, de s'interroger sur les modalités de reprise en main par les collectivités locales britanniques du financement des services dont ils ont la charge.[512]

En octobre 2010, la *spending Review* du Gouvernement britannique avait révélé que ce dernier attribuerait des fonds supplémentaires aux collectivités locales qui décideraient de geler ou de réduire le taux de la *council tax* en 2011/2012. Dans le cadre de la « réforme du localisme »[513], le Gouvernement a aussi lancé une révision plus vaste du système de financement des conseils locaux anglais à partir de 2013/2014, l'objectif étant d'abandonner l'actuel système de dotations par clé de répartition (*government formula grant*), en le remplaçant par davantage de ressources propres reposant à la fois sur la *council tax* et la *business rates* (impôt foncier sur les entreprises) sur lequel les collectivités locales ne disposent d'aucune marge de manœuvre[514].

Les exemples italien et espagnol d'autonomie s'écartent du modèle britannique, car ils ont la particularité d'être axés sur un modèle qui privilégie l'autonomie fiscale.

§ II. L'autonomie fiscale : les exemples italien et espagnol

En Italie, la question de l'autonomie fiscale renvoie à un État unitaire tourné vers le fédéralisme fiscal (A). En Espagne, cette question renvoie à un État dont le choix semble s'être porté sur un fédéralisme fiscal asymétrique (B).

---

[511] Sur ce point, voir W. Gilles et P. Belebenie *in* « Les nouveaux enjeux du financement des collectivités locales britanniques », *art.cit.*

[512] *Ibidem.*

[513] Dexia, « Finances publiques territoriales dans l'Union européenne », disponible sur : http://www.dexia-creditlocal.fr/collectivites-locales/expertise/europe-international/Documents/Note%20finances%20publiques%20territoriales%20UE%202010/fin_pub_ue2010.pdf, consulté le 20 février 2014.

[514] *Ibidem.*

A. L'ITALIE : UN ÉTAT UNITAIRE TOURNÉ VERS LE FÉDÉRALISME FISCAL

L'Italie est certes constituée d' « entités autonomes dotées de leurs propres statuts, pouvoirs et fonctions »[515], mais sa Constitution la proclame « une et indivisible »[516]. Le découpage territorial de ce pays révèle désormais[517] quatre niveaux de collectivités qui, par ordre ascendant, sont les communes (*comuni*), les provinces (*province*), les villes métropolitaines (*città metropolitane*) et les régions (*regioni*). Le pays compte 5 régions à statut spécial (créées entre 1946 et 1948), et 15 régions à statut ordinaires créées en 1970. La région demeure la collectivité locale « maîtresse », en ce qu'elle est le principal champ d'action de la politique locale italienne (elle a plus de pouvoirs que les communes et les provinces, sur lesquelles elle exerce un certain pouvoir hiérarchique).

Nonobstant sa forme unitaire, le choix de l'Italie s'est porté sur le « fédéralisme fiscal » ; la traduction littérale de ce vocable correspond à l'expression anglo-saxonne *fiscal federalism*, qui ne fait pourtant pas l'unanimité aussi bien parmi les économistes étrangers que français, et les juristes : « fédéralisme financier », « fédéralisme budgétaire », « décentralisation financière » ou « finances publiques fédératives » sont autant de vocables usités [518]. En France, comme en Italie, la notion d'autonomie financière est attachée au principe d'autonomie locale ; mais dans ce dernier pays, « la promotion du pouvoir fiscal des régions est beaucoup plus nette, et elle est antérieure à la révision constitutionnelle du 18 octobre 2001 » [519]. En effet, l'autonomie financière était déjà inscrite dans la Constitution italienne de 1947, mais elle a connu une application « molle » du fait d'une lente mise en œuvre de la régionalisation, une situation qui rendait difficile la mise en place concomitante d'une fiscalité locale. Les régions bénéficiaient surtout des dotations étatiques, mais ce système a commencé à être réformé entre les années 90 et 2000. Il y a d'abord eu les transferts de compétences du début des années 90 : alors que les régions à statut spécial se voyaient transférer des compétences au moment de leur création, en 1948, les régions à statut ordinaire créées en 1970 ne se sont vues transférer de réelles

---

[515] Article 114 de la Constitution italienne.

[516] Article 5 de la Constitution italienne : « La République, une et indivisible, reconnaît et favorise les autonomies locales ; elle met en œuvre la plus large décentralisation administrative dans les services qui dépendent de l'État ; elle harmonise les principes et les méthodes de sa législation avec les exigences de l'autonomie et de la décentralisation ».

[517] L'article 114 de la Constitution italienne change effectivement le décor précédent en créant les *città metropolitane* ou « villes métropolitaines ». Ces dernières sont, avec les communes, les provinces et les régions, des « collectivités autonomes ayant des statuts, des pouvoirs et des fonctions qui leur sont propres ».

[518] J. Fougerouse, *L'État régional, une nouvelle forme d'État ? Un exemple de recomposition territoriale en Europe et en France*, *op.cit.* p. 202.

[519] *Travaux du Centre d'études et de prévision du ministère de l'Intérieur*, « Les régions en Europe entre l'État et les collectivités locales », sous la direction de G. Marcou, *op.cit.*, p. 93. On se doit de préciser que cette révision portait sur le titre V de la seconde partie de cette Constitution, titre consacré aux collectivités locales.

compétences que pendant les années 90 comme, par exemple, en matière de santé en 1995 ou de transport public en 1996). Ensuite, la réforme Bassanini[520] lancée en 1997 a été l'étape la plus marquante du processus de décentralisation ; outre qu'elle mettait en avant le principe de subsidiarité, cette réforme avait entraîné un transfert de nouvelles compétences aux régions, à l'instar de l'aménagement du territoire et de la protection de l'environnement, du réseau local routier, de la formation professionnelle, etc. De même, d'importantes mesures financières et fiscales destinées à accroître leur autonomie avaient été prises : baisse graduelle des subventions étatiques jusque-là accordées, création d'un impôt régional sur les activités productives aux régions, et création d'un fonds de péréquation pour venir en aide aux régions les plus faibles financièrement[521]. À partir de 1999, de nouveaux impôts ont été accordés aux régions, à l'instar de la *imposta regionale sulle attitivà produttive (IRAP)*[522] *ou impôt régional sur les activités productives*, et de la surtaxe (*addizionale*) sur l'impôt sur le revenu (IRPEF) ; dans le même temps, on assiste à la suppression d'une douzaine d'impôts nationaux et locaux[523].

Aux niveaux provincial et communal, la baisse des subventions de l'État en faveur d'une augmentation des recettes fiscales n'a pas été sans impact. Par exemple, l'ICI (impôt communal sur les constructions) créé en 1992/1993 avait constitué une première étape importante de l'autonomie fiscale. Cet « impôt est calculé à partir des valeurs cadastrales des bâtiments, et chaque collectivité en fixe le taux, à l'intérieur d'une fourchette de 0,4 à 0,7 pour mille ; depuis 1997, elles peuvent moduler ce taux selon leur quartier, en fonction du taux d'équipement en services publics »[524].

La révision constitutionnelle de 2001 — elle porte sur le titre V de la Constitution consacré aux collectivités locales — opère un partage du pouvoir normatif entre l'État et les régions : tout en énumérant les compétences exclusives de l'État, ainsi que les compétences législatives concurrentes,

---

[520] Loi Bassanini n° 59 du 15 mars 1997. À titre de rappel, Bassinini était le ministre de la Fonction publique et des Affaires régionales de l'époque.

[521] Dexia, *Local Finance in the fifteen countries of the European Union*, second edition, 2002, p. 195.

[522] Créé par décret législatif n° 46 de 1997, cet impôt fut d'abord considéré comme un impôt régional par la Cour constitutionnelle (arrêt n° 138 du 22 avril 1999). Depuis la révision de l'article 119, la Cour Constitutionnelle l'a requalifié d'impôt d'État (voir arrêt n° 296 du 26 septembre 2003) : « Le fait que l'impôt a été institué par une loi étatique et qu'on a expressément attribué aux régions à statut ordinaire, bénéficiaires de l'impôt, une compétence de nature simplement exécutive, rend évident que cet impôt - malgré sa dénomination – ne peut être considéré comme un "impôt propre de la région" dans le sens que cette expression a acquis aujourd'hui à l'article 119 alinéa 2 de la Constitution », voir, S. Schmitt « Droit constitutionnel comparé », « Les garanties constitutionnelles de l'autonomie financière des collectivités territoriales françaises et des régions italiennes », *Revue française de droit constitutionnel* 3/ 2006 (n° 67), p. 651-667 . URL : www.cairn.info/revue-francaise-de-droit-constitutionnel-2006-3-page-651.htm. DOI : 10.3917/rfdc.067.0651

[523] Dexia, *Local Finance in the fifteen countries of the European Union, op. cit.*, p. 202.

[524] J. Blanc, *Finances locales comparées*, LGDJ, 2002, p. 59.

l'article 117 de la Constitution italienne pose en principe que « les régions exercent le pouvoir législatif dans toute matière non expressément réservée à la compétence législative de l'État [...]. Dans les matières de compétence législative exclusive, le pouvoir réglementaire appartient à l'État sauf délégation aux régions ». Ces régions disposent en outre d'une forte autonomie statutaire qui leur permet de définir elles-mêmes leur organisation. Les régions coordonnent l'activité de toutes les collectivités locales de leur ressort territorial ; elles se chargent aussi de répartir certaines compétences entre elles et les autres collectivités locales.

Concernant les finances locales italiennes, celles-ci sont régies par l'article 119 de la Constitution. Les dispositions de ce texte garantissent à l'ensemble des collectivités locales du pays une couverture financière pour l'ensemble les compétences exercées. Cet article prévoit que : « Les communes, les provinces, les métropoles et les régions disposent de l'autonomie financière en matière de ressources et de dépenses.

Les communes, les provinces, les métropoles et les régions disposent de ressources autonomes. Elles établissent leurs impôts et affectent leurs ressources propres, dans le respect de la constitution et des principes de coordination des finances publiques et de l'impôt. Elles jouissent pour partie du revenu des impôts d'État attachés à leur territoire.

La loi nationale crée un fonds de péréquation, sans obligation de destination, pour les territoires ayant une faible capacité fiscale par habitant.

Les recettes tirées des sources citées aux alinéas précédents permettent aux communes, aux provinces, aux métropoles et aux régions de financer intégralement les fonctions publiques qui leur sont attribuées.

Pour promouvoir le développement économique, la cohésion et la solidarité sociale, pour supprimer les déséquilibres économiques et sociaux, pour favoriser l'exercice effectif des droits de la personne ou pour atteindre des buts différents de l'exercice normal de leurs fonctions, l'État attribue des ressources supplémentaires et intervient spécialement en faveur de communes, de provinces et de régions déterminées.

Les communes, les provinces, les métropoles et les régions ont un patrimoine propre attribué selon les principes généraux déterminés par la loi de l'État. Elles ne peuvent recourir à l'endettement que pour financer des dépenses d'investissement. Toute garantie de l'État sur leurs emprunts est exclue ».

Les finances locales sont réparties en trois grands postes : les ressources propres[525], l'endettement[526], auxquels s'ajoutent les transferts[527] émanant de

---

[525] « Les ressources propres recouvrent des recettes fiscales et des revenus non fiscaux. L'imposition infranationale (43% des revenus) est constituée d'impôts ayant une base régionale propre, mais dont les paramètres par rapport à l'assiette sont déterminés par l'administration centrale. Les régions tirent ainsi 50% de leurs recettes fiscales de l'IRAP (*imposta regionale sulle attitivà produttive*), impôt régional sur la valeur ajoutée des sociétés. À l'échelle locale, les provinces tirent leurs recettes de la taxation des assurances automobiles (47,5% du total) et des transcriptions (27,7% du total) et les communes des impôts locaux et des taxes sur l'élimination

l'administration centrale. Un panorama, fût-il bref, de la répartition des dépenses et des recettes (voir ci-dessous) révèle un déséquilibre important au cœur du fédéralisme fiscal transalpin : « la faiblesse de l'autonomie financière des échelons locaux au regard des compétences (postes et dépenses) qui leur incombent. En 2011, les ressources propres des collectivités ne représentent en effet que 50% de leurs dépenses, situation qui place la décentralisation italienne en contradiction avec la lettre de la Constitution (qui inscrit l'autonomie financière comme un objectif constitutionnel) et avec des principes fondamentaux du fédéralisme fiscal, celui de maintenir un certain équilibre entre les dépenses et les recettes transférées. À ce titre, la faible autonomie financière des collectivités italiennes place l'Italie loin derrière les

---

des déchets urbains (respectivement 58% et 22,7% du total).Second volet des ressources propres, les revenus non-fiscaux (moins de 10% des revenus) recouvrent les bénéfices des entreprises publiques détenues par les collectivités, les redevances (dont celles sur les véhicules ou la collecte des ordures), ainsi que les tickets modérateurs appliqués sur certains soins de santé », voir : A. Lemangnen, « Fédéralisme fiscal : l'Italie à la croisée des chemins ». Voir, Natixis, *Flash Économie*, n° 120, 2013, p. 5-6.
Il convient d'ajouter que la notion de ressources propres a été définie de manière restrictive en Italie. Ici, « l'ancien article 119 C. reconnaissait aux régions l'attribution de "ressources propres", bien que celles-ci fussent déterminées par les lois de l'État. Le nouvel article 119 C. reprend la notion dans un sens désormais différent. D'une part, l'attribution de ces ressources est étendue aux collectivités territoriales ; d'autre part, la Cour constitutionnelle considère que la notion de ressources propres suppose l'exercice du pouvoir fiscal par les régions. C'est pourquoi la notion d'impôt propre régional doit être appliqué "aux seuls impôts institués par les régions avec leurs propres lois, dans le respect des principes de coordination avec le système étatique" » : S. Schmitt « Droit constitutionnel comparé », « Les garanties constitutionnelles de l'autonomie financière des collectivités territoriales françaises et des régions italiennes », *Revue française de droit constitutionnel* 3/ 2006 (n° 67), *op. cit.*

[526] « L'endettement représente ensuite une part réduite du revenu infranational. Constitutionnellement tenues d'équilibrer leurs finances, les collectivités sont en effet contraintes à limiter leur endettement au financement de leurs dépenses d'investissement. La Constitution interdit par ailleurs toute garantie de la dette locale par l'État central [voir article 119, *supra*]. Si bien qu'au final, en dépit du poids important des collectivités dans l'investissement public, l'endettement ne représente que 2% du revenu infranational en 2011. La dette des collectivités qui compte pour 6,5% de la dette publique (7,5% du PIB) demeure en conséquence soutenue à la moyenne Européenne [...]. Elle est essentiellement composée de crédits bancaires (58% de la dette des régions et 76% de celle des provinces et municipalités), l'émission des titres ne représentant que 32% de la dette des régions et 22% de celle des provinces et communes ». Sur ce point, voir, A. Lemangnen, *in* « Fédéralisme fiscal : l'Italie à la croisée des chemins », *op.cit*, p. 6.

[527] « Les transferts de l'administration centrale constituent enfin la source essentielle de revenu des collectivités locales (46% des recettes en 2011). Ils recouvrent des transferts fiscaux (79% du total) et des transferts courants et en capital (21%). Les premiers correspondent au reversement par l'administration centrale des recettes liées au partage fiscal, collectées par le *Tesoro*. Ces recettes correspondent aux surtaxes régionales et municipales (*addizionale*) sur l'IRPEF, au partage de la TVA nationale, ainsi qu'aux surtaxes appliquées sur les produits pétroliers et la consommation d'énergie. Les transferts courants et en capital visent ensuite à véhiculer des ressources vers les collectivités disposant d'une capacité fiscale moindre, en vue de garantir la présence d'une offre de services publics comparable sur l'ensemble du territoire national ». *Idem*, p. 7.

principaux États fédéraux (Autriche, Allemagne, Suisse), quasi fédéraux (Espagne), unitaires très décentralisés (Suède et Finlande), voire certains États unitaires faiblement décentralisés (France, Portugal). Cette tendance est aussi marquée en terme d'autonomie fiscale : la part des recettes fiscales dans les recettes des collectivités locales demeure en Italie inférieure à celle de la France, le différentiel avec les États fédéraux et quasi fédéraux étant (logiquement) bien plus marqué »[528].

Ce déséquilibre est dû à deux facteurs : d'abord, les collectivités n'ont aucun véritable levier sur leurs ressources (celles-ci relèvent de la politique budgétaire dont la définition incombe conjointement au Gouvernement et au Parlement), le second facteur relevant quant à lui de la péréquation à l'italienne qui, au lieu d'encourager à la discipline budgétaire, pousse les collectivités à encourir de gros déficits *ex post* pour obtenir plus de dotations *ex ante*[529].

Pour Alan Lemangnen qui voit en l'Italie « un fédéralisme sans État fédéral » [530], deux raisons expliquent la faiblesse de l'autonomie des collectivités italiennes : d'abord, l'augmentation rapide des recettes fiscales du fait notamment de la réforme Bassinini lancée en 1997, laquelle s'est accompagnée d'une érosion progressive des revenus non fiscaux entraînée par les vagues de privatisations qui ont fini par affecter les budgets des collectivités (les régions par exemple), « si bien qu'au final l'élargissement de l'autonomie fiscale des collectivités ne s'est pas traduit par celui de l'autonomie financière. Ensuite, les gains d'autonomie n'ont pas débouché sur une véritable indépendance fiscale. Le partage fiscal implique en effet qu'une part substantielle des recettes fiscales infranationales est reversée sous forme de transferts aux collectivités locales. Ces dernières ne disposent dès lors d'aucun levier sur ces revenus fiscaux puisqu'ils sont collectés par l'administration centrale, laquelle fixe en outre les modalités du partage de l'assiette. La situation se veut par ailleurs similaire pour les impôts disposant

---

[528] *Ibidem*, p. 7.
[529] *Ibidem*, p. 8.
[530] Pour A. Lemangnen, la non-représentation des collectivités locales italiennes au sein du Parlement constitue le nœud du problème de l'autonomie financière du secteur infranational italien. Il est, selon lui, un trait caractéristique, et même surprenant du fédéralisme fiscal italien puisqu'il existe une chambre haute (le Sénat) qui, au même titre que la Chambre basse (la Chambre des députés), représente le peuple et non les collectivités locales. Selon lui encore, « en dépit des compétences substantielles qui leur sont conférées en termes de dépenses, [ces collectivités] ne disposent d'aucun pouvoir sur le processus budgétaire, lequel détermine pourtant une part essentielle de leurs ressources. L'Italie se positionne donc à contre-courant des États fédéraux européens, lesquels disposent tous d'une chambre haute (le *Bundesrat* en Allemagne et en Autriche, le Conseil des États en Suisse ou encore le Sénat en Belgique). C'est fort de ce constat qu'il pense que l'Italie pourrait constituer un « fédéralisme sans État fédéral », autrement dit, un modèle institutionnel qui confère aux échelons locaux la responsabilité d'une part importante de la dépense publique, alors qu'elles ne sont pas intégrées au processus déterminant la répartition des revenus. Voir A. Lemangnen, « Fédéralisme fiscal : l'Italie à la croisée des chemins », Natixis, *Flash Économie*, *op.cit.*, p. 9.

d'une base locale, car bien que le Gouvernement local en collecte lui-même les produits, les assiettes et les taux demeurent déterminés à l'échelle nationale lors de l'adoption du budget par le Parlement, au sein duquel les collectivités locales ne sont pas représentées »[531].

En outre, on note un déséquilibre entre les recettes et les dépenses des collectivités, ces dernières progressant à un rythme supérieur à celui de l'État central et à celui des revenus ; en conséquence, les collectivités, et particulièrement les régions, ont vu s'accroître leur dépendance aux transferts courants afin de boucler leurs budgets, « ce qui a renversé la tendance aux gains d'autonomie financière observée depuis le début des années 1980 [...] ». L'augmentation des dépenses infranationales est aussi le fait du système de péréquation italien exclusivement vertical, c'est-à-dire de l'État central vers les collectivités locales. En effet, les transferts ne sont soumis à aucune condition (leur objet est général et sans affectation spécifique). L'affectation des transferts reçus par les collectivités reste à la discrétion de ces dernières, l'État ne pouvant pas, dans ces conditions, influencer la politique locale *via* le mécanisme de péréquation[532]. Il est certain que celui-ci contribue à mettre fin au déséquilibre entre les ressources et les dépenses des collectivités locales, mais il contribue paradoxalement à le maintenir : « le système de transferts en deux temps introduit en effet un élément discrétionnaire dans l'allocation des fonds, ce qui génère un système d'incitations perverses allégeant la contrainte budgétaire pesant sur les collectivités. Alors que la première dotation est budgétaire en début d'exercice et dispose d'un caractère général et obligatoire, le versement de fin d'exercice est [...] discrétionnaire et revêt un caractère unique : l'ajustement des comptes afin d'assurer l'équilibre budgétaire des collectivités, ce qui concrètement, signifie que l'obligation constitutionnelle d'équilibre budgétaire est intégralement à la charge de l'administration centrale [...]. Au final, plutôt que d'encourager la discipline budgétaire, le mécanisme actuel de péréquation incite au contraire au relâchement de la dépense locale, ce qui, dans un contexte de stagnation des ressources propres, nécessite l'octroi de transferts supplémentaires afin de boucler les budgets, dégradant d'autant l'autonomie financière des collectivités locales »[533].

La loi 42/2009 du 5 mai 2009 — modifiant l'article 119 de la Constitution et destinée à asseoir un fédéralisme fiscal — a été accueillie comme une réponse aux « faiblesses » ci-dessus mentionnées puisqu'elle a vocation (*grosso modo*) à accroître les ressources propres (s'agissant des recettes), définir des postes prioritaires dans le but d'imposer davantage de discipline budgétaire aux collectivités (s'agissant des dépenses), réformer l'actuel mécanisme de péréquation dans un sens profitable aux collectivités et, enfin, mettre fin au rôle de « gardien de l'autonomie financière » des collectivités locales qui échoit à la Cour constitutionnelle, laquelle ne manque pas de

---

[531] *Idem*, p. 8-9.
[532] *Ibidem*, p. 11.
[533] *Ibidem*, p. 13.

rappeler la survivance de l'État central[534]. Toutefois, la mise en application de cette loi-cadre reste tributaire de huit décrets d'application devant être adoptés avant 2016 ; trois décrets concernant l'attribution aux communes d'une partie des propriétés domaniales, l'élaboration d'un statut de "Rome capitale" ainsi que la définition des coûts standards ont été promulgués en 2010, tandis que quatre décrets ont été adoptés en mars et mai 2011, concernant le fédéralisme municipal, l'autonomie fiscale des régions et des provinces, le fonds de péréquation pour le Sud et le système des sanctions.

Le processus de fédéralisation fiscale touche trois niveaux administratifs, c'est-à-dire la région, la province et la commune, sachant que les temps d'accomplissement du projet d'évaluation ne sont pas les mêmes : « les régions entament un processus de convergence du coût historique à la péréquation par coût, en 2013, à achever en 2017 ; pour les communes, l'abandon progressif du coût historique se situe entre 2011 et 2015 alors que celui des provinces entre 2012 et 2017 »[535].

Pour l'heure, « les finances locales [restant] encore pour la plupart "dérivées" de la fiscalité de l'État » (cas des parts régionales de la TVA ou de l'IRPEF), l'étendue de l'autonomie fiscale des collectivités locales italiennes s'en trouve elle-même restreinte, du moins, en attendant que l'Italie s'inscrive définitivement sur le registre du fédéralisme fiscal…

En Espagne, le processus de décentralisation — celle-ci s'accompagne de statuts d'autonomie différenciés selon les Communautés — s'appuie sur des principes constitutionnels qui garantissent le droit à l'autonomie financière[536] des Communautés autonomes en attachant du prix à l'autosuffisance financière[537] et au développement de la solidarité entre régions[538].

---

[534] En ce sens, voir sentences n° 296 du 22 septembre 2003 ; n° 241 du 8 juillet 2004, et n°2 du 9 janvier 2006.

[535] Avis de l'OCDE sur le *Fédéralisme fiscal*, cité par A. Lucarelli et M. Verpeaux (dir.) : *Régionalisme italien et régionalisme français,* L'Harmattan, 2013, p. 59.

[536] Voir l'article 140 de la Loi fondamentale : « La Constitution garantit l'autonomie des communes […] ».

[537] Voir l'article 142 de la Constitution : « Les finances locales doivent disposer de moyens suffisants pour remplir les missions que la loi attribue à chacune des collectivités ».

[538] M.-T. Deleplace, « Espagne. Accroître l'autonomie financière des Communautés autonomes en développant la solidarité entre régions : un équilibre difficile à trouver », Actualité de la veille en gestion publique, consultable sur : http://www.institut.minefi.gouv.fr/sections/recherche_publications/gestion-publique-a-l_internati/gpr/espagne-_-accroitre-l_autonomi/downloadFile/attachedFile/Reactive-Espagne-03-2010.pdf?nocache=1270547549.3, consulté le 20 février 2014.

B. L'ESPAGNE : LE DÉVELOPPEMENT D'UN FÉDÉRALISME FISCAL ASYMÉTRIQUE

Avec la Constitution du 27 décembre 1978[539], l'Espagne a engagé un processus de décentralisation qui s'accompagne de statuts d'autonomie différenciés en fonction des communautés. Le territoire espagnol se compose de 17 communautés autonomes (*comunidades autónomas*), 50 provinces (*provincias*) et 8112 communes ou municipalités (*municipios*). L'organisation territoriale de ce pays s'est faite en tenant compte de ses différences culturelles, linguistiques et historiques[540]. Ce pays « [dont] la Constitution a pour fondement l'unité indissoluble de la Nation espagnole, patrie commune et indivisible de tous les Espagnols, [en même temps qu'elle] reconnaît et garantit le droit à l'autonomie des nationalités et des régions qui la composent et la solidarité entre elles »[541] est un pays unitaire et décentralisé certes, mais à la limite d'une fédération : « Les communautés autonomes espagnoles possèdent une plus grande autonomie par rapport à une fédération », si bien que la question s'est parfois posée de savoir dans quelle catégorie pourrait rentrer l'État espagnol[542].

La Constitution espagnole du 27 décembre 1978 a consacré l'autonomie des collectivités espagnoles en leur garantissant le droit d'intervenir dans les affaires ayant un lien avec leurs intérêts, ainsi que celui de disposer de ressources financières suffisantes, c'est-à-dire de ressources à même de leur permettre d'exercer (convenablement) leurs compétences. Ainsi, l'article 149 alinéa 3 de la Constitution espagnole dispose que « Les matières qui ne sont pas attribuées expressément à l'État par la Constitution pourront incomber aux communautés autonomes conformément à leurs statuts respectifs. La compétence dans les matières qui ne sont pas assumées par les communautés autonomes appartient à l'État, dont les normes prévaudront en cas de conflit sur celles des communautés autonomes pour tout ce qui ne relève pas de la compétence exclusive de celles-ci. Le droit étatique sera, en tout cas, supplétif au droit des communautés autonomes ».

Concernant l'autonomie financière des communautés autonomes, l'article 156 de la Constitution prévoit qu'elles jouissent de l'autonomie financière pour développer et exercer leurs compétences, et ce conformément aux principes de coordination avec les finances de l'État et de solidarité entre tous les Espagnols. En outre, cette disposition prévoit en son alinéa 2 que les

---

[539] Voir, en ce sens, l'article 137 de la Constitution espagnole : « l'État, dans son organisation territoriale, se compose de communes, de provinces et des Communautés autonomes qui se constitueront. Toutes ces entités jouissent d'autonomie pour la gestion de leurs intérêts respectifs ».

[540] Dexia, *Local Finance in the fifteen countries of the European Union, op. cit.*, p. 260.

[541] Article 2 de la Constitution espagnole.

[542] Sur cette question, voir S. A. EvLiyaoglu, « La question de l'État unitaire face aux régionalisations française et italienne », *in Régionalisme italien et régionalisme français. Aspects constitutionnels, administratifs et fiscaux*, sous la direction de A. Lucarelli et Michel Verpeaux, L'Harmattan, 2012, p. 32- 38.

Communautés autonomes peuvent agir en qualité de délégués ou collaborateurs de l'État en matière de recouvrement, de gestion et de liquidation de ses ressources fiscales, conformément aux lois et aux statuts.

On doit souligner que le Pays Basque et Navarre relèvent d'un régime spécifique constitutionnellement[543] reconnu, celui des droits foraux : ces régions recouvrent et gèrent la plupart des impôts sur leur territoire ; une partie du produit de ces impôts devant être reversé à l'État sous la forme d'une subvention à un double titre : compenser les services que l'État fournit sur leur territoire d'une part, et contribuer à la solidarité[544] interrégionale d'autre part. En principe toutefois car, « bien que [le Pays Basque et Navarre] comptent parmi les régions les plus socio-économiquement développées, non seulement l'État central ne prélève quasiment aucun impôt au sein de ces deux communautés, mais elles-mêmes ne redistribuent presque aucune ressource à l'État mis à part ceux relatifs au fond de compensation interrégional. En d'autres termes, ces deux communautés paient au Gouvernement central le coût des services de l'État que celui-ci fournit au sein des territoires respectifs [...] depuis 1980, le Pays Basque et Navarre contribuent donc de moins en moins au budget du Gouvernement central mais bénéficient de fait des mêmes services de l'État sur leur territoire, se trouvant ainsi dans une situation largement privilégiée par rapport au reste des communautés autonomes »[545]

Le financement de ces dernières est régi par l'article 157 de la Loi fondamentale et par la Loi Organique de financement des Communautés Autonomes du 22 décembre 1980, la *Ley Organica de Financiacion de las Comunidades Autónomas*, (LOFCA). Ainsi, et au titre des ressources propres et diverses des communautés autonomes, l'article 157 de la Constitution prévoit qu'elles sont constituées par : les impôts cédés totalement ou partiellement par l'État; les surtaxes sur des impôts de l'État et autres participations aux recettes de celui-ci; leurs propres impôts, taxes et contributions spéciales; les transferts d'un Fonds de compensation interterritorial et d'autres assignations à la charge du budget général de l'État; les revenus provenant de leur patrimoine et des recettes de droit privé; le produit des opérations de crédit.

Aux termes de la même disposition, les communautés autonomes ne peuvent en aucun cas prendre des mesures fiscales à l'encontre de biens situés

---

[543] Voir, par exemple, dans les dispositions additionnelles de la Constitution : « La Constitution protège et respecte les droits foraux ».

[544] Afin de corriger des déséquilibres économiques interterritoriaux et de rendre effectif le principe de solidarité, un Fonds de compensation a été constitué ; ce dernier est destiné à des dépenses d'investissement dont les ressources seront réparties par les *Cortès* générales entre les Communautés autonomes et les provinces, s'il y a lieu : article 158 alinéa 2 de la Constitution.

[545] Voir E. Aja (dir.), *Informe Communidades Autónomas*, 1995, Vol. II, Barcelona, Instituto de Derecho publico, 1996, p. 511, cité par M. Petithomme, « L'État espagnol et le financement autonomique.», *Fédéralisme Régionalisme,* Volume 9 : 2009 Numéro 2 - Le fédéralisme sans l'État fédéral http://popups.ulg.ac.be/federalisme/document.php?id=831.

hors de leur territoire ou qui pourraient constituer une entrave à la libre circulation des marchandises ou des services.

Concernant ces impôts, l'article 133 de la Constitution pose en principe que la puissance originaire pour établir les impôts appartient à l'État, par la loi, mais que les Communautés autonomes et les collectivités locales peuvent, conformément à la Constitution et à la loi établir et percevoir des impôts.

Au niveau communal, l'article 60 de la loi sur les finances locales fait coexister des impôts obligatoires et des impôts facultatifs. Comme impôts obligatoires, on peut citer l'exemple de l'*impuesto sobre bienes inmuebles*, (IBI)[546], portant sur les biens immobiliers, à l'instar des constructions et de l'accroissement de la valeur des terrains urbains, celui de l'*impuesto sobre actividades económicas* sur les activités économiques, ou enfin l'*impuesto sobre vehículos de tracción mecánica* portant sur les véhicules à moteur. Et comme impôt facultatif (*imposición potestativa*), il y a lieu de citer l'*impuesto sobre construcciones, instalaciones y obras*, impôt sur les constructions, les installations et les travaux, lequel est levé en tenant compte du coût réel de la construction, de l'installation ou du travail exécuté. Comme autre impôt facultatif, on peut citer l'*impuesto sobre incremento de valor de los terrenos de naturaleza urbana*, un impôt sur la plus-value réalisée en zone urbaine dû sur toute transaction immobilière et évalué en fonction de la valeur cadastrale, en tenant compte du nombre d'années écoulées depuis la date de la dernière transaction (vente ou achat).

Au niveau des communautés autonomes, et à l'exception du Pays basque et de la Navarre qui disposent d'un système fiscal spécifique, les communautés autonomes peuvent lever l'impôt sur le revenu des personnes, appelée *impuesto sobre la renta de las personas fisicas*. Ces communautés peuvent en modifier le taux en respectant certaines limites fixées, de même qu'elles peuvent modifier la base fiscale au moyen de déductions ou de dégrèvements[547].

L'article 7.1 de la LOFCA permet à une Communauté autonome de créer des taxes pour l'utilisation de son domaine public et pour la prestation de services ou la réalisation d'activités du domaine public de sa compétence, qui se réfèrent, touchent ou profitent de manière particulière aux usagers passifs dans certaines circonstances.

Les communautés autonomes peuvent également lever des taxes complémentaires sur les jeux ou sur l'entretien des égouts et, depuis 1997, l'impôt sur le patrimoine, l'impôt sur les transmissions patrimoniales, l'impôt

---

[546] L'impôt sur les biens meubles (IBI) représente en Espagne la majorité des recettes fiscales des communes. Il est assis sur la valeur vénale, avec une distinction entre propriétés urbaines et propriétés rurales révisé tous les 10 ans. Les taux de cet impôt sont fixés à 0,4% pour les propriétés urbaines et à 0,3% pour les propriétés rurales. Les communes ont la faculté d'augmenter ces taux en respectant des plafonds croissant avec les populations : voir, J. Blanc, *Finances locales comparées*, LGDJ, 2002, p. 59.

[547] Dexia, *Local finance in the fifteen countries of the European union*, second edition, *op.cit.* p. 270, traduction de l'auteur.

sur les donations et les successions ; depuis le 1er janvier 2002, elles disposent d'une large marge de manœuvre sur les taux. Depuis lors, et dans le cadre du nouveau système de financement, les communautés autonomes bénéficient aussi du produit des recettes de la taxe sur les véhicules[548].

Par ailleurs, sur leur propre initiative, les communautés espagnoles peuvent aussi créer des taxes[549] (taxes sur les jeux, taxes sur les propriétés inoccupées, etc.).

La Constitution espagnole rappelle dans son article 138-1 que L'État garantit la réalisation effective du principe de solidarité —consacré par le même texte en son article 2 — en veillant à l'établissement d'un équilibre économique adéquat et équitable entre les diverses parties du territoire espagnol, avec une attention particulière aux spécificités propres à l'insularité. Il ressort de l'alinéa 2 de cette même disposition que les différences entre les statuts des diverses communautés autonomes ne pourront (en aucun cas) impliquer des privilèges économiques ou sociaux. Dans le même temps, l'article 158, alinéa 2 de la Loi fondamentale crée un Fonds de compensation destiné à corriger les déséquilibres économiques interterritoriaux et de rendre effectif le principe constitutionnel de solidarité. Ce Fonds a vocation à faire des dépenses d'investissement, dont les recettes seront réparties par le Parlement entre les Communautés Autonomes et les provinces, le cas échéant.

Notons qu'au-delà du constant dilemme de la conciliation entre autonomie régionale et solidarité nationale dans un contexte de fédéralisme sans État fédéral — les régions brandissent leur autonomie, et l'État central doit s'en accommoder — et dans un contexte notamment de politisation de « la question du financement autonomique » dont ni les caractéristiques ni les limites n'ont été définis, exacerbé par des revendications autonomistes, voire séparatistes (cas de la Galice, de la Catalogne, et du Pays Basque par exemple)[550], « le financement des collectivités locales est à l'origine d'un conflit avec l'État qui n'est pas encore résolu et qui a trait à la participation aux impôts d'État. La détermination par ce dernier des éléments essentiels des impôts locaux, qui impose aux collectivités locales de fixer les taux dans une fourchette donnée, entraîne, d'une part, le refus des collectivités de se considérer comme responsables du montant final de leurs impôts propres et provoque, d'autre part, le mécontentement des citoyens devant l'augmentation de la pression fiscale locale. Enfin, la concurrence entre certains aspects de la législation

---

548 *Idem.*

549 On peut citer l'un des premiers exemples en la matière, celui de la communauté d'Extramadura qui avait initié une taxe sur les banques et sur les banques d'épargne : les recettes de cette taxe dont le taux avait été fixé entre 0,3% et 0,6% du montant du dépôt finance l'investissement et le développement régional (traduction de l'auteur) : voir Dexia, *Local finance in the fifteen countries of the European union, second edition, op.cit.*, p. 270.

550 Sur l'ensemble de cette question, voir M. Petithomme, « L'État espagnol et le financement autonomique.», *Fédéralisme Régionalisme*, Volume 9 : 2009 Numéro 2 - Le fédéralisme sans l'État fédéral http://popups.ulg.ac.be/federalisme/document.php?id=831, consulté le 17 février 2014.

sectorielle et l'autonomie locale n'a pas encore été résolue par les formules de coopération existant entre administrations publiques »[551].

La loi n° 22/2009 du 18 décembre 2009 visant à réformer le régime de financement des Communautés autonomes connaît une mise en œuvre progressive et devait être pleinement effective à partir de 2011. Outre garantir un niveau minimum de prestations de services publics sur l'ensemble du territoire par la création du Fonds de suffisance globale, cette loi vise à améliorer les mécanismes de péréquation par la mise en place de deux nouveaux Fonds de convergence et à augmenter les recettes fiscales des régions. Il s'ensuit une augmentation des taux de redistribution des impôts nationaux partagés qui passent de 33% à 50% pour l'impôt sur le revenu, et la TVA de 40 à 58% pour les taxes spéciales comme les impôts sur les boissons, les hydrocarbures ou le tabac[552]. Force est de constater que la réforme des collectivités locales (compétences, financement, etc.) est toujours en préparation[553].

Il convient de se tourner à présent vers le modèle de la France, dont le choix s'est porté sur l'autonomie budgétaire, qualifiable de modèle intermédiaire.

SECTION II. LA FRANCE : LE CHOIX DE L'AUTONOMIE BUDGÉTAIRE OU L'EXPRESSION D'UN MODÈLE INTERMÉDIAIRE

En France, la doctrine s'est longuement investie à rechercher une définition de la notion d'autonomie financière, une notion qu'elle croyait peu ou prou désormais circonscrite, tout au moins dans le contexte du pays (paragraphe I). Pourtant, une décision du Conseil constitutionnel semble inviter la majorité de la doctrine « à revoir sa copie », tant et si bien que l'on est légitimement amené à se demander si la définition retenue par cet organe juridictionnel ne vide pas finalement cette notion de sa substance ; mieux, si elle mettra fin à la controverse (paragraphe II).

§ I. L'autonomie financière : la recherche d'une définition

Le principe de libre administration des collectivités territoriales a connu en France une évolution sur laquelle il n'est pas inutile de revenir brièvement. Ici,

---

551 A. Delcamp et J. Loughlin (dir.,), *La décentralisation dans les États de l'Union européenne*, collection « Les notices », La documentation française, p. 136.

552 Dexia, « Finances publiques territoriales dans l'Union européenne », consultable sur : http://www.dexia-creditlocal.fr/collectivites-locales/expertise/europe-international/Documents/Note%20finances%20publiques%20territoriales%20UE%202010/fin_pub_ue2010.pdf, *op.cit.*

553 *Idem.*

et « avant la réforme de 2003, jamais texte constitutionnel, n'a connu un quelconque principe d'autonomie financière des collectivités territoriales. Toutefois, la libre administration, introduite [par la Constitution du 27 octobre 1946], peut être assimilée à une première étape vers cette autonomie, voire à un "compromis" accordé aux collectivités [...] »[554]. Avant son érection en principe constitutionnel, la libre administration a toujours fait l'objet des revendications par les acteurs locaux, notamment lors des débats de décentralisation[555]. D'ailleurs, on avance que dans « les cités antiques, certaines collectivités, provinces, communautés ou encore sanctuaires locaux connaissaient déjà des formes de libre administration. Cette libre administration et sa "forme supérieure qu'est l'autonomie au sens grec" sont alors représentées au sein de communautés fondées sur la solidarité »[556].

La décision du Conseil Constitutionnel n° 79-104 DC du 23 mai 1979 (*Territoire de Nouvelle-Calédonie*) a reconnu valeur constitutionnelle à la libre administration des collectivités territoriales par des conseils élus, conforté en cela par l'article 72 de la Constitution du 4 octobre 1958, qui avait consacré le principe de libre administration en ces termes : « [...] Dans les conditions prévues par la loi, [les] collectivités s'administrent librement par des conseils élus et disposent d'un pouvoir réglementaire pour l'exercice de leurs compétences [...] ». Aux termes de l'article 34 de la Constitution, « la loi de fixe les règles concernant [...] la libre administration des collectivités territoriales, de leurs compétences et de leurs ressources [...] ». Se constituant protecteur du principe de libre administration, le Conseil constitutionnel avait dû préciser que : « si le législateur peut, sur le fondement des dispositions des articles 34 et 72 de la Constitution du 4 octobre 1958, assujettir les collectivités territoriales ou leurs groupements à des obligations et à des charges, c'est à la condition que celles-ci répondent à des exigences constitutionnelles ou concourent à des fins d'intérêt général, qu'elles ne méconnaissent pas la compétence propre des collectivités concernées, qu'elles n'entravent pas leur libre administration et qu'elles soient définies de façon suffisamment précise quant à leur objet et à leur portée ».[557]

Sans doute pour asseoir un pouvoir propre de gestion des recettes et des dépenses des collectivités territoriales non garanti par l'article 72 de la Constitution, le Conseil constitutionnel avait eu à se prononcer sur les recettes et dépenses desdites collectivités : les dépenses obligatoires laissées à la charge des collectivités territoriales doivent être clairement définies quant à leur objet, leur portée et leur finalité[558], tandis que toute mesure d'allègement

---

[554] L. Tartour, *L'autonomie financière des collectivités territoriales en droit français*, LGDJ, *op.cit.*, p. 162-163.
[555] *Idem.*
[556] En ce sens, voir notamment P. Lévèque, « Cité antique et libre administration », cité par L. Tartour, *op.cit.*, p. 163, l'auteur rapporte les propos du colloque sur la libre administration des collectivités locales tenu les 19 et 20 avril 1984, sous la direction de J. Moreau et G. Darcy.
[557] Conseil Constitutionnel, n° 200-436 DC, 7 décembre 2000.
[558] Conseil Constitutionnel n° 90-274 DC, 29 mai 1990.

des recettes des collectivités ne sera régulière qu'autant qu'elle donne lieu au versement d'une compensation par l'État[559]. Cette avancée n'avait pas mis fin aux revendications des élus locaux visant à faire bénéficier les collectivités territoriales d'une compensation de toute nouvelle compétence transférée et d'un certain niveau de ressources propres. Pourtant, la notion de *ressources propres* restait à définir, une définition qui emportait la question de savoir si l'octroi d'un certain niveau de ressources propres était de nature à asseoir une autonomie financière des collectivités territoriales.

Plus soucieux de parvenir à une définition de la notion de ressources propres, un Rapport de 1993 souligne que : « la plupart des auteurs s'accordent à reconnaître que pour qu'une collectivité locale soit dotée d'une réelle autonomie financière, il faut qu'elle dispose de ressources propres. Mais à la question essentielle "qu'est-ce qu'une ressource propre ?", aucune réponse précise n'est jamais apportée. Cette lacune de la part de la doctrine est d'autant plus surprenante qu'il est parfaitement possible, en se fondant sur des critères précis, de donner une définition théorique de la notion de *ressources propres* des collectivités locales »[560]. Selon ce Rapport, la notion de *ressources propres* nécessite, en premier, que soit remplie une condition d'ordre physique : il faut qu'existe un lien entre l'origine de la ressource et la collectivité locale bénéficiaire de son produit. Pour l'auteur de ce Rapport[561], une recette propre correspond à une ressource localisée, étant précisé que c'est justement cette condition de localisation qui, une fois remplie, constitue un facteur essentiel de l'autonomie financière, puisqu'elle permet d'établir une correspondance entre le territoire fiscal et le territoire électoral ; il s'instaure ainsi une relation directe entre le pouvoir démocratiquement investi du droit de prélever la ressource et celui qui la fournit (le contribuable)[562].

Mais, toujours selon le même auteur, « la notion de ressource propre suppose surtout que soit remplie une condition d'ordre juridique »[563] : il faut que les autorités locales aient une totale maîtrise sur la ressource en question ; ceci suppose que ces autorités ont le pouvoir de la créer librement, de fixer librement tous les éléments de son régime juridique tels que le champ d'application, l'assiette, le taux, et la maîtrise du recouvrement[564].

---

[559] Conseil constitutionnel n° 200-432 DC, 12 juillet 2000.

[560] Ce Rapport intitulé *Gestion financière des collectivités locales. Le cas de la France et du Royaume-Uni*, avait été commandité par le Comité directeur des autorités locales et régionales, et préparé par F. Labie, *Communes et régions d'Europe*, n° 50, Les éditions du Conseil de l'Europe, 1993, p. 29.

[561] Il s'agit de F. Labie, Expert-consultant, pour le Comité directeur des autorités locales et régionales (CDLR).

[562] *Gestion financière des collectivités locales. Le cas de la France et du Royaume-Uni*, Rapport commandité par le Comité directeur des autorités locales et régionales et préparé par F. Labie, *Communes et régions d'Europe*, n° 50, *op.cit.*, p. 29.

[563] *Idem*, p. 30.

[564] *Ibidem.*

L'auteur indique aussi que « seule une ressource dont l'existence, le montant et l'affectation dépendent exclusivement de la volonté des autorités locales, peut être qualifiée de véritable ressource propre de la collectivité locale », avant de conclure : « sur la base de cette définition théorique et si on essaye de l'appliquer aux ressources dont disposent effectivement les collectivités locales, on constate qu'il n'existe aucune ressource des budgets locaux remplissant toutes les conditions nécessaires pour être considérée comme une véritable ressource propre »[565]. Par conséquent, il semble établi qu' « il n'existe pas de définition unanimement admise de la notion de "ressources propres" »[566].

C'est probablement en réponse aux revendications des acteurs ci-avant mentionnées, mais en tout cas dans un contexte de définitions imprécises et controversées — autrement dit d'incertitudes[567] — qu'intervient la révision constitutionnelle du 28 mars 2003 ; celle-ci introduit l'article 72-2 dont l'objet est de consacrer notamment[568] le principe de l'autonomie financière des

---

565 *Ibidem.*

566 J. Fougerouse, (dir.), *L'État régional, une nouvelle forme d'État ? Un exemple de recomposition en Europe et en France*, Bruylant, 2008, p. 209.

567 Sur ces incertitudes, voir, L. Philip *in Cahiers du Conseil constitutionnel* n° 12, de mai 2002, « L'autonomie financière des collectivités territoriales ». Cet auteur indique que, « […] pendant les vingt premières années de la Cinquième République, le principe de libre administration, dont la valeur constitutionnelle elle-même n'était pas évidente, n'a débouché que sur une autonomie financière très limitée : les budgets locaux étaient soumis au contrôle de tutelle et les collectivités territoriales n'avaient pas le pouvoir de fixer elles-mêmes le taux de leurs différents impôts. C'est le législateur qui a accru leur autonomie financière en réformant la fiscalité locale avec les lois des 31 décembre 1973 et 29 juillet 1975 et en leur permettant, avec la loi du 10 janvier 1980, de fixer elles-mêmes le taux de leurs impôts. Surtout, la loi de 1982 sur la décentralisation et la suppression de la tutelle, bien que maintenant un certain contrôle préalable en matière budgétaire, a sensiblement renforcé leur autonomie financière. Cela pourrait laisser penser que l'étendue de cette autonomie dépend de la seule volonté du législateur et non de celle du constituant. En effet, ce qu'une loi a apporté, une autre peut le retirer. Le législateur serait libre de rétablir le contrôle de tutelle, de supprimer le droit des collectivités de fixer elles-mêmes le taux de leurs impôts, voire de supprimer la fiscalité locale, s'il l'estimait opportun. Le Conseil constitutionnel ne s'est jamais prononcé clairement sur ces problèmes si bien que l'on demeure dans une assez grande incertitude […] ».
Voir aussi, Laurence Tartour, *in L'autonomie financière des collectivités territoriales en droit français*, *op.cit.*, p. 5 : « […] entre 1974 et 1980, plusieurs lois réforment la fiscalité locale et renforcent ainsi l'autonomie financière des collectivités territoriales. Toutefois, en accordant aux collectivités le droit de voter le taux des impôts directs locaux, le législateur laisse apparaître une confusion quant à l'étendue de cette autonomie. Certains pourraient supposer qu'elle s'interprète comme une autonomie fiscale, alors que d'autres pourraient y voir un instrument favorisant l'autonomie de décision de gestion mais ne garantissant pas la reconnaissance d'un pouvoir fiscal local. Dès lors, non seulement la loi du 10 janvier apparaît équivoque dans sa portée mais elle constitue en quelque sorte le point de départ de nombreuses controverses sur la définition de la notion d'autonomie financière des collectivités territoriales ».

568 Le quatrième alinéa de l'article 72-2 de la Constitution opère aussi consécration constitutionnelle du principe de compensation des transferts de compétences, autrement dit, de la règle suivant laquelle tout transfert de nouvelles compétences ou leur création s'accompagne nécessairement d'une attribution de ressources équivalentes aux collectivités locales concernées.

collectivités territoriales ainsi décliné : « Les collectivités territoriales bénéficient de ressources dont elles peuvent disposer librement dans les conditions fixées par la loi. Elles peuvent recevoir tout ou partie du produit des impositions de toutes natures. La loi peut les autoriser à en fixer l'assiette et le taux dans les limites qu'elle détermine.

Les recettes fiscales et les autres ressources propres des collectivités territoriales représentent, pour chaque catégorie de collectivités une part déterminante de l'ensemble de leurs ressources. La loi organique fixe les conditions dans lesquelles cette règle est mise en œuvre.

Tout transfert de compétences entre l'État et les collectivités territoriales s'accompagne de l'attribution de ressources équivalentes à celles qui étaient consacrées à leur exercice. Toute création ou extension de compétences ayant pour conséquence d'augmenter les dépenses des collectivités territoriales est accompagnée de ressources déterminées par la loi.

La loi prévoit des dispositifs de péréquation destinés à favoriser l'égalité entre les collectivités territoriales ».

Dans sa recherche d'une définition de l'autonomie financière, Loïc Philip affirme que « La Constitution (ou la loi) reconnaît à certaines collectivités ou organismes une autonomie financière par rapport à l'État. Cela signifie que leurs dépenses et leurs recettes ne figurent pas dans la loi de finances et ne sont, par conséquent, pas soumises à l'autorisation du Parlement. Ces collectivités ou organismes ont leurs propres dépenses et recettes ; elles peuvent recourir à l'emprunt et ce sont leurs propres organes délibératifs et exécutifs qui se chargent de la préparation, du vote, de l'exécution de leurs budgets ou comptes [...][569]. En plus de la tutelle administrative qu'elle écarte implicitement et du possible recours à l'emprunt auquel elle fait référence, l'approche de Loïc Philip semble attribuer une double connotation au moins à l'autonomie financière : en premier, l'autonomie financière implique une autonomie de décision fiscale reconnue aux collectivités territoriales ; en second, l'autonomie financière implique une autonomie de décision de gestion reconnue à ces collectivités.

Plus récemment, Raymond Muzellec a quant à lui soutenu que l'autonomie financière avait trois dimensions en réalité : l'autonomie de gestion, l'autonomie budgétaire, et l'autonomie fiscale. Pour cet auteur, l'autonomie de gestion « se traduit par les marges de manœuvre dont jouissent les collectivités territoriales pour définir les modalités d'exercice de leurs compétences : gérer leur patrimoine, fixer les tarifs des services, valoriser leur trésorerie, participer au capital de sociétés privées, externaliser certaines activités ». Muzellec indique en outre que l'autonomie budgétaire « se traduit par la capacité de déterminer leurs recettes et leurs dépenses, d'affecter librement les premières », avant de préciser que l'autonomie fiscale n'est qu'une

[569] Cité par V. Dussart, *L'autonomie financière des pouvoirs publics constitutionnels*, thèse, Université de Lille 2, CNRS éditions, 2000, Paris, p. 13-15, *in L'autonomie financière des collectivités territoriales en droit français*, ouvrage de L. Tartour, *op.cit.*, p. 2.

composante de la précédente, se traduisant par la capacité de créer des taxes, de déterminer leur assiette, leur taux[570]. Même si cette interprétation est à rapprocher de celle préconisée par un avis[571] de la Commission des finances du Sénat suivant lequel l'autonomie devrait renvoyer à trois piliers cumulatifs, à savoir l'autonomie de gestion, l'autonomie budgétaire et l'autonomie fiscale, elle semble davantage proche de celle de Michel Bouvier pour qui l'autonomie financière se décline en « autonomie de décision en matière de gestion financière » d'une part, et en « autonomie de décision fiscale » [572] d'autre part.

L'expérience montre que l'autonomie financière ne s'arrache pas ; elle se concède par le pouvoir central, seul maître du jeu financier, à même de décider de la nature et du degré d'autonomie qu'il entend accorder au niveau local. En ce sens, Laurence Tartour fait remarquer que « les nombreux désaccords en matière d'interprétation et d'application de l'autonomie financière des collectivités territoriales s'expliquent en partie par le caractère éminemment politique de cette notion »[573]. Dans le même sens, Michel Bouvier rappelle qu'il est important d'organiser et d'assumer le pilotage du système en dépit de sa complexité, de gouverner autrement, notamment en réorganisant le processus de décision fiscale et du partage de l'impôt. Toutefois, ce denier auteur indique que « de fait, l'enjeu est d'essence fondamentalement politique dans la mesure où il porte sur l'organisation du pouvoir fiscal. Il est donc de taille, et pour bien en comprendre la portée, il faut avoir à l'esprit qu'avant d'être une technique juridique ou économique, la fiscalité est un fait politique majeur. L'impôt est source et symbole du pouvoir, son histoire est aussi celle de la construction du pouvoir politique, on veut dire de l'État et tout particulièrement de l'État parlementaire démocratique. C'est pourquoi il n'est pas, d'une manière générale, de pouvoir politique autonome sans pouvoir fiscal ».[574]

La notion d'autonomie financière serait-elle juridiquement indéfinissable. Et si tant est qu'elle a été définie, cette définition est-elle pour autant objective au point de faire l'unanimité ? En d'autres termes, serait-ce la fin de la controverse liée à cette notion ?

---

[570] R. Muzellec, *Finances publiques*, 14e édition, Dalloz, 2006, p.135.

[571] Voir M. Mercier, *Avis au nom de la commission des finances, relatif à l'autonomie financière des collectivités territoriales*, n°325, Sénat, 26 mai 2004, p.4-6, *in* L. Tartour, *L'autonomie financière des collectivités territoriales en droit français*, ouvrage précité, p. 181.

[572] M. Bouvier, *Les finances locales*, 15e édition, LGDJ, 2013, p. 28.

[573] L. Tartour, *L'autonomie financière des collectivités territoriales en droit français*, *op.cit.*, p. 3.

[574] *Idem*, p. 37.

§ II. L'autonomie financière définie : la fin de la controverse ?

Tout en ne consacrant que le principe de libre administration l'article 72 de la Constitution avait laissé au législateur, grâce à l'article 34[575], la liberté d'en fixer le contenu, et même de déterminer les règles applicables aux collectivités territoriales, le Conseil constitutionnel pouvant alors difficilement adopter une conception plus extensive de la libre administration, sans que cela dénature le texte en le confrontant aux autres principes constitutionnels[576]. Le seul principe de libre administration ne permettait pas d'accorder aux collectivités territoriales une protection suffisante face aux réformes qui diminuent leurs marges de manœuvre fiscale. Désormais, la réforme constitutionnelle semble faciliter un équilibre entre la tradition centralisatrice et les ambitions décentralisatrices.

Pour Laurence Tartour, « L'inscription de la décentralisation à l'article 1er de la Constitution comme "l'un des fondements de la gouvernance républicaine", et la rédaction de l'article 72-2 donnent une nouvelle légitimité aux collectivités territoriales qui se voient ainsi reconnaître par la Constitution un principe d'autonomie financière »[577] qui, du reste, était en gestation au niveau européen à travers celle plus large d'autonomie locale[578]. Le Conseil économique et social avait en effet estimé (en 2001) que l'autonomie financière constitue un des éléments essentiels de l'autonomie locale et fait partie de la libre administration des collectivités territoriales que garantit l'article 72[579]. On peut souligner avec Michel Bouvier que l'article 72-2 « a pour conséquence de donner un fondement financier au principe de libre

---

[575] Article 34 de la Constitution française (extrait) : « La loi est votée par le Parlement. La loi fixe les règles concernant : [...] l'assiette, le taux et les modalités de recouvrement des impositions de toute nature [...]. La loi détermine les principes fondamentaux [...] de la libre administration des collectivités territoriales, de leurs compétences et de leurs ressources [...] ».

[576] L. Tartour, *L'autonomie financière des collectivités territoriales en droit français*, *op.cit.*, p. 174.

[577] *Idem*, p. 174-175.

[578] Sur ce point, voir les articles 3 et 9 de la Charte européenne d'autonomie locale adoptée le 15 janvier 1985, à Strasbourg : « Par autonomie locale, on entend le droit et la capacité effective pour les collectivités locales de régler et de gérer, dans le cadre de la loi, sous leur responsabilité et au profit de leurs populations, une part importante des affaires publiques (article 3) ; « Les collectivités locales ont droit, dans le cadre de la politique économique nationale, à des ressources propres suffisantes dont elles peuvent disposer librement dans l'exercice de leurs compétences. Les ressources financières des collectivités locales doivent être proportionnées aux compétences prévues par la Constitution ou la loi. Une partie au moins des ressources financières des collectivités locales doit provenir de redevances et d'impôts locaux dont elles ont le pouvoir de fixer le taux, dans les limites de la loi [...] » (article 9, extrait). La ratification de cette Charte par la France est intervenue plus de vingt ans après, avec la loi n° 2006 autorisant l'approbation de la Charte européenne de l'autonomie locale (*JORF* du 11 juillet 2006) et le décret n° 2007-679 du 3 mai 2007 portant publication de la Charte européenne de l'autonomie locale (*JORF* du 5 mai 2007).

[579] Conseil économique et social, « L'avenir de l'autonomie des collectivités locales », Rapport présenté par Pierre Brunel au nom de la Section des finances, séance du 13 juin 2001, p. 1-3

administration des collectivités territoriales, un principe d'autonomie financière reconnu par le Conseil constitutionnel »[580].

Cette autonomie financière s'est trouvée en apparence précisée par la loi organique n° 2004-758 du 29 juillet 2004 relative à l'autonomie financière des collectivités locales prise en application de l'article 72-2 de la Constitution. Tout en déterminant les faisceaux d'indices de la notion d'autonomie financière, l'article 3 de la loi de 2004 semblait apporter un éclairage sur la notion de ressources propres : « les ressources propres des collectivités territoriales sont constituées du produit des impositions de toutes natures dont la loi les autorise à fixer l'assiette, le taux ou le tarif, ou dont elle détermine, par collectivité, le taux ou le tarif, ou dont elle détermine, par collectivité, le taux ou une part locale d'assiette, des redevances pour services rendus, des produits du domaine, des participations d'urbanisme, des produits financiers et des dons et legs. Pour la catégorie des communes, les ressources propres sont augmentées du montant de celles qui, mentionnées au premier alinéa, bénéficient aux établissements publics de coopération intercommunale ».

Force est de constater que les textes de 2003 et 2004 ci-avant visés étaient censés apporter des précisions sur la notion d'autonomie financière ; mais en fait de précisions ces textes allaient ouvrir un interminable débat portant sur la véritable signification d'une notion aux composantes imprécises. Les nombreuses tentatives de définitions données au concept d'autonomie financière recèlent des critères ou des interprétations aussi variés que contrastés et divergents. Les divergences d'interprétations — elles portent essentiellement sur les termes de *ressources propres*, de *part déterminante* et de *seuil d'autonomie financière* — sont d'ailleurs apparues aux premières heures de la consécration constitutionnelle de l'autonomie financière : par exemple, « l'interprétation de l'article 72-2 donnée par la loi organique du 29 juillet 2004 et l'élargissement qu'elle fait de la notion de "ressources propres" s'éloignent considérablement de l'interprétation qu'en ont les élus locaux, et notamment l'Association des maires de France. En effet, celle-ci considère qu'"une ressource propre est exclusivement constituée par une ressource dont l'assemblée délibérante peut faire varier librement le montant, par l'assiette et/ou le taux »[581].

Il est désormais constant que la part des ressources propres, notamment des recettes fiscales, est déterminante si elle garantit la libre administration des collectivités territoriales des catégories fixées par le constituant compte tenu des compétences qui leur sont transférées, étant précisé que cette part ne peut être inférieure au niveau constaté en 2003. Jacques Buisson note que le plancher des ressources propres reste un « ratio figé, ne correspondant ni à une

---

[580] M. Bouvier, *Les Finances locales*, LGDJ, 15e édition, Paris, 2013, p. 31. L'auteur fait ici référence à la décision du Conseil constitutionnel n° 2009-599 DC du 29 décembre 2009 (*voir infra*).

[581] C. Pilone, *in La revue du Trésor*, « L'autonomie financière des collectivités locales et le juge constitutionnel », n° 10, octobre 2005, p. 518.

réalité objective ni à son évolution »[582] ; Ce ratio était alors au titre de 2003 de 60,8% pour les communes et les EPCI[583], de 56,8% pour les départements et

---

[582] J. Buisson, *Finances publiques*, éditions Dalloz, paris, 2009, p. 134. Dans le même sens, L. Tartour souligne que la volonté de figer dans le temps et de rigidifier ces ressources ne peut être pertinente, alors même que les collectivités locales évoluent dans un système complexe et fluctuant devant être appréhendé de manière souple, selon une logique intégrative.
De surcroît, et selon V. Dussart, que cite L. Tartour, le ratio d'autonomie financière ne prend pas en compte les dépenses qui sont transférées aux collectivités locales ; « en effet, il semblerait que le ratio s'améliore au fur et à mesure des différents transferts de compétences en raison des transferts de fiscalité. Or "l'accusation d'une incomplète compensation est le principal reproche porté à la politique de l'État en la matière". Au surplus, "pour être autonome financièrement, il est difficilement concevable que les collectivités territoriales n'aient pas la maîtrise de leurs dépenses. Ainsi, il rappelle qu' " il est toujours impossible de fixer une liste vraiment exhaustive des dépenses obligatoires "législative" des collectivités locales malgré la codification contenue dans le Code général des collectivités territoriales. Et que "le législateur peut compléter à son gré la liste des dépenses inscrites dans cet article [article L.2321-2 du CGCT]. Les seules limites tiennent dans le respect, par le législateur, des règles posées par le Conseil Constitutionnel, lesquelles n'ont pas avancé en termes de garanties constitutionnelles malgré la réforme de 2003". Dès lors, "l'autonomie financière est donc toujours limitée sur ce point " et en raison du lien étroit entre les dépenses obligatoires et les transferts de compétences, le professeur V. Dussart précise l'importance d'un "facteur "dépenses" dans l'équation de l'autonomie financière et, plus précisément, dans la définition des ratios, en imaginant "la création d'un ratio de dépenses obligatoires qui consisterait à comparer le volume de dépenses obligatoires par rapport au total des charges des collectivités locales" ». L. Tartour souligne, en outre, que les données qui permettent de calculer le ratio d'autonomie financière reposent uniquement sur des estimations qui seront confirmées ou infirmées l'année suivante. Et que dès lors, même si des corrections par la loi de finances suivantes restent possibles, « le respect du principe constitutionnel d'autonomie financière peut être aléatoire en raison des risques de décalage entre les prévisions et la réalité du niveau d'autonomie financière », une instabilité selon elle, en inadéquation avec un principe à valeur constitutionnelle. Voir, L. Tartour, *L'autonomie financière des collectivités territoriales en droit français*, LGDJ, *op.cit.*, p. 190.
[583] L'établissement public de coopération intercommunale (EPCI) est la forme la plus répandue de l'intercommunalité (ou coopération intercommunale), laquelle permet à des communes regroupées au sein d'un établissement de gérer en commun des équipements ou des services publics (organisation des transports, ramassage des ordures ménagères, assainissement de l'eau, etc.) et/ou d'élaborer des projets de développement économique, d'aménagement ou d'urbanisme à l'échelle d'un territoire beaucoup plus vaste que celui de la seule commune ; l'EPCI se caractérise par le principe de spécialité (il ne peut intervenir que dans le champ des compétences qui lui ont été transférées ou déléguées par les communes qu'il regroupe), et par le principe d'exclusivité (seul l'EPCI peut agir dans les domaines se rattachant aux compétences qui lui ont été déléguées). Notons qu'il existe deux formes de coopérations intercommunales : la forme associative dite sans fiscalité propre, l'intercommunalité « de gestion », essentiellement développée en zones rurales pour permettre aux communes de gérer ensemble des activités ou des services publics, et dont le financement assuré par des contributions budgétaires ou fiscalisées des communes membres, et la forme fédérative dite à fiscalité propre, l'intercommunalité dite « de projet », à vocation urbaine, qui permet aux communes de se regrouper dans le but de faire face aux grands enjeux posés par l'aménagement urbain ; elle se caractérise par l'existence de compétences obligatoires, et son financement est assuré par la fiscalité locale (taxe d'habitation, taxe foncière, contribution économique territoriale) levée par les EPCI. Voir, D. Grandguillot, *Les collectivités territoriales après la réforme*, collections « en poche », Gualiano, Lextenso éditions, 2011, p. 20.

de 39,5% pour les régions[584]. On remarque toutefois une forte évolution de ce ratio, puisqu'il est passé en 2010 de 64,7% pour les communes et les EPCI, de 68,1% pour les départements, et de 55,6% pour les régions[585].

Bien avant sa consécration constitutionnelle et plus de dix ans après celle-ci, l'autonomie financière demeure une notion à géométrie variable, tant les définitions et interprétations doctrinales sont légion[586] et discordantes ! C'est dire que la consécration constitutionnelle d'un principe est une chose, mais sa définition, et même l'application qui en est faite dans la pratique, peut être en complète rupture avec l'idée ou l'interprétation que l'on s'en faisait au départ. Ainsi, peut-il arriver qu'un principe soit consacré par le constituant, sans que ce dernier ne se doute de la difficulté qu'il y aurait plus tard — y compris pour lui-même — à l'interpréter, à défaut d'en saisir le sens réel, ce sens qui au départ semblait pourtant aller de soi. Le propos de Michel Bouvier apparaît à ce titre pertinent : « Il faut le constater : nombre de concepts des finances publiques sont aujourd'hui plus ou moins brouillés, plus ou moins flous en raison des transformations qui se sont produites dans le champ depuis au moins un quart de siècle. Ainsi, les termes qui allaient de soi ne veulent plus dire la même chose pour tous. C'est le cas notamment de la notion d'autonomie financière qui ne fait pas l'objet d'une définition unanime, et ce alors même qu'elle tient une place centrale dans les débats relatifs à la libre administration des collectivités locales »[587].

La définition n'était certes pas unanime, mais elle paraissait claire et partagée, si bien que l'on ne pouvait guère imaginer une autonomie financière sans autonomie fiscale[588] : au pire, on pouvait considérer que l'autonomie financière était constituée du diptyque autonomie de gestion/autonomie fiscale ; au mieux, on pouvait se la représenter en un triptyque, par ajout de l'autonomie budgétaire. D'un point de vue doctrinal en effet, l'autonomie financière était subordonnée au cumul de deux au moins de ces éléments.

Cependant, la décision du Conseil constitutionnel du 29 décembre 2009 est venue poser le principe suivant lequel l'autonomie financière n'est pas inclusive de l'autonomie fiscale : « Considérant [...] qu'aux termes des deux premiers alinéas de l'article 72-2 de la Constitution : " Les collectivités territoriales bénéficient de ressources dont elles peuvent disposer librement dans les conditions fixées par la loi. Elles peuvent recevoir tout ou partie du produit des impositions de toutes natures. La loi peut les autoriser à en fixer

---

[584] J. Buisson, *Finances publiques,* éditions Dalloz, ouvrage précité, p. 134.

[585] Disponible sur : http://www.exfilo.fr/autonomie-financiere-des-collectivites/.

[586] Sur des définitions et interprétations données par différents auteurs voir, par exemple, L. Tartour, *L'autonomie des collectivités territoriales en droit français, op.cit,* p. 2, ou encore, L. Ngono Tsimi, *L'autonomie administrative et financière des collectivités territoriales décentralisées : l'exemple du Cameroun, op.cit.*, p. 172-174.

[587] M. Bouvier, « Autonomie fiscale locale et libre administration des collectivités locales » *in vingt ans de finances locales : enjeux pour l'avenir, RFFP* n° 81, mars 2003, p. 27.

[588] M. Bouvier, « Autonomie financière des collectivités locales en Europe » intervention au colloque organisé par le FONDAFIP et l'AFIGESE à Paris le 27 juin 2012.

l'assiette et le taux dans les limites qu'elle détermine" ; que ces dispositions ne garantissent aucun principe d'autonomie fiscale des collectivités territoriales ; que, par suite, le grief tiré de la violation de ce principe par les dispositions contestées est inopérant [...][589].

L'autonomie fiscale n'étant plus liée à l'autonomie financière, tout au moins d'un point de vue jurisprudentiel, la question de Michel Bouvier a, dès lors, toute sa place : « sommes-nous [désormais] devant un champ de ruines ou devant un renouveau ? »[590].

Il va sans dire que cette décision du Conseil constitutionnel — qui confirme[591] le choix français de la seule autonomie budgétaire au détriment de l'autonomie de décision fiscale — est le reflet d'une France qui a du mal à se départir de sa tradition jacobine, aidé en cela par le principe de la légalité fiscale tel que posé par l'article 34 de la Constitution[592]. Cette décision a néanmoins le mérite de lever l'équivoque quant à la portée de la loi n° 80-10

[589] Conseil constitutionnel, décision n° 2009-599 DC du 29 décembre 2009, loi de finances pour 2010, Considérant 94, décision précitée.

[590] M. Bouvier, « Autonomie financière des collectivités locales en Europe », colloque précité.

[591] M. Bouvier indique en effet, qu'« une observation attentive fait apparaître que dès la révision constitutionnelle de 2003 et la loi du 29 juillet 2004 ont amené à s'interroger sur les évolutions passées et futures du pouvoir fiscal de l'État et des collectivités locales. En effet, le pouvoir fiscal local a connu une sorte d'apogée jusqu'au moment où, à partir de la seconde moitié des années 1980, les dégrèvements et exonérations en matière de fiscalité locale ont commencé à se multiplier. Certes l'État a procédé à des compensations du "manque à gagner" en résultant. Mais ces compensations, qui se sont progressivement transformées en dotations, n'ont pu masquer la décadence de l'autonomie fiscale locale. Cette évolution s'est confirmée très nettement avec la loi de finances initiale pour 2004 qui a intégré plusieurs compensations fiscales au sein d'une dotation particulièrement importante, la dotation globale de fonctionnement, et qui en un sens traduit l'accélération de l'évolution de l'impôt local vers la dotation. On assiste ainsi à une disparition, passée quasiment inaperçue, de l'impôt local. En même temps, c'est curieusement dans ce contexte de disparition progressive de la fiscalité locale qu'a été institué l'ancrage fiscal de l'autonomie financière locale. Celui-ci aurait pu faire penser que l'on assistait à un renouveau de l'autonomie fiscale locale mais ce ne fut qu'un rendez-vous manqué, une illusion. La réforme n'a constitué ni un coup d'arrêt ni une alternative au processus engagé depuis plusieurs années qui tend à réduire l'autonomie fiscale des collectivités territoriales en faisant progressivement disparaître par pans entiers les principaux impôts locaux et en leur substituant des compensations vouées à se transformer en dotations. Elle a au contraire confirmé une logique allant dans le sens d'une dissociation de l'autonomie de gestion des ressources locales et d'une autonomie fiscale perdant progressivement sa substance. [..]. Un tel constat pouvait laisser présumer que le développement de la responsabilisation fiscale - qui consisterait à garantir aux collectivités territoriales un pouvoir de décision fiscale fondé sur des impôts propres et un vote des taux, voire la détermination des règles d'assiette - constituait une direction peu probable dans la mesure où ces impôts étaient devenus de plus en plus évanescents du fait de multiples allègements fiscaux. [...] Finalement, la logique qui a été amorcée est une logique d'intégration des collectivités territoriales au sein de l'État s'appuyant implicitement sur la disparition progressive de la fiscalité locale. Or, cette direction est particulièrement difficile à emprunter car elle fait prendre le risque de retourner à la centralisation, à l'irresponsabilité voire même à la rigidité alors que la souplesse des institutions est plus que jamais nécessaire au sein d'un monde instable et fluctuant », *Les finances locales*, 15e édition, *op.cit.*, p. 35-37.

[592] Voir *supra*.

du 10 janvier 1980 portant aménagement de la fiscalité directe locale[593] : celle-ci pouvait être interprétée comme dotant les collectivités territoriales d'un pouvoir fiscal, et par là même d'une autonomie fiscale. Il n'en est rien toutefois, le modèle français d'autonomie financière se résumant en une autonomie budgétaire, non inclusive comme on l'avait un temps cru[594] de l'autonomie fiscale. Une solution inverse du Conseil constitutionnel — indiquant que l'autonomie fiscale est une composante de l'autonomie budgétaire — n'aurait rien changé dans le cas de la France, où il est maintenant établi que « la liberté fiscale des collectivités territoriales est toute relative »[595] et que l'autonomie fiscale est menacée[596], voire inexistante. C'est le constat qu'en fait Pierre Mouzet : « En l'état du droit, les collectivités n'ont donc ni la charge du recouvrement de leurs recettes fiscales, effectué en leur nom par les services de l'État, ni le pouvoir de création de l'impôt, la norme constitutionnelle ne leur permettant d'instituer sans loi [...] que des redevances pour services rendus de nature non fiscale. Le législateur ne leur a prudemment abandonné que la faculté, limitée, de remodeler quelque peu l'assiette des principaux impôts locaux par le biais d'exonérations diverses. La seule liberté fiscale réelle, depuis 1981, est celle du vote de leur taux, que la loi n° 80-10 du 10 janvier 1980 modifiée n'avait consacré qu'en l'encadrant rigoureusement. Ces mesures ont été validées par le nouvel article 72-alinéa 2, de la Constitution, issu de la révision de mars 2003, qui précise expressément

---

[593] Voir *JORF* du 11 janvier 1980, p. 72.

[594] Voir en ce sens, Raymond Muzellec, *supra*.

[595] Voir P. Mouzet, *Finances locales*, 3e édition, Gualino éditeur, Paris 2006, p. 22. Pour étayer son propos, P. Mouzet rappelle que les collectivités locales s'administrent librement certes, mais uniquement dans les conditions prévues par la loi comme le prévoit l'article 72 alinéa 3 de la Constitution. L'auteur rappelle, en outre, que l'assiette, le taux et les modalités de recouvrement des différentes impositions ressortissent du domaine de la loi tel que prévu par l'article 34 de la Constitution française.

[596] Voir, Avis du Conseil économique et social, séance du 13 juin 2001, p. I-7 : « Cette menace provient d'abord des défauts actuels des impôts locaux. La notion de valeur locative cadastrale sur laquelle sont assises la taxe d'habitation et la taxe foncière sur les propriétés bâties est complexe, établie, suivant une procédure tout aussi complexe et a peu de rapport avec la réalité du marché d'autant plus que les valeurs en vigueur aujourd'hui n'ont pas été révisées depuis 1970. Cette situation et les inégalités qu'elle engendre fragilisent de plus en plus ces deux impôts. Les dispositifs de dégrèvements mis en place ne sont que des palliatifs qui ne s'attaquent pas à la racine du mal. La taxe d'enlèvement des ordures ménagères souffre également d'être assise sur la valeur locative cadastrale mais aussi du fait de répartir suivant cette même clé la taxe entre ménages et activités, alors que les consommations réelles sont très différentes pour une même valeur locative [...]. La menace sur les impôts provient aussi des tentations de "simplifications" par amputations fiscales progressives qui, au nom de la spécialisation fiscale, s'attaquent successivement aux différentes parts territoriales des taxes locales (part départementale de la taxe d'habitation, part régionale de la taxe foncière sur les propriétés bâties [...]). Jusqu'ici, les amputations n'ont été compensées que par des dotations. Enfin, une dernière menace pour l'autonomie fiscale procède des perspectives de compensation des éventuels nouveaux transferts de compétences. Dans la mesure où les compensations seraient effectuées sous forme de dotations, la part des impôts dans les recettes totales hors emprunt reculerait [...] ».

que les collectivités territoriales peuvent en outre “recevoir tout ou partie du produit des impositions de toutes natures” »[597].

On a pu voir que pour la majorité de la doctrine, l'autonomie fiscale est un sous-ensemble de l'autonomie financière avec laquelle elles constituent le contenu d'une *notion-contenant* plus large, l'autonomie locale ; c'est dire, en clair, que l'autonomie financière n'existe pour cette partie de la doctrine qu'autant qu'elle inclut l'autonomie fiscale. Tout porte d'ailleurs à penser que la décision du Conseil constitutionnel ne déviera pas la doctrine de son œuvre d'élaboration de la « théorie de l'autonomie financière », tant elle apparaît importante. En témoigne, la proposition de la Fondation pour l'innovation politique, d'augmenter le budget des régions et leur autonomie fiscale, prenant ainsi à contre-pied le Rapport Balladur[598] suivant lequel l'autonomie fiscale, mesurée par la part des ressources fiscales propres des collectivités territoriales était, en France, développée. La Fondation pour l'innovation indique en effet que « les régions françaises n'engagent que 11, 2% des dépenses des collectivités locales (contre 28,3% pour les départements et 60,5 % pour les communes et leurs groupements) et ne perçoivent que 9% de la fiscalité locale. Elles sont plus importantes en matière de PIB et de population que bien des régions européennes, mais leur budget est souvent beaucoup plus faible. [L'argument du rapport Balladur] perd de sa portée quand on connaît la faiblesse du budget des régions françaises. En effet, dans l'absolu, leurs ressources propres sont faibles ». Partant de l'idée que la réforme professionnelle devrait faire chuter ce ratio, la Fondation estime qu'il faudrait, sur ce point revenir en arrière et élargir suffisamment la capacité des régions à lever des impôts[599], preuve que le débat qui porte sur l'autonomie financière en général et l'autonomie fiscale en particulier n'est pas près de se terminer.

Dans les textes camerounais, la notion d'autonomie financière a connu une certaine instabilité avant d'être définitivement consacrée par la Constitution de 1996. Mais la pratique montre-elle que le Cameroun s'est véritablement approprié cette notion ?

[597] *Idem*, p. 23.

[598] *Cf.* Rapport du Comité Balladur, *il est temps de décider*, mars 2009.

[599] Fondation pour l'innovation politique (Fondapol), *Innovation politique 2011*, Collection innovation politique, PUF, 2010, p. 214.

CHAPITRE II

LES VICISSITUDES DE LA CONSÉCRATION DE LA NOTION D'AUTONOMIE FINANCIÈRE AU CAMEROUN : UNE APPROPRIATION CERTAINE ?

L'autonomie financière a été constitutionnellement consacrée au lendemain de l'indépendance du Cameroun. Une consécration de façade, sans doute justifiée par l' « excuse de centralisation étatique », à une époque où il est permis de douter que le constituant camerounais maîtrisait les rudiments d'une notion qui reste encore insaisissable de nos jours. Entre atermoiements et balbutiements, l'autonomie financière a été progressivement consacrée dans les textes camerounais (section I). L'article 4 de la Constitution de 1960 (voir ci-dessous) avait certes posé les jalons d'un système décentralisé, mais le poids de la tutelle sur les finances communales témoignait d'une autonomie budgétaire confisquée, attestant par la même occasion d'un simulacre de décentralisation (section II). Le pays ayant récemment emprunté la voie de la décentralisation *stricto sensu*, il importe de s'interroger sur les éventuelles innovations induites par le corpus [600] camerounais de décentralisation, particulièrement en matière budgétaire et d'autonomie fiscale (section III).

SECTION I. UNE AUTONOMIE FINANCIÈRE PROGRESSIVEMENT CONSACRÉE PAR LES TEXTES

La consécration textuelle de la notion d'autonomie financière au Cameroun s'est faite au fil du temps, en deux phases. La première phase est marquée par un volte-face juridique au lendemain de l'indépendance : alors que

[600] Le corpus de décentralisation au Cameroun est principalement constitué de la Constitution de 1996 et des différents textes qu'elle a induits (Loi n° 2004/18 du 22 juillet fixant, les règles applicables aux communes, loi n° 2004/11 du 22 juillet 2004 fixant les règles applicables aux régions, la loi n° 2009/11 du 10 juillet 2009 portant régime financier des collectivités territoriales décentralisées, loi n°2009/19 portant fiscalité locale et les modificatifs subséquents, loi n° 2009/19 du 15 décembre 2009 portant fiscalité locale et les modificatifs subséquents, etc.).

l'autonomie financière est consacrée par la toute première Constitution du pays, elle sera remise en cause quelques mois plus tard à la faveur de la révision constitutionnelle de 1961 ; par la suite, la notion d'autonomie financière réapparaît dans la Constitution de 1972 pour demeurer « sur papier » : on est alors en présence d'une avancée en trompe-l'œil (§ I). La deuxième phase correspond quant à elle à l'ère de la décentralisation ; ici, l'autonomie financière reprend pied de manière plus ostensible dans les textes camerounais, mais elle est sujette à des balbutiements notables (§ II) tant du point de vue de sa définition que de son effectivité.

§ I. L'autonomie financière au lendemain de l'indépendance, une avancée en trompe-l'oeil

Il faut noter qu'au lendemain de son indépendance, le Cameroun semblait vouloir se défaire de la culture jacobine française en épousant la forme étatique décentralisée. En témoigne, la Constitution du 4 mars 1960 en son article 46 : « Les collectivités locales du Cameroun sont les provinces et les communes. Ces collectivités s'administrent librement par des conseils et dans les conditions prévues par la loi [...] Elles sont dotées de la personnalité morale et jouissent de l'autonomie financière [...] ». Il s'opère ainsi un processus de décentralisation à deux niveaux — la province et la commune — constitutionnellement consacré ; mais le pouvoir de l'époque « s'abstient [...] d'édicter les normes nécessaires pour rendre effectif et concret le fonctionnement de ces collectivités locales »[601], ni même celles visant à jeter la lumière sur la notion d'autonomie financière si tôt évoquée.

En tout état de cause, ces velléités décentralisatrices avaient été rapidement étouffées dans l'œuf : la Constitution de 1960 avait été de très courte durée (19 mois), la réunification du pays qui s'était faite dans l'entre-temps ayant appelé une révision de ladite Constitution. Cette révision s'est opérée par la loi constitutionnelle du 1er septembre 1961 [602], dont l'objectif avoué était d' « adapter la Constitution aux nécessités du Cameroun unifié »[603].

Contrairement à la Constitution de 1960, celle de 1961 ne fait aucune référence aux collectivités locales, pas plus qu'elle n'aborde expressément ou tacitement les concepts de décentralisation territoriale et d'autonomie financière dans ses dispositions.

Après ce « rendez-vous manqué »[604], la Constitution du 2 juin 1972 va transformer le Cameroun en un État unitaire, faisant de « l'organisation des

---

[601] P. F. Nkot, *Usages politiques du droit en Afrique. Le cas du Cameroun*, Bruylant, 2005, p. 104.

[602] Loi n° 61-24 du 1er septembre 1961 portant révision constitutionnelle et tendant à adapter la Constitution aux nécessités du Cameroun unifié.

[603] *Cf.* intitulé de la Constitution du 1er septembre 1961, *Idem.*

[604] L'expression est empruntée à M. Bouvier qui voit en la révision constitutionnelle française du 28 mars 2003 « un rendez-vous manqué », *Les finances locales*, 15e édition, *op.cit.*, p. 30.

collectivités locales »[605] et de la « création, [de l'] assiette, [et du] taux des taxes et impôts »[606] des matières ressortissant du domaine de la loi, dont l'initiative « appartient concurremment au président de la République et aux députés de l'Assemblée nationale »[607]. Au demeurant embryonnaire à cette époque, la fiscalité locale n'est pas véritablement consacrée par cette Constitution dont le préambule traite en priorité de la question de l'unité de l'ancien État fédéral en des termes non équivoques, « Le peuple camerounais, fier de sa diversité linguistique et culturelle, élément de sa personnalité nationale qu'elle contribue à enrichir, mais profondément conscient de son unité, proclame solennellement qu'il constitue une seule et même Nation [...] ». Le constituant de 1972 fait de l'unité du pays une nécessité impérieuse à préserver, en consacrant le caractère (strictement) indivisible du Cameroun dès l'article premier du texte constitutionnel[608]. D'où le constat de Maurice Kamto : « Le fédéralisme centralisé fait le lit de l'État unitaire instauré par la Constitution de 1972 et dont l'avènement sonne le glas de la décentralisation, en même temps qu'il accentue la centralisation de l'État ainsi organisé. Certes la commune demeure en tant que collectivité territoriale décentralisée. Cependant, elle étouffe sous le poids d'une tutelle écrasante, mais encore la décentralisation disparaît de l'ordonnancement constitutionnel »[609]. À la vérité, l'administration camerounaise d'alors reste (sciemment) [610] fortement centralisée dans le fond.

L'article premier de la loi du 5 décembre 1974 portant organisation communale renoue avec la décentralisation : « La commune est une collectivité publique décentralisée et une personne morale de droit public ». En fait de décentralisation, l'autonomie financière des communes camerounaises semblait garantie par l'alinéa 2 de la même disposition, puisque chacune de ces collectivités était, au regard de cette disposition, « dotée de la personnalité juridique et de l'autonomie financière ». Pas plus que dans l'éphémère Constitution de 1960, le concept d'autonomie financière n'est pas explicité dans le texte de 1974.

Il a été indiqué plus haut que la deuxième phase correspond à l'ère de la décentralisation, dont la génèse est à rechercher dans la vague de démocratisation qui avait submergé de nombreux pays de l'Afrique

---

[605] Article 20 alinéa 3 de la Constitution de 1972.
[606] *Idem*, article 20 alinéa 4.
[607] *Ibidem*, article 19.
[608] *Ibidem*, article premier alinéa 2.
[609] *Cf.* préface de M. Kamto *in* ouvrage de Jean-Claude Eko'o Akouafane, *La décentralisation administrative au Cameroun*, l'Harmattan, 2009, p. 9.
[610] Voir D. Oyono, « Un parcours vital », Yaoundé, Edi'Action, 1996, p. 175 *in* J.-C. Eko'o Akouafane, *La décentralisation administrative au Cameroun*, Harmattan, Paris, 2009, p. 14 : « Ahmadou Ahidjo dont le credo était l'unité nationale, avait bâti son système sur une hostilité à tout ce qui eût risqué de démembrer et d'affaiblir l'État ».

subsaharienne où se tinrent des conférences nationales[611], souvent destinées à limiter le pouvoir de l'Exécutif et à garantir constitutionnellement les droits et libertés. L'autonomie financière apparaîssant balbutiante à l'ère de la décentralisation, cette dernière ne peut donc être qualifiée de phase décisive…

§ II. L'autonomie financière à l'ère de la décentralisation, des balbutiements

Vingt et quatre ans après la Constitution de 1972, celle de 1996 va être à l'origine des premières (véritables) *collectivités territoriales décentralisées.* Comme précédemment indiqué, l'article 55 (alinéa 2) de la Constitution de 1996 fait de ces collectivités des personnes morales de droit public, lesquelles jouissent de l'autonomie administrative et financière, en s'administrant librement par des conseils élus dans les conditions prévus par la loi.

C'est cette dernière Constitution qui ouvre le chantier de la décentralisation au Cameroun : elle consacre les collectivités territoriales que sont les régions et les communes[612], marquant ainsi le point de départ d'une rupture d'avec le régime de la loi de 1974. D'abord sur papier, cette rupture semble s'être véritablement matérialisée avec la promulgation des lois[613] de décentralisation de juillet 2004 : ces lois déclenchent un processus de décentralisation certes timide[614], mais avéré, par opposition à l'ancienne municipalisation, [une] simple organisation administrative que beaucoup avaient qualifiée de décentralisation[615] par abus terminologique.

---

[611] La première de ces conférences dite *Conférence des Forces vives de la Nation* a eu lieu au Bénin du 19 au 28 février 1990. Le Bénin a été suivi dans cette démarche par d'autres pays en mal de gouvernance démocratique. Suivront : le Congo-Brazzaville du 25 février au 10 juin 1991 ; le Gabon du 27 mars au 19 avril ; le Togo du 10 juillet au 27 août ; le Mali du 29 juillet au 12 août 1991 ; le Niger du 29 juillet au 3 novembre 1991 ; le Zaïre du 7 août 1991 au 6 décembre 1992 ; le Tchad du 15 janvier au 7 avril 1993.

[611] Extrait du discours du Président de la République Paul Biya prononcé à l'Assemblée nationale en date du 27 juin 1991 pour manifester son opposition à la tenue d'une conférence nationale au Cameroun réclamée par l'opposition. Le choix du Président camerounais se porta en revanche sur l'organisation d'une conférence tripartite (Gouvernement- opposition -société) qui se tint du 30 octobre au 17 novembre 1991, l'objectif poursuivi étant de définir un nouveau cadre électoral (Code électoral) ainsi que les conditions d'accès des partis politiques aux médias audiovisuels (Code médiatique).

[612] Voir l'article 55, alinéa 1 de la Constitution de 1996, *supra*.

[613] *Cf.* les trois lois de décentralisation de 2004 précitées.

[614] « Pour qu'il y ait décentralisation, il faut que les affaires locales soient prises en charge par des autorités indépendantes du pouvoir central, c'est-à-dire des organes locaux qui puissent exercer leurs responsabilités sans craindre à tout moment qu'il soit mis fin à leurs fonctions, temporairement ou définitivement à la discrétion du pouvoir central. Cette garantie, en quelque sorte statutaire, constitue un préalable à l'autonomie fonctionnelle des organes non centraux », J. Baguenard, *La décentralisation*, PUF, collection « Que sais-je », 4e édition, 1994, p. 36.

[615] P. Belebenie, « Fiscalité locale : le Cameroun au défi de la décentralisation » *in* quotidien *Mutations* du 23 janvier 2013.

Dans tout État unitaire qui se proclame décentralisé, le principe de l'indivisibilité de la République apparaît antinomique à celui de la libre administration des collectivités territoriales. Mais en disposant que « la République du Cameroun est un État unitaire et décentralisé [...] une et indivisible » [616] la Constitution opère une conciliation entre la notion d'*indivisibilité* [617] *de la république* et celle de *libre administration* des *collectivités territoriales*. La première est une des limites de la libre administration ; elle relève de l'ordre public national ; celui-ci est constitué de règles nationales auxquelles on ne peut déroger car elles expriment les intérêts supérieurs de la société et de l'État unitaire décentralisé : c'est la ligne de démarcation à respecter, le pas à ne pas franchir. La libre administration est une marque constitutionnellement reconnue de la décentralisation territoriale ; elle a pour corollaire l'autonomie administrative et financière dont jouissent les collectivités territoriales, et c'est à ce titre que le principe posé par l'article 55 alinéa 2 de la Constitution de 1996 mérite d'être rappelé : « les collectivités territoriales décentralisées sont des personnes morales de droit public [qui] jouissent de l'autonomie financière pour la gestion des intérêts régionaux et locaux [et qui] s'administrent librement par des conseils élus et dans les conditions fixées par la loi » [618]. La consécration constitutionnelle de l'autonomie financière — à travers la notion de *libre administration* des collectivités territoriales dont elle ne peut être dissociée — suppose une avancée, par opposition à la décentralisation purement virtuelle de 1974, laissée à l'épreuve d'un régime fortement centralisé.

Si au Cameroun, « le principe de la libre administration des collectivités territoriales a [souvent] figuré dans les textes juridiques en vigueur, sa

[616] Article premier, alinéa 2 de la Constitution camerounaise de 1996.

[617] En premier, il s'agit de l'indivisibilité de la souveraineté et de l'indivisibilité de la République. En clair, les collectivités territoriales décentralisées n'ont pas un pouvoir normatif distinct de celui de l'État dans un État unitaire (unité du pouvoir normatif de l'État) ; il s'ensuit que les collectivités territoriales trouvent dans la loi le fondement et la limite de leur action ; elles ne disposent pas d'un pouvoir législatif autonome. De même, le respect des prérogatives de l'État s'impose, en ce sens qu'il faut un contrôle administratif de l'État (il s'agit d'un État unitaire et, comme le prévoit la Constitution, les collectivités territoriales vont être contrôlées par l'État puisqu'elles sont sous autonomie maîtrisée et non sous indépendance complète). L'existence d'un Gouvernement local implique que les collectivités territoriales s'administrent (librement) et ne se gouvernent pas. En deuxième, il s'agit de l'indivisibilité du territoire : il ne peut être porté atteinte à l'intégrité du territoire ; ce principe s'oppose à une différenciation trop poussée des droits applicables sur le territoire national. Par exemple, en matière de libertés publiques, cela suppose une homogénéité du droit applicable sur le même territoire du fait justement de l'indivisibilité de celui-ci. En troisième, il s'agit de l'indivisibilité du peuple, laquelle renvoie à une unité de tous les citoyens, sans distinction de race, d'origine ou de religion. Partant, toute différenciation entre citoyens composant un même peuple est interdite. Voir, cours de B. Boumakani, « Droit et pratique de la décentralisation en Afrique », Master II de droit comparé, mention droits africains, Université de Paris I Panthéon-Sorbonne, année scolaire 2009/2010.

[618] Sur la teneur intégrale de cette disposition, voir *supra*.

signification n'a, en revanche, jamais été théorisée [...] »[619]. S'agissant de l'autonomie financière, la définition qu'en donne l'article 2-1 de la loi n° 99-016 du 22 décembre 1999 portant statut général des établissements publics et des entreprises du secteur public et parapublic, à savoir que l'autonomie financière est « la capacité pour une personne morale d'administrer et de gérer librement les biens meubles ou immeubles, corporels ou incorporels ou en numéraire constituant son patrimoine propre, en vue de réaliser son objet social », ne concerne en rien les collectivités territoriales décentralisées. Cette définition reste manifestement réservée aux catégories visées par la loi et à leur autonomie financière.

Martin Finken soutient que l'autonomie financière découle de la possibilité qu'a une collectivité de mobiliser ses ressources, indépendamment de l'État ou d'autres collectivités ; elle nécessite donc l'existence de ressources locales propres telles qu'il les a lui-même définies[620]. Cet auteur affirme en outre que l'autonomie financière se manifeste également par la liberté de fixer les tarifs pour l'utilisation des services publics créés par la collectivité territoriale[621]. « Selon que les collectivités territoriales tirent essentiellement leurs revenus de leurs ressources propres ou majoritairement des transferts de l'État, l'autonomie financière sera plus ou moins forte. Les ressources des collectivités locales peuvent tendre majoritairement vers l'une ou l'autre modalité, mais le plus souvent, elles sont un mélange des deux »[622].

Sans toutefois refléter la réalité camerounaise (du point de vue de la pratique), l'interprétation que donne Finken de l'autonomie financière est louable à plus d'un titre : elle pose les jalons d'une interprétation « à la camerounaise » d'une notion réputée insaisissable et met en avant un aspect non négligeable de l'autonomie financière (l'existence de ressources propres, créées par la collectivité locale, et dont cette dernière peut disposer librement). En revanche, si la question de l'autonomie fiscale peut se déduire des ressources propres auxquelles il est fait référence, et celle d'autonomie budgétaire de la libre disposition desdites ressources, on peut cependant

---

[619] L. Ngono Tsimi, *L'autonomie administrative et financière des collectivités territoriales décentralisées : l'exemple du Cameroun*, *op.cit.*, p. 121.

[620] Pour Finken, les ressources fiscales propres peuvent être rangées en deux groupes : le premier est constitué de l'ensemble des impôts, taxes et redevances dont la mobilisation incombe exclusivement aux autorités locales. À ces dernières et dans une définition plus large, l'auteur y inclut les ressources que mobilise l'État, mais donc les produits sont rétrocédés (en partie ou en totalité) aux collectivités territoriales décentralisées selon des règles clairement établies à l'avance. Le deuxième groupe est quant à lui essentiellement constitué des transferts budgétaires dont les montants sont déterminés par l'État ou une autre collectivité donatrice et qui sont susceptibles de changement au gré du donateur. Selon Finken, les ressources relevant du premier groupe traduisent une certaine liberté financière, tandis que celles du deuxième groupe impliquent une dépendance des collectivités territoriales décentralisées vis-à-vis des autorités centrales. Voir, M. Finken, *Gouvernance communale en Afrique et au Cameroun*, *op.cit.* ; p. 153-154.

[621] *Idem.*

[622] *Ibidem*, p.154.

regretter que l'approche de Finken élude la question de la tutelle (celle-ci peut, par son poids, impacter sur l'autonomie locale en général et financière en particulier), préférant mettre l'accent sur une autonomie financière qui passerait par une liberté de fixation des tarifs en contrepartie[623] de l'utilisation des services offerts par la collectivité locale.

SECTION II. UNE AUTONOMIE BUDGETAIRE SOUS TUTELLE ÉTATIQUE

Gilbert Orsoni souligne que « la portée et les limites de l'autonomie financière des collectivités locales s'apprécient au regard de leurs dépenses et de leurs recettes ainsi qu'au travers du droit budgétaire qui leur est applicable. »[624]. Et comme déjà souligné plus haut, on parle d'autonomie budgétaire chaque fois que des collectivités locales ont la capacité de déterminer leurs recettes et leurs dépenses, d'affecter librement les premières[625]. Cette dimension de l'autonomie renvoie bien entendu au budget[626] de ces collectivités.

Au sens large, c'est-à-dire national, et donc des finances publiques, le budget avait été défini par l'ordonnance n° 62/DF/4 du 7 février 1962 : il est « le document qui prévoit et autorise en la forme législative, les charges et les ressources de l'État dont il détermine la nature et le montant ; il fixe en termes financiers les objectifs administratifs, économiques et sociaux du Gouvernement ; il est arrêté par l'Assemblée nationale dans le cadre de la loi de finances ». Au sens restreint, c'est-à-dire communal et donc des finances locales, le législateur de 1974 — voir loi n° 74-23 du 5 décembre 1974 portant organisation communale — avait donné une définition du budget inspirée de

---

[623] Au contraire des impôts (prélèvement pécuniaire effectué à titre définitif, sans contrepartie immédiate, visant à couvrir les charges publiques), cette idée peut amener à penser aux taxes. En effet, celles-ci sont subordonnées à l'existence d'une contrepartie, qui doit être proportionnée au service rendu (par exemple, la taxe d'enlèvement des ordures ménagères). Mais dans la mesure où la définition que donne Finken des ressources propres inclut les taxes (voir *supra*), les services auxquels cet auteur fait référence semblent donc exclure les taxes communales, ce qui permet d'éviter toute contradiction.

[624] G. Orsoni, *Finances publiques*, Publisud, Paris, 1989, p. 267.

[625] Voir, R. Muzellec, *Finances publiques*, 14e édition, Éditions Dalloz, Paris, 2006, p. 135, *op.cit.*

[626] Il est important de noter qu'il existe quatre types de documents budgétaires. Le premier, le budget primitif, prévoit et autorise les recettes et les dépenses d'une collectivité territoriale pour un exercice. Le second, le budget supplémentaire, est constitué des décisions modificatives qui reprennent les résultats et les restes à réaliser de l'exercice n-1. Le compte administratif est le troisième document : il retrace l'ensemble des dépenses et des recettes réalisées au cours de l'exercice et fait ressortir le solde (excédentaire ou déficitaire) à la clôture de l'exercice. Le dernier document est le compte de gestion dont le comptable public local (le receveur municipal) a la charge ; ce document est un compte rendu de l'exécution du budget local : il retrace les opérations des recettes et des dépenses réalisées au cours de l'exercice, étant précisé qu'il doit être en concordance avec le compte administratif.

l'article 5 du décret français du 31 mai 1862[627] définissant le budget de l'État, en l'adaptant toutefois au contexte communal : « le budget communal est l'acte par lequel sont annuellement prévues et autorisées les recettes et les dépenses de la commune. Il est établi en un document unique pour un exercice budgétaire donné »[628].

Comme en France, le cadre budgétaire et comptable des collectivités territoriales décentralisées s'apparente à celui qui s'applique à l'État. En effet, les principes régissant l'élaboration et l'exécution du budget, ainsi que la tenue des comptes sont la réplique, au niveau local, des règles qui gouvernent le maniement des deniers publics[629], c'est-à-dire des « fonds et valeurs appartenant ou confiés à des organismes publics »[630].

En France, et depuis le vote de la loi de 1982, les actes locaux sont exécutoires de plein droit, en ce sens qu'ils ne font plus l'objet d'un contrôle préalable du représentant de l'État : parallèlement au contrôle de légalité, les collectivités territoriales décentralisées sont aussi soumises à un contrôle budgétaire prévu aux articles L.1612-1 à 1612-20 du Code général des collectivités territoriales (CGCT) ; ce contrôle est exercé par le préfet, en collaboration avec les Chambres régionales des comptes, « l'objectif [...] étant d'assurer les règles applicables à l'élaboration, l'adoption et l'exécution des budgets des collectivités territoriales et de leurs établissements publics [...] »[631]. Au Cameroun, l'étude des caractéristiques, du vote et de l'approbation du budget communal sous la loi portant organisation communale de 1974 montre une tutelle marquée des autorités centrales sur les collectivités territoriales, la preuve de l'étatisme jacobin hérité de la France (§ I). Cette tutelle apparaît plus marquée sous le décret n° 77/91 du 25 mars 1977 déterminant les pouvoirs de tutelle sur les communes, syndicats de communes et établissements communaux, tel que modifié par le décret n° 90/1464 du 9 novembre 1990) (§ II).

§ I. Le régime juridique du budget sous la loi de 1974 : l'étatisme jacobin hérité de la France

Les autorités locales n'ont pas leurs coudées franches car le budget communal se caractérise par une marge de manœuvre restreinte de ces

---

[627] La définition donnée par ce texte du budget de l'État est la suivante : « Le budget est l'acte par lequel sont annuellement prévues et autorisées les recettes et les dépenses annuelles de l'État [...] ».

[628] Article 86 de la loi du 5 décembre 1974 portant organisation communale, texte précité.

[629] Voir l'article 90 de la loi n° 74-23 du 5 décembre 1974 précitée : « Les deniers communaux sont des deniers publics ».

[630] Voir le décret français du 29 décembre 1962, cité par G. Montagnier, *in Principes de comptabilité publique*, Dalloz, 2e édition, 1981, p. 49.

[631] D. Joly, *L'organisation décentralisée des finances de la République*, thèse de droit de l'Université de Paris II Panthéon-Assas, sous la direction Jean-Claude Martinez, 2010, p. 302.

autorités (A). La tutelle apparaît écrasante en matière de vote et d'approbation du budget (B) et, s'agissant de l'exécution de celui-ci, la dépendance des autorités locales vis-à-vis de la tutelle reste marquée (C).

A. UN BUDGET CARACTÉRISÉ PAR UNE MARGE DE MANŒUVRE RESTREINTE DES COMMUNES

Il est prévu à l'article 87 de la loi de 1974 que le budget communal est dressé en deux parties : une partie consacrée aux recettes, une autre aux dépenses.

Aux termes de l'article 86 de la loi susmentionnée, les recettes de la commune sont constituées des recettes fiscales ; du produit de l'exploitation du domaine et des services communaux ; des ristournes, redevances et amendes de police accordées par l'État, ainsi que des recettes diverses et accidentelles.

Quant aux dépenses, elles se subdivisent en dépenses de fonctionnement d'une part et en dépenses d'investissement d'autre part ; elles comportent des dépenses obligatoires et des dépenses facultatives.

À la différence des dépenses facultatives qui peuvent être provisoirement ou définitivement exclues lorsque les moyens d'une commune se révèlent insuffisants, les dépenses obligatoires doivent nécessairement figurer au budget parce qu'elles sont imposées par la loi « ou » parce qu'elles sont nécessaires au fonctionnement d'un service public communal[632]. L'article 128 de la loi du 5 décembre 1974 répute dépenses obligatoires : « les dépenses du personnel ; les dépenses relatives au fonctionnement des services municipaux ; l'acquittement des dettes et le remboursement des emprunts souscrits par la commune ; les dépenses d'investissement ; les contributions et participations de la commune aux dépenses d'intérêt social ou économique ; la contribution au budget des syndicats des communes ». Le caractère flou, voire ambigu de la notion *d'intérêt social ou économique* contenue dans cet article, mérite qu'on s'y attarde, puisqu'elle constitue l'une des imperfections du texte de 1974. Celui-ci crée un éventail trop large de dépenses obligatoires : de nombreuses dépenses communales —voire la plupart — revêtant un intérêt économique et social, l'article 128 pourrait être lu comme rendant toutes les dépenses communales obligatoires (il y a là un risque de surendettement des communes), d'où la nécessité qu'il y avait de rendre cette disposition davantage précise[633].

En tout état de cause, les dépenses obligatoires doivent faire l'objet d'une prévision de crédits suffisants avant l'inscription des dépenses facultatives qui, elles, sont d'office réduites ou supprimées par l'autorité de tutelle[634] si nécessaire.

---

[632] Voir la loi du 5 décembre 1974 précitée, article 126.

[633] M. Finken, *Communes et gestion municipale au Cameroun*, FEICOM, p. 108.

[634] Il s'agit en l'espèce du gouverneur.

En France, « Ne sont obligatoires pour les communes que les dépenses nécessaires à l'acquittement des *dettes exigibles* et les dépenses pour lesquelles la loi l'a expressément décidé »[635]. En dehors de celles-ci, toute autre dépense relève de la catégorie des dépenses facultatives, et le législateur peut faire interdiction de procéder à certaines catégories de dépenses (subventions aux cultes[636], dépenses en rapport avec des compétences transférées à d'autres collectivités locales).

B. UN VOTE ET UNE APPROBATION DU BUDGET SOUS UNE TUTELLE ÉCRASANTE

L'approbation suppose un accord, une autorisation, autrement dit un avis favorable du représentant de l'État agissant dans le cadre de l'exercice de son pouvoir de tutelle. En France, et avant 1982, le terme *tutelle* désignait le contrôle exercé par l'État sur les collectivités territoriales, plus en vue de sauvegarder l'intérêt général et la légalité que dans leur intérêt ; la tutelle emportait des pouvoirs sur les organes et les actes de ces dernières, notamment des pouvoirs d'approbation et d'annulation administratives ; au moment de l'extension de la décentralisation, en 1982[637], la tutelle a cédé la place au contrôle de légalité, plus respectueux de l'autonomie locale[638].

En vertu de la loi camerounaise du 5 décembre 1974 portant organisation communale, le vote et l'approbation du budget communal sont régis par les articles 129 à 137 : le budget communal est préparé par le maire et doit être voté par le conseil municipal au plus tard le 15 mars de chaque année, un décret fixant les conditions dans lesquelles il est soumis pour approbation à l'autorité de tutelle. L'approbation définitive du budget doit intervenir dans un délai maximum de trois mois, c'est-à-dire au plus tard le 15 juin de chaque année.

Les virements de crédits de chapitre à chapitre[639] ou d'article à article[640] font l'objet d'une délibération du conseil municipal devant être approuvé par

---

[635] Article 11 de la loi n° 82/213 relative aux droits et libertés des communes, des départements et des régions du 2 mars 1982. Comme exemples de dépenses obligatoires en France, on peut citer les dépenses liées au fonctionnement minimum des services publics communaux (voirie, hôtel de ville, enseignement du premier degré) ; les charges relatives aux contingents et aux participations à verser par la commune, à l'instar (l'aide sociale ou de la lutte contre l'incendie) ; les dépenses dans l'intérêt des tiers au regard d'engagements antérieurs (annuités d'emprunt ou frais du personnel), les dotations aux amortissements et les provisions.

[636] Voir l'article 2 de la loi du 9 décembre 1905 sur la séparation des Églises et de l'État, : « la République ne reconnaît, ne salarie, ni ne subventionne aucun culte ».

[637] Voir la loi n° 82-213 relative aux droits et libertés des communes, des départements et des régions du 02 mars 1982, *JORF* du 3 mars 1982, p. 730 et s., et rectificatif, *JORF* du 6 mars 1982, p. 779 et s.

[638] *Lexique des termes juridiques*, 19e édition, Dalloz, 2012, p. 868.

[639] Le chapitre est « un regroupement des dépenses d'un service ou d'un ensemble de services selon leur nature ou leur destination » : voir, F. Astier, *in Finances publiques doit budgétaire. Le budget des collectivités locales*, Ellipses, Paris, 1995, p. 155.

l'autorité de tutelle. Les virements de crédits de paragraphe à paragraphe d'un même article donnent lieu à un arrêté municipal qui doit également être approuvé par l'autorité de tutelle. Il est interdit d'opérer des virements de crédits[641] du budget d'investissement au budget d'investissement.

Les délibérations portant modification du tarif des taxes et redevances municipales perçues par les communes ainsi que les dispositions régissant l'assiette, le contentieux et le recouvrement de ces taxes sont aussi soumis à l'approbation de l'autorité de tutelle.

Ce dernier ne se contente pas que d'approuver, il lui est reconnu un pouvoir de substitution. Par exemple, si le conseil municipal n'est pas convoqué en vue de voter le budget dans les délais légaux, c'est à l'autorité de tutelle qu'il appartient d'en prescrire la convocation à cette fin[642]. À défaut d'une réunion du conseil municipal ou du vote par ce dernier du budget à la date limite prévue par la loi, l'autorité de tutelle se charge d'établir d'office ce budget[643] et, dans le cas où celui-ci n'aurait pas été voté en équilibre par le conseil municipal, l'autorité de tutelle se charge de le redresser et le conseil municipal en est informé à sa plus prochaine session[644]. Lorsqu'il ressort du compte administratif d'un maire que l'exécution du dernier budget de sa commune s'est soldée par un déficit, l'article 135 alinéa 1 de la loi de 1974 pose en principe que les ressources du budget suivant sont consacrées prioritairement à la couverture de ce déficit. Toutefois, l'article 135 alinéa 2 de la loi ci-dessus mentionnée prévoit que, si les dispositions prises par la commune en application de ce principe paraissent insuffisantes, ou si le conseil ne s'est pas prononcé, l'autorité de tutelle réaménage d'office le budget.

Notons aussi que l'autorité de tutelle ayant approuvé le budget d'une commune peut en supprimer ou réduire les dépenses jugées irrégulières, sans pour autant pouvoir les augmenter, ni en inscrire de nouvelles qu'autant qu'elles revêtent un caractère obligatoire[645].

Notons enfin que si le budget d'une commune venait à ne pas être approuvé avant le commencement de l'exercice budgétaire, les recettes et les dépenses ordinaires portées au dernier budget peuvent faire l'objet d'une reconduction, et ce, sous la forme de douzièmes provisoires par acte de l'autorité de tutelle.

L'intervention de cette dernière ne se limite pas seulement au niveau du vote, de l'établissement, du réaménagement ou de l'approbation du budget communal, elle s'étend également à l'exécution de celui-ci.

---

[640] L'article « est une subdivision de chapitre permettant le repérage sectoriel ou par destination ».

[641] Il s'agit d'un mécanisme opérant transfert d'un crédit, ou d'une partie de celui-ci d'un poste budgétaire A à un poste B.

[642] Voir l'article 133 de la loi n°74-23 du 5 décembre 1974 précitée.

[643] *Idem.*

[644] Voir l'article 134 de la loi n° 74-23 du 5 décembre 1974.

[645] Voir l'article 136 de la loi n°74-23 du 5 décembre 1974.

C. UNE DÉPENDANCE VIS-À-VIS DE LA TUTELLE EN MATIÈRE D'EXÉCUTION DU BUDGET COMMUNAL

La tutelle sur les finances communales est particulièrement lisible dans le cadre de l'exécution du budget communal. Comme l'indique Françoise Astier, « exécuter le budget c'est réaliser les opérations financières qui y sont prévues et autorisées. C'est s'acquitter des dépenses et percevoir des recettes »[646]. Cette définition peut se compléter par celle suivant laquelle « l'exécution du budget consiste à réaliser les décisions qui ont été votées par le conseil municipal. Il s'agit d'une opération qui se déroule sur une année civile allongée [...]. Cette action est menée par le maire [...] et par le comptable municipal »[647].

Les règles relatives à l'exécution du budget relèvent des articles 138 à 142 de la loi du 5 décembre 1974. Ces dispositions font du maire l'ordonnateur[648] du budget de la commune, en encadrant sa marge de manœuvre : le maire ne peut engager[649] une dépense qu'après s'être assuré que les six conditions cumulatives de l'article 138 de la loi ci-dessus mentionnée ont été préalablement remplies. En premier, la dépense doit correspondre à une inscription régulière au budget, son montant ne doit pas excéder le crédit voté et ladite dépense doit pouvoir être couverte pas les fonds effectivement disponibles. En second, la prestation de services doit avoir été exécutée (service rendu ou fourniture faite), avoir donné lieu à l'établissement de pièces justificatives régulières en même temps que les formalités requises par les lois et règlements doivent avoir été préalablement accomplies.

Les documents tenus par le maire de chaque commune sont visés à l'article 139 de la loi : outre un livre-journal des mandats et un livre journal des titres de recettes établis, le maire tient un grand livre récapitulatif développant, par chapitre et par article budgétaires, les émissions de mandats ainsi qu'un grand livre récapitulatif développant les ordres de recettes. Signalons, enfin, que le chef de l'exécutif communal tient aussi un livre ou un fichier à souches, des bons de commande de travaux ou de fournitures.

---

[646] F. Astier, *Finances publiques droit budgétaire. Le budget des collectivités locales*, Ellipses, *op.cit.*, p. 49.

[647] M. Bouvier et M.-C. Esclassan, *Le système communal*, LGDJ, 1981, p. 249.

[648] On veut par là dire qu'il est (en principe) seul compétent pour prescrire l'exécution des dépenses et des recettes publiques ; l'ordonnancement est donc l'acte administratif par lequel il est donné au comptable public l'ordre de payer la dette de la personne publique. L'ordonnancement qui n'émane pas d'un ordonnateur principal (ministre), mais plutôt d'un ordonnateur secondaire de celui-ci ou de l'ordonnateur d'une collectivité territoriale décentralisée ou autre établissement public prend l'appellation de mandatement. Voir, en ce sens, le *Lexique des termes juridiques 2012*, Dalloz, p. 606.

[649] Selon l'article 62 du règlement général sur la comptabilité (décret n° 62-1587 du 29 décembre 1962), « l'engagement est l'acte par lequel un organisme public crée ou constate à son encontre une obligation de laquelle résultera une charge ». Autrement dit, et selon F. Astier, « l'acte par lequel une collectivité locale est financièrement engagée par suite d'un contrat, d'une réglementation, d'une décision juridictionnelle ou en exécution d'une décision de l'assemblée délibérante », *op.cit.*, p. 50.

L'article 140 de la loi de 1974 prévoit que « le maire délivre les mandats ». S'il s'abstient d'ordonnancer une dépense régulièrement autorisée et liquidée, c'est-à-dire de donner l'ordre au receveur de payer une dette de la commune dont le montant a été arrêté, l'autorité de tutelle le met en demeure de procéder au mandatement de la somme due dans un délai de quinze jours. L'inobservation de ce délai conduit l'autorité de tutelle à prononcer l'ordonnancement par acte motivé, étant précisé que cet acte tient lieu d'autorisation de paiement et de pièce justificative du mandat signé par l'autorité de tutelle en lieu et place du maire défaillant.

Dès la clôture de la gestion, le compte administratif — c'est l' état de l'activité de la commune en matière de recettes et de dépenses exécutées, correspondant « à ce qu'est pour l'État la loi de règlement »[650] — du chef de l'exécutif communal est présenté au conseil municipal en même temps que le compte de gestion du receveur municipal, les deux comptes devant être approuvés par le conseil au plus tard le 30 décembre de chaque année.

Le décret n° 77/91 du 25 mars 1977 déterminant les pouvoirs de tutelle sur les communes, syndicats de communes et établissements communaux modifié par le décret n° 90/1464 du 9 novembre 1990 n'a pour autant pas mis fin au lien de dépendance créé par les dispositions de la loi de 1974.

§ II. Le régime issu du décret du 25 mars 1977 modifié : l'affirmation plus marquée de la tutelle des finances communales

Le décret du 25 mars 1977 n'apporte pas d'innovation majeure : les autorités de tutelle sont toujours dotées de missions prépondérantes (A), et les finances communales font l'objet d'un contrôle excessif de la tutelle à laquelle elles restent soumises (B), réduisant d'autant la marge de manœuvre des autorités locales.

A. DES AUTORITÉS DE TUTELLE AUX MISSIONS PRÉPONDÉRANTES

Le champ de la tutelle a été défini par le décret du 9 novembre 1978 fixant les attributions des chefs de certaines circonscriptions administratives. Ainsi, selon l'article 11, le gouverneur exerce sur les communes les pouvoirs de tutelle définis par les décrets, notamment dans les matières suivantes : l'encadrement des magistrats municipaux, des présidents des syndicats des communes, des secrétaires de mairie et des fonctionnaires délégués à la tutelle des communes à l'échelon départemental ainsi que le contrôle de la gestion financière des communes de la province. L'article 33 prévoit de son côté que

[650] Voir le *Lexique des termes juridiques 2012, op.cit.*, p. 190.

le préfet dispose des pouvoirs de tutelle sur les collectivités ou établissements publics locaux qui peuvent lui être délégués par les ministres compétents. [651]

Le décret n° 77/91 du 25 mars 1977 déterminant les pouvoirs de tutelle sur les communes, syndicats de communes et établissements communaux (tel que modifié par le décret n° 90/1464 du 9 novembre 1990) vient fixer, de façon plus marquée, les règles relatives aux pouvoirs de tutelle que ces autorités administratives exercent sur les institutions infra-étatiques ci-dessus. Ce décret précise en son article premier que les pouvoirs de tutelle sur les communes, les syndicats de communes et les établissements communaux s'exercent par le ministre de l'administration Territoriale et, sous son contrôle, par les gouverneurs et les préfets dans les conditions fixées par le décret lui-même[652]. À cet effet, les actes pris par les gouverneurs ou les préfets dans le cadre de ces pouvoirs doivent être immédiatement adressés au ministère chargé de l'administration Territoriale[653].

Les missions des autorités de tutelle sont listées à l'article 2 du décret du 25 mars 1977 susvisé. Aux termes de cette disposition, les autorités de tutelle sont notamment chargées de définir les mesures destinées à assurer le développement harmonieux des communes, d'accroître le rendement et d'améliorer la qualité des services communaux, de promouvoir la formation, le perfectionnement et le recyclage du personnel communal, et de contrôler le fonctionnement des organes municipaux[654].

En outre, elles sont investies d'une mission permanente d'assistance, de coordination, d'information et de contrôle auprès des communes et établissements communaux, et c'est à ce titre qu'elles recueillent auprès des magistrats municipaux les renseignements, avis, explications, compte-rendu ou Rapports qu'elles jugent nécessaires à l'exercice de leurs fonctions. Ces autorités ont accès à tous les bureaux, ateliers et chantiers municipaux, de même qu'à tous les établissements communaux[655].

À l'égard des organes municipaux et des actes pris par ces derniers, les autorités de tutelle disposent d'un pouvoir de sanction et de contrôle qu'elles exercent par voie d'approbation, d'annulation, et de substitution dans les conditions définies par le décret lui-même[656].

L'étude technique des dossiers relatifs aux domaines de compétences du gouverneur ou du préfet en matière de tutelle communale incombe au Service provincial des communes de chaque province ou au Bureau départemental des communes de chaque département).

Martin Finken reconnaît que « les pouvoirs de tutelle sur le fonctionnement des organes des communes sont d'une ampleur qui annihile presque toute

---

[651] *Cf.* M. Finken, *Communes et gestion municipale au Cameroun*, FEICOM, *op.cit.*, p. 82.
[652] Article 1er alinéa 1 du décret du 25 mars 1977.
[653] Article 1er alinéa 2 du décret du 25 mars 1977.
[654] Article 2 alinéa 1 du décret du 25 mars 1977.
[655] Article 2 alinéa 2 du décret du 25 mars 1977.
[656] Article 2 alinéa 3 du décret du 25 mars 1977.

possibilité d'initiative locale »[657]. En effet, il s'agit d'une tutelle large, qui s'exerce sur les communes (tutelle sur le conseil municipal et sur les magistrats municipaux, tutelle des finances communales, tutelle sur la gestion du patrimoine communal) et la tutelle sur la formation et le fonctionnement des syndicats de communes. Afin de ne pas faire de digression en tentant d'éplucher toutes ces formes de tutelle dans le cadre de ce travail, on se limitera délibérément à l'étude de la tutelle des finances communales, telle qu'elle s'est trouvée maintenue, mais davantage précisée par le décret du 25 mars 1977 modifié.

B. DES FINANCES COMMUNALES SOUMISES À CONTRÔLE EXCESSIF DE LA TUTELLE

La mesure de ce contrôle peut être prise en se penchant d'une part sur le vote et l'approbation du budget (1) et d'autre part sur l'exécution de celui-ci (2) tels que prévus par le décret du 25 mars 1977 ci-avant visé.

1. Le vote et l'approbation du budget sous le décret du 25 mars 1977

Comme le souligne Pierre Lalumière, « dans le cadre de la décentralisation, les délibérations financières des assemblées locales font l'objet d'un contrôle de légalité de la part des autorités de tutelle ; elles deviennent exécutoires après approbation de celles-ci ; il s'agit donc d'un contrôle préalable effectué au moment de l'élaboration de la décision. La tutelle est particulièrement vigoureuse dans le domaine financier puisqu'elle porte parfois sur l'opportunité des opérations et utilise des procédures exceptionnelles d'intervention comme la substitution d'office »[658]. Au Cameroun, ce sont les articles 48 à 57 du décret du 25 mars 1977 (modifié par le décret n° 90/1464 du 9 novembre 1990) qui régissent la tutelle des finances communales. Ici, la tutelle est pesante : elle se caractérise par des contrôles — *a priori* et *a posteriori* — exercés par l'autorité de tutelle sur les organes de la collectivité ; ces contrôles sont effectivement assortis d'un pouvoir de substitution, en vertu duquel l'autorité de tutelle peut, face à certains manquements, agir au mépris des organes d'une commune.

Un exemple de contrôle *a priori* ressort clairement de l'article 48 du décret du 25 mars 1977 : toute délibération constituant une mesure nouvelle ayant une incidence sur le budget communal doit, avant l'établissement de ce budget, être soumise à l'approbation du ministre de l'administration Territoriale.

La procédure d'approbation du budget communal commence chaque année au mois de mars, au cours duquel la session budgétaire du conseil municipal doit se tenir dans la première quinzaine. Quinze jours avant la réunion de ce

---

[657] M. Finken, *Communes et gestion municipale au Cameroun*, FEICOM, *op.cit.*, p. 85.
[658] P. Lalumière, *Les Finances publiques*, *op.cit.*, p. 498-499.

Conseil, le projet de budget est communiqué au préfet ; celui-ci dispose alors de 15 jours pour formuler ses observations. Il a la faculté d'inviter le délégué du Gouvernement, le maire, ou l'administrateur municipal à lui fournir des éclaircissements ou apporter des aménagements sur le projet de budget. Le projet, une fois mis en forme par le délégué du Gouvernement, le maire ou l'administrateur municipal est soumis à l'examen du conseil municipal.

Les délibérations portant sur le vote du budget communal doivent être transmises par le préfet au gouverneur pour approbation, celle-ci devant intervenir au plus tard le 15 juin, après étude par le service provincial des communes et visa préalable des services provinciaux compétents. Les budgets communaux sont exécutoires dès le 1er juillet. Les délibérations portant sur le vote du budget communal sont visées par le contrôleur financier de toute commune qui en est pourvue. Une fois le budget approuvé par le gouverneur, celui-ci en transmet un exemplaire au ministre de l'administration Territoriale et au ministre des Finances.

Le conseil municipal est chargé du vote des autorisations spéciales de recettes et de dépenses ; elles sont approuvées par le gouverneur, un exemplaire de cette délibération devant être transmis au ministre de l'administration Territoriale.

Le régime des virements de crédits de chapitre à chapitre et d'article à article ainsi que celui des virements de crédits paragraphe à paragraphe n'ont pas véritablement changé (voir article 130 de la loi de 1974) ; Toutefois, une modification mineure a consisté, pour le décret de 1977, à lever le flou qui entourait le terme « autorité de tutelle » souvent usité sans indication précise de l'autorité dont l'approbation était requise : on sait désormais que l'approbation des virements de crédits de chapitre à chapitre et d'article à article fait l'objet d'une délibération du conseil municipal approuvé par le gouverneur, et que les virements de crédits paragraphe à paragraphe font quant à eux l'objet d'un arrêté municipal approuvé par le préfet.

Les virements de crédits du budget d'investissement au budget de fonctionnement demeurent interdits comme sous la loi de 1974 ; cependant, le décret du 25 mars 1977 précise que tout acte de virement de crédits doit être communiqué au ministre de l'administration Territoriale.

Les délibérations portant modification du tarif des taxes et redevances municipales perçues par les communes et les dispositions régissant l'assiette, le contentieux et le recouvrement desdites taxes sont désormais approuvées non plus par « l'autorité de tutelle » (comme précédemment indiqué dans la loi de 1974), mais par « le ministre de l'administration Territoriale, après visa du ministre des Finances ».

Les pouvoirs de substitution de l'autorité de tutelle ont été reconduits par le décret du 25 mars 1977 et apparaissent désormais plus précis. Tel est le cas lorsque le conseil municipal n'est pas convoqué pour voter le budget dans les délais fixés par le décret (le préfet en prescrit la convocation), ou que le conseil municipal ne se réunit pas ou ne vote pas le budget dans les délais prévus (le préfet établit d'office ce budget et le soumet à l'approbation du gouverneur ; il en informe le conseil à sa prochaine session), ou encore lorsque le budget n'a pas été voté en équilibre par le conseil municipal (le préfet le redresse après consultation du délégué du Gouvernement, du maire ou de l'administrateur municipal, et le Conseil en est informé à sa session suivante). De même, en l'absence d'approbation du budget d'une commune dans les délais réglementaires, celui-ci peut être reconduit par arrêté du gouverneur par douzièmes provisoires sur la base des recettes et des dépenses de l'exercice précédent.

2. L'exécution du budget sous le décret du 25 mars 1977

Les articles 58 à 69 du décret du 25 mars 1977 sont à la base de la tutelle des finances communales. En vertu de ce décret, l'engagement de la dépense reste soumis aux six conditions posées par l'article 138 la loi de 1974[659], mais il est précisé[660] que le délégué du Gouvernement, le maire ou l'administrateur municipal ne peut contraindre le receveur municipal à assurer le visa ou le paiement des dépenses en violation de ces conditions, étant précisé que toute contestation survenant à ce sujet doit être soumise par l'autorité concernée au préfet.

Si le délégué du Gouvernement, le maire ou l'administrateur municipal s'abstient d'ordonnancer une dépense régulièrement autorisée et pour laquelle existent des crédits disponibles, il est mis en demeure par le préfet à procéder au mandatement de la somme, et ce due dans un délai de 15 jours à l'expiration duquel le préfet ordonne l'ordonnancement par arrêté motivé tenant lieu de mandat.

Face à un receveur municipal[661] refusant sans motif valable de liquider une dépense régulière, alors qu'existent des disponibilités à cet effet dans la caisse communale ou du syndicat des communes, le délégué du Gouvernement, le maire, l'administrateur municipal ou le président du syndicat des communes saisit le préfet pour réquisition ; tout receveur municipal requis par le préfet doit s'exécuter, la réquisition dégageant alors sa responsabilité personnelle.

Concernant les documents comptables, l'article 62 du décret de 1977 a repris, mais avec une formulation particulière, les dispositions de l'article 139 de la loi de 1974 en ces termes : « Dans chaque commune, il est tenu sous le contrôle du délégué du gouvernement, du maire ou de l'administrateur municipal : un livre journal des émissions de mandats et un livre journal des émissions des titres de recettes ; un grand livre récapitulatif développant, par chapitre et article budgétaire, les émissions de mandats et un grand livre

---

[659] Sur les conditions posées par l'article 138 de la loi n° 74-23 du 5 décembre 1974, voir *supra*.

[660] Voir l'article 58 du décret du 25 mars 1977 déterminant les pouvoirs de tutelle sur les communes, syndicats de communes et établissements communaux, modifié par le décret n° 90/1464 du 9 novembre 1990.

[661] « Les fonctions de receveur municipal sont exercées par un comptable nommé par arrêté conjoint du ministre de l'administration Territoriale et du ministre des Finances » (article 60 du décret n°77-91 du 25 mars 1977), précité.

récapitulatif développant pareillement les ordres de recettes ; un livre ou fichier des dépenses engagées ; un carnet à souches des bons de commande de travaux ou fournitures ».

La comptabilité des communes peut, à tout moment, faire l'objet de vérifications du ministre de l'administration Territoriale, des gouverneurs et des préfets ; au cas où il y est invité par l'autorité de tutelle, le délégué du Gouvernement, le maire ou l'administrateur municipal doit établir le relevé nominatif des créances et des dettes de la commune, relevé qui doit être établi par chapitre et par article pour les recettes et pour les dépenses[662].

Le délégué du Gouvernement, de même que le maire et l'administrateur municipal ont le droit de se faire communiquer les livres du receveur municipal, cette communication ne pouvant en aucun cas leur être refusée[663].

Lorsque le compte administratif du maire ou de l'administrateur municipal est débattu au cours d'une séance, le conseil municipal élit un président de séance, à charge pour ce dernier de procéder à l'envoi de la délibération et des documents au préfet ; le délégué du Gouvernement, le maire ou l'administrateur ont la faculté d'assister à la discussion, mais pas au vote[664]. Toutefois, le conseil municipal ne peut modifier les chiffres du compte administratif, mais il a le droit, le cas échéant, de prononcer un blâme contre le délégué du Gouvernement, le maire ou l'administrateur municipal en cas d'irrégularités manifestes constatées dans la gestion de l'un de ces magistrats.

Lorsqu'il règle le compte administratif, le gouverneur apprécie la gestion du magistrat municipal intéressé ; il écarte du compte les dépenses qui auraient été engagées dans un intérêt purement privé ou qui ne correspondraient pas à un service fait, étant à noter que le magistrat municipal se rend personnellement et pécuniairement responsable pour tout acte de gestion irrégulière[665].

Les comptes administratifs (des communes et syndicats des communes) et les comptes de gestion des receveurs municipaux sont soumis — au plus tard le 15 janvier de chaque année — à l'approbation du gouverneur après avis du trésorier-payeur général territorialement compétent. Une fois le compte administratif approuvé, le gouverneur en transmet un exemplaire au ministre de l'administration Territoriale et au ministre des Finances[666].

L'article 142 de la loi de 1974 avait institué une obligation de dépôt des budgets communaux et des comptes administratifs en mairie, où ils pouvaient être consultés sur place par le public. Sans s'écarter de cette logique de transparence, l'article 39 du décret n° 77/91 du 25 mars 1977 déterminant les pouvoirs de tutelle sur les communes, syndicats de communes et établissements communaux tel que modifié par le décret n° 90/1464 du 9

---

[662] Article 63 du décret de 1977, précité.
[663] Article 64 du décret de 1977, précité.
[664] Article 65 du décret de 1977, précité.
[665] Article 67 du décret de 1977, précité.
[666] Article 69 du décret de 1977, précité.

novembre 1990 l'encadre au mieux : désormais, « (1) Le délégué du gouvernement, le maire ou l'administrateur municipal doit, sans faire déplacer les documents, donner communication ou laisser prendre copie des procès-verbaux du conseil municipal, des budgets et comptes ainsi que les arrêtés municipaux à tout habitant de la commune qui en fait la demande.

(2) En cas de refus du magistrat municipal intéressé, le préfet le met en demeure de l'exécuter ».

Le contribuable — et même toute personne intéressée — peut former un recours pour excès de pouvoir contre l'arrêté du gouverneur qui approuve un compte administratif, motif pris de ce que des recettes ou des dépenses ont été réalisées en violation de la loi[667]. Pour l'heure, les réticences recueillies sur le terrain ne facilitent pas l'exercice de tels recours, la transparence ayant du mal à rentrer dans les mœurs des mairies camerounaises[668].

« Il va de soi [que la réforme produite par la loi de 2009 portant fiscalité locale] ne pouvait être lancée sans que le législateur veille à préparer un terrain propice destiné à régir les finances publiques locales, pour éviter que les dépenses et recettes annuelles des collectivités territoriales ne soient gérées de manière anarchique. C'est le sens que prend la loi du 10 juillet 2009 portant régime financier des collectivités territoriales décentralisées, qui " fixe les conditions d'élaboration, de présentation, d'exécution et de contrôle de l'exécution des budgets des collectivités territoriales" [669] et couvre (naturellement) le même champ d'application que la loi de 2009 [portant fiscalité locale susvisée], c'est-à-dire les régions, les communes, les communautés urbaines, les syndicats de communes, les établissements publics communaux et toute autre collectivité territoriale que viendrait à créer la loi »[670].

Dès lors, il peut être utile de s'interroger sur les innovations des textes décentralisateurs, particulièrement en ce qui concerne le degré d'autonomie (budgétaire et fiscale) accordé aux collectivités locales.

---

[667] Article 68 du décret de 1977, précité.

[668] Il est courant qu'une mairie opte pour le silence ou refuse de transmettre des documents comptables en excipant de prétextes fallacieux, au mépris des dispositions susvisées de la loi de 1974 et du décret du 25 mars 1977 modifié. Par conséquent, le requérant aura du mal à rapporter la preuve de ce refus oral au préfet. Autant dire que le recours pour excès de pouvoir contre l'arrêté du gouverneur prévu par le décret du 25 mars 1977 (tel que modifié par celui du 9 novembre 1990) susvisé relèvera de l'illusion tant que l'accès aux comptes administratifs restera - dans la pratique - fermé aux contribuables et à toute personne intéressée.

[669] Article 1er alinéa 2 de la loi du 10 juillet 2009 portant régime financier des collectivités territoriales décentralisées.

[670] Voir P. Belebenie « Les réformes fiscales locales tournées vers la bonne gouvernance : une approche comparative France, Maroc, Cameroun », *art.cit.*, p.54.

SECTION III. LE RENFORCEMENT DE L'AUTONOMIE BUDGÉTAIRE ET FISCALE PAR LE CORPUS DE DÉCENTRALISATION ?

Plusieurs années après l'indépendance du pays, les règles fiscales, budgétaires, comptables, et de contrôles applicables au niveau communal ont eu à relever sinon uniquement, du moins essentiellement, de la loi du 5 décembre 1974 portant organisation communale qui, il faut le préciser, reste imprécise et ambiguë au point d'impacter très négativement les textes qui ont suivi, en termes d'imperfections[671], rendant peu probable une lecture aisée de l'autonomie financière.

L'autonomie fiscale et l'autonomie budgétaire seront ici privilégiées, ces deux piliers pouvant démontrer à suffisance si le Cameroun a pu établir l'autonomie financière, ou du moins, ce qui en tient lieu sous d'autres cieux, à l'instar de la France dont il s'inspire. En effet, on note un décalage entre les pratiques et les relatives avancées françaises visant à asseoir un certain degré d'autonomie financière des collectivités territoriales et celles qui ont cours au Cameroun. Cette rupture serait-elle due au caractère insaisissable de la notion d'autonomie ou simplement à un attachement exacerbé du Cameroun à l'étatisme jacobin?

Au-delà des imperfections dont il faudrait tenir compte et sur lesquelles on ne peut ici insister, l'ensemble de ces règles et les modifications subséquentes dévoilent l'existence d'une tutelle pesante de l'État central. D'ailleurs, les dispositions de la Constitution de 1996 et de l'ensemble des textes dont elle est inductrice montrent que cette tutelle est plus accentuée en matière de gestion en général et de gestion financière en particulier. Or, on sait qu'un encadrement très rigoureux de l'adoption et de l'exécution des budgets locaux ne peut que brider l'autonomie budgétaire, partie intégrante de l'autonomie financière, dont il faut préciser, dans le cas du Cameroun, qu'elle est faible du fait de l'écrasante tutelle étatique sur les finances communales.

Concernant l'autonomie fiscale, on pourrait objecter qu'il eut été prématuré d'y faire référence dans un pays où la décentralisation *stricto sensu* n'était pas à l'ordre du jour, mais force est de constater qu'après le rendez-vous manqué des années 1960 et l'autonomie financière de façade[672] qui a suivi, le principe d'autonomie fiscale se déduit (aujourd'hui, et en principe) des dispositions de l'article 55 alinéa 2 de la Constitution de 1996 dont il convient de se demander si elles ont été effectivement suivies d'effet (§ II). Plus récemment, la loi n° 2009/011 du 10 juillet 2010 portant régime financier des collectivités territoriales est venue réaffirmer l'autonomie financière[673] des collectivités

---

[671] Sur ces imperfections liées notamment entre différentes dispositions en vigueur, voir Rapport de la Banque mondiale n° 63369-CM de septembre 2012, *infra*.

[672] Sur ce point, voir entre autres l'article 2 de la loi du 5 décembre 1974, *supra*.

[673] Voir, en ce sens, l'article 2 de la loi n° 2009/11 du 10 juillet 2009 portant régime financier des collectivités territoriales décentralisées : « les collectivités territoriales sont des personnes morales de droit public. Elles jouissent de la personnalité juridique et de l'autonomie

territoriales du pays, qu'elle a doté d'un nouveau régime financier dont un rapide survol peut, quoique partiellement, aider à apprécier le degré de consolidation de l'autonomie financière au Cameroun (§ I).

§ I. Le nouveau régime financier des collectivités territoriales décentralisées du Cameroun : la consolidation de l'autonomie budgétaire ?

La loi n° 2009/11 du 10 juillet 2010 a maintenu ou renforcé un certain nombre de contraintes tant du point de vue des principes budgétaires (A), que du contenu et de l'élaboration du budget et de son exécution (B). Elle a en outre procédé au renforcement des contrôles budgétaires auxquels elle soumet les collectivités territoriales décentralisées. Corollaires de l'autonomie, ces contrôles — qui seront abordés dans la seconde partie de cette étude — sont opérés par l'autorité de tutelle, afin de « vérifier si les prescriptions légales ont été respectées, faute de quoi [ladite autorité] peut opposer son véto aussi bien aux ressources qu'aux dépenses prévues par le conseil municipal »[674].

A. LES PRINCIPES BUDGÉTAIRES DES COLLECTIVITÉS LOCALES, L'APPLICATION DES RÈGLES ÉDICTÉES PAR L'ÉTAT CENTRAL

Le budget, tel qu'il a été ci-dessus défini est — à titre de rappel — préparé par le magistrat municipal conformément aux règles et modèles prescrits par l'instruction conjointe n° 366/CNIL/MINATD/MINFI d'application du décret n°98/266/PM du 21 août 1998 portant approbation du plan comptable sectoriel communal, ce magistrat ne pouvant passer outre les prescriptions légales quant aux seules recettes qui peuvent être émises et recouvrées, ainsi qu'aux seules dépenses qui peuvent être engagées et ordonnancées.

François Deruel rappelle qu' « intérieurement, les collectivités décentralisées sont généralement organisées sur le modèle démocratique (un organe délibérant qui autorise, un exécutif qui prépare et exécute) ; mais des problèmes spécifiques apparaissent du fait que si elles sont autonomes, elles ne sont pas souveraines et appartiennent à un appareil étatique ». En effet, et comme l'indique François Deruel, « elles sont soumises à un régime budgétaire défini par les autorités de l'État [et sont d'autre part] soumises au contrôle de l'État ».

---

administrative et financière pour la gestion des intérêts régionaux ou locaux. Elles gèrent librement leurs recettes et leurs dépenses, dans le cadre des budgets votés par les organes délibérants ».

[674] G. Mulleray, *La Tutelle de l'État sur les communes*, Sirey, 1981, cité par J.-B. Fotsing, *Le pouvoir fiscal en Afrique…*, *op.cit.*, p. 204.

Aussi bien en France qu'au Cameroun, l'État a imposé que les budgets locaux soient élaborés dans le strict respect de principes budgétaires classiques auxquels l'État doit lui-même se conformer). À ceux-ci sont venus se greffer des principes propres aux collectivités territoriales, à l'instar de la règle d'équilibre budgétaire ou de transparence. La loi camerounaise n° 2009/011 du 10 juillet 2010 portant régime financier des collectivités territoriales décentralisées — elle est la transposition au niveau local de la loi n° 2007-006 du 26 décembre 2007 portant régime financier de l'État — traite des principes budgétaires au chapitre I de son titre III consacré « à la présentation du budget des collectivités territoriales », et plus précisément en ses articles 31 à 37.

La classification des principes budgétaires varie souvent d'un auteur à un autre. Par exemple, Renan Le Mestre distingue les principes budgétaires communs à l'État et aux collectivités territoriales décentralisées, des principes budgétaires propres aux collectivités territoriales décentralisées [675]. William Gilles quant à lui opte pour une triple classification sur laquelle on se fondera dans cette thèse : cet auteur fait la distinction entre les principes de présentation budgétaires (1), les principes relatifs aux rapports entre acteurs publics (2) et le principe d'équilibre budgétaire (3).

1. Des principes de présentation budgétaire

Ils sont au nombre de trois : le principe de l'unité budgétaire (a), le principe de l'universalité (b) et le principe de sincérité (c)

a) Le principe de l'unité budgétaire

Ce principe relève quant à lui de l'article 33 de la loi du 10 juillet 2010 dont il ressort que « toutes les recettes et toutes les dépenses sont retracées dans un document unique ». L'homogénéité (des recettes et des dépenses) qui en découle assure une clarté des documents.

Il s'agit, selon Raymond Muzellec, de « [...] de favoriser le contrôle démocratique : les conseils délibérants ont ainsi une vue exhaustive[676] — et

[675] Voir R. Le Mestre, *Droit des collectivités territoriales*, *op.cit.*, p. 318-323.

[676] Pour W. Gilles, il faut combler les lacunes actuelles de la règle de l'unité budgétaire pour apprécier l'exhaustivité des finances publiques. Selon lui, le principe de l'unité budgétaire a certes été conçu pour garantir l'exhaustivité des finances publiques, mais il s'est avéré inadapté à l'évolution moderne du système financier public, caractérisée par deux mutations majeures que sont d'une part la satellisation, et, d'autre part la complexification du système financier public et des ses sous-systèmes (État, collectivités locales et finances sociales). La présentation consolidée des finances publiques revêt, pour cet auteur, un intérêt majeur car elle permet de répondre aux exigences de ces mutations. Pour d'amples informations sur cette présentation consolidée, notamment sa configuration, voir, W. Gilles, « La présentation consolidée des finances publiques : quels enjeux ? », *in Réforme des finances publiques, démocratie et bonne gouvernance*, Actes de la 1ère Université de printemps des finances publiques du Groupement Européen de Recherches et Finances Publiques (GERFIP), sous la direction de M. Bouvier, LGDJ, 2004, p. 67-73.

non partielle — des finances de leur collectivité »[677]. Ce principe qui se résume en « deux additions et une soustraction »[678] va au-delà : en renseignant sur le solde budgétaire, il permet de vérifier si le budget est équilibré ou non, mais aussi, d'assurer un meilleur contrôle des finances publiques (ou locales) : l'ensemble des dépenses de la personne publique étant retracé dans un document unique, il devient aisé de contrôler l'utilisation des deniers publics et de procéder à des comparaisons d'une année à l'autre[679].

Toutefois, et afin de tenir compte de certaines spécificités, il est possible pour les collectivités locales de créer des budgets annexes, une atténuation qui permet d'individualiser une activité de nature à produire des biens, ou à rendre des services donnant lieu à paiement[680]. En ce sens, l'article 51 de la loi du 10 juillet 2010 portant régime financier des collectivités territoriales décentralisées indique, à titre d'atténuation, que des budgets annexes sont établis pour les services publics régionaux ou communaux dotés de l'autonomie financière mais dépourvus de la personnalité morale, budgets qui retracent les opérations résultant de leurs activités de production de biens ou de prestation de services donnant lieu à paiement d'un prix ; ces budgets annexes sont votés dans les mêmes conditions que le budget principal et approuvés par l'autorité de tutelle compétente. Les opérations de ces budgets sont — aux termes de la même disposition — prévues, autorisées et exécutées dans les mêmes conditions que le budget principal.

b) Le principe de l'universalité budgétaire

Le principe d'annualité budgétaire se déduit pour sa part des dispositions de l'article 34 de la loi. Aux termes de celles-ci, « le montant intégral des recettes attendues et des dépenses à effectuer doit être inscrit au budget », sans aucune contraction (ou compensation) entre les recettes et les dépenses — chacune de celles-ci doit apparaître au budget pour son montant intégral — ni affectation d'une recette à une dépense, en ce sens qu'une recette particulière ne peut être affectée à une dépense précise.

Comme les autres principes, le principe de l'universalité budgétaire connaît des aménagements. Exemple : les emprunts peuvent financer des dépenses d'investissement et non de fonctionnement, tout comme des dons ou des legs peuvent être mobilisés en conformité avec la volonté du donateur (fonds de concours).

En France, des dérogations sont admises dans deux cas : en premier les fonds de concours (voir ci-dessus) et, en second, les impôts et dotations affectés (certains impôts et dotations peuvent être affectés : la taxe de séjour est obligatoirement affectée aux dépenses destinées à favoriser la fréquentation

---

[677] *Idem*. Première addition : A+B+C +….. = X (Ensemble des dépenses). Deuxième addition : L+M+N+….. = Y (ensemble de recettes). X-Y = Z (Solde budgétaire).
[678] *Ibidem*, p. 68.
[679] *Ibidem*, p. 68-69.
[680] *Ibidem*.

touristique) ; pareillement, certaines dotations étatiques sont affectées à des dépenses déterminées, à l'instar de la *dotation spéciale instituteurs* affectée à leur logement.

c) Le principe de transparence financière et de sincérité

- Le principe de transparence

S'agissant de la transparence, les lois du 6 février 1992 sur l'administration territoriale de la République, la loi sur les droits des citoyens dans leurs relations avec les administrations du 12 avril 2000 (loi DCRA) ainsi que la loi relative à la démocratie de proximité sont venus renforcer l'accès à l'information financière, « alors que pendant longtemps le silence était en la matière "d'or" »[681]. Selon l'OCDE, « La transparence budgétaire se définit comme le fait de faire pleinement connaître, en temps opportun et de façon systématique l'ensemble des informations budgétaires »[682].

La loi camerounaise du 10 juillet 2009 portant régime financier des collectivités territoriales ne fait pas expressément référence au principe de transparence financière. Notons toutefois que ce principe découle d'un certain nombre de textes[683] qui visent à asseoir la bonne gouvernance au Cameroun, à l'instar de l'article 39 du décret n° 77/91 du 25 mars 1977 précité, déterminant les pouvoirs de tutelle sur les communes, syndicats de communes et établissements communaux modifié par le décret n° 90/1464 du 9 novembre 1990. À titre de rappel, les exécutifs communaux doivent, sans déplacer les documents, en donner communication ou laisser prendre copie des procès-verbaux du conseil municipal, des budgets et comptes ainsi que des arrêtés municipaux à tout habitant qui viendrait à en faire la demande. Cette disposition pouvant être rapprochée de l'article 49 de la loi du 10 juillet 2009 portant régime financier des collectivités territoriales décentralisées : « Le budget approuvé est déposé au siège de la collectivité territoriale où il peut être consulté par tout habitant ou contribuable de ladite collectivité territoriale ».

Il s'agit néanmoins d'un cas d'école : comme déjà relevé plus haut, la transparence a du mal à rentrer dans les mœurs camerounaises. Par exemple, tel maire abordé par un chercheur opposera un refus catégorique de

---

681 R. Muzellec, *Finances locales*, 5e édition, Dalloz, 2005. p. 49.

682 Voir, « Transparence budgétaire – Les meilleures pratiques de l'OCDE », *in Revue de l'OCDE sur la gestion financière,* 2002, p. 7.

683 Par exemple, et sans être exhaustif, La loi n° 74/18 du 5 décembre 1974 relative au contrôle des ordonnateurs, gestionnaires et gérants des crédits publics et des entreprises d'État, modifiée par la loi 74/4 du 8 juillet 1976, la loi n° 92/002 du 14 août 1992 fixant les conditions d'élection des conseillers municipaux, modifiée par la loi 2006/010 du 29 décembre 2006, le décret n° 94/232 du 05 décembre 1994 précisant le statut et les attributions des receveurs municipaux, la loi d'orientation n° 2004/17 du 22 juillet 2004, la loi du n° 2004/18 du 22 juillet 2004 fixant les règles applicables aux communes, et plus récemment, le décret n° 2011/1116/PM du 26 avril 2011 fixant les modalités de la coopération décentralisée, ou encore, le décret n° 2011/1732/PM du 18 juillet portant organisation et fonctionnement du Comité national des finances locales, etc.

communiquer ses écritures sans aucune motivation (au mépris de l'article 39 du décret de 1977 ci-dessus visé), tel autre invoquera le secret professionnel pour justifier son refus d'accéder à une demande visant à obtenir ou à consulter les documents financiers de sa commune, etc. À la communauté urbaine de Yaoundé par exemple, la demande de communication des budgets primitifs et des comptes administratifs se fait par demande timbrée, adressée au délégué du Gouvernement de cette collectivité. Il est très courant que cette autorité (comme beaucoup d'autres dans le pays) opte pour le silence. Partant, et comme déjà souligné, la mise en demeure de s'exécuter prévue à l'article 39 (en cas de refus du magistrat municipal) devient très aléatoire en l'absence d'une preuve de refus écrite du magistrat municipal concerné.

Sur ce plan, le Cameroun devrait s'inspirer du Royaume-Uni. En effet, une précédente étude avait indiqué que les *councils* de ce pays doivent, chaque année, laisser leurs livres comptables de l'année précédente à la disposition du public, celui-ci ayant le droit d'en prendre connaissance et d'en contrôler les pièces justificatives (livres, factures, contrats, etc.) le concernant[684]. Rappelons que selon un sondage des Nations Unies sur l'e-gouvernement, le Royaume-Uni occupait en 2012 la 3e place en matière d'e-gouvernement[685]. Dans le prolongement de cette évolution et conscient des enjeux de l'*open government*, le Royaume-Uni déploie des efforts conséquents pour favoriser la transparence de ses administrations, y compris au niveau local. Par exemple, depuis le 31 janvier 2011, les collectivités locales doivent publier certaines informations sur leur site internet. Il en est ainsi des dépenses supérieures à 500 £ (livres), des contrats et appels d'offres supérieurs au même montant, ou encore des informations relatives aux rémunérations d'un montant supérieur à 58 200 livres notamment. En outre, elles sont également tenues d'indiquer sur leurs sites les dates auxquelles leurs comptes sont consultables en ligne[686].

En dehors du modèle britannique de transparence, le Cameroun gagnerait aussi à s'inspirer du modèle français d'autonomie financière que le « train de la décentralisation »[687] est venu renforcer par, entre autres mesures, un allégement des contrôles qui pesaient sur les actes budgétaires des collectivités territoriales françaises. Le nouveau régime financier du Cameroun semble s'être trop peu inspiré du modèle français, aussi bien sur le plan du contenu, que de l'élaboration et de l'exécution du budget. Il ne fait point de doute que les textes français et camerounais se ressemblent à s'y méprendre ; mais, les deux pays ne sont pas dotés du même degré d'autonomie comme en atteste le nouveau régime financier du Cameroun.

---

[684] Voir W. Gilles et P. Belebenie, « Les nouveaux enjeux du financement des collectivités locales britanniques », *op.cit.*

[685] *Idem.*

[686] https://www.gov.uk/government/policies/making-local-councils-more-transparent-and-accountable-to-local-people/supporting-pages/peoples-rights-to-see-council-accounts.

[687] Métaphore employée par les auteurs de la loi du 2 mars 1982 relatives aux droits et libertés des communes (la locomotive) et les lois qui ont suivi de 1983 à 1986 (les wagons). Voir R. Delbo, *La décentralisation depuis 1945*, LJDG, 2005, p.47.

- Principe de sincérité

Il faut noter qu'en France, ce principe découle de l'article 32 de la loi organique, lequel pose en principe que les lois de finances doivent présenter de manière sincère l'ensemble des ressources et des charges de l'État, et il faut préciser que la sincérité s'apprécie au regard des informations disponibles et des prévisions pouvant raisonnablement en découler[688]. Le législateur français a associé ce principe avec la recherche de l'équilibre financier (*Cf.*, article 33 de la LOLF)[689].

Au Cameroun, ce principe budgétaire ne figure pas aux articles 31 à 37 de la loi n° 2009/011 du 10 juillet 2009 portant régime financier des collectivités territoriales décentralisées, dispositions qui traitent des principes budgétaires. En revanche, il apparaît sous le chapitre traitant « des principes de la comptabilité des collectivités territoriales » à l'article 85 de la loi : « Les comptes des collectivités territoriales doivent être réguliers et sincères. Ils doivent donner une image fidèle de leur situation financière et patrimoniale ». Il ne fait aucun doute que l'ordonnateur et le receveur municipal étant tenus à la bonne gestion des finances communales, ils sont les premiers concernés par ce principe.

2. Des principes relatifs aux rapports entre acteurs publics

Au rang de ces principes se comptent le principe d'annualité budgétaire — que la législation camerounaise distingue du principe de l'antériorité budgétaire — (a) et le principe de spécialité (b)

a) Les principes d'annualité budgétaire et d'antériorité budgétaire

Le principe d'annualité budgétaire découle des dispositions de l'article 31 de la loi du 26 décembre 2007, qui pose en règle que « l'exercice budgétaire couvre une année civile ». Jusqu'en 2002, l'exercice budgétaire allait du 1er juillet au 30 juin de l'année suivante ; mais à partir de 2003, l'année budgétaire s'aligne sur l'année civile conformément à une loi de 2002, une pratique qui avait déjà cours avant l'indépendance[690]. L'exercice commençant désormais le 1er janvier pour se terminer le 31 décembre de la même année, les budgets locaux doivent être votés (comme le budget de l'État) à l'intérieur de cette période, pour le 1er janvier.

---

688 W. Gilles, *Les principes budgétaires et comptables publics*, *op.cit.* p. 18.

689 *Idem.*

690 Voir, en ce sens, M. Finken, qui indique en outre qu' « historiquement, c'est le décret n° 60-182 du 13 octobre 1960 qui étend aux communes de l'État fédéré du Cameroun oriental l'année budgétaire de l'État (avant cette date, l'année budgétaire correspondait déjà à l'année civile). La mesure a été étendue aux *natives authorities* de l'État fédéré du Cameroun occidental par la *Native Authority Law* du 28 août 1962 » *in Gouvernance communale en Afrique et au Cameroun*, L'Harmattan, 2011, ouvrage *op.cit.*, p. 223.

La *journée complémentaire* — délai supplémentaire imparti à l'Administration à compter de la clôture normale de l'exercice pour lui permettre de procéder au paiement des dépenses de fonctionnement — constitue l'un des aménagements au principe de l'annualité budgétaire. L'instruction conjointe n° 000366/IC/MINATD/MINEFI précitée accorde une *journée complémentaire* allant du 1er janvier au 31 janvier de l'année suivante pour servir au recouvrement des recettes déjà émises ainsi qu'au paiement des dépenses liquidées et ordonnancées au titre de l'exercice clos.

En plus de la journée complémentaire, le système français a prévu d'autres aménagements : « deux documents infra-annuels » (le budget supplémentaire et les décisions modificatives et la règle dite de l'antériorité.

Le budget supplémentaire (un seul par an est autorisé) a pour objet de transcrire l'affectation des résultats constatés à la clôture de l'exercice n-1, et éventuellement de décrire des opérations[691] ; il peut — comme les lois de finances de l'État — constituer en cours d'exécution un budget d'ajustement du budget primitif rectifiant les décisions budgétaires initiales, de même qu'il peut jouer le rôle d'un budget de report[692].

Les décisions modificatives — c'est-à-dire les délibérations qui apportent des corrections aux prévisions de recettes et de dépenses du budget primitif[693] — constituent le deuxième aménagement au principe d'annualité budgétaire. Ces décisions sont généralement adoptées par l'assemblée délibérante, et se justifient par le fait que le budget primitif relevant de la prévision, et par conséquent de l'aléa, la possibilité de modifications (en cours d'exercice) pour procéder à des ajustements ou faire face à des évènements non prévisibles[694] ne peut être définitivement écartée.

Concernant la règle (ou le principe) de l'antériorité en France, il constitue une entorse au principe de l'annualité, en vertu duquel « le budget doit être voté avant le premier janvier de l'année au cours de laquelle il s'applique ; toutefois, la règle de l'antériorité fait l'objet d'une « entorse »[695] législative car la date limite du vote pour les collectivités territoriales est le 31 mars, étant à noter qu'elle est reportée au 15 avril les années d'élection[696].

Au Cameroun, le principe de l'antériorité budgétaire est posé à l'article 32 de la loi ci-dessus : « Le budget d'une collectivité territoriale est voté et approuvé avant le début de l'exercice budgétaire ». On veut par là dire que l'autorisation budgétaire que donne l'organe délibérant doit être donnée avant le début de chaque exercice. Il s'ensuit logiquement qu'aucune opération (émission/recouvrement de recettes ou engagement et ordonnancement de

---

[691] R. Brolles et B. Straub, *Budget des communes. Gestion et comptabilité 2009*, Berger-Levrault, 2009, p. 34.
[692] R. Le Mestre, *Droit des collectivités territoriales*, Gualino éditeur, 2004, p. 319.
[693] F. Astier, *Finances publiques droit budgétaire. Le budget des collectivités locales*, Ellipses, 1996, p. 155.
[694] J. Buisson, *Finances publiques*, 14e édition, 2009, p. 138.
[695] W. Gilles, *Les principes budgétaires et comptables publics*, *op.cit.*, p. 89.
[696] *Idem.*

dépenses) ne peut être réalisée dans l'entre-temps. Le vote et l'approbation du budget devant intervenir avant le 1er janvier, l'instruction conjointe n° 366/CNIL/MINATD/MINFI d'application du décret n° 98/266/PM du 21 août 1998 susmentionnée avait posé en règle que le vote du budget par le conseil municipal devait intervenir au plus tard le 20 décembre. Cette mesure avait sans doute été conçue pour que soit respectée l'échéance du 1er janvier, mais la pratique révèle qu'il n'est pas aisé de se conformer à cette exigence.

D'où l'aménagement, qui consiste, pour l'autorité de tutelle, et dans le cas où le budget ne serait pas voté avant le 1er janvier, à autoriser la reconduction du budget précédent par fraction d'un 1/12 afin de permettre à la collectivité locale d'assurer la continuité des services, pratique que l'on désigne sous l'appellation de « Douzièmes provisoires ».

Dans le cadre de la décentralisation, les budgets des collectivités territoriales dépendent, du point de vue de leur contenu, du budget de l'État central (pour la détermination à la fois du montant des transferts financiers reçus de l'État et l'évaluation de leurs ressources fiscales dès lors que la loi de finances de l'année peut permettre une modification du régime juridique et fiscal des impositions locales). Dans le cas de la France, les collectivités locales peuvent, aidées en cela par les dispositions la loi du 2 mars 1982, adopter leur budget jusqu'au 31 mars de l'exercice budgétaire considéré ; cette échéance peut être repoussée à la date du 15 avril lors des années de renouvellement des organes délibérants, le législateur conservant le droit de modifier ce délai pour tenir compte, entre autres, de l'entrée en vigueur des réformes adoptées au regard de l'incidence qu'elles ont sur l'élaboration des budgets locaux[697]. Les dispositions prises par le législateur[698] aux fins de trouver remède à l'adoption retardée du budget montrent, à suffisance, la difficulté qu'il y a à se conformer aux prescriptions légales d'adoption des budgets locaux.

b) Le principe de spécialité

Ce principe est prévu à l'article 37 alinéa 1er de la loi de 2010 en ces termes : « Un crédit voté pour une dépense déterminée et qui fait l'objet d'une imputation budgétaire précise, ne peut être utilisé que pour les besoins correspondant à cette imputation ». Dans la mesure où les crédits sont présentés article par article et chapitre par chapitre, il résulte de ce principe qu'un crédit voté pour un chapitre donné ne peut servir qu'à la couverture des

---

[697] S. Damarey, *Finances publiques*, *op.cit.*, p. 506.

[698] Voir aussi, en ce sens, les aménagements prévus par l'article 1612-1 du Code général des collectivités locales (CGCT) de France, ainsi que les exceptions à l'adoption annuelle, à savoir les exceptions pour une période inférieure à l'année d'une part (budget supplémentaire et décisions modificatives) d'une part, et les exceptions pour une durée supérieure à l'année (autorisations de programme ou crédits de paiements), *in* R. Muzellec, *Finances locales*, 5e édition, *op.cit.*, p. 44-45

dépenses de ce chapitre précis. Autrement dit, il est interdit d'utiliser des crédits prévus pour une finalité différente, les crédits étant spécialisés[699].

Des dérogations existent toutefois, avec la procédure des virements de crédits (transfert d'un crédit ou d'une partie de celui-ci d'un poste budgétaire à un autre) : le magistrat municipal peut procéder à des virements d'un chapitre à un autre chapitre sur délibération de l'organe délibérant approuvée par l'autorité de tutelle compétente. Les virements de crédits d'article à article et de paragraphe à paragraphe s'opèrent par décision du chef de l'exécutif, étant à noter que les virements de crédits de la section investissement à la section de fonctionnement sont interdits.

L'article 53 alinéa 4[700] de la loi n° 2007/006 du 26 décembre 2007 limite le montant cumulé des crédits ayant fait l'objet de virement de crédit à 5 % des crédits ouverts au budget.

3. Un principe de l'équilibre budgétaire

Le principe de l'équilibre budgétaire n'existe pas véritablement pour les finances de l'État, car il s'agit plus de la poursuite d'un objectif qui doit être atteint tel que souligné à l'article 34 de la Constitution (révision du 23 juillet 2008)[701]. Il n'en est pas de même pour les collectivités locales, ces dernières se devant de voter un budget respectueux du principe de l'équilibre budgétaire[702]. Au niveau local, la portée de ce principe diffère selon qu'il s'agit de voter le budget ou le compte administratif[703].

Le principe de l'équilibre budgétaire découle de l'article 35[704] de la loi du 10 juillet 2010 portant régime financier des collectivités territoriales décentralisées sous l'appellation de « principe de l'équilibre budgétaire » signifie que le budget local doit être voté en équilibre en recettes et en dépenses. Un budget local est en équilibre réel — c'est-à-dire arithmétique et sincère [705] — lorsque, « au moment de son vote [...] ses sections de fonctionnement et d'investissement sont respectivement en équilibre, après évaluation sincère des dépenses et des recettes », la sincérité excluant alors toute majoration ou minoration fictive.

La loi camerounaise n'ayant pas accolé l'adjectif « réel » à l'équilibre budgétaire exigé, autant s'éclairer de la définition française tirée de l'article 1612-4 du Code général des collectivités territoriales dont il ressort que : « le

---

[699] *Idem*, p. 47.

[700] Article 53 alinéa 4 : « Le montant cumulé, au cours d'une même année, des crédits ayant fait l'objet de virements, ne doit pas dépasser 5% des crédits ouverts par la loi de finances de l'année pour chacune des sections ».

[701] W. Gilles, *Les principes budgétaires et comptables publics*, *op.cit*, p. 133.

[702] *Idem.*

[703] *Ibidem.* Pour plus d'informations sur ce point, voir l'ouvrage de W. Gilles précité, p. 135-137.

[704] Article 35 de la loi du 10 juillet 2009 portant régime financier des collectivités territoriales décentralisées : « le budget est voté en équilibre en recettes et en dépenses ».

[705] P. Mouzet, *Finances locales*, 3e édition, *op.cit.*, p. 72.

budget de la collectivité territoriale est en équilibre réel lorsque la section de fonctionnement et la section d'investissement sont respectivement votées en équilibre, les recettes et les dépenses ayant été évaluées de façon sincère, et lorsque le prélèvement sur les recettes de la section d'investissement, ajouté aux recettes propres de cette section, à l'exclusion du produit des emprunts, et éventuellement aux dotations des comptes d'amortissement et de provisions, fournit des ressources suffisantes pour couvrir le remboursement en capital des annuités d'emprunt à échoir au cours de l'exercice ».

Censé asseoir une bonne gestion des finances publiques nationales, ce principe ne s'applique qu'aux collectivités territoriales, « l'État [n'ayant] jamais été tenu d'équilibrer son budget »[706], une situation que l'on retrouve dans la majorité des pays, à l'exception de l'Allemagne où la Constitution impose l'équilibre, en permettant néanmoins « l'inclusion dans le budget fédéral des [...] emprunts (à concurrence des dépenses d'investissement, ou même sans limitations s'il s'agit d'"éviter une rupture d'équilibre de l'ensemble économique" »)[707].

Le principe de l'équilibre budgétaire a pourtant été adopté au niveau européen où il s'applique avec rigueur : l'équilibre doit être recherché à tous les stades de la procédure (avant-projet, projet, etc.), chaque lecture devant aboutir à un vote assurant l'équilibre du budget, équilibre qui doit être atteint — contrairement aux collectivités territoriales qui en ont la possibilité — sans recours à l'emprunt ; ce budget doit être intégralement financé par des ressources propres : article 269 du TCE. De toutes les entités juridiques et financières autonomes dotées d'un degré d'autonomie variable, État, collectivités locales, Communauté européenne, cette dernière est la collectivité publique soumise au régime le plus sévère certes, mais une sévérité d'un intérêt certain au niveau national, ne serait-ce qu'en matière d'assainissement des finances publiques : la non-application de cette importante règle de gestion au niveau de l'État affecte forcément les finances publiques, et un dérapage du déficit national n'est pas sans conséquence sur les finances locales.

Face aux déficits publics récurrents, la transposition de la règle de l'équilibre budgétaire au niveau national par mimétisme de l'Union européenne n'aiderait-elle pas certains pays, comme la France, dont les finances publiques sont déclarées détériorées[708], à tendre justement vers un équilibre ? En France où le déficit public perdure depuis bientôt une quarantaine d'années[709] — les prévisions n'en sont pas plus optimistes[710] — ce

[706] J.-L. Albert et L. Saïdj, *Finances publiques*, 6e édition, Dalloz, 2009, p. 83.

[707] *Idem.*

[708] Voir *Le Guide Coface Risque Pays* de 2012, lequel qualifie les finances publiques françaises de « détériorées » : p. 88.

[709] En effet, entre 1975 et 2014, quatre budgets seulement ont été votés en équilibre (sous le mandat présidentiel du Président Pompidou) : + 460 milliards en 1970 ; + 1767 milliards en 1972 ; + 4840 en 1973 ; + 5780 en 1974. Voir, G. Orsoni,, Éditions Publisud, 1989, p. 130.

[710] Les prévisions du déficit public en France en pourcentage du PIB diffère selon que l'on se place du côté de Bruxelles ou de la France : Pour 2014 et 2015, Bruxelles prévoit un déficit

choix pourrait s'avérer salutaire tant au niveau interne qu'au plan européen relativement au Pacte de stabilité et de croissance[711] .

L'étude des principes budgétaires montre clairement une soumission des collectivités territoriales à l'État central. Dans le même temps, on constate que le nouveau régime d'élaboration et d'exécution du budget n'a pas plus consolidé l'autonomie budgétaire des collectivités territoriales, dans la mesure où celle-ci reste encore confisquée.

B. L'ACTUEL RÉGIME JURIDIQUE D'ÉLABORATION ET D'EXÉCUTION DU BUDGET, UNE AUTONOMIE BUDGÉTAIRE CONFISQUÉE

En 2009, et à la faveur de la loi n° 2009/11 du 10 juillet 2009 portant régime financier des collectivités territoriales décentralisées, le Cameroun s'est doté d'un nouveau cadre juridique régissant tant le contenu, que l'élaboration et l'exécution des budgets des collectivités territoriales décentralisées. L'élaboration de cette loi s'est faite en cohérence avec la loi n° 2007/006 du 26 décembre 2007 portant régime financier de l'État [712] ; la loi du 10 juillet 2009 reprend des notions propres aux finances publiques nationales, à l'instar de celles de *budget-programme* et de *performance*, en apportant des innovations qui portent notamment sur l'élaboration, le contenu et l'exécution

---

public respectivement de - 4% et - 3,9%, alors que la France (mise sous surveillance par Bruxelles) prévoit, pour sa part, un déficit public de -3,6% en 2014 et -2,8 en 2015 ; à cet égard, il peut être éclairant de souligner que pour 2013, la Commission européenne avait prévu un taux de 4,2 et la France une réduction de son déficit à 3%, ce qui a conduit G. Carrez (président de la Commission des Finances à l'Assemblée nationale) à prévoir qu' « il sera impossible de tenir l'objectif de 2104 » (voir, le quotidien *Les Echos* des 6 et 10 mars 2014, respectivement aux pages 8 et 36). Ce n'est donc pas par hasard que « l'étau se resserre sur la France, mise sous surveillance renforcée par Bruxelles, [puisque] la Commission demande à Paris de prendre des mesures d'urgence pour éviter le dérapage de son déficit » (voir, le quotidien *Les Echos*, du jeudi 6 mars 2014, p. 8).

[711] Il s'agit d'une règle de discipline budgétaire qui s'impose aux pays membres de l'Union européenne, règle instituée par le Traité de Maastricht dont les articles 99 et 104 limitent le déficit public à 3% du produit intérieur brut et à 60% du PIB celui de l'endettement public (ces taux ont été maintenus par la réforme du Conseil européen de mars 2005). Les nouvelles règles obligent à un dialogue permanent entre les pays membres et Bruxelles ; dès le mois d'avril, ces pays doivent soumettre des plans budgétaires à moyen terme et des programmes de réforme répondant aux recommandations et respectant le Pacte de stabilité et de croissance (ne pas dépasser les 3% de déficit). Au cas de déficit public excessif (c'est-à-dire supérieur à 3% du PIB) ou d'endettement (plus de 60% du PIB), l'État « fautif » est placé en procédure de déficit excessif et fait l'objet d'une surveillance rapprochée. La Commission doit alors les alerter lorsqu'elle constate un écart par rapport à l'objectif de moyen terme, « ce qu'elle vient de faire pour la France », qu'elle a placée sous surveillance renforcée. À défaut de correction suffisante, la Commission propose au Conseil de voter un avertissement ; celui-ci constitue la première étape d'une sanction financière : voir, quotidien *Les Echos* du jeudi 6 mars 2014, p. 8, précité.

[712] J. P. Kuaté, *Les collectivités territoriales décentralisées au Cameroun. Recueil de textes*, 5e édition, *op.cit.*, p. 20.

des budgets locaux, ainsi que sur la comptabilité et le contrôle de gestion des collectivités territoriales décentralisées[713].

À la vérité, les transformations réalisées à la faveur de la loi n° 2004-17 du 22 juillet 2004 d'orientation de la décentralisation et de loi camerounaise de 2009 précitée n'ont pas ouvert la voie à l'autonomie budgétaire au Cameroun, le système antérieur n'ayant pas véritablement été élagué : en fait de nouveauté, de nouvelles règles plus contraignantes sont venues se superposer aux règles fortement encadrées du système antérieur, privant définitivement les collectivités territoriales de toute autonomie budgétaire.

Sans prétention d'exhaustivité, on retiendra, comme premier exemple, l'article 70 de la loi du 22 juillet 2004 : les budgets initiaux et annexes, les comptes hors budget, les autorisations spéciales de dépenses de même que les emprunts et garanties d'emprunts sont soumis à l'approbation préalable du préfet.

Un deuxième exemple peut être tiré de la loi du 10 juillet 2009 portant régime financier des collectivités territoriales décentralisées (dépenses fortement réglementées, exigence de ratios en matière de prévisions des dépenses et des recettes, et pouvoirs dévolus à l'autorité de tutelle) : ainsi, le contenu du budget a-t-il été « retouché » dans un sens moins favorable pour ces collectivités. En effet, à la distinction autrefois faite entre « dépenses obligatoires » et « dépenses facultatives », est venue s'ajouter une troisième catégorie — celle de « dépenses interdites » — instituée par l'article 30 de la loi du 10 juillet 2009. Selon, cette disposition, « Les dépenses interdites sont celles qui sont formellement prohibées par les lois et les règlements en vigueur. Sont notamment interdits : les prêts consentis par une collectivité territoriale à une personne privée ; les subventions aux associations non déclarées et aux structures non agréées ; les subventions aux associations et aux congrégations religieuses ; les subventions aux partis politiques ».

Cette disposition appelle une petite remarque : l'emploi de l'adverbe *notamment* indique bien que la liste des dépenses suscitées n'est pas exhaustive et relève d'un ensemble sous-entendu, que le législateur peut, à tout moment définir ou moduler.

Si l'on emprunte la définition donnée par l'article 6 du décret n° 00993/PR du 12 septembre 1972 portant régime financier et comptable des collectivités secondaires gabonaises, à savoir que les dépenses interdites sont celles qui sont « contraires aux intérêts locaux et à une disposition formelle de la loi », on est légitimement amené à se demander, dans le cas du Cameroun, en quoi un prêt consenti par une commune à un de ses habitants ne le serait pas dans l'intérêt de cette collectivité ! Le prêt fait sur la base d'un contrat et de garanties de remboursement sérieuses peut, par exemple, permettre à l'emprunteur de créer une entreprise sur le territoire de la commune avec à la

---

[713] *Idem.*

clé des créations d'emplois, des paiements d'impôts, un remboursement assortis d'intérêts, le développement local, etc.

L'exemple du Sénégal prouve que l'exigence d'un intérêt local ne se limite pas uniquement aux dépenses obligatoires : seules peuvent être inscrites au budget, les dépenses facultatives qui présentent un caractère d'intérêt local (article 260 du Code des collectivités locales).

On peut donc conclure avec Alexis Essono Ovono que « [...] cette notion d'intérêt local étant indéterminée, il en résulte un pouvoir discrétionnaire du pouvoir central pour apprécier l'opportunité des dépenses »[714].

Par ailleurs, les collectivités territoriales apparaissent dorénavant « mains et poings liés ». En effet, aux termes de l'article 39 de la loi du 10 juillet 2009, les budgets des collectivités territoriales seront désormais élaborés dans le respect des ratios suivants : « les prévisions des dépenses d'investissement doivent être fixées à un taux minimum de 40 % des dépenses totales ; les prévisions des dépenses de fonctionnement ne doivent pas excéder le taux de 60 % des dépenses totales ; les dépenses de personnel ne doivent pas excéder 35 % des dépenses de fonctionnement ».

Enfin, le budget des collectivités locales doit être voté au plus tard le 15 novembre de chaque année. Il est approuvé par arrêté de l'autorité de tutelle compétente dans le délai de quinze jours « suivant la date formellement justifiée » de son dépôt, et c'est cette approbation qui lui confère le caractère exécutoire[715]. L'autorité de tutelle qui approuve le budget de la collectivité territoriale peut, après une mise en demeure restée sans effet le modifier d'office ; tel sera le cas, par exemple, lorsque ledit budget n'a pas été voté en équilibre, au cas de dépenses irrégulières ou lorsque les ratios imposés à l'article 39 susvisé n'auraient pas été respectés[716].

Naturellement, l'objection reste que la relation de subordination (vis-à-vis de l'État central) à laquelle étaient soumises les collectivités territoriales pouvait se justifier par le caractère centralisé de l'État d'alors. C'est pourquoi il y a lieu de rechercher si les premiers pas de la décentralisation en général, et de la décentralisation fiscale en particulier, ont effectivement été inducteurs d'autonomie financière au Cameroun.

§ II. La nouvelle fiscalité locale camerounaise : l'autonomie fiscale renforcée ?

Comme pour l'autonomie financière, la doctrine ne parvient pas à cerner le concept d'autonomie fiscale et s'accorder sur une définition, faisant ainsi de

---

[714] A. Essono Ovono : « L'autonomie financière des collectivités locales en Afrique noire francophone. Le cas du Cameroun, de la Côte d'Ivoire, du Gabon et du Sénégal ». Consultable sur : http://afrilex.u-bordeaux4.fr/sites/afrilex/IMG/pdf/, consulté le 30 janvier 2014.

[715] Voir l'article 46 de la loi n° 2009/11du 10 juillet 2009.

[716] Voir l'article 49 de la loi n° 2009/11 du 10 juillet 2009.

l'autonomie fiscale un concept relatif (A), cependant qu'une lecture de certains textes superposés et contradictoires trahit une autonomie fiscale bridée, et dans une certaine mesure confuse (B).

A. L'AUTONOMIE FISCALE : UN CONCEPT RELATIF À DÉFINITIONS VARIABLES

Fabrice Robert fait remarquer que « Le nœud du problème de l'autonomie financière est l'autonomie fiscale : le fait de détenir une part suffisante de recettes d'origine fiscale dans l'ensemble des ressources »[717].

Dans le prolongement de cette affirmation, le Conseil économique et social français indique pour sa part que « L'autonomie financière des collectivités territoriales implique une autonomie fiscale locale forte » [718]. Par cette affirmation, cette instance prenait ainsi à contre-pied les arguments[719] de ceux qui voulaient réduire l'autonomie financière locale à l'autonomie de dépense. Pour le Conseil, « l'autonomie fiscale est un élément essentiel de l'autonomie locale [...]. Elle constitue un fondement de la démocratie locale. Le lien fiscal est un facteur de responsabilisation des acteurs du développement local en permettant une confrontation directe entre les besoins et les contraintes de moyens. C'est aussi un instrument d'autonomie des choix locaux permettant de choisir le niveau souhaité pour les services et les initiatives de développement jugées opportunes.

L'autonomie fiscale comporte dans cette perspective des marges de manœuvre multiples : non seulement la possibilité de fixer le taux des impôts (à la hausse comme à la baisse), mais aussi le bénéfice de l'évolution spontanée des bases, l'effet de levier sur la capacité d'emprunt et l'effet "retour sur investissement" qui permettent à une collectivité dynamique de retrouver sous forme de bases nouvelles les fruits de ses efforts de développement.

L'autonomie fiscale est en définitive un facteur d'efficacité. Elle constitue une incitation au dynamisme et à la bonne gestion : l'amélioration des ressources fiscales par l'effet "retour sur investissement" facilite l'autofinancement total ou partiel des projets voire dans certains cas autorise

---

[717] F. Robert, *Les collectivités territoriales en France*, collection « Les notices », *La documentation française*, 3e édition revue et corrigée, notice n° 17, p. 118.

[718] Conseil économique et social, « L'avenir de l'autonomie des collectivités locales », rapport présenté par Pierre Brunel au nom de la section des finances, séance du 13 juin 2001, *op.cit.*, p. I-4.

[719] Le Conseil économique et social indique qu'« ils mettent en avant certains inconvénients de l'autonomie fiscale : les inégalités qu'elle engendre, son caractère théorique pour les collectivités pauvres, les distorsions économiques possibles, la difficulté d'une régulation globale en matière des finances publiques et d'aménagement du territoire. Parallèlement, ils font valoir les avantages d'une autonomie de dépense assise sur les dotations : une régulation globale des finances publiques facilitée et des possibilités nouvelles de péréquation financière entre collectivités », *idem*.

une baisse ultérieure de la pression fiscale [...]. L'autonomie fiscale ne va pas sans contrepartie. [Par exemple], il importe que le degré d'autonomie fiscale soit suffisant, c'est-à-dire que les impôts sur lesquels la collectivité a une marge d'autonomie représentent un pourcentage significatif des ressources de fonctionnement »[720].

Partant du Rapport Mauroy qui, en son temps, rappelait que « la faculté de lever l'impôt et de répondre de son utilisation devant le citoyen est un des principes républicains fondamentaux de la démocratie », le Conseil économique, Social et Environnemental (CESE) concluait que « L'autonomie fiscale signifie qu'une part importante des ressources des collectivités dépend des décisions prises par les élus dont ils assument politiquement la responsabilité. C'est une dimension du principe de libre administration des collectivités territoriales. La définition des ressources propres des collectivités et des conditions de leur préservation peut être un moyen de leur assurer cette autonomie »[721].

Dans le cas de la France, Laurence Tartour fait remarquer que cette autonomie « [...] se caractérise notamment par la faculté de créer de nouveaux impôts, de fixer librement les taux, de modifier l'assiette, et le dynamisme des bases fiscales, et la part des recettes fiscales dans les ressources totales de la collectivité. Or, ces différentes caractéristiques restent insatisfaites. Les collectivités ne peuvent créer de nouveaux impôts, les règles de fixation des taux restent complexes et aucune loi ne permet encore aux collectivités de modifier l'assiette. De plus, l'application des dispositions prévues par le nouvel article 72-2 dépend de l'adoption d'une loi organique adoptée un an après »[722].

Alors que l'autonomie fiscale reste faible en France, elle apparaît bridée au Cameroun au regard des définitions qui précèdent. La superposition de textes contradictoires en vigueur dans ce dernier pays a fini par y faire de l'autonomie fiscale une notion nébuleuse.

B. LA NOUVELLE FISCALITÉ LOCALE DU CAMEROUN : UNE AUTONOMIE FISCALE BRIDÉE ET CONFUSE

Au Cameroun, et en vertu de la loi du 17 juin 1959, le conseil municipal délibérait sur le budget de la commune mixte et, en général, sur toutes les dépenses, fussent-elles ordinaires ou extraordinaires ; en outre, il appartenait au conseil municipal d'établir le mode d'assiette, les règles de perception et les tarifs des taxes et redevances municipales qui étaient perçues directement au

---

[720] *Ibidem.*

[721] Conseil économique et social, « L'avenir de l'autonomie des collectivités locales », Rapport présenté par Pierre Brunel au nom de la section des finances, *op.cit.*, p. I-4.

[722] L. Tartour, *L'autonomie financière des collectivités territoriales en droit français*, *op.cit.*, p. 181.

profit de la commune[723]. Avec l'instauration de L'État unitaire, « c'est le législateur qui prévoit [désormais] les recettes de la commune »[724] : l'article 94 de la loi du 8 décembre 1974 portant organisation communale prévoit que les taux et l'assiette des impôts et taxes dont le produit est entièrement versé aux communes (impôt libératoire, contribution des patentes et licences, des taxes sur le bétail et les armes à feu) et celui des droits de mutation à titre onéreux — le produit de ce dernier est reversé pour moitié à la commune du lieu de situation — sont déterminés par le Code général des impôts et celui de l'Enregistrement, du timbre et de la curatelle.

La loi ci-dessus a aussi prévu que les centimes additionnels[725] perçus sur le territoire d'une commune sont créés par délibération de son conseil municipal (dans les limites fixées par la législation fiscale). Les autorités locales déterminaient — librement ou à l'intérieur d'une fourchette fixée par l'État — les tarifs d'impôts levés par l'administration centrale pour leur compte : cas des taxes communales aujourd'hui transformées, comme déjà indiqué, en *taxe de développement local*. Le conseil municipal pouvait, en vertu de l'article 98 de la loi de 1974, voter au profit du budget communal des taxes dites « taxes communales indirectes, dont les taux maxima et les modalités de recouvrement étaient fixés par décret. En supposant que le seul critère doctrinal[726] de « détention d'une part suffisante de recettes d'origine fiscale » ci-avant mentionné soit à même de générer l'autonomie fiscale, on est en droit de douter que la transformation d'anciennes taxes à faible rendement en une *taxe de développement local* puisse contribuer efficacement à doter les collectivités locales camerounaises d'une autonomie financière. Les dispositions de l'article 98 ci-dessus — rappelons qu'elles concernent les anciennes taxes communales indirectes devenues taxes communales — font quant à elles penser à un simulacre de pouvoir fiscal dans la mesure où ce pouvoir fiscal porte sur des impôts à faible rendement[727] ou à rendement nul[728], le véritable décideur fiscal de la commune étant finalement le pouvoir central[729].

---

[723] J.-B. Fotsing, *Le pouvoir fiscal en Afrique…*, *op.cit.*, p. 202.
[724] *Idem*, p. 198.
[725] Les centimes additionnels visés par cette disposition sont ceux dont le produit provient notamment de l'impôt sur le revenu des personnes physiques, de l'impôt sur les sociétés, de la taxe sur la propriété foncière, des taxes sur les jeux, et de la taxe sur le chiffre d'affaires.
[726] Voir F. Robert, *supra*.
[727] Comme exemples relativement récents, on peut citer le cas de la communauté urbaine de Yaoundé dont la superficie est de 293 000 km2, avec une population de 1 576 745 en 2008 et 1 850 000 en 2009, aujourd'hui estimée à plus de 2 000 000 d'âmes. À cette collectivité locale, les droits de timbre ont rapporté 2 060 000 FCA en 2008, 2 495 000 CFA pour l'exercice 2009, 2 700 000 FCFA pour l'exercice 2010, 1 830 000 en 2011. Le produit d'occupation des parcs de stationnement ont, pour leur part, rapporté à cette collectivité locale 30 624 000 FCFA en 2009, contre 29 961 045 FCFA en 2010 et 68 492 190 FCA en 2011. .
[728] À l'instar des redevances pour dégradation de chaussée, de la taxe de transhumance ou du produit de la taxe douanière municipale dont le montant des recettes au titre des années 2008, 2009 et 2010 présente un solde nul (liste non exhaustive).
[729] J.-B. Fotsing, *Le pouvoir fiscal en Afrique…*, *op.cit.*, p. 203.

Il suffit, pour s'en convaincre, de se référer à l'article 1er alinéa 4 de la loi n° 2009/019 du 15 décembre 2009 portant fiscalité locale : « Sauf dispositions spécifiques de la présente loi, les procédures fiscales applicables aux droits et taxes de l'État sont reprises *Mutatis mutandis* pour l'assiette, l'émission, le recouvrement, les poursuites, le contrôle et le contentieux des impôts, taxe et redevances dus aux communes, aux communautés urbaines, aux communes d'arrondissement et aux régions ». On peut en déduire que l'autonomie financière consacrée à l'article 55 (alinéa 2) de la Constitution n'emporte pas possibilité de création d'impôts par les collectivités territoriales puisque les impôts sont législativement encadrés : à la vérité, les collectivités territoriales décentralisées disposent de marges de manœuvre fiscales sinon floues, du moins négligeables.

En effet, il est indiqué à l'article 3 de la loi du 15 décembre 2009 portant fiscalité locale que les collectivités locales ne peuvent percevoir un impôt, une taxe ou une redevance que, lorsque ces impôt, taxe ou redevance ont été créés par la loi, votés par l'organe délibérant et approuvés par l'autorité compétente ; le taux de prélèvement de tels impôt, taxe ou redevance étant arrêté par délibération de l'organe délibérant, en se conformant aux fourchettes fixées législativement. Or, l'article 96 de la loi de 1974 (toujours en vigueur) accorde au conseil municipal la possibilité d'*instituer*, autrement dit de créer, des taxes, *l'établissement* (c'est-à-dire la création) et la modification de ces dernières devant être approuvés par l'autorité de tutelle.

La confusion créée par cette superposition de textes semble se répandre, puisqu'un auteur souligne que « [...] les collectivités territoriales [camerounaises] ne sont pas habilitées à *créer* un impôt ou une taxe, elles gardent cependant la liberté de les *instituer* sur leurs territoires respectifs et d'en déterminer les taux dans les limites ou les fourchettes fixées par la loi, d'où l'obligation juridique d'une délibération municipale soumise à l'approbation de la tutelle, garante de la légalité fiscale »[730]. Selon le petit Robert pourtant, les verbes *créer*, *instituer* et *établir* veulent dire la même chose[731]. Autant confirmer que les impôts et taxes ci-dessus visés ne sont pas créés par les collectivités territoriales bénéficiaires, ces dernières se limitant à en arrêter le tarif à l'intérieur d'une fourchette fixée par le législateur.

Concernant cette superposition de textes en vigueur, un Rapport de la Banque mondiale fait le constat suivant lequel « La législation camerounaise relative à la décentralisation se caractérise par une large variété de textes de niveaux hiérarchiques différents qui se chevauchent, allant de la Constitution de 1972, sa révision de 1996, et les changements subséquents de 2004. De plus, il existe de nombreux décrets présidentiels et règlements ministériels. Il y a chevauchement, car il est difficile de savoir si les textes successifs traitant du même sujet abrogent les dispositions antérieures ou les complète. Les textes

---

[730] J.-P. Kuaté, *Les collectivités territoriales décentralisées au Cameroun. Recueil de textes*, 5e édition, 2012, p. 15.

[731] Voir Le petit Robert, édition de 1977, p. 420.

qui disposent *in fine* que “la présente loi ou (le présent décret) abroge toutes dispositions antérieures contraires” donnent lieu à ambiguïté quant à ce qui a été effectivement abrogé. Il y aurait plus de clarté si les dispositions abrogées étaient explicitement précisées. Certains articles n’abrogent que partiellement des dispositions des lois antérieures, laissant les autres inchangées. Par exemple, l’article 88 de la loi 2004/017 d’orientation de la décentralisation dispose que “sont abrogées et remplacées les dispositions correspondantes de la loi n° 74/023 portant organisation communale”. Partant, la loi n° 74/23 est toujours en vigueur, mais certaines de ses dispositions sont abrogées »[732].

La loi du 15 décembre 2009 a doté les régions de quatorze impôts et taxes à son article 118, sans toutefois en préciser ni les taux, ni les modes de calculs y afférents, une lacune qui perdure ostensiblement, en dépit d’une timide tentative de la loi du 21 décembre 2010 [733] à aller dans ce sens. Les compétences d’assiette, d’émission et de recouvrements des impôts et de taxes dus aux régions ont été dévolues par l’article 119 de loi du 15 décembre 2009 aux services fiscaux compétents de l’État et des communes. Le produit ou la quote-part des impôts, taxes et redevances destinés aux régions sont émis et recouvrés sur ordre de virement unique au profit du receveur des impôts et, par la suite, reversés par les services compétents du Trésor public aux régions, ou à l’organisation de centralisation ou de péréquation afin qu’il soit procédé à leur répartition au profit des régions, étant précisé que les modalités de répartition, de centralisation ou de reversement des recettes fiscales dues aux régions se fixent par voie réglementaire[734].

---

[732] Banque mondiale, Rapport n° 63369-CM (traduction de l’auteur), *« Cameroon The path to fiscal decentralization, opportunities and challenges », art.cit.*, p. 25 : « *The cameroonian legislation concerning decentralizaion is characterized by a wide variety of overlapping legislative texts of different levels, ranging from the 1972 Constitution, its amendement in 1996, and the further legal changes in 2004. In addition, there are various Presidential decrees and ministerial directives. The overlapping arises since it is difficult to know if successive text covering the same topic replace earlier ones or complement them. The legal texts that mention in fine that “the current law or (decree) revokes all opposing previous provisions” give rise to ambiguity as to what exactly has been repealed. It would have been clearer to explicitly mention the items that no longer apply. Some articles only partially repeal provisions of previous laws, leaving others intact. For instance, article 88 of Law 2004/017 on the scope of decentralization states that the previous Laws “are repealed and replace corresponding provisions of Law 1974/023 relating to local municipalities”. Hence, Law 1974/023 stands, but certain articles are repealed* ».

[733] Il s’agit de la loi n° 2010/015 du 21 décembre 2010 portant loi de finances pour l’exercice 2011, loi qui modifie ou complète la loi du 15 décembre 2009 portant fiscalité locale. La loi du 21 décembre 2010 a fixé les taux du droit de timbre sur les véhicules automobiles (dévolus aux régions) comme suit : motocyclette, 2000 FCA ; véhicules de 2 CV à moins de 7 CV, 15000 FCFA ; véhicules de 8 à 13 CV, 25000 FCFA ; véhicules de 14 à 20 CV, 50 000 FCFA ; véhicules de plus de 20 CV, 100 000 CFA, (voir, titre VI (enregistrement, timbre et curatelle), article 597.

[734] Article 119 de la loi du 15 décembre 2009 telle que complétée par la loi n° 2010/015 du 21 décembre 2010 susvisée.

Peut-on dans ces conditions en conclure que les collectivités territoriales décentralisées jouissent d'une autonomie fiscale ? Il semble difficile, en l'état actuel des textes sur la fiscalité locale de répondre par l'affirmative, une réponse négative conduisant quant à elle à remettre en question dans son entier, l'édifice de l'autonomie financière. Comment donc concilier « enjeux de la décentralisation » et « absence d'autonomie fiscale ? La décentralisation (elle inclut la décentralisation fiscale) constitue, aux termes de l'article 2 alinéa 2 de la loi d'orientation de la décentralisation « l'axe fondamental de promotion du développement, de la démocratie et de la bonne gouvernance au niveau local ». Mais ces trois enjeux (développement, démocratie et bonne gouvernance) peuvent être compromis en l'absence d'autonomie en général et d'autonomie fiscale en particulier : en premier, des impôts locaux institués par la Base sous le contrôle de l'État pour éviter tout dérapage peuvent se révéler plus pertinents et plus efficaces en termes de développement, les autorités locales ayant, mieux que quiconque, une parfaite connaissance des besoins de leur territoire. En second, une décentralisation sans partage de pouvoir fût-il politique ou fiscal est apocryphe et ne peut en aucun cas être inductrice de démocratie. En troisième, et c'est une conséquence de la confiscation du pouvoir fiscal, signe de mauvaise gouvernance, il ne peut y avoir de bonne gouvernance à la Base qu'autant qu'elle est pratiquée par le Haut ; la bonne gouvernance s'appréciant aussi par rapport au degré d'autonomie fiscale concédé aux collectivités locales, on peut donc craindre qu'elle ne soit qu'illusoire. Sans qu'il soit besoin d'emprunter la voie du fédéralisme fiscal (on sait que le pays est sorti du fédéralisme politique), le Cameroun est un État unitaire dont les collectivités peuvent très bien se voir conférer un pouvoir fiscal effectif et bien pensé. Si tel venait à être le cas, rien ne leur interdirait d'instaurer des prélèvements adaptés à leur territoire, ni d'en voter les taux ou les abattements. Tout en responsabilisant les administrés et les élus, il va sans dire que cette piste pourrait être d'un apport considérable au développement de ces collectivités. Mais comme l'indique Thierry Lambert, cette piste que personne ne semble vouloir explorer « pourrait chercher à donner corps à un véritable pouvoir fiscal. Sur des bases, qui restent à définir et à unifier, les collectivités pourraient librement et sans limites voter des taux, des abattements, voire créer éventuellement certains prélèvements »[735]. Dans le même ordre d'idées, Michel Bouvier reconnaît que « [...] si jusqu'alors le droit de décider en matière fiscale, lorsqu'il est admis, se limite généralement au vote des taux d'imposition, ceci dans le respect du principe de légalité, rien n'interdit de penser que la capacité de créer, modifier ou supprimer un impôt puisse être accordée aux pouvoirs locaux dans l'avenir [...]. Un État unitaire peut parfaitement organiser ses finances publiques et sa fiscalité sous une forme très décentralisée, laissant une grande autonomie [fiscale] aux collectivités territoriales ; c'est d'une certaine manière l'évolution que l'on

---

[735] T. Lambert, « Réformer la fiscalité locale : une exigence contrariée », *Pouvoirs locaux*, n° 87 IV, 2010, p. 108.

constate en Espagne, et qui montre que le fédéralisme fiscal peut trouver sa place dans l'État unitaire »[736], ce d'autant plus que certains États[737] ayant adopté la forme fédérale ne se distinguent pas particulièrement par leur degré d'autonomie fiscale locale.

À l'opposé des systèmes français et camerounais — restés fortement attachés au principe de légalité fiscale[738] — et à titre d'exemple, l'article 212 de la Constitution de la République du Tchad (République « une et indivisible »)[739] prouve, en effet, que les collectivités locales peuvent parfaitement être investies du pouvoir de créer des impôts au niveau local. Il ressort en effet de cette disposition que « les ressources des collectivités territoriales décentralisées sont constituées notamment par : les produits des impôts et taxes votées par les assemblées des collectivités territoriales décentralisées et perçus directement par elles [...] ». Si pareille disposition se révélait d'application effective[740], elle emporterait la preuve qu'un pays unitaire peut consolider le pouvoir fiscal de ses collectivités territoriales, sans nécessairement abonder dans le sens de quelque fédéralisme fiscal.

---

[736] M. Bouvier (dir.), « Les transformations de la légitimité de l'impôt dans la société contemporaine », *in Réforme des finances publiques, démocratie et bonne gouvernance*, *op.cit.*, p. 84-85.

[737] *Idem*, p. 85 ; c'est le cas, comme l'indique M. Bouvier de l'Allemagne et de l'Autriche.

[738] Il ressort de ce principe que seul le législateur est compétent pour créer un impôt, le supprimer, fixer son assiette, son taux, de même que ses modalités de recouvrement. Voir en ce sens l'article 34 de la Constitution française et l'article 26 de la Constitution camerounaise.

[739] Voir l'article 1 de la Constitution du 31 mars 1996, révisée suite au référendum du 6 juin 2005.

[740] L'article 125 de la Constitution du Tchad pose en principe que la loi est votée par le Parlement ; c'est elle qui fixe les règles concernant, entre autres, l'assiette, le taux, et les modalités de recouvrement des impositions de toute nature. On peut donc craindre que ces dispositions apparemment contradictoires ouvre un champ très large au Parlement en matière d'impositions (impôts d'État et impôts locaux)...

Qu'est-ce que l'autonomie locale, financière et fiscale ?

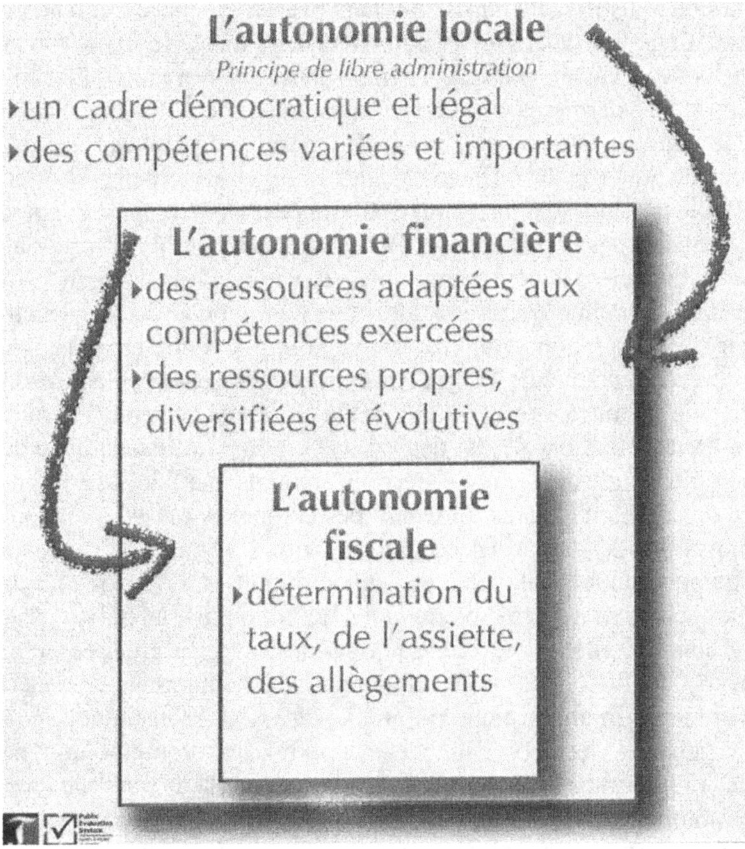

Source : *Public evaluation system* et Institut Thomas More, 2009

Pour l'heure, le « modèle » camerounais d'autonomie s'éloigne manifestement du schéma ci-dessus, comme l'attestent les développements qui précèdent.

Conclusion du second titre

Jamais, notion *a priori* définissable n'a connu autant de difficultés de définition, tant son excessive scientifisation en a fait une notion sinon fugitive, du moins polymorphe. Pourtant, si l'on se réfère à la définition donnée par le petit Robert, la notion d'autonomie financière ne semble pas poser de difficulté particulière. Par exemple, dire d'un adolescent qu'il est autonome revient *simplement* à dire qu'il est financièrement suffisant : il vit seul, travaille et subvient à tous ses besoins sans recours à l'aide parentale. Toute aide financière extérieure affecte forcément son autonomie, puisqu'elle crée un certain degré de dépendance financière vis-à-vis de celui qui la lui apporte. Si des parents confient à leur fils leur véhicule à charge pour ce dernier de faire un plein de carburant, cette « mission » justifie une remise d'argent par ces parents à l'enfant, pour éviter que celui-ci n'empiète dans son propre budget et ne fausse le jeu de son autonomie financière. N'en va-t-il pas de même dans les rapports État/collectivités territoriales ? Ces dernières doivent se construire une autosuffisance financière capable de leur permettre de couvrir les besoins au niveau local, hors les subventions étatiques et les différentes aides extérieures, toute subvention étatique devant d'ailleurs être (exclusivement) destinées aux charges supplémentaires issues du transfert des compétences . Or, chaque État semble accorder à la notion d'autonomie financière le contenu qui lui sied. Par exemple, la Grande-Bretagne a opté pour une autonomie de gestion, alors que l'autonomie fiscale y est très faible, comme en atteste la pratique du *Tax capping* qui y a cours. De plus, il se dégage de ce qui précède que même l'autonomie de gestion généralement reconnue à ce pays reste, elle-même, à questionner. L'Italie et l'Espagne semble avoir emprunté la voie de l'autonomie fiscale. En dépit d'une promotion très marquée du pouvoir fiscal des régions italiennes, on y observe néanmoins une faiblesse de l'autonomie financière des échelons locaux au regard des compétences qu'ils doivent exercer. L'Espagne où se développe un fédéralisme fiscal asymétrique a des questions relatives à l'autonomie locale qui appellent des réponses. La France a, quant à elle, essayé d'apporter sa part de pierre à la définition de la notion d'autonomie financière comme on l'a noté : cette notion s'est trouvée précisée grâce à la loi organique n° 2004-758 du 29 juillet 2004 relative à l'autonomie financière, une loi qui avait été prise en application de l'article 72-2 de la Constitution, mais une loi qui allait relancer le débat sur cette notion aux composantes nébuleuses (ressources propres, seuil d'autonomie financière…). Alors que l'on croyait à une avancée (autonomie financière supposant la prise en compte du triptyque autonomie de gestion/autonomie fiscale/autonomie budgétaire), la décision du Conseil constitutionnel du 29 décembre 2009 venait remettre en cause cette définition, une décision qui laissait derrière elle « un champ de ruines » : l'autonomie financière est désormais exclusive de l'autonomie fiscale !

Au Cameroun, les notions de libre administration des collectivités territoriales et d'autonomie financière ne sont pas nouvelles dans le vocabulaire juridique. Ainsi, après avoir connu une période de balbutiements, l'autonomie financière a été consacrée par la nouvelle Constitution camerounaise. La consécration n'emportant pas l'effectivité, la gestion de la fiscalité locale camerounaise demeure étroitement dépendante de l'État, signe d'un jacobinisme administratif et fiscal hérité de la France, même si de récentes transformations survenues dans ce dernier pays ont fini par imposer des variantes. En droit camerounais, « le budget des collectivités locales est exécuté et contrôlé selon des schémas comparables à ceux afférents au budget de l'État. Mais derrière cette cohérence apparente, certaines spécificités[741]

[741] Article 6 loi du 10 juillet 2009 portant régime financier des collectivités territoriales décentralisées :

apparaissent, liées à la nature même des relations entre collectivités subordonnées à un État souverain. Car le régime budgétaire des collectivités locales est encore un régime largement dominé : les choix sont encadrés par des règles d'équilibre, de progression des taux et par des contrôles sur l'acte budgétaire lui-même. L'exécution du budget et la perception des recettes sont en grande partie assurées par et sous le contrôle d'agents de l'État. Enfin, et surtout, l'autonomie fiscale est réduite […] »[742].

On retiendra que « des auteurs français, Mapestiol et Laroque, concevaient la tutelle administrative comme "un ensemble de procédés prévus par la loi, distincts des pouvoirs hiérarchiques, organisant un contrôle par les autorités administratives de l'État des collectivités locales ou des établissements publics considérés comme décentralisés, constituant la limite de l'autonomie de ces personnes administratives dans l'intérêt national ou aussi dans leur intérêt propre". Cette définition de la tutelle met en avant son bien-fondé aussi bien pour l'État que pour les entités contrôlées, les collectivités locales en l'occurrence. L'intervention tutélaire aurait donc aussi pour objectif de protéger la collectivité contre elle-même, précisément contre ses dirigeants, et contre les tiers avec qui elle entre en rapport. Il semble pourtant évident que l'institution de la tutelle peut être considérée comme un moyen juridique permettant à l'État central de conserver une mainmise sur ces collectivités décentralisées »[743].

Dans le cas du Cameroun, et si l'on emprunte le sens du Code civil, les collectivités territoriales sont généralement « incapables » financièrement à un double titre. Il s'agit d'abord d'une incapacité d'exercice, en ce sens que ces collectivités sont titulaires de droits sur les impôts locaux, qu'elles ne peuvent pas — par inaptitude « décrétée » — exercer sans administration étatique, à l'instar de la fixation des taux. Il s'agit ensuite d'une incapacité de jouissance au sens où ces collectivités sont présumées inaptes à être titulaires de certains droits. Ainsi, ces collectivités ne peuvent ni créer des recettes fiscales suffisantes, ni en déterminer l'assiette, encore moins procéder au recouvrement de ces recettes. On peut donc le redire en guise de conclusion : les collectivités territoriales ne jouissent d'aucune autonomie, fût-elle budgétaire, de gestion, ou même fiscale.

L'autonomie administrative ne signifiant pas indépendance dans une nation indivisible, rien ne s'oppose à ce que l'autonomie financière emporte indépendance financière des collectivités territoriales vis-à-vis de l'État central. En clair, si l'on fait abstraction de toute velléité de fédéralisme fiscal, l'autonomie financière suppose l'existence d'une entité infraétatique dotée de

---

« Le régime financier de l'État s'applique aux collectivités territoriales, sous réserve des dérogations ou spécificités prévues par la […] loi ».

[742] J.-B. Toulouse, J.-F. de Leusse, Y. Rolland, X. Pillot, *Finances publiques et politiques publiques*, Economica, 1987, p.190.

[743] H. Kouomegne Noubissi, *Décentralisation et centralisation au Cameroun. L'exemple de la répartition des compétences entre l'État et les collectivités locales*, thèse précitée, p. 275.

la personnalité morale et jouissant d'une indépendance financière absolue tant du point de vue de la création de ses recettes en général et fiscales en particulier, que du point de vue de sa gestion, et ce en conformité avec des règles nationales dont le respect par la collectivité est contrôlé *a posteriori* par un organe habilité.

Conclusion de la première partie

La fiscalité locale au Cameroun se caractérise par une variété de sources et d'acteurs dont les transformations ont pu être observées au fil du temps, et ce, à partir de 1960, date à laquelle le Cameroun accède à l'indépendance. Il s'agit de transformations mineures, réalisées principalement la loi n° 74-23 du 5 décembre 1974 portant organisation communale modifiée notamment par une loi du 8 août 1995, la Constitution de 1996, les lois de décentralisation de 2004 susvisées, la loi 2009/019 du 15 décembre 2009 portant fiscalité locale, cette dernière ayant été précédée par la loi n° 2009/011 du 10 juillet 2009 portant régime financier des collectivités territoriales décentralisées. Loin d'être exhaustif, cet arsenal juridique tend d'ailleurs à se multiplier, aidé en cela par le processus de décentralisation, exposant le pays à un grave phénomène d'inflation législative, au lieu de le doter d'une « bonne » fiscalité locale. En effet, les deux premiers titres du présent ouvrage démontre à suffisance que la fiscalité locale du Cameroun a besoin d'une réforme bien pensée. Pour cette dernière, le pays devra opter (comme déjà souhaité plus haut) pour une activité législatrice pertinente, mesurée et ordonnée, afin que la nouvelle fiscalité locale soit notamment accessible, compréhensible, ou tout au moins lisible, un pas certain vers l'efficacité.

SECONDE PARTIE

UNE FISCALITÉ LOCALE EN MAL DE RÉFORME

Yves Gaudemet souligne qu'« il va de soi que l'étendue de la liberté d'une collectivité [locale] est étroitement liée à l'importance de ses moyens financiers et à l'indépendance dont elle dispose dans ce domaine ; la décentralisation cesse d'être effective si la collectivité locale se trouve, selon l'expression de G. Vedel "dans la situation d'un individu théoriquement majeur et capable, mais qui n'aurait pour vivre que les subsides de ses parents". Or, il s'agit d'un domaine où la situation des collectivités locales a toujours laissé à désirer […]. Le problème de la fiscalité locale est, peut-on dire, classique tant il a donné lieu à discussion » [744] . Les autorités camerounaises doivent donc toujours avoir à l'esprit que les moyens financiers — et particulièrement les recettes fiscales — jouent un rôle de premier plan tant au plan national qu'au plan local dans la recherche d'une économie prospère.

On ne peut néanmoins s'empêcher de souligner que le niveau des recettes fiscales reste tributaire de la politique fiscale, laquelle se doit de mettre en place une « bonne » fiscalité locale, notamment en termes d'efficacité et d'efficience. Dans la perspective d'une réforme fiscale manifestement nécessaire au Cameroun — eu égard aux imperfections et impensés qui seront relevés dans la suite de ces développements — le législateur ne devra pas perdre de vue que toute réforme fiscale ne privilégiant pas la bonne gouvernance reste vouée à l'échec. En effet, si la fiscalité locale était un arbre, la bonne gouvernance en serait l'écorce. Il s'agit donc d'un fait têtu : fiscalité locale et bonne gouvernance sont indissolublement liées et d'une interdépendance absolue. De l'efficacité et de l'efficience de la première peut dépendre l'effectivité de la deuxième et vice versa. En effet, la lecture des retombées d'une bonne gouvernance peut être rendue difficile, et même impossible, en l'absence d'une fiscalité locale efficace et efficiente. Ainsi, un impôt local efficace contribuera-t-il, à réduire la pauvreté, à offrir des services

[744] Y. Gaudemet, *Traité de droit administratif*, tome 1, LGDJ, 16e édition, Paris, retirage : juillet 2008, p. 137.

de qualité au niveau local, et généralement à favoriser le développement des collectivités territoriales décentralisées avec, en prime, un retour positif pour l'ensemble de l'économie.

Mais que faut-il entendre par bonne gouvernance ? Quel sens les promoteurs de la « bonne gouvernance » — ceux-ci ne sont autres que les bailleurs de fonds[745] — prêtent-ils à ce concept? Quels en sont les objectifs ? Ces objectifsont-ils été atteints au Cameroun ? En quoi et comment la bonne gouvernance peut-elle impacter les recettes fiscales et réciproquement ? Il ressort du contexte camerounais que la fiscalité locale ne peut être une panacée de la crise des finances locales observée, pas plus qu'elle ne peut à elle seule favoriser le développement au niveau local. Cette réalité ne compromet-elle pas le développement, au point qu'il faille néssairement se tourner vers des solutions plus efficaces ?

En prélude à cette seconde partie, et afin d'apporter une réponse aux questions ci-dessus, il semble nécessaire d'envisager d'abord une lecture consubstantielle de la politique de bonne gouvernance et de la politique fiscale (titre I), avant de se tourner ensuite vers les réponses envisageables, pour venir à bout de la crise des finances locales camerounaises (titre II).

[745] Parmi lesquels, et comme précédemment indiqué, le Fonds monétaire international et la Banque mondiale notamment.

TITRE I

LA NÉCESSITÉ D'UNE DOUBLE LECTURE : LA POLITIQUE DE BONNE GOUVERNANCE ET LA POLITIQUE FISCALE AU PLAN LOCAL

Le terme *politique* est, au sens absolu et selon le *Lexique de politique*, « l'art de gouverner la Cité en vue d'atteindre ce que l'on considère comme la fin suprême de la société »[746] ; au sens dérivé, il s'agit, selon le même lexique de la « définition et mise en œuvre de moyens pour réaliser certains objectifs déterminés dans des domaines précis (politique de l'emploi, politique des revenus…) »[747], ou encore de la « lutte contre la conquête et l'exercice du pouvoir dans les sociétés »[748].

Dans son ouvrage consacré à la *sociologie politique*, Philippe Braud reprend quasiment à l'identique la première définition lexicale de ce terme en faisant observer que l'étymologie grecque du mot *politique* indique une référence : « ce qui touche à la Cité, c'est-à-dire par extension, ce qui concerne le gouvernement du groupe »[749]. Pour lui, cette définition constitue un « ancrage » en dehors duquel le mot *politique* véhicule des significations diverses — autrement dit qui dépassent largement celles du lexique susvisé — parfois assorties de connotations variables selon les contextes. Comme adjectif par exemple, le mot politique entre, selon cet auteur dans une série d'oppositions éclairantes : « décision politique/décision technique », « institution politique/institution administrative », « promotion politique/promotion fondée sur le mérite »[750]. Philippe Braud relève une antinomie dans l'ordre international où la solution politique fait référence à une solution militaire, voire à une solution de force. Comme substantif toutefois, l'auteur passe en revue de nombreuses significations qu'il considère comme

---

[746] *Lexique de politique*, 6e édition, Dalloz, 1992, p. 338.
[747] *Idem.*
[748] *Ibidem.*
[749] P. Braud, *Sociologie politique*, 4e édition, LGDJ, 1998, p. 15.
[750] *Idem.*

« banales », mais dont deux nous semblent importantes : celle de la politique comme ligne de conduite et celle de la politique publique.

D'abord, l'auteur voit en la politique une ligne de conduite, c'est-à-dire un « enchaînement de prises de position et séquence cohérente d'actions et de comportement (la politique gouvernementale...). Ensuite, il indique qu'« une politique (publique), par dérivation du sens précédent désigne cette activité délibérée appliquée à un objet particulier (la politique de la santé, du logement [...] »[751], de la bonne gouvernance ou de la fiscalité, fût-il au niveau national ou local.

Dans nos dévéloppements, on se limitera à la politique dite de bonne gouvernance et à la politique fiscale. En effet, le Cameroun semble s'être arrimé à la bonne gouvernance en adoptant les canons prescrits notamment par les bailleurs de fonds. Mais l'adoption de ces canons de bonne gouvernance implique-t-elle que les objectifs ont été atteints en la matière (chapitre I) ? D'autre part, on pourra utilement se demander si la politique fiscale camerounaise a pu doter le pays d'une fiscalité locale efficace (chapitre II).

[751] *Ibidem.*

CHAPITRE I

LA POLITIQUE DE BONNE GOUVERNANCE : DES OBJECTIFS ATTEINTS ?

À l'occasion des politiques d'ajustement structurel, un rapport de la Banque mondiale de 1989 avait souligné que le redressement économique dans les économies en développement nécessitait une bonne gouvernance. La « bonne gouvernance » alors prescrite aux pays en développement était d'inspiration libérale (*good governance* égale *governing without government*), correspondant à ce qui avait été appelé — à la suite de John Williamson — le « consensus de Washington », l'illustration de ce que certains dénonçaient comme la « pensée unique » : équilibre budgétaire (réforme fiscale, réduction des dépenses publiques, suppression des subventions), libéralisation des échanges extérieurs (marchandises et capitaux), privatisations, déréglementation, transparence des organes de décision, lutte prioritaire contre l'inflation, etc.[752]

En Afrique, et particulièrement au Cameroun, la bonne gouvernance a par la suite pris le pas sur les plans d'ajustement structurel qu'imposaient les bailleurs de fonds aux pays en voie de développement. L'on se doit de reconnaître que les bailleurs de fonds n'ont pas une lecture « universelle » de la notion de bonne gouvernance : les exigences qu'ils imposent d'un pays à un autre diffèrent souvent, sans doute parce qu'ils n'accordent pas la même importance aux piliers de la bonne gouvernance[753]. Dans le cours de ces développements, la bonne gouvernance peut certes être comprise au sens général, c'est-à-dire étatique, mais elle devra aussi — toutes proportions

---

[752] *Ibidem*, p. 233.

[753] Sur les différentes définitions données par différents organismes internationaux (OCDE, PNUD, UE) ainsi que les caractéristiques essentielles d'une bonne gouvernance au sens des institutions financières internationales et de l'ensemble de la communauté internationale (l'existence d'un État de droit, la responsabilisation, la gestion efficace des ressources publiques, la gestion participative à l'existence d'un système décentralisé de la prise de décision, la transparence, favoriser l'équité, la capacité de mobilisation des ressources économiques à des fins sociales, se conformer à la loi, le renforcement des mécanismes autochtones, etc.), voir, B. Dioubaté, *La Banque mondiale et les pays en développement. De l'ajustement structurel à la bonne gouvernance*, l'Harmattan, 2008, p. 208-210.

gardées — être entendue au sens local, dans la mesure où les critères de bonne gouvernance s'appliquent (en principe) indifféremment à l'État et aux collectivités infraétatiques, renvoyant dans ce dernier cas à la notion de bonne gouvernance locale.

Après avoir examiné les origines de la bonne gouvernance telle qu'on la perçoit de nos jours, on s'attardera sur ses marqueurs, avec la précision que ceux-ci ne sont pas applicables universellement : une adaptation est parfois nécessaire selon les contextes (section I). Ensuite, il semble logique d'envisager la conception camerounaise de la bonne gouvernance ou, du moins, la problématique qui s'en dégage (section II).

SECTION I. LA BONNE GOUVERNANCE : DES ORIGINES OCCIDENTALES ET DES MARQUEURS À ADAPTER

En Afrique, les origines de la bonne gouvernance remontent aux plans d'ajustement structurel imposés par les bailleurs de fonds — Banque mondiale et Fonds monétaire — dont l'objectif alors affiché était de sortir (sous certaines conditions) les pays en voie de développement de la crise économique (§ I). Le concept de bonne gouvernance renvoie à des marqueurs — fixés justement par ces bailleurs de fonds érigés en « juges de la conformité du fonctionnement de l'État »[754] — que le continent africain a eu à cœur de s'approprier ; on est alors amené à se demander si le modèle occidental de bonne gouvernance est adaptable ailleurs en l'état (§ II), avant de s'interroger sur la lecture camerounaise de la notion de bonne gouvernance.

§ I. Les origines de la bonne gouvernance : des plans d'ajustement structurel à la bonne gouvernance

Après des plans d'ajustement structurel qui n'ont pas produit les effets escomptés (A), un renouveau s'opère en faveur de la bonne gouvernance (B) : les bailleurs de fonds vont désormais lier leur aide à un effort de démocratisation des pays destinataires de l'aide, effort dont on ne peut s'empêcher de dire qu'il passait notamment par la décentralisation.

[754] B. Boumakani, « "La bonne gouvernance" et l'État africain, » *in Droits de l'homme et culture de la Paix*, E. Leroy (dir.), Bulletin de liaison, n° 25, LAJP, septembre 2000, p.64.

A. LES PLANS D'AJUSTEMENT STRUCTUREL, DEVANCIERS DE LA BONNE GOUVERNANCE

Le concept de *bonne gouvernance* tire ses origines de celui de *gouvernance*, une notion aux origines anciennes[755], qui a récemment fait peau neuve[756] en Occident où elle avait commencé à prendre forme : on a fini par lui adjoindre le qualificatif *bonne*. C'est ainsi que le concept de bonne gouvernance — dont il faut rappeler qu'il est dans l'air du temps — a fini par voir le jour.

Avant l'avènement de la *bonne gouvernance*, il y a eu les *plans d'ajustement structurel*[757] imposés aux pays dits du tiers-monde [758] ou pays en

---

[755] Son sens le plus ancien est dû à Charles d'Orléans au XVe siècle (l'art de gouverner du latin *gubernare*, de tenir le gouvernail). Le second sens plus récent est d'origine anglo-saxonne, la *corporate governance*, « promue par la Banque mondiale pour adapter les structures de l'État aux exigences du libéralisme économique. Voir, S. Mayer et J.-P. Caldier, *Économie équitable : les mots pour le dire*, Imprim'vert, 2011, p. 65.

[756] Le terme anglais *governance* a d'abord été usité dans les entreprises à partir des années 1970 où il est alors question de *corporate governance* ou gouvernance d'entreprise, le but étant au plan interne de mieux définir les pouvoirs respectifs de la direction et des actionnaires, ainsi que les modalités de leur articulation pour plus d'efficacité et, au plan externe, de rechercher une meilleure participation des parties prenantes liées de quelque manière que ce soit à l'entreprise, à l'instar des partenaires commerciaux ou des sous-traitants. Le terme a par la suite été étendu à d'autres domaines (le secteur associatif par exemple) avant d'être transposé dans les années 1980 aux institutions publiques, avec plus d'ampleur. Voir, M. Finken, *Gouvernance communale en Afrique et au Cameroun*, *op.cit.*, p. 13-14.

[757] Pour B. Dioubaté, les plans d'ajustement structurel sont un « ensemble d'orientations, objectifs et plans d'action d'ordre économique mis en œuvre collectivement par les gouvernants du tiers monde sous l'impulsion et la supervision du FMI et de la Banque mondiale pour officiellement corriger les déséquilibres financiers et monétaires internes (budget) et externes (balance des paiements) », *in La Banque mondiale et les pays en voie de développement. De l'ajustement structurel à la bonne gouvernance*, Paris, l'Harmattan, 2008, p. 90. H. d'Alméida-Topor indique quant à elle qu' « il s'agit d'une restructuration de l'économie capable d'assurer le développement, opérée selon huit "principes" exprimés, en 1985 dans un Rapport conjoint de la Banque africaine de développement (BAD) et de la Commission économique pour l'Afrique des Nations unies (CEA) [Outre la restructuration de la fiscalité et des dépenses de l'État, on compte, au rang de ces principes, l'attention particulière au secteur agricole et au monde rural ; la promotion de l'initiative et de l'investissement privé ; la libéralisation du commerce extérieur ; la libéralisation du commerce extérieur ; la libéralisation des prix et du marché du travail ;le renforcement de la gestion du secteur public et réduction des fonctions de l'État ; la recherche d'une meilleure qualité des ressources humaines, ainsi que l'adaptation du taux de change pour les pays extérieurs à la zone franc]. Ces directives constituent la base du plan d'ajustement structurel "négocié" avec le FMI et la Banque mondiale par chaque pays demandeur, en contrepartie de leur aide. En 1992, quasiment tous les États africains (exception faite de la Libye) étaient dotés d'un tel programme ou étaient entrain d'en élaborer un. La même orientation était donc adoptée par des pays ayant des situations différentes. Un trait commun caractérisait pourtant les pays africains : leur endettement, mais avec des différences de degré sinon de nature ». Voir, H. d'Alméida-Topor, *L'Afrique au XXe siècle*, Armand Colin, 2003, p. 284.

[758] « L'appellation tiers-monde visait à opposer les « autres » pays aux deux blocs en présence au milieu des années cinquante, les pays de l'Est et les pays occidentaux regroupés autour des États-Unis. Très vite, elle a signifié sous-développement », terme désignant les conditions (très éloignées de celles des pays industriels) dans lesquelles vivaient les trois quarts de la population

voie de développement et supervisés par des bailleurs de fonds (principalement le Fonds monétaire international et la Banque mondiale). Pourtant censés assainir la situation économique des pays en voie de développement (réduire le déficit extérieur, le déficit budgétaire, maîtriser l'inflation et l'endettement)[759], ces plans d'inspiration libérale vont avoir des conséquences économiques controversées. Outre le chômage [760], les financements extérieurs avaient fini par alourdir le poids de l'endettement à un niveau insoutenable[761], car supérieurs aux moyens des pays bénéficiaires. Mais pouvaient-ils se détourner de cette « aide » essentielle à leur développement ?

---

mondiale : mortalité infantile, malnutrition, analphabétisme, faible espérance de vie, etc. Les pays du tiers-monde n'ayant pas les moyens de satisfaire leurs besoins de santé, de nutrition, d'éducation ou même de contrôler leur démographie, il fallait donc financer leur développement, ce d'autant plus que trente ans auparavant, ils éprouvaient déjà d'énormes difficultés avec une population beaucoup moins nombreuse. Voir, P. Arnaud, *La dette du tiers-monde*, Éditions la découverte, 1984, p. 20-22.

[759] C.-D. Échaudemaison (dir.), *Dictionnaire d'économie et de sciences sociales*, Nathan, 7e édition, 2006, p. 20.

Pour d'amples informations sur l'endettement de ces pays jusqu'à la fin des années 80, voir, P. Arnaud, *La dette du tiers-monde*, *op.cit.* Cet auteur relève par exemple que : « la dette du tiers-monde remonte aux années cinquante. Très différents les uns des autres, les pays du tiers-monde ont au moins un trait commun : le sous-développement. [...]. Idée première : ce sont des pays pauvres ; il faut les aider, les financer, donc, les endetter pour qu'ils se développent. Telle fut la voie choisie pendant les années cinquante et soixante. L'endettement était normal, il était dans l'ordre des choses. Mais ce financement extérieur n'a pas rendu le tiers-monde moins vulnérable, bien au contraire : les besoins se sont développés plus vite que les moyens de les satisfaire, l'aide extérieure est devenue de plus en plus indispensable [...] » (p. 20). En clair, l'indépendance politique de ces pays ne s'est jamais accompagnée d'une indépendance financière...

[760] *Ibidem.* Notons, dans le cas spécifique du Cameroun que ce pays avait connu un bon départ entre 1965 et 1985 au contraire de nombreux pays de l'Afrique subsaharienne. Alors que la plupart de ses pays voisins entrent en phase d'ajustement, le Cameroun est considéré comme un modèle au regard de sa forte et rapide prospérité, des bienfaits de la manne pétrolière : de 1965 à 1977, la croissance atteint un rythme moyen de 4%, permettant une lente amélioration du PIB par tête ; de 1977 à 1981 la croissance s'accélère du fait de la découverte du pétrole et de sa mise en exploitation, tandis que de 1981 à 1985 la croissance se maintiendra à un rythme soutenu autour de 8%. Pendant la phase de décollage qui part de 1977 à 1985, le PIB par tête augmente si rapidement que le Cameroun est placé dans la catégorie des pays à revenu intermédiaire par la Banque mondiale, avec amélioration des niveaux de vie et élévation de la consommation par tête. Mais la période de crise au Cameroun commence à la fin de l'année 1985 : « [...] l'économie camerounaise est frappée en deux ans seulement par une baisse de près de 40% de ses termes de l'échange globaux, après 5 années de stabilité. La sévère contrainte financière qui en découle pour les finances publiques entraîne le pays dans une forte récession et elle révèle l'étendue du besoin d'ajustement structurel de l'économie camerounaise.

Sur ce point et pour plus de détails, voir J.-J. Aerts et al., *L'Économie camerounaise. Un espoir évanoui*, Éditions Khartala, Paris, 2000, p. 15-17 et 32-33.

[761] En 1990, la dette représentait globalement, en Afrique subsaharienne 340, 08% des exportations de biens et de services et 106,1% du PNB. En Afrique du Nord, elle était dans une fourchette allant de 127% (Tunisie) à 300% (Égypte) par rapport aux exportations, et de 52% (Algérie) à 126% (Égypte), voir : H. d'Alméida-Topor, *L'Afrique au XXe siècle*, Armand Colin, 2003, p. 284.

B. LE RENOUVEAU, À LA FAVEUR DE LA BONNE GOUVERNANCE

Suite à l'échec des plans d'ajustement structurel, l'aide des bailleurs de fonds va être soumis à conditions on ne peut plus claires, résumable en ces termes : « Nous ne vous aiderons à vous développer qu'à la condition que vous empruntiez la voie de la démocratisation »[762]. En langage plus approprié, il s'agissait, pour les bailleurs de fonds de lier leur aide à la démocratisation, cette dernière devenant la condition pour tout octroi d'aide ; c'est ce que l'on a appelé *conditionnalité politique* ou *démocratique*, par opposition à la conditionnalité *économico-financière* qu'imposait déjà le FMI et la Banque mondiale à travers les programmes d'ajustement structurel [763] susvisés. En ce sens, Badara Dioubaté souligne que « le contenu de la conditionnalité est passé des ajustements économiques à court terme aux changements institutionnels à long terme, tel que la gouvernance dans le secteur public [...]. Ce faisant, la Banque [mondiale], a significativement réduit l'utilisation de la conditionnalité, dont le nombre est passé en moyenne de 35 conditions par opération à la fin des années 1980 à environ 12 au cours de l'exercice 2005 toutes régions confondues »[764].

Dès lors, la condition de démocratisation en Afrique passait par la décentralisation [765] à proprement parler ; d'où la chaîne de conférences nationales[766] qui avaient été organisées dans de nombreux pays, souvent à

---

[762] *Cf.* P. Belebenie, « Les réformes fiscales locales tournées vers la bonne gouvernance : une approche comparative France, Maroc, Cameroun », *art.cit.*
Voir aussi, en ce sens H. d'Alméida-Topor : « L'octroi de l'aide du FMI et de la Banque mondiale tend [...] à devenir une sorte de « prime à la démocratisation », à l'adoption des pratiques de *governance*, autrement dit à de « bonnes méthodes de gouvernement » au sens où l'entendent les organisations internationales », *in* L'Afrique au XXe siècle, Armand Colin, 2003, p. 286.

[763] M. OMBALLA, « Les bailleurs de fonds bilatéraux et la conditionnalité démocratique en Afrique noire francophone : le cas de la France et du Canada » [Ressource électronique], p.85, disponible sur : www.francophonie-durable.org/documents/colloque-ouaga-a5-omballa [1].pdf, consulté le 19 février 2012. Précité.

[764] B. Dioubaté, « *La Banque mondiale et les pays en voie de développement. De l'ajustement structurel à la bonne gouvernance* », *op.cit.*, p. 129.

[765] Au sens d'un transfert de compétences et de ressources financières suffisantes à leur exercice, de l'État central à la base, c'est-à-dire à des collectivités territoriales reconnues en tant que telles est ce, au regard de : leur territoire, leur élection effective, leur personnalité juridique, caractéristiques auxquelles s'ajoute une autonomie financière avérée.

[766] La première de ces conférences dite *Conférence des Forces Vives de la Nation* a eu lieu au Bénin du 19 au 28 février 1990. D'autres pays en mal de gouvernance démocratique suivront le Bénin dans cette démarche: le Congo-Brazzaville du 25 février au 10 juin 1991 ; le Gabon du 27 mars au 19 avril ; le Togo du 10 juillet au 27 août ; le Mali du 29 juillet au 12 août 1991 ; le Niger du 29 juillet au 3 novembre 1991 ; le Zaïre du 7 août 1991 au 6 décembre 1992 ; le Tchad du 15 janvier au 7 avril 1993. Dans le cas du Cameroun, le Président Paul Biya avait indiqué (dans son discours prononcé à l'Assemblée nationale en date du 27 juin 1991 et pour manifester son opposition à la tenue d'une conférence nationale réclamée par l'opposition) qu'une telle conférence au Cameroun était « sans objet ». Le choix du Président camerounais se porta en revanche sur l'organisation d'une conférence tripartite (Gouvernement-opposition-Société) qui

l'effet de séduire les bailleurs de fonds et les convaincre d'un début d'exécution des conditionnalités politico-économico-financières imposées. La fiscalité locale s'en est d'ailleurs trouvée reconsidérée, puisque la plupart des Constitutions africaines[767] ont intégré des dispositions sur les collectivités territoriales, dispositions qui relevaient auparavant du législatif.

En tout état de cause, ces conditionnalités se répandirent telle une traînée de poudre en Afrique à une période où la plupart des pays de ce continent étaient dans une situation d'extrême fragilité[768] : outre la crise de ces années-là dans laquelle le continent africain était entré « comme un marathonien lesté d'un sac de pierres »[769], la Chine — qui jusqu'aux années 80 apportait une aide à des pays africains sur la base affirmée d'une solidarité Sud-Sud — venait de tourner (provisoirement) le dos au continent, sans doute pour aller « réfléchir », s'autodévelopper, et revenir en « puissance » à partir des années 2000 sur un terrain dont elle avait désormais la parfaite maîtrise[770]...

Badara Dioubaté reconnaît certes qu'il « existe une surprenante ressemblance entre les différentes définitions[771] données par divers organismes internationaux [...]. De ces définitions et surtout de ces principes qui les accompagnent, [on] peut affirmer que la notion de bonne gouvernance est en fait utilisée de façon normative par les organismes de prêt international pour désigner les institutions, les pratiques et les normes politiques nécessaires en théorie à la croissance et au développement économique des pays emprunteurs »[772].

Mais, cela a dejà été souligné, les bailleurs de fonds semblent parfois diverger dans leur conception de la notion de « bonne gouvernance ». Par conséquent, « examiner les critères d'allocation de l'aide publique au développement (APD) permet de comprendre comment les différents acteurs de la coopération conçoivent leurs priorités et se positionnent dans le débat complexe, dont l'enjeu dépasse largement la simple rationalité économique :

---

se tint du 30 octobre au 17 novembre 1991, le but recherché étant de définir un nouveau cadre électoral (Code électoral) ainsi que les conditions d'accès des partis politiques aux médias audiovisuels (Code médiatique).
Sur cette Tripartite qui fut critiquée, voir l'ouvrage de P.F. Ngayap, *L'opposition au Cameroun. Les années de braise*, l'Harmattan, 1999.

[767] Voir à titre d'exemples, les articles 101, 143 à 145 de la Constitution du Burkina Faso du 20 septembre 2004 ; les articles 98, 150 à 153 de la Constitution de la République du Bénin du 11 décembre 1990 ; les articles 174 à 177 de la Constitution de la République du Congo du 20 janvier 2002 ou encore les articles 26 c (3) et 55 de la Constitution camerounaise.

[768] *Cf.* P. Belebenie, « Les réformes fiscales locales tournées vers la bonne gouvernance : une approche comparative France, Maroc, Cameroun », *art.cit.*, p. 43.

[769] P. Seguin, « Allocution de clôture », *RFFP*, n° 108, octobre 2009, LGDJ, Lextenso éditions, p. 92.

[770] *Cf.* P. Belebenie, « Les réformes fiscales locales tournées vers la bonne gouvernance : une approche comparative France, Maroc, Cameroun », *art.cit.*

[771] Sur ces définitions et les caractéristiques d'une bonne gouvernance au sens de ces différents organismes voir, Badara Dioubaté, *La Banque mondiale et les pays en développement. De l'ajustement à la bonne gouvernance*, *op. cit.*, p. 208-210.

[772] *Idem*, p. 209.

d'un côté, les différents bailleurs de fonds se livrent à un réel effort d'harmonisation, afin de structurer et d'améliorer l'efficacité de l'aide ; mais de l'autre, ils divergent fortement sur la conception même des outils de cette efficacité et des leviers nécessaires au bon fonctionnement des projets de coopération [773] . Les divergences paraissent se cristalliser autour d'un paradigme flou, celui de la « bonne gouvernance », que les bailleurs utilisent et interprètent de manière fort diverse »[774]. Face à la nécessité de se développer et aux besoins manifestes d'aide financière pour y parvenir, la plupart des pays destinataires des conditionnalités se sont résolument tournés vers la solution dite de bonne gouvernance, à laquelle ils recourent, chacun à sa manière et à son rythme, mais en tout cas en essayant tant bien que mal de se conformer aux canons de « bonne gouvernance » imposés par ses bailleurs [775]. Déjà extensive, la notion de « bonne gouvernance » apparaît indéfiniment extensible. D'ailleurs, ne flirte-t-elle pas librement avec de nombreuses variantes disciplinaires comme la bonne gouvernance financière, la bonne gouvernance administrative, la bonne gouvernance foncière, la bonne gouvernance budgétaire, la bonne gouvernance fiscale ou la bonne gouvernance économique, voire communale, au point où elle est appelée à davantage se complexifier[776]?

Pourtant, il va sans dire que la fiscalité locale du Cameroun ne peut prospérer en l'état : Il est nécessaire que soient explorées des pistes d'adaptation et d'amélioration de l'actuelle fiscalité, une exploration qui ne peut se faire au mieux qu'en tenant compte du contexte général de cette matière. Michel Bouvier enseigne en effet que l'on doit s'attacher à ne pas isoler la fiscalité locale de son contexte, mais surtout s'efforcer de ne pas l'isoler de l'évolution de celui-ci[777] ; « une telle direction suppose au fond une conception institutionnelle de l'impôt, qui ne doit pas hésiter à rompre avec la

---

773 Par exemple, « au début des années quatre-vingt-dix, lorsque les pays africains à revenu intermédiaire (notamment la Côte d'Ivoire) n'acceptant pas de dévaluer leur monnaie ne sont plus parvenus à respecter la conditionnalité des institutions de Bretton Woods, lesquelles ont suspendu leurs concours, la France a poursuivi ses prêts d'ajustement tout en leur associant des conditions dans le domaine budgétaire, de manière à permettre à ces pays d'honorer leurs engagements vis-à-vis desdites institutions. La même attitude avait été adoptée vis-à-vis des pays qui, en raison d'une transition tumultueuse vers la démocratie, avaient un besoin urgent d'aide budgétaire sans être en mesure de passer rapidement un accord avec le FMI. Guinée, Mozambique au milieu des années quatre-vingt ». Voir, Rapport du Conseil d'analyse économique, « La France et l'aide publique au développement », présenté au Premier ministre Dominique de Villepin, le 8 juin 2006, *in* La documentation française, Paris, 2006 -ISBN : 2-11-006223-1, p. 132.

774 M. Vielaius : « L'aide publique au développement et à la « gouvernance ». Quelles approches nouvelles en matière d'allocation de l'aide ? » [Ressource électronique], décembre 2007, non paginé, format html. Disponible sur : http://www.institut-gouvernance.org/fr/analyse/fiche-analyse-288.html, consulté le 21 février 2012.

775 *Cf.* P. Belebenie, « Les réformes fiscales locales tournées vers la bonne gouvernance : une approche comparative France, Maroc, Cameroun », *art.cit.*, p. 44.

776 *Ibidem.*

777 M. Bouvier, *Les finances locales*, 15e édition, *op.cit.*, p. 151-152.

conception technique ou instrumentaliste qui est trop souvent la sienne. On doit certes comprendre que la fiscalité se modifie ou doit se modifier en fonction des changements qui s'opèrent dans la société. Mais il est tout autant nécessaire de considérer que le rôle moteur joué par l'impôt dans les transformations qui s'opèrent implique que toute réflexion en matière fiscale soit systématiquement associée à une réflexion plus globale sur les transformations de l'État »[778].

L'on comprend donc mieux le choix qui consiste à s'attarder sur la bonne gouvernance, qui ne peut être dissociée de la fiscalité locale. Mais suffit-il, où que l'on soit, de reproduire les marqueurs de la bonne gouvernance tels qu'ils ont été pensés par les bailleurs de fonds pour déboucher sur cette bonne gouvernance ? Répondre par l'affirmative ne reviendrait-il pas à dire que le modèle occidental de la bonne gouvernance est transposable en l'état dans les pays africains en général et au Cameroun en particulier ?

§ II. Les marqueurs de la bonne gouvernance : un modèle transposable en l'état ?

Selon le Dictionnaire d'économie et de sciences sociales, la « gouvernance » est à distinguer de la « gestion » ou du « management » (« termes trop limités aux principes devant guider les décisions des gestionnaires, alors que l'on s'intéresse aux structures de gouvernance, à la fois institutions et mécanismes plus impersonnels, qui les encadrent) et de "gouvernement" (qui implique trop une centralisation du pouvoir de direction et une césure entre gouvernants et gouvernés »[779]. Tout porte à croire que la définition de la bonne gouvernance telle qu'elle a été à imposée aux pays africains (et donc au Cameroun) est une "invention" des bailleurs de fonds visant à protéger les concours financiers qu'ils octroient (A). Rien ne s'oppose à ce que la bonne gouvernance « à l'occidentale » soit transposée dans le contexte africain en général et camerounais en particulier, mais des adaptations dans le contexte du pays destinataire s'avèrent nécessaires (B).

A. LE MODÈLE OCCIDENTAL DE BONNE GOUVERNANCE, LA PROTECTION DES CONCOURS OCTROYÉS EN TOILE DE FOND

Après le consensus de Washington ci-dessus mentionné, la Conférence sur le financement du développement de Monterrey tenue en mars 2002 au Mexique a donné lieu au consensus de Monterrey. Ce dernier fixe aussi des règles de bonne gouvernance : il est question de réduire la pauvreté et de mettre en place un nouveau partenariat entre pays riches et pays pauvres, les

[778] *Ibidem.*

[779] Voir, C.-D. Échaudemaison, (dir.,), *Dictionnaire d'économie et de sciences sociales*, Éditions Nathan, 2006, p. 232.

premiers devant, entre autres, financer davantage le développement des seconds en adoptant (notamment) des mesures destinées à ouvrir leurs marchés aux seconds, les seconds devant, en retour, prendre des mesures nationales visant (entre autres) les réformes fiscale et administrative pour accroître et promouvoir l'épargne interne et l'attrait des capitaux étrangers nécessaires au développement social et économique. En outre, il est demandé aux seconds de mettre de l'ordre dans leurs finances publiques en prenant (notamment) des mesures contre la corruption et favorables à la transparence dans leur gestion politique, administrative, fiscale et économique[780].

Il n'est donc pas étonnant qu'en Afrique, la bonne gouvernance prenne désormais des allures de choix libres et éclairés[781], sans véritable changement dans le fond toutefois : elle suppose encore des concours financiers — assortis d'un agrégat de conditionnalités — apporté par les bailleurs de fonds aux « candidats » à la bonne gouvernance, ces derniers s'obligeant à en respecter les conditionnalités pour éviter que l'aide financière ne soit suspendue. C'est

---

[780] Disponible sur : http://www.un.org/french/ffd/pressrel/22apress.htm. Consulté le 27 mars 2014.

[781] Deux exemples peuvent être cités. Le premier exemple est celui de la Charte africaine de la démocratie, des élections, et de la gouvernance. Celle-ci constitue, sinon dans les faits, du moins au regard des objectifs poursuivis et des principes adoptés par les États parties, une avancée considérable en matière de démocratie, de bonne gouvernance et du respect des droits de l'homme. L'article 2 de la Charte traite des objectifs de celle-ci, comme, par exemple, « promouvoir l'adhésion de chaque État partie aux valeurs et principes universels de la démocratie et le respect des droits de l'homme » (alinéa 1), « promouvoir et renforcer l'adhésion au principe de l'État de droit fondé sur le respect et la suprématie de la Constitution et de l'ordre constitutionnel dans l'organisation politique des États parties » (alinéa 2), « promouvoir et protéger l'indépendance de la justice » (alinéa 5), « promouvoir la prévention de la lutte contre la corruption [...] » (alinéa 9), « promouvoir les meilleures pratiques dans l'organisation des élections aux fins de stabilité politique et de bonne gouvernance » (alinéa 13). Notons que les États parties s'engagent à la mise en œuvre de la Charte conformément à un certain nombre de principes allant du « respect des droits de l'homme et des principes démocratiques » (article 3 alinéa 1 de la Charte) au « rejet et condamnation des changements anticonstitutionnels de gouvernement » (article 3 alinéa 10), en passant par « la transparence et la justice dans la gestion des affaires publiques » (article 3 alinéa 8). À part l'amélioration de la gestion du secteur public à laquelle s'obligent les États parties (article 27 alinéa 5), ceux-ci institutionnalisent la bonne gouvernance économique et des entreprises grâce entre autres à : la gestion efficace et efficiente du secteur public » (article 33 alinéa 1), « la promotion de la transparence dans la gestion des finances publiques » (article 33 alinéa 2), « la prévention et la lutte contre la corruption et les infractions connexes » (article 33 alinéa 4), « la réduction de la pauvreté » (article 33 alinéa 7), « l'élaboration de politiques fiscales qui encouragent les investissements » (article 33 alinéa 10), « la mise en place de systèmes fiscaux efficaces basés sur la transparence et l'obligation de rendre compte » (article 33 alinéa 13). De même, « les États parties procèdent à la décentralisation en faveur des autorités locales démocratiquement élues conformément aux lois nationales » (article 34). La Charte instaure un mécanisme de suivi (article 49) : les États parties soumettent à la Commission de l'Union africaine tous les deux ans, à compter de la date d'entrée en vigueur de la Charte, un Rapport sur toutes mesures prises aux fins de rendre effectifs les principes et engagements retenus par la Charte.
Le deuxième exemple est celui du Maroc, où le principe de bonne gouvernance a été constitutionnellement consacré. Voir, en ce sens, l'article 147 de la Constitution marocaine de 2011.

par exemple le cas du Programme national de Gouvernance et de lutte contre la corruption (PNG)[782] que le Cameroun avait intégré en 1996, avec l'appui du PNUD[783] et de la Banque africaine de développement[784], un Programme dont les ambitions furent revues à la baisse en 2005, et qui par la suite se déclina en PGN2[785].

---

[782] Les objectifs de ce Programme approuvé par le chef de l'État en 2000 sont : soutenir la croissance et le développement durable ; lutter contre la pauvreté ; renforcer les capacités des principaux intervenants (État, secteur privé, société civile, médias et collectivités territoriales décentralisées) ; promouvoir le partenariat entre l'État, le secteur privé et la société civile ; renforcer l'État de droit pour une meilleure protection des droits de l'homme et réformer la justice ; instaurer une véritable culture de responsabilisation dans la gestion des affaires publiques ; et enfin renforcer la transparence dans le fonctionnement de l'appareil d'État et la lutte contre la corruption. Voir, Banque africaine de développement, « Cameroun. Profil de gouvernance par pays », septembre 2004, p. 2-3.

[783] « Le PNUD a contribué à hauteur de six millions de $ EU de 1996 à 2004 pour la préparation du PNG et la mise en œuvre de son projet d'appui à la gouvernance. Il a ainsi signé avec le Gouvernement plusieurs protocoles d'accord : (i) un protocole d'accord en partenariat avec l'UNESCO, pour la mise en œuvre du plan de communication du PNG (IEC) pour un montant de 1.200.000 dollars US ; (ii) un protocole d'accord pour renforcer les capacités du Gouvernement en matière de préparation, d'organisation et de tenue des élections pour un montant de 416 000 dollars US ; (iii) un protocole d'accord en partenariat avec « Futurs Africains » pour appuyer l'élaboration des études prospectives à long terme, horizon (2015-2025) pour 532 000 dollars US ; (iv) un protocole d'accord en partenariat avec le Centre des Nations Unies pour les Établissements Humains (HABITAT) pour l'amélioration de la gouvernance locale ; (v) un protocole d'accord pour appuyer la simplification de procédures administratives et le SIGIPES ; et (vi) un protocole d'accord pour appuyer la lutte contre la corruption à hauteur de 75 000 dollars US pour la période 2001-2003, à raison de 25.000 dollars US par an. Après trois (3) ans de mise en œuvre du PNG, le PNUD a également initié une étude portant sur l'évaluation du programme. Les résultats de cette évaluation ont été présentés au cours d'une journée d'étude à laquelle ont été conviés les bailleurs de fonds et les ministères représentés par leurs Secrétaires Généraux. Sur la base de ces résultats, le PNUD envisage de procéder à la réécriture d'un Programme complémentaire auquel les partenaires au développement seront fortement impliqués ». Source : Banque africaine de développement, « Cameroun. Profil de gouvernance par pays », *op.cit.*, p. 54.

[784] « La Banque africaine de développement appuie le PNG au Cameroun, à travers un projet d'un coût global de 3,18 millions d'UC. Il s'agit d'instaurer d'une part, une gestion efficace et transparente de l'État et, d'autre part, une justice moderne accessible à tous, garantissant l'État de droit et la sécurité des investissements. De façon spécifique, il s'agit de : moderniser la justice et accroître sa productivité en vue d'améliorer l'environnement juridique des affaires et l'accès aux services judiciaires - renforcer les capacités de gestion et de contrôle efficace des Programmes économiques, dans la perspective d'une meilleure exécution du budget d'investissements publics et d'une plus grande capacité d'absorption des financements - renforcer les capacités du Contrôle supérieur de l'État en vue de le rendre plus transparent et performant - promouvoir une Administration plus moderne et efficace, responsabilisée et orientée vers la satisfaction des clients. Ce projet compte trois composantes : 1) l'appui à la justice, 2) l'appui à la gestion économique et financière et 3) l'appui à la réforme administrative. Voir, Banque africaine de développement, « Cameroun. Profil de gouvernance par pays », *op. cit.*, p. 53.

[785] Comme l'indique M. Finken, l'évaluation à mi-parcours (entre 2000 et 2004) de l'état d'avancement du Programme avait montré des résultats mitigés, dus notamment au contenu jugé trop ambitieux du programme. Aussi, est-il apparu nécessaire de le revisiter en retenant des actions objectivement réalisables. D'où le PGN2 qui fut approuvé en novembre 2005 pour la

Le terme *gouvernance* n'en garde pas moins une certaine ambiguïté : « La gouvernance apparaît tantôt comme un concept à la mode, tantôt comme un modèle de développement. Cette dernière considération n'est pas sans soulever des questionnements. Y a-t-il des conditions communes d'efficacité de la gouvernance malgré les traditions culturelles radicalement différentes dans lesquelles elle est amenée à opérer ? Si la gouvernance est un modèle, ce dernier est-il transposable, Faut-il le transposer ? La notion de bonne gouvernance portée par la Banque mondiale — et largement reprise par l'Union européenne ou les pays de l'OCDE — est fondée sur quatre principes : celui de la responsabilité (*accountability*), de la transparence, de l'État de droit (*rule of law*) et de la participation »[786].

Les pays africains se sont approprié la notion de bonne gouvernance certes, mais ils ne pouvaient le faire à l'identique ; le contexte occidental différant du contexte africain où cette notion était appelée à désormais s'appliquer, une adaptation à ce dernier se révélait nécessaire, faute de quoi toute idée de bonne gouvernance devenait un leurre.

B. L'APPROPRIATION AFRICAINE DU MODÈLE OCCIDENTAL DE BONNE GOUVERNANCE, LA NÉCESSITÉ D'ADAPTATION AU CONTEXTE

Sur le continent africain, mis à part l'exemple ci-dessus anticipé de la Charte africaine de la démocratie et des élections, la Banque africaine de développement avait eu à retenir cinq piliers de la bonne gouvernance : la responsabilité, la transparence, la participation des parties prenantes, les cadres juridique et judiciaire, la corruption. Selon cette institution, « *La responsabilité* se définit comme l'obligation faite à des individus et des organisations, élus ou nommés et investis d'un mandat, de rendre compte aux populations qui leur ont conféré des pouvoirs, des activités qu'ils ont entreprises et des mesures ou décisions qu'ils ont arrêtées. Au sens strict du terme, la "responsabilité" s'entend notamment par l'obligation de rendre compte de l'affectation, de l'utilisation et du contrôle des avoirs et du patrimoine publics, conformément aux normes juridiques admises en matière de budgétisation, de comptabilité et d'audit. *La transparence :* Elle se définit comme la connaissance par le public des politiques gouvernementales et la confiance qu'inspirent à celui-ci les intentions des autorités nationales. Elle exige que les comptes publics puissent être vérifiés, et que le public participe aux décisions prises par les autorités nationales et à leur mise en œuvre. Elle suppose en outre que des informations exactes et actualisées sur la situation économique et commerciale soient

---

période allant de 2006 à 2010. Voir, M. Finken, *Gouvernance communale en Afrique et au Cameroun, op.cit.*, p. 18.

[786] V ; Angéon et T. Houédété, « La gouvernance : mode ou développement » in *Gouvernance locale et développement territorial. Le cas des pays du Sud*, Actes du colloque international de Constantine 26 et 27 avril 2003, l'Harmattan, 2004, p. 112-113.

soumises au public. *La participation des parties prenantes :* Elle se définit comme un processus par lequel les parties prenantes exercent une influence sur les décisions d'intérêt général et assurent un contrôle conjoint des moyens et des institutions qui influent sur leur vie, ce qui leur permet de contrôler l'action des pouvoirs publics. Dans le contexte de la gouvernance, la participation est axée sur les citoyens, dont les femmes, et prend en considération l'interaction entre la société civile les acteurs et les actions des entreprises. *Les cadres juridique et judiciaire :* un système juridique et judiciaire propice à la gouvernance et au développement est celui dans lequel les lois sont clairement et uniformément appliquées par l'intermédiaire d'un pouvoir judiciaire objectif et indépendant. Ce système prévoit les sanctions nécessaires pour prévenir ou réprimer toute violation. Il veille au respect de la loi, protège les droits des citoyens et facilite le mouvement des capitaux privés. *La lutte contre la corruption :* Le terme "corruption" se définit comme l'abus de pouvoir ou de la confiance du public à des fins personnelles »[787], une définition certes concise, mais qui englobe presque toutes les formes de corruption généralement rencontrées[788].

Comment ne pas relever l'importance du pilier juridique, maillon essentiel de la bonne gouvernance, élément sur lequel les autres piliers reposent ? Le juridique, au sens du droit positif, fixe des règles qui ont vocation à régir les autres piliers : responsabilité, participation, transparence, corruption, et même les institutions afférentes à cette dernière. L'inobservation du cadre juridique fixé est sanctionnée par la puissance publique. Autant donc retenir que le droit est l'élément moteur sans lequel les autres piliers seraient dépourvus de substance.

En témoignent, les nombreuses réformes tournées vers la bonne gouvernance entreprises ces dernières années dans de nombreux pays en général, et au Cameroun en particulier. Au Cameroun, la Constitution de 1996 a ouvert le champ à une législation foisonnante, destinée à sortir le pays d'un système de gouvernance jusque-là piloté de manière quasi anarchique, et gangrené par une corruption endémique[789] et pernicieuse[790]. Ainsi, la volonté

---

[787] Banque africaine de développement, « Cameroun. Profil de gouvernance par pays », *op.cit.*, p. 3.

[788] *Idem.* À titre d'exemples et selon les pays, les faveurs accordées contre règlement (passe-droits), les détournements de fonds, les abus de biens sociaux, les délits d'initiés et les emplois fictifs sont des formes de corruption généralement rencontrées.

[789] Voir, en ce sens, P. Alaka Alaka, qui fait remarquer que le Cameroun a été désigné trois fois « comme porte-étendard de la corruption dans le monde », cité par P. Belebenie *in* « Les réformes fiscales locales tournées vers la bonne gouvernance : une approche comparative France, Maroc, Cameroun », *art.cit.*, p. 56. Pierre Alaka Alaka fait ainsi référence au classement de *Transparency international* qui avait élevé le Cameroun au rang de pays le plus corrompu du monde, en 1998 et 1999.

[790] *Idem* : « Aucun pays ne peut être totalement exempt de corruption, il y a lieu de reconnaître que, lorsque celle-ci prend des proportions susceptibles de freiner la croissance économique, de remettre en cause le tissu social et les efforts d'instauration de la bonne gouvernance, elle aggrave les disparités économiques et sociales et favorise la criminalité organisée ».

camerounaise de s'arrimer à la bonne gouvernance transparaît-elle à travers les lois dites de décentralisation de 2004. L'amorce du processus de décentralisation camerounais se fait ainsi avec l'adoption, le même jour, des trois lois de décentralisation déjà mentionnées, lesquelles ont vocation à régir les deux niveaux de collectivités territoriales décentralisées que sont les communes et les régions.

À l'observation, La notion de bonne gouvernance a manifestement été transposée (en Afrique et donc au Cameroun) en l'état, autrement dit sans désoccidentalisation préalable. Par conséquent, et malgré l'apparente clarté de ses piliers, la notion de bonne gouvernance apparaît imprécise et incomplète dans le contexte africain. Par exemple, sa définition « occidentale » ne fait aucune allusion au type de dirigeants qu'il faudrait pour assurer la bonne gouvernance au niveau local, sans doute pour tenir compte des changements intervenus en Europe[791]. Il s'ensuit donc que la bonne gouvernance ne saurait être limitée aux dirigeants démocratiquement élus, et qu'elle pourrait être étendue à d'autres formes de direction, à l'instar des autorités traditionnelles[792] que les lois de décentralisation camerounaises (de 2004) susvisées ont peu ou prou ignorées, alors que dans un Rapport de 1995, Boutros Gali — alors secrétaire des Nations unies — affirmait : « les résultats en Afrique ont permis de mettre en lumière un aspect totalement différent de la décentralisation : les réformes introduites à l'échelon local ne doivent pas reléguer au second plan les structures traditionnelles du pouvoir. L'autorité traditionnellement conférée aux chefs tribaux représente pour beaucoup un pouvoir ancestral respecté de tous. Le processus de modernisation et de développement démocratique doit trouver moyen d'intégrer ce pouvoir, afin que la démocratisation ne conduise pas à l'effondrement de l'ordre établi et à l'élimination des mécanismes traditionnels de résolution des conflits et de gestion de biens communs »[793].

Nous verrons plus loin dans cette ouvrage qu'on ne peut logiquement, dans le cadre de la démocratisation, de la décentralisation et *a fortiori* de la bonne gouvernance, se passer de ces autorités un temps quasi incontournables, comme par exemple en matière de collecte d'impôts locaux.

L'idée d'un Cameroun *émergent à l'horizon 2035* que prône l'actuel Président de la République est-elle réalisable en l'absence d'une bonne

---

[791] En Europe, les autorités traditionnelles étaient impliquées dans diverses activités économiques et réglementaient le système économique et financier. Mais avec le temps ces autorités ne furent plus capables de gérer la complexité économique et sociale croissante de leurs sociétés. D'où leur remplacement par des formes de décision davantage inclusives et démocratiques, quoiqu'il faille noter que quelques monarchies européennes ont conservé un pouvoir exécutif réel au niveau national. Voir, Rapport G. Lutz et W. Linder sur les « structures traditionnelles dans la gouvernance locale pour le développement local », mai 2004, consultable sur : info.worldbank.org/etools/docs/library/ 136160/tslg/pdf/.

[792] *Idem.*

[793] Voir Rapport du secrétaire général, « Appui du système des Nations unies aux efforts déployés par les gouvernements pour promouvoir et consolider les démocraties nouvelles ou rétablies », document A/50/332, 7 août 1995, 51e session, New York, p.36.

gouvernance bien pensée ? Elle pourrait même s'avérer illusoire en cas de réformes entreprises au mépris du contexte du pays ! Pour l'heure en tout cas, un pas a été franchi : le périmètre normatif et les rouages institutionnels déjà mis en place laissent penser que les autorités du pays ont conscience de ce qu'il n y aura pas de fiscalité locale prospère sans bonne gouvernance.

Il y a donc eu ici, appropriation de la bonne gouvernance. Mais est-elle adaptée au contexte ? Peut-elle en l'état aider la fiscalité locale à prospérer ? Le cas échéant, quelles solutions peuvent être proposées, s'agissant des lacunes qui viendraient à être relevées en matière de bonne gouvernance au Cameroun ?

SECTION II. LA CONCEPTION CAMEROUNAISE DE LA BONNE GOUVERNANCE : LA PROBLÉMATIQUE

Si l'on s'en tient au cadre juridique et juridictionnel afférent à la bonne gouvernance, sans perdre de vue la définition de cette dernière donnée plus haut, le Cameroun peut se targuer d'avoir depuis longtemps fait ses premiers pas vers la voie de la bonne gouvernance, niveau national et infraétatique compris [794] . Ce cadre étant remarquablement vaste, il ne pourra être entièrement survolé dans le cadre de cet ouvrage. Néanmoins, on s'investira à démontrer, à la lumière de deux piliers de bonne gouvernance — la lutte contre la corruption d'une part, et la recherche de la transparence d'autre part — que le pays s'est effectivement ouvert à la bonne gouvernance ; en effet, les autorités semblent avoir à cœur d'assainir la vie publique, justement en s'attaquant à la corruption et en faisant de la transparence leur cheval de bataille.

Transparency International souligne d'ailleurs que la corruption étant un problème systémique, les moyens de combattre ce problème doivent également être globaux et systémiques[795]. Cette instance ajoute en outre que « le rétablissement de la confiance dans les institutions publiques [...] doit passer par l'accès à l'information visant à promouvoir la transparence, c'est peut-être la meilleure arme contre la corruption. C'est seulement en insistant tant sur l'accès à l'information que sur une plus grande transparence à tous les niveaux de la société, qu'il soit local ou intergouvernemental, que la société

---

[794] Voir, par exemple, l'article 2 de l'ordonnance n° 62/OF/du 31 mars1962 réprimant les infractions commises au préjudice de la fortune publique : « Quiconque aura par quelque moyen ou artifice que ce soit, soustrait, détourné, volé, escroqué ou recelé des deniers publics, c'est-à-dire des deniers ou effets actifs en tenant lieu, appartenant, destinés ou confiés à l'État fédéral, aux États fédérés ou aux collectivités publiques, sera puni des travaux forcés à perpétuité, lorsque la chose soustraite est supérieure à 100 000 francs, et dans le cas contraire de quinze à vingt ans de travaux forcés. En outre, il sera toujours prononcé contre le condamné une amende, dont le maximum sera le quart des restitutions et indemnités et le minimum, le douzième ».

[795] Transparency international, *Rapport mondial sur la corruption. Thème spécial : l'accès à l'information*, Éditions Karthala, 2003, p. 25.

civile, [le Gouvernement et les collectivités territoriales décentralisées] espèrent prévenir [...] la corruption »[796].

Dès lors, on commencera par se demander si la gestion publique locale est ouverte à la transparence et à l'assainissement (§ I), avant de rechercher si la responsabilité en tant que pilier de la bonne gouvernance est un acquis du contexte camerounais (§ II). Tout en rappelant que le juridique est le pilier central de la bonne gouvernance, on notera qu'une rupture avec des textes souvent virtuels et peu dissuasifs constituera, à n'en point douter, une avancée : cette démarche devrait donc être priorisée (§ III).

§ I. La gestion publique locale : la transparence et l'assainissement?

En recherchant la transparence — celle-ci donne l'impression d'un simulacre et éprouve le besoin d'être renforcée — (A), le cadre juridique s'attache également à assainir, voire à moraliser l'administration camerounaise, comme le prouve la création d'un organe central de lutte contre la corruption appelé Commission nationale anti-corruption, CONAC en abrégé (B).

A. LA TRANSPARENCE DES POLITIQUES LOCALES : ENTRE SIMULACRE ET BESOIN DE RENFORCEMENT

En assujettissant certaines catégories de personnes à une obligation de déclaration des biens, la Constitution de 1996 opérait ainsi une considérable avancée vers la transparence, dans un pays où l'opacité est la reine des règles. Mais dans la mesure où aucune des personnes visées par la Loi fondamentale camerounaise ne déclare ses biens, aussi bien l'article 66 de la Constitution que la loi du 25 avril 2006 relative à la déclaration des biens et avoirs (prise justement en application de la disposition constitutionnelle ci avant mentionnée) ne sont rien d'autre que le reflet d'un simulacre de transparence (1). La déclaration effective des biens restant nécessaire mais pas suffisante, le pays devrait se tourner vers un système de Gouvernement ouvert (*open Government*) pour une transparence davantage renforcée (2).

1. L'obligation de déclaration des biens, un simulacre de transparence

La Constitution de 1996 opère une remarquable innovation en posant à son article 66 le principe suivant lequel « Le Président de la République, le Premier ministre, les membres du Gouvernement et assimilés, le Président et les membres du bureau de l'Assemblée nationale, le Président et les membres du bureau du Sénat, les députés, les sénateurs, tout détenteur d'un mandat électif, les secrétaires généraux des ministères et assimilés, les directeurs des

---

[796] *Idem.*

administrations centrales, les directeurs généraux des entreprises publiques et parapubliques, les magistrats, les personnels des administrations chargées de l'assiette, du recouvrement et du maniement des recettes publiques, tout gestionnaire de crédit et des biens publics, doivent faire une déclaration de leurs biens et avoirs au début et à la fin de leur mandat ou de leur fonction ».

Prise comme ci-avant indiqué en application de l'article 66 de la Constitution susvisé, la loi n° 003/2006 du 25 avril 2006 relative à la déclaration des biens et avoirs est venue compléter la liste des autres catégories de personnes assujetties à une déclaration de patrimoine. Ce sont, au titre de cette loi : le Président de la République ; le Premier ministre ; les membres du Gouvernement et assimilés ; le Président et les membres du Bureau de l'Assemblée nationale ; le Président et les membres du Bureau du Sénat ; les députés, les Sénateurs ; tout détenteur d'un mandat électif ; les Secrétaires généraux de ministères et assimilés ; les directeurs des administrations centrales ; les directeurs généraux des entreprises publiques et parapubliques ; les magistrats ; les personnels des administrations chargées de l'assiette, du recouvrement, du maniement des recettes publiques et du contrôle budgétaire ; tout gestionnaire de crédits et de biens publics. La loi de 2006 assujettit également à l'obligation de déclaration des biens et avoirs : le président du Conseil économique et Social ; les ambassadeurs ; les recteurs d'universités d'État ; les délégués du Gouvernement auprès de certaines municipalités ; les présidents des conseils d'administration des établissements publics et des entreprises du secteur publié et parapublic ; les gouverneurs de province et les préfets ; les présidents des commissions des marchés publics ; les présidents des chambres consulaires ; les chefs de projets bénéficiant de financements extérieurs et/ou de subventions de l'État ; les responsables des liquidations administratives et judiciaires ; les responsables des établissements publics administratifs et des sociétés à capital public jusqu'au rang de directeur ; les responsables des administrations centrales ayant rang de directeur d'administration centrale. Enfin, tout ordonnateur de deniers publics au sein d'une association ou de tout autre organisme privé, bénéficiaire de deniers publics, au titre de subventions ou de dons est également assujetti à l'obligation de déclaration des biens et avoirs, tant au début qu'à la fin de son mandat ou de sa fonction (article 2)[797].

L'obligation de déclaration des biens et avoirs porte sur l'ensemble du patrimoine. Elle concerne les biens meubles, immeubles, de même que les biens corporels et incorporels se trouvant aussi bien à l'intérieur du pays qu'à l'extérieur de celui-ci. Les biens visés sont ceux qui appartiennent à la personne assujettie, ainsi qu'à son conjoint et à leurs descendants mineurs jusqu'au premier degré. En outre, l'obligation de déclaration porte sur tout avantage dont la personne concernée et ses descendants mineurs du premier degré ou ascendants bénéficieraient, ainsi que tout intérêt qu'ils détiendraient

[797] Loi n° 2006/003 du 25 avril 2006 relative à la déclaration des biens et avoirs, article 2.

dans quelque société privée que ce soit. Les articles ménagers et les effets personnels ne sont exclus de la procédure de déclaration susvisée[798]. Les responsables et personnes visés à l'article 2 susvisé doivent adresser à l'organe[799] compétent dans les quatre-vingt-dix jours qui suivent leur élection ou nomination, et soixante jours au plus tard dès la fin d'exercice de leur mandat ou fonction, une déclaration des biens et avoirs ; celle-ci est établie sur l'honneur dans les formes et conditions prescrites par la réglementation en vigueur[800].

Enfin, conformément à l'article 14 de la loi du 25 avril 2006, la Commission adresse un Rapport d'activités chaque année au Président de la République. Celui-ci est informé à tout moment par la Commission d'éventuelles entraves à la réalisation de sa mission, du respect ou du non-respect par les personnes visées à l'article 2 susvisé, de l'obligation de déclaration des biens et avoirs.

Au demeurant incontestable, l'efficacité de la loi du 25 avril 2006 susmentionnée est perceptible, en dépit du fait que cette loi reste à ce jour inappliquée. Ne dit-on pas que « tout système normatif a besoin d'une surveillance, à défaut de laquelle il perd de son effectivité »[801] ? À cet égard, en dehors des États-Unis et des pays scandinaves qui excellent en matière de déclaration des biens, la France pourrait servir d'exemple. Dans ce dernier pays, les déclarations de patrimoine des 38 membres du Gouvernement avaient été mises en ligne (sur le site de Matignon) en avril 2013, une opération de transparence sans précédent visant à révéler le détail des patrimoines de ces ministres (biens immobiliers, véhicules, meubles et objets d'art, actions, passifs, etc.)[802] : les déclarations de patrimoine des hommes publics ne sont pas nouvelles en France où elles existent depuis 1988. Elles étaient remises par un grand nombre de personnes ayant des responsabilités publiques (notamment les présidents des conseils généraux ou les maires de certaines communes), mais elles restaient cependant sécrètes. L'innovation est que ces déclarations sont désormais publiques et peuvent être consultées par le grand public. Le système français de déclaration présente toutefois des lacunes : « pour bien faire, il faut comparer le patrimoine à l'entrée en fonction et à la sortie de la fonction pour être certain qu'il n'y ait pas d'enrichissement personnel. Mais le talon d'Achille de ces déclarations tient au fait que les ministres ne déclarent que leurs biens propres et ceux de la communauté quand ils sont mariés sous ce régime. Les biens propres de leur épouse ou de leurs enfants, s'ils leur ont

---

[798] *Idem*, article 3.

[799] Sur cet organe, voir les articles 6, 7, et 8 de la loi. Pour plus d'informations, voir notamment l'article 13 (le sort des biens et avoirs de provenance injustifiée) ou l'article 16 (sanctions prévues).

[800] Article 4 de la loi n° 2006/003 du 25 avril 2006 relative à la déclaration des biens et avoirs.

[801] R. Hertzog, « Politiques économiques et budgétaires : de la coordination à la surveillance », *in La crise financière et budgétaire en Europe. Un moment de vérité pour la construction européenne*, Presses universitaires de Nancy-Éditions universitaires de Lorraine, 2013, p. 95.

[802] Voir *Les Échos* du mardi 16 avril 2013, p. 2-3.

fait des donations, n'apparaissent donc pas. Dans l'idéal, il faudrait une déclaration du foyer fiscal. Enfin, pour que la transparence soit réelle, il faudrait qu'il y ait un contrôle de ces déclarations. La commission qui les recense n'a actuellement pas de pouvoir de vérification. Il faudrait que l'administration fiscale puisse vérifier ces déclarations »[803].

En réalité, même si la loi camerounaise du 25 avril 2006 relative à la déclaration des biens et avoirs venait à être effectivement appliquée — auquel cas on ne parlerait plus de simulacre — la transparence ne s'en trouverait pas pour autant consolidée. Se tourner vers un Gouvernement plus ouvert pourrait constituer une bonne piste de renforcement de la transparence, fût-il au niveau national ou infranational.

2. Le Gouvernement ouvert, pour une transparence renforcée

La transparence est dorénavant orientée vers le Gouvernement ouvert (*open Government*), ce qui n'ira pas sans la renforcer. En ce sens, il faut remonter au discours de Barack Obama prononcé lors de la cérémonie d'investiture qui faisait suite à sa première élection à la présidence des États-Unis, occasion au cours de laquelle ce président a « ouvert la voie à un renouveau de la démocratie à l'ère du numérique en proposant de créer un mouvement sans précédent d'ouverture de son Gouvernement »[804]. William Gilles souligne que : « ce discours fondateur de Barack Obama a permis de faire ressortir deux idées principales au sujet du Gouvernement ouvert. D'une part, ce processus ne repose pas seulement sur la transparence, mais il implique aussi une participation publique et une collaboration des acteurs publics qui doit se manifester par une association des fonctionnaires et un engagement citoyen pour la modernisation des administrations publiques.

D'autre part, le Gouvernement ouvert favorise la démocratie. Il peut, à certains égards, être considéré comme un nouvel espoir pour combattre la crise de représentativité dont souffrent les démocraties occidentales [et du continent africain en général] »[805].

Aujourd'hui, ce processus se répand progressivement dans le monde grâce à l'initiative de huit pays[806] qui, en septembre 2011, ont jeté les bases d'un partenariat pour le Gouvernement ouvert, (*Open Government Partnership* en anglais et OGP en abrégé), lequel « vise à créer un standard international “d'ouverture gouvernementale” reposant sur des critères objectifs de transparence budgétaire et fiscale, d'accès à l'information, de transparence dans les salaires et dépenses des fonctionnaires et des hommes politiques, et de

---

803 *In*, *Le figaro* du mardi 16 avril 2013, p.4.

804 W. Gilles, « Les critères d'éligibilité du Partenariat pour le Gouvernement ouvert », conférence-débat du CDPC sur la transparence administrative et ses déclinaisons technologies récentes », cycle « Les valeurs du droit public », 15 avril 2013, URL, consulté le 14 juin 2014.

805 *Idem*.

806 Le Brésil, l'Indonésie, le Mexique, la Norvège, les Philippines, l'Afrique du Sud, le Royaume-Uni et les États-Unis d'Amérique.

participation citoyenne »[807]. Ce Partenariat comptait déjà 63 membres au 1er février 2014[808] à l'exclusion de la France, mais tout portait à croire que celle-ci en deviendrait rapidement membre. En effet, outre la feuille de route publiée fin 2013 dans laquelle le Gouvernement français a manifesté son intention d'étudier les modalités pour rejoindre le Partenariat pour un Gouvernement ouvert[809], le président de la République française — François Hollande — s'était rendu en visite d'État au Mexique les 10 et 11 avril 2014 à l'invitation de son homologue des États-Unis mexicains — Peña Nieto — visite au cours de laquelle les deux chefs d'État adoptèrent une déclaration conjointe dont l'article 55 est ainsi libellé : « Persuadés que la transparence, l'intégrité et la participation des citoyens aux décisions qui les concernent sont les piliers de la démocratie, le Mexique et la France ont décidé d'adhérer à l'Initiative pour un Gouvernement ouvert [...]. Forts de leur expérience en matière d'ouverture et de partage des données publiques, la France et le Mexique entendent encourager pleinement cette initiative »[810].

William Gilles rappelle quels sont les critères d'éligibilité pour pouvoir rejoindre le Partenariat susvisé. Selon lui, de nombreux pays, comme la France, répondent aux exigences qui ont été fixées, entraînant que ces pays devraient pouvoir adhérer à cette démarche sans difficulté, aidés en cela par le caractère souple desdites exigences. En ce sens, et concernant la France, il n'est peut-être pas inutile de noter qu'elle a manifesté son désir de joindre le partenariat ci-dessus en date du 2 mai 2014[811]...

L'approche classificatoire de William Gilles renvoie à deux grandes catégories de critères d'éligibilité : les critères qui portent sur la transparence des administrations publiques (à savoir l'engagement des Gouvernements à renforcer la transparence d'une part, et l'engagement à contribuer à la promotion de l'accès à l'information publique d'autre par), et les critères relatifs aux acteurs de l'action publique : ces derniers portent sur la divulgation du patrimoine des élus et des hauts fonctionnaires, ainsi que sur l'engagement citoyen.

Concernant le critère relatif à la transparence budgétaire, celui-ci « impose aux Gouvernements de publier une information de base sur les budgets et la comptabilité publics, mais aussi d'avoir un système budgétaire ouvert. Le

---

807 I. Bouhadana et W. Gilles, « L'*open Government,* transfiguration de notions anciennes ou émergence d'un nouveau concept ?», Revue Lamy droit de l'immatériel, n° 105, juin 2014, p. 103-104.

808 *Idem*, p. 100.

809 W. Gilles, « Les critères d'éligibilité du Partenariat pour le Gouvernement ouvert », conférence-débat du CDPC sur la transparence administrative et ses déclinaisons technologies récentes », cycle « Les valeurs du droit public », 15 avril 2013, URL, consulté le 14 juin 2014, *art.cit.*

810 Consultable sur : http://www.elysee.fr/assets/Uploads/La-declaration-conjointe-France-Mexique.pdf, consulté le 16 juin 2014.

811 Voir, pour d'amples informations, I. Bouhadana et W. Gilles, *Droit et gouvernance des données publiques et privées à l'ère du numérique,* éditions Imodev, 2015, à paraître.

système de notation repose sur l'index *Open Budget initiative (OBI)* qui a été réalisé en 2010 par *l'International Budget Partnership* »[812].

Au Cameroun, la transparence apparaît comme une prophylaxie nécessaire et un remède incontournable contre l'amoralisme financier qui mine le pays et freine son développement. Cependant, et comme indiqué plus haut, la transparence a du mal à s'ancrer dans les pratiques de l'administration camerounaise. Des lois de finances sont certes publiées sur le site du ministère des Finances, mais la culture d'audits et celle de leur publication n'est pas acquise. Pareillement, l'accès à l'information publique pour les citoyens n'est pas facilité.

Soulignons « que l'IBP mesure la transparence budgétaire des États et non celle des collectivités territoriales. Or beaucoup reste à faire en la matière, notamment en France, [et plus encore au Cameroun], dans la mesure où les sites internet des collectivités diffusant des données budgétaires sont peu nombreux, et lorsqu'elle existe, cette information n'est pas toujours facilement accessible ou compréhensible par le citoyen »[813].

La réticence de certains maires camerounais à communiquer les documents comptables au mépris de l'article 39 du décret n° 77/91 du 25 mars 1977 déterminant les pouvoirs de tutelle sur les communes et établissements communaux tel que modifié par le décret n° 90/1464 du 9 novembre 1990 (déjà mentionné)[814], l'obligation de déclaration des biens au demeurant théorique, de même que l'absence de participation et de collaboration à la mise en place des politiques publiques sont antinomiques de la transparence.

Par conséquent, il s'ensuit une situation évidente de mauvaise gouvernance. Une piste efficace d'amélioration et de renforcement de la transparence au Cameroun consisterait alors, pour ce pays, de justement adhérer au Partenariat pour un Gouvernement ouvert. Les conclusions progressives de l'Enquête pourront, à la longue, ouvrir l'État et ses collectivités territoriales à la transparence. En effet, « L'Enquête sur le budget ouvert du Partenariat Budgétaire International (IBP) évalue la disponibilité dans chaque pays de huit documents budgétaires clés, ainsi que l'exhaustivité des données contenues dans ces documents. Cette Enquête examine également le degré de surveillance effective dont disposent le pouvoir législatif et les Institutions supérieures de contrôle (ISC), ainsi que les opportunités offertes au public de participer aux processus nationaux d'élaboration des décisions budgétaires. L'Enquête sur le budget ouvert n'est pas une enquête de perception ni un sondage d'opinion. Elle utilise des critères internationalement reconnus pour évaluer la transparence budgétaire et la responsabilisation de chaque pays. Elle

---

[812] W. Gilles, « Les critères d'éligibilité du Partenariat pour le Gouvernement ouvert », conférence-débat du CDPC sur la transparence administrative et ses déclinaisons technologiques récentes », cycle « Les valeurs du droit public », 15 avril 2013, URL, consulté le 14 juin 2014, précité.

[813] *Idem.*

[814] Sur ce point, voir *supra*, notamment sur les développements relatifs au principe de transparence budgétaire.

est établie à partir d'un questionnaire que des experts budgétaires indépendants non associés au Gouvernement national remplissent pour chaque pays. Le questionnaire de chaque pays est ensuite révisé de façon indépendante par deux experts anonymes qui ne sont pas non plus associés au Gouvernement du pays en question. Les résultats pour un sous-ensemble spécifique de questions de l'Enquête sur le budget ouvert servent à établir des résultats objectifs et des classements de la transparence relative de chaque pays. Ils constituent l'Indice sur le budget ouvert (OBI) »[815].

Concernant la mise en ligne des déclarations, comme auparavant souligné, « les collectivités territoriales décentralisées ne pourront pas rester en marge de la révolution du numérique : "dans ce contexte, les collectivités locales sont directement concernées par cette importante transformation des services publics. Cela signifie que la mise en œuvre des e-services au niveau local emportera une nouvelle conception de la bonne gouvernance locale [...] il est important d'analyser ce sujet, car les collectivités locales seront dorénavant des acteurs de cette évolution [816]. La décentralisation devra aussi s'accommoder des activités « électronisées » : e-démocratie, e-administration, e-gouvernance, e-gouvernement etc. Ainsi, à l'ère de l'e-gouvernement et de la course à la bonne gouvernance, on voit mal les collectivités territoriales camerounaises échapper à l'exigence de transparence financière. [À cet égard], l'exemple du niveau de transparence atteint par le Royaume-Uni apparaît de ce point de vue éclairant" »[817].

L'instauration de la bonne gouvernance au Cameroun passait obligatoirement par la lutte contre la corruption, un fléau culturel contre lequel les autorités du pays ont décidé de se battre, en créant la Commission nationale anticorruption (CONAC) ; cette initiative est on ne peut plus louable, car elle vise à assainir la gouvernance publique et parapublique notamment, mais elle reste une fondation fragile en mal de consolidation.

B. LA CRÉATION DE LA COMMISSION NATIONALE ANTI-CORRUPTION : UNE INITIATIVE D'ASSAINISSEMENT À CONSOLIDER

Derrière le concept de bonne gouvernance se cache aussi la ferme volonté des bailleurs de fonds d'assainir la vie publique au regard de ce qui, en langage

---

[815] Disponible sur :
http://internationalbudget.org/wp-content/uploads/2011/06/2010_Full_Report-French.pdf, consulté le 19 juin 2014.

[816] I. Bouhadana, "*The transformation of local governance due to e-goverrnment in Czech Republic*", *Revue de l'Institut du Monde et du Développement*, 2012, n° 3, p. 100. La traduction du texte original de l'anglais au français est de l'auteur.

[817] Sur la publication par les collectivités territoriales britanniques de certaines informations sur leurs sites, voir *supra* : P. Belebenie, « Fiscalité locale : le Cameroun au défi de la décentralisation », quotidien *Mutations* du 23 janvier 2013.

terre à terre camerounais, prend l'appellation de « vol »[818]. Par conséquent, l'équation bonne gouvernance égale « arrêtez de voler » garde tout son sens dans un pays où la corruption est devenue chronique[819] dès les premières années[820] de l'indépendance, avant de devenir aujourd'hui systémique et galopante. C'est la raison pour laquelle, sous l'impulsion des bailleurs de fonds, « le législateur et les détenteurs du pouvoir réglementaire ont détenu la palme d'or de la mise en place des textes fondamentaux sur la transparence et l'assainissement publics, l'objectif étant de mettre des barrières à la corruption dans les domaines les plus sensibles de la vie publique »[821] ainsi qu'aux détournements de fonds et, généralement, d'instaurer la démocratie et la bonne gouvernance, conformément aux canons imposés par les pourvoyeurs de fonds.

Le Premier Rapport mondial des Cités et Gouvernements Locaux Unis (CGLU) soulignait en 2008, que « la corruption dans le secteur public, y

---

[818] Au Cameroun, le terme « vol » fait souvent référence à la corruption et aux détournements de deniers publics.

[819] En témoigne, la motion de censure du *Social Demoratic Front* (SDF) contre le Gouvernement du Premier ministre Peter Mafany Musongue, le 29 avril 1999 : « Les députés à l'Assemblée nationale Nationale du Cameroun, signataires des présentes, ont l'honneur de vous exposer, qu'ils formulent par les présentes, une motion de censure contre le Gouvernement du Premier ministre Peter Mafany Musonge pour des raisons ci-après ; expose des motifs que dès la formation, en 1997, du Gouvernement que dirige le Premier ministre Peter Mafany Musonge, ce Gouvernement a aussitôt adopté un Programme de lutte contre la corruption ; que l'exécution dudit Programme n'a pas évité le classement du Cameroun, en 1998 et en 1999 par *Transparency International*, ONG de réputation pour la lutte contre la corruption dans le monde, comme le pays le plus corrompu du monde ; qu'en effet, cette triste et malheureuse consécration du Cameroun pendant deux années consécutives comme champion du monde de la corruption est en réalité un constat de l'échec du Gouvernement du Premier ministre Peter Musonge de lutter contre la corruption ; que ceci démontre sans équivoque que tant que ce Gouvernement sera en place, le Cameroun restera le pays le plus corrompu du monde ; or, attendu que les Camerounais, usagers des services publics, connaissent l'étendue et la profondeur du fléau de la corruption dans les administrations ; que la corruption au Cameroun est multiforme et tentaculaire et a été érigée en système de gestion de la chose publique par le Gouvernement de l'heure ; que personne n'ignore le pillage des fonds publics par les détournements massifs, les surfacturations, les dessous de table de 10, 20 et 30 % sur les paiements publics, que personne n'ignore les rackets des contrôles routiers, des inscriptions dans les établissements scolaires, des soins médicaux, la vente des places aux examens et concours officiels ; […] ; que personne n'ignore qu'au Cameroun, la douane, le fisc, les marchés publics, les entreprises publiques, l'octroi des agréments et autorisations administratives sont devenus des lieux et moments de prédilection du pillage systématique de la fortune publique et de l'enrichissement sans cause […] ; qu'il y a urgence et péril en la demeure ; vus l'urgence et le péril en la demeure ; présentent cette motion pour la mise en cause de la responsabilité du Gouvernement par l'Assemblée nationale ; sous toutes réserves ; […].

[820] La corruption était déjà dénoncée par l'Église catholique dans les années 70, à l'instar des évêques de la province ecclésiastique de Bamenda qui furent les premiers à s'insurger contre ce fléau, avant d'être suivis par ceux de la ville de Garoua, en 1980, puis par l'ensemble des évêques du Cameroun, en 1990 ; une Commission « justice et paix » avait été mise en place par les 26 diocèses pour aider à lutter contre ce fléau. Voir, P. Alaka Alaka, *La Gouvernance fiscale*, *op.cit.*, p. 114.

[821] *Ibidem.*, p. 111.

compris au niveau des collectivités locales, reste un problème global. Les pays développés et en voie de développement sont rongés par des problèmes de corruption »[822]. Cela veut dire que la corruption n'est pas une réalité afro-africaine, encore moins un phénomène exclusif au Cameroun : dans son livre intitulé *Cet État qui tue la France*, Nicolas Lecaussin affirme pour sa part que « la corruption est un phénomène ancien qui n'a épargné aucune époque [ni aucun pays, fût-il européen[823], asiatique[824], ou africain[825]]. Mais c'est dans les pays où l'État est tout puissant qu'elle prend des proportions considérables. [...]. C'est le cas en Afrique où les dictateurs et les fonctionnaires dérobent l'aide internationale. [...]. En France, le phénomène de la corruption n'est pas récent, mais il s'est aggravé avec l'étatisation et est entrain de prendre des proportions énormes [...]. Abus de biens sociaux, détournements de fonds, enrichissements personnels, emplois fictifs ou délits d'initiés sont les formes les plus répandues de corruption aujourd'hui. La liste de condamnés ou mis en examen est longue. [...]. Mais ce qui est encore plus grave, c'est la part invisible de la corruption, celle dont la presse n'en parle que rarement (ou celle dont elle ne veut pas parler), celle qui touche uniquement les administrations publiques et l'argent des contribuables. Si les chefs d'entreprise condamnés à la prison ferme sont nombreux, on ne peut pas en dire autant des fonctionnaires ou hauts fonctionnaires coupables de méfaits peut-être encore

---

[822] Voir le Premier Rapport mondial des Cités et Gouvernements locaux (CGLU) sur « La décentralisation et la démocratie locale dans le monde », *op.cit.*, p. 138.

[823] À titre d'exemple au niveau européen, les trois quarts des personnes interrogées (76 %) estiment que la corruption est très répandue dans leur pays. Les pays où les répondants sont plus enclins à penser que
la corruption est très répandue sont la Grèce (99 %), l'Italie (97 %), la Lituanie, l'Espagne et la République tchèque (95 % chacune). Un quart des Européens (26 %) - contre 29 % dans l'enquête de 2011 - considèrent qu'ils sont personnellement touchés par la corruption dans leur vie quotidienne. Les pays où les répondants sont plus enclins à affirmer que la corruption les touche personnellement sont l'Espagne, la Grèce (63 % chacune), Chypre, la Roumanie (57 % chacune) et la Croatie (55 %); et ceux où ils ont moins tendance à le dire sont le Danemark (3 %), la France et l'Allemagne (6 % chacune). Environ un Européen sur douze (8 %) déclare avoir fait l'objet ou été témoin de corruption au cours des 12 mois précédents. Les pays où les répondants sont le plus enclins à déclarer avoir fait l'objet ou été témoin de corruption sont la Lituanie (25 %), la Slovaquie (21 %) et la Pologne (16 %); et ceux où ils ont moins tendance à le dire sont la Finlande, le Danemark (3 % chacun), Malte et le Royaume-Uni (4 % chacun). Environ trois quarts des Européens (73 %) affirment que les pots-de-vin et le recours aux relations personnelles constituent souvent le moyen le plus simple d'obtenir certains services publics dans leur pays. Cette conviction est le plus répandue en Grèce (93 %), à Chypre (92 %), en Slovaquie et en Croatie (89 % chacune). Voir, Rapport de la Commission au Conseil et au Parlement européen, Rapport anticorruption de l'UE, 3 février 2014, p. 7-8.

[824] À l'instar de la Chine où la lutte contre la corruption bat son plein et où près de 25 responsables (personnalités politiques et cadres d'entreprises au niveau local ou national) étaient mis en examen ou arrêtés en l'espace de moins d'un mois et demi, soit entre janvier 2013 et début février de la même année. Voir, *Le monde* du vendredi 8 février 2013, p. 6.

[825] À l'instar du Maroc où la corruption a certes atteint des proportions quasi ingérables, mais où les autorités semblent avoir à cœur d'éradiquer ce fléau. Voir, *infra*, sur la question de l'application effective des textes relatifs à la bonne gouvernance.

plus graves. Car ces derniers [bénéficiant] de relations, sont protégés par l'immunité parlementaire et peuvent se cacher derrière l'opacité des fonds publics »[826].

Certes, « le Cameroun est résolument engagé sur les sentiers de l'éradication du fléau qu'est la corruption. La ferme volonté des pouvoirs publics dans ce domaine se [traduisant] par de nombreuses initiatives qui ont contribué à asseoir une visibilité qui n'aurait jamais été perceptible il y a quelques années. Le déclic de cette prise de conscience [ayant] été amorcé par le chef de l'État [...] qui ne cesse de rappeler et de marteler, à chacune de ses sorties officielles, que les agissements contraires à la bonne gouvernance et la moralité publique doivent cesser ». Mais il paraît très utile d'ajouter que si la décentralisation a vocation notamment à lutter contre la pauvreté, et partant à instaurer la bonne gouvernance, il n'en demeure pas moins qu'elle peut, si l'on n'y prend garde, constituer un vecteur d'amplification du phénomène de la corruption qui s'en trouve par la même occasion décentralisé. Dans le même sens, le Premier Rapport mondial des Cités et Gouvernements Locaux Unis souligne qu'« il est en effet possible que la décentralisation accroisse les problèmes de corruption, ou tout au moins qu'elle l'éparpille sur plusieurs niveaux de gouvernement et la rende donc plus difficilement contrôlable »[827].

Mais qu'est-ce qui se cache derrière le terme *corruption*, ou plutôt que peut-on ajouter à la définition ci-avant mentionnée, donnée par la Banque africaine de développement ?

Dans son sens littéral, la corruption est constituée par « l'ensemble de moyens que l'on emploie pour faire agir quelqu'un contre son devoir, sa conscience »[828]. Dans son sens juridique, le délit de corruption est, selon le *Lexique des termes juridiques 2012*, « un comportement pénalement incriminé par lequel sont sollicités, agréés ou reçus des offres, promesses, dons ou présents, à des fins d'accomplissement ou d'abstention d'un acte, d'obtention de faveurs ou d'avantages particuliers. La corruption est dite passive lorsqu'elle est le fait du corrompu, elle est dite active lorsqu'elle est le fait du corrupteur »[829]. D'après *Transparency International*, la corruption est l'utilisation du pouvoir dont une personne est investie pour servir ses intérêts personnels, une définition qui « englobe la corruption à petite et à grande échelle dans les secteurs public et privé »[830]. Notons, enfin, que certaines dispositions pénales issues des lois camerounaises n° 65/LF/24 et 67/LF/1 des 12 novembre 1965 et 12 juin 1967 portant Code pénal définissent et sanctionnent la corruption[831].

---

[826] N. Lecaussin, *Cet État qui tue la France*, Plon, 2005, p. 88-92.

[827] Voir le Premier Rapport mondial des Cités et Gouvernements Locaux Unis, *op.cit.*, p. 138.

[828] Cette définition est tirée du dictionnaire le petit Robert., édition 1977, p. 398.

[829] Voir *Lexique des termes juridiques 2012*, Dalloz, 19e édition, 2012, p. 248-249.

[830] Transparency international, *Rapport mondial sur la corruption. Thème spécial : l'accès à l'information, op.cit.* 17.

[831] Voir, par exemple, l'article 134 alinéa 1 et 3 dudit Code : « Est puni d'un emprisonnement de cinq à dix ans et d'une amende de 200 000 à 2000 000 francs, tout fonctionnaire ou agent public

Au niveau strictement communal, l'article 150 de la loi n° 2004/18 du 22 juillet 2004 énumère de manière non exhaustive des actes pouvant entraîner la déchéance — celle-ci emporte de plein droit l'inéligibilité de plein droit pendant dix ans — d'un maire, d'un délégué du Gouvernement, d'un président de syndicat de communes ou tout autre conseiller municipal[832]. Il s'agit — selon l'article 3 de la loi n° 74/18 du 5 décembre 1974 relative au contrôle des ordonnateurs, gestionnaires et gérants de crédits publics et des entreprises d'État, telle que modifiée par la loi n° 76/4 du 8 juillet 1976 — de toute faute de gestion (ou acte) préjudiciable aux intérêts de la puissance publique (au sens de l'ensemble des personnes publiques). En ce sens, l'article 150 vise justement la concussion ou la corruption.

Il n'en demeure pas moins que la création d'un organe central de lutte contre la corruption constitue aussi, à n'en point douter, un pas de plus vers la bonne gouvernance : « la démocratie, c'est aussi la préservation de la fortune publique. C'est pourquoi nous avons entrepris de lutter sans merci contre la corruption. Qu'on ne s'attende pas à ce que nous nous arrêtions en chemin. Nous irons jusqu'au bout, quoiqu'en disent certains »[833]. Cette déclaration faite en 2010 par le Président camerounais s'inscrivait dans le prolongement d'une logique de lutte anticorruption engagée plus tôt. De plus, par décret présidentiel en date du 18 mai 2004[834], le Cameroun avait déjà ratifié la Convention des Nations unies sur la corruption (CNUCC) [835] adoptée le 31 octobre 2003, à Mérida au Mexique. Dans le même ordre d'idées — et moins de deux mois après la loi du 25 avril 2006 sur la déclaration des biens et des avoirs — la Commission nationale anti-corruption (CONAC) fut créée par décret présidentiel n° 2006/088 du 11 mars 2006. Il s'agit d'un organisme public indépendant chargé de contribuer à la lutte contre la corruption ; l'une des principales missions assignées à la CONAC est d'assurer la coordination du processus d'élaboration et d'implémentation de la Stratégie nationale de lutte contre la corruption (CNLCC).

---

qui, lui-même ou pour un tiers, sollicite, agrée ou reçoit des offres, promesses, dons ou présents pour faire, s'abstenir de faire ou ajourner un acte de sa fonction [...]. Est puni des peines prévues à l'alinéa 2 précédent [non reproduit], tout fonctionnaire ou agent public qui sollicite ou accepte une rétribution en espèces ou en nature pour lui-même ou pour un tiers en rémunération d'un acte déjà accompli ou une abstention passée » ; voir aussi, pour plus d'informations, les articles 134 bis, 135 (intérêt dans un acte), 136 (participation dans une affaire), 137 (concussion) ou 161 (trafic d'influence) du même Code.

[832] Voir l'article 148 de la loi 2004/18 du 22 juillet 2004, fixant les règles applicables aux communes.

[833] Extrait du discours de fin d'année du 31 décembre 2010 du Président Paul Biya.

[834] Il s'agit du décret n° 2004/126.

[835] Chaque État partie devant adopter, à partir des normes anticorruption, des mesures législatives et autres nécessaires pour conférer le caractère d'infraction pénale en cas de corruption d'agents publics nationaux (article 15), de corruption d'agents publics étrangers et de fonctionnaires d'organisation internationales publiques (article 16), de soustraction, détournement ou autres usages illicite de biens par un agent public (article 17), de trafic d'influence (article 18), d'abus de fonction ou du poste (article 19), ou même d'enrichissement illicite.

De manière plus exhaustive, d'autres missions sont reconnues à la CONAC telles que : le suivi et l'évaluation de l'application effective du plan gouvernemental de lutte contre la corruption ; la collecte, la centralisation et l'exploitation des dénonciations et informations dont elle est saisie pour des pratiques, faits ou actes de corruption et infractions assimilées ; la conduite de toutes études ou investigations en vue de proposer toutes mesures pouvant prévenir ou juguler la corruption ; le cas échéant, le contrôle physique de l'exécution des projets, ainsi que l'évaluation des conditions de passation des marchés publics ; la diffusion et la vulgarisation des textes sur la lutte contre la corruption ; l'identification des causes de la corruption et la proposition aux autorités compétentes des mesures susceptibles de permettre son élimination dans tous les services publics ou parapublics ; l'accomplissement de toute autre mission confiée à la CONAC par le Président de la République[836].

La CONAC a la faculté de se saisir des pratiques, faits ou actes de corruption et infractions assimilées dont elle a connaissance. Elle peut aussi être saisie par toute personne physique ou morale de plainte ou de dénonciation pour faits ou actes de corruption. Notons enfin que la Commission est tenue de protéger ses sources d'information. Si la volonté de nuire du dénonciateur est avérée, la Commission doit lever la protection de la source concernée à la demande du Tribunal[837].

Le premier Rapport annuel de la CONAC sur l'état de la corruption (élaboré sous la « haute attention du Président de la République ») date de 2011 et couvre les années 2008, 2009, et 2010. Soit dit en passant, les Rapports de la CONAC sont rendus publics. Il ressort de celui relatif à l'année 2012 (publié en 2013) que la CONAC a réalisé des contrôles et des audits qui ont révélé de nombreux cas de corruption et des détournements de biens publics ayant causé à l'État un très lourd préjudice financier », les statistiques en matière de lutte contre la corruption s'établissant ainsi qu'il suit : du 1er janvier au 31 décembre 2012, la CONAC a reçu 2089 dénonciations avec une fréquence d'environ 175 dossiers par mois. Les litiges fonciers sont les plus récurrents (21,06 %), suivis des dénonciations relatives aux marchés publics (5,84 %), des réclamations concernant la carrière des agents publics (5,74 %) et des cas de mauvaise gestion des ressources communales (5,12 %)[838].

Loin d'être complet[839], le cadre juridique qui précède s'accompagne d'un cadre juridictionnel qui réprime aussi bien les irrégularités que des

[836] Article 2 du décret n° 2006/088 du 11 mars 2006 portant création, organisation et fonctionnement de la Commission nationale anti-corruption.
[837] *Idem.*
[838] Voir, le « Rapport sur l'état de la lutte contre la corruption au Cameroun en 2012 », publié en 2013, p. 236 et 238.
[839] Pour mémoire, à titre d'exemples, on notera que certains services administratifs contribuent largement à l'assainissement de la vie publique, à l'instar de la DGI (Direction générale des impôts) ou de la DGD (Direction générale des douanes) qui peuvent, par exemple, infliger des amendes en cas de fraude fiscale ou douanière. On notera également l'exemple de l'Agence de régulation des marchés publics (ARMP) créée par le décret n° 2001/048 du 28 février 2001,

détournements de deniers publics. Doit-on en déduire que la responsabilité, en tant que pilier de la bonne gouvernance, est désormais ancrée dans les pratiques de l'administration camerounaise ?

§ II. La responsabilité : un pilier de bonne gouvernance acquis dans le contexte camerounais ?

Certaines instances juridictionnelles camerounaises peuvent être amenées — directement ou indirectement — à connaître des affaires dont l'issue vise à améliorer la gouvernance, fût-il au plan national ou local. À ce titre, on peut faire référence à la loi n° 2003/005 du 21 avril 2003 fixant les attributions, l'organisation et le fonctionnement de la Chambre des comptes de la Cour Suprême. Cette loi se révèle favorable à l'amélioration de la tenue des comptes et de la discipline des comptables publics (A). On peut également faire référence à la loi n° 74/18 du 5 décembre 1974 relative au contrôle des ordonnateurs, gestionnaires et gérants des crédits publics et des entreprises d'État modifiée par la loi n° 76/4 du 8 juillet 1976, même que le décret n° 2008/028 du 17 janvier 2008 portant organisation et fonctionnement du Conseil de discipline budgétaire et financière[840]. Ces deux textes renvoient au Conseil de discipline budgétaire et financière (CDBF), chargé de sanctionner certaines irrégularités et fautes de gestion imputables aux ordonnateurs et autres agents de l'État ; aux deux textes ci-avant cités s'ajoute la loi n° 2011/028 du 14 décembre 2011 portant création d'un Tribunal criminel spécial (TCS). Cette juridiction est destinée essentiellement à combattre le hobby camerounais de détournements de fonds, ainsi que les infractions connexes prévues par le Code pénal camerounais et les conventions internationales ratifiées par le Cameroun (B).

---

récemment modifié par le décret n° 2012/074 du 8 mars 2012 modifiant et complétant certaines dispositions du décret du 23 février 2001 ; l'ARMP est chargée de mener des enquêtes et d'effectuer des audits spécifiques et investigations sur la passation, l'exécution, et le contrôle des marchés publics. Enfin, on notera l'exemple d'un service de renseignement financier, l'Agence nationale d'investigation (ANIF), créée par décret n° 2005/187 du 31 mai 2005 portant organisation et fonctionnement de cette agence. Il ressort de ce décret que « l'Agence nationale d'investigation financière a pour mission « de recevoir, de traiter et, le cas échéant, de transmettre aux autorités judiciaires compétentes, tous renseignements propres à établir l'origine des sommes ou la nature des opérations faisant l'objet de la déclaration de soupçon au titre de la lutte contre le blanchiment de capitaux [...] d'obtenir des informations utiles à sa mission des autorités judiciaires et de contrôle des assujettis, et de constituer une banque de données contenant toutes informations utiles concernant les déclarations de soupçon [qui ont été prévues par le règlement CEMAC], les opérations effectuées ainsi que les personnes ayant effectué l'opération directement ou par personne interposée » (article 2 du décret du 31 mai 2005 ci-dessus mentionné).

[840] Le Conseil de discipline budgétaire et financière a été institué en remplacement du Conseil budgétaire et comptable par le décret 97/49 du 5 mars portant organisation et fonctionnement du Conseil de discipline budgétaire et financier. Ce texte a été remplacé par le décret 2008/028 du 17 janvier portant organisation et fonctionnement de ce même Conseil.

A. LA CHAMBRE DES COMPTES DE LA COUR SUPRÊME, GARDIENNE DE LA TENUE DES COMPTES ET DE LA DISCIPLINE DES COMPTABLES PUBLICS

La loi n° 2003/005 du 21 avril 2003 fixant les attributions, l'organisation et le fonctionnement de la Chambre des comptes de la Cour suprême a vocation à améliorer la tenue des comptes et la discipline des comptables publics. En effet, la Chambre des comptes contrôle et juge les comptes ou les documents en tenant lieu des comptables publics patents ou de fait de l'État et de ses établissements publics, des collectivités territoriales décentralisées et de leurs établissements publics, ainsi que des entreprises du secteur public et parapublic ; cette Chambre statue souverainement sur les décisions rendues en dernier ressort par les juridictions inférieures des comptes[841], et connaît de toute autre matière qui lui est attribuée par la loi[842]. Les Tribunaux régionaux des comptes — créés par la loi n° 2006/017 du 29 décembre 2006 fixant l'organisation, les attributions et le fonctionnement des Tribunaux régionaux des comptes – constituent justement les juridictions inférieures de la Chambre des comptes.

L'institution de la Chambre des comptes et des Tribunaux régionaux est une réhabilitation du contrôle juridictionnel des comptes publics : aux premières années de l'indépendance du Cameroun, il existait des Cours de comptes tant au niveau de l'État fédéral que des États fédérés ; ces Cours ont été supprimées, en 1969, avec l'institution de l'Inspection générale de l'État (IGE)[843].

Les Tribunaux régionaux sont compétents, sous réserve des attributions de la Chambre, pour contrôler et statuer sur les comptes publics des collectivités territoriales décentralisées de leur ressort et de leurs établissements publics ; ils connaissent des comptes qui leur sont attribués par la Chambre des Comptes de la Cour suprême ; ils connaissent, en outre, de toute autre matière qui leur est expressément attribuée par la loi[844].

Étant donné que les règles applicables aux Tribunaux régionaux s'alignent généralement sur celles de la Chambre des comptes de la Cour suprême, la présente étude se limitera uniquement à la Chambre susvisée, au moins pour

---

[841] Voir l'article 2 de la loi n° 2006/17 du 29 décembre 2006 fixant l'organisation, les attributions et le fonctionnement des Tribunaux régionaux des comptes : « Les Tribunaux régionaux des comptes sont des juridictions inférieures des comptes au sens de l'article 41 de la Constitution […]. Il est créé un Tribunal régional des comptes par région. Son siège est fixé au chef-lieu de ladite région […]. Toutefois, suivant les nécessités de service, le ressort d'un Tribunal régional des comptes peut être, par décret du Président de la République, étendu à plusieurs régions ».

[842] Voir l'article 2 de la loi du 21 avril 2003.

[843] M. Ondoa (dir.), *L'administration camerounaise à l'heure des réformes*, l'Harmattan, 2010, p. 280.

[844] Article 9 de la loi n° 2006/017 du 29 décembre 2006 fixant l'organisation, les attributions et le fonctionnement des Tribunaux régionaux des comptes.

une raison : Cette Chambre est opérationnelle, au contraire des Tribunaux régionaux des comptes dont la mise en place effective, demeure attendue[845].

Chaque année, cette Chambre « produit au Président de la République, au président de l'Assemblée nationale et au président du Sénat un Rapport exposant le résultat général de ses travaux et les observations qu'elle estime devoir formuler en vue de la réforme et de l'amélioration de la tenue des comptes et de la discipline des comptables »[846].

La Chambre des comptes de la Cour suprême est organisée en sections : elle compte quatre sections de contrôle et de jugement[847] que complète une section des pourvois. Au titre de ses attributions, la Chambre contrôle et juge les comptes des comptables publics[848] ; elle déclare et apure les comptabilités

---

[845] M. Ondoa (dir.), *L'Administration camerounaise à l'heure des réformes*, *op.cit.*, p. 280. On peut utilement ajouter qu'en attendant la mise en place des Tribunaux régionaux des comptes, c'est la Chambre des comptes de la Cour suprême qui exerce leurs attributions conformément aux dispositions de la loi 2003/005 du 21 avril 2003.

[846] Article 3 de la loi du 21 avril 2003.

[847] Article 13 de la loi du 21 avril 2003 : « La Chambre des comptes est organisée en sections. Elle comprend :
- la section de contrôle et de jugement des comptes des comptables de l'État ;
- la section de contrôle de jugement des comptes des comptables des collectivités territoriales décentralisées et de leurs établissements publics, sous réserve des attributions dévolues aux juridictions inférieures des comptes ;
- la section de contrôle et de jugement des comptes des comptables des établissements publics de l'État ;
- la section de contrôle et de jugement des comptes des entreprises du secteur public et parapublic ;
- la section des pourvois ».

[848] Voir, article 8 de la loi du 21 avril 2003 : « Le contrôle et le jugement de la Chambre portent sur :
- les comptes et documents annexes des comptables publics patents des personnes de droit privé dans lesquelles l'État est actionnaire unique ou majoritaire ;
- les comptes des comptables publics patents des personnes morales dans lesquelles l'État et/ou d'autres personnes morales de droit public détiennent séparément ou ensemble plus de la moitié du capital ou des voix dans les organes délibérants ;
- les comptes et documents annexes des comptables publics patents des personnes morales quel que soit leur statut juridique, dans lesquelles l'État et d'autres personnes morales de droit public détiennent ensemble le pouvoir de décision ou la minorité de blocage ;
- les comptes et documents annexes des comptables publics patents des personnes morales quel que soit leur statut juridique, bénéficiant ou percevant des prélèvements obligatoires tels que ceux de la prévoyance sociale ou de la formation professionnelle ;
- les comptes et documents annexes des comptables publics patents des personnes morales quel que soit leur statut juridique, exploitant un service public ou monopole d'État ;
- les comptes et documents annexes des comptables publics patents de toute personne morale quel que soit son statut, qui bénéficie d'un concours financier direct ou indirect de l'État ou d'une autre personne morale de droit public ;
- les comptes des personnes physiques exerçant les fonctions officielles ou ceux de comptables publics patents des personnes morales investies d'une mission spécifique et recevant à ce titre les fruits de la générosité nationale ou internationale, dans les conditions fixées par l'acte accordant les concours financiers ci-dessus ».

de fait[849], elle prononce les condamnations à l'amende dans les conditions fixées par la loi du 21 avril 2003 et statue souverainement en cassation sur les recours formés contre les jugements définitifs des juridictions inférieures des comptes. La Chambre des comptes de la Cour suprême connaît aussi des recours en cassation des jugements définitifs rendus par les juridictions inférieures des comptes. Cette Chambre est composée d'un siège, d'un ministère public et d'un greffe[850] ; elle se réunit en audience ordinaire, en sections réunies ou en chambre de conseil[851], les matières que connaissent les différentes formations sont déterminées par ordonnance du président de cette Chambre.

Comme précisé à l'article 26 de la loi du 21 avril 2003, « sans préjudice de certaines spécificités, la procédure devant la Chambre des comptes obéit aux dispositions de la loi fixant l'organisation de la Cour suprême. Elle est écrite [...] ». Les comptes des comptables publics patents, mis en forme et examinés conformément aux textes en vigueur, sont présentés en vue de jugement à la Chambre des comptes dans les trois mois suivant la clôture de l'exercice budgétaire [...]. Ils sont déposés contre récépissé ou adressés par lettre recommandée avec accusé de réception au greffe de la Chambre des comptes, puis enregistrés et datés à leur arrivée [...]. Ils sont transmis au greffe de la Chambre des comptes par le ministre chargé des Finances ou tout autre autorité habilitée ».

Le président de section concernée confie l'instruction de chaque compte à un magistrat rapporteur. Celui-ci examine les comptes et s'assure de l'existence et de la valeur probante des pièces justificatives telles que prévue par les textes. À l'issue de son instruction, le magistrat instructeur rédige, pour chaque exercice budgétaire, un Rapport motivé sur les comptes qui lui ont été confiés. Ce Rapport contient des observations concernant la ligne de comptes et des observations résultant de la comparaison de la nature et du volume des dépenses et des recettes, avec les autorisations qui figurent dans les comptes administratifs et les budgets, ainsi que la vérification de la conformité des opérations comptables aux lois et règlements. Ces vérifications s'effectuent par examen des comptes et des différentes pièces justificatives ; elles comportent, en tant que de besoin, toutes demandes de renseignements, enquêtes sur place ou expertises[852].

Une fois l'examen des comptes terminé, le magistrat rapporteur remet son Rapport au président de section. Celui-ci pourra à son tour le transmettre à un

---

[849] Sur les règles applicables aux comptabilités de fait, voir notamment les articles 39 à 44 de la loi du 21 avril 2003.

[850] Sur les différentes personnes constituant le siège et le greffe de la Chambre, voir respectivement les articles 15 et 16 de la loi du 21 avril 2003 ci-dessus mentionnée, étant précisé que les fonctions du ministère public sont exercées par le procureur général près la Cour suprême (article 17 de la loi).

[851] Pour plus de précisions sur les formations au sein de la Chambre des comptes, voir les articles 22 à 25 de la loi de 2003 susvisée.

[852] Voir l'article 27 de la loi du 21 avril 2003.

autre magistrat, qui vérifie le bien-fondé des observations en qualité de contre-rapporteur[853] : « c'est là une notable originalité »[854]. La suite réservée à une observation fait l'objet d'une proposition motivée ; le Rapport et le Rapport complémentaire ou contre-Rapport sont ensuitc transmis au ministère public pour la présentation de ses conclusions[855].

« La Chambre des comptes, siégeant en formation de jugement statue par arrêt de compte après examen des observations présentées par le rapporteur et au vu des conclusions du ministère public [...]. L'arrêt de compte est définitif et certifie la ligne de compte s'il n'y a pas d'observation [...]. Dans le cas contraire, l'arrêt de compte est provisoire et comprend deux parties [:] la première partie est relative à la ligne de compte ; la deuxième partie enjoint les comptables d'apporter les pièces justificatives manquantes de procéder aux diligences nécessaires et de fournir toutes explications utiles »[856].

Conformément à l'article 30 de la loi du 21 avril 2003, « l'arrêt provisoire des comptes doit être signifié aux comptables dont ils émanent et aux ministres dont ils relèvent par les voies de droit. Les comptables ont un délai de deux mois à compter de la date de notification de l'arrêt provisoire pour satisfaire aux injonctions qui leur sont adressées sous peine de sanctions[857] prévues par la présente loi » (*sic*).

Dans le cas où le comptable aurait été muté, le comptable en exercice doit donner suite aux injonctions adressées à son prédécesseur. Il doit communiquer à son prédécesseur une copie de l'arrêt accompagnée des réponses qu'il transmet à la Chambre des comptes après acquiescement du pair muté.

Aux termes de l'article 33 de la loi susvisée, « après examen des réponses des comptables et des conclusions complémentaires du rapporteur, la Chambre des comptes, siégeant en formation de jugement, statue par arrêt définitif de compte. L'arrêt de compte comporte deux parties [...]. La première partie certifie la ligne de compte, éventuellement assortie de redressement ; [...]. La deuxième partie prononce soit la régularité du compte, soit une avance comptable, soit un défaut comptable et distingue éventuellement les périodes respectives d'enregistrement des opérations [...]. Le défaut comptable ou l'avance comptable est, par définition, égal au montant des fonds, valeurs, créances ou dettes dont la personne publique concernée par le compte aurait disposé, en plus ou en moins si les lois et règlements budgétaires et comptables avaient été exactement et intégralement respectés.

L'arrêt définitif de compte emporte pour le Trésor public privilège sur les biens meubles et hypothèque sur les biens immeubles des comptables, à

---

[853] Voir l' article 28, alinéa 1de la loi du 21 avril 2003.

[854] J. Owona, *Le contentieux administratif de la République du Cameroun*, L'Harmattan, 2011, p. 186.

[855] Voir l'article 28 alinéa 2 et 3 de la loi du 21 avril 2003.

[856] Voir l'article 29 alinéa 1 à 3 de la loi du 21 avril 2003.

[857] Sur ces sanctions, voir *infra*.

concurrence du défaut dont chaque comptable se rend responsable par application de certaines dispositions de la loi de 2003[858] Avant de se prononcer à titre définitif, la Chambre peut rendre sur un même compte plusieurs arrêts provisoires successifs. Elle rend des arrêts lorsque les comptables sont déchargés ou quittes[859], en avance[860] ou en débet[861].

---

[858] Voir, en ce sens, les articles 43 à 49 de la loi du 21 avril 2003. En voici quelques exemples : lorsque plusieurs personnes ont participé concomitamment à une comptabilité de fait, elles sont déclarées conjointement et solidairement comptables de fait et ne produisent alors qu'un seul compte, la solidarité pouvant porter sur tout ou partie des opérations de comptabilité de fait en fonction des opérations auxquelles chacune d'elles a pris part (article 43). Lorsqu'elles sont transmises à la Chambre des comptes assorties des pièces justificatives, les écritures relatives à la comptabilité de fait sont jugées conformément aux règles applicables aux comptes des comptables publics patents (article 44). La responsabilité pécuniaire des comptables publics relève de l'article 48 de la loi de 2003 : ils sont présumés responsables pécuniairement : des défauts comptables constatés dans leurs comptes ; de l'exercice des contrôles prévus par les lois et règlements ; du recouvrement des recettes et du paiement des dépenses régulièrement justifiées ; de la conservation des fonds et valeurs ; du maniement des fonds et mouvements de disponibilités ; de la tenue de la comptabilité de son poste. Mais les comptables publics ne sont pas responsables ou peuvent être déchargés de leur responsabilité en dépit d'une avance ou d'un défaut comptable : s'ils ont obéi à une réquisition régulière de l'ordonnateur ; si l'exercice des contrôles prévus par les textes ne pouvait leur permettre de découvrir l'irrégularité ; s'ils rapportent la preuve qu'ils ont fait montre de diligence pour assurer le recouvrement des recettes, procurer des gages au Trésor ou éviter que la responsabilité civile de la personne publique ne soit engagée de leur fait vis-à-vis des tiers ; si une recette a été régulièrement admise en non-valeur ou, si une force majeure les a empêché d'exercer un contrôle ou d'accomplir un acte auquel ils étaient tenus.

[859] En pareil cas, la Chambre prononce leur décharge définitive. En outre, la Chambre autorise le remboursement du cautionnement des comptables dont les fonctions ont pris fin et donne mainlevée et radiations des oppositions et inscriptions hypothécaires mises sur leurs biens à raison de leurs actes (article 35 alinéa 2 et 3 de la loi du 21 avril 2003).

[860] Au cas de compte en avance, la Chambre des comptes sursoit à la décharge des comptables en cause, et ce dans l'attente d'une régularisation prévue au cours de l'exercice suivant ; il porte ses réserves sur le compte (article 35 alinéa 4 de la loi de 2003).

[861] Au cas de compte en débet, le comptable est constitué débiteur par la Chambre des comptes. Le recouvrement des sommes dues est alors effectué par le ministre en charge des Finances, et les sommes recouvrées sont reversées le cas échéant à la personne morale concernée. Voir, en ce sens, l'arrêt définitif de la Chambre des comptes de la Cour suprême (2e section) n° 74/AD/S2/CVA du 06/09/2012 : attendu que l'arrêt provisoire n° 03/P/S2/CVA du 12/05/2011 avait émis une réserve sur la ligne de compte au motif que les procès verbaux de caisse au 31 décembre de chaque exercice et les états de concordance bancaires correspondants n'ont pas été produits à la Chambre des comptes et que la situation des valeurs inactives des exercices 2004 et 2005 n'étaient pas connue. Attendu que les receveurs municipaux respectifs n'ont apporté aucune réponse à cet arrêt provisoire bien qu'ayant été tous notifiés. Attendu que l'absence de réponses peut vouloir dire que ceux-ci n'ont pas eu d'arguments pour convaincre la Chambre des Comptes ; qu'il convient de renouveler et la réitérer la réserve formulée à l'arrêt provisoire pour amener ces receveurs municipaux à produire les procès-verbaux de caisse et les états de concordance bancaires au 31 décembre des exercices 2004, 2005 et 2006 ainsi que la situation des valeurs inactives de la commune des exercices 2004 2005 pour prétendre bénéficier de la décharge ou du quitus […]. Attendu que l'injonction n° 1 de l'arrêt provisoire n° 03/P/S2/CVA du 12/05/2011 invitait le receveur municipal à reverser le montant de 1 766 018 F à la caisse de la commune ou d'apporter toute autre justification à sa décharge pour avoir payé des indemnités à certains responsables sans base légale. Attendu que plus de 12 mois après la date de

L'arrêt est notifié aux comptables responsables du compte, au ministre chargé des Finances, aux ministres dont relèvent les comptables, ainsi qu'aux ministres de tutelle et ordonnateurs des collectivités territoriales décentralisées ou des entreprises publiques ou parapubliques intéressées.

Lorsque l'instruction ou l'examen des comptes révèle des faits pouvant constituer des infractions à la loi pénale, le procureur général près la Cour suprême informe le ministre des Finances et les ministres ou autorités de tutelle intéressés. Le dossier est transmis par le procureur général près la Cour suprême au ministre de la Justice ; cette transmission vaut plainte au nom de l'État, de la collectivité territoriale décentralisée, ou de l'entreprise publique ou parapublique concernée[862].

Les sanctions — elles peuvent être infligées notamment aux comptables qui ne présentent pas leurs comptes dans les formes et délais prescrits par les textes, aux comptables qui ne répondent pas aux injonctions prononcées sur leurs comptes dans le délai prescrit, ou ceux qui ne satisfont pas aux injonctions portant sur la gestion de leurs prédécesseurs — se résument en des amendes variables selon les cas.

Des voies de recours ouvertes contre les arrêts de la Chambre des comptes sont prévues aux articles 72 (recours en annulation) et 73 (recours en

---

notification de cet arrêt provisoire, aucune réaction n'a été observée de la part des receveurs concernés. Attendu que le receveur Tang Marc Aurèle, auteur du paiement incriminé, n'a apporté aucun élément de réponse à ce sujet et que, par conséquent, il a engagé sa responsabilité personnelle et pécuniaire au regard des dispositions des articles 69 et 83 de l'ordonnance n° 62/OF/4 du 7 février 1962 […]. Au regard de ce qui précède, il y a lieu de constituer Monsieur Tang Marc Aurèle débiteur envers la commune urbaine de Bertoua d'un montant de 1 766 018 francs […]. Attendu que l'injonction n° 2 de l'arrêt n° 3/P/S2/CVA du 12/05/2011 invitait Monsieur Tang Marc Aurèle à reverser à la commune la somme de 850 000 francs relative aux mandats n° 533/49 de francs 90 000 au nom de Monsieur Ibrahim Antoine, n° 405/45 de francs 700 000 au nom de Monsieur le receveur principal et n° 417/56 de francs 60 000 au nom du président de la Commission *ad hoc* de contrôle et recensement, tous payés sans aucune pièce justificative de la dépense. Attendu que plus de 12 mois après la date de notification de cet arrêt provisoire, aucune réaction n'a été observée de la part des receveurs municipaux concernés. Attendu que le receveur municipal Tang Marc Aurèle, auteur du paiement incriminé, n'a apporté aucun élément de réponse à ce sujet et que, par conséquent que par conséquent, il a engagé sa responsabilité personnelle et pécuniaire au regard des dispositions des articles 69 et 83 de l'ordonnance n° 62/OF/4 du 7 février 1962, ci-dessus-citée. Compte tenu de ce qui précède, il convient de constituer Monsieur Tang Marc Aurèle débiteur envers la commune urbaine de Bertoua d'un montant de 850 000 francs […]. Attendu que le receveur Aboubakar Kombo, auteur du paiement incriminé, n'a apporté aucun élément de réponse à ce sujet. Attendu en effet que [les] dépenses comptabilisées au cours des exercices 2000 et 2001, comme l'indiquent les références d'écriture au livre journal caisse et reprises en comptabilité au cours de l'exercice 2006, sont venues gonfler les dépenses propres de cet exercice et ont par conséquent diminué son solde. Attendu que cette pratique n'est plus ni moins une manœuvre du receveur municipal à détourner les deniers publics à son profit en masquant la réalité avec de vieux mandats payés, il y a longtemps ; attendu que ce faisant, Monsieur le receveur Aboubakar Kombo a engagé sa responsabilité personnelle et pécuniaire au regard des dispositions des articles 69 et 83 de l'ordonnance n° 62/OF/4 du 7 février 1962 ci-dessus cités. Qu'il convient de le constituer débiteur envers la commune urbaine de Bertoua […] ».

[862] Voir l'article 37 de la loi du 21 avril 2003.

révision) ; le pourvoi en annulation est suspensif, au contraire du pourvoi en révision qui n'a pas d'effet suspensif.

On peut considérer que la sanction des irrégularités et des fautes de gestion des ordonnateurs du budget de l'État et des collectivités territoriales par le Conseil de discipline budgétaire et financière constitue un marqueur de bonne gouvernance ; on se rappellera que c'est le rôle dévolu au Conseil de discipline budgétaire et financière. En se destinant à combattre le hobby camerounais de détournements des deniers publics ainsi que les infractions connexes prévues par le Code pénal camerounais, ou celles relevant des conventions internationales ratifiées par le Cameroun, le Tribunal criminel spécial participe aussi des tentatives camerounaises d'instauration de la bonne gouvernance.

B. LE CONSEIL DE DISCIPLINE BUDGÉTAIRE ET LE TRIBUNAL CRIMINEL SPÉCIAL, CONTRE LES IRRÉGULARITÉS ET LES DÉTOURNEMENTS DES DENIERS PUBLICS

Le Conseil de discipline budgétaire et financière est une forme de juridiction atypique qui respecte le principe du contradictoire, où le mis en cause peut se faire assister de son conseil, et qui statue sur la base des rapports de missions des inspecteurs d'État. Cette instance sanctionne les irrégularités et les fautes de gestion (1), cependant qu'un Tribunal criminel spécial va en guerre contre les détournements de fonds et les infractions connexes (2).

1. Le Conseil de discipline budgétaire et financière, une mission de lutte contre les irrégularités et les fautes de gestion

Tout agent de l'État ou d'une collectivité publique locale, ou de toute autre entité publique ou parapublique ayant la qualité d'administrateur de crédits, tout commissaire aux comptes, censeur ou commissaire du Gouvernement auprès d'une entreprise étatique quel qu'en soit le statut, se rendant coupable d'une au moins des irrégularités prévues aux articles 3, 6 et 7 de la loi n° 74/18 du 5 décembre 1974 relative au contrôle des ordonnateurs, gestionnaires et gérants des crédits publics des entreprises d'État telle que modifiée par la loi n° 76/4 du 8 juillet 1976 susvisée est passible d'une amende spéciale conformément au texte ci-dessus.

Les articles 3, 6 et 7 de la loi du 5 décembre 1974 traitent respectivement des irrégularités relevant de l'État et des collectivités publiques, de celles relevant des entreprises d'État, alors que l'article 7 vise quant à lui les cas de complicité dont peuvent se rendre coupable les commissaires aux comptes et les censeurs qui, à l'occasion de leurs interventions, s'abstiennent de porter à la connaissance de l'organe compétent les irrégularités mentionnées à l'article 6.

L'irrégularité est constituée selon l'article 3 de la loi de 1974, par « toute faute de gestion préjudiciable aux intérêts de la puissance publique ». Sont donc considérées comme irrégularités de l'État et des collectivités publiques au sens de la disposition ci-dessus les actes et engagements suivants : « engagement d'une dépense sans avoir qualité pour le faire ou sans avoir reçu ou délégation à cet effet [...] ; engagement d'une dépense sans crédit disponible ou délégué [...] ; l'engagement d'une dépense sans pièces justificatives suffisantes [...] ; engagement d'une dépense sans pièces justificatives suffisantes [...] ; engagement d'une dépense sans visa, autorisation ou réquisition préalable de l'autorité compétente [...] ; engagement d'une dépense ou certification des pièces sans justification de l'exécution des travaux, des prestations de biens ou de services [...] ; recrutement et emploi effectif d'un agent sans intervention du contrôle budgétaire quand ce contrôle est prévu par les règlements [...] ; recrutement d'un agent en infraction à la règle mention du travail en vigueur [...] ; modification irrégulière de l'affectation des crédits [...] ; appels à la concurrence, lettres de commande et achats effectués en infraction à la réglementation sur la passation des marchés publics [...] ; utilisation à des fins personnelles des agents ou des biens de l'État et des collectivités publiques lorsque ces avantages n'ont pas été accordés par les lois et règlements ».

Le Conseil de discipline budgétaire et financière est une composante du Contrôle supérieur de l'État (CONSUPE)[863] ; il est chargé de prendre des sanctions à l'encontre des agents publics, patents ou de fait, lorsque de tels agents se rendent coupables d'irrégularités et de fautes de gestion commises

[863] Voir la page d'accueil du site du CONSUPE : « Créée en 1962, l'ISC du Cameroun a connu plusieurs dénominations différentes consécutives à de multiples réformes administratives.
Le contrôle a été institué au lendemain de l'accession du pays à la souveraineté internationale. Son organisation a été influencée par le double héritage colonial :
- d'une part, un audit de tradition anglo-saxonne, calqué sur le modèle de la Grande-Bretagne, ayant compétence sur la partie anglophone du territoire, et rendant compte au parlement local ;
- d'autre part, une Cour des comptes, montée sur le modèle français, et opérant dans la partie francophone.
À la suite de la réunification des deux parties du Cameroun, il a été créé par décret n° 64/DF/248 du 30 juin 1964, une Direction générale du contrôle, qui remplaçait le Service de l'Inspection et du contrôle, né du décret n° 62/DF/287 du 26 juillet 1962. Cette Direction était chargée de veiller au fonctionnement des services fédéraux et à la conservation du patrimoine national.
La Direction du contrôle de l'État prend, en 1969 le nom d'Inspection générale de l'État. Le décret n° 69/DF/70 du 25 février 1969 organise ses services qui sont placés sous l'autorité d'un Ministre délégué à la présidence de la République, et par décret n° 78/354 du 21 août 1978, l'Inspection générale de l'État englobe le Service Central d'Organisation et Méthode (SCOM) et devient Inspection générale de l'État et de la réforme administrative (IGERA).
La structure actuelle de l'institution ainsi que ses missions ont été instituées par le décret n° 2005/374 du 11 octobre 2005 portant organisation des services du Contrôle supérieur de l'État [tel que modifié par le décret n° 2008/028 du 17 janvier 2008 portant organisation et fonctionnement du Conseil de discipline budgétaire et financière], dénomination actuelle de l'institution » qui, aujourd'hui, exerce l'une des anciennes compétences de l'IGERA - sanctionner la responsabilité des gestionnaires de crédit - à travers le Conseil de discipline budgétaire et financière (CDBF) ; voir : http://www.aisccuf.org/index.php?id=392 page consultée le 04 mai 2014. Pour d'amples informations relatives à l'organisation des services du CONSUPE, voir le décret n° 2013/287 du 4 septembre 2013 portant organisation des services du Contrôle supérieur de l État.

dans l'exercice de leurs fonctions, dès lors que ces irrégularités et fautes ont eu pour effet de porter préjudice aux intérêts de la puissance publique. C'est à ce titre que le Conseil sanctionne les irrégularités et fautes de gestion commises par : les ordonnateurs et gestionnaires des crédits de l'État, des collectivités territoriales décentralisées ; des entreprises et organismes publics et parapublics et toute autre personne agissant en cette qualité ; des agents publics exerçant d'autres fonctions à titre principal, mais agissant occasionnellement ou subsidiairement comme ordonnateurs ou gestionnaires des crédits de l'État, les commissaires aux comptes, censeurs et commissaires de gouvernement auprès des entreprises publiques et toutes personnes agissant en cette qualité, étant enfin précisé que le Conseil de discipline budgétaire et financière statue par décision[864].

L'article 14 du décret n° 2008/028 du 17 janvier portant organisation et fonctionnement du Conseil de discipline budgétaire et financière organise la saisine[865] du Conseil : dans le cadre de la sanction des responsabilités des agents publics patents ou de fait mis en cause, le Conseil peut être saisi par le Président de la République, le Premier ministre, le ministre en charge du

---

[864] Voir l'article 2 du décret n° 2008/028 du 17 janvier 2008 portant organisation et fonctionnement du Conseil de discipline budgétaire et financier.
Dans la décision n° 00015/D/PR/CONSUPE/SG/SP-CDBF/SGSAS/BSAS du 15 juin 2012 par exemple, le nommé Samuel Lifanda Ebiama, ex-délégué du Gouvernement auprès de la communauté urbaine de Limbé entre 2002 et 2008, le CDBF avait reconnu que le susnommé « 1- La perception d'avantages divers non prévus par la réglementation en vigueur, dont : - la prise en charge, par la communauté urbaine de Limbé, des frais de gardiennage de sa résidence privée pour un montant de 36.612.000 FCFA ; -le bénéfice de salaires et autres avantages indus pour un montant de 65.000.000 FCFA ; 2- La passation et l'exécution d'un marché de forage sans études techniques préalables, ayant débouché sur la non atteinte de l'objectif visé, et généré un préjudice financier de 14.749.682FCFA, à la communauté urbaine de Limbé ; 3- Le non-reversement des cotisations et charges fiscales ayant entraîné des pénalités au détriment de la communauté urbaine de Limbé, d'un montant global de 42.104.237 FCFA établi ainsi qu'il suit : - pénalités pour le compte de la Caisse nationale de prévoyance sociale de 13.207.080 FCFA; - pénalités pour le compte de l'administration fiscale : 28.897.157 FCFA. 4- Le non-respect de la réglementation sur la passation et l'exécution des marchés publics se traduisant par : le fractionnement des marchés ; des avances de démarrage servies au-delà des seuils réglementaires ; le défaut d'établissement d'ordre de service pour certains marchés ; la réception de prestations non conformes aux prescriptions d'un marché de construction de routes ayant induit un préjudice de 7.859.690 FCFA, imputable au mis en cause solidairement avec l'un de ses collaborateurs, soit 3.929.845 FCFA. 5-L'établissement de "soldes de tout compte" au profit de certains personnels licenciés, sans retenue à la source du montant des recettes de 4.244.671 FCFA, par eux distrait. 6- La perception irrégulière d'une taxe à la charge des personnels de la communauté urbaine de Limbé. 7- La non-institution d'un registre des délibérations du Conseil de la communauté urbaine en violation des prescriptions légales et réglementaires ». Dans cette affaire, le débiteur avait été constitué débiteur envers la communauté urbaine de Limbé de la somme 162 395 764 FCFA représentant le préjudice financier subi par cette collectivité ; une amende spéciale de 2 000 000 FCFA lui avait en outre été infligée pour l'ensemble des fautes de gestion commises.

[865] La saisine du Conseil de discipline budgétaire et financière ne constitue pas un obstacle à l'exercice d'une action disciplinaire ou d'une action pénale : article 17 du décret n° 2008/028 du 17 janvier 2008 susvisé.

Contrôle supérieur de l'État, les ministres supérieurs hiérarchiques des agents mis en cause, ou ceux qui sont chargés de la tutelle des entreprises et organismes publics ou parapublics concernés, ou enfin par toute autorité prévue par les textes en vigueur.

Les décisions du Conseil de discipline budgétaire et financière ne sont pas susceptibles de recours gracieux préalable ; elles peuvent faire l'objet de recours en annulation devant la juridiction administrative compétente ; ce recours n'est pas suspensif. À la demande d'un mis en cause ou du ministre chargé du Contrôle supérieur de l'État, un recours en formation peut-être introduit devant le Conseil, au cas de survenance de faits nouveaux ou de découverte de documents pouvant remettre en cause la culpabilité de l'intéressé[866].

Après cet exemple afférent au Conseil de discipline budgétaire et financière, il convient d'envisager celui du Tribunal criminel spécial ci-dessus mentionné, une juridiction qui, comme déjà indiqué, « va en guerre » contre les détournements de deniers publics et les infractions réputées connexes par le droit pénal camerounais, ainsi que les infractions prévues par les conventions internationales dûment ratifiées par les autorités camerounaises.

2. Le Tribunal criminel spécial, une mission de lutte contre les détournements de deniers publics et les infractions connexes

« Le Tribunal criminel spécial est loin d'être une innovation au Cameroun. En effet, un premier Tribunal criminel spécial est créé au Cameroun en avril 1961. La conjoncture qui a gouverné la création de ce Tribunal était la répression des infractions attentatoires à la fortune publique. En effet, c'est pour combattre les prévarications des groupements pré-coopératifs d'achat du cacao habilités par l'État Camerounais à attribuer des primes pour le cacao reconnu « supérieur » et le non reversement des impôts locaux par les chefs traditionnels que fut promulguée au Cameroun la loi du 4 avril 1961.Ce Tribunal criminel spécial a été supprimé par les dispositions abrogatoires de l'ordonnance n° 72/4 du 26 août 1972 portant organisation judiciaire. Le Tribunal a été supprimé parce que les actes de corruption ou ceux susceptibles d'être appréhendés par les dispositions de l'article 184 du Code pénal avaient disparu des comportements sociaux quotidiens des gestionnaires de la chose publique »[867].

Cette juridiction a revu le jour à la faveur de la loi n° 2011/028 du 14 décembre 2011 portant création du Tribunal criminel spécial, telle que modifiée et complétée par la loi n° 2012/011 du 16 juillet 2012. La

[866] Article 16 du décret n° 2008/028 du 17 janvier 2008 portant organisation et fonctionnement du Conseil de discipline budgétaire et financière.

[867] H.M. Moneboulou Minkada, « Le Tribunal criminel spécial au Cameroun et les grands principes de la justice criminelle : étude comparative sur les lois de 1961 et 2011 », *in Juridical Tribune*, Volume 2, Issue 2, December 2012, p. 140, consultable sur : http://www.tribunajuridica.eu/arhiva/An2v2/art12.pdf, consulté le 1er mai 2014.

résurrection de ce Tribunal sur lequel on ne peut s'étendre dans le cadre de ce travail [868] s'est faite par rapport à un contexte très caractéristique du Cameroun : ici, de nombreuses personnalités sont régulièrement frappées par « l'opération épervier » (destinée à lutter contre la corruption et les détournements de fonds) et les montants en cause sont hallucinants. Par exemple, le Conseil supérieur de l'État estime à plus de 1845 milliards de FCFA le montant des détournements réalisés entre 1998 et 2004, correspondant à 300 milliards de FCFA par an, alors que le budget de l'année 2006 s'élevait à 1861 milliards[869].

En matière de lutte contre le détournement de deniers publics, le Tribunal criminel spécial « est compétent pour connaître, lorsque le préjudice est d'un montant minimum de 50.000.000 FCFA, des infractions de détournements de deniers publics et des infractions connexes prévues par le Code pénal et les conventions internationales ratifiées par le Cameroun »[870].

Les plainte, dénonciation ou requête relatives à une des infractions ci-dessus visées doivent faire l'objet d'une enquête judiciaire ordonnée par le procureur général près le tribunal[871]. Dans le cas où le préjudice est inférieur à 50.000.000 de francs CFA, le Procureur général près le Tribunal criminel spécial transmet la procédure au procureur Général compétent[872], étant précisé que toute juridiction saisie des faits relevant de la compétence du Tribunal criminel spécial doit, d'office, se déclarer incompétente[873].

Le Tribunal criminel spécial avait tenu son audience inaugurale, le 15 octobre 2012, occasion au cours de laquelle le garde des Sceaux avait tenu à préciser que le Tribunal criminel spécial n'était pas une juridiction d'exception, car le détournement de deniers publics a toujours été au Cameroun une infraction de droit commun. Pour l'année judiciaire 2012 et en

---

[868] Pour une étude approfondie relative par exemple à la composition de ce Tribunal, la procédure, le remboursement du corps du délit, l'arrêt éventuel des poursuites engagées, l'on pourra utilement se reporter à la loi n° 2011/028 du 14 décembre 2011 portant création d'un Tribunal criminel spécial, telle que complétée et modifiée par la loi n° 2012/011 du 16 juillet 2012, ainsi que le décret n° 2013/2013 relatif aux modalités de restitution du corps du délit.

[869] Voir, le journal *La nouvelle expression* du 17 septembre 2007, cité par P. belebenie *in* « Les réformes fiscales locales tournées vers la bonne gouvernance : une approche comparative France, Maroc, Cameroun », *art.cit.*

[870] Article 2 de la loi n° 2011/028 du 14 décembre 2011 portant création d'un Tribunal criminel spécial.

[871] Article 7 alinéa 1 de la loi n° 2011/028 du 14 décembre 2011 portant création d'un Tribunal criminel spécial.

[872] Article 7 alinéa 6 de la loi n° 2011/028 du 14 décembre 2011 portant création d'un Tribunal criminel spécial.

[873] Article 8 de la loi n° 2011/028 du 14 décembre 2011 portant création d'un Tribunal criminel spécial

deux mois et demi d'activité, ce Tribunal a statué sur 14 affaires[874] dont l'examen a débouché sur des décisions ou renvois[875].

Loin d'être exhaustifs, les exemples qui précèdent illustrent à suffisance que l'arsenal juridique camerounais s'est arrimé à la bonne gouvernance, mais l'instauration de cette dernière est rendue difficile au regard d'un contexte hostile contre lequel le pays doit trouver des remèdes : pour l'heure, la responsabilité n'est pas un pilier effectif de la bonne gouvernance au Cameroun. Et pour cause, les textes afférents à la bonne gouvernance sont souvent inappliqués ou peu dissuasifs. S'investir à rompre avec cette pratique devient par conséquent une priorité.

§ III. La rupture avec une législation virtuelle et peu dissuasive : une avancée à privilégier

Il peut être utile de rappeler que les efforts tendant à instaurer la bonne gouvernance précédemment passés en revue sont loin d'être exhaustifs, autant qu'il est utile de souligner que la gouvernance camerounaise renvoie à une moutarde qui a du mal à prendre. Et pour cause, de nombreux textes sont inappliqués, tandis que d'autres s'avèrent très peu dissuasifs, appelant deux remarques :

La première remarque est qu'une législation inappliquée est une législation permissive, à l'exemple de la loi n° 003 du 25 avril 2006 portant déclaration des biens et avoirs susmentionnée. Prise sur la base de l'article 66 de la Constitution, il y a huit ans — sous la pression de l'opposition et des bailleurs de fonds — cette loi n'est toujours pas entrée en vigueur, car les décrets du Président de la République devant en préciser les modalités d'application n'ont jamais vu le jour. Cela a pour effet de retarder la mise en place de la Commission de déclaration des biens prévue, ainsi que la nomination des membres de cette dernière, et par conséquent de rendre la loi du 25 avril susvisée inapplicable.

On sait pourtant qu'en faisant obligation à ceux qui — nommés ou élus — gèrent la fortune publique de faire une déclaration de biens avant leur prise de fonction et à la fin de celle-ci ou de leur mandat, le législateur de 2006 entendait créer une arme efficace contre les détournements de fonds et la corruption ambiants. Nul doute qu'une application effective de la loi du 25 avril 2006 aurait considérablement diminué ces fléaux avec, en toile de fond, une sécurisation des deniers publics aux niveaux national et local. Il n'en est rien : de nombreuses personnalités s'enrichissent impunément au mépris de textes purement virtuels, alors que, comme le souligne Alaka Alaka, « les

---

[874] Ces affaires concernent environ 45 personnes et portent sur le détournement et la tentative de détournement des biens publics, ainsi que sur les infractions connexes au détournement de biens publics.

[875] Voir le Rapport sur l'état de la corruption au Cameroun en 2012, publié en 2013, p. 166.

quartiers chics, qui sortent de terre comme des champignons [...] dans [les] grandes villes, et ces châteaux qui ne voient d'habitants que le temps d'un week-end dans nos campagnes, constituent des points de départ de la vérification du train de vie de leurs propriétaires, dont le seul salaire ne saurait justifier une telle arrogance financière »[876].

La deuxième remarque est qu'une législation peu dissuasive incite à la prise de risques[877]. À preuve, le déficit de bonne gouvernance qu'illustrent de nombreuses affaires dont la presse s'en fait régulièrement l'écho, et qui portent entre autres sur des détournements de fonds d'une ampleur à même de compromettre (définitivement) les velléités camerounaises de bonne gouvernance et de développement. Le Rapport de la CONAC sur l'état de la corruption au Cameroun en 2012 publié en 2013 est aussi éclairant : ce Rapport donne un état des lieux impressionnant sur l'étendue des atteintes à la fortune publique, tant et si bien que la Banque mondiale s'en est aussitôt fait l'écho[878]. On ne peut que s'étonner de ce que le décret n° 288/2013 du 4 septembre 2013 fixant les modalités de restitution du corps du délit ait prévu un traitement de faveur pour tout « voleur » qui décide de restituer le corps du délit. Il est en effet prévu qu'« en cas de restitution du corps du délit avant la saisine du Tribunal par ordonnance de renvoi du juge d'instruction ou par arrêt de la Chambre de contrôle de l'instruction de la Cour suprême, le procureur général près le Tribunal criminel spécial peut, sur autorisation du ministre chargé de la justice, arrêter les poursuites »[879]. Cette restitution qui peut se faire en numéraire[880] ou en nature[881] doit émaner du mis en cause ou de son représentant légal[882]. Précisons en outre que « si la restitution intervient après

---

[876] P. Alaka Alaka, *La gouvernance fiscale*, Éditions Edilivre, 2009, p. 122-123.

[877] On peut citer l'exemple du délégué de la communauté urbaine de Yaoundé qui avait refusé, à deux reprises, de déférer « aux convocations du Tribunal criminel spécial pour répondre d'un trou de 1,6 milliard FCFA » dans les caisses de cette collectivité : *in* « revue de presse » de J.-J. Zé du 15 mai 2014, sur la chaîne de télévision camerounaise *Canal 2*.

[878] « La gouvernance est médiocre, ce qui freine le développement du pays et nuit à son attractivité pour les investisseurs. Avec un score de 25/100 (contre 26/100) en 2012, le Cameroun se classe à la 144e place sur 177 pays dans l'indice de perception 2013 de Transparency international. Il se retrouve par ailleurs à la 168e place (sur 189 pays) dans l'édition 2014 du Rapport *Doing business*, en recul par rapport à 2013, où il occupait la 162e place ». Voir : http://www.banquemondiale.org/fr/country/cameroon/overview, consulté le 19 août 2014.

[879] Article 3 alinéa 1 du décret n° 288/2013 du 4 septembre fixant les modalités de restitution du corps du délit.

[880] Tel est le cas si le mis en cause restitue la totalité de la somme qui lui est imputée ou restitue la contre-valeur en numéraires d'un bien meuble ou immeuble (article 4 alinéa 2 du décret n° 288/2013 fixant les modalités de restitution du corps du délit).

[881] Tel est le cas si le mis en cause restitue les biens meubles ou immeubles dont l'évaluation correspond au montant de la somme qui lui est imputée (article 4 alinéa 3 du décret n° 288/2013 fixant les modalités de restitution du corps du délit).

[882] Article 4 et article 2 du décret n° 288/2013 du 4 septembre 2013 fixant les modalités de restitution du corps du délit (article 4 alinéa 2 du décret n° 288/2013 fixant les modalités de restitution du corps du délit).

la saisine du Tribunal, le procureur général près le Tribunal criminel peut, sur autorisation du ministre en charge de la justice, arrêter les poursuites avant toute décision au fond et le Tribunal prononce les déchéances de l'article 30 du Code pénal avec mention au casier judiciaire ».

Plus paradoxale qu'idoine, cette solution qui consiste à « lever » les sanctions pénales pour ceux qui restituent l'objet de la soustraction frauduleuse ne revêt pas un caractère dissuasif.

En tout état de cause, on se doit de souligner que les textes à eux seuls ne suffisent pas. De leur application effective dépend l'instauration de la bonne gouvernance certes, mais encore faut-il qu'ils soient effectivement appliqués, une équation dont la solution incombe aux autorités du pays concerné. En clair, il n'y a pas de bonne gouvernance sans véritable volonté politique.

Au Maroc par exemple, le principe de bonne gouvernance a été constitutionnellement consacré et des institutions appropriées créées. Mieux, les autorités marocaines semblent attacher du prix à l'instauration de la bonne gouvernance dans le pays. En effet, « réaffirmant le rang d'institution constitutionnelle de la Cour des comptes, la Constitution marocaine en garantit l'indépendance et le caractère d'« institution supérieure de contrôle des finances publiques » nationales en amont (article 147) avec, en aval, des Cours régionales des comptes dont la mission de « contrôle des comptes et de la gestion des régions et des autres collectivités territoriales et de leurs groupements » (article 149) vient compléter les missions « de protection des principes et valeurs de bonne gouvernance, de transparence et de reddition des comptes de l'État et des organismes publics » dévolues à la Cour des comptes.

La corruption marocaine a atteint des proportions quasi ingérables, alors que les autorités ont toujours manifesté une volonté arrêtée de combattre ce fléau qui reste, à n'en point douter, un frein à toute entreprise de bonne gouvernance. Le Maroc a ratifié la Convention des Nations unies contre la corruption en 2005 et dispose d'un bon arsenal juridique de lutte contre la corruption et le blanchiment d'argent, à l'instar de la loi 43-05 sur la lutte contre le blanchiment de capitaux promulguée en avril 2007. Le pays s'était entre-temps doté d'une instance centrale de prévention de la corruption pour lutter contre cette dernière et ainsi moraliser la vie publique. L'article 36 de la Constitution de 2011 a créé une instance nationale de la probité et de lutte contre la corruption. Les missions de cette instance sont précisées à l'article 167 du même texte, à savoir : « assurer le suivi de la mise en œuvre des politiques de prévention et de lutte contre la corruption, [...] recueillir [...] diffuser les informations dans ce domaine [...], contribuer à la moralisation de la vie publique et [...] consolider les principes de bonne gouvernance [...] ». Si l'on tient également compte des différents contrôles effectués par les services administratifs au premier rang desquels ceux dépendant du ministère des Finances, auxquels s'ajoutent le contrôle parlementaire et les audits de cabinets indépendants, on est logiquement amené à penser que le Maroc est en passe (d'enfin) se débarrasser de la corruption et de se mettre définitivement sur les rails de la bonne gouvernance »[883] : à la condition toutefois que les institutions susvisées remplissent bien leurs missions et que les textes en vigueur soient effectivement appliqués. C'est le sens que prend l'affirmation suivant laquelle « la bonne gouvernance passe par la mise en place d'un dispositif ([notamment] fiscal et institutionnel) approprié, contenant dans lequel doivent se formater des principes de bonne gouvernance pertinents et effectivement appliqués, sans lesquels la bonne gouvernance devient tout simplement un leurre »[884].

Dans le contexte camerounais, et au regard de ce qui précède, le risque est grand que les atteintes à la fortune publique déjà nombreuses se multiplient, ce qui n'irait pas sans entraîner un déficit de bonne gouvernance. La fiscalité locale s'en trouverait alors fermée à cette dernière, en même temps que le développement s'en trouvera compromis. Les autorités devront donc mettre tout en œuvre pour éviter une telle dérive, et généralement opter pour une politique fiscale orientée vers la construction d'un système fiscal efficace et efficient.

---

[883] Voir, Pierre Belebenie, « Les réformes fiscales locales orientées vers la bonne gouvernance : une approche comparative France, Maroc, Cameroun », *art.cit.*, p. 58.
[884] *Idem*, p. 59.

CHAPITRE II

LA POLITIQUE FISCALE : POUR UNE FISCALITÉ LOCALE EFFICACE ?

Dans la mesure où elle était censée constituer une solution à la raréfaction des ressources que connaissent les collectivités territoriales du Cameroun, la réforme fiscale induite par la loi du 15 décembre 2009 portant fiscalité locale fut l'un des volets les plus attendus de l'actuel processus de décentralisation. N'est-on pas logiquement conduit à penser qu'un transfert de fiscalité augmente nécessairement les ressources fiscales en impactant les ressources locales en général ? L'actuel processus de décentralisation fut entrepris à un moment où les ressources financières des communes équivalaient à moins de 5 % du budget de l'État, et moins de 1 % du produit intérieur brut[885]. Partant, cette réforme s'imposait, et devait être inspirée par une bonne politique fiscale. Par conséquent, la question s'invite d'emblée à la réflexion : que faut-il entendre par politique fiscale, ce terme qui ne semble pas avoir donné lieu à une définition unanime ?

Pour Jean-Michel Bloch-Lainé et Bruno Moschetto par exemple, la politique fiscale renvoie à l'action sur la vie économique au moyen des recettes budgétaires. Pour eux, l'accroissement de ces dernières se « heurte à l'inertie de toute situation acquise et leur allègement au décalage entre la décision et l'action » ; aussi, selon eux, s'est-il parfois avéré plus facile d'inventer de nouveaux impôts que de moduler les impôts existants, quoiqu'il soit moins aisé d'augmenter les recettes que de diminuer les recettes budgétaires. Pour ces auteurs, les exemples les plus intéressants d'une politique fiscale se trouvent dans les incitations fiscales aux investissements[886].

D'après André Barilari et Robert Drapé, la politique fiscale peut être aménagée en fonction de ses contraintes propres (équité, rentabilité, facilité de mise en œuvre, sécurité face au risque de fraude), ou de contraintes externes

[885] L. Ngono Tsimi, *L'autonomie administrative et financière des collectivités territoriales décentralisées : l'exemple du Cameroun*, *op.cit.*, p. 272.
[886] J.-M. Bloch-Lainé, *La politique économique de la France*, Presses Universitaires de France, 1981, p. 44.

(économiques, sociales, culturelles) ; le dosage de ces divers objectifs au sein d'un système fiscal donné constitue la politique fiscale[887].

On peut emprunter à Loïc Philip les deux sens qu'il donne à l'expression de politique fiscale : d'abord et selon lui, « la politique fiscale correspond à la conception générale que l'on a d'un système fiscal, par exemple, à l'importance réciproque des différents impôts, au poids des impôts indirects par rapport aux impôts, ou à la création d'un nouvel impôt tel que la création [en France] de l'impôt progressif sur le revenu en 1914, de l'impôt sur les sociétés en 1948, de la TVA en 1954 [...]»[888]. Ensuite, poursuit Loïc Philip, la politique fiscale « désigne non pas un remaniement complet du système fiscal ou la création de nouveaux impôts, mais de simples adaptations qui sont d'ailleurs souvent opérées dans un but économique ou social. Il s'agit alors de réformes plus modestes qui consistent à changer certaines règles ou à modifier les taux des impôts existants »[889].

La mise en œuvre d'une politique fiscale passe selon Loïc Philip, par la prise en compte d'un certain nombre de données. Les premières — tirées de l'ouvrage d'Adam Smith intitulé *La richesse des nations* — qu'il qualifie de « quatre grandes règles élémentaires en la matière » sont : l'égalité, la certitude, la commodité (la simplicité), ainsi que l'économie dans l'établissement et la perception de l'impôt. Dans le prolongement de son analyse, Loïc Philip indique d'ailleurs qu'une réforme fiscale n'aura des chances de réussite qu'en respectant quatre réalités[890].

La réalité financière est la première : dans la mesure où l'impôt a pour finalité le financement des dépenses publiques, toute perspective d'une modification de la législation fiscale doit être précédée de l'appréciation du coût et des conséquences au niveau du financement des dépenses publiques.

La psychologie fiscale est la deuxième de ces réalités : il est important de pouvoir anticiper sur la manière dont la réforme sera ressentie par les contribuables et de prévoir quelles seront leurs réactions.

La troisième réalité est plutôt d'ordre social : le système fiscal étant un important facteur de cohésion sociale, il doit, pour être accepté, ne pas comporter de fortes doses d'injustice. Dans la mesure où celles-ci tendent naturellement à se développer, il est souvent utile de procéder à des modifications fiscales.

La dernière réalité est quant à elle d'ordre économique : la fiscalité ne doit pas perdre de vue les impératifs de la vie économique, pas plus qu'elle ne doit constituer un obstacle à la croissance économique dans son ensemble ou au développement de quelque secteur de l'économie que ce soit.

Prise au niveau local, cet important pilier de la politique économique prend l'appellation de politique fiscale locale. On doit noter au vu de ce qui précède

---

[887] A. Barilari et R. Drapé, *Lexique fiscal*, 2e édition, Dalloz, 1992, p. 131.
[888] L. Philip, *Finances publiques*, 5e édition, Éditions Cujas, 1995, p.428.
[889] *Idem.*
[890] *Ibidem.*

que dans l'idéal, une politique fiscale fût-elle nationale ou locale ne peut faire l'économie de l'efficacité, de l'efficience, de l'équité ou de l'applicabilité, lesquelles constituent à n'en point douter des canons sûrs d'une bonne politique fiscale.

Au Cameroun, la décentralisation constitue justement un pan essentiel de la politique fiscale. Elle a donné lieu à une dévolution de ressources — notamment et comme déjà indiqué — au moyen de la fiscalité transférée[891], pour permettre aux collectivités territoriales décentralisées d'exercer leurs nouvelles compétences. À ce titre, la loi a d'ailleurs prévu que « tout transfert de compétences à une collectivité territoriale s'accompagne du transfert, par l'État à celle-ci des ressources et moyens nécessaires à l'exercice normal de la compétence transférée » [892], de même qu'elle précise que les ressources nécessaires à l'exercice par une collectivité territoriale de ses compétences lui sont dévolues soit par transfert de fiscalité, soit par dotation, ou même par les deux à la fois[893].

La loi n° 2009/019 du 15 décembre 2009 se situe en droite ligne de la mise en œuvre du processus de décentralisation. En substance, ce dispositif poursuit un quadruple objectif : en premier, il vise à relever le niveau des recettes fiscales des collectivités territoriales par le transfert à leur profit du produit de certains impôts et taxes ; en second, il vise à mettre en œuvre un principe de solidarité et de développement harmonieux de toutes les collectivités territoriales décentralisées du pays (financé par l'intercommunalité et la péréquation) ; en troisième, ce dispositif se fixe pour objectif de renforcer l'autonomie financière des collectivités territoriales décentralisées par l'organisation du transfert progressif des compétences en matière de gestion des impôts locaux et l'accès direct aux recettes qui leur sont dévolues ; en quatrième la loi portant fiscalité locale vise aussi, entre autres, à sécuriser les valeurs et recettes de la fiscalité locale[894].

Le relèvement du niveau des recettes au moyen de la fiscalité transférée est la clef de voûte de toute politique fiscale. Partant, celle du Cameroun sera d'abord appréciée au regard de ce volet, le constat étant clair : la fiscalité transférée emporte logiquement relèvement de ressources fiscales pour les collectivités territoriales décentralisées (réalité financière) ; ce relèvement du niveau des recettes fiscales locales apparaît néanmoins mitigé dans le cas du pays étudié (section I). Mais ces recettes étant insuffisantes, doit-on pour autant y voir une situation inextricable (section II) ? Comment perdre de vue

---

[891] Par fiscalité transférée, il faut entendre le transfert d'impôts de l'État vers les collectivités territoriales décentralisées en contrepartie des nouvelles compétences mises à la charge de ces dernières dans le cadre du processus de décentralisation. En principe, la fiscalité transférée représente, à côté des dotations, une part importante des ressources allouées aux collectivités territoriales. Voir, A. Barilari et R. Drapé, *in Lexique fiscal*, *op. cit.*, p. 86.
[892] Voir l'article 7 de la loi n° 2004/17 du 22 juillet 2004 d'orientation de la décentralisation.
[893] *Ibidem*, article 22.
[894] Voir, circulaire conjointe n° 0002335/MINATD/MINFI du 20 octobre 2010, précisant les modalités d'application de la loi n° 2009/019 du 15 décembre 2009, portant fiscalité locale.

que dans le cas du Cameroun, l'augmentation des recettes fiscales est une condition *sine qua non* du succès de sa politique de solidarité (réalité d'ordre social) entre collectivités territoriales ?

SECTION I. LE RELÈVEMENT DU NIVEAU DES RECETTES FISCALES LOCALES : UNE LOGIQUE MITIGÉE

Force est de constater que sans décentralisation fiscale, l'autonomie des collectivités territoriales reste lettre morte ; il est donc nécessaire, pour ces collectivités, d'avoir des ressources propres suffisantes, particulièrement fiscales, pour exercer ces compétences[895]. Or, ces collectivités ont « une maîtrise limitée de leurs ressources fiscales »[896], déjà insuffisantes dans le cas du Cameroun. Si la fiscalité transférée ne peut que (logiquement) contribuer au relèvement des recettes fiscales, tel que voulu par la loi du 15 décembre 2009 portant fiscalité locale, ce relèvement de ressources apparaît néanmoins mitigé. En effet, la pauvreté ne semble pas impactée et les collectivités territoriales décentralisées peinent à améliorer les conditions de vie des populations camerounaises. Bien entendu, cela traduit une insuffisance des ressources fiscales (et même des dotations étatiques) à même de compromettre l'autonomie des collectivités territoriales, dont on sait pertinemment qu'elle est liée à la décentralisation [897], laquelle, il convient de le redire, suppose une augmentation des recettes fiscales par le truchement de la fiscalité transférée. Mais peut-on voir en la fiscalité transférée une source effective d'augmentation des recettes fiscales au Cameroun ? (§ I). Sur le terrain, la pauvreté reste très visible au vu de la mauvaise qualité des services ; on pourrait y voir une preuve de l'insuffisance de la fiscalité transférée et de l'échec des initiatives internationales de lutte contre la pauvreté (§ II). Partant, le jeu de la solidarité consacrée par l'article 55 de la Constitution s'en trouve compromis : il est difficilement réalisable entre collectivités territoriales à faibles revenus (§ III).

§ I. La fiscalité transférée, source d'une augmentation des recettes fiscales ?

Il y a lieu de rappeler qu'en dehors des anciens impôts constitués des centimes additionnels communaux, de la patente, de l'impôt libératoire et de la licence, les collectivités locales décentralisées ont bénéficié d'un transfert de quatre nouveaux impôts locaux, à savoir : la taxe foncière sur les propriétés

[895] O. Gohin et X. Cabannes, « Compétences et ressources des communes », *pouvoirs,* n° 95, 2000, p. 62.
[896] *Idem.*
[897] J. Buisson, *Finances publiques*, 14e édition, Dalloz, 2009, p. 132.

immobilières, les droits de mutation d'immeubles, les droits de timbre automobile, la taxe sur les jeux de hasard et de divertissement. Comme déjà souligné, la loi de finances de 2011 a consacré la taxe de développement due par les contribuables relevant de la DGE en recette d'intercommunalité et de péréquation. Doit-on rappeler qu'un transfert de fiscalité emporte nécessairement augmentation des recettes fiscales ?

C'est le constat que fait d'ailleurs Joël Constant Etana Ombga pour qui « Les aspects positifs de la loi portant fiscalité sont nombreux « notamment le transfert d'un important nombre d'impôts relatifs à l'intercommunalité et à la péréquation, la rétrocession des 25 % précédemment recouvrés par l'État sur les CAC du [FEICOM] et des communes ». Une dizaine d'impôts ayant ainsi été transférée aux collectivités territoriales décentralisées, ce transfert de fiscalité constitue, pour cet auteur, un signe d'engagement de l'État à promouvoir une administration de proximité, où les collectivités territoriales décentralisées auront une capacité financière pouvant leur permettre de résoudre leurs problèmes de développement. L'importance des recettes issues par exemple du paiement des droits de timbre automobile et des droits de mutations immobilières sont selon lui le reflet du poids des recettes transférées par l'État aux collectivités territoriales décentralisées[898]. Le même auteur poursuit en ces termes : « non seulement plusieurs impôts ont été transférés en totalité ou partiellement aux régions, des recettes dont certaines pourraient faire partie de la péréquation, mais en plus, on note l'entrée de la redevance forestière annuelle dans les recettes de péréquation [...]. Par ce transfert de recettes, les communes situées dans les localités non forestières bénéficieront de recettes supplémentaires. Bien plus, les communes à faible revenu jouiront désormais d'une recette importante »[899]. Enfin, et pour finir, Joël Constant Etana Omgba fait remarquer que « contrairement aux années précédentes, la loi de finances 2005 consacre le prélèvement par l'État de 25 % sur la part CAC/TVA [...] des communes. Or les CAC/TVA sont [...] la ressource financière la plus importante des communes. C'est d'ailleurs pour cela qu'ils constituent les ressources financières de garantie, pour les financements accordés par le Fonds aux communes. Ces 25 % rétrocédés aux communes et au FEICOM sont estimés à environ neuf (09) milliards pour l'exercice 2010, un montant important qui couvrirait une part importante des charges communales et leur procurerait des ressources d'investissement. Lesdites recettes donneraient au Fonds davantage de ressources pour financer les projets communaux »[900].

Par ailleurs, le décret n° 2011/1731/PM du 18 juillet 2011 fixant les modalités de centralisation, de répartition et de reversement du produit des

---

[898] J. C. Etana Omgba, *Postes comptables et recouvrement opérationnel de la fiscalité locale au FEICOM. Analyse de quelques éléments stratégiques de base en matière de recouvrement fiscal et douanier*, *op.cit.*, p. 654-655.

[899] *Idem.*

[900] *Ibidem*, p. 655.

impôts communaux a soumis à péréquation les produits de quatre impôts communaux. Il s'agit d'abord de la quote-part centralisée des centimes additionnels communaux, puis de celle de la redevance forestière annuelle centralisée et affectée aux communes, suivie des droits de timbre automobile et, enfin, et comme précédemment indiqué, de la taxe de développement local des salariés du secteur public et des grandes entreprises relevant du portefeuille de la Division des grandes entreprises[901].

Les produits de ces impôts sont centralisés par le Fonds spécial d'équipement et d'intervention intercommunal (FEICOM), et repartis suivant le cas aux communautés urbaines, aux communes d'arrondissement et aux communes, notamment sur la base du critère démographique.

De prime abord, on est pris d'optimisme à la lecture des dispositifs qui précèdent. Mais le propos devrait néanmoins être nuancé, car les conditions de vie de la majorité des populations n'ont véritablement pas été impactées : il y a lieu de le rappeler, du fait de la faiblesse du rendement de la fiscalité transférée et en raison de l'échec manifeste des initiatives internationales de lutte contre la pauvreté.

§ II. La mauvaise qualité des services, révélatrice de la faiblesse du produit de la fiscalité transférée et de l'échec des initiatives internationales de lutte contre la pauvreté

Lorsqu'elle ne relève pas d'une absence de volonté politique, la mauvaise qualité des services dans le cadre de la décentralisation peut être un signe manifeste de la faiblesse du produit des ressources. Le cas du Cameroun relève davantage de cette dernière hypothèse, même si la première ne saurait être écartée. En effet, aux termes de l'article 22 de la loi du 22 juillet 2004 d'orientation de la décentralisation ci-dessus mentionnée, les ressources nécessaires aux collectivités territoriales pour l'exercice de leurs compétences leur sont dévolues soit par transfert de la fiscalité, soit par dotations ou par les deux à la fois.

Or, il apparaît désormais constant que la fiscalité transférée peine à « assumer » la plupart des compétences, y compris celles nouvellement transférées, en même temps que les dispositions relatives aux implications financières du transfert des compétences apparaissent floues, contradictoires et injustes dans la mesure où la dotation générale de la décentralisation instituée par l'article 23 de la loi du 22 juillet d'orientation de la décentralisation finance certains services déconcentrés de l'État comme prévu à l'article 26 de la même loi, ce qui n'est pas (comme nous le verrons plus loin) sans entraîner un manque considérable à gagner pour les collectivités territoriales.

Bien avant la décentralisation, le Cameroun s'était tourné vers certaines initiatives internationales censées éradiquer la pauvreté et mettre le pays sur la

---

[901] Article 2 du décret n° 2011/1731/PM du 18 juillet 2011 susvisé.

voie du développement ; ces initiatives se sont poursuivies après la mise en œuvre de la décentralisation (A). La loi de 2004 fixant les règles applicables aux communes a opéré transfert à ces dernières de nombreuses compétences, au rang desquelles l'alimentation en eau potable. Pourtant, plusieurs années après le transfert de cette compétence, le problème d'eau potable est une des multiples facettes de la pauvreté qui sévit aussi bien dans les zones urbaines que rurales du Cameroun. Ces difficultés d'approvisionnement en eau potable sont la preuve de la faiblesse des ressources financières en général et de la fiscalité transférée en particulier, autant qu'elles conduisent à questionner les initiatives internationales de lutte contre la pauvreté dont le succès apparaît mitigé (B).

A. LES INITIATIVES INTERNATIONALES DE LUTTE CONTRE LA PAUVRETÉ : L'EXEMPLE DES DOCUMENTS DE STRATÉGIE ET DES OBJECTIFS DU MILLÉNAIRE POUR LE DÉVELOPPEMENT

Après l'expérimentation d'un certain nombre de stratégies[902] qui avaient fini par montrer leurs limites — ces stratégies n'ont pas véritablement joué sur le niveau d'endettement des pays à faibles revenus et à revenus intermédiaires — et afin de sortir les pays pauvres du « cercle vicieux » de l'endettement extérieur, la Banque mondiale et le Fonds monétaire international proposèrent aux pays du G7 réunis à Lyon en septembre 1996 une nouvelle initiative visant à alléger la dette des pays pauvres, et même à désendetter ces derniers : il s'agit de l'Initiative (PPTE), pays pauvres très endettés, formule connue sous le sigle anglais de HIPC (*highly indebted poor countries*), une initiative qui montra vite ses limites, et qui amena les pays du G7 réunis cette fois à Cologne, en 1999, à la renforcer, grâce à l'accroissement du nombre des pays bénéficiaires et du volume d'allègements de la dette, à l'assouplissement des mesures d'éligibilité, ainsi qu'à l'allègement plus rapide de cette dette en plus de la réduction de la pauvreté[903] (1). Cette dernière constitue le volet social du Document de stratégies de réduction de la pauvreté (DSRP) et du Document de stratégie pour la croissance et l'emploi (DSCE), qui sont censés permettre la réalisation des Objectifs du Millénaire pour le développement (OMD)[904] (2).

---

[902] Voir, en ce sens, et entre autres, l'Accord de Toronto ou Plan de réduction de la dette publique des pays à faibles revenus, le Plan Brady de 1989 alliant allègement de la dette et octroi de nouveaux crédits, le Plan de Trinidad de 1990 offrant un allègement plus substantiel de la dette, l'Initiative de réduction de la dette des pays les plus endettés selon les termes de Naples de 1994, à savoir la réduction jusqu'à 67% de la dette des pays les moins avancés (PMA), sous réserve de la mise en place d'un plan d'ajustement structurel (PAS).

[903] S.H. Mouafo Ngatom, « L'initiative PPTE et la lutte contre la pauvreté au Cameroun : une analyse sociologique », mémoire de DEA de l'Université de Yaoundé I, 2007, consultable sur : http://www.memoireonline.com/03/07/399/m_initiative-ppte-lutte-contre-pauvrete-au-cameroun4.html, non paginé, consulté le 20 août 2014.

[904] Voir, *infra*.

1. Le Document de stratégies de réduction de la pauvreté (DRSP) et le Document de stratégie pour la croissance et l'emploi (DSCE)

L'Initiative PPTE met la lutte contre la pauvreté au cœur du dispositif de réduction de la dette : d'une part, en faisant de la rédaction du Document de stratégies de réduction de la pauvreté (DSRP)[905] une condition d'éligibilité[906] et, d'autre part, en faisant du lien entre réduction de la dette et réduction de la pauvreté une conditionnalité générale appliquée à tous les nouveaux financements sous conditions privilégiées des Institutions de Bretton Woods. C'est ainsi que les DSRP prennent la place des anciens Documents-cadres de politique économique (DCPE) et deviennent, en principe et dès avril 2003, le Document de référence pour l'ensemble des bailleurs de fonds[907].

« Le DSRP est un document de référence en matière de lutte contre la pauvreté dans lequel est "décrite la gamme des initiatives prévues par le gouvernement, les objectifs développementaux qu'il se propose d'atteindre et les modalités de leur suivi, ainsi que les besoins de financements requis". L'objectif principal poursuivi par le Gouvernement tel que présenté dans le DSRP est de "réduire sensiblement la pauvreté au moyen d'une croissance économique forte et durable, d'une meilleure efficience des dépenses, des politiques de réduction de la pauvreté convenablement ciblées et du

---

[905] Concernant le Cameroun, un Document intérimaire de stratégie de réduction de la pauvreté (DRSP I) a été finalisé en août 2000 et a permis au pays d'atteindre le point de décision de l'initiative PPTE en octobre 2000. Sur la signification du « point de décision » » voir en note de bas de page ci-dessous.

[906] Tout pays désireux d'être éligible au titre de l'initiative PPTE doit remplir quatre conditions : en premier, être admissible, à emprunter auprès de l'Agence internationale de développement de la Banque mondiale, qui octroie aussi bien des prêts sans intérêts que des dons aux pays les plus pauvres au monde, ainsi qu'auprès du FMI, cette fois par le biais du Fonds fiduciaire pour la réduction de la pauvreté et pour la croissance, lequel offre des prêts à des taux bonifiés aux pays à faibles revenus. En deuxième, le pays doit faire face à une charge d'endettement insoutenable, ne pouvant être résorbé par les mécanismes traditionnels d'allègement de la dette. En troisième, rapporter la preuve que le pays a procédé à des réformes et mené une politique économique réfléchie, en rapport avec les programmes qu'appuient le FMI et la Banque mondiale. En quatrième, le pays doit avoir élaboré un Document de stratégie pour la réduction de la pauvreté suivant un vaste processus participatif. Une fois ces critères remplis, ou lorsqu'il est établi que le pays a suffisamment progressé dans l'observation desdits critères, les conseils d'administration de la Banque mondiale et du FMI décident officiellement de son admissibilité à l'allègement de la dette, la communauté internationale s'engageant à ramener la dette à un niveau estimé soutenable. Cette première étape de l'Initiative PPTE prend l'appellation de *point de décision*, à partir duquel le pays l'ayant atteint peut commencer à recevoir un allègement intérimaire du service de sa dette exigible. Voir, *International Monetary Fund, FACTSHEET*, « Allègement de la dette au titre de l'Initiative en faveur des pays pauvres très endettés (PPTE) », mars 2014, non paginé, disponible sur : https://www.imf.org/external/np/exr/facts/fre/pdf/hipcf.pdf, consulté le 24 août 2014. Mais aussi sur : http://www.imf.org/external/np/exr/facts/fre/pdf/mdgf.pdf, consulté le 24 août 2014.

[907] S.H Mouafo Ngatom, « L'initiative PPTE et la lutte contre la pauvreté au Cameroun : une analyse sociologique », *op.cit.*

renforcement de la gouvernance" »[908]. Il s'agit en effet d'un document dans lequel sont consignés des objectifs et des stratégies visant à réduire la pauvreté et favoriser la croissance dans les pays concernés, comme le Cameroun, par l'initiative PPTE ; il constitue le nouveau cadre contractuel entre les institutions de Bretton woods et les pays pauvres très endettés ; il est à l'Initiative PPTE, ce que le Document-cadre de politique économique (DCPE) était aux programmes d'ajustement structurel ; le DRSP se caractérise par la recherche de la compatibilité des politiques d'un pays avec la poursuite des objectifs de réduction de la pauvreté et de développement social. Il sert de base à la formulation des opérations de prêts de la Banque mondiale et du Fonds monétaire international, étant précisé que ces deux institutions collaborent étroitement avec d'autres institutions et bailleurs de fonds à son établissement, de manière à garantir la transparence des opérations et une large participation au choix des objectifs, ainsi qu'à l'élaboration des politiques et du suivi de leur application.

D'une façon générale, et comme l'indique Sosthène Hervé Mouafo Ngatom, « Il apparaît que l'Initiative PPTE est l'instrument de la nouvelle politique de développement, une politique axée à la fois sur le désendettement et la réduction de la pauvreté. Plus simplement, l'Initiative PPTE est un instrument de développement basé sur la reconversion de la dette extérieure des pays pauvres et très endettés en projets de développement. Elle a un volet économique qui consiste en la conduite des réformes économiques en vue de l'atteinte des performances macroéconomiques, et un volet social qui consiste en la mise en œuvre des projets de développement. Elle s'opérationnalise par le virement des fonds destinés au service de la dette extérieure dans un compte destiné au financement des projets de développement social ».

Afin de permettre des progrès plus rapides vers la réalisation des Objectifs du Millénaire pour le développement (OMD) des Nations Unies, l'Initiative PPTE a été complétée, en 2005, par l'Initiative dite d'allègement de la dette multilatérale (IADM), Initiative qui prévoyait un allègement de la totalité des dettes admissibles par le FMI et le Fonds africain de développement (FAD), pour les pays parvenus au bout du processus de l'Initiative PPTE[909]. Le Cameroun a atteint le point d'achèvement[910] de cette initiative en avril 2006 et

---

[908] C.M. Ngo Tong, *Intercommunalité, coopération décentralisée et stratégies de lutte contre la pauvreté au Cameroun. Étude spécifique des villes de Limbé et Kribi et de la commune de Dschang*, *op.cit.*, p. 31.

[909] Voir, *International Monetary Fund, FACTSHEET*, « Allègement de la dette au titre de l'Initiative en faveur des pays pauvres très endettés (PPTE) », *op.cit.*

[910] Le point d'achèvement est, après le point de décision (voir note de bas de page *supra*) la deuxième étape de l'Initiative PPTE. À ce stade, le pays voit sa dette réduite intégralement et de manière irrévocable à une triple condition : la première est qu'il continue de rapporter la preuve de bonnes performances dans le cadre de programmes soutenus par des prêts du FMI et de la Banque mondiale ; la deuxième est qu'il exécute de manière satisfaisante les grandes réformes convenues au point de décision, la troisième et dernière condition étant que le pays en question adopte et mette en œuvre pendant au moins un an son Document de stratégie de réduction de la

a pu ainsi profiter d'un allègement de sa dette publique, qui est passée de 4890, 3 milliards en 2005, à 1990,7 milliards en fin 2006, pour tomber à 1427,6 milliards en fin 2008[911].

Soulignons qu'« en matière de performance, les taux de croissance sont restés en dessous de ceux qui sont espérés par les autorités au cours de la période de mise en œuvre du DSRP (moins de 4 % en moyenne), et le taux de pauvreté est resté quasiment stable, soit 39,9 % d'après la troisième enquête[912] camerounaise auprès des ménages (ECAM III) ». Dans le cadre de sa poursuite de réalisation des Objectifs du Millénaire pour le développement, le Gouvernement camerounais a élaboré le Document de Stratégie pour la Croissance et l'Emploi (DSCE), lequel fait partie de la classe des DSRP de deuxième génération[913]. Ce Document place le défi de la croissance et la création d'emplois au centre de ses actions en faveur de la réduction de la pauvreté et se décline en sept chapitres interdépendants portant sur : (1) la revue des politiques de développement ; (2) la vision de développement à long terme et les objectifs du DSCE ; (3) la stratégie de croissance ; (4) la stratégie de l'emploi ; (5) la gouvernance et la gestion stratégique de l'État ; (6) le cadrage macroéconomique et budgétaire ; (7) le cadre institutionnel et les mécanismes de mise en œuvre et de suivi du DSCE[914]. « Le DSCE qui va couvrir les dix premières années de la vision à long terme sera centré sur l'accélération de la croissance, la création d'emplois formels et la réduction de la pauvreté. Il vise en conséquence à (i) porter la croissance à 5,5 % en moyenne annuelle dans la période 2010-2020 ; (ii) ramener le sous-emploi de 75,8 % à moins de 50 % en 2020 avec la création de dizaines de milliers d'emplois formels par an dans les dix prochaines années ; et (iii) ramener le taux de pauvreté monétaire de 39,9 % en 2007 à 28,7 % en 2020 »[915].

La résurgence des chocs exogènes et la persistance des rigidités structurelles sont les deux types de risques principaux que le DSRP d'avril 2003 avait identifiés. Les autorités camerounaises ne perdent pas de vue que ces deux problèmes ont parfaitement entravé la bonne mise en œuvre du DSRP de première génération. Ces risques qui se présentent de manière multiforme et demeurent toujours d'actualité au moment de l'élaboration du DSCE[916] conduisent à douter de la capacité du pays à réaliser les Objectifs du Millénaire pour le développement.

---

pauvreté ou DSRP. Voir, *International Monetary Fund, FACTSHEET*, « Allègement de la dette au titre de l'Initiative en faveur des pays pauvres très endettés (PPTE) », *op.cit.*

[911] Voir le Document de stratégie pour la croissance et l'emploi (DSCE), p. 11.

[912] Trois enquêtes, ECAM I, ECAM II et ECAM III ont été réalisées respectivement en 1996, 2002 et 2007, pour connaître les causes et les manifestations de la pauvreté au Cameroun.

[913] DSCE, Cameroun, préface du Premier ministre Philémon Yang.

[914] DSCE, Cameroun, p. 28.

[915] *Idem*, p. 14.

[916] *Ibidem.*

2. Les Objectifs du Millénaire pour le développement (OMD)

Face à la misère observée à travers le monde et en dépit d'un recul relativement spectaculaire de celle-ci, des statistiques révélaient que plus d'un milliard de personnes dans le monde avaient moins d'un dollar par jour pour vivre ; à cela s'ajoutait le fait que onze millions d'enfants mouraient avant l'âge de 5 ans, alors que trois millions mouraient du VIH/SIDA[917](virus de l'immunodéficience humaine/syndrome immunodéficience acquise). En septembre 2000 — au siège des Nations unies à New-York — les États membres des Nations Unis adoptèrent la Déclaration sur les Objectifs du Millénaire pour le développement (OMD), Objectifs qui devaient être atteints à l'échéance 2015[918].

Il s'agit en fait de huit engagements internationaux spécifiques et mesurables portant sur : la lutte contre la pauvreté et la faim, l'éducation primaire pour tous, la promotion de l'égalité des sexes, la réduction de la mortalité infantile, l'amélioration de la santé des mères, la lutte contre les maladies, la préservation de l'environnement et la mise en place d'un Partenariat mondial pour le développement [919]. En substance, il s'agit d'éradiquer la pauvreté dans le monde.

Lors de la présentation du Rapport 2011 sur les OMD devant le Conseil économique et social des Nations Unies, le secrétaire général de l'ONU — Ban Ki-moon — avait souligné que « les OMD ont déjà permis de sortir des millions de personnes de la pauvreté, de sauver des vies, et de scolariser des enfants [...]. Ils ont réduit le nombre de décès maternels, accru les possibilités pour les femmes, amélioré l'accès à l'eau potable et protégé beaucoup de gens de maladies mortelles ou handicapantes. Mais nous avons encore un long chemin à parcourir pour autonomiser les femmes et les filles, promouvoir le développement durable et protéger les plus vulnérables des effets dévastateurs de crises multiples, qu'il s'agisse de conflits, de catastrophes naturelles, ou de la volatilité des prix du carburant ou des denrées alimentaires. [...]. Pour atteindre les objectifs, une croissance économique inclusive et équitable est nécessaire, une croissance qui touche tout le monde et permet à tous, et en particulier à ceux qui sont pauvres et marginalisés, de profiter des opportunités économiques [...] » [920]. Il avait conclu : « d'ici à 2015, nous devons faire en sorte que les promesses faites deviennent des promesses tenues »[921].

Il faut cependant faire remarquer que la pauvreté ambiante — visible aussi à la mauvaise qualité des services rendus au Cameroun, à l'instar du crucial

---

[917] Voir *Le Communal* n° 09 de septembre-octobre 2006, p.14.

[918] L'année 2020 avait été retenue, concernant l'amélioration sensible de la vie d'au moins 100 millions d'habitants de taudis.

[919] Pour d'amples informations voir la Déclaration du Millénaire des Nations unies, notamment en son point III.

[920] Disponible sur http://www.huitfoisoui.fr/les-objectifs-du-millenaire-pour-le-developpement/, consulté le 6 juin 2014.

[921] *Idem.*

problème d'approvisionnement en eau[922] — constitue à n'en point douter, la preuve de la faiblesse des ressources fiscales et du succès mitigé des initiatives internationales de réduction de pauvreté.

B. LES PROBLÈMES D'APPROVISIONNEMENT EN EAU POTABLE : LA FAIBLESSE DES RESSOURCES ET LE SUCCÈS MITIGÉ DES INITIATIVES INTERNATIONALES DE RÉDUCTION DE LA PAUVRETÉ

Il est constant qu'une décentralisation bien gérée est un vecteur incontestable de développement. Dans la plupart des pays africains, la décentralisation a connu des avancées, puisque aucun pays ne s'oppose plus à mettre en œuvre une politique de décentralisation (des collectivités locales sont instituées partout pour désigner les autorités locales, l'autonomie et la démocratie locale ont été renforcées, etc.). Mais l'on doit noter que « les États éprouvent des difficultés de passage à l'acte : les transferts de ressources ne suivent pas les transferts de compétences. Au niveau local, les collectivités locales ont des difficultés pour accroître rapidement leurs ressources propres. [Partant], l'accès des citoyens aux services publics locaux est insuffisant »[923].

Dans le cas du Cameroun, l'article 16 de la loi n° 2004/18 du 22 juillet 2004 fixant les règles applicables aux communes précise que « les compétences suivantes sont transférées aux communes : l'alimentation en eau potable […] »[924]. De son côté, l'article 7 de la loi n° 2004/17 du 22 juillet 2004 d'orientation de la décentralisation prévoit le principe suivant lequel tout transfert de compétences par l'État à une collectivité territoriale doit s'accompagner des ressources et moyens nécessaires à l'exercice normal de la compétence transférée.

Au-delà de chiffres globaux souvent révélés pour justifier le bien-fondé ou le succès des politiques économiques menées par les bailleurs de fonds, au-delà d'une tendance souvent universalisante de problèmes rencontrés dans les pays pauvres en dépit de la spécificité de chaque univers, la réalité sur le terrain conduit inéluctablement, à s'interroger à la fois sur la portée de l'article 7 de la loi de 2004 ci-dessus mentionnée, et sur le véritable apport des OMD en termes de réduction de la pauvreté dans le contexte camerounais, comme en témoignent, entre autres, les problèmes récurrents et quasi chroniques liés à l'approvisionnement en eau potable sur toute l'étendue du pays. En effet, « dans le quartier de Damas, sur une hauteur de Yaoundé, la

[922] De nombreux articles sont souvent publiés sur le sujet par les journaux locaux. Bon nombre de reportages sur les problèmes d'approvisionnement en eau potable (aussi bien en zones rurales qu'en zones urbaines) sont aussi régulièrement diffusés par les chaînes de télévision du pays. Sur le terrain, les coupures d'eau sont monnaie courante, et il n'est pas rare que des sachets d'eau à boire (parfois infectés) soient vendus dans les artères des grandes villes.

[923] Voir, le Premier Rapport mondial des Cités et Gouvernements Locaux Unis (CGLU) sur « La décentralisation et la démocratie dans le monde », *op.cit.*, p. 51

[924] Voir aussi, en ce sens, le décret n° 2010/0239 sur le transfert de cette compétence.

capitale du Cameroun, les robinets ont cessé de couler mi-2011. Depuis, Mama Rosalie, mère de six enfants, emprunte souvent le sentier glissant qui pique vers le ruisseau en contrebas, dont elle revient hissant à bout de bras son jerrycan de vingt litres. En 2013, année internationale de l'eau, il lui faut faire ainsi plusieurs allers-retours, cinq kilomètres en tout, pour couvrir un jour de consommation. Elle ramène un liquide incertain qu'elle doit ensuite faire bouillir, du moins la part réservée à la boisson, car le bois et le charbon coûtent cher. Une autre habitante de Damas, Jessica Mdzeka, recourt aux services des vendeurs ambulants. La facture est salée [trop élevée] : 100 FCFA (0,15 €) pour vingt litres, alors qu'elle payait avant l'eau du robinet 63 FCFA le mètre cube. L'eau du porteur lui revient ainsi 80 fois plus cher, soit trois euros pour un jour de consommation d'une famille de sept personnes. Son salaire mensuel s'élève à 154 euros.

Certes, face à cette situation, la municipalité et Camwater, la société nationale de distribution de l'eau, ont mis en place un service d'approvisionnement d'urgence pour assurer un minimum de continuité du service public à Damas et dans les seize autres quartiers où l'eau ne coule plus. Mais les volumes distribués tous les quatre à cinq jours sont très loin de répondre à la demande des habitants [...]. Les services de la ville sont littéralement à sec. Yaoundé, comme toutes les villes africaines, connaît une expansion très rapide et compte désormais plus de 3 millions d'habitants, dont les besoins sont estimés à 310 000 mètres cubes d'eau par jour. Or la vieille station de traitement d'Akomnyada, à 40 kilomètres qui alimente le réseau urbain, n'en produit que 100 000. Dès 2015, ce sont même 400 000 mètres cubes qui seront nécessaires. Les plans annoncés — réhabilitation et extension d'Akomnyada, création d'une seconde station de traitement — permettront à peine un doublement de l'offre actuelle. D'où un projet pharaonique à 885 millions de dollars de captation des eaux de la Sanaga pour approvisionner la capitale, avec l'aide de capitaux chinois. En attendant qu'il voie le jour — s'il voit le jour — l'immense majorité des habitants de Yaoundé continuera, ici comme ailleurs, à la ville comme à la campagne, de vivre sans disposer d'un simple robinet et de s'approvisionner par divers moyens, plus ou moins sûrs pour la santé et en tous les cas coûteux en temps ou en argent : forages, puits, achat d'eau auprès de revendeurs privés, voire, au pire, comme Mama Rosalie, prélèvements d'eau de surface [...]. En dépit d'une couverture encore loin d'être universelle, les statistiques onusiennes font cependant état de progrès spectaculaires. Entre 1990 et 2010, le nombre de ceux qui ont accès à un point d'eau amélioré a progressé de plus de deux milliards et la proportion de ceux qui en sont privés est passée de 24 à 11 %. C'est ce qui permet aux Nations unies d'écrire qu'au chapitre de l'accès à l'eau potable, les Objectifs du Millénaire pour le développement (OMD) ont été atteints, et même avec cinq ans d'avance sur le programme [...]. Cependant, l'histoire de Mama Rosalie et de Jessica Mdzeka rappelle que ces chiffres globaux n'ont pas grande signification. [...]. De 1990 à 2010 en effet, la part de la population qui ne dispose pas d'un "point d'eau amélioré" [au Cameroun] a été divisée par deux, passant de 51 % à 21 % »[925]. Sous réserve de statistiques fiables, l'on comprend à travers cet exemple que la pauvreté s'en est peut-être trouvée réduite, mais elle ne s'en trouve pas pour autant éradiquée au sens de la Déclaration du Millénaire des Nations unies.

Il est clair que les Objectifs du Millénaire pour le développement avaient suscité des espoirs relativement à l'approvisionnement en eau potable. Ces espoirs s'étaient trouvés confortés à la fois par la Déclaration des maires et élus locaux du monde — réunis à l'occasion du quatrième Forum mondial de l'eau à Mexico du 16 au 22 mars 2006[926]sur le thème « Des actions locales pour un défi mondial » — et par la forte implication du FEICOM[927] au niveau

---

[925] A. de Ravignan, « L'accès à l'eau, un droit pour tous », *Revue Études*, juillet-août 2013, n° 4191-2, p. 19-22.

[926] Extrait : « Nous, maires et élus locaux du monde, réunis à l'occasion du quatrième Forum mondial de l'eau à Mexico du 16 au 22 mars 2006, conscients de la responsabilité et de la compétence des autorités publiques locales en matière d'eau potable et d'assainissement, rappelons les principes suivants :
1.1 L'eau douce est une ressource limitée et vulnérable, indispensable à la vie, au développement et à l'environnement ; elle est un bien commun et un patrimoine de l'humanité ;
1.2 Tous les êtres ont droit à l'accès à l'eau, en qualité et quantité suffisante pour satisfaire leurs besoins essentiels, ainsi qu'à l'assainissement élément décisif pour la santé et la prévention des écosystèmes
1.3 [...] ;
Et constatons que :
1. 5 [...] ;
1.6 Une personne sur quatre n'accède pas à une eau en quantité et de qualité suffisante et une sur deux ne dispose pas d'un système adéquat d'assainissement. Les maladies d'origine hydrique sont à l'origine du plus grand taux de mortalité infantile sur la planète ;
2. Nous, maires et élus locaux reconnaissons que :
2.1 Les Objectifs du Millénaire pour le développement (OMD) de l'ONU qui propose de réduire de moitié d'ici 2015 le pourcentage de la population qui n'a pas accès de façon durable à un approvisionnement en eau potable, interpellent directement tous les gouvernements locaux ;
3. Nous, maires et élus locaux, nous engageons à nous efforcer de :
3.1 Mettre en œuvre des politiques pour atteindre les Objectifs du Millénaire visant à réduire de 50% d'ici 2015 le pourcentage de la population qui n'a pas accès de façon durable à un approvisionnement en eau potable.
3. 2 Assurer sur le territoire propre à chaque collectivité, dans le cadre de nos compétences, une gestion des services d'eau et d'assainissement permettant à tous d'accéder à l'eau et à l'assainissement en quantité, qualité et continuité suffisantes, à un coût supportable et équitable ;
3.2 Assurer une gestion raisonnée, durable et intégrée de la ressource en eau en luttant contre les pollutions des eaux.

[927] Le FEICOM - dont l'action était axée sur la contribution à l'atteinte des Objectifs du Millénaire pour le développement (OMD) - ayant financé (en 2010 justement) à hauteur de 2 709 951 733 de FCFA vingt-huit projets d'adduction d'eau correspondant à un volume de financement 12, 85%. De plus, la collaboration du FEICOM avec le Ministère de l'économie, de la Planification et de l'Aménagement du territoire (MINEPAT) avait abouti à la rétrocession au FEICOM d'un don de 5 000 000 de compte du Fonds Fiduciaire de la Banque africaine de développement (BAD) pour l'Initiative de l'alimentation en eau (appelé Programme d'approvisionnement en eau potable et assainissement en milieu rural ou PAEPA-MRU). C'est dans le cadre de la même collaboration que le FEICOM devait apporter les fonds de contrepartie exigés à dix-neuf communes bénéficiaires du PAEPA en milieu urbain ou PAEPA-MSU. Voir, Rapport annuel 2010, FEICOM, p.15 et 43.

local. Si le Rapport de suivi mondial (RSM)[928] de 2013 ne contredit pas dans le fond la déclaration du secrétaire général de l'ONU reprise plus haut — il ressort en substance dudit Rapport que l'objectif de réduire l'extrême pauvreté monétaire de moitié à l'horizon 2015 a été atteint avant l'échéance 2010 ; il en va de même pour l'objectif consistant à réduire de moitié le nombre de personnes sans accès à l'eau potable, ainsi que de l'objectif visant à améliorer le niveau de vie de près de cent millions de personnes occupant des taudis à l'horizon 2020, lesquels ont aussi été atteints avant l'échéance en 2010. Le Rapport indique toutefois que les progrès vers les OMD sont inégaux : alors que l'Asie de l'Est et le Pacifique sont sur le point d'atteindre la plupart des OMD (à l'exception du taux d'achèvement de l'enseignement à 100%), l'Afrique subsaharienne a manqué la quasi-totalité des OMD[929]. Le Rapport conclut, concernant justement l'Afrique subsaharienne, qu'« il convient néanmoins de noter qu'en dépit d'une situation de départ difficile, mais aussi de retard pris en termes de croissance et de réformes des politiques ainsi que de situations fragiles, ces pays ont fait des progrès significatifs en termes absolus »[930].

On remarquera toutefois, au sujet des OMD, sans évidemment remettre en cause les qualités de cette option stratégique, que leur vocation de départ, à savoir l'« élimination de la pauvreté dans le monde », s'est progressivement transformée en « réduction de la pauvreté », avant de se muer en « diminution de moitié de la pauvreté extrême sous toutes ses formes »[931]. En tout état de cause, l'objectif « pauvreté », fût-il sous la forme « éradiquée » ou « réduite », risque fort bien de ne pas être atteint à l'échéance 2015 de manière générale comme semble l'insinuer le Rapport de suivi mondial ci-dessus, Rapport qui n'apporte pas davantage de précisions quant aux « progrès significatifs en termes absolus » auxquels il fait référence.

L'association de l'Initiative PPTE et des OMD donne des résultats apparemment mitigés, tant et si bien que les Nations unies envisagent déjà de se pencher sur un Programme de développement pour l'après 2015[932], lequel,

---

[928] Il s'agit d'un Rapport annuel ayant vocation à évaluer la manière dont les politiques et les actions nécessaires à l'atteinte des OMD sont exécutées à travers le monde, ainsi que les résultats obtenus. Ce Rapport est rédigé par la Banque mondiale et le FMI en étroite collaboration avec d'autres partenaires internationaux. Le Rapport de suivi mondial (RSM) définit dans quelle mesure les OMD sont atteints, tout en évaluant le soutien de la communauté internationale : *in International Monetary Fund*, FACSHEET, « Allègement de la dette au titre de l'Initiative en faveur des pays pauvres très endettés (PPTE) », *op.cit.*, non paginé.

[929] *Idem.*

[930] *Ibidem.*

[931] Cette dernière formulation est celle retenue par le Programme de développement pour l'après 2015, voir note de bas de page *infra*.

[932] En effet, Outre un Programme en six points visant à progresser plus vite sur les OMD, « Le débat sur le Programme de développement pour l'après 2015 aux Nations unies et au-delà avance sur de multiples pistes de processus intergouvernementaux qui déboucheront sur des négociations officielles entre les États membres des Nations unies à compter de la fin de 2014. Un Rapport du secrétaire général des Nations unies, qui sera achevé en octobre-novembre 2014,

en dépit de son apparente pertinence, donne cependant le sentiment d'un « déjà-vu »[933] qui n'est forcément pas garant de succès[934].

---

jettera les bases de ces négociations. Un sommet des Nations unies en septembre 2015 devrait conclure le débat et amorcer la transition à l'ère post- OMD. Dans ce contexte, l'Assemblée générale des Nations unies a établi un groupe de travail ouvert de pays membres pour discuter et proposer de nouveaux Objectifs pour le Développement Durable (ODD), de même qu'un comité d'experts sur le financement du développement durable. Les deux groupes termineront leurs travaux en septembre 2014. En outre, une équipe de travail des Nations unies, dont fait partie le FMI, a continué à fournir des avis analytiques et un soutien technique à ces processus, notamment un Rapport qui mettait en exergue les principes fondamentaux qui devraient sous-tendre le programme pour l'après 2015. Un document clé, qui a remporté un soutien positif dans le monde entier, est le Rapport du groupe de personnalités éminentes du Secrétaire général des Nations unies, publié en mai 2013. Une lettre conjointe des chefs des banques multilatérales de développement, de la Banque mondiale et du FMI au secrétaire général salue notamment l'appel global lancé par le groupe de personnes éminentes en faveur d'un Programme universel qui inclut cinq grandes tendances : (1) N'oublier personne et achever les OMD, en visant non plus la réduction mais l'élimination de l'extrême pauvreté sous toutes ses formes ; (2) Placer le développement durable au cœur des activités en intégrant les dimensions sociales, économiques et environnementales de la durabilité ; (3) Encourager une profonde transformation économique qui permettra aux opportunités économiques, à la création d'emplois et à la croissance inclusive de faire un bond qualitatif ; (4) Mettre en place des institutions pacifiques, efficaces, ouvertes et responsables pour tous, mais reconnaître aussi que la paix et la bonne gouvernance sont des éléments fondamentaux du processus de développement et (5) Créer un nouveau partenariat mondial au sein duquel la communauté internationale ira au-delà du Programme d'aide : réduction de la corruption, des flux financiers illicites et de la fraude fiscale ; lutte contre le changement climatique; promotion des échanges libres équitables; innovation, transfert et diffusion de la technologie et promotion de la stabilité financière ».

[933] Le Programme vise par exemple à éliminer la pauvreté (plutôt que de simplement la réduire), un objectif qui n'est pas nouveau dans le fond, puisqu'il était déjà visé par Déclaration du millénaire des Nations unies en son point III (précité). De plus, ce Programme revient (entre autres) sur les thèmes de partenariat mondial, de bonne gouvernance et de corruption, ce qui, en fond de toile, semble trahir le caractère mitigé des précédentes initiatives internationales sur les sujets susvisés. Rappelons aussi qu'en 1973, la Banque mondiale avait déjà, par la voix de son président McNamara, annoncé que la pauvreté serait éradiquée dans le monde, en l'an 2000. Aussi, lança-t-elle un nouveau Programme de lutte contre la pauvreté. Tout en constatant que le développement dans la période 1960 à 1990 avait un été un grand succès (en termes de croissance et d'indicateurs sociaux), elle proposa d'introduire de nouvelles politiques axées sur la réduction de la pauvreté. Elle ne disposait pas de statistiques fiables sur la pauvreté dans le monde, qu'elle estimait à un milliard et cent millions de personnes, la définissant alors comme « un déficit de développement » et un manque d'accès aux services sociaux de base. *Cf.* F. Mestrum, « Repenser le développement : de la pensée "développementaliste" au "postdéveloppement" en Amérique latine », *RIMD*, n° 2, 2011, p. 16-17.

[934] Voir, en ce sens, l'éclairant Rapport 2012 du Groupe de réflexion sur les retards pris dans la réalisation des Objectifs du Millénaire, institué par le secrétaire général de l'ONU (en 2007) afin d'améliorer le suivi des OMD, lequel fait état de la diminution de l'aide publique au développement en raison du ralentissement économique subi par de nombreux pays donateurs, de ce que 16 des 23 membres du Comité d'aide au développement de l'OCDE ont réduit leur contribution du fait de nombreux pays donateurs ne respectant pas leurs engagements antérieurs, un phénomène appelé à s'accentuer avec l'aggravation des situations économiques au niveau national, par ailleurs, et pour ne citer que ces exemples, « l'écart entre l'aide effectivement versée et les versements *via* l'ONU de verser 0,7% du revenu national brut (RNB) des pays donateurs s'est amplifié et atteint actuellement 167 milliards de dollars, un montant qui risque

Pareillement, force est de constater que le processus camerounais de décentralisation amorcé il y a dix ans, tarde à produire les effets escomptés ; les raisons sont à rechercher dans les dysfonctionnements dudit processus, dont on a déjà eu à indiquer qu'il apparaît boiteux[935]. L'adage « un tiens vaut mieux que deux tu l'auras » prend ici tout son sens » : à la réflexion, et eu égard aux retards manifestement accusés dans l'atteinte des OMD (il faut reconnaître qu'il n'est objectivement pas possible de déterminer avec précision et certitude le moment de leur réalisation dans le temps), le Cameroun devrait s'investir à parfaire l'actuel processus de décentralisation qui, à terme, créera une fiscalité locale à même de contribuer largement à la réduction de la pauvreté. Pour ce faire, ce pays pourrait par exemple s'inspirer avec pertinence d'un modèle plus ancien, le modèle français[936] notamment : cette solution

---

probablement d'augmenter dans un futur proche ». Disponible sur : http://www.un-ngls.org/spip.php?article4131, consulté le 25 août 2014.

[935] Voir P. Belebenie, « Les réformes fiscales locales orientées vers la bonne gouvernance : une approche comparative France, Maroc, Cameroun », *op.cit.*, p. 48 et 59 : « Les collectivités locales ont hérité de certaines compétences qui ne sont pas souvent accompagnées de moyens (humains, matériels et financiers ».

[936] En ce sens, voir, P. Belebenie, « Fiscalité locale : le Cameroun au défi de la décentralisation », quotidien *Mutations* du 23 janvier 2013 : « La décentralisation est une technique importée à l'identique de la France. N'en déplaise à ceux qui, nombreux, s'opposent farouchement au « droit importé », il serait néanmoins judicieux de souvent se tourner vers [la France], cette ancienne métropole, ainsi que vers d'autres pays, pour offrir plus de chances de succès à l'actuel processus de décentralisation et à la fiscalité locale qui en est issue. Le cadre juridico-institutionnel Camerounais est une excroissance de celui de la France, tant et si bien qu'il est désormais impossible de s'en départir. Si l'ancienne métropole en est à rechercher des méthodes plus pertinentes de décentralisation, de modernisation de son système de fiscalité locale, en s'inspirant souvent de systèmes étrangers pour enrichir le sien et le rendre plus efficace et plus efficient, au nom de quel scrupule, de quelle réticence, le Cameroun, avec égard à son contexte, ne s'inspirerait-il pas de la France notamment ? Une raison au moins à cette suggestion : en France, et s'agissant de la fiscalité locale par exemple, « le décor planté paraît satisfaisant » (M. Bouvier : 2002), peu important que ce pays doive « en venir à l'invention de dispositifs permettant de faire fonctionner l'existant ». Quant à la décentralisation, la France apparaît bien plus qu'avancée par rapport au Cameroun. Le système français ne relève pas de la perfection, loin s'en faut, mais les lacunes et échecs observés dans le système français ne devraient pas rebuter le Cameroun ; ils pourraient constituer des sources d'inspiration et d'expérience d'une incroyable immensité, capables de favoriser un inestimable gain de temps pour [le Cameroun] dans sa démarche de décentralisation. En effet, "savoir tirer les leçons des succès et des échecs des uns et des autres est un puissant moteur de succès" (Pier Carlo Padoan : 2012). Cette première idée peut être ainsi résumée : prendre certains pays, la France par exemple, comme modèles d'inspiration là où ils ont réussi, afin que le produit de cette « importation » soit savamment adapté au contexte camerounais. Ensuite, le Cameroun aurait tout à gagner en multipliant des échanges avec ces pays à titre prophylactique : bien préparé, le pays gérera mieux les incontournables écueils qui jonchent le long chemin de la décentralisation. Les colloques, séminaires ou conférences au cours desquels des spécialistes camerounais et étrangers aborderaient (sérieusement et en profondeur) les problématiques liées à la décentralisation et à la fiscalité locale devraient être encouragés. Les solutions préconisées par ces [rencontres] dont les actes devraient faire l'objet d'une large diffusion auprès des administrations concernées pourraient constituer un tremplin, ou du moins une bonne base de travail pour les pouvoirs publics, un creuset d'idées pour de futures réformes… En tout état de

pourrait être à l'origine d'une amélioration plus rapide de son processus de décentralisation, et partant de sa fiscalité locale, laquelle n'ira pas sans impacter la bonne gouvernance, un pas certain vers la réalisation d'une bonne partie des Objectifs de développement du Millénaire.

Mais, en l'état actuel du processus camerounais de décentralisation, des résultats mitigés des OMD et du faible produit de la fiscalité transférée, c'est tout le jeu de la solidarité[937] entre collectivités territoriales pauvres qui peut se trouver compromis.

§ III. L'inadaptation de la péréquation, révélatrice d'une solidarité compromise entre collectivités territoriales camerounaises

Le petit Robert voit en la solidarité « la relation entre personnes [morales] ayant conscience d'une communauté d'intérêts, qui entraîne pour les unes, l'obligation morale de ne pas desservir les autres et de leur porter assistance »[938]. Dans le cadre du droit des collectivités territoriales, le terme *solidarité* fait référence à deux mécanismes — l'intercommunalité et la péréquation — au plan national, mais l'on ne saurait éluder la coopération décentralisée qui, en soi, témoigne d'une internationalisation du droit de ces collectivités. L'intercommunalité et la coopération décentralisée devant être abordées dans le prochain titre, on se limitera à ce stade à la péréquation, une notion dont la définition ne semble plus faire l'unanimité.

Parlant justement de la péréquation, Michel Bouvier, Marie-Christine Esclassan et Jean-Pierre Lassale reconduisent un raisonnement auparavant tenu par le premier de ces auteurs en matière d'autonomie financière[939] : ils soulignent en effet que « nombre de concepts des finances publiques sont aujourd'hui plus ou moins brouillés, plus ou moins flous, en raison des transformations qui se sont produites dans ce champ depuis environ trente ans. Ainsi, les termes qui allaient de soi ne veulent plus dire la même chose. C'est le cas notamment de la notion de péréquation financière locale, qui ne fait pas l'objet d'une définition unanime, alors même qu'elle tient une place essentielle dans les débats relatifs à la libre administration des collectivités territoriales et qu'elle figure désormais [dans les constitutions] »[940].

En substance toutefois, le mécanisme de péréquation est fondé sur l'idée de solidarité : les collectivités territoriales nanties apportent, en fonction de leur

cause, Il conviendra d'allier travail de recherche et rigueur au regard du contenu des rencontres susvisées, contenu qui devrait s'assortir de solutions destinées à impacter les domaines de la décentralisation et de la fiscalité locale, des solutions émises en termes d'objectifs à atteindre sur le terrain pour lequel elles auront été proposées […] ».

937 On fait ici référence à l'intercommunalité et à la péréquation.

938 Dictionnaire Petit Robert, édition 1977, p. 1829.

939 Voir *supra*, dans la partie réservée à la définition de l'autonomie financière.

940 M. Bouvier, M.-C. Esclassan et J.-P. Lassale, *Finances publiques*, LGDJ, 9e édition, p. 815-816.

capacité financière, des ressources aux collectivités moins nanties. Cela sous-entend que la péréquation a vocation à corriger les inégalités de ressources financières entre collectivités. C'est d'ailleurs l'idée que reprend Bertrand Faure dans la définition qu'il donne de la péréquation ; selon lui, la péréquation est un mécanisme de redistribution des ressources afin de réduire les écarts de richesses existant entre collectivités territoriales. Elle est dominée par l'idée de solidarité nationale et d'égalité entre collectivités, l'idée étant de permettre que chacune dispose de possibilités assez comparables de rendre les mêmes services à leurs populations[941].

En France, malgré les disparités de potentiel fiscal observées d'une collectivité à une autre, cette solidarité se déduit de l'article 72-2 C de la Constitution (A). Au Cameroun, elle se déduit de l'article 55 (4) de la Constitution, et plus clairement à l'article 5 de la loi du 15 décembre 2009 portant fiscalité locale, ce qui conduit à questionner l'idée d'une péréquation entre collectivités territoriales non véritablement nanties (B).

A. LA PÉRÉQUATION EN FRANCE : EN DÉPIT DES DISPARITÉS DE POTENTIEL FISCAL ?

En France, le développement des mécanismes de péréquation se fait sur la base de l'article 72-2 C, issu de la révision constitutionnelle du 28 mars 2003 : « La loi prévoit des dispositifs de péréquation destinés à favoriser l'égalité entre les collectivités territoriales »[942]. « L'objectif affiché de toute forme de péréquation financière au niveau local est de favoriser une harmonisation de l'espace local, une redistribution des richesses, une réduction des inégalités »[943]. La péréquation des ressources fiscales peut être obligatoire, mais elle peut également être choisie, décidée librement par les collectivités territoriales, étant à noter qu'elle représente d'une certaine manière un contrepoids à la compétitivité entre collectivités et un facteur de régulation du système local[944].

Comme le souligne Michel Bouvier, il s'agit, au-delà de la réduction des inégalités entre collectivités locales, de rechercher la satisfaction des besoins des citoyens ; pour les collectivités les plus défavorisées, il s'agit de compenser certaines différences, à l'instar du niveau de revenu, d'offres d'emplois ou de logement, voire de lutte contre les nuisances — « incivilités » et actes de violence par exemple — qui affectent particulièrement les zones urbaines[945], etc.

Une distinction est souvent opérée entre la péréquation verticale (des fonds sont attribués par l'État central aux collectivités locales dans le but de réduire

---

[941] B. Faure, *Droit des collectivités territoriales*, Dalloz, 1re édition, 2009, p. 569.
[942] J.-L. Albert et L. Saïdj, *Finances publiques*, Dalloz, 6e édition, 2009, p. 516.
[943] M. Bouvier, M.-C. Esclassan et J.-P. Lassale, *Finances publiques*, *op.cit.*, p. 814.
[944] *Ibidem.*
[945] M. Bouvier, M.-C. Esclassan et J.-P. Lassale, *Finances publiques*, *op.cit.*, p. 816.

les inégalités), et la péréquation horizontale (les collectivités territoriales les plus riches allouent des ressources aux collectivités pauvres).

En France, la stabilisation ou la réduction en valeur des concours que l'État est supposé apporter aux collectivités territoriales limitent les marges de renforcement de la péréquation verticale, d'où le recours à la péréquation horizontale pour compenser le « freinage de l'augmentation des marges redistributives des transferts nationaux »[946], caractérisé par la création d'un certain nombre de Fonds de péréquation spécialisés[947] dont l'énumération sera délibérément éludée. Toutefois, et à titre d'exemple récent[948], on peut mentionner le Fonds national de péréquation des ressources fiscales intercommunales et communales (FPIC) créé par la loi de finances pour 2012, lequel constitue un outil par excellence de péréquation horizontale[949]. Un prélèvement est fait sur le stock des recettes fiscales des uns pour être distribué aux autres, le but recherché étant, comme déjà indiqué, de réduire les inégalités financières entre collectivités territoriales[950]. Les ressources du Fonds pour les années 2012, 2013, 2014 et 2015 sont fixées respectivement à

---

[946] A. Guengant et Y. Le Meur, *Comprendre les finances publiques locales*, Éditions le Moniteur, 2013, p. 191.

[947] Par exemple, Le Fonds national de péréquation de la CVAE (cotisation sur la valeur ajoutée des entreprises) pratique la péréquation horizontale puisque des départements les mieux dotés vont alimenter un Fonds redistribué au profit de départements dont les finances sont limitées - voir en ce sens A. Guengant et Y. Le Meur - *idem,* p. 199-203 - selon un mode de prélèvement et de reversement soumis à des calculs complexes.

Quant au Fonds national de péréquation des ressources des régions, il a pour rôle de réguler les effets dynamiques indésirables de la réforme de la taxe professionnelle instituée par la loi de finances pour 2010, le dispositif ayant été imaginé de manière à annuler les effets d'accroissements des inégalités régionales engendrées dans le temps par la réforme.

Notons qu'il existe aussi un Fonds de péréquation des droits de mutation à titre onéreux (DMTO) dont la fonction est de produire une péréquation horizontale de cet impôt indirect inégalement perçu par les départements ; « classiquement, des prélèvements (ou contributions) alimentent le Fonds, lequel est réparti entre les attributaires de reversements (ou attributions). *Ibidem.* Pour une étude plus approfondie du sujet, voir l'ouvrage précité de Guengant et Le Meur, chapitre 13 et 14.

[948] Exemple plus ancien, le Fonds départemental de péréquation de la taxe professionnelle (FDPTP) avait été créé par la loi n° 75-678 du 29 juillet 1975, en même temps que la taxe professionnelle et permettait une redistribution de cette dernière entre communes au niveau départemental au travers du FDPTP). Ces Fonds ont été appelés à disparaître avec la suppression de la taxe professionnelle : la loi de finances pour 2011 a prévu que les FDPTP seront maintenus jusqu'à leur apurement intégral.

L'exemple du Fonds de solidarité entre communes de la région Île-de-France (FSRIF) peut aussi être cité : ce mécanisme correcteur a été institué par la loi du 13 mai 1991, telle que modifiée par les lois des 26 mars 1996, 1er juillet 1999, 30 décembre 2004 et par les lois de finances pour 2010, 2012, et 2013. Ce Fonds est alimenté par un prélèvement opéré sur les ressources des communes les plus riches de la région Île-de-France dans le but d'améliorer les conditions de vie dans les communes de la même région qui supportent des charges particulières par rapport aux besoins sociaux de leurs populations, mais ne disposant pas de recettes fiscales suffisantes.

[949] A. Guengant et Y. Le Meur, *Comprendre les finances publiques locales*, *op.cit.*, p. 191.

[950] *Idem*, p. 191.

360, 570 et 780 millions d'euros[951]. À partir de 2016, ces ressources seront égales à 2 % des recettes fiscales des communes et EPCI à fiscalité propre[952]. S'agissant des communes, ces recettes fiscales sont celles qui sont prévues à l'article L 2331 du Code général des collectivités : il s'agit du produit de la taxe foncière sur les propriétés bâties, de la taxe foncière sur les propriétés non bâties, de la taxe d'habitation, de la cotisation foncière des entreprises, de la cotisation sur la valeur ajoutée des entreprises et de l'imposition forfaitaire sur les entreprises de réseau. Concernant les EPCI, les recettes fiscales retenues sont celles qui sont visées à l'article 5214-23 du Code général des collectivités territoriales (communautés des communes), à l'article 5215-32 du Code général des collectivités territoriales (communautés urbaine et métropoles) et à l'article 5216-8 (communautés d'agglomération)[953]. Il s'agit du produit de la taxe foncière sur les propriétés bâties, de la taxe foncière sur les propriétés non bâties, de la taxe d'habitation, de la cotisation foncière des entreprises, de la cotisation sur la valeur ajoutée des entreprises, de l'imposition forfaitaire sur les entreprises de réseaux et de la taxe additionnelle à la taxe foncière sur les propriétés non bâties. L'éligibilité et la répartition du FPIC renvoient à cinq critères (la population FPIC[954], le potentiel fiscal agrégé, le potentiel financier agrégé, l'effort fiscal, le revenu par habitant)[955]. Le FPIC est alimenté par un prélèvement sur les ressources fiscales des ensembles intercommunaux et des communes isolées de métropole — à l'exception des communes isolées situées dans les îles maritimes mono-communales qui ne sont pas tenues d'intégrer un schéma départemental de coopération intercommunale — et des départements d'Outre-mer (hormis Mayotte) dont le potentiel financier agrégé est supérieur à 90 % du potentiel financier agrégé par habitant[956].

Alain Guengant et Yann Le Meur indiquent que, malgré des changements récurrents, observés à chaque loi de finances, la politique de la péréquation présente une remarquable continuité d'objectifs, mais aussi de financement. Le passage d'une péréquation verticale (alimentée par le budget de l'État) à une péréquation horizontale (fondée sur des transferts entre collectivités locales) ne doit pas masquer l'unicité du financement construit dans les deux cas, sur une redistribution financière directe ou indirecte entre collectivités[957]. Pour ces auteurs, ni l'article 72-2 C ci-avant mentionné de la Constitution ni la loi

---

[951] *Ibidem.*
[952] *Ibidem.*
[953] *Ibidem*, p. 192.
[954] La population FPIC (popFPIC) est, selon A. Guengant et Y. Le Meur, la population DGF muliplièe par un coefficient dont la valeur va varier de 1 à 2, en fonction de la taille démographique : popFPIC = a X popDGF, avec : si popDGF inférieur ou égal à 7500 : a = 1 et si popDGF supérieur à 500 000 : a = 2. Et si 7500 est inférieur à popDGF et inférieur ou égal à 500 000 : a = 1 + [0,54827305 X log popDGF/7500]. *Ibidem.*
[955] Sur ces notions, voir A. Guengant et Y. Le Meur, *Comprendre les finances publiques locales*, *op.cit.*, p.192-193. Il convient de se reporter au même ouvrage pour d'amples informations sur le sujet (alimentation du FPIC, répartition, etc.,). Voir, p. 193-199.
[956] *Idem*, p. 193.
[957] *Ibidem*, p. 209-210

n'apportent de précision sur la nature de *l'égalité* que les dispositifs de péréquation sont censés favoriser. Selon ces auteurs, l'objectif stratégique de la péréquation se lit grâce à l'objectif opérationnel des dotations, objectif lui-même révélé par les critères d'éligibilité et de répartition utilisés pour moduler les transferts[958]. On sait, grâce à ces mêmes auteurs que « la répartition des dotations péréquatrices combine deux séries de critères, des critères de richesse avec le potentiel fiscal ou le potentiel financier, des critères de charges avec notamment la population, le nombre de logements sociaux, le revenu par habitant, la superficie ou encore la longueur de la voirie. La modulation s'opère en fonction inverse des écarts de richesse et en fonction des différences de charges. La combinaison des critères révèle l'objectif opérationnel des dotations péréquatrices : réduire les inégalités de potentiel financier compte tenu des disparités de charges. En d'autres termes, la péréquation vise à favoriser la convergence des pouvoirs d'achat des collectivités en services publics locaux ». La référence au potentiel, et non au produit, fiscal ou financier révèle, selon eux, l'objectif stratégique de la péréquation. La réduction des inégalités de pouvoir d'achat ne représente en effet qu'un moyen et non en soi l'objectif stratégique de la péréquation. L'égalisation des potentiels fiscaux corrigés des charges constitue la condition, à la fois nécessaire et suffisante, pour proportionner les services rendus aux usagers à l'effort fiscal demandé en contrepartie aux contribuables. En d'autres termes, la péréquation vise à favoriser la convergence des ratios "avantage-effort" des collectivités dans une perspective dite "d'équité territoriale" dont s'inspire, sans en suivre toutes les modalités, la péréquation française[959].

Bertrand Faure note néanmoins qu'en France « les disparités de potentiel fiscal sont flagrantes d'une collectivité à une autre », en faisant remarquer qu'il n'y a rien de commun entre une petite commune des montagnes dont les recettes ne peuvent permettre le moindre investissement, et une commune située à la périphérie d'une agglomération qui, du fait de l'accueil d'un aéroport sur son territoire percevra la taxe y afférente. Aussi, l'auteur préconise-t-il que les structures actuelles de la décentralisation soient « repensées sur des bases territoriales et humaines suffisantes, donc plus égales »[960].

Il n'est pas superflu de préciser que la péréquation camerounaise est d'inspiration française. Partant, l'étude de ce mécanisme tel qu'il est pratiqué au Cameroun apparaît nécessaire, voire intéressante, ce d'autant plus qu'il s'agit de répondre à la question de savoir si l'on peut véritablement asseoir une péréquation entre collectivités locales pauvres.

---

[958] *Ibidem*, p. 210.
[959] *Ibidem.*
[960] B. Faure, *Droit des collectivités territoriales*, *op.cit.*, p. 569.

B. LA PÉRÉQUATION AU CAMEROUN : ENTRE COLLECTIVITÉS TERRITORIALES PAUVRES ?

Abstraction faite des « récipiendaires » des sommes péréquées (les collectivités territoriales), trois acteurs de la fiscalité locale interviennent sur le terrain de la péréquation : la Direction générale des impôts procède au recouvrement des impôts de péréquation, la Trésorerie générale les centralise en vue de leur reversement au FEICOM qui, à son tour, les redistribue aux collectivités territoriales décentralisées. Ce mécanisme qui vise à réduire les écarts de richesse, et par conséquent les inégalités entre collectivités territoriales décentralisées *via* la péréquation se déduit du texte de l'article 55 (4) de la Constitution du Cameroun : « l'État veille au développement harmonieux de toutes les collectivités territoriales décentralisées sur la base de la solidarité nationale, des potentialités régionales et de l'équilibre interrégional ».

Ce principe apparaît plus clairement à l'article 5 de la loi du 15 décembre 2009 portant fiscalité locale : « En vue du développement harmonieux de toutes les collectivités territoriales et en application du principe de solidarité, le produit de certains impôts et taxes locaux peut faire l'objet d'une péréquation suivant les critères et modalités définis par la loi et les règlements ». Cette disposition institue un mécanisme de péréquation qui consiste à centraliser et à redistribuer certaines quotes-parts d'impôts et taxes, « afin que les collectivités territoriales à rendements fiscaux élevés pallient l'insuffisance de ressources des collectivités locales à faible potentiel fiscal, par reversement direct à leurs budgets »[961]. En effet, l'article 116 de la loi du 15 décembre 2009 portant fiscalité locale prévoit qu'« une quote-part de 20 % du produit des recettes fiscales des collectivités territoriales ci-après énumérées, est prélevée et affectée au FEICOM ou à tout autre organisme chargé de la centralisation de la péréquation pour le financement de projets des communes, communautés urbaines et syndicats de communes : le produit de la taxe de stationnement ; le produit des centimes additionnels communaux revenant aux communes ; le produit de la contribution des patentes ; le produit des droits de licence ; Le produit de la taxe sur les propriétés immobilières ».

Comme prévu dans la loi n° 2010/015 du 21 décembre 2010 portant loi de finances pour 2011, les produits des impôts locaux ci-après sont centralisés et redistribués à toutes les communes et communautés urbaines selon les modalités ci-après :

70 % des centimes additionnels communaux ;

50 % de la redevance forestière ;

100 % des droits de timbre automobile ;

100 % de la taxe de développement local payée par les salariés du secteur public et des entreprises relevant de la structure des « grandes entreprises ».

---

[961] Partie introductive de la circulaire conjointe précitée n° 0002335/MINATD/MINFI du 20 octobre 2010.

En application de l'article 7 des dispositions de la loi n° 2009/019 du 15 décembre 2009 portant fiscalité locale et de la loi n° 2010/015 du 21 décembre 2010 portant loi de finances de la République du Cameroun pour l'exercice 2011, sur l'institution de l'avis d'imposition unique et du paiement unique des impôts et taxes au profit de l'État et des collectivités publiques, et la retenue des 10 % sur tous les impôts et taxes recouvrés par l'État au profit des collectivités territoriales décentralisées, l'instruction n°11/002/I/MINFI/SG/DGTCFM/CLC du 28 février 2011 portant création des comptes et institution de la procédure de comptabilisation des impôts communaux perçus par l'État crée dans la nomenclature budgétaire et comptable harmonisée des comptes dont elle précise les modalités de fonctionnement. Dans ses dispositions générales, cette instruction distingue deux grandes catégories du produit des impôts et taxes communaux perçus par l'État : Le produit des impôts d'intercommunalité (impôts sur lesquels nous reviendrons dans la partie consacrée à l'intercommunalité) et le produit des impôts soumis à péréquation, lequel fait l'objet d'une centralisation et d'une redistribution à toutes les communes et communautés urbaines par le FEICOM. Le produit des impôts soumis à péréquation comprend outre le droit de timbre automobile, la taxe de développement local, la redevance forestière, et les centimes additionnels communaux (reliquat centralisé et retenu à la source dans le réseau Trésor).

S'il est en outre prévu qu'une quote-part des produits mentionnés à l'article 116 susvisé est redistribuée aux communes et communautés urbaines suivant des critères et des modalités fixés par voie réglementaire[962], il n'en demeure pas moins que la faiblesse du rendement fiscal dans les collectivités locales camerounaises est un fait incontestable. On est alors amené à dire que la faible mobilisation des recettes fiscales qui en découle, autrement dit la fragilité financière de la plupart des collectivités territoriales, peut être à l'origine d'un mécanisme de péréquation inefficace. En effet, une péréquation

---

[962] Article 117 de la loi n°2009/019 du 15 décembre 2009 portant fiscalité locale. Cette répartition s'opère sur la base du critère démographique, entraînant un régime de faveur pour les grandes villes au détriment des communes faiblement peuplées et à faibles revenus. Comme déjà souligné plus haut dans la partie consacrée aux acteurs de la fiscalité locale, les communes à faibles revenus peuvent prétendre à des contributions de solidarité (au sens du Code d'intervention du FEICOM - CIF - mentionné *supra*) en se fondant sur la décision n° 003/D/FEICOM/CA du 14 janvier 2009 portant création au sein du FEICOM d'un Programme d'Assistance aux Communes à revenu Faible, en abrégé PACARF, lequel octroie, à certaines conditions, des concours financiers visant certains projets. Rappelons qu'il s'agit des projets qui ont un impact sur l'amélioration des conditions et du cadre de vie des populations, de ceux qui génèrent des revenus, et de ceux qui sont destinés à abriter les services locaux (hôtels de ville). Il faut retenir qu'aux termes de la décision ci-dessus mentionnée, une commune est considérée à faibles revenus lorsque « la moyenne des trois derniers comptes administratifs est inférieure à vingt millions (20 000 000) de francs CFA et/ou qui a perçu au plus sept millions cinq cent mille (7 500 000) de francs CFA de centimes additionnels communaux (CAC) par an, suivant les arrêtés portant répartition, pris par le ministre en charge des collectivités territoriales décentralisées au cours de cette période ». Voir l'article 4(1) de la décision ci-avant mentionnée.

de ressources souvent inexistantes — cas du droit de timbre — ou manifestement insuffisantes — à l'instar de la taxe de développement local — peut-elle prospérer ? On est logiquement conduit à penser que le sort de la péréquation est, à la base, attaché à la consistance des impôts qui lui sont soumis.

Par exemple, les chiffres de la communauté urbaine de Douala (la ville la plus peuplée du pays), affichent NEANT pour le droit de timbre automobile (de 2006 à 2012)[963] censé être affecté en totalité au FEICOM ou tout autre organisme chargé de la centralisation et de la péréquation, pour redistribution intégrale aux communes[964]. Pour la même ville, la taxe de développement local a, au cours de la même période, affiché une tendance encourageante, mais contrastée. Concernant cette dernière taxe, la communauté urbaine de Douala affiche, pour l'année 2008, un produit de 367 122 066 FCFA contre 43 152 376 en 2009. Ce chiffre est tombé à 7 190 784 en 2010, pour remonter à 181 027 625 en 2011 et 379 093 185 en 2012. Le montant apparaît justement plus consistant pour l'année 2012, la raison étant à rechercher dans la transformation qu'a subie la taxe de développement local : rappelons que cette taxe est le produit d'une fusion d'anciennes taxes à faibles revenus. Elle est perçue, il convient de le rappeler, « en contrepartie des services de base et des prestations rendus aux populations, notamment l'éclairage public, l'assainissement, l'enlèvement des ordures ménagères, le fonctionnement des ambulances, l'adduction d'eau, l'électrification », étant précisé que le produit de cette taxe est prioritairement consacré au financement des infrastructures susvisées[965]. Mais force est de constater que la qualité de ces infrastructures laisse à désirer, sans doute, la preuve qu'une transformation d'anciennes taxes à faible revenus (ou à revenus nuls) en taxe de développement local ne peut efficacement contribuer au développement.

La péréquation ne peut être mieux servie que par des impôts locaux efficaces, en l'absence desquels le développement s'ouvre inévitablement à l'impasse. Dans le cas du Cameroun, la péréquation fait penser à une charrue mise avant les bœufs. Ici, comme en France d'ailleurs, les disparités de potentiel fiscal — ce potentiel est manifestement faible pour les communes camerounaises censées être nanties — sont très flagrantes d'une collectivité territoriale à une autre. La péréquation ne peut que s'en trouver compromise. D'où l'idée de remédier préalablement à l'insuffisance des recettes fiscales en recherchant des pistes efficaces de leur amélioration, afin de pouvoir affecter des impôts à fort potentiel à la solidarité.

---

[963] Information tirée du « tableau évolutif des recettes de la Communauté urbaine de Douala période 2006-2012 ».
[964] Article 51 de la loi n° 2009/019 du 15 décembre 2009 portant fiscalité locale.
[965] Article 57 de la loi n° 2009/019 du 15 décembre 2009 portant fiscalité locale.

SECTION II. L'INSUFFISANCE DES RECETTES FISCALES LOCALES : UNE SITUATION INEXTRICABLE ?

La décision du FEICOM prise en date du 14 janvier 2009 portant création d'un Programme d'assistance aux communes à revenus faibles (PACARF)[966] mentionnée plus haut apparaît comme une reconnaissance tacite par le FEICOM, de la rareté des ressources en général, et fiscales en particulier, que l'on observe dans bon nombre de communes camerounaises. En effet, cette décision détermine les règles qu'applique cet organisme pour financer des projets ayant un impact direct sur l'amélioration des conditions et du cadre de vie des populations, des projets générateurs de revenus ou des équipements qui abritent les services locaux (hôtels de ville), tout en précisant la nature des concours et l'éligibilité des projets[967]. Les financements du PACARF sont exclusivement réservés aux communes à revenus faibles [968] : en clair, « les communes dont la moyenne des trois derniers comptes administratifs est inférieure à vingt millions (20 000 000) de francs CFA et/ou qui a perçu au plus sept millions cinq cent mille ou égale à (7 500 000 francs CFA) de centimes additionnels communaux par an, suivant les arrêtés portant répartition pris par le ministre en charge des collectivités territoriales au cours de la même période »[969]. Le FEICOM alloue à ce Programme, en fonction de ses disponibilités financières un montant n'excédant pas 2 % de son budget d'investissement communaux[970]. Il faut toutefois préciser que les communes dites à faibles revenus ne peuvent pas cumuler les concours de ce Programme avec ceux qui sont prévus par le Code d'intervention du FEICOM et du Cadre d'appui du FEICOM aux actions internationales des communes pendant la durée du Programme[971]. On ne peut s'empêcher de faire remarquer que ce Programme est conditionné (en termes d'éligibilité) et semble loin (au regard de la qualité des conditions et du cadre de vie observés à travers le pays) de remplir convenablement sa mission. On est donc logiquement conduit à soutenir que la solution la plus efficace en matière de mobilisation de ressources locales est celle qui consisterait à aménager certains impôts camerounais dont l'efficacité ne fait aucun doute. Mieux, de se tourner vers certaines activités dont il semble constant qu'elles peuvent générer d'importantes ressources fiscales locales.

Comme le souligne Michel Bouvier, certaines taxes (et même certains impôts) représentant des ressources parfois conséquentes sont souvent négligées ou ignorées, alors qu'elles peuvent utilement venir abonder les

---

[966] Décision n° 003/D/FEICOM/CA du 14 janvier 2009 portant création d'un Programme d'assistance aux communes à revenus faibles (PACARF), article 1er .

[967] Article 1, alinéa 2 et 3 de la décision du 14 janvier 2009 susvisée.

[968] Article 2 de la décision du 14 janvier 2009.

[969] Article 4 alinéa 1de la décision du 14 janvier 2009.

[970] Article 3 de la décision FEICOM susvisée.

[971] Voir l'article 9 de la même décision.

budgets des collectivités territoriales[972]. Au Cameroun, la sous-fiscalisation du foncier et du domaine de l'État entraîne, comme la non-taxation du secteur informel, un manque à gagner pour les budgets locaux ; pourtant, une taxation efficace de ces matières pourrait constituer un début de solution aux problèmes de ressources financières que connaissent les collectivités territoriales du pays (§ I). D'autre part, une intégration des chefferies traditionnelles dans les rouages institutionnels de la fiscalité locale (en leur confiant par exemple le recouvrement de certains impôts locaux) peut contribuer de manière non négligeable à mettre le pays sur la voie de la bonne gouvernance et du développement (§ II).

§ I. La taxation efficace du foncier, du domaine public de l'État et la fiscalisation du secteur informel : vers plus de recettes fiscales

En l'état actuel de leur taxation, on peut difficilement penser que le foncier et le domaine public de l'État peuvent contribuer efficacement à la mobilisation des recettes fiscales locales. D'où l'intérêt de sortir ces matières de la sous-fiscalisation en s'aidant d'une taxation plus appropriée (A). Une autre piste, tout autant importante, est celle qui consisterait à taxer le secteur informel, un pas non négligeable vers une amélioration du niveau des ressources fiscales (B).

A. SORTIR LE FONCIER ET LE DOMAINE PUBLIC DE LA SOUS-FISCALISATION

Comme le constate Martin Finken, les impôts fonciers sont des impôts locaux par excellence[973]. En effet, imposer un bien immobilier comme une maison par exemple peut comporter des avantages, en termes de facilité de vérification et de stabilisation de l'assiette. Le Cameroun en est toutefois bien loin, car les recettes que génère son impôt foncier « restent en deçа des potentialités en raison des difficultés techniques à les mobiliser et notamment les faiblesses, voire l'absence, de cadastre fonctionnel »[974]. Gérard Chambas reconnaît quant à lui que « malgré son caractère "évident" notamment en tant que ressource pour financer les collectivités locales, l'impôt foncier urbain s'avère difficile à faire accepter et à appliquer [...]. En dépit de leur faible rendement budgétaire actuel, les taxes foncières urbaines pourraient apporter des ressources cruciales pour les collectivités locales »[975]. Une étude dirigée

[972] M. Bouvier, *Les finances locales*, 15e édition, *op.cit.*, p. 114.
[973] M. Finken, *Gouvernance communale en Afrique et au Cameroun*, *op.cit.*, p.302.
[974] *Ibidem.*
[975] G. Chambas, (dir.,), « Afrique au Sud du Sahara : mobiliser des ressources fiscales pour le développement », Synthèse, étude réalisée à la demande du ministère des affaires étrangères par le CERDI et une équipe d'experts douaniers et fiscaux de l'ADETEF et du ministère des

par ce dernier auteur révèle que « La fiscalité foncière urbaine présente des propriétés qui devraient en faire, malgré des difficultés de mise en œuvre considérables, une source majeure de recettes fiscales pour les collectivités locales d'Afrique subsaharienne. Contrairement à la situation de certains pays développés, où le rôle relatif de la fiscalité foncière urbaine dans le financement des collectivités locales est déclinant et de plus en plus remis en question, la fiscalité foncière devrait constituer la pierre angulaire des finances des collectivités locales [...]. Une règle usuelle de partition d'impôts entre les échelons de gouvernements détermine que "tout ce qui est mobile revient à l'État et tout ce qui est immobile revient aux collectivités". Cette règle facilite l'application des principes fondamentaux de la fiscalité "paie qui profite et paie qui peut". En effet, la localisation sur le territoire d'une collectivité locale d'un actif matériel peut permettre de présumer la consommation de biens publics locaux et/ou une capacité contributive. La détention d'actifs fonciers urbains qu'il s'agisse d'actifs fonciers détenus par des ménages (habitations) ou par des entreprises (bâtiments industriels et commerciaux) autorise effectivement une telle présomption. On peut penser que la consommation de biens publics locaux est en relation avec la valeur locative vénale des actifs fonciers et que cette valeur constitue un excellent indice de la capacité à payer des contribuables détenteurs de ces actifs. De ce dernier point de vue, aucun autre type d'impôt appliqué dans les pays en développement ne semble pouvoir être en relation aussi étroite avec la richesse ou les revenus effectifs des contribuables. En conséquence, l'impôt foncier qui touche des actifs intangibles (la terre et les biens immobiliers) peut légitimement être revendiqué par les collectivités [...]. La relation qu'il permet d'établir entre le paiement de l'impôt et l'offre de services publics locaux renforce sa justification en tant qu'impôt »[976].

On retiendra que le foncier camerounais (1) et le domaine public de l'État (2) apparaissent comme des mines d'or qui restent insuffisamment exploitées, une justification (parmi d'autres) de la modestie des recettes fiscales des collectivités territoriales décentralisées.

1. Le foncier

Au contraire de la France qui fiscalise à la fois la propriété de biens immobiliers (taxe foncière) et leur occupation (taxe d'habitation), le Cameroun ne fiscalise que la seule propriété de biens immobiliers, lesquels, en l'occurrence, se voient appliquer la taxe foncière sur les propriétés

---

Finances, 2004, p. 34, disponible sur : http://www.diplomatie.gouv.fr/fr/IMG/pdf/afrique_sud_sahara.pdf, consulté le 24 juin 2013.

[976] *Cf.*, étude réalisée par G. Chambas et E. Duret, « La mobilisation des ressources locales au niveau des municipalités d'Afrique subsaharienne », ministère des Affaires étrangères, avril 2000, p. 51. Sur : http://www.diplomatie.gouv.fr/fr/IMG/pdf/La_mobilisation_des_ressources_locales-2.pdf, consulté le 24 juin 2013, étude précitée.

immobilières. Or c'est peut-être à tort que l'occupation n'est pas taxée. À titre d'exemple, la taxe d'habitation française concerne 33 millions de logements ; elle est payée par 28 millions de foyers et a rapporté 16, 5 milliards d'euros en 2009[977], contre 19,3 milliards d'euros en 2012[978], et au-delà de 20 milliards pour 2014 et 2015[979] . Le Cameroun n'a pas cru bon de s'inspirer de cette taxe, et l'« on observe que la taxe foncière camerounaise ne génère pas de ressources à hauteur de son potentiel »[980]. La sous-fiscalisation ne suppose-t-elle pas en pareil cas un manque à gagner important ?

En effet, « le foncier est normalement une ressource fiscale importante dans les grandes et moyennes communes qui connaissent une dynamique d'urbanisation forte ou qui ont déjà atteint un niveau optimal d'urbanisation. L'impôt local sur le foncier touche les terrains bâtis et non bâtis. Jusqu'à une date récente [avant la loi du 15 décembre 2009 portant fiscalité locale], les ressources locales liées au foncier étaient les centimes additionnels sur la taxe foncière. [En 2011, on rapportait qu'en 2008, les recettes du foncier des 349 communes (qui sont donc le fait de ces centimes additionnels) s'étaient chiffrées] à moins de 63 millions, soit 0,09 % des recettes de fonctionnement de l'année. Au Bénin et au Sénégal, le foncier représente respectivement 16 % et 5 % des recettes de fonctionnement 2008 des communes. Les comparaisons entre pays ne sont que des indications et ne donnent aucune information en absolu. Mais il sera quand même difficile de promouvoir le développement local avec les ressources propres lorsque dans une ville comme Douala, poumon économique du Cameroun, seules deux communes [la commune d'arrondissement de Douala II et commune urbaine de Douala) ont des recettes du foncier, totalisant 34 millions : 244 communes (dont toutes les communes de Yaoundé [la capitale]) sur les 349 n'ont pas de recettes du foncier en 2008 »[981].

La loi de finances pour 2013 a supprimé les CAC sur la taxe foncière sur les propriétés immobilières puisque le produit de cette dernière a été affecté en totalité à la commune du lieu de situation de l'immeuble. Le surplus de recettes que cette réforme entraîne pour les collectivités territoriales décentralisées est certes réel, mais l'épineux problème de la sous-exploitation de la taxe foncière n'en est pas résolu pour autant.

---

[977] Disponible sur : http://fr.wikipedia.org/wiki/Taxe_d%27habitation, consulté le 03/12/2014.

[978] Disponible sur : http://www.lemonde.fr/argent/article/2014/05/15/taxe-d-habitation-qui-la-paie-qui-en-est-exonere_4416712_1657007.html, consulté le 04/12/2014.

[979] Voir *Rapport de l'Observatoire des finances locales, les finances des collectivités locales en 2015*, p. 149.

[980] Voir P. Belebenie, « L'insécurité foncière au Cameroun : un plomb dans l'aile de la fiscalité locale ? », *in* quotidien *Mutations*, n° 3489 du 19 septembre 2013, *art cit.*

[981] Ministère de l'administration Territoriale et de la décentralisation et Partenariat pour le développement municipal, *Finances locales du Cameroun* 2008, p. 10-11. Chiffres publiés en 2011.

En fait, le potentiel de la taxe foncière se trouve considérablement réduit notamment par l'insécurité foncière [982] qui sévit au Cameroun. « Ce phénomène crée des contribuables nomades, que l'Administration a du mal à localiser du fait des déplacements [forcés] réguliers d'une commune à une autre, voire d'une ville à une autre, que leur impose leur statut de *persona non grata*. Dès lors, le recensement démographique et la mise en place d'un cadastre à informations foncières constantes s'en trouvent (bien évidemment) compliquées. C'est dire que là où règne l'insécurité foncière, la fiscalité locale ne peut prospérer. L'instabilité des populations victimes d'éviction prive forcément les collectivités locales décentralisées de contribuables potentiels [...]. Des droits fonciers sécurisés [étant] synonyme de multiplication du nombre de redevables, avec à la clef une augmentation des ressources pour les collectivités territoriales décentralisées, L'insécurité foncière apparaît [donc] comme un plomb dans l'aile de la fiscalité locale camerounaise. [...], »[983].

« Le décret n° 2005/481 du 16 décembre 2005 modifiant et complétant certaines dispositions du décret du 27 avril 1976 fixant les conditions d'obtention du titre foncier n'avait pu généraliser la propriété foncière, ni sécurisé les droits fonciers [...]. La réforme foncière annoncée devra, contrairement à sa devancière de 2005 innover, notamment en asseyant une bonne gouvernance financière »[984], préalable, mais aussi condition *sine qua non* d'une réforme fiscale locale réussie.

En attendant cette réforme foncière annoncée par les autorités du pays et actuellement en gestation, rien ne s'oppose à ce que les propriétaires de fait d'immeubles bâtis ou non bâtis soient (effectivement) taxés. L'expérience montre que la plupart de ces propriétaires de fait jouissent souvent d'immeubles pour lesquels ils n'ont jamais été soumis à la taxe foncière, et ce parfois jusqu'au jour de leur déguerpissement par décision de l'autorité administrative. Pourtant, l'article 577 alinéa 4 du Code général des impôts prévoit que « La taxe foncière sur la propriété foncière est due annuellement sur les propriétés immobilières, bâties ou non, situées au Cameroun, dans les chefs lieux d'unités administratives [...]. Est redevable de la taxe sur la propriété foncière, toute personne physique ou morale propriétaire d'immeuble (s) bâti(s) ou non bâti(s), y compris tout propriétaire de fait ».

Il s'agit donc d'un manque à gagner certain pour les collectivités territoriales décentralisées, un manque à gagner que l'on peut aussi déplorer s'agissant des occupants d'immeubles. En ce sens, et comme l'on verra plus loin, l'exemple de la taxe d'habitation française ci-dessus mentionnée reste un modèle envisageable dans le système fiscal camerounais

---

[982] *Cf.*, à l'analyse qui en a été faite *supra*.

[983] Voir P. Belebenie, « L'insécurité foncière au Cameroun : un plomb dans l'aile de la fiscalité locale ? », quotidien *Mutations*, n° 3489 du 19 septembre 2013, *art. cit.*

[984] *Idem.*

Pas plus que le foncier, le domaine public de l'État n'est pas suffisamment exploité en matière de fiscalisation.

2. Le domaine public de l'État

L'occupation du domaine public n'est pas souvent suffisamment exploité, alors que le domaine public est « une source de potentialités de financement importantes[985]. On sait que l'usage du domaine public peut être octroyé — sur la base d'un acte administratif unilatéral ou à défaut sur une base contractuelle — de manière privative, en considération de la personne, contre paiement de l'avantage tiré du fait de l'occupation de ce domaine. C'est le sens que prend l'article 91 de la loi du 15 décembre 2009 portant fiscalité locale : « les droits d'occupation temporaire de la voie publique peuvent être perçus par la commune en cas d'occupation de la voie publique ou de ses emprises, par des dépôts de matériaux, notamment le sable, la pierre, le bois, l'exposition de meubles, de marchandises ou de tout autre objet [...]. À la vérité, la taxe d'occupation temporaire de la voie publique due en pareil cas se révèle inefficace au regard du produit généré[986]. En d'autres termes, on note une disproportion paradoxale entre les redevables potentiels et le produit de ladite taxe. En effet, dans toutes les grandes villes, davantage à Yaoundé et à Douala, les bords de trottoirs sont envahis par des vendeurs de marchandises en tous genres, appelés vendeurs à la sauvette [987] (ou *sauveteurs* dans le jargon de

---

[985] W. Gilles, « Les financements alternatifs des collectivités territoriales », *Revue française d'administration publique*, 2012/4 n° 144, p. 929-941. DOI : 10.3917/rfap.144.0929.

[986] Le budget de la communauté urbaine de Yaoundé pour les exercices 2009, 2010, et 2011 ainsi que le compte administratif de 2012 affichent en effet un montant « zéro » pour la taxe d'occupation de la voie publique.

[987] Le décret n° 97/720/PM du 22 novembre 1993 fixant les modalités d'application de la loi n° 90/031 du 10 août 1990 régissant l'activité commerciale au Cameroun définit la *vente à la sauvette* comme étant « [...] l'activité permanente d'achat en tout lieu du territoire national pour la vente en l'état des produits industriels non encombrants, sur des étals non immeubles situés dans une aire libre, en bordure des voies ou dans les lieux publics aménagés et autorisés à l'intérieur d'une agglomération urbaine ; cette activité est développée par toute personne physique agissant seule ou aidée par les seules membres de sa famille ». Pour le petit Robert cependant, l'expression *marchands à la sauvette* « se dit de petits marchands et camelots qui vendent en fraude sur la voie publique (vente sans licence, marchandises prohibées) et disposent d'éventaires facilement transportables qui leur permettent de se sauver rapidement en cas d'alerte ». Cette définition du petit Robert correspond parfaitement au contexte camerounais. À certains endroits en effet, des courses-poursuites entre vendeurs à la sauvette de marchandises en tous genres - y compris la vente illicites des médicaments pharmaceutiques - et forces de l'ordre sont fréquentes. Elles se terminent quelques fois par une confiscation ou une destruction des marchandises du vendeur à la sauvette. Il n'est pas rare que certains vendeurs rançonnés par les forces de l'ordre soient autorisés à réinstaller leurs étals en toute quiétude, quoique de manière provisoire, en attendant que surviennent d'autres forces de l'ordre, dont l'arrivée peut encore donner lieu à une course-poursuite, à un autre rançonnage, ou à une destruction des marchandises. Ceux-là correspondent effectivement à la définition du petit Robert. En revanche, de nombreux vendeurs relativement stables (étal plus ou moins immobile, occupation permanente d'une place, etc.) exercent leur activité de manière informelle, mais sont rarement

l'homme de la rue). Ces derniers sont dans leur majorité en situation d'extra-légalité[988] puisqu'ils occupent (anarchiquement) le domaine public de l'État sans en payer, en contrepartie, l'avantage qu'ils en tirent.

La fraude pour ces vendeurs ne se limite pas au non-paiement d'un seul impôt (la taxe d'occupation temporaire de la voie publique) ; elle va bien au-delà. Théoriquement, ces marchands relèvent pour la plupart de l'impôt libératoire dont ils ne s'acquittent évidemment pas : leur activité relève du secteur informel, un secteur qu'il est urgent d'encadrer, puisqu'il va sans dire qu'il constitue l'un des obstacles majeurs du financement des collectivités territoriales décentralisées.

a) L'exemple des droits d'occupation des parkings

Les droits d'occupation des parkings peuvent faire l'objet d'un vote au profit du budget communal pour toute occupation, par un véhicule privé, d'un parking aménagé ou matérialisé par la commune[989]. Le taux des droits d'occupation des parkings est fixé à 100 FCFA par heure, 500 FCFA par jour et par parking, et 15 000 FCFA par mois et par parking. Ils sont payés « d'avance et collectés par le receveur municipal contre délivrance d'un reçu tiré d'un carnet à souches sécurisé et portant une valeur faciale indiquant le tarif horaire voté par le conseil municipal »[990]. En cas de non-paiement, le contrevenant s'expose au paiement d'une pénalité variable selon les cas : 1000 FCFA pour le taux horaire de 100 FCFA, 5000 FCFA pour le taux journalier de 500 FCFA et, 50 000 FCFA pour le taux mensuel de 15 000 FCFA, des montants de pénalité qui s'ajoutent au montant principal dû[991].

Tiré d'un carnet à souches, le ticket de parking est vendu par des agents appelés *parcmaîtres*. Il coûte 100 FCFA (cent francs) pour un droit de stationnement limité à une heure. Le ticket doit être placé en évidence derrière le pare-brise du véhicule, le contrevenant s'exposant à la mise en fourrière du véhicule, laquelle commence au bout d'une certaine limite laissée à l'appréciation du *parcmaître*, par l'immobilisation du véhicule au moyen d'un sabot de Denver. La récupération du véhicule suite à une immobilisation est subordonnée au règlement par le propriétaire du véhicule de la somme de 25000 FCFA (vingt cinq mille). Ce système présente néanmoins des failles. Par exemple, il n'est pas rare qu'un usager soit autorisé (par l'agent censé lui vendre un ticket de parking) à stationner des heures durant, sans pouvoir

---

inquiétés par les forces de l'ordre. Ces vendeurs ne paient aucun impôt. Peuvent-ils alors être assimilés à des marchands à la sauvette au sens du décret du 22 novembre 1993 ?

[988] Voir, en ce sens, l'article 91 de la loi n° 2009/019 du 15 décembre 2009 portant fiscalité locale précitée : « Toute occupation temporaire de la voie publique est subordonnée à l'autorisation du chef de l'exécutif municipal compétent qui en fixe la durée. Le paiement des droits y relatifs se fait à la caisse du receveur municipal sur présentation de l'autorisation ».

[989] Article 111 de la loi n° 2009/019 du 15 décembre 2009 portant fiscalité locale.

[990] Article 112 de la loi n° 2009/019 du 15 décembre 2009 portant fiscalité locale.

[991] *Ibidem.*

justifier de l'acquittement du droit de stationnement. Et pour cause, un contrat tacite (mais illicite[992]) naît entre l'agent et l'usager : le premier garde et surveille le véhicule, et le second doit, à son retour, récompenser (discrètement) le gardien de son véhicule, au détriment des caisses de la communauté urbaine.

La cupidité des agents de régulation des parkings est souvent dénoncée : ils sont « chargés d'assurer le respect des espaces aménagés pour que les automobilistes garent leurs voitures [contre paiement, mais] ils profitent de ce "pouvoir" pour les arnaquer »[993]. Les immobilisations abusives[994] de véhicules sont monnaie courante[995]. « C'est généralement vers la fin du mois, ou alors lorsqu'ils ont besoin d'un peu [d'argent], que des équipes s'organisent pour mettre des sabots [...] »[996]. Le principe est le suivant : un usager-victime est ciblé, et son véhicule immobilisé. Pour le récupérer, il devra « négocier », autrement dit, corrompre l'agent pour le récupérer. La somme à verser en pareil cas est, en règle générale, minorée par rapport au montant de l'amende normalement due. L'usager qui ne s'en acquitte pas voit sa voiture effectivement conduite à la fourrière municipale, où il devra (en principe) payer la somme de 25000 FCFA pour la sortir. Mais l'arnaque, ou du moins la corruption va encore plus loin : lorsque l'usager vient s'acquitter de l'amende, les agents lui proposent une récupération du véhicule à moindres frais. Bien entendu, il n'est pas délivré de reçu, et l'argent va dans les poches des agents, et non dans les caisses de la communauté urbaine[997].

Plutôt qu'un gage de sécurité, la présence de trois catégories d'acteurs sur le terrain — agents des parkings — contrôleurs[998] — police municipale[999] — multiplie à plus grande échelle les maillons de la chaîne de l'arnaque et de la corruption.

Comme la communauté urbaine de Yaoundé, les villes camerounaises qui aménagent des parkings gagneraient à remplacer l'homme par la machine :

---

[992] Dans le cas de la communauté urbaine de Yaoundé, il est mentionné au dos du ticket de parking que ce dernier ne « correspond ni à un droit de garde, ni à un droit de surveillance ».

[993] A. Noah Awana, *in* le quotidien *Le Messager*, du mardi 4 décembre 2012, p. 5.

[994] Le témoignage d'un usager est à ce titre éclairant : « Le parcmaître m'avait [...] dirigé pour que je me gare. Je suis rentré dans une boutique au marché Central. Près de 15 minutes après, on vient me signaler que ma voiture est entrain d'être sabotée. En sortant, je trouve effectivement un jeune monsieur à l'œuvre. J'ai dû négocier pour qu'ils n'emportent pas ma voiture. Mais, vraiment, je n'étais pas en faute. On préfère parfois payer 5000 FCFA, plutôt que d'aller dépenser 20 ou 25000 FCFA à la fourrière municipale pour [récupérer] son véhicule », *idem*.

[995] Sur ce sujet, A. Noah Awana précise: « Nous avons retrouvé au cours de [notre] enquête, plusieurs propriétaires de véhicules qui disent avoir été victimes d'une mise sous scellé "*injuste*" », *ibidem.*

[996] *Ibidem.*

[997] *Ibidem.*

[998] Ils supervisent les *parcmaîtres* et collectent la recette de la journée auprès de ces derniers pour la reverser à la communauté urbaine.

[999] Leur rôle consiste, pendant leurs rondes, à veiller à ce que les usagers se garent correctement sur la voie publique. Au cas de stationnement à un emplacement interdit par exemple, seule la police municipale est habilitée à donner des contraventions.

celle-ci ne peut « tricher » qu'aidée de la main de l'homme. En France par exemple, des horodateurs sont installés dans les zones de stationnement payant. Ces appareils — sur lesquels figurent les tarifs horaires — impriment pour tout usager qui introduit des pièces de monnaie un ticket sur lequel figurent des informations telles que la ville, le lieu exact du parc de stationnement, l'heure de début et de fin de stationnement (autorisation limitée à deux heures maximum), et le numéro du ticket. Le dépassement de l'heure limite de stationnement ou la non justification du règlement — le ticket doit être placé de manière bien visible derrière le pare-brise du véhicule — entraîne, pour le contrevenant, une contravention établie par les agents de la police municipale.

L'avis de contravention est constitué de deux feuillets portant le même numéro. Le premier feuillet se décline en une carte de paiement au recto de laquelle figure, outre un emplacement réservé au collage du timbre-amende, le numéro d'immatriculation du véhicule en cause, le département, le service verbalisateur, le montant de l'amende forfaitaire à payer — variable en fonction de la catégorie de l'infraction — et celui de l'amende forfaitaire majorée[1000]. Au verso de la carte de paiement, sont mentionnés les modes de paiement (par chèque ou par timbre-amende), les modalités et délais de contestation, etc.

L'avis de contravention constitue le deuxième feuillet, que le contrevenant conserve comme justificatif de son paiement. Il renseigne notamment sur la date, l'heure et le lieu exact de l'infraction, la nature de la contravention et le texte du Code de la route applicable, les marque, modèle et numéro d'immatriculation du véhicule en cause, le matricule de l'agent verbalisateur, le type de cas (1, 2, 3, ou 4). Outre des informations relatives aux voies de recours et au droit d'accès et de rectification dont dispose le contrevenant, l'avis de contravention dispose d'un emplacement sur lequel se colle « la partie à conserver du timbre-amende ». L'avis est apposé sur le pare-brise du contrevenant par l'agent verbalisateur, à charge pour le contrevenant de s'en acquitter (par chèque ou au moyen d'un timbre-amende) dans un délai de 45 jours. À défaut de respecter ce délai, le contrevenant est destinataire d'un avis de paiement de l'amende majorée, adressée par le Trésor public à son domicile.

En dépit de quelques inconvénients [1001], le système ci-dessus est parfaitement transposable au Cameroun, pour un contrôle plus efficace et

---

[1000] À défaut de paiement dans les 45 jours, le contrevenant s'expose à une amende forfaitaire majorée, correspondant à chacun des quatre cas. Par exemple, le cas n° 1 équivaut à une amende de 17 euros, alors que son montant forfaitaire majoré s'élève à 53 euros. Le cas n° 2 donne lieu à une amende forfaitaire de 35 euros, et son montant forfaitaire à 75 euros. L'amende forfaitaire du cas n° 3 est de 68 euros, et son montant majoré de 180 euros. Quant au dernier cas, le cas n° 4 le montant de l'amende forfaitaire est de 135 euros, et celui de l'amende forfaitaire y afférent de 375 euros.

[1001] Les horodateurs sont parfois vandalisés (cas de la ville de Rennes où entre 150 et 200 horodateurs ont été vandalisés dans la nuit du 14 au 15 janvier 2014), ou en panne, en plus

équitable du stationnement. La mise en œuvre d'une bonne politique de stationnement peut en effet être d'un apport financier considérable pour les villes camerounaises, avec, en prime, la fin des arnaques et de la corruption qui sévissent dans les zones de stationnement réglementées.

b) L'exemple des droits de marchés

Il est souligné que « Les marchés constituent, *a priori*, des gisements importants de ressources au travers des loyers, des droits de place et des patentes [...]. Dans la réalité, les marchés ne fournissent pas les recettes escomptées, qui ne dépassent que très rarement 10 pour cent des recettes courantes des grandes villes d'Afrique subsaharienne »[1002]. La législation camerounaise relative aux droits de marché apparaît claire, mais on observe sur le terrain des pratiques pernicieuses — tant des contribuables que des agents collecteurs — entraînant qu'il faille se tourner vers des pistes conduisant à une rentabilisation effective de ces droits.

- Une législation claire, mais inappliquée

Le principe posé par la loi n° 2009/015 du 15 décembre 2009 portant fiscalité locale est clair : les commerçants réguliers et les vendeurs occasionnels qui occupent une place dans un marché du ressort territorial d'une commune sont soumis au paiement des droits des marchés[1003]. Les premiers paient des droits fixes, tandis que les seconds (et ceux ne disposant pas d'une place permanente) paient des droits journaliers[1004]. Les taux de ces droits sont fixés en prenant en compte la disparité des niveaux de vie, la spécialisation du marché concerné, et la situation des grands centres d'approvisionnement[1005].

S'agissant des droits fixes, le conseil municipal établit les tarifs fixes mensuels qui vont s'appliquer aux boutiques ou aux stands dont la construction revêt un aspect durable sur le marché concerné, étant précisé que l'attribution des boutiques et stands se fait par adjudication ou de gré à gré[1006]. Un contrat doit alors être établi entre d'une part la commune et, d'autre part, l'occupant de la boutique ou du stand, contrat devant comporter un certain nombre de mentions, notamment celles qui sont relatives à l'identité du

---

d'être des appareils coûteux. Mais ces inconvénients ne sauraient être rédhibitoires au regard des enjeux.

[1002] L. Wilhelm, « Les circuits d'approvisionnement alimentaire des villes et le fonctionnement des marchés en Afrique et à Madagascar », communication présentée au séminaire sous-régional FAO-ISRA sur le thème « Approvisionnement et distribution alimentaire des villes de l'Afrique francophone », Dakar, 14-17 avril 1997, sur : ftp://ftp.fao.org/docrep/fao/003/AB787F/AB787F00.pdf, consulté le 2 août 2014.

[1003] Article 80, alinéa 1 de la loi n° 2009/019 du 15 décembre 2009.

[1004] Article 80, alinéa 2 de la loi n° 2009/019 du 15 décembre 2009.

[1005] Article 80, alinéa 3 de la loi n° 2009/019 du 15 décembre 2009.

[1006] Article 81, alinéa 1 et 2 de la loi n° 2009 du 15 décembre 2009.

locataire, au numéro d'identifiant unique de l'occupant, au lieu de situation du marché, la référence cadastrale du marché, le numéro de la boutique, la superficie du local, le montant du droit mensuel, la durée du bail et la nature de l'activité[1007].

Les droits journaliers sont quant à eux acquittés par les vendeurs occasionnels et les commerçants qui ne disposent pas de places permanentes dans les marchés ; le montant du droit de place journalier — il est compris entre 100 FCFA et 500 FCFA — est arrêté par délibération du conseil municipal. Le défaut de paiement entraîne la confiscation des marchandises, qui ne peuvent être restituées qu'après paiement d'une amende correspondant à un droit en sus du droit normalement dû[1008].

Par ailleurs, la vente des marchandises sur les trottoirs et les espaces publics autres que les marchés est en principe interdite. Toute inobservation de cette règle entraîne normalement pour le contrevenant le paiement d'une amende (le taux est compris entre 5000 FCFA et 10 000 FCFA) au profit de la commune du lieu de l'infraction. À défaut de payer l'amende ou de déguerpir le trottoir, les vendeurs en infraction s'exposent à une mise en fourrière de leurs marchandises[1009]. Mais, à la vérité, « les commerçants occupant les emprises publiques, ou installés en dehors des marchés officiels ne font que rarement l'objet de perception de droits »[1010].

- Des pratiques pernicieuses, mais tolérées

En Afrique, et selon la FAO, les marchés constituent des gisements importants de ressources au travers notamment des loyers, des droits de place et des patentes. Cependant, et d'après le même organisme, la réalité est tout autre : les marchés ne fournissent généralement pas les recettes escomptées. Celles-ci ne dépassent que très rarement 10% des recettes courantes des grandes villes d'Afrique subsaharienne[1011]. Les raisons de cette faible contribution financière sont quasiment toujours les mêmes et combinent différents facteurs[1012] : c'est le cas, par exemple de la faiblesse générale des droits de place[1013] (comme déjà indiqué, entre 100 et 500 FCFA dans le cas des marchés camerounais). C'est aussi le fait de l'évaporation des sommes recouvrées par les collecteurs : les rémunérations et primes qui leur sont attribuées restent faibles, ce qui n'est pas sans favoriser la fraude et la

---

[1007] Article 82, alinéa 1 et 2 de la loi n° 2009/019 du 15 décembre 2009.
[1008] Article 84, alinéa 1 et 2 de la loi n° 2009/019 du 15 décembre 2009.
[1009] Article 85, alinéa 1, 2 et 3 de la loi n° 2009/019 du 15 décembre 2009.
[1010] L. Wilhelm, « Les circuits d'approvisionnement alimentaire des villes et le fonctionnement des marchés en Afrique et à Madagascar », communication présentée au séminaire sous-régional FAO-ISRA sur le thème « Approvisionnement et distribution alimentaire des villes de l'Afrique francophone », *art.cit.*
[1011] Consultable sur : http://www.fao.org/docrep/003/AB787F/ab787f07.htm, consulté le 2 août 2014.
[1012] *Idem.*
[1013] *Ibidem.*

corruption (mise en circulation de faux tickets [1014], entente entre les commerçants et collecteurs pour s'acquitter partiellement des droits de place, etc.). À Kaolack (Sénégal), « une panoplie de stratégies est [...] possible pour contourner — les rares — contrôles. Les tickets sont rachetés à l'usager pour être à nouveau placés dans la journée auprès de plusieurs commerçants. Cela est possible en jouant sur la durée différentielle d'occupation des lieux par les vendeurs : les vendeurs à l'étalage quittent assez tôt le marché, vers 11 heures, et il est facile de trouver avec eux un accord. Le ticket leur est racheté par les collecteurs à 50 FCFA. On peut également modifier au stylo la date des tickets pour les utiliser le lendemain, tout comme des tickets déjà placés dans un marché peuvent être récupérés par des aides-collecteurs et placés à nouveau auprès d'autres usagers dans une zone différente de la ville[1015]. Ces pratiques observées dans la ville sénégalaise de Kaolack sont presque similaires à celles que l'on observe dans les grandes villes camerounaises comme, par exemple, Yaoundé et Douala (les deux plus grandes villes du pays).

Dans ces deux villes, un agent municipal souvent appelé « régisseur » par les commerçants — on dit de lui qu'il est le « patron » du marché — tient lieu de maillon essentiel de la chaîne de recouvrement sur le terrain. Au marché Mokolo de Yaoundé par exemple, il dispose d'un bureau à l'intérieur du marché et est censé veiller à ce que les redevables de l'impôt libératoire et de la licence — respectivement propriétaires de boutiques et de débits de boissons alcoolisées à l'intérieur du marché — s'acquittent des droits fixes mensuels. Toutefois, de nombreux commerçants et commerçantes en sont injustement « exemptés », un traitement de faveur dont ils bénéficient en contrepartie des sommes qu'ils versent[1016] au « patron des lieux ».

Cet agent municipal travaille en collaboration avec des percepteurs, chargés de la distribution des tickets de marché aux vendeurs occasionnels, ou à ceux qui ne disposent pas d'une place permanente dans le marché. Le montant de ce ticket peut varier — il est de 200 FCFA au marché Mokolo à Yaoundé ; il est

---

[1014] Ce phénomène n'est pas propre au Sénégal : plusieurs communes camerounaises éprouvent des difficultés à recouvrer des taxes communales, l'inefficacité des mécanismes de recouvrement en étant la cause. Par exemple, lorsque la collecte de ces ressources est confiée à des sous-traitants, ceux-ci émettent souvent des tickets apocryphes, voire facilement falsifiables. Il arrive donc que des usagers s'acquittent effectivement de taxes dont le produit ne va pas dans les caisses des communes, puisqu'il est détourné du fait de la vente de billets parallèles. Voir, « Étude sur la dette communale au Cameroun, », Rapport final rendu par Agora Consulting, juin 2013, p. 36. Cette Étude éditée par le FEICOM et le GIZ (*Deutsche Gesellschaft für Internationale Zusammenarbeit (GIZ) GmbH*) a été financée par ces mêmes organismes dans le cadre du ministère fédéral allemand de la Coopération économique et du développement.

[1015] G. Blundo, « "Je n'ai pas besoin de ticket" ». Négociation des droits de marché et petite corruption dans les collectivités locales sénégalaises », consultable sur : http://horizon.documentation.ird.fr/exl-doc/pleins_textes/divers08-10/010038405.pdf, consulté le 23 juillet 2014.

[1016] De nombreuses expressions sont alors usitées, qui désignent ces versements faits par les commerçants au régisseur ou au percepteur : « mouiller la barbe », « tchôkô », « donner une bière », etc.

variable au marché Mvog-béti de la même ville (entre 100 et 300 FCFA), mais de 100 FCFA au marché du quartier Madagascar de la ville de Douala — et correspond, comme ci-dessus indiqué, au montant des droits journaliers arrêté par délibération du conseil municipal.

Sur le terrain toutefois (cas du marché de Madagascar de Douala), il n'est pas rare que les montants ci-dessus soient ignorés pour faire place à des montants (plutôt) négociés entre commerçants et percepteurs, montants que les percepteurs empocheront, souvent au mépris de la discrétion et, bien entendu, au détriment des caisses des collectivités territoriales.

Le produit des droits journaliers régulièrement perçus (contre vente effective de tickets de marché) est quant à lui remis à l'agent municipal en fin de journée, à charge pour ce dernier de les reverser auprès de la caisse de la Recette municipale — dans un délai limité à 24 heures — contre remise d'une quittance.

- Des stratégies de rentabilisation des droits de marché à prévoir

Le désordre grandissant qui règne dans les marchés complique la perception des droits [1017]. Par conséquent, toute entreprise des autorités municipales visant à mobiliser efficacement les droits de marché au Cameroun doit reposer sur des options stratégiques dont le point de départ devrait être constitué par une amélioration des services offerts en ces lieux : construction d'infrastructures adaptées[1018] en lieu et place d'abris construits en matériaux provisoires, nettoyage régulier et enlèvement des ordures, amélioration des conditions d'hygiène, mais aussi de sécurité,[1019] au regard de la récurrence des incendies[1020], approvisionnement en eau, abris contre les intempéries, etc. En

---

[1017] L. Wilhelm, « Les circuits d'approvisionnement alimentaire des villes et le fonctionnement des marchés en Afrique et à Madagascar », communication présentée au séminaire sous-régional FAO-ISRA sur le thème « Approvisionnement et distribution alimentaire des villes de l'Afrique francophone », *art.cit.*

[1018] Les travaux du marché Étoudi à Yaoundé (situé à deux encablures de la présidence de la République) débutés, il y a cinq ans, n'ont jamais été achevés. Aussi, les commerçants éprouvent-ils d'énormes difficultés à écouler leurs produits pendant la saison des pluies (marché non couvert, graves problèmes de boue entraînant des conditions d'hygiène déplorables), alors que des droits de marché leur sont régulièrement réclamés.

[1019] Le Cameroun compte d'innombrables marchés à travers son territoire, mais seul le marché Central de Yaoundé (une œuvre coloniale) est muni de dispositifs coupe-feu. Dans les autres marchés, des branchements anarchiques et « sauvages » sont souvent à l'origine de nombreux incendies (voir, note de bas de page *infra*).

[1020] Les incendies dans les marchés camerounais sont monnaie courante. Par exemple : l'incendie du marché Congo de Douala dans le littoral (décembre 2009) ; l'incendie du marché Central de Douala (décembre 2009) ; l'incendie du marché de Bonamoussadi de Douala (septembre 2010) ; l'incendie du marché de Yokadouma dans l'Est du pays (décembre 2010) ; l'incendie du marché de Bafoussam dans l'Ouest du pays (février 2011) ; l'incendie du marché Congo de Douala (juillet 2012) ; l'incendie du marché Central de Kribi dans le Sud-ouest (octobre 2013). Il faut enfin noter qu'en 2014, plusieurs incendies se sont déclarés dans les marchés de Mboppi et Congo de la ville de Douala.

effet, l'amélioration des services fournis ne sera pas sans incidence sur l'entendement des commerçants dont on peut prévoir qu'ils accepteront plus facilement de régler des droits de marché — plus que jamais justifiés — en contrepartie des services de qualité dont ils viendraient à bénéficier.

Nécessaire, mais pas suffisante, l'amélioration de ces services devra être suivie de la conception d'un système efficace de contrôle du recouvrement des droits de marché : outre l'élaboration d'un plan pertinent du site permettant de repérer sans grandes difficultés boutiques, gargotes, étals et divers emplacements, tout commerçant devrait se voir attribuer un numéro d'identification en vue d'une informatisation progressive (plutôt urgente) du système. On pourrait certes, objecter l'absence d'un intérêt à identifier ceux que l'on qualifie (généralement à tort) de vendeurs occasionnels, mais bon nombre de ces derniers sont en réalité des vendeurs permanents et rien ne s'oppose, pour une meilleure gestion des droits de marché, à ce que soit créé un fichier de vendeurs occasionnels.

L'éradication de la fraude et de la corruption dans les marchés urbains relève d'une mission difficile, mais pas impossible. Ainsi, pourrait-on par exemple confier des missions de contrôle, y compris inopinées à des équipes de contrôleurs ayant suivi des formations appropriées. Une autre solution consisterait à « délocaliser » le lieu de recouvrement de ces droits. Ceux-ci seraient payés mensuellement auprès des services communaux contre remise d'un justificatif à présenter au passage des percepteurs, dont la mission actuelle de perception ferait place à une simple mission de vérification.

En tout état de cause, les marchés urbains camerounais génèrent d'importantes recettes pour les collectivités territoriales. Les pistes ci-dessus proposées ne sont pas exhaustives et peuvent être remplacées ou accompagnées de solutions encore plus efficaces.

B. FISCALISER LE SECTEUR INFORMEL

Si de nos jours « l'informel » n'épargne aucun pays, l'ampleur qu'il prend sur le continent africain mérite que l'on s'y attarde au regard de l'importance du manque à gagner qu'il fait subir à l'État et aux collectivités territoriales, et ce par opposition à l'enrichissement souvent très rapide des acteurs de l'informel, adeptes de la résistance à l'impôt. Une auteure reconnaît par exemple que dans le contexte de crise des années 1980, principalement dans les pays du golfe de Guinée, on remarque que ce sont des femmes citadines de longue date qui tiennent en leurs mains une bonne partie de la richesse économique en s'aidant d'un commerce essentiellement constitué de tissus « pagnes » en coton, dont les prix varient en fonction de la qualité du tissu. La demande est grande et, « au Togo, ce commerce est monopolisé par les "Nana Benz", qui en tirent des bénéfices importants et peuvent ainsi acheter des voitures coûteuses, spécialement des Mercedès-Benz, ce qui leur a valu leur surnom [...]. Ce secteur dit « informel » constitue souvent une part essentielle des ressources individuelles ou familiales, même dans les familles de fonctionnaires lorsque l'État prend du retard pour payer les salaires. Au début des années 1980, un tiers en moyenne de la population des villes d'Afrique noire vivait de "petits métiers", et dans certaines agglomérations, comme Lagos, la proportion dépassait déjà 50 % [...]. L'intérêt économique de ce secteur, qui travaille en marge de la fiscalité et dont l'apport n'est pas comptabilisé, fait l'objet de discussions entre les spécialistes, certains lui contestant la possibilité de promouvoir des changements structurels (cf. Coquery-Vidrovitch et S. Nédélec, 1992 ; P. Hugon 1993) [...]. Il n'est pas possible actuellement de porter un diagnostic viable sur l'économie des pays africains sans [tenir compte du secteur informel], d'autant qu'il concerne un nombre croissant d'individus »[1021].

Principalement, le secteur informel au Cameroun fait référence aux personnes physiques et aux entreprises qui exercent une ou plusieurs activités lucratives, à défaut d'en favoriser simplement l'exercice, sans pouvoir justifier d'une inscription au registre du commerce et des sociétés, d'une carte professionnelle ou d'une affiliation à la Caisse nationale de prévoyance sociale (CNPS), encore moins d'un numéro d'identification fiscale ; ces acteurs de l'informel ne tiennent aucune comptabilité conforme au plan comptable en vigueur, pas plus qu'ils ne déclarent leurs éventuels employés à la Caisse nationale de prévoyance sociale.

Accessoirement, la définition ci-dessus s'étend à toute personne physique ou morale régulièrement immatriculée, mais exerçant une activité relevant du secteur informel.

Dans le contexte camerounais, l'activité informelle est la règle et l'activité formelle l'exception : « selon les données figurant dans les comptes nationaux, le secteur informel représente en moyenne 86 % du PIB du secteur primaire, 35 % du PIB du secondaire et 58 % du PIB du tertiaire et contribue de manière appréciable à l'atténuation de l'épineux problème du chômage »[1022].

On fait d'ailleurs remarquer qu'« au départ, le secteur informel a été considéré comme des activités créées pour pallier la faiblesse de la demande de travail dans le secteur moderne. Dans ces conditions, les activités informelles étaient censées proliférer dans un contexte de récession économique. Des études réalisées au cours des deux dernières décennies en Afrique montrent que cette hypothèse n'est pas vérifiée ; car le secteur informel se développe fortement, même quand les pays réalisent de bonnes performances économiques »[1023]. Le Cameroun en est une illustration; le pays affiche un taux de croissance de 5,5 % en 2014, alors que l'on avance que

---

[1021] Voir, H. d'Almeida-Topor, *L'Afrique au XXe siècle,* Armand Colin, 2e édition revue et augmentée, 2003, p. 256-257.

[1022] Afritaxes, « Les ressorts de l'élargissement de l'assiette fiscale au Cameroun », consultable sur : http://www.afritaxes.com/new/?bnid=53&thisid=21, consulté le 2 juin 2014.

[1023] P. Backiny-Yetna, « Secteur informel, fiscalité et équité : l'exemple du Cameroun » *in* Le journal statistique africain, volume 9, novembre 2009, p. 318.

90,5 % des emplois relèvent de l'informel (dont 53 % pour le secteur informel agricole et 37,5 % pour le secteur informel non agricole)[1024], et ce au détriment des caisses de l'État et des collectivités territoriales, puisque la base fiscale n'est pas véritablement élargie au secteur informel. En matière d'impôts justement, 23,9 % des UPI[1025] urbaines affirmaient en 2006 avoir payé l'impôt local, la patente ou l'impôt libératoire, un chiffre qui s'explique par le passage systématique d'agents fiscaux sur les marchés des villes, afin de récupérer au minimum l'impôt libératoire. Interrogées sur leur volonté de contribuer à l'effort fiscal de la Nation, les UPI étaient moins de la moitié à envisager l'enregistrement de leurs activités et seulement 15,8 % étaient prêtes à payer un impôt à ce sujet. La résistance face à la formalisation était déjà un fait réel et difficilement négociable »[1026].

Ce chiffre est assez insignifiant dans la mesure où de nombreux acteurs de l'informel, souvent difficiles à tracer, échappent au fisc : pour la même année 2006, 44,9 % des UPI exerçaient à domicile et 37,9 % ne possédaient pas de local [1027]. Des actions [1028] ont été engagées, qui pouvaient à terme —

[1024] Voir la « Deuxième enquête sur l'emploi et le secteur informel au Cameroun (EESI 2) », phase 1 : enquête sur l'emploi, Rapport principal, octobre 2011, p. 75.

[1025] Unité de production informelle.

[1026] Voir le document de travail de l'Agence française de développement sur « la formation professionnelle en secteur informel. Rapport sur l'enquête de terrain », version provisoire, n° 17, mai 2006, p. 15.

[1027] *Idem*, p. 15.

[1028] Au rang des actions qui peuvent - à long terme et quoique indirectement - conduire à une meilleure maîtrise de l'économie informelle, et donc à une identification progressive des acteurs du secteur informel en vue de leur fiscalisation, on peut, en premier, donner l'exemple du décret 2005/090 du 29 mars 2005. Celui-ci a institué au sein du ministère des petites et moyennes entreprises, de l'économie sociale et de l'Artisanat, et plus précisément à l'intérieur de la Direction de l'Économie sociale et de l'Artisanat, une sous-direction du secteur informel, dont les missions consistent, notamment, à identifier les besoins des acteurs de l'économie informelle et « la mise en œuvre de toute mesure visant à favoriser l'information et la formation des acteurs de l'économie informelle ». En second, on peut citer l'exemple du Programme PIAASI : « Partant de l'idée que "la vivacité et la compétitivité de l'économie camerounaise dépendent largement du marché caché de l'emploi " que représente le secteur non structuré ou le secteur informel, le MINEFOP [ministère de l'Emploi et de la Formation professionnelle] a démarré en 2005 le Programme PIAASI, décidé dès 2003 par le Gouvernement. Financé sur des crédits PPTE (200 millions de FCFA au total soit environ 305 000 euros), 40 millions de FCFA, en 2005 soit près de 61 500 euros), le projet s'est déroulé selon les étapes suivantes : [1] mise en place d'un comité de proximité dont la mission est d'entrer en contact avec les différentes organisations représentatives des acteurs du secteur informel. Après plusieurs séances de travail, ce comité a décidé de reconnaître comme interlocuteur l'association nationale des sauveteurs du Cameroun (ANESCAM). Des réunions organisées à Yaoundé et à Douala ont permis de regrouper plus de 300 vendeurs dans une première phase ; [2] réalisation d'un fichier des sauveteurs du Cameroun. Les différentes réunions ont permis d'identifier et de répertorier environ 800 jeunes promoteurs du secteur informel; [3] sélection de projets de formation et soutien financier aux promoteurs. La formation, qui passe par « des séminaires des points focaux », porte sur les outils de gestion et d'information les plus élémentaires qui doivent aider les jeunes promoteurs à mener à bien et à rentabiliser leurs activités. En 2005, 132 jeunes ont bénéficié de soutiens financiers à hauteur de montants oscillant entre 100 000 FCFA et 500 000

directement ou indirectement — aboutir à une meilleure maîtrise du secteur informel, un enjeu de taille pour les collectivités territoriales décentralisées dont la situation financière nécessite d'être améliorée.

L'enquête de 2011 sur l'emploi et le secteur informel au Cameroun révèle que « La reconnaissance de l'État comme partenaire institutionnel privilégié par les acteurs du secteur informel est une des conditions nécessaires à la migration de ceux-ci vers le secteur formel. Les statistiques disponibles font état d'une volonté manifeste des acteurs du secteur informel de ne pas vouloir collaborer avec l'État pour ce qui est de l'enregistrement de leurs activités et le paiement des impôts y afférents [...]. Malgré cela, l'on observe en général comme une quasi-constance de la proportion des chefs d'UPI désirant collaborer avec l'État. Toutefois, dans les branches d'activité de transport (-5,4 points) et des autres services (-3,7 points), la volonté de collaborer est en net repli. La branche Restauration enregistre plutôt une augmentation de la proportion de chefs d'UPI désirant collaborer avec l'État, avec une hausse de cette proportion de 5,5 points »[1029].

On avait pensé que l'allègement des procédures de déclaration de l'activité et la simplification de la réglementation fiscale instituant l'impôt libératoire, le nombre de promoteurs d'UPI désireux de migrer vers les circuits formels augmenterait ; tel n'est cependant pas le cas puisque la proportion des promoteurs d'UPI voulant intégrer les circuits formels demeure très faible[1030]. Partant, le chemin à parcourir reste parsemé d'obstacles rédhibitoires : outre la croyance au caractère non obligatoire de la déclaration de l'activité et l'ignorance de certains acteurs du secteur informel, le refus catégorique de se faire enregistrer et de payer l'impôt constitue en soi un des obstacles majeurs[1031].

Nonobstant la répulsion constatée quant au paiement de l'impôt, la plupart des promoteurs des UPI souhaitent que soit instauré un impôt unique pour le secteur informel, à la condition, selon eux, qu'il serve prioritairement à la création des emplois et qu'il soit mis à la disposition des communes[1032]. En effet, lors de la collecte de données de l'EESI 2 de 2011, il avait été demandé aux responsables des UPI de se prononcer, concernant la mise en place d'un impôt unique pour le secteur informel. « La réaction des chefs d'UPI, tous secteurs confondus, par rapport à l'adoption d'un tel impôt est mitigée [...] En effet, 35,3 % d'entre eux sont pour, 38,8 % contre et 25,9 % indécis. Indépendamment de l'avis sur l'instauration de l'impôt unique, il a été demandé également aux chefs d'UPI de se prononcer sur la périodicité de

---

FCFA (soit respectivement environ 150 et 760 euros), *in* Document de travail de l'Agence française de développement sur « la formation professionnelle en secteur informel. Rapport sur l'enquête de terrain », *op.cit.*, p. 22.

1029 « Deuxième enquête sur l'emploi et le secteur informel au Cameroun (EESI 2) », phase 2 : enquête sur l'emploi, Rapport principal, octobre 2011, p. 79.

1030 *Idem*, p.82

1031 *Ibidem.*

1032 *Ibidem.*

paiement de cet impôt. La majorité des chefs d'UPI (61,3 %) se déclarent favorables à la périodicité annuelle Cette proportion varie peu suivant la branche d'activité. Il en est de même du paiement trimestriel de l'impôt unique qui recueille 21,9 %. Cette dernière option semble plus crédible au regard des caractéristiques du secteur informel (saisonnalité des activités, mobilité des UPI, localisation difficile, facilité d'entrée/sortie, non-enregistrement). S'agissant de la destination que devrait prendre l'impôt unique, une majorité relative des chefs d'UPI (42,6 %) s'est prononcée pour la commune [...]. Il est à relever, en 2010, une baisse de près de 7 points de la proportion des chefs d'UPI souhaitant voir l'impôt unique affecté aux communes par rapport à 2005 où cet indicateur se situait à 49 % »[1033].

Le confort et les fruits de l'incivisme fiscal local sont tels qu'une lutte efficace et sans relâche doit être menée pour sortir le pays de la « rébellion fiscale » au regard de deux enjeux au moins : l'amélioration de l'autofinancement des collectivités locales au moyen de nouvelles recettes fiscales d'une part, et l'instauration d'une égalité de tous les contribuables devant les charges publiques, ce d'autant plus que « la loi doit être la même pour tous »[1034], et que « la contribution commune doit être également répartie entre tous les citoyens en raison de leurs facultés »[1035].

En Europe en général, et en France en particulier, la commune est le niveau par essence de la démocratie. « Elle l'est pour des raisons de proximité, elle l'est aussi de manière symbolique, beaucoup de traditions politiques ayant fait la leur la maxime tocquevilienne selon laquelle [c'est dans la commune que réside la force des peuples libres]. " Les communes sont à la démocratie ce que les écoles primaires sont à la science. [Elles la mettent à la portée du peuple] »[1036]. Mais peut-on, dans le contexte de certains pays africains dont le Cameroun concevoir une démocratie de proximité qui ne serait pas incarnée par les chefferies traditionnelles ? Ces dernières ne seraient-elles pas (dans ce contexte) ce que les écoles primaires sont à la science ? Dès lors, une infra-communalisation de l'autorité traditionnelle s'impose au moins pour une raison simple : une décentralisation qui fausse le jeu de la subsidiarité n'en est véritablement pas une, renvoyant même à une démocratie imparfaite. Comme l'a bien indiqué la Banque mondiale lors de la conférence de Monterrey à laquelle il a été déjà été fait référence, « une leçon tirée de l'expérience passée est que la réforme ne réussit généralement pas sans une forte appropriation locale et une approche large qui inclut la prise en compte des institutions [y compris traditionnelles], la gouvernance et la participation de [tous] les acteurs »[1037].

[1033] « Deuxième enquête sur l'emploi et le secteur informel au Cameroun (EESI 2) », phase 2 : enquête sur l'emploi, Rapport principal, octobre 2011, p. 58, Rapport précité.
[1034] Article 6 de la déclaration de 1789.
[1035] Article 13 de la déclaration de 1789.
[1036] A. Delcamp, « Les communes et l'Europe », *Pouvoirs*, n° 95, 2000, p. 134-135.
[1037] S.H. Mouafo Ngatom, « L'initiative PPTE et la lutte contre la pauvreté au Cameroun : une analyse sociologique », *art.cit.*.

Au niveau infra-communal, certaines compétences en rapport notamment avec la fiscalité locale devraient être reconnues aux chefs traditionnels : leur proximité avec les populations de l'unité de commandement dont ils ont la charge, et la connaissance qu'ils ont des besoins réels sur le terrain le commandent. Les chefferies traditionnelles devraient donc être intégrées dans les rouages institutionnels, ce d'autant plus que pareille initiative pourrait considérablement améliorer la bonne gouvernance et favoriser le développement au niveau local.

§ II. L'intégration des chefs traditionnels dans les rouages institutionnels de la fiscalité locale : dans l'intérêt de la bonne gouvernance et du développement

Au contraire des pays anglo-saxons qui réservent une place importante aux autorités traditionnelles, certains pays de l'Afrique francophone ont, avec des variantes, consacré l'existence juridique de ces autorités, le cas du Cameroun donnant quant lui le sentiment d'un « simulacre » de consécration. Certes très difficile[1038] — eu égard à un conflit latent entre droit coutumier et droit

---

[1038] Dans le cas du Cameroun en effet, un certain nombre de problèmes devront être préalablement réglés, condition *sine qua non* d'une intégration effective et réussie des chefs traditionnels dans les rouages institutionnels. Par exemple, et dans le cas de la ville de Yaoundé, « l'organisation territoriale des quartiers renvoie à des toponymes dont l'administration officielle ne respecte pas l'ordonnancement ». Voir, Athanase Bopda « Genèse, mutations et problèmes urbains de la chefferie "traditionnelle" à Yaoundé (Cameroun) » *in* S. Jaglin et A. Dubresson, *Pouvoirs et cités d'Afrique noire. Décentralisations en questions* (dir.), Éditions Khartala, Paris, 1993, p. 250.

En ce sens, le quartier Awaé dans la banlieue de la ville de Yaoundé où se pose un problème de territorialité constitue un bon exemple. Cette partie de la ville était originellement et uniquement habitée par la grande famille des *Mvog-mbi* ; mais ce territoire a été subdivisé en Awaé I, Awaé II, Awaé III, etc., par les autorités administratives. Il n'est donc pas rare que le chef traditionnel d'Awaé I reçoive une convocation administrative destinée à un sujet ne relevant pas de son unité de commandement : Awaé II par exemple. En allant délivrer cette convocation à Awaé II, ce chef a bien conscience que ce territoire ne relève pas administrativement de sa compétence. Cependant, il justifie sa démarche par le fait qu'il agit au sein de la grande famille des Mvog-mbi, sa famille, et non sur un territoire étranger.

Dans la même ville, un autre type de problème est observé au quartier Étoudi. Ici, on assiste plutôt à des mésententes entre chefs autochtones brandissant fièrement une autochtonie qui justifie leur titre de chef, et chefs allogènes qui, aux yeux des premiers, ne sont pas des enfants du « terroir ». Aussi, reproche-t-on à ces derniers leur ignorance des coutumes locales, et, par conséquent leur incompétence à régler les litiges dont ils sont saisis, conformément aux coutumes de l'endroit où ils sont institués chefs par l'Administration.

Partant du principe que la coutume a été juridiquement encadrée mais administrativement extravertie, les chefs traditionnels considèrent que les chefs de terre - sous-préfets, préfets - nommés par l'État, ne sont pas de véritables chefs car ils n'ont pas une connaissance approfondie du territoire ancestral. Pourquoi donc soumettre les chefs traditionnels à leur autorité ? Le chef traditionnel reste, selon la plupart des autorités traditionnelles, le seul à même de pouvoir convenablement régler un litige opposant deux fils d'un même village : il en maîtrise les coutumes, il est chef de la forêt et chef de l'eau dans les limites de son unité de

moderne — mais absolument nécessaire, l'intégration effective des autorités traditionnelles camerounaises dans l'organisation administrative aurait conduit, en plus de leur consécration juridique, à une meilleure prise en compte du contexte camerounais. Tel n'a pas été le cas. Comme dans d'autres pays africains où les chefs traditionnels constituent d'infaillibles machines politiques [1039] à la solde du pouvoir en place — et ce au détriment de leurs attributions naturelles qui s'en trouvent travesties — les autorités camerounaises ne semblent pas avoir compris qu'une décentralisation faisant abstraction des autorités traditionnelles dans le contexte qui est le leur apparaît comme un simulacre de décentralisation, probablement vouée à l'échec. Peut-on, avec succès, pratiquer le modèle français de décentralisation dans le contexte des pays africains en général et du Cameroun en particulier ? La « prise en otage » des autorités traditionnelles par le pouvoir africain ne constitue-t-elle pas un obstacle majeur à toute velléité de démocratie locale ? Dans le fond, des autorités traditionnelles dotées de missions pertinentes ne sont-elles pas une chance pour la démocratie locale, l'impôt local et, *a fortiori*, le développement local ?

Les autorités camerounaises devraient faire de ces autorités traditionnelles de véritables acteurs au niveau local. D'abord, en intégrant (véritablement) les chefferies traditionnelles dans le dispositif institutionnel camerounais sous la forme de collectivités traditionnelles décentralisées par exemple, donnant ainsi un sens à leur consécration juridique (A). Ensuite, en dépolitisant les chefs traditionnels avec, à la clef, l'attribution à ces derniers de missions précises venant s'ajouter à leur rôle traditionnel dont faut relever l'édulcoration progressive (B). Enfin, en faisant en sorte que ces autorités soient définitivement mises au service de la fiscalité locale, de la bonne gouvernance, et dont du développement local (C).

---

commandement et, en tout état de cause, le seul capable de protéger ses sujets aussi bien du monde visible qu'invisible. *Cf*, émission *Droit au clair* du journaliste M. Ambang, rediffusion du 14 juillet 2014 sur la chaîne nationale *CRTV*.

[1039] Au Togo par exemple, le chef de canton Togbui Kpelly III de Mission-Tové avait déclaré : « [Les chefferies traditionnelles] sont intégrées aux structures administratives modernes, tant et si bien que l'on ne sait plus où finissent les structures traditionnelles et où commencent les structures administratives. La complexité de cette situation crée des problèmes entre le chef traditionnel et le représentant du pouvoir central qu'est le sous-préfet, le préfet [ou autres], ce qui amène le chef traditionnel malgré lui à être davantage un chef politique que traditionnel. C'est ainsi qu'il est devenu un outil privilégié de tout régime politique qui l'utilise pour les besoins du système en place. Le chef traditionnel en tant que tel est le valet de l'administration centrale. Il est manipulé à des fins politiques. Il est sollicité pour asseoir l'autorité du Gouvernement. Il est exploité surtout au moment des élections du Président de la République, des députés à l'Assemblée nationale, des conseillers de préfecture et des communes. Après tout ceci, il est jeté à la poubelle, à la merci de toutes critiques... ». Voir, quotidien togolais *Le courrier du Golfe*, n° 97 du 29 juillet 1991, p.7, cité par E. Adraan, B. Van Rouveroy van Nieuwaal, *L'État en Afrique face à la chefferie. Le cas du Togo*, Éditions Karthala et ASC RB Leyde, 2000, p.49.

A. DONNER UN VÉRITABLE SENS À LA CONSÉCRATION JURIDIQUE DES AUTORITÉS TRADITIONNELLES

L'existence juridique des autorités traditionnelles a été consacrée par de nombreuses constitutions africaines.

Ainsi, Le titre XIII de la Constitution tchadienne traite-t-il des autorités traditionnelles et coutumières en ces articles 214 à 217 : « les autorités traditionnelles sont les garants des us et coutumes [article 214]. Elles concourent à l'encadrement des populations et appuient l'activité des collectivités territoriales décentralisées [article 215]. Elles sont les collaboratrices de l'administration dans le respect des libertés et des droits de l'homme [article 216].

La Constitution togolaise dispose à son article 143 que « l'État togolais reconnaît la chefferie traditionnelle gardienne des us et coutumes. La désignation et l'intronisation du chef traditionnel obéissent aux us et coutumes de la localité »[1040]. Dans le prolongement de ce texte, une loi togolaise de 2007 pose en principe que le chef traditionnel est le gardien des us et coutumes, et c'est à ce titre qu'il veille à l'harmonie et à la cohésion sociale[1041]. Cette loi prévoit que le chef traditionnel est consulté aussi bien par les autorités administratives que les collectivités décentralisées ou les services déconcentrés sur les questions de développement local, comme, par exemple, celles qui sont relatives notamment à l'environnement, à la santé, au foncier, à la sécurité et à l'éducation[1042].

En République démocratique du Congo, l'article 207 de la Constitution du 18 janvier 2006 dispose que « l'autorité coutumière est reconnue. Elle est dévolue conformément à la coutume locale, pour autant que celle-ci ne soit pas contraire à la Constitution, à la loi, à l'ordre public et aux bonnes mœurs ». La loi organique n° 08/16 du 7 octobre 2008 portant composition, organisation et fonctionnement des entités territoriales décentralisées et leurs rapports avec l'État et les provinces fait de la chefferie une entité décentralisée dotée de la personnalité juridique[1043]. Celle-ci « est un ensemble généralement homogène de communautés traditionnelles organisées sur la base de la coutume et ayant à sa tête un chef désigné par la coutume, reconnu et investi par les pouvoirs publics. Elle est administrée conformément aux dispositions de [la loi susvisée] et à la coutume pour autant que celle-ci ne soit contraire ni aux lois, ni aux édits, ni à l'ordre public et aux bonnes mœurs »[1044].

Au Cameroun, la Constitution du 18 janvier 1996 pose le principe suivant lequel « la République du Cameroun [...] reconnaît et protège les valeurs traditionnelles conformes aux principes démocratiques, aux droits de l'homme

---

[1040] Voir la Constitution togolaise du 31 décembre 2002.

[1041] Il s'agit de la loi n° 2007-002 du 8 janvier 2007 relative à la chefferie traditionnelle et au statut des chefs traditionnels au Togo : article 20.

[1042] *Idem*, article 22.

[1043] Article 5 de la Constitution de la République démocratique du Congo du 18 janvier 2006.

[1044] Article 67 de la Constitution de la République démocratique du Congo du 18 janvier 2006.

et à la loi [...] »[1045], et la loi n° 2006/004 du 14 juillet 2006 fixant le mode d'élection des conseillers régionaux prévoit quant à elle que les « représentants du commandement traditionnel sont élus par un collège électoral composé des chefs traditionnels[1046] de 1er, 2e, et 3e degrés autochtones dont la désignation a été homologuée, conformément à la réglementation en vigueur »[1047].

Notons cependant que le Niger constitue un exemple intéressant d'intégration des autorités traditionnelles, dont d'autres pays pourraient s'inspirer. En effet, « Il est constaté sur le territoire de la République du Niger, l'existence des collectivités dont les structures ont été héritées de [...] traditions et coutumes sous la dénomination de communautés coutumières et traditionnelles »[1048]. Ces dernières « sont hiérarchiquement intégrées dans l'organisation administrative de la République [...] et placées sous la tutelle des circonscriptions administratives et des collectivités territoriales (arrondissement ou commune) telles qu'elles ont été définies et fixées par la législation en vigueur »[1049].

On peut dire que la consécration de l'existence juridique des autorités traditionnelles semble désormais acquise dans de nombreux pays, dont le Cameroun, sans nier qu'elle a eu des incidences[1050] sur l'organisation politique

---

1045 Article premier, alinéa 2 de la Constitution du Cameroun.

1046 Décret n° 77/245 du 15 juillet 1977 portant organisation des chefferies traditionnelles, notamment article 2 : « La chefferie traditionnelle est organisée sur une base territoriale. Elle comporte trois degrés hiérarchisés suivants :
- chefferie de 1er degré;
- chefferie de 2e degré;
- chefferie de 3e degré ».
Article 3 : « Est de premier degré, toute chefferie dont le territoire de compétence recouvre celui d'au moins deux chefferies de 2e degré. Ses limites territoriales n'excèdent pas en principe celles d'un département. Est de 2e degré ; toute chefferie dont le territoire de commandement englobe celui d'au moins deux chefferies de 3e degré. Ses limites n'excédent pas en principe celles d'un arrondissement.
La chefferie de 3e degré correspond au village ou quartier en milieu rural, et au quartier en milieu urbain ».
Article 4 : « Nonobstant les dispositions de l'article 3 ci- dessus, l'autorité compétente peut classer une chefferie traditionnelle au 1er ou 2e degré, en raison notamment de son importante démographique et économique ».

1047 Voir l'article 17 alinéa 2 de la loi.

1048 Article de l'ordonnance n° 93/028 du 30 mars 1993 portant statut de la chefferie traditionnelle au Niger.

1049 *Idem*, article 2. Notons que selon les caractéristiques des populations qui les composent, les communautés coutumières prendront des dénominations variées (quartier, village, tribu, canton, groupement, sultanat ou province) ; les collectivités coutumières sont classées par catégories affectées d'une grille en fonction de l'importance (démographique, historique, politique ou économique) de chacune d'entre-elles. Pour d'amples informations (classement, création, suppression, modification et administration de ces communautés coutumières notamment), voir le titre I (dispositions générales) de l'ordonnance n° 93/028 du 30 mars 1993 susvisée, et plus précisément ses articles 4, 5 et 6.

1050 Les autorités traditionnelles se verront reconnaître soit une fonction exclusivement consultative à l'instar des autorités togolaises et sud-africaines, soit une participation délibérative au sein des organes locaux, comme c'est le cas au Cameroun.

et administrative de ces États. Cependant, il importe de faire remarquer qu'il s'agit d'une reconnaissance juridique timorée : celle-ci n'emporte pas toujours association des autorités traditionnelles à la politique de bonne gouvernance. En effet, au pire, les autorités traditionnelles sont en marge de leur véritable rôle ; au mieux, ces autorités sont des marionnettes du pouvoir. C'est dans ce dernier cas que leur rôle est souvent éminemment politique, tant et si bien que toute démarche visant à les intégrer comme acteur de la bonne gouvernance et de la fiscalité locale devrait être précédée de leur dépolitisation effective.

B. DÉPOLITISER LES AUTORITÉS TRADITIONNELLES

Le système camerounais a procédé à une désanthropologisation[1051] des autorités traditionnelles qui, au final, se trouvent privées de leur auréole sacrée[1052]. Tout au plus, les chefs traditionnels sont « affectés » au service des intérêts du régime en place, et non à des missions en lien avec la fiscalité

Au Togo, la loi n° 2007/002 du 8 janvier 2007 relative à la chefferie traditionnelle et au statut des chefs traditionnels au Togo a créé un Conseil national de la chefferie traditionnelle et des Conseils des chefs traditionnels par région et par préfecture, chargés de donner leur avis sur toute question relative à la chefferie traditionnelle et d'apporter leur concours pour le règlement des conflits de chefferie traditionnelle (article 2).

En Afrique du Sud, au regard du droit positif, les autorités traditionnelles (elles sont nommées par le chef de l'État) ont perdu une part importante de leurs compétences antérieures (fonction juridictionnelle et normative) qui leur étaient reconnues par la *Black Administration Act* 38 de 1927. En ce sens, L. Sermet indique que « du point de vue administratif, elles n'ont en vertu de la section 81 de la *Local Government Municipal Act* 117 of 1998 entrée en vigueur le 1er février 1999, que la possibilité d'intervenir aux délibérations des conseils municipaux (mais sans la possibilité de prendre part au vote) afin d'émettre des propositions dans l'intérêt des populations dont elles ont encore la charge. La Constitution intérimaire avait permis de leur reconnaître la qualité de membres de droit des conseils locaux, après certes un débat porté devant la Cour constitutionnelle [*African National Congress v. Minister of Local Government and Housing, KwaZulu-National* 1998 (3) SA 1 (CC)]. Cette prérogative ne leur est plus reconnue par la Constitution de 1996 ». Voir, L. Sermet, *Droit et démocratie en Afrique du Sud*, L'Harmattan, 2001, p. 66.

Au Cameroun (article 57 de la Constitution), les organes de la région sont le président du Conseil régional et le Conseil régional. Celui-ci est l'organe délibérant de la région ; il comprend deux catégories de conseillers régionaux, dont le mandat est de cinq ans : les délégués de département élus au suffrage universel indirect d'une part, et les représentants du commandement traditionnel élus par leurs pairs d'autre part. Le président du Conseil régional est l'exécutif de la région. « À ce titre, il est l'interlocuteur du représentant de l'État. Il est assisté par un bureau régional élu en même temps que lui au sein du Conseil. Le bureau régional [devant] refléter la composition sociologique de la région ».

1051 Pour une approche anthropologique de la chefferie traditionnelle et des missions orthodoxes du chef traditionnel (gardien des traditions, protection des sujets contre le monde visible et invisible, dépositaire de la cosmologie locale, recherche et lutte contre les sorcières, répartition des terres, règlement des litiges, y compris de sorcellerie, etc.), voire davantage, cf. E. Adriaan et B. Van Rouveroy Van Nieuwaal, *L'État en Afrique face à la chefferie. Le cas du Togo*, *op.cit.*, ou encore N. Rouland, *Anthropologie juridique*, PUF, 1988.

1052 C. Nach Mback, « La chefferie traditionnelle au Cameroun : ambiguïtés juridiques et dérives politiques », *Africa development*, volume xxv, p. 92.

locale et le développement, dont les fruits profiteraient à tous. « La décentralisation [étant] un tournant que [le Cameroun ne doit] rater sous aucun prétexte »[1053], il serait judicieux de repenser profondément le statut et le rôle des chefferies traditionnelles en tant qu'échelon incontournable de proximité. Leur politisation exacerbée et le travestissement des modes orthodoxes de transmission et de l'exercice du pouvoir traditionnel constituent à n'en point douter, un coup porté à cette fonction et *a posteriori* à la bonne gouvernance. En effet, Les chefs traditionnels du Cameroun ne jouent aucun rôle en matière de bonne gouvernance ou de développement, et le déclin de la chefferie traditionnelle au Cameroun semble avoir pour corollaire la survivance du régime[1054] en place, entraînant une entorse à la démocratie, et en même temps

---

[1053] Propos de Pius Ottou lors de l'émission « Actualités Hebdo » du journaliste Alain Bélibi portant sur « la décentralisation » à l'occasion de la journée africaine de la décentralisation, 13 août 2012, émission précitée.

[1054] Pour d'amples informations sur ce point, lire l'ouvrage d'I. Mouiche, *Autorités traditionnelles et démocratisation au Cameroun. Entre centralité de l'État et logiques du terroir*, Lit Verlag Münster, 2005. Selon cet auteur, « le Cameroun ne restera pas en marge du renouveau du leadership politique des chefs traditionnels observé dans d'autres pays comme l'Angola, la Somalie, le Zimbabwé, la Zambie ou le Nigeria [...]. Avec les fourches caudines de la conjoncture de la libéralisation politique, on verra l'étau se resserrer autour de nos monarques, "représentants du Cameroun profond" suivant la rhétorique officielle. Et tour à tour, la plupart vont apporter leur soutien "indéfectible" au régime [en place], chacun à sa manière : interventions télévisées, mémorandums, menaces de toutes sortes, certains allant même jusqu'à rendre visite au chef de l'État et à ses premiers ministres successifs [...]. Dans cette foulée, les chefs traditionnels de la province de l'Ouest vont inviter le Président Paul Biya le 14 août 1992 à organiser une élection présidentielle anticipée et à s'y présenter comme leur "candidat naturel". Voir, p. 2. D'autre part, les nombreux messages de soutien souvent adressés au chef de l'État camerounais par les autorités traditionnelles présentent ces dernières sous le jour de véritables thuriféraires du Président de la République :

« Nous, chefs traditionnels de l'arrondissement de Bikok, réunis en assemblée générale ordinaire de notre association (ACTAB) ce jour le 26 janvier 2012 à Bikok, avons l'insigne honneur d'adresser au Président de la République, chef de l'État, S.S. Paul Biya, la motion de soutien et de remerciement dont la teneur suit : Considérant la forte mobilisation des populations, l'implication des chefs traditionnels de Bikok pour l'élection du Président Paul Biya lors de la récente présidentielle ; considérant la première place occupée par l'arrondissement de Bikok dans le département de la Mefou et Akono en terme de pourcentage de votes en faveur du Président Paul Biya lors des dernières consultations présidentielles ; considérant que le choix porté par les populations de l'arrondissement de Bikok sur le Président Paul Biya était autant un choix de cœur qu'un choix de raison ; considérant la politique de rigueur, de moralisation des comportements prônée par le Président Paul Biya, gage de croissance et de développement de notre pays, le Cameroun ; considérant l'engagement constant du Président Paul Biya de faire du Cameroun un pays de paix, prospère et démocratique ; considérant les grandes Réalisations nourries par le Président Paul Biya pour le Cameroun et les projets structurants qui les sous-tendent et qui visent à faire du Cameroun une référence et un modèle en Afrique ; considérant les décrets du 9 décembre 2011 portant nomination de M. Atangana Kouna Basile au poste de Ministre de l'Eau et de l'Énergie, de Mme Obama Marie-thérèse au poste de ministre de la Promotion de la femme et de la Famille, et du contre-amiral Fouda Joseph au poste de conseiller spécial à la présidence de la République du Cameroun, tous fils et fille du département de la Mefou et Akono.

Nous nous engageons plus que par le passé à soutenir le Président Paul Biya et sa politique des grandes Réalisations. L'encourageons à poursuivre l'exaltante mission qu'il mène avec sagesse

à la bonne gouvernance. Cette désacralisation du pouvoir des chefs traditionnels est décrite par un auteur en ces termes : « On constate en effet un retour intempestif aux sources de la part de certaines élites nommées à des postes de responsabilité au sein du gouvernement. La télévision nationale diffuse régulièrement des images où l'on découvre soudain de grands commis de l'État qui s'arrogent des titres de noblesse au sein de la chefferie de leur village, lorsqu'ils ne vont pas carrément s'installer au trône. On pourrait encourager ce regain d'intérêt pour les valeurs ancestrales. Mais [...] ces nouveaux notables et chefs n'ont généralement aucune attache dynastique antécédente qui leur donne droit à ces titres. Il arrive même que les prétendants légitimes soient tout simplement écartés de la course. On connaît actuellement au Cameroun une inflation de ministres-chefs [traditionnels]. Cette offensive du politique sur la chefferie traditionnelle est à la source de son déclin »[1055]. Dans le même ordre d'idées, Maurice Kamto souligne que « la "captation des structures traditionnelles, d'une part par l'inféodation des chefs à l'Administration — suivant la logique coloniale — et surtout au Parti gouvernant, d'autre part par la profanation du symbolisme traditionnel et la folklorisation des rituels ancestraux à travers l'intronisation ou l'initiation spectaculaire de chaque membre du Gouvernement fraîchement nommé", ont entraîné une banalisation de l'institution cheffale, et par suite sa dévalorisation aux yeux de ceux-là mêmes qui sont censés la vénérer » "[1056], et même la défendre !

C. METTRE LES CHEFS TRADITIONNELS AU SERVICE DE LA FISCALITÉ LOCALE ET DE LA BONNE GOUVERNANCE

Réintégrer les chefferies traditionnelles dans la chaîne de recouvrement des impôts locaux peut avoir un apport non négligeable en matière de relèvement du produit des impôts et taxes (1). En plus du recouvrement des impôts et taxes, les chefferies traditionnelles devraient se voir confier des missions

---

et détermination pour valoriser le statut et les conditions de vie des chefs traditionnels. Le rassurons de rester les modèles de comportement dans la construction d'un Cameroun exemplaire.
Prions Dieu tout-puissant d'accorder à S.E. Paul Biya, Président de la République, chef de l'État ainsi qu'à son illustre épouse S.E. Mme Chantal Biya, sagesse, santé, longue vie et pleine de réussite dans l'accomplissement de leurs lourdes et délicates missions [...]. Fait à Bikok le 26 janvier 2012 ». Voir, le quotidien *Cameroun tribune* n° 10080/6281 du lundi 23 avril 2012. Édifiant quant au rôle politique joué par les autorités traditionnelles à la Base, ce message de soutien au chef de l'État camerounais peut ainsi être résumé : « Nous avons mobilisé les populations de notre arrondissement pour vous élire en masse et, à titre de récompense, vous avez bien voulu « accepter » des ressortissants de notre arrondissement au sein de votre Gouvernement. Plus que par le passé, nous continuerons à nous battre, afin de vous garantir les voix de nos populations aussi longtemps que possible ».

[1055] C. Nach Mback, « La chefferie traditionnelle au Cameroun : ambiguïtés juridiques et dérives politiques », *Africa development*, volume xxv, n° S 3 & 4, 2000, p. 85.

[1056] M. Kamto, cité par C. Nach Mback, *ibidem*, p. 114.

destinées à catalyser la bonne gouvernance, pour un développement plus rapide (2).

1. La réintégration des chefs traditionnels dans la chaîne de recouvrement des impôts locaux, pour plus de recettes fiscales

Après l'indépendance et jusqu'à la loi de finances de 1995 (c'est elle qui, à titre de rappel a instauré l'impôt libératoire en lieu et place de l'impôt forfaitaire), les chefs traditionnels étaient habilités — par application de l'article 20[1057] du décret n° 77/245 du 15 juillet 1977 portant organisation des chefferies traditionnelles — à collecter l'impôt forfaitaire. Cette mission a pris fin avec le remplacement de ce dernier par l'impôt libératoire. Le décret susvisé donne aux chefs traditionnels, sous l'autorité du ministre de l'Administration territoriale, le rôle de seconder les autorités administratives dans leurs missions d'encadrement des populations[1058]. À ce titre, par exemple, ils peuvent conformément à la coutume, et lorsque les lois et règlements n'en disposent pas autrement, procéder à des conciliations ou arbitrages entre leurs administrés[1059]. En outre, l'article 20 du décret du 15 juillet 1977 dispose que les chefs traditionnels sont chargés de « concourir, sous la direction des autorités administratives compétentes, au maintien de l'ordre public et au développement économique, social et culturel de leurs unités de commandement ». Il faut néanmoins noter que l'action des chefs traditionnels au regard de ces missions apparaît trop peu visible, se limitant au mieux au rôle d'officier d'état civil (signature d'actes de naissance, mariage ou décès).

Les chefferies traditionnelles sont une réalité sociologique inéludable en Afrique, et particulièrement au Cameroun. Dans le contexte de ce dernier pays, les lois de décentralisation de 2004 précitées et la loi du 15 décembre 2009 renvoient à une avancée manquée : certes, la loi n° 2004/19 du 22 juillet 2004 fixant les règles applicables aux régions prévoit dans la formation du Conseil régional[1060] des représentants du commandement traditionnel élus par leurs pairs, mais il n'en demeure pas moins que leur véritable rôle au sein de ce Conseil — qui n'existe pas encore puisque les régions ne sont pas effectives — n'est pas clairement défini. D'autre part, alors que le décret n°77/245 du 15 juillet 1977 (mentionné plus haut) faisait des autorités traditionnelles des

[1057] Voir *infra*.

[1058] Voir l'article 19 du décret du 15 juillet 1977 susvisé.

[1059] Voir l'article 21 du décret du 15 juillet 1977 susvisé.

[1060] Voir l'article 26 de cette loi : « Le Conseil régional est l'organe délibérant de la région. Il est composé de conseillers régionaux dont le mandat est de cinq (5) ans » : ce Conseil comprend les délégués des départements élus au suffrage universel direct, les représentants du commandement traditionnel élus par leurs pairs, l'élection devant se faire selon les modalités fixées par la loi, le Conseil régional devant quant à lui refléter les différentes composantes sociologiques de la région.

auxiliaires de l'Administration en charge notamment du recouvrement[1061] des impôts et taxes — de l'Administration et des collectivités publiques — dans les conditions prévues par la loi, la loi de 2009 portant fiscalité locale est restée muette sur le sujet. La chefferie traditionnelle n'est plus associée au recouvrement de l'impôt, et l'on ne peut que le regretter : outre remédier au caractère approximatif de la culture fiscale des populations locales, les chefferies traditionnelles utilisées à bon escient peuvent constituer un maillon solide de la décentralisation et de la chaîne de recouvrement des impôts et taxes.

« Dans plusieurs pays de l'Afrique subsaharienne, l'imposition foncière doit tenir compte du rôle des autorités traditionnelles, car ces autorités exercent souvent un contrôle plus ou moins étendu sur de vastes étendues de terres. L'approche prédominante a été de laisser les terres sous le contrôle des autorités traditionnelles, en marge de l'impôt, une pratique qui ressort clairement de la nouvelle législation sud-africaine relative à la fiscalité immobilière. Une solution consisterait à impliquer les autorités traditionnelles dans la procédure de recouvrement des impôts, en leur réservant simultanément l'exclusivité de certaines matières […]. Au Ghana, le Gouvernement a eu à collaborer avec la coopération allemande en vue de mener un projet pilote de ce type. Après une longue période de consultation, il avait été décidé que les autorités traditionnelles seraient dans un premier temps associées à améliorer "l'éducation fiscale" au niveau local, un moyen incontestable de faire jouer à la fiscalité un rôle de catalyseur dans la relation entre le formel et le traditionnel au niveau local »[1062].

Dans la mesure où il est énoncé à l'article 2 de la loi n° 17 du 22 juillet 2004 d'orientation et de la décentralisation que la décentralisation est « l'axe fondamental de promotion du développement, de la démocratie et de la bonne gouvernance au niveau local », on ne peut que porter un regard critique à l'endroit des textes de décentralisation, à l'origine d'une configuration territoriale ne tenant véritablement pas compte du contexte du pays. Une décentralisation pertinente aurait justement consisté, comme indiqué plus haut,

---

[1061] Article 20, alinéa 3 : « Auxiliaires de l'Administration, les chefs traditionnels sont notamment chargés […] de recouvrer les impôts de taxes de l'État et des autres collectivités publiques, dans les conditions fixées par la réglementation. » .

[1062] OECD, « *Citizen-State relations. Improving governance through tax reform* », 2010, p. 46, traduction de l'auteur : "*In many countries in sub-Saharan Africa property taxation must take account of the role of traditional authorities, as these authorities often exercise full or partial control over large tracts of land. The existing approach has overwhelmingly been to leave lands controlled by traditional authorities outside of the tax net, and this was, for example, explicit in South Africa's new property tax law (Bahl, Smoke and Soloman, 2003). An alternative may be to seek to engage traditional authorities in the tax collection process, while simultaneously reserving some areas for traditional authorities alone […]. In Ghana, the government has partnered with GTZ to conduct such a pilot project. After an extended period of consultation, a decision was taken to initially involve traditional authorities in improving tax education in local areas, as an uncontroversial way to use taxation as a catalyst for linking the formal and the traditional in local government*".

à faire des chefferies traditionnelles des collectivités traditionnelles décentralisées dont les chefs auraient des missions précises, et de nature à justement promouvoir la bonne gouvernance et le développement à la Base.

2. L'étude des missions à confier aux chefs traditionnels, un pas vers la bonne gouvernance et le développement

Au Cameroun, la bonne gouvernance locale apparaît reléguée au second plan tant par les autorités traditionnelles elles-mêmes — qui n'en font pas grand cas — que par le cadre juridique qui leur est applicable. Le contraste est considérable entre ce que laissent penser les dispositions relatives aux statuts et les observations faites sur le terrain. À titre d'exemple, les attributions des autorités traditionnelles ont été progressivement amoindries : avant l'indépendance du pays, le système de l'autorité britannique était apparu plus enclin à la décentralisation. François Paul Yatta fait remarquer que « le colonisateur anglais utilisait largement les structures traditionnelles existantes [...] selon le fameux principe du "principal agent". La chefferie traditionnelle par exemple était le représentant du colon dans les localités les plus éloignées des "capitales". Ce système est aussi connu sous la dénomination de "*Indirect Rule*". *L'Indirect Rule* laisse tout naturellement une marge de manœuvre aux chefs traditionnels qui continuent à gérer les populations locales sur les questions comme la justice ou le prélèvement de l'impôt »[1063].

Sur ce point, le Niger apparaît comme un exemple à suivre pour le Cameroun, les deux pays présentant des similitudes au niveau local : pauvreté, insécurité, problèmes d'adduction d'eau, existence des chefferies traditionnelles, etc. Le système nigérien fait des autorités traditionnelles des acteurs à part entière du développement au niveau local. Dans ce pays, le chef de quartier exerce son autorité sur l'ensemble des populations recensées dans le quartier, village ou tribu y compris les étrangers qui y sont établis ou sur les terres en dépendant (missions de police), étant précisé qu'il a seul, l'ingrate[1064] responsabilité de la collecte des impôts et taxes frappant les membres de sa

---

[1063] F.-P. Yatta, *La décentralisation fiscale en Afrique, enjeux et perspectives*, Éditions Khartala, Paris, 2009, p. 31.

[1064] L'ingratitude de cette fonction est bien résumée par H. Kokou Motcho : « le chef de quartier est un homme à tout faire, [...] incompris aussi bien par ses administrés que par les représentants de l'État. D'une part, on lui reproche de ne pas pouvoir apporter des solutions aux maux qui assaillent le quartier et de toujours réclamer l'impôt dont on ne voit pas l'utilisation ; et, d'autre part, on le critique sur sa faible capacité de mobilisation et d'animation et surtout ses faibles performances en matière de recouvrement des impôts. Situé au bas de la catégorie des chefs traditionnels, il est souvent oublié par les chefs de canton qui l'associent rarement à leurs décisions ». Les chefs de quartier au Niger éprouvent de plus en plus de difficultés à recouvrer l'impôt car les populations exigent que les services attendus de la municipalité soient effectivement réalisés pour s'en acquitter, et la municipalité soutenant pour sa part qu'elle ne peut faire face à sa mission que si les impôts sont payés. Voir, H. Kokou Motcho, « Urbanisation et rôle de la chefferie traditionnelle dans la communauté urbaine de Niamey », *Les Cahiers d'Outre-Mer* [En ligne], 229 | janvier-mars 2005, mis en ligne le 13 février 2008, consulté le 14 avril 2014. URL : http://com.revues.org/265 ; DOI : 10.4000/com.265.

communauté[1065]. Les chef de canton, de province, et le sultan exercent quant à eux leur autorité sur l'ensemble des villages, éventuellement quartiers ou tribus établis dans les limites territoriales dépendant de ces communautés coutumières ; le chef de groupement exerce pour sa part son autorité sur l'ensemble des tribus (éventuellement des villages ou quartiers en dépendant) ; chefs de canton, de groupement, de province de même que le sultan ne perçoivent pas les impôts et taxes, mais ils collaborent activement à leur recouvrement[1066]. Notons également que le chef coutumier représente les communautés coutumières ou traditionnelles qu'il dirige dans leur rapport avec l'Administration et les tiers. [1067]

En matière coutumière, civile, et commerciale, le chef traditionnel nigérien dispose du pouvoir de conciliation des parties (missions de justice) ; il règle (selon la coutume) l'utilisation par les familles ou les individus des terres de cultures et espaces pastoraux sur lesquels la communauté coutumière dont il a la charge possède des droits coutumiers reconnus et, dans tous les cas, il dresse des procès-verbaux de ces conciliations dont extrait est adressé à l'autorité administrative et à la juridiction compétente, où ces procès verbaux (dressés et signés par les parties) ne peuvent pas être remis en cause.

En matière économique, le chef coutumier est en même temps agent, acteur et partenaire du développement, puisqu'il est pleinement associé à toutes les actions de développement qui touchent sa communauté. Par exemple, l'hygiène, l'assainissement et la salubrité publique, l'application de la politique de la population, la protection et la conservation du patrimoine coutumier (architecture, artisanat, culture, etc.), la production et l'alimentation en eau potable, ainsi que la construction et l'entretien des pistes rurales.

Certaines villes camerounaises comme Yaoundé et Douala connaissent une insécurité sans cesse grandissante (vol à main armée, nombreuses agressions dans la rue de jour comme de nuit, y compris aux domiciles des victimes, nombreux meurtres, etc.). Outre les actions menées par les autorités camerounaises sur le terrain, une des solutions à cette poussée d'insécurité pourrait consister à *effectivement* confier une mission de maintien de l'ordre public aux chefs traditionnels des villes camerounaises.

Cette voie a été empruntée par le Niger où sévit l'insécurité urbaine : « en tant que magistrat de l'ordre administratif, le chef traditionnel a le devoir de maintenir l'ordre public à l'intérieur de la collectivité dont il a la charge et de

---

[1065] Article 12 de l'ordonnance n° 93/028 du 30 mars 1993 portant statut de la chefferie traditionnelle du Niger.

[1066] *Idem*, article 13

[1067] *Ibidem*, article 14 : à ce titre, « il veille notamment à la protection des droits et libertés individuelles et collectives des citoyens et communautés dont il a la charge[…] au respect des règles administratives et de la loi dans leur application vis-à-vis des citoyens et de communautés ; au respect de la tolérance religieuse et des pratiques coutumières pour autant que ces pratiques ne perturbent pas l'ordre public et ne portent atteinte aux droits et libertés des autres membres ; à la défense des intérêts des citoyens et des communautés dans leurs rapports avec l'Administration et les tiers ».

rendre compte des faits susceptibles de lui porter atteinte et de toute infraction à la loi pénale, à l'autorité administrative de son ressort », une mission qui, au regard du contexte, ne manque pas d'efficacité[1068]. En dehors d'une allocation annuelle parfaitement justifiée, suivant la catégorie des chefferies, les chefs coutumiers nigériens perçoivent, en leurs qualités de représentants des pouvoirs publics, des rétributions particulières pour certaines tâches déterminées — recouvrement des impôts et taxes, tenue des registres d'état civil et de recensement — dans les conditions prévues par les lois et règlements ; ils perçoivent aussi des indemnités en couverture partielle de certains frais occasionnés par l'exercice de leurs fonctions (téléphone, électricité notamment) et ont droit à une prise en charge en cas d'hospitalisation ainsi qu'à des allocations familiales.

Dans le cas du Cameroun, et comparativement aux missions confiées aux chefs traditionnels nigériens, on est conduit à s'interroger sur la convenance du décret n° 2013 du 13 septembre 2013 modifiant et complétant le décret n° 77/245 du 15 juillet 1977 portant organisation des chefferies, lequel accorde une rémunération aux chefs traditionnels des 1er, 2e, et 3e degrés, respectivement de 200 000, 100 000 et 50 000 CFA, des allocations qui, selon ledit décret « [...] ne peuvent se cumuler avec les indemnités de parlementaire, le traitement de fonctionnaire ou des agents des administrations publiques ». D'où cette éclairante déclaration d'un chef traditionnel, qui n'en reste pas moins ironique (l'importance du rôle politique joué par ces chefs traditionnels et le juste retour qui leur est souvent réservé par le régime a déjà été mentionné) : « J'étais encouragé[1069] pour avoir placé des tickets d'impôts,

---

[1068] « [...] s'il y a un domaine dans lequel l'intervention des chefs est grande, c'est celui de l'insécurité qui depuis l'instauration de la démocratie a pris de l'ampleur : vols à la tire, cambriolages et braquages, contre lesquels les quelques fonctionnaires de police sont impuissants, font aujourd'hui partie du vécu des Niaméens qui transforment de plus en plus leurs maisons en bunkers (fixation de grilles de protection aux fenêtres et de tôles sur les jolies grilles d'entrée des villas). Toutes ces précautions, prises pour prévenir les agressions extérieures, le sont malheureusement au détriment des mesures de sécurité contre les incendies internes. On sacrifie aussi la beauté de l'architecture à la sécurité, en entourant les villas, autrefois clôturées avec de simples grillages ou des murets dont la hauteur atteignait à peine 2 m, par des murs hauts de 4 à 5 m (!) surmontés de pointes ou de tessons de bouteilles. Souvent, en plus de ce dispositif de sécurité, on plante des bougainvilliers qui recouvrent le mur des clôtures et dont les innombrables épines dissuadent les visiteurs indésirables. Ainsi, le réflexe sécuritaire se traduit d'une part aujourd'hui par une dissimulation des belles architectures, invisibles de l'extérieur et aussi de l'intérieur à cause de l'absence de perspective ; et d'autre part par la création de sociétés de gardiennage et de milices privées dans les quartiers. Ces milices appelées " yam banga ", constituées de jeunes souvent sans emploi et rétribués par des cotisations volontaires fixées à 500 F CFA par ménage, ont été mises en place grâce à la bienveillance des chefs de quartier. Seuls ou accompagnés de quelques fonctionnaires de police, ils font la ronde dans les quartiers, la nuit ». Voir, H. Kokou Motcho, « Urbanisation et rôle de la chefferie traditionnelle dans la communauté urbaine de Niamey », *Les Cahiers d'Outre-Mer*, *art.cit.*

[1069] Avant l'indépendance, vers la fin des années 50, les chefs traditionnels bénéficiaient de primes dont il ne nous a pas été donné d'en connaître le montant. Puis, vers la fin des années 80, certains chefs laissaient entendre qu'ils touchaient environ 6000 FCFA (environ neuf euros) en

maintenant, je le serai pour avoir fait quoi ? Je dis merci d'avance, mais ça sera une compensation pour quel service rendu à l'État ? Moi, je suis à la fois un planteur, un commerçant qui paie ses impôts. Je ne vois pas la recette que ça fournit à l'État pour que je puisse mériter un salaire (*sic*)»[1070].

Comme le relève Charles Nach Mback, « le Cameroun n'a pas fait preuve d'inventivité pour résoudre le .problème de la cohabitation, dans un même pays, des structures administratives modernes et d'organisations sociopolitiques traditionnelles. La chefferie traditionnelle n'est finalement identifiable ni à une circonscription administrative déconcentrée, ni à une collectivité locale décentralisée »[1071].

Toutefois, un pas a été franchi grâce à la décision de la Chambre administrative de la Cour suprême[1072] consacrant leur personnalité juridique et leur reconnaissant le droit d'ester en justice pour leur propre compte. Elles deviennent dès lors des personnes morales[1073] de droit public — tutelle étatique, nomination par des autorités administratives, mission de maintien de l'ordre public (quoiqu'en théorie), collecte des impôts (jusqu'à une époque récente), origine du salaire, etc. — autrement dit des acteurs à part entière, capables (si l'opportunité leur est donnée à travers des fonctions de gouvernance locale clairement définies) de s'impliquer efficacement à la bonne gouvernance et au développement local. En effet, « dans beaucoup de

---

plus des petites « commissions » qui leur étaient accordées sur le montant des impôts prélevés. Ce surplus monétaire était d'ailleurs insignifiant dans la mesure où la crise aidant, le recouvrement de ces impôts n'était pas une tâche aisée. Voir A. Bopda, « Genèse, mutation et problèmes urbains de la chefferie "traditionnelle" à Yaoundé (Cameroun » *in* S. Jaglin et A. Dubresson (dir.,), *Pouvoirs et cités d'Afrique noire. Décentralisations en questions*, *op.cit.*, p. 252.

[1070] Disponible sur : http://www.cameroun24.net/?pg=actu&ppg=4&pp=4&id=13871

[1071] C. Nach Mback, « La chefferie traditionnelle au Cameroun : ambiguïtés juridiques et dérives politiques », *art.cit.,* p. 79.

[1072] *Ibidem* p. 83.

[1073] Sur les controverses liées à la personnalité morale des chefferies traditionnelles voir, H. Kouomegne Noubissi, *Décentralisation et centralisation au Cameroun. L'exemple de la répartition des compétences entre l'État et les collectivités locales*, *op.cit.*, p. 326-329. La position de cet auteur s'aligne sur celle de R. Decottignies qui, parlant des collectivités traditionnelles et villageoises, soutient qu'elles sont « en marche vers la personnalité juridique ». Pour H. Kouomegne Noubissi en effet, « les chefferies traditionnelles n'ont pas une personnalité juridique explicitement reconnue par les règles de droit, mais présentent des éléments objectifs d'identification, de représentation et d'expression, les rapprochant des personnes morales ». Notons toutefois que la Cour de cassation française a eu à affirmer que la personnalité morale ne relève pas de la création de la loi, et qu'elle appartient en principe à tout groupement pourvu d'une possibilité d'expression collective pour la défense d'intérêts licites, dignes en plus d'être juridiquement reconnus et protégés. Sur ce point, voir, S. Guinchard et T. Debard (dir.), *Lexique des termes juridiques 2012*, Dalloz, 2011, p. 638. Même si cette analyse de la Cour de cassation porte sur le droit privé, elle nous semble transposable au droit public, s'agissant justement des chefferies traditionnelles camerounaises dont il est établi qu'elles sont dotées de droits et d'obligations, abstraction faite de la personne des membres qui les composent, au même titre qu'une association loi 1901, une société, l'État, ou une collectivité territoriale décentralisée par exemple. En ce sens, Voir, S. Guinchard et T. Debard, *Lexique des termes juridiques 2012*, *op.cit.*

pays [et au Cameroun surtout], la reconnaissance des chefs traditionnels, associée à leur intégration formelle ou informelle dans la gouvernance locale et diverses formes de coopération conduira à une amélioration de la gouvernance locale. Cela contribuera à une amélioration de la vie quotidienne des gens »[1074], une solution pouvant contribuer efficacement à faire de l'actuel slogan *émergence du Cameroun à l'horizon 2035* une réalité, et non une ritournelle creuse.

Conclusion du premier titre

Dans la perspective de sortir sous certaines conditions les pays en voie de développement de la crise, des bailleurs de fonds (principalement la Banque mondiale et le Fonds monétaire) avaient recouru aux plans d'ajustement structurel qui se révélèrent par la suite aussi pernicieux qu'inefficaces. D'où le recours à l'idée de *bonne gouvernance*, par laquelle les bailleurs de fonds entendaient désormais lier leur aide à un effort de démocratisation, qui emportait nécessairement décentralisation. Mais la bonne gouvernance qui vise entre autres à protéger les concours financiers octroyés pouvait-elle être transposée en l'état dans le contexte africain en général et camerounais en particulier ? Une adaptation au contexte camerounais était inévitable…

La bonne gouvernance entretient des rapports étroits avec la politique fiscale ; il était dès lors nécessaire d'avoir une double lecture de la politique de bonne gouvernance et de la politique fiscale. Le Cameroun a consacré la bonne gouvernance dans de nombreux textes, mais les pratiques observées sur le terrain s'éloignent considérablement des marqueurs de la bonne gouvernance tels que précisés par les bailleurs de fonds : la gestion publique n'est pas transparente et a besoin d'être assainie ; l'obligation de déclaration des biens prévue par la Constitution est un simulacre avéré, etc., si bien que le pays devrait rompre avec une législation « virtuelle » et s'essayer à un système de Gouvernement ouvert.

Face à la doctrine qui peine à s'accorder sur une définition unique à donner au terme *politique fiscale*, on rappellera que le législateur camerounais a eu le mérite de circonscrire cette notion qui, au niveau local, se décline en quatre objectifs[1075].

Rappelons que l'un des objectifs prévus par la réforme de 2009 est de relever les recettes fiscales des collectivités territoriales décentralisées par le transfert à leur profit du produit de certains impôts et taxes. Autant souligner

---

[1074] Voir le Rapport de G. Lutz et W. Linder sur les « structures traditionnelles dans la gouvernance locale pour le développement local », mai 2004, consultable sur : info.worldbank.org/etools/docs/library/ 136160/tslg/pdf/.

[1075] Seuls deux objectifs sur quatre seront ici abordés ; sur l'ensemble de ces objectifs, voir le début du présent chapitre et la circulaire conjointe n° 0002335/MINATD/MINFI du 20 octobre 2010 précisant les modalités d'application de la loi n° 2009/019 du 15 décembre 2009 portant fiscalité locale.

que le relèvement des recettes fiscales locales ne s'est véritablement pas produit au regard du premier objectif. Et la qualité des services rendus aux populations (en matière d'approvisionnement en eau potable par exemple) s'en ressent, conduisant naturellement à se pencher sur la problématique des ressources attendues pour l'exercice des compétences transférées et à s'interroger sur le sens et la portée des initiatives internationales de lutte contre la pauvreté.

Rappelons aussi qu'un autre objectif prévu par la réforme de 2009 est de mettre en œuvre un principe de solidarité et de développement harmonieux entre toutes les collectivités territoriales décentralisées. L'exemple de la péréquation révélant à suffisance que la solidarité peut difficilement prospérer entre collectivités territoriales pauvres, un relèvement préalable des recettes fiscales serait donc un pas vers une solidarité réussie.

La persistante faiblesse du rendement de la (nouvelle) fiscalité locale, associée à la grande disparité financière qui caractérise les communes, conduit à conclure à une crise des finances locales.

Compte tenu de certaines pistes de relèvement des recettes fiscales envisageables, on peut affirmer que la faiblesse des recettes fiscales ne relève pas d'une situation inextricable. Une piste à ne pas négliger consisterait pour ces collectivités et en guise de réponse à la crise des finances locales, de rechercher d'autres sources de financement qui — il faut le souligner avec insistance — devront (à terme) se coupler avec une bonne fiscalité locale en termes de rendement.

Les autorités traditionnelles camerounaises devraient quant à elles être autre chose que de simples figurants de l'organisation administrative, ou de sortes d'exécutants politiques du pouvoir en place. Au contraire, tout devrait être mis en œuvre pour qu'elles deviennent des dépositaires de certaines compétences, à l'instar du recouvrement de certains impôts locaux, afin qu'elles deviennent de véritables acteurs au service de la fiscalité locale.

Pour l'heure Les objectifs de la bonne gouvernance ne sont pas atteints, et la fiscalité locale peine à asseoir des recettes suffisantes. S'agissant de la bonne gouvernance, un échec de celle-ci se manifeste à travers la mauvaise qualité des services : nous l'avons vu, la rareté de l'eau potable dans les grandes villes est un exemple suffisamment révélateur de l'échec des initiatives internationales de lutte contre la pauvreté. Comment ne pas garder à l'esprit que la mauvaise qualité des services est une « ennemie » de la fiscalité locale ? En effet, comme on le verra dans les développements qui suivent, elle crée une « légitimité de résistance à l'impôt » des contribuables, ce qui, bien entendu, n'est pas sans pénaliser la fiscalité en général et au niveau local en particulier.

Tout doit donc être mis en œuvre afin que la fiscalité locale soit effectivement au service de la bonne gouvernance, cette dernière se devant aussi d'être au service de la première. Par conséquent, la logique commande que l'on recherche des voies et moyens à même de sortir les finances locales (en général) et la fiscalité locale (en particulier) de la crise dans laquelle elle sont enlisées.

TITRE II

LES RÉPONSES ENVISAGEABLES À LA CRISE DES FINANCES LOCALES CAMEROUNAISES

Dans son ensemble, la fiscalité tend, depuis de nombreuses années, à être utilisée comme l'un des moyens privilégiés de politique économique ou sociale, une orientation à laquelle la fiscalité locale n'a pas échappé[1076]. Michel Bouvier souligne qu'« au sein des systèmes fiscaux, les impôts locaux méritent qu'on leur accorde une attention particulière, dans la mesure où dans les pays développés, comme dans les pays en développement, leurs fonctions aussi bien économique que politique ne sont pas toujours appréciées à leur juste valeur[1077]. Selon cet auteur, la fiscalité locale présente « au moins trois grandes qualités : elle est, à la fois, un moyen efficace de financer le développement, une voie d'accès privilégiée à une responsabilisation de la gestion publique et un élément-clef de la démocratie de proximité »[1078].

Concernant le développement local, fait Michel Bouvier souligne qu'il est supposé passer par le développement urbain, et plus encore par la création d'un maillage du territoire dont le squelette (structure fondamentale) devra être constitué par un réseau de villes groupant différentes agglomérations. L'objectif ici est non pas de créer des oasis d'opulence ci et là, mais plutôt de charpenter le territoire sur la base de réseaux décentralisés, lesquels doivent prendre successivement appui sur les grandes métropoles régionales d'abord, sur les villes moyennes ensuite et, enfin, sur les petites villes ; l'idée de fond qui contribue à définir celle conception du développement est de réunir au sein de ces réseaux des potentialités complémentaires et de forger des solidarités[1079].

Notons, s'agissant justement du financement du développement local, qu'il est en l'état actuel de la fiscalité locale rendu très difficile, voire impossible, le Cameroun devant se tourner vers des modes alternatifs de financement du

---

[1076] M. Bouvier, *Les Finances locales*, 15e édition, *op.cit.*, p.114.
[1077] *Idem*, pp. 114-115.
[1078] *Ibidem*, p. 115.
[1079] *Ibidem*, p. 21.

développement local. L'idée n'est pas de tourner le dos à la fiscalité locale. Loin s'en faut, ce d'autant plus que « les recettes fiscales représentent la plus grande proportion des recettes des communes »[1080]. Il s'agit de mettre davantage d'accent sur les ressources d'appoint, c'est-à-dire les recettes non fiscales (chapitre I), et de trouver des pistes de réforme de l'actuel système fiscal local (chapitre II) : un système qui s'est indubitablement transformé au fil du temps mais qui, manifestement, appelle d'autres transformations dans l'intérêt des collectivités territoriales décentralisées.

[1080] J.-P. Kuaté, *Les collectivités locales décentralisées au Cameroun. Recueil de textes*, 5e édition, Macacos, p. 16.

CHAPITRE I

LA RECHERCHE DU DÉVELOPPEMENT LOCAL À TRAVERS LES RECETTES NON FISCALES ET LA COOPÉRATION ENTRE COLLECTIVITÉS

Longtemps tenues pour secondaires alors qu'elles occupent une place essentielle dans les finances publiques et exercent une influence considérable dans l'économie nationale[1081], les finances locales (les recettes fiscales en font partie intégrante) sont aussi constituées de recettes non fiscales, c'est-à-dire celles qui n'émanent pas du produit de l'impôt local. Il peut s'agir, au titre des ressources internes des collectivités territoriales, des recettes marchandes. Il peut aussi s'agir, au titre des ressources externes à ces collectivités, de l'emprunt, des transferts de l'État ou de la coopération entre collectivités territoriales décentralisées *via* quelque forme de solidarité, à l'instar de l'intercommunalité.

De nos jours, une nouvelle ambition — le développement économique — a été attribuée aux finances locales et surtout à la gestion des ressources locales, laquelle est appréhendée comme un moyen d'importance, pour conduire au développement économique local ou, en tout cas, pour contribuer à son impulsion. On sait que la notion de développement économique local va de pair avec celle d'aménagement du territoire ; aujourd'hui, elle fait partie intégrante des objectifs assignés aux finances locales. Or, l'insuffisance de ces dernières dans le contexte camerounais (faiblesse du rendement de la fiscalité locale et dotations étatiques problématiques) devrait amener les collectivités territoriales à s'appuyer sur des sources alternatives de financement (section I). L'on pourrait d'ailleurs envisager une autre solution (cumulative) consistant à véritablement encourager la coopération entre collectivités territoriales décentralisées (section II).

[1081] M. Bouvier, *Les finances locales*, 15e édition, *op.cit.*, p. 15.

SECTION I. LE RECOURS À DES SOURCES ALTERNATIVES DE FINANCEMENT

Comme le souligne William Gilles, « dans un contexte de raréfaction des ressources publiques, les financements alternatifs permettent aux collectivités territoriales de bénéficier de nouvelles marges de manœuvres »[1082]. L'idée ici est de prendre acte du faible rendement des impôts locaux dont il a déjà été fait mention et de se tourner vers des ressources locales d'appoint, à dessein d'améliorer les finances locales. Les collectivités locales auront tout intérêt à opter prioritairement pour une multiplication des recettes non fiscales (§ I) et devront, à condition de ne pas être très endettées, recourir modérément à l'emprunt (§ II).

§ I. La multiplication des recettes non fiscales, la compensation du faible rendement de la fiscalité locale

Multiplier en parallèle des recettes non fiscales grâce aux produits de l'exploitation (encaissement de recettes par une collectivité locale en contrepartie des services qu'elle offre aux usagers) et aux produits domaniaux (recettes provenant du patrimoine d'une collectivité locale à l'instar d'un immeuble bâti ou non bâti, des utilisations communes ou privatives du domaine de la collectivité, etc.) restent des options à privilégier pour compenser les lacunes de la fiscalité locale. En effet, cette approche peut être une réponse efficace au cas d'insuffisance du produit des impôts locaux et des dotations étatiques. Mais, cela ne peut se faire qu'à travers la création de certains services publics locaux, elle-même subordonnée à une légitimation préalable des interventions économiques des collectivités territoriales. En France, cette légitimation a été progressive (A). Au Cameroun, cette légitimation est effective dans une législation favorable à l'ouverture du pays à l'interventionnisme économique des collectivités territoriales, une ouverture qui se doit néanmoins d'être renforcée dans les faits, en guise de commencement de réponse à l'insuffisance des recettes fiscales (B).

A. LES INTERVENTIONS ÉCONOMIQUES DES COLLECTIVITÉS LOCALES FRANÇAISES : UNE LÉGITIMATION PROGRESSIVE

Dans son ouvrage intitulé *Le droit des interventions économiques des collectivités locales*, Amavi Gustave Kouévi souligne qu'en France, l'idée de l'intervention économique et sociale des collectivités locales ne donne plus lieu à affrontements ou à débats entre juristes, mais qu'il est toujours possible de discuter sur trois questions, à savoir : la nature et les modalités des

---

[1082] Gilles William, « Les financements alternatifs des collectivités territoriales », *Revue française d'administration publique*, 2012/4 n° 144, p. 929-941. DOI : 10.3917/rfap.144.0929.

interventions des personnes publiques locales, le degré des responsabilités qui leur incombent de ce fait et, enfin, les précautions à prendre nécessairement afin de contenir les éventuels risques d'abus[1083].

Même si « les collectivités locales ont traditionnellement développé de larges compétences d'intervention dans les domaines économiques et sociaux »[1084], on rappellera avec Amavi Gustave Kouévi que « la légitimité des interventions en matière économique et sociale a été fréquemment remise en cause aussi bien pour l'État lui-même que pour les collectivités locales ». En effet, c'est au regard du principe de la liberté du commerce et de l'industrie induit par le décret des 2-17 mars 1791 que fut instituée une limite à l'interventionnisme de la puissance publique en matière économique et sociale. L'interventionnisme — on la définit comme étant « un ensemble de courants de pensée qui prônent l'intervention de l'État dans l'économie pour à la fois corriger les défaillances du marché et réaliser divers objectifs collectifs, plein emploi, justice sociale, redéploiement industriel... » — va néanmoins se trouver favorisée par l'insuffisance et la défaillance de l'initiative privée, qui ont fini par montrer les lacunes du libéralisme économiques[1085].

Les tenants de la thèse interventionniste soutenant qu'il n'est guère réaliste de laisser les collectivités territoriales à l'écart de l'activité économique, des voix s'élevèrent très tôt en faveur d'une extension des possibilités d'intervention économique des institutions infraétatiques [1086]. Au fil du temps[1087], on a assisté à une adhésion progressive des autorités à l'idée d'un interventionnisme du pouvoir central, interventionnisme qui ne pouvait exclure les collectivités territoriales : elles sont directement intéressées tant par leur situation économique que par leur santé financière (en matière de recettes fiscales et de dépenses), au point de craindre les conséquences des disparitions d'entreprises pour leur budget (crainte de la baisse de leurs recettes fiscales, notamment la taxe professionnelle de l'époque), pour leur autonomie, et même leur existence ; l'interdiction pure et simple de toute action économique n'était plus raisonnablement envisageable, même s'il restait à résoudre le problème d'une organisation cohérente de l'intervention État/collectivités locales dans la vie économique[1088].

1083 A.G.Kouévi, *Le droit des interventions économiques des collectivités locales*, LGDJ, 2003, p.1.

1084 En ce sens, voir Y. Gaudemet, *Traité de droit administratif*, tome 1, LGDJ, 16e édition, p. 242.

1085 A.G. Kouévi, *Le droit des interventions économiques des collectivités locales, op.cit.*, p. 1.

1086 *Idem*, p. 3.

1087 Sur les vifs débats suscités par le principe de cette intervention, les enjeux, et l'évolution du régime juridique des interventions économiques locales (phases de blocage quasi systématique de l'intervention des communes et phases d'assouplissement), voir A.G.Kouévi, *Le droit des interventions économiques des collectivités locales*, LGDJ, 2003, p. 2-14.

1087 *Idem*

1088 Sur ce point voir, A.G. Kouévi, *in Le droit des interventions économiques des collectivités locales*, *op.cit.*, p. 5-7.

Loin (entre autres) de la loi des 2-7 mars 1791 précité, de l'arrêt Casanova[1089] du 29 mars 1901 et de l'arrêt chambre syndicale du commerce de détail de Nevers du 30 mai 1930[1090], les collectivités locales françaises ont eu à bénéficier d'un régime juridique des interventions économiques plus favorable, instauré par la loi du 2 mars 1982 consacrant la possibilité pour les collectivités locales en général, et les communes en particulier, d'intervenir en matière économique et sociale, une disposition dont on dit qu'elle n'est pas, dans son principe, la nouveauté que l'on dit parfois[1091] (c'est la jurisprudence, quelquefois à partir de textes généraux, qui a largement contribué à la construction du droit de l'interventionnisme local)[1092]. On veut par là dire que « les lois de décentralisation ne constituent pas vraiment une rupture dans cette construction jurisprudentielle, qu'ont parfois reprise des circulaires ministérielles », à l'instar de l'importante circulaire du 7 octobre 1992 relative aux interventions économiques des collectivités locales (Mon. Trav. Pub. 1er janv., p. 200)[1093]. L'on note aussi que, avant la première loi de décentralisation, la « loi du 7 janvier 1982 approuvant le plan intérimaire 1982-1983 » comportait des dispositions pouvant permettre aux collectivités locales et à leurs groupements d'accorder des aides directes ou indirectes aux entreprises, dans des conditions précisées par le texte, et lorsque cette intervention a pour objet la création ou l'extension d'activités économiques (voir article 4)[1094].

[1089] Dans cet arrêt, le Conseil d'État avait annulé les délibérations d'un conseil municipal qui allouait des subventions à un médecin.

[1090] Dans cet arrêt, le Conseil d'État avait été saisi par un syndicat de commerçants sur le refus d'un préfet d'annuler les délibérations d'un conseil municipal autorisant le maire à créer un service municipal de ravitaillement des denrées alimentaires. La décision fut effectivement annulée, au motif que les entreprises qui ont un caractère commercial restent généralement réservées aux initiatives privées. Il faut noter que depuis cet arrêt, « les collectivités locales peuvent ériger en services publics locaux certaines activités industrielles ou commerciales dès lors qu'il y a absence ou défaillance de l'initiative privée et nécessité de satisfaire à certains besoins généraux de la population ». Voir, A.G. Kouévi : *Le droit des interventions économiques des collectivités locales*, *op.cit.*, p. 17.

[1091] A. de Laubadère, J. -C Venezia et Y. Gaudemet, *Traité de droit administratif*, LGDJ, tome 1, 11e édition, 1990, p.172.

[1092] A.G. Kouévi, *Le droit des interventions économiques des collectivités locales*, *op.cit.*, p.13. En ce sens, voir aussi Y. Gaudemet, pour qui certains textes étaient peu ambigus et visaient certainement à faciliter les interventions économiques des communes. En effet, selon ce dernier, le décret-loi du 28 décembre 1926 paraissait devoir mettre un terme à la jurisprudence restrictive qui était en vigueur, puisque l'on peut notamment y lire que « les communes et les syndicats de communes peuvent être autorisés à exploiter directement des services d'intérêt public à caractère industriel et commercial », et que, « sont considérés comme industrielles les exploitations susceptibles d'être gérées par des entreprises privées [...] en application de la loi du 2-17 mars 1791. À ces textes s'ajoute un décret-loi du 5 novembre 1926 qui avait déjà posé les principes d'organisation des régies communales et des sociétés d'économie mixtes locales ayant pour objet l'exploitation de services municipaux industriels ou commerciaux. *Cf.* Y. Gaudemet, *Traité de droit administratif*, tome 1, LGDJ, 16e édition, 2001, p. 249.

[1093] Y. Gaudemet, *Traité de droit administratif*, *op.cit.*, 2001, p. 242.

[1094] *Idem*, p. 250.

En tout état de cause, le principe de l'interventionnisme des collectivités locales en matière économique a été (explicitement) autorisé pour la première fois en France par la loi n° 82-213 du 2 mars 1982[1095]. Cette loi a d'ailleurs été complétée par des textes et décrets d'application[1096] qui vont au-delà de la simple intervention des collectivités locales par la voie classique, déclinée en création et gestion de services publics locaux. C'est à cette dernière qu'il est fait référence dans le cadre de cette étude[1097], étant précisé qu'en tant qu'instruments d'intervention des collectivités locales, les services publics locaux sont de deux ordres : ceux qui sont créés par ces collectivités en vertu d'une loi qui leur confère des compétences à cet effet, et ceux qui (sans être prévus par la loi) peuvent être créés à l'initiative des collectivités locales « parce qu'ils se rattachent soit à une mission définie en termes généraux par cette loi, soit à des missions relevant de la vocation générale des collectivités locales »[1098].

B. L'OUVERTURE CAMEROUNAISE À L'INTERVENTIONNISME ÉCONOMIQUE DES COLLECTIVITÉS LOCALES : UNE OPTION À RENFORCER

À peine indépendant (et bien avant les lois de décentralisation de 2004), le Cameroun s'est ouvert à l'interventionnisme économique de ses collectivités territoriales. En effet, la loi n° 74-23 du 5 décembre 1974 portant organisation communale avait prévu qu'une commune pouvait, après autorisation du conseil municipal, intervenir dans le domaine économique et social (notamment par voie d'exploitation directe ou par simple participation financière dans les organismes privés ou publics)[1099].

La notion de développement économique local s'est largement amplifiée ces dernières années, corrélativement avec les préoccupations de décentralisation et de gouvernance locale. Elle tend vers une reconnaissance du rôle des collectivités territoriales sur la question du développement et de la réduction de la pauvreté et intègre des préoccupations de gouvernance locale, le défi, dans ce contexte, étant la conception et la mise en œuvre d'une

[1095] Voir notamment l'article 5 de cette loi : « La commune peut intervenir en matière économique dans les conditions prévues au présent article ».

[1096] C'est le cas de ceux du 22 septembre 1982 modifiés par le décret du 15 janvier 1989, lesquels précisent les modalités des aides directes et indirectes aux entreprises : A.G. Kouévi, *Le droit des interventions économiques des collectivités locales*, *op.cit.*, p. 14.

[1097] Pour plus de précisions, notamment sur les modalités nouvelles d'interventions économiques des collectivités locales à travers les aides publiques aux entreprises et les limites aux interventions économiques de ces collectivités voir l'ouvrage de A.G. Kouévi, *op .cit.*

[1098] *Idem*, p. 26 et 50.

[1099] Voir l'article 46 de la loi n° 74-23 du 5 décembre 1974 portant organisation communale, texte précité.

stratégie de développement économique axée sur la satisfaction des besoins de la collectivité ou du groupe des collectivités qu'elle cible[1100].

À cet égard, un accent particulier doit être placé sur les produits de l'exploitation du domaine et aux prestations de services rendus par la commune aux populations. Elle est l'une des ressources propres de base des collectivités territoriales qui témoignent, dans une certaine mesure, du degré d'animation socio-économique qui prévaut, étant à noter que les rubriques budgétaires de cette catégorie qui rapportent beaucoup plus aux communes sont : le loyer des immeubles (il rapporte globalement 789 millions de FCFA) ; les produits de concessions des emplacements publicitaires (ils rapportent 379 millions) ; les produits des services affermés ou concédés et les recettes de cession de sables, pierres, pouzzolane et autres (ils rapportent 198 millions). Les 349 communes totalisent 2,23 milliards de FCFA de recettes d'exploitation service et domaine, représentant 5 % de leurs recettes de fonctionnement de l'année 2008 (chiffres à jour de 2012) : 49 communes n'en ont pas et les deux valeurs les plus importantes sont à la communauté urbaine de Douala (548 millions de FCFA dont 356 millions de FCFA de produits de concession d'emplacements publicitaires) ; on note pour la communauté urbaine de Yaoundé et les communes d'arrondissement un total de 164 millions de recettes d'exploitation, services, et domaine[1101].

En gardant à l'esprit que l'autofinancement devrait toujours être privilégié par rapport à l'emprunt local, la libéralisation de ce dernier peut être vue comme une avancée dans un pays où, comme déjà souligné, les collectivités territoriales éprouvent d'énormes difficultés à s'autofinancer. L'adage suivant lequel « on ne prête qu'aux riches » prend ici tout son sens, car le niveau d'endettement général des collectivités territoriales est un paramètre d'importance à considérer chaque fois qu'il sera question pour ces collectivités de recourir à l'emprunt.

§ II. Le recours à l'emprunt, tributaire du niveau d'endettement général des collectivités territoriales décentralisées

Le terme emprunt fait généralement référence à l'opération qui consiste pour un emprunteur à recevoir — à titre de prêt — une chose ou une somme d'argent qu'il devra remettre (chose) ou rembourser (somme d'argent) suivant des modalités préalablement définies. Tout en précisant que « l'emprunt est un contrat »[1102], Xavier Cabannes souligne que, « juridiquement, l'emprunt est un

---

[1100] M. Finken, *Gouvernance communale en Afrique et au Cameroun*, L'Harmattan, 2011, p. 299.

[1101] Ministère de l'administration Territoriale et de la décentralisation, *Finances locales du Cameroun op.cit.*

[1102] X. Cabannes, « La nature juridique des contrats d'emprunt public de l'État : analyse au regard de la politique contemporaine d'émission des titres publics » *in* « Mélanges Paul Amselek », Bruylant, 2005, p. 155.

accord de volonté entre le prêteur, qui verse une chose ou une somme d'argent, et l'emprunteur, qui reçoit cette chose ou cette somme afin de s'en servir, à charge de restitution »[1103]. Dans le contexte local, « L'emprunt est une ressource mise à la disposition d'une collectivité locale par un établissement financier afin de contribuer au financement des investissements inscrits au budget, moyennant une rémunération fixée au préalable par un taux d'intérêt et dont le remboursement est effectué sur une période supérieure à un an dans le cadre d'un tableau d'amortissement »[1104].

De ce point de vue, l'emprunt s'oppose aux ressources propres et aux ressources provenant de transferts étatiques : d'abord parce que ces dernières revêtent un caractère définitif, au contraire de l'emprunt qui revêt un caractère provisoire (il s'agit d'une recette remboursable), ce qui explique d'ailleurs que certains voient dans l'emprunt un impôt différé, puisque ce sont en général les impôts futurs qui permettront de dégager les ressources nécessaires au remboursement de la dette ; ensuite, contrairement aux autres ressources des collectivités territoriales qui ne font l'objet d'aucune affectation précise au financement de dépenses données, l'emprunt reste une ressource affectée ; inscrit en section d'investissement, il finance exclusivement les investissements nouveaux de la collectivité territoriale et ne peut servir au financement des dépenses de fonctionnement, ni même certaines dépenses inscrites en section d'investissement, à l'instar du remboursement du capital de la dette[1105].

Le recours à l'emprunt présente des avantages (il permet d'étaler la charge d'un équipement dans le temps, de réaliser plusieurs investissements de manière plus rapide, de générer le développement économique et des ressources fiscales supplémentaires grâce à l'arrivée de nouveaux habitants et de nouvelles entreprises en période d'urbanisation et d'industrialisation), mais aussi des inconvénients (il grève les budgets futurs puisqu'il faut rembourser le capital emprunté, accroît la charge de l'investissement au regard du paiement des intérêts, et pose le problème de l'endettement global de la collectivité au cas de multiplication des emprunts)[1106].

L'on ne saurait perdre de vue les opérations de la section de fonctionnement : ces opérations s'opposent aux opérations de la section d'investissement en ce que ces dernières font référence à une augmentation ou à une modification du patrimoine de la collectivité territoriale, tandis que les opérations de la section de fonctionnement renvoient, quant à elles, au fonctionnement normal et régulier de la collectivité concernée (paiement des salaires du personnel et des charges y afférents, règlement des factures d'eau ou d'électricité, des prestations de nettoyage ou des travaux de plomberie,

---

[1103] *Idem.*
[1104] J. Bourdin, *Les finances communales*, 3e édition, Economica, 2001, p. 256.
[1105] F. Labie, *Les finances locales*, éditions du CNFPT, 2002, p. 260.
[1106] F. Deruel et J. Buisson, *Finances publiques. Budget et pouvoir financier*, 13e édition, Éditions Dalloz, 2001, p. 155.

etc.). La section fonctionnement peut parfois constituer un véritable gouffre financier et, par conséquent, une source d'ennuis pour les collectivités territoriales en matière d'endettement.

Or, il est constant que la solvabilité d'une collectivité locale est un préalable, sans lequel elle ne pourra (et ne devrait) recourir à quelque emprunt que ce soit (A). Mais, pour l'heure, l'endettement non maîtrisé, autrement dit le surendettement, caractérise la plupart des collectivités territoriales camerounaises (B) ; pourtant il est sinon urgent, du moins impératif que des solutions de désendettement soient trouvées pour aider ces collectivités à pouvoir (raisonnablement) recourir à l'emprunt (C) : une nécessité, au regard de l'insuffisance des recettes fiscales que l'on observe dans ces collectivités.

A. LA SOLVABILITÉ DES COLLECTIVITÉS TERRITORIALES : PRÉALABLE DU RECOURS À L'EMPRUNT

Les collectivités territoriales africaines peuvent recourir à l'emprunt à travers trois principales sources : celle des institutions financières spécialisées, celle des marchés financiers, la dernière source est certes celle des crédits internationaux, à laquelle vient toutefois s'ajouter une quatrième source : les prêts que l'on octroie à l'État et qui sont par la suite rétrocédés par celui-ci aux collectivités territoriales décentralisées[1107].

L'emprunt constitue, pour Jean-Luc Albert et Luc Saïdj, un « mode traditionnel de financement des investissements locaux » auxquels il est, du moins en principe, exclusivement réservé. Il permet souvent de boucler le budget, en finançant (selon les cas et les années) entre un et deux tiers des équipements nouveaux. L'emprunt fait partie des recettes d'investissement[1108] au Cameroun. Il y est une source de financement qui occupe une place particulière du fait des exigences[1109] qui conditionnent l'accès à ce type de ressource, mais aussi des conséquences qu'il entraîne. La collectivité emprunte pour assurer la couverture des dépenses à court terme dans la gestion ordinaire de la trésorerie communale, ou pour appuyer des investissements à moyen ou à long terme dans le cadre de sa politique de développement. Par conséquent, le recours à l'emprunt est une pratique normale dans la gestion communale. Toutefois, il est nécessaire qu'il s'inscrive dans le cadre d'une bonne

---

[1107] M. Finken, *Gouvernance communale en Afrique et au Cameroun*, *op.cit.*, p. 303.

[1108] Article 21 de la loi n° 2009/11 du 10 juillet 2009 portant régime financier des collectivités territoriales décentralisées.

[1109] Voir, en ce sens, l'article 22 de la loi n° 2009/11 du 10 juillet 2009 portant régime financier des collectivités territoriales décentralisées : « (1) Les emprunts intérieurs sont autorisés par délibération de l'organe délibérant, soumise à l'approbation de l'autorité de tutelle compétente. Ils sont destinés en priorité, au financement des investissements. La délibération y afférente fixe le montant de l'emprunt. (2) Sont interdits, les emprunts contractés auprès des personnes physiques ou morales ayant un lien direct ou indirect avec la collectivité territoriale. (3) Les emprunts extérieurs, autorisés par délibération de l'organe délibérant, soumise à l'approbation de l'autorité de tutelle compétente, sont garantis par l'État ».

gouvernance communale et qu'il n'obère pas le fonctionnement normal de la collectivité. Lorsque les ressources propres ou affectées d'une collectivité territoriale ne lui permettent pas d'exercer la politique de ses moyens, l'emprunt apparaît effectivement comme un appoint important qui l'aide à réaliser ses initiatives et projets[1110].

Il importe de souligner avec Jean-Luc Albert et Luc Saïdj, que l'emprunt reste un « procédé financièrement dangereux ». C'est dire qu'au lieu de recourir à un endettement aveugle, il serait judicieux, lorsque la solvabilité de la collectivité est avérée, que cette dernière opte exclusivement pour un endettement modéré. En ce sens, Michel Cabannes explique qu'un endettement modéré ne veut pas dire un endettement nul, la dette publique étant utile à l'économie (nationale et locale) : « elle permet de financer des investissements qui augmentent la production future. Elle répond à un souci d'équité, en faisant contribuer les générations futures au financement de projets dont elles bénéficieront [...][1111]. Un endettement modéré ne signifie pas non plus un endettement fixe à court terme, car cela aurait l'inconvénient d'inciter à des mesures budgétaires pro-cycliques [...] »[1112].

Michel Tandjia souligne quant à lui que l'emprunt est certes courant, mais il n'en demeure pas moins un moyen de financement dont l'utilisation doit être à la fois efficace, efficiente, mesurée et prudente puisqu'il consiste en une anticipation de ressources futures, qu'il réduit en conséquence d'autant les possibilités d'actions dans l'avenir, et qu'il s'accompagne d'un engagement d'honorer ses annuités d'amortissement, quoiqu'il advienne ; d'où la nécessité de limiter l'endettement[1113], ce qui ne semble pas être le cas, s'agissant des collectivités territoriales décentralisées du Cameroun.

B. LE SURENDETTEMENT DES COLLECTIVITÉS TERRITORIALES CAMEROUNAISES : UN FREIN À L'EMPRUNT

On sait que les collectivités locales ont l'obligation de voter un budget « respectueux du principe de l'équilibre budgétaire »[1114]. Mais le Rapport final d'une récente Étude[1115] révèle qu'en dehors de l'endettement des communes auprès du FEICOM, qui est dans une large mesure connu et maîtrisé[1116],

---

[1110] *Cf.*, « Étude sur la dette communale au Cameroun, », *op.cit.*, p. 6.

[1111] D'où l'expression de *solidarité intergénérationnelle* employée par H.-M. Crucis, *Finances publiques*, Éditions Montchrestien, 2003, p. 82.

[1112] M. Cabannes, « Les politiques économiques face aux problèmes de l'endettement public », La documentation française, « cahiers français », n° 335, 2006, p. 42.

[1113] M. Tandjia, *Analyse financière des comptes des communes,* PUCAC, p. 85.

[1114] W. Gilles, *Les principes budgétaires et comptables publics*, *op.cit.*, p. 133.

[1115] Il s'agit du Rapport final sur l' « Étude sur la dette communale au Cameroun », édité et financé par le FEICOM et la *Deutsche Geselschaft für Internationale Zuzammerarbeit (GIZ) GmBH*, juin 2013.

[1116] Les collectivités territoriales camerounaises peuvent recourir à l'emprunt à travers le FEICOM. Cet organisme jouit d'une sûreté sur les CAC qui y sont centralisés avant

« l'endettement de certaines communes camerounaises a atteint des niveaux et proportions incompatibles avec les exigences minimales de leur survie. Elles ont accumulé des engagements dont elles ne peuvent plus, sans dommage, assurer le remboursement. Vis-à-vis de certains créanciers, [et au contraire de la dette du FEICOM et de la CNPS[1117] dont l'information est "disponible et exhaustive"], le montant des engagements des communes n'est même pas connu, et encore moins le chiffre total de l'endettement communal »[1118]. En effet, la dette n'est pas maîtrisée : certains facteurs (diversité des situations à l'origine de l'endettement, insuffisance ou absence d'une vision cohérente et articulée du développement par les communes, le caractère nébuleux des modalités de gestion et de remboursement) ont pour effet de brouiller la perception de la véritable situation de la dette communale, en plus du fait que l'endettement n'est pas essentiellement tourné vers les investissements, et qu'il est parfois subi (il est alors involontaire)[1119].

L'« Étude sur la dette communale au Cameroun » susvisée conclut qu'« en conséquence, la dette communale est difficile, sinon impossible à appréhender intégralement, tant au niveau national qu'à celui de certaines communes. Le caractère parcellaire, voire lacunaire de l'information en provenance des communes, mais aussi de leurs différents créanciers, ne permet pas de cerner de façon exhaustive et fiable la situation de la dette des communes. Il est dès lors malaisé d'envisager des mesures susceptibles de la maîtriser et d'en faire un outil de gestion efficace et efficient. La dette non maîtrisée devient un frein au développement local, au lieu de constituer un levier. Pourtant, l'endettement est, pour la commune, un des outils susceptibles de lui permettre de s'acquitter de sa mission. Là où les ressources propres ou affectées [...] ne permettent pas à une CTD de mettre en œuvre la politique de ses moyens, il se présente comme un appoint important à la réalisation de nombre de ses initiatives et projets à condition qu'il soit soutenable »[1120].

Lors de l'enquête de terrain relative à cette « Étude sur la dette communale au Cameroun », Le FEICOM avait révélé que 94,3 % des collectivités territoriales (353 sur 374) étaient endettées. Cette situation est d'autant plus préoccupante que trente communes avaient été visitées, et seize seulement d'entre-elles avaient pu fournir pour exploitation les données recherchées par

---

redistribution aux communes : au cas de non-paiement par une commune de sa dette, le montant des annuités dues peut être retenu à la source par le FEICOM.

[1117] Caisse nationale de prévoyance sociale.

[1118] *Cf.* « Étude sur la dette communale au Cameroun », Rapport final rendu par Agora Consulting, *op.cit.*, p. 6. Selon cette Étude, la dette des communes camerounaises vis-à-vis du FEICOM et de la Caisse nationale de prévoyance sociale (CNPS) est disponible, et même exhaustive. Cependant, les montants communiqués par les communes divergent souvent de ceux qui sont détenus par les organismes susvisés. Par exemple, alors que l'on affirmait à la commune de Bafoussam ne pas avoir de dette auprès du FEICOM, les livres de cet organisme faisaient justement apparaître que la commune susvisée lui était redevable pour l'année 2013 de la somme de 172 783 236 FCFA (voir p. 18).

[1119] *Idem*, p. 7.

[1120] *Ibidem*, p. 7-8.

le cabinet en charge de l'Étude. Le reste n'avait pas été en mesure de communiquer des informations sur leur état d'endettement.

L'état de la dette des communes au niveau national par type de dette (voir tableau ci-dessous) révèle que les communes camerounaises doivent une somme totale de 57 592 054 470 (cinquante sept milliards cinq cent quatre vingt douze millions cinquante quatre mille quatre cent soixante dix) FCFA, une somme qui, de toute évidence, est aujourd'hui largement dépassée[1121].

Tableau 6 : État de la dette des communes au niveau national par type de dette

TYPE DE DETTE COMMUNALE		MONTANT AU PREMIER TRIMESTRE 2013
DETTE FISCALE	Trésor	12 000 000 000 environ
	Impôts	
DETTE COMMERCIALE	HYSACAM (31 mars 2013)	1 802 887 337
	AES SONEL (31 mars 2013)	11 480 581 469
	CDE (31 mars 2013)	3 259 383 564
	CAMTEL	750 000 000 environ
	prestataires privés	Information non disponible
DETTE FINANCIERE	FEICOM (31 mars 2013)	27 424 425 398
	CFC[1122] et autres établissements financiers	Information non disponible
DETTE SOCIALE	Dette salariale (arriérés de salaires et non reversement des avancements)	Information non disponible
	CNPS (non-reversement des cotisations sociales)	874 776 702
TOTAL		**57 592 054 470**

Source : Rapport final de l'Étude sur la dette communale au Cameroun (FEICOM, GIZ, Agora consulting), juin 2013.

Abstraction faite des données indisponibles (à l'exemple des arriérés de salaires ou de la contrepartie financière des avancements non reversés au personnel communal) et des données relatives à l'aggravation dans l'entre-temps des dettes commerciales et fiscales, la répartition de la dette communale au niveau national s'établit alors comme suit : 48 % pour la dette financière (FEICOM), 1 % pour la dette sociale (CNPS), 21 % pour la dette fiscale et 30 % pour la dette commerciale.

Il est donc désormais clair que les collectivités territoriales camerounaises ploient sous le poids de diverses catégories de dettes, et présentent un risque d'insolvabilité évident. Les laisser dans un état de surendettement est impensable, leur octroyer des prêts dans ces conditions n'est certainement pas

---

[1121] Le Rapport final de l'« Étude sur la dette communale au Cameroun » indique en effet qu'à la date de rédaction dudit Rapport, cette somme était largement dépassée : en raison des informations non disponibles de nombreux créanciers et de l'aggravation aussi bien de la dette commerciale que de la dette fiscale.

[1122] Crédit foncier du Cameroun.

envisageable, toute initiative visant à leur fermer les portes de l'emprunt (au mépris de l'insuffisance quasi générale des recettes fiscales locales constatée) étant à proscrire.

En revanche, et dans la mesure où l'équilibre budgétaire est de plus en plus menacée, il est urgent que soient trouvés des voies et moyens destinés à désendetter ces collectivités, afin qu'elles puissent avoir raisonnablement recours à l'emprunt, une ressource d'appoint dont elles ne peuvent manifestement se passer au regard de la faiblesse du produit de la fiscalité locale.

C. LE DESENDETTEMENT : CONDITION PRÉALABLE DU RETOUR À L'EMPRUNT DES COLLECTIVITÉS TERRITORIALES

La question de l'emprunt au Cameroun ne peut être abordée isolément : elle doit être associée à l'état d'endettement général des collectivités territoriales, ce d'autant plus que certaines délibérations des conseils municipaux autorisent les maires, non sans légèreté, à emprunter sans fixer le plafond de l'emprunt, alors que « les maires [...] n'aiment pas rembourser les dettes »[1123]. En effet, à côté des sources d'emprunt mentionnées plus haut, lesquelles renvoient à des dettes d'investissement (institutions spécialisées, marchés financiers, crédits internationaux, prêts accordés à l'État et rétrocédés par ce dernier à ses collectivités locales), une collectivité locale peut — si elle n'y prend garde ou si elle ne dispose pas de ressources suffisantes — se trouver surendettée. Le surendettement est alors, comme dans le cas des collectivités territoriales camerounaises, le fait à d'une accumulation de dettes d'exploitation[1124], autrement dit d'impayés de dépenses de fonctionnement : charges sociales, salaires, prestations de services effectuées au profit de la collectivité territoriale (téléphone, électricité, etc.), ou d'impôts et taxes non reversés.

Tout en dressant un état des lieux de l'endettement des communes camerounaises, l'Étude sur la dette communale au Cameroun susvisée préconise un certain nombre de stratégies permettant entre autres stratégies, de mieux gérer l'endettement et d'éviter une situation de surendettement des communes ; or, quoique implicitement, l'état des lieux dévoile un surendettement des communes, ce qui conduit à s'interroger sur le rapport existant entre l'état des lieux affiché et les stratégies préconisées par l'Étude susvisée (1). Ces stratégies sont d'une efficacité avérée certes, mais l'observation montre des communes camerounaises surendettées. C'est dire

---

[1123] J.-P. Kuaté, *Contribution au renforcement des ressources financières des communes camerounaises*, mémoire de DESS en gestion financière du Centre africain d'études supérieures en gestion de Dakar, sous la direction de Joseph Nsibeuweula, juin 2004, p. 73.

[1124] Ce sont des dettes à court terme (date limite de paiement inférieure à un an) résultant des dépenses de fonctionnement, à l'exemple de celles mentionnées ci-dessus. Elles s'opposent aux dettes à moyen terme (délai de paiement supérieur à un an) et aux dettes à long terme, le délai de remboursement de ces dernières étant supérieur à cinq ans.

qu'en l'état actuel, seules des stratégies concourant à leur désendettement semblent être la solution appropriée (2).

1. Les stratégies de gestion de l'endettement et d'évitement du surendettement des communes

L'état d'endettement, mieux de surendettement des communes camerounaises, commande qu'un accent particulier soit porté sur des stratégies visant à désendetter ces communes. C'est un préalable indispensable, puisqu'il est constant que ces collectivités sont surendettées et à la limite de l'insolvabilité. En clair, rechercher des mesures de traitement du désendettement de ces communes semble aujourd'hui plus indiqué que s'attacher à en rechercher les mesures de prévention.

L'Étude sur la dette communale au Cameroun poursuivait un double objectif, décliné en objectif principal et en objectifs spécifiques. L'objectif principal consistait à définir et à proposer une stratégie de gestion de l'endettement communal, adaptée aux mécanismes d'intervention du FEICOM et au cadre juridique des finances locales au Cameroun. Quant aux objectifs spécifiques, ils visaientt à rendre lisible la situation de la dette communale au Cameroun (causes et effets, typologies des créanciers, volume de la dette, postes concernés par l'endettement, etc.), à proposer des solutions pouvant éviter le surendettement des communes, à permettre au FEICOM de disposer d'un outil d'appréciation des potentialités et des capacités réelles d'endettement des communes, tout en encadrant juridiquement l'accès des communes au crédit.

Ainsi, outre la solidarité intercommunale — un des axes stratégiques proposés par l'Étude sur la dette communale ci-avant mentionnée — l'amélioration de la gestion de l'information financière (à travers une application stricte des textes, à l'instar des dispositions de la loi n° 2009/11 du 10 juillet 2009 portant régime financier des collectivités territoriales décentralisées et le recours aux techniques de traitement des données financières de ces collectivités) constitue le second axe stratégique de la gestion de la dette des communes que présente cette Étude. Celle-ci entend ainsi permettre une approche globale de la question de la dette, dans une démarche permettant à court et moyen termes de rendre la dette des communes soutenable (démarche opérationnelle) et d'assurer la soutenabilité de la dette communale sur la durée (démarche prospective).

En troisième, l'amélioration de la qualité de la gestion et sécurisation des ressources communales a, à son tour été invoquée : cet axe permet, toujours selon la même étude, d'optimiser les ressources (humaines, matérielles et financières). Le fait de promouvoir une meilleure allocation ainsi qu'une meilleure utilisation des ressources permet de rationaliser le recours à l'emprunt et contribue de ce fait à assurer la solvabilité grâce à une gestion optimale des ressources communales.

En effet, les communes ne gèrent pas judicieusement certaines de leurs ressources, alors que celles-ci pourraient leur permettre à la fois d'améliorer leur potentiel d'engagement et de réaliser des objectifs qu'elles se sont assignées. Or, « ce potentiel est souvent mal connu, mal apprécié et mal géré [...]. Cela se traduit par des réalisations sans rapport avec les ressources véritables disponibles et aboutit souvent à un endettement inconsidéré, mais évitable. Cela résulte d'une connaissance insuffisante du potentiel de la commune et partant, de sa capacité d'endettement. La difficulté vient souvent de la confusion entre les charges obligatoires et celles qui ne le sont pas, alors que la loi fait obligation à la commune de régler en priorité les premières[1125]. Il importe par conséquent, que la commune n'envisage sa capacité réelle de s'endetter qu'après avoir satisfait la couverture desdites charges obligatoires tel que prévu à l'article 28[1126] du régime financier des CTD ».

Quoique tournés vers une gestion plus rigoureuse de l'endettement des communes, les axes de stratégies ci-dessus proposées ne manquent pas de pertinence, au moins parce ces stratégies peuvent rendre plus difficile l'accès à l'emprunt. Le problème ne s'en trouve pas réglé pour autant : pour l'heure, les communes sont au bord de l'asphyxie financière. Par conséquent, il serait judicieux de trouver des voies et moyens tendant à désendetter ces communes ou, tout au moins, de rapporter leur endettement à un niveau soutenable.

Sur ce point précisément, il y a lieu de saluer l'apport de l'Étude susvisée parce qu'elle identifie de nombreuses causes d'endettement des communes camerounaises. Ces causes ne sont pas sans utilité dans toute démarche visant à trouver des stratégies de désendettement des communes.

[1125] On peut penser que la confusion entre les charges obligatoires et celles qui ne le sont pas a pu être favorisée par le manque de clarté de l'article 128 de la loi du 5 décembre 1974 portant organisation communale. Cette disposition crée un éventail trop large de dépenses obligatoires. En réputant dépenses obligatoires (entre autres) « les contributions et participations de la commune aux dépenses d'intérêt social ou économique », cette disposition pouvait conduire, en l'absence d'une définition précise de la notion d'intérêt social ou économique, à voir en des dépenses facultatives des dépenses obligatoires. L'on se doit néanmoins de noter que l'article 28 (ci-dessous) de la loi n° 2009/11 du 10 juillet 2009 portant régime financier des collectivités territoriales décentralisées a remédié à cette imperfection en ne reconduisant pas la confusion semée par l'article 128 susvisé.

[1126] Constituent des dépenses obligatoires au titre de l'article 28 de la loi n° 2009/11 du 10 juillet 2009 portant régime financier des collectivités territoriales décentralisées, les dépenses liées aux traitements et salaires, aux indemnités et autres avantages prévus par les textes en vigueur ; les cotisations sociales ; les impôts et taxes à reverser ; les charges incompressibles liées au fonctionnement des services ; les dettes exigibles ; les contributions aux organismes d'appui aux collectivités territoriales prévues par la réglementation : les dépenses résultant de l'exécution des décisions de justice passées en force de chose jugée ; les contributions aux regroupements ou associations dont la collectivité territoriale est membre ; les dépenses nécessaires à la réalisation des programmes d'investissement et des projets adoptés par l'organe délibérant ; les dépenses relatives aux fonds de contrepartie ; les dépenses de transfert. Est obligatoire pour les communautés urbaines, la dotation générale de fonctionnement allouée aux communes d'arrondissement.

2. Le besoin de recourir à des stratégies de désendettement des communes

Le FEICOM jouit d'un certain privilège au regard de la maîtrise qu'il a de ses créances sur les communes, aidé en cela par le fait que les CAC qui y sont centralisés pour reversement aux communes tiennent lieu de sûreté.

Mais l'état de la dette communale (vis-à-vis de l'administration fiscale et de nombreux prestataires de services), désormais insoutenable, n'a de cesse de s'accroître. Les communes ne peuvent raisonnablement plus recourir à des emprunts dans ces conditions, pas plus que les prestataires de services ne peuvent d'ailleurs demeurer de sortes d'« entreprises caritatives » sans dommage.

Dans la mesure où les causes du surendettement des communes contiennent en germe des débuts de solutions, leur identification est une démarche préalable à toute entreprise de désendettement. Il s'agit majoritairement de handicaps financiers (mieux, de facteurs appauvrissant des communes) que l'on doit attaquer à la racine. Par exemple, dans le partage des impôts entre l'État et les collectivités territoriales, le système fiscal camerounais accorde une part léonine au premier, lui réservant les impôts les plus rentables, au détriment des secondes, qui se voient octroyer une multitude d'impôts à faible rendement, voire « inopérants ». De plus, l'État s'arroge discrétionnairement une bonne partie des CAC qu'il retient à la source, alors que cet impôt est censé être exclusivement local. Les montants des CAC perçus par les communes — ils revêtent un caractère imprévisible et faussent le jeu de la programmation et de la budgétisation — sont insuffisants ; les lenteurs relevées dans la mise à disposition des fonds provenant des CAC sont récurrentes, entraînant une non maîtrise par les communes de leurs charges. Les communes camerounaises s'investissent peu dans les activités génératrices de revenus, cependant que des nouvelles compétences s'accompagnant de moyens souvent dérisoires pour leur exercice leur sont transférées. En prime, sans prétention d'exhaustivité et relativement aux mécanismes de transfert de ressources, l'on note que les crédits transférés ne sont pas harmonisés avec les priorités locales telles que définies par le plan communal de développement.

L'élimination des facteurs d'appauvrissement des communes pourra ensuite ouvrir la voie au désendettement, condition *sine qua non* d'accès de ces communes à l'emprunt, en vue de financer leurs investissements. Nous avons déjà souligné que dans le meilleur des cas, ces investissements devraient être financés par un recours accru à l'autofinancement. Or, celui-ci demeurant très aléatoire au Cameroun, les communes semblent être dans une impasse : elles manquent ostensiblement de ressources financières et ne peuvent logiquement pas emprunter pour financer leurs investissements, pas plus qu'elles ne peuvent continuellement « fonctionner » sans en payer le prix, ce qui, à la longue, asphyxierait leurs prestataires de services à défaut de les mettre en faillite.

Les difficultés d'autofinancement de ces entités ne laissent pas trop de choix à l'État, principal responsable de l « appauvrissement » des collectivités, tel que ci-dessus démontré. Une contribution des collectivités elles-mêmes à l'effort de désendettement ne saurait être écartée.

Du côté de l'État, trois séries de mesures peuvent être prises. D'abord, l'État pourrait, *via* une subvention exceptionnelle, après étude, permettre aux communes camerounaises de « régler leurs factures ». Ensuite, étant donné que les régions ne sont pas encore effectives nonobstant leur existence juridique, le produit des impôts et taxes qui leur sont dus au titre de l'article 118 de la loi du 15 décembre 2009 portant fiscalité locale pourrait, en attendant que ces régions soient « opérationnelles », revenir aux communes et contribuer à leur désendettement. Enfin, le désendettement des communes peut très bien s'opérer par transfert de leurs dettes à l'État et ce, au moyen de l'opération juridique de novation dans les conditions prévues aux articles 1271 [1127] et suivants du Code civil.

Étant donné que « les communes [camerounaises] sont caractérisées par une pléthore des effectifs, mais une insuffisance des capacités » [1128], elles devront de leur côté sinon geler les recrutements en gérant au mieux les cas de départs à la retraite[1129], du moins rationaliser leurs politiques, en mettant fin aux recrutements intempestifs [1130] et de complaisance [1131] ; le montant des salaires et des cotisations sociales dues à la CNPS s'en trouverait diminué d'autant.

Dans la perspective de leur désendettement, les communes camerounaises peuvent aussi avoir intérêt à envisager une renégociation de tous leurs contrats avec les prestataires de services. Cette dernière piste a été choisie par la ville de Narbonne en France pour compenser un manque à gagner de 300 000 euros (hors baisse des dotations de l'État), lié à l'engagement du nouveau maire qui, soucieux de « casser l'inflation de la fiscalité » et « redonner du pouvoir

[1127] Article 1271 du Code civil : « La novation s'opère de trois manières :
1° Lorsque le débiteur contracte envers son créancier une nouvelle dette qui est substituée à l'ancienne, laquelle est éteinte ;
2° Lorsqu'un nouveau débiteur est substitué à l'ancien qui est déchargé par le créancier ;
3° Lorsque, par l'effet d'un nouvel engagement, un nouveau créancier est substitué à l'ancien, envers lequel le débiteur se trouve déchargé ».

[1128] Voir le Rapport final d'Agora consulting/Axes management sur « l'évaluation des besoins en personnels des collectivités territoriales décentralisées en vue de l'élaboration d'un tableau type des emplois communaux », mai 2008, p. 25.

[1129] Il est en effet prévu que l'importance du déficit en ressources humaines par rapport aux besoins des collectivités ira en s'accentuant avec le phénomène de vieillissement, puisque 30 % des effectifs partiront à la retraite d'ici 2020. *Idem.*, p. 3.

[1130] Les propos du secrétaire général d'une commune en témoignent : « Le maire m'a parfois convaincu d'embaucher tel cantonnier en disant, il faut l'aider à s'en sortir, sinon il est condamné. Il vient de perdre son travail, il est père de famille et il veut s'en sortir ; si on ne lui offre pas un emploi, il est perdu" ». *Ibidem.*, p. 16.

[1131] Par favoritisme notamment.

d'achat » à ses administrés, avait décidé de réduire le niveau d'imposition de 1 % par an sur ses trois premières années de mandat[1132].

Ce n'est qu'à la suite d'une « remise à zéro des compteurs » des collectivités territoriales décentralisées (au moyen des suggestions susvisées) que celles-ci pourront emprunter en toute sécurité, tant pour elles-mêmes que pour leurs prêteurs potentiels. À ce stade, ces collectivités pourraient suivre l'exemple français de gestion de la dette : en France, « l'ère [...] est venue d'une nouvelle conception financière des communes dont les principes et les méthodes de gestion se rapprochent de plus en plus de ceux des entreprises ; bien que les objectifs et les contraintes de celles-ci et de celles-là ne soient pas assimilables. Déjà nombreux sont les maires pour qui les termes de ratio, de fonds de roulement, de tableau de bord, de seuil d'endettement... font partie du vocabulaire d'usage ». C'est dire que le régime juridique de l'emprunt, ses aspects comptables et budgétaires, les principes d'analyse financière, l'analyse de l'endettement, etc. devront être maîtrisés par les autorités locales[1133].

L'État devra faire montre de plus de rigueur et de fermeté vis-à-vis de ses collectivités territoriales, une solution consistant, comme en France, à fixer un seuil légal de déficit. En effet, l'article L.1612-14 (alinéa 1) du Code général des collectivités territoriales de France dispose en son premier alinéa que « Lorsque l'arrêté des comptes des collectivités territoriales fait apparaître dans l'exécution du budget, après vérification de la sincérité des inscriptions de recettes et de dépenses, un déficit égal ou supérieur à 10 % des recettes de la section de fonctionnement s'il s'agit d'une commune de moins de 20 000 habitants et à 5 % dans les autres cas, la Chambre régionale des comptes, saisi par le représentant de l'État, propose à la collectivité territoriale les mesures nécessaires au rétablissement de l'équilibre budgétaire, dans le délai d'un mois à compter de cette saisine ». Par exemple, le préfet du Val d'Oise a eu à saisir la Chambre régionale des comptes d'Île-de-France sur le fondement de la disposition susvisée, au motif que le compte administratif 2013 de la commune de la ville d'Argenteuil faisait apparaître un déficit supérieur à 5 % des recettes de la section fonctionnement. Cette saisine a été déclarée recevable[1134], et c'est au regard de la détérioration structurelle de la situation budgétaire de la

---

[1132] Voir le quotidien *Les Échos* du samedi 19 et 20 septembre 2014, p. 5.

[1133] Sur l'ensemble de ces points voir, J. Bourdin, *Les finances communales*, *op.cit.*, p.255-346 ; F. Labie, *Les finances locales*, p. 260-273, et l'ensemble du manuel de M. Tandjia, *Analyse financière des comptes des communes*, *op.cit.*

[1134] « Considérant qu'à l'appui de sa saisine, le préfet a indiqué que le compte administratif 2013 de la commune, adopté par le conseil municipal le 26 mai 2014, présentait un déficit global de 14 982 505 €, se décomposant en un excédent de 8 000 115 € en section de fonctionnement et en un déficit de 22 982 620 € en section d'investissement ; qu'après prise en compte des restes à réaliser en investissement, ce déficit global s'élevait à 18 250 577 € et représentait 12, 66 % des recettes de fonctionnement du budget communal ; que, compte tenu d'une différence entre le compte administratif et le compte de gestion du comptable public, adopté le même jour, ainsi que le mentionnait la lettre de saisine, ce déficit atteignait, au regard des résultats figurant au compte de gestion, 7,7% des recettes de fonctionnement [...] ». Voir, Avis de la Chambre régionale des comptes d'Île-de-France, 6e section, n°/G/106/A-20, séance du 15 juillet 2014.

commune d'Argenteuil que cette dernière a été invitée à adopter des mesures nécessaires au rétablissement de l'équilibre budgétaire[1135]. La mise sous-tutelle de cette commune étant sérieusement envisagée, il n'est donc pas étonnant qu'une récente étude du Forum pour la gestion des villes publiant le montant des impôts dans les villes de plus de 100 000 habitants ait révélé que, pour 2014, Argenteuil (104 282 habitants[1136]) est la ville de France où l'on paie le plus d'impôts locaux : 1441 euros en moyenne, équivalant à une hausse de 22,2 % en un an[1137].

[1135] « Considérant que, dans son Rapport d'observations du 22 avril 2010 portant sur la gestion de la commune au cours de la période 2002-2007, la Chambre avait indiqué que la situation financière était caractérisée par une croissance plus rapide des charges de fonctionnement (+ 3,53%) que des produits de fonctionnement (+ 2,34%), ce qui avait conduit à une diminution de près de la moitié de la capacité d'autofinancement générée par la section de fonctionnement ; que les dépenses d'équipement avaient fortement augmenté et que l'encours de la dette, qui s'élevait en 2008 à 183,2 M €, représentait l'équivalent de 20 années de la capacité d'autofinancement dégagée lors de ce même exercice ; que la dette par habitant s'élevait à 1784 €, soit un montant supérieur de 37% au montant moyen observé dans les communes appartenant à la même strate démographique ;
Considérant que le déficit du budget communal 2013 reflète l'aggravation de la situation budgétaire de la commune, qui présente de nombreux aspects ; qu'ainsi la capacité d'autofinancement (Caf) brute a atteint son niveau le plus bas au cours de cet exercice, avec un montant de 6,4 M € qui ne représente que 4,49% des recettes réelles de fonctionnement ; que cette situation peut notamment être mise en relation avec l'évolution des dépenses de personnel qui se sont élevées à 79 M €, en augmentation de 6 M € et de 8,5% par rapport à 2012, et avec la forte hausse des frais financiers qui ont atteint 12 M €, contre 7,6 M € en 2012, et dont la part s'élève désormais à 9% des charges de gestion courante ; qu'en effet, les dépenses d'équipement ont connu au cours de cet exercice une forte croissance, avec un montant de 65,5 M €, contre 54,5 M € en 2012, et l'encours de la dette s'est accru de 18%, pour atteindre 268 M € au 31 décembre 2013 […] ;
Considérant, dans ces conditions, que pour servir le déficit d'exécution du budget 2013, il convient que le collectivité prenne rapidement des mesures de redressement proportionnées à la gravité de cette situation ; qu'à cet égard, la commune, dans ses observations, a indiqué qu'elle a prévu la mise en œuvre de mesures de rétablissement de l'équilibre budgétaire dont elle a évalué le montant global à 18,28 M €, au titre de l'exercice 2014, et 34 M € en année pleine ;
Que ces mesures incluent notamment, en section de fonctionnement, la réduction de dépenses de fonctionnement, à hauteur respective de 3,35 M € et de 1 M € pour les charges générales et les charges de personnel, et la hausse limitée des recettes, à hauteur de 0,03 M € ; qu'en section d'investissement, les décisions à prendre prévoient la baisse de 10, 1 M € des dépenses d'équipement et la hausse concomitante
de 3,8 M € des recettes d'investissement ;
Considérant que si ces mesures sont nécessaires pour faire face au déficit d'exécution du budget 2013, il importe de les pérenniser si la commune entend rétablir durablement sa situation budgétaire […] ;
Qu'en effet, seule une gestion rigoureuse permettant de réaliser des économies et s'inscrivant dans la durée pourra permettre à la commune de consolider sa capacité d'autofinancement et de limiter la croissance de son endettement […] ». *Idem.*

[1136] En 2011 et selon l'Insee, disponible sur : http://www.insee.fr/fr/themes/comparateur.asp?codgeo=com-95018, consulté le 9 novembre 2014.

[1137] Disponible sur : https://fr.news.yahoo.com/photos/taxe-d-habitation-les-grandes-villes-les-plus-cheres-et-les-moins-cheres-1415114337-slideshow/, consulté le 9 novembre 2014.

Face à des recettes fiscales qui stagnent et à un endettement non maîtrisé qui ne cesse de croître au Cameroun, l'exemple de la ville d'Argenteuil devrait inciter les collectivités territoriales décentralisées à recourir à la solidarité entre collectivités territoriales décentralisées, une solution qui peut se révéler efficace.

SECTION II. LA SOLIDARITÉ FINANCIÈRE ENTRE COLLECTIVITÉS TERRITORIALES DÉCENTRALISÉES : UNE SOLUTION EFFICACE À ENCOURAGER

Comme précisé dans *Le guide de l'élu local*[1138]français, La commune gère obligatoirement certaines fonctions ou certains services publics : c'est le cas des responsabilités que le maire exerce en tant qu'agent de l'État, à l'instar de l'état civil ou de certaines compétences transférées comme, par exemple, les écoles ; il existe par ailleurs des hypothèses où la commune doit recourir à un mode de gestion particulier (cas en France du Centre communal d'aide sociale ou de la caisse des écoles qui constituent des établissements publics).

Mais en ce qui concerne les autres services publics comme les eaux, les déchets, l'assainissement, etc., le choix du mode de gestion du service public relève d'une décision du conseil municipal, qui peut retenir entre trois options : le Conseil peut opter pour une gestion directe du service en question avec des moyens de droit public de la même manière que n'importe quel autre service municipal (régie directe[1139]) ou, à défaut, donner une autonomie à ce service public pour en assurer la gestion dans des conditions plus proches d'une entreprise privée (régie autonome[1140], régie personnalisée[1141]).

[1138] Il s'agit de l'ouvrage de X. Bezançon, O. Van Ruymbeke et C. Vigouroux, *Le guide de l'élu local*, 2e édition revue et corrigée, Éditions du Rocher, 1995, p. 133-134.

[1139] Comme l'a souligné A.G. Kouévi, « la gestion est dite directe lorsque la collectivité locale prend directement et complètement en charge l'activité de service public dans un cadre qui lui est offert par la réglementation publique ». Après avoir indiqué que le mode de gestion ainsi caractérisé s'appelle « régie », A.G. Kouévi précise que la régie est également, d'un point de vue organique, une institution de gestion pouvant être dotée ou non d'organes propres, voire d'une personnalité morale. Cet auteur indique en outre que sous cet aspect, il y a lieu de distinguer entre la régie directe (encore appelée régie simple), la régie autonome et la régie personnalisée « si l'on va de la dépendance totale de la gestion du SPIC [service public industriel et commercial] local à l'égard de la collectivité territoriale à une dépendance atténuée ». Concernant justement la régie directe en laquelle A.G. Kouévi voit le mode le plus ancien d'exploitation (des services publics), le plus normal et le plus fréquent, cet auteur cite Vedel et Delvové en indiquant qu'« un service est géré en régie lorsque l'Administration (ici la collectivité locale), non seulement assure la direction de ce principe, mais encore lorsqu'elle prend elle-même en main le fonctionnement du service en le faisant fonctionner avec ses propres biens et avec ses propres agents ». Voir, A.G. Kouévi, *Le droit des interventions économiques des collectivités locales*, *op.cit.*, p. 61-62.

[1140] Il s'agit plus précisément, et selon A.G. Kouévi, « de la régie dotée de la seule autonomie financière », qui ne se distingue pas, juridiquement, de la collectivité créatrice, et n'a par conséquent pas de personnalité morale, ressemblant sur ce point à la régie directe. Il rappelle

Le conseil municipal peut en outre décider de confier la gestion du service public à une société privée, auquel cas elle devra prendre une délibération spéciale (voir loi Sapin)[1142]. Le conseil municipal consigne les règles du service dans un cahier des charges annexé à la convention qu'elle conclut avec le partenaire privé. Entière liberté du service est laissée par la commune à son partenaire bénéficiaire de la gestion déléguée[1143] (par voie de concession, d'affermage, de régie intéressée ou de gérance) à défaut de garantir ce dernier de tout aléa (régie intéressée, marché d'entreprise de travaux publics).

---

que par contre, la régie autonome possède une autonomie financière qui est prolongée par une autonomie administrative, « se traduisant par l'existence d'organes de gestion distincts des organes propres de la collectivité, conformément à l'article 73 du décret du 6 mai1988 », autonomie financière concrétisée par l'existence obligatoire d'un budget annexe de la régie. R. Chapus qualifie, quant à lui, la régie autonome de « régie indirecte ». Pour ce dernier auteur, on peut considérer que les services de l'État dotés de budgets annexes - appellation donnée à cette forme de régie dans l'administration d'État - (et tels que les journaux officiels ou les Monnaies et médailles) sont des régies indirectes. Les auteurs ci-dessus font d'ailleurs remarquer que c'est surtout dans un contexte d'administration décentralisée que le mécanisme de régie indirecte prend tout son relief, en précisant qu'il ne peut toutefois être mis en œuvre que pour la gestion des SPIC des collectivités locales. Sur ces points voir, A. G. Kouévi, *Le droit des interventions économiques des collectivités locales*, *op.cit.*, p. 65, mais aussi, R. Chapus, Droit administratif général, tome 1, 8e édition, p. 537.

1141 Comme noté par A. G. Kouévi, il s'agit, « plus précisément de la régie dotée de la personnalité morale et de l'autonomie financière » ; les régies personnalisées sont, selon lui, de vrais établissements publics en charge d'un service public industriel et commercial, qui s'interposent entre le service public et la collectivité de rattachement, entraînant à ce titre qu'elles ne méritent pas l'appellation de « régie » : la régie suppose que la gestion soit simplement intégrée à la structure d'ensemble de la collectivité publique. Voir, A.G. Kouévi*, Le droit des interventions économiques des collectivités locales, op.cit*., p. 69. Dans le même sens, J. Bourdin, considère que la régie personnalisée est celle qui est autonome sur le plan financier et dotée de la personnalité morale ; et « même s'il est convenu à son égard de la faire relever des formes directes de la gestion, il faut reconnaître qu'avec elle on s'éloigne très nettement des procédures de prise en charge directe du fonctionnement par l'assemblée délibérante qui a eu la responsabilité de sa création. En effet, poursuit-il, l'assemblée délibérante, en créant cette catégorie de régie, confie la gestion du service public à une personne juridique distincte. La personnalité morale conférée, avec l'autonomie financière qui la complète attribuent à une autre entité l'essentiel des compétences économique, administrative, financière et juridique qui constituent l'essentiel du domaine de la gestion. Ainsi, reconnaît J. Bourdin, la régie personnalisée est dotée d'organes de gestion propres qui en font un véritable établissement public, avant de conclure que la régie personnalisée est administrée par un conseil d'administration et un directeur. Relèvent de cette catégorie : le Centre communal d'action sociale ; la caisse des écoles ». Voir, J. Bourdin, *Les Finances communales*, 3e édition, Édition Economica, 2001, p. 29.

1142 Sur ce point, et plus généralement sur la procédure mise en place en matière de délégation de service public, voir la loi n° 93-122 du 29 janvier 1993 relative à la prévention de la corruption et à la transparence de la vie économique et des procédures publiques, *JORF*, n° 25 du 30 janvier 1993, p.1588.

1143 Sur la définition de la gestion déléguée (concession, affermage, régie intéressée, gérance), et généralement pour d'amples informations, voir, entre autres, A.G. Kouévi, *in Le droit des interventions économiques des collectivités locales*, *op. cit.*, et J. Bourdin *in Les finances locales communales*, *op.cit.*.

Bien entendu, les modes de gestion des services publics locaux français ont été largement repris dans le droit des collectivités territoriales du Cameroun : sous le régime de la loi de 2004 d'orientation de la décentralisation, les services locaux des collectivités territoriales pouvaient être exploités en régie directe[1144], par voie de concession ou d'affermage [1145]. La loi n° 2009/11 du 10 juillet 2009 portant régime financier des collectivités territoriales décentralisées retient quant à elle la gestion déléguée[1146], les différents modes de cette gestion étant la concession, l'affermage, la régie intéressée, la gérance, et la société mixte (cette dernière existait déjà sous le régime de la loi n° 99/16 du 22 décembre 1999 portant statut général des établissements publics et des entreprises du secteur public et parapublic). La régie directe reste la forme de gestion des services publics la plus usitée par les collectivités territoriales ; presque tous les services publics locaux du pays, y compris ceux qui donnent lieu à paiement de redevance (à l'exemple des marchés), sont gérés sous ce régime[1147]. Aux termes de l'article 54 de la loi n° 2004/17 du 22 juillet 2004 d'orientation de la décentralisation précitée, « (1) lorsque plusieurs collectivités territoriales sont intéressées par le fonctionnement d'une régie, celle-ci peut être exploitée : (a) soit sous la direction d'une collectivité territoriale vis-à-vis des autres collectivités territoriales, comme mandataire ; (b) soit sous la direction d'un regroupement formé par les collectivités territoriales intéressées. (2) Au cas où le regroupement serait constitué exclusivement en vue de l'exploitation d'un service industriel ou commercial, les collectivités territoriales peuvent demander que l'administration de l'organisation ainsi créé se confonde avec celle de la régie. Dans ce cas, l'acte fondateur du groupement est modifié dans les conditions fixées par les dispositions de la présente loi ».

Dans cette dernière hypothèse, on est alors dans une logique d'intercommunalité. Celle-ci est, selon Gérard Cornu, une « politique de regroupement tendant à organiser et à rationaliser, entre deux ou plusieurs communes voisines, sous des formes diverses, leur développement, leur aménagement, des services collectifs (distribution d'eau, d'électricité, ramassage des ordures ménagères, etc.) ; désigne aussi le réseau de relations qui en résulte [...] »[1148].

[1144] Voir l'article 81 de la loi n° 2009/11 du 10 juillet 2009 portant régime financier des collectivités territoriales décentralisées : « La gestion directe consiste pour une collectivité territoriale à gérer directement le service dans le cadre fixé par la réglementation ».

[1145] Voir l'article 33 de la loi n° 2004/17 du 22 juillet 2004 d'orientation de la décentralisation.

[1146] Voir l'article 82 de la loi n° 2009/11 du 10 juillet 2009 portant régime financier des collectivités territoriales décentralisées : « (1) La gestion déléguée consiste pour une collectivité territoriale à confier la gestion d'un service public à une autre personne morale. (2) Les différents modes de gestion délégués sont : la concession - l'affermage - la régie intéressée - la gérance - [et] les sociétés mixtes ».

[1147] M. Finken, *Gouvernance communale en Afrique et au Cameroun*, *op.cit.*, p, 245.

[1148] G. Cornu, *Vocabulaire juridique*, 7e édition, PUF, 2005, p. 494.

Étant donné que les communes n'ont pas souvent la taille suffisante et les moyens nécessaires pour exercer leurs compétences de manière isolée, on peut voir en l'*intercommunalité* une solution idoine au Cameroun : « L'intercommunalité a été pensée pour pallier à certaines insuffisances constatées au niveau des communes, lesquelles entravent le développement des différents territoires. En effet, la "fragmentation" administrative et politique des territoires en plusieurs communes de tailles, de populations et ressources plus ou moins faibles et jouissant d'une grande proximité, limite leurs capacités d'interventions individuelles. Dans ce contexte, cette intercommunalité trouve tout son sens parce que plusieurs communes sont endettées et ont des ressources financières insuffisantes, ne disposent pas de ressources humaines qualifiées, ne peuvent pas acquérir certains équipements nécessaires d'un coût très élevé. Certains appuis extérieurs peuvent s'obtenir plus facilement lorsque les communes sont regroupées » (*sic*)[1149].

Si en France l'intercommunalité a été créée prioritairement pour remédier à un émiettement communal excessif, au Cameroun elle apparaît plus comme un vecteur du développement local (§ I). En plus de cette forme de coopération intercommunale, les collectivités territoriales peuvent entreprendre d'autres actions dans le cadre de la *coopération décentralisée* pour en tirer d'intéressantes sources de financement (§ II).

§ I. L'intercommunalité : entre solution à l'émiettement communal et vecteur de développement

« Chut ! Ne le répétez pas ! Une révolution est en marche. Si tranquille qu'elle en devient silencieuse ? Je le mesure. Si discrète qu'elle en devient invisible ? Je le crains. Si puissante qu'elle en devient irréversible. Je le crois. Cette révolution porte un nom : l'intercommunalité. Elle constitue la clé de voûte de la nouvelle étape de décentralisation. Sans laquelle il serait vain de penser modifier en profondeur nos structures locales »[1150].

Encore appelée *coopération intercommunale*, l'intercommunalité est, il convient de le rappeler, une politique qui permet à deux ou plusieurs communes regroupées au sein d'un établissement public de gérer en commun des équipements ou des services publics tels que l'organisation des transports urbains, le ramassage des ordures ménagères, l'assainissement de l'eau, ou encore d'élaborer des projets de développement économique, d'aménagement

---

[1149] Voir J. Minla Mfou'ou et A.R. Noko, « L'intercommunalité au Cameroun : état des lieux et perspectives. Étude et analyse de quelques expériences et réflexions prospectives », mai 2010, p. 33. Cette étude a été initiée par le PADDL/GTZ en collaboration avec les CVUC, la direction des Collectivités territoriales décentralisées et le ministère de l'administration Territoriale et de la décentralisation

[1150] P. Mauroy, « La coopération intercommunale », *Pouvoirs*, n° 95, 2000, p.33.

ou d'urbanisme à l'échelle d'un territoire plus vaste que celui de la commune[1151].

Rappelons que l'intercommunalité a été conçue en France pour être une solution à l'émiettement qui caractérise le système communal de ce pays[1152], mais aussi pour faciliter l'aménagement du territoire (A) ; l'intercommunalité camerounaise apparaît simplifiée par rapport au modèle français, mais elle n'en demeure pas moins un vecteur sûr de développement pour ce dernier pays (B).

[1151] D. Grandguillot, *Les collectivités territoriales après la réforme*, Gualino éditeur, Lextenso éditions, 2011, p. 20. Pour une définition plus large de l'intercommunalité, et même de l'EPCI par le même auteur voir *supra*, dans la partie traitant de l'autonomie financière, et plus précisément du modèle d'autonomie budgétaire français.

[1152] Concernant le problème de l'émiettement communal, B. Faure rappelle qu'« en instituant "une municipalité dans chaque ville, bourg, paroisse ou communauté de campagne" la loi du 14 et 22 décembre 1789 (article 7) entendait concevoir un modèle simple s'imposant partout, aux villes comme aux communautés d'habitants des campagnes. Pour l'organisation de la société, ce modèle a valeur d'une Constitution type. L'uniformité communale devait autoritairement parachever l'effort d'égalisation des micro-statuts locaux entrepris sous la fin de l'Ancien Régime. Elle allait dans le sens de l'abolition des privilèges, les regroupements traditionnels d'habitants se trouvant désormais régis par le droit communal applicable à tous. Le nouveau système entendait également rompre avec l'égalité entre la ville et les campagnes, ces dernières devant cesser d'être des lieux privilégiés d'auto-organisation.

Le problème est que le droit local contemporain porte encore les conséquences de ce micro-découpage du territoire. Des 44 000 communes créées à l'époque (selon le premier recensement de 1793), il en reste encore près de 36 678 aujourd'hui (ce chiffre était de 36 682 en 2009, selon l'INSEE : voir *infra*). Le nombre des communes fait que leurs disproportions démographiques sont extrêmes entre les métropoles régionales dont la population se compte en centaines de milliers d'habitants et les petites communes de base, presque désertes, qui ne comptent que quelques personnes et qui n'ont jamais été supprimées. Les réformes régulièrement entreprises, mais sans jamais vraiment trancher, n'ont jamais pu corriger le phénomène "d'émiettement communal" qui se maintient avec une remarquable permanence [contrairement à l'Allemagne qui a réduit le nombre de ses communes de 41% entre 1950 et 2007 et au Royaume-Uni de 79% sur la même période]. Or, à mesure que la France devenait urbaine, le système devait révéler son vieillissement et son inadaptation. Avec les transformations technologiques de notre époque, les besoins de service de pointe se font sentir. Mais, lorsque aujourd'hui 30 000 communes ont une population maximale de 2000 habitants, le développement d'une véritable décentralisation communale devient difficile. Il est évident que l'administration des villes n'a rien de comparable à celle des villages et pourtant, toutes, au nom de l'uniformité communale, sont vouées à recevoir les mêmes responsabilités, et chaque habitant est en droit d'en attendre les mêmes services. Le paradoxe est que la structuration communale place les usagers du service public en situation d'inégalité concrète. Il est trop clair que l'encadrement administratif à ce niveau ne fait que retranscrire dans les faits les inégalités géographiques, politiques et économiques. La commune française n'est plus à l'échelle du temps ». Voir B. Faure, *Droit des collectivités territoriales*, 1e édition, Dalloz, 2009, p. 323-324.

A. L'INTERCOMMUNALITÉ EN FRANCE, POUR LA RÉSORPTION DE L'ÉMIETTEMENT COMMUNAL ET LA FACILITATION DE L'AMÉNAGEMENT DU TERRITOIRE

En France, l'EPCI (établissement public de coopération intercommunale) est la forme la plus répandue, se caractérisant par le principe de spécialité (l'EPCI n'intervient que dans le cadre des compétences qui lui ont été transférées ou déléguées par les communes membres au sein de son périmètre, autrement dit celui des communes membres)[1153] et par le principe d'exclusivité (l'EPCI détient seul le pouvoir d'agir dans les domaines se rapportant aux compétences que lui ont été transférées par les communes membres)[1154].

[1153] Voir, en ce sens, la décision du Conseil d'État, *District de l'agglomération de Montpellier*, n° 3/5 SSR du 13 janvier 1995, 140435 *in* recueil Lebon : « Considérant que l'article L. 315-4 du Code des communes dispose que : "Les communes, leurs groupements et les syndicats mixtes sont autorisés à prendre en charge, avec ou sans subventions de l'État, tous travaux de protection contre les inondations et contre la mer lorsque ces travaux présentent pour eux un caractère d'intérêt général" ; que l'article L. 315-9 du même Code dispose que : "Conformément au premier alinéa de l'article 175 du Code rural, les communes, leurs groupements ou les syndicats mixtes sont autorisés à exécuter et à prendre en charge les travaux entrant dans les catégories ci-dessous définies, lorsqu'ils présentent, pour eux, du point de vue agricole ou du point de vue de l'aménagement des eaux, un caractère d'urgence ou d'intérêt général : [...] 2° Défense des rives et du fond des rivières non domaniales ; 3° Curage, approfondissement, redressement et régularisation des canaux et cours d'eau non domaniaux et des canaux de dessèchement et d'irrigation [...] 7° Aménagement, soit du bassin d'un cours d'eau non domanial ou d'une partie de ce bassin, soit seulement d'un cours d'eau non domanial ou d'une section de celui-ci" ; et que l'article L. 315-11 du même code dispose que : "Conformément au premier alinéa de l'article 11 de la loi n° 64-1245 du 16 décembre 1964 relative au régime et à la répartition des eaux et à la lutte contre leur pollution, les communes, leurs groupements et les syndicats mixtes sont habilités à entreprendre l'étude, l'exécution et l'exploitation de tous travaux d'utilité publique nécessaires à la lutte contre la pollution des eaux, à l'approvisionnement et à l'amélioration des cours d'eau, des lacs et des étangs non domaniaux, des eaux souterraines et des canaux et fossés d'assainissement et d'irrigation" ; qu'aucune de ces dispositions ne donne compétence aux communes pour mettre en valeur et exploiter un cours d'eau ; que, dès lors, le district de l'agglomération de Montpellier ne pouvait se voir attribuer par les communes qui le constituent une telle compétence dont elles étaient elles-mêmes dépourvues ; que, par suite, le district de l'agglomération de Montpellier et le ministre d'État, ministre de l'Intérieur et de l'aménagement du territoire ne sont pas fondés à soutenir que c'est à tort que, par le jugement attaqué, le tribunal administratif de Montpellier a annulé l'arrêté du 20 avril 1990 par lequel le préfet de la région Languedoc-Roussillon, préfet de l'Hérault, a donné compétence audit district en matière de mise en valeur et d'exploitation du cours d'eau du Lez […]».

[1154] D .Grandguillot, *Les collectivités territoriales après la réforme*, *op.cit.*, p. 20.

Concernant le principe d'exclusivité, voir, *Commune de Saint-Vallier*, Conseil d'État, Assemblée, 16 octobre 1970 *in* recueil Lebon : « Requête de la commune de Saint-Vallier Saône-et-Loire tendant a l'annulation d'un décret du 29 septembre 1966 qui a détaché le lieu-dit "la saule" du territoire de la commune de Saint-Vallier pour le rattacher à celui de la commune de Montceau-les-Mines ;

Vu le Code de l'administration communale, ensemble le décret n° 59-189 du 22 janvier 1959 ; le Code général des impôts et la loi du 26 décembre 1969 ; l'ordonnance du 31 juillet 1945 et le décret du 30 septembre 1953 ;

Considérant que les communes de Montceau-les-Mines et de Saint-Vallier Saône-et-Loire ont adhéré au syndicat intercommunal du bassin minier ; que, par les deux délibérations

La création de l'EPCI se décide par arrêté du préfet après accord des communes concernées, lequel doit être exprimé par 2/3 au moins des conseils municipaux des communes en question représentant plus de la moitié de la population totale de celles-ci, à défaut, par la moitié au moins des conseils municipaux représentant les 2/3 de la population. Cette majorité varie, selon qu'il s'agit de la création d'un syndicat ou d'un EPCI à fiscalité propre[1155].

Dans le système français, comme le souligne Dominique Grandguillot, la coopération intercommunale prend deux formes, différenciables à la fois par leur finalité et leur mode de financement. Il s'agit d'une part de la forme associative sans fiscalité propre (intercommunalité dite « de gestion »)[1156] ; celle-ci est surtout développée dans les zones rurales afin de permettre aux communes de gérer ensemble des activités ou des services publics, étant précisé que ce sont les contributions budgétaires ou fiscalisées des communes membres qui assurent son financement[1157]. Il s'agit d'autre part de la forme fédérative dite à fiscalité propre (intercommunalité dite « de projet »)[1158] ; cette dernière forme est à vocation urbaine et permet aux communes de se regrouper afin de faire face aux grands enjeux que pose l'aménagement urbain. Elle se caractérise par l'existence de compétences obligatoires[1159], et la fiscalité

---

concordantes en date des 15 décembre 1962 et 23 janvier 1963, les conseils municipaux de ces deux communes ont donné un avis favorable à ce que ce syndicat soit chargé de toutes les questions "intéressant l'expansion économique et la reconversion progressive du bassin minier" ; qu'il ressort de ces délibérations que les deux conseils municipaux avaient notamment en vue la création des zones industrielles ; que cette extension des attributions du syndicat a été autorisée par arrêté préfectoral en date du 18 avril 1963 ; qu'ainsi la compétence pour créer et aménager les zones industrielles sur le territoire des communes dont il s'agit a été transférée au syndicat intercommunal ; que, par suite, la commune de Montceau-les-Mines a empiété sur les attributions de ce syndicat en décidant de procéder isolement a la création d'une zone industrielle ; que, dès lors, le décret du 29 décembre 1966, qui n'a rattaché le lieu-dit "La saule", lequel dépendait antérieurement de la commune de Saint-Vallier, à la commune de Montceau-les-Mines, qu'à seule fin de permettre à cette dernière commune de créer cette zone industrielle repose sur un motif illégal et est, en conséquence, entaché d'excès de pouvoir ; annulation ; dépens mis à la charge de l'État ».

1155 Pour d'amples informations sur cette question en France, voir notamment D. Grandguillot, *les collectivités territoriales après la réforme*, p. 20-30), B. Faure *in Droit des collectivités territoriales*, (p. 341-404), ou R. Le Mestre, *Droit des collectivités territoriales*, (p. 193-229), *op.cit.*

1156 Les structures sans fiscalité propre sont : les syndicats de communes (EPCI), les syndicats mixtes et les pôles métropolitains.

1157 D. Grandguillot, *Les collectivités territoriales après la réforme, op.cit.*, p. 20.

1158 Les structures à fiscalité propre sont : les communautés de communes (EPCI), les communautés d'agglomération (EPCI), les communautés urbaines (EPCI) et enfin les métropoles (EPCI).

1159 Les compétences des EPCI sont en effet réparties en compétences obligatoires, compétences optionnelles, et compétences facultatives. Les premières correspondent aux compétences transférées de plein droit au moment de la création de l'EPIC. Les deuxièmes correspondent à celles qui ont fait l'objet d'un choix opéré par les Communes membres, parmi un ensemble de compétences préalablement définies par les textes. Quant aux dernières, les compétences facultatives, elles correspondent, comme l'indique R. Le Mestre aux « compétences dont le transfert n'est pas prévu par la loi ou par la décision institutive. Les communes membres d'un

directe locale (taxe d'habitation, taxe foncière, contribution économique territoriale) levée par les EPCI assure son financement[1160]. Au début de l'année 2007, 33 414 communes françaises (sur les 36 682 recensées dans le pays)[1161] étaient regroupées en 2588 EPCI comptant 54,2 millions d'habitants[1162].

L'intégration fiscale est la réponse à une nécessité que les autres vecteurs (envisagés ou essayés) n'ont pas semblé permettre : résorber l'émiettement communal tout en facilitant l'aménagement du territoire. Dans un premier temps, elle s'est manifestée par l'émergence de l'intercommunalité à fiscalité propre et, corrélativement, l'apparition d'une taxe professionnelle unique, d'agglomération ou de zone, qui constitua en somme la fiscalité propre à l'intercommunalité avant l'avènement de la contribution économique territoriale[1163].

À la différence de la France toutefois, les problèmes d'émiettement des communes et celui de l'excès de structures de coopération intercommunale[1164] ne se pose pas au Cameroun. L'intercommunalité constitue ici, un vecteur de développement, puisque ce mécanisme peut permettre aux communes d'intervenir et de travailler plus efficacement, en dépit de la faiblesse de leurs ressources matérielles, financières et humaines ainsi que la multitude des dettes auxquelles elles font face[1165]. Il semble donc nécessaire, voire urgent, de l'amplifier.

EPCI peuvent, à tout moment, décider de lui transférer, en tout ou partie, ainsi que les biens, équipements ou services publics nécessaires à leur exercice [...] » : *Droit des collectivités territoriales*, *op.cit.*, p. 209.

1160 D. Grandguillot, *Les collectivités territoriales après la réforme, op.cit.*, p. 20.

1161 D'après les chiffres l'INSEE (Institut français de la statistique et des études économiques), voir, M. Finken, *Gouvernance communale en Afrique et au Cameroun, op.cit.*, p. 257.

1162 Voir, le Premier Rapport mondial des Cités et Gouvernements Locaux Unis (CGLU) sur « La décentralisation et la démocratie dans le monde », G. Marcou (dir.), 2008, p. 204.

1163 P. Mouzet, *Finances locales, op.cit.*, p. 87.

1164 Pendant longtemps en France, la coopération intercommunale s'est exercée pour des champs restreints de compétences, ce qui limitait la dimension de la coopération et de l'exercice d'un pouvoir intercommunal conséquent ; cette situation avait généré un excès de structures de coopération intercommunale. En plus de l'émiettement communal, le paysage des institutions communales s'était fortement complexifié avec l'accumulation, de plus de 18 000 structures intercommunales dont 12 000 syndicats à vocation unique, entraînant l'empilement et le chevauchement des syndicats communaux, se traduisant par une dispersion et une accumulation de charges communales dans leurs budgets municipaux. L'on doit toutefois mentionner qu'avec la décentralisation (à partir de 1982) et la loi du 6 février 1992, des améliorations se sont opérées : les politiques contractuelles d'aménagement et de développement local se sont renforcées ; le champ de la coopération s'est ouvert sur des missions plus larges et multiples ; et un champ de compétence très élargi a été conféré à l'échelon intercommunal, avec des perspectives très intéressantes pour l'exercice de leur pouvoir par les élus locaux. Voir, Y. Gorgeu, *Communautés des communes et districts. Le passage à la fiscalité propre et à la DGF*, Syros Alternatives, 1992, p. 13-14.

1165 J. Minla Mfou'ou et A.R. Noko, « L'intercommunalité au Cameroun : état des lieux et perspectives. Étude et analyse de quelques expériences et réflexions prospectives », mai 2010, p. 5, étude précitée.

B. L'INTERCOMMUNALITÉ AU CAMEROUN, UN VECTEUR DE DÉVELOPPEMENT À AMPLIFIER

Plus courante en Afrique francophone qu'en Afrique anglophone, la culture d'association intercommunale est rattachable à l'héritage colonial. Toutefois, les pays francophones n'ont pas reconduit le modèle français dans toute sa complexité[1166]. Très souvent, les dispositions légales en la matière révèlent des clauses de portée générale sur la possibilité qui est laissée aux collectivités locales de s'associer pour mener des actions communes d'intérêt public. Parfois, les formes d'intercommunalité que l'on retient se limitent à une ou deux, rarement davantage. Martin Finken fait remarquer que dans la réalité, l'intercommunalité est peu pratiquée en Afrique, les quelques concrétisations en la matière sont souvent mises au crédit de l'aide internationale[1167] et demeurent, comme au Cameroun, des modèles français d'intercommunalité plutôt simplifiés.

La loi 74/23 du 5 décembre 1974 portant organisation communale pose les jalons de l'intercommunalité au Cameroun, car elle crée les premières structures intercommunales, les syndicats des communes, qui restent « la seule forme d'intercommunalité expressément adoptée au Cameroun »[1168]. Comme l'indique une étude, « Le Cameroun a connu dans le passé l'intercommunalité à travers les syndicats de communes créés dans le cadre de la loi de 1974 qui régissait l'organisation et le fonctionnement des communes. En application de ce texte, les syndicats des communes avaient été créés sur l'ensemble du territoire, une option très appréciée de tous. Elle a permis aux communes de résoudre l'épineuse question de la construction et l'entretien des routes par l'acquisition et la gestion des engins en commun. Malheureusement, à un moment donné, à cause de multiples problèmes de gestion, il a été mis fin à l'existence de ces syndicats par décision du gouvernement qui les avait également créés »[1169].

À partir de 2004, le législateur a entendu offrir à l'intercommunalité un cadre juridique plus adapté aux évolutions du processus camerounais de décentralisation[1170]. Désormais, « l'État veille au développement harmonieux de toutes les collectivités territoriales décentralisées sur la base de la solidarité nationale, des potentialités régionales et de l'équilibre interrégional et intercommunal »[1171]. C'est ainsi qu'aux termes de l'article 5 de la loi n° 2004/17 ci-avant visée, « les collectivités territoriales peuvent, dans le cadre de missions définies à l'article 4 (1) [...] exécuter des projets en partenariat

[1166] M. Finken, *Gouvernance communale en Afrique et au Cameroun*, *op.cit.*, p. 260-261.
[1167] *Ibidem.* Sur les exemples donnés relativement à ce point au sujet du Bénin et du Sénégal voir le même ouvrage en page 261.
[1168] M. Finken, *Gouvernance communale en Afrique et au Cameroun*, *op.cit.*, p. 262.
[1169] J. Minla Mfou'ou et A.R. Noko, « L'intercommunalité au Cameroun : état des lieux et perspectives. Étude et analyse de quelques expériences et réflexions prospectives », p. 6, précité.
[1170] Voir les Actes du séminaire atelier des 2 et 3 décembre 2010 à Kribi sur le thème « intercommunalité et développement local : la contribution du FEICOM ».
[1171] Voir l'article 10 de la loi 2004/17 du 22 juillet 2004 d'orientation de la décentralisation.

entre elles, avec l'État, les établissements publics, les entreprises du secteur public et parapublic, les organisations non gouvernementales, des partenaires extérieurs dans les conditions et modalités fixées par leurs règles spécifiques ». En clair, les collectivités peuvent explorer différents modes de coopération pour diminuer la pauvreté : coopération intracommunale (partenariat entre une collectivité et des acteurs privés ou publics de son territoire pour l'aménagement d'infrastructures ou de services), coopération intercommunale (regroupant sur une base temporaire ou durable des collectivités territoriales pour le pilotage de missions d'intérêt), coopération intra-nationale (entre une collectivité et des acteurs publics ou privés œuvrant dans le même pays pour des projets précis) ou coopération décentralisée[1172].

Les communes camerounaises d'un même département ou d'une même région peuvent par délibérations concordantes acquises à la majorité d'au moins deux tiers (2/3) de chaque conseil municipal, se regrouper en syndicat dans le but de réaliser des opérations d'intérêt intercommunal. On parle alors de syndicat des communes, lequel se crée dorénavant[1173] par convention signée des maires des communes concernées, convention qui fixe les modalités de fonctionnement et de gestion du syndicat, telles que prévues par la loi n° 2004/18 du 22 juillet 2004 fixant les règles applicables aux communes[1174]. Autrefois « établissement public doté de la personnalité juridique »[1175], Le syndicat de communes est un établissement public intercommunal doté de la personnalité juridique et de l'autonomie administrative et financière.

Une étude rappelle que « Les comptes administratifs de plusieurs communes camerounaises prouvent qu'elles n'ont pas de recettes suffisantes pour couvrir leurs dépenses, surtout des actions de développement à réaliser. En parcourant plusieurs de ces comptes administratifs, on constate que les prévisions de recettes sont très rarement atteintes. Il est très fréquent de voir des communes avec des arriérés des salaires pour le personnel, des équipements inexistants ou très vétustes. La réalisation des projets dans les communes l'est souvent grâce aux financements du FEICOM, et de plus en

---

[1172] *Le Communal*, n° 08, juin-juillet 2006, p. 33.

[1173] On veut ici rappeler que sous la loi n° 74-23 du 5 décembre 1974 portant organisation communale précitée, les communes d'un département pouvaient, soit à la demande de l'autorité de tutelle, soit par délibérations concordantes dûment approuvées, se grouper en syndicat pour réaliser en commun des opérations intercommunales (ouverture ou entretien des voies intercommunales, achat et utilisation d'engins routiers communs, exploitation de services par voie de concession) (article 154), le syndicat pouvant alors être créé ou dissous selon les cas par l'autorité de tutelle (article 156). Par la suite, le syndicat des communes était créé par arrêté du Premier ministre qui en déterminait le but, le siège et la durée. Il pouvait aussi être dissous par cette même autorité, soit sur proposition du ministre de l'administration Territoriale, soit sur délibérations concordantes des communes intéressées (voir, article 82 du décret n° 77/91 du 25 mars 1977 déterminant les pouvoirs de tutelle sur les communes, syndicats de communes et établissements communaux, modifié par le décret n° 90/1464 du 9 novembre 1990).

[1174] Voir l'article 133 alinéa 1 et 2 de la loi n°2004/018 du 22 juillet 2004 fixant les règles applicables aux communes.

[1175] Article 155 de la loi n° 74-23 du 5 décembre 1974 portant organisation communale.

plus certains projets comme le PNDP, donc très peu avec des ressources propres. Dans ces conditions, et du fait que toutes les communes assurent quasiment les mêmes services, se regrouper dans le cadre de l'intercommunalité soulagerait chacune [d'elles] et la pression financière serait moins forte. En d'autres termes, la mutualisation des moyens financiers doit faciliter la réalisation des projets communs dont chacun tirerait profit »[1176].

L'intercommunalité reste cependant un mécanisme embryonnaire au Cameroun[1177]. Qu'elle soit associative[1178], à fiscalité propre, de projet ou de service, elle se décline ici en un volet de la décentralisation à enjeux multiples : démocratie locale, développement intégré des territoires, gouvernance locale et financière (au regard de la levée et la mutualisation des moyens qu'elle permet en vue de faire face aux exigences du développement local)[1179]. Bien pensée, elle peut contribuer efficacement à la réduction de l'endettement « sauvage » des communes camerounaises, puisqu'elle favorise la rationalisation des ressources, la rentabilisation des investissements, la réalisation d'économie d'échelle et la réduction des disparités.

Parallèlement à l'ACFCAM [1180], L'ASCOMI [1181], et l'ACONYK [1182] constituent des exemples [1183] de regroupements du type associatif dont le statut a récemment évolué vers le type syndical pour se

---

[1176] J. Minla Mfou'ou et A.R. Noko, « L'intercommunalité au Cameroun : état des lieux et perspectives. Étude et analyse de quelques expériences et réflexions prospectives », p. 33, précité.

[1177] *Cf.* D. Ntyé Ntyé, intervention n° 2 : « Enjeux de l'intercommunalité » *in* Actes du séminaire atelier des 2 et 3 décembre 2010 à Kribi sur le thème « intercommunalité et développement local : la contribution du FEICOM », actes précités.

[1178] Elle est en pareil cas régie par la loi n° 90/030 du 19 décembre 1990 portant liberté d'association au Cameroun.

[1179] Ntyé, Ntyé, intervention n° 2, « Enjeux de l'intercommunalité », actes précités.

[1180] Association des communes forestières du Cameroun, créée en 2006 et regroupant 77 communes. Ses objectifs portent notamment sur la préservation des ressources naturelles ainsi que l'identification et la recherche de solutions pour les problèmes de développement commun. Ses ressources proviennent des frais d'adhésion des communes membres (soit 100 000 FCFA), et des cotisations annuelles, généralement fixées en fonction des ressources des communes membres.

[1181] Association des communes du Mbam et Inoubou, créée en 2003 et regroupant 9 communes. Elle vise, entre autres à mettre en commun des moyens en vue de réaliser des actions de développement, la recherche de la mise en œuvre de la coopération décentralisée, etc. Les ressources de cette structure sont constituées des frais d'inscription (100.000 FCFA) et des frais de participation s'élevant à 250 000 FCFA. L'ASCOMI s'est transformée en SYNCOMI (syndicat des communes du Mbam et Inoubou) le 4 novembre 2010.

[1182] Association des communes du département du Nyong-et-kellé, créée en 2008 et regroupant 10 communes. L'ACONYK se donne pour objectif la lutte contre la pauvreté et l'amélioration des conditions de vie des populations. Les cotisations des Communes membres constituent ses ressources (1000 000 FCFA par an). L'ACONYK s'est transformée en SYNCONYK (syndicat des communes du Nyong-et-kellé en juillet 2010.

[1183] Ces exemples sont donnés par J. Minla Mfou'ou et A.R. Noko, *in* « L'intercommunalité au Cameroun : état des lieux et perspectives. Étude et analyse de quelques expériences et réflexions prospectives », p. 57-64. Étude précitée.

conformer aux dispositions légales [1184]. Ces structures font face à de nombreuses difficultés, pour lesquelles des solutions doivent nécessairement être trouvées (non-versement ou dans le versement des cotisations dues par les communes membres du fait de l'insuffisance des moyens financiers, mauvais état des routes ne facilitant pas les rencontres, absence de partenariat financier destiné à soutenir et à mettre en œuvre les projets, etc.)[1185]. Il existe également des regroupements qui se sont faits autour d'un projet [1186], et des regroupements de communes qui sont en projet[1187], mais l'intercommunalité camerounaise en est encore au stade des balbutiements, en dépit de l'existence d'un cadre juridique qui ne demande qu'à être effectivement appliqué[1188] ou amélioré[1189]; il appartiendra ensuite à chacune des parties prenantes (l'État[1190], le FEICOM[1191], les communes[1192], la société civile et les partenaires au développement[1193]) d'œuvrer à son niveau en faveur de cette forme de coopération.

C'est donc à propos que Jean Girardon conclut que « par les perspectives qu'elle couvre en matière de gouvernance locale, l'intercommunalité, une fois réglée la question de la désignation de ses responsables et de sa présence sur la totalité du territoire national, peut servir de référence pour l'implantation de structures territoriales modernes qui, en conciliant démocratie représentative et démocratie participative, et en établissant entre elles des relations temporaires

---

[1184] Les organisations intercommunales ne pouvaient plus être reconnues comme des associations privées au regard de l'article 134 (1) de la loi n° 2004/18 du 18 juillet 2004 fixant les règles applicables aux communes : « Le syndicat des communes est un établissement public intercommunal, doté de la personnalité juridique et de l'autonomie administrative et financière ».

[1185] *Ibidem.*

[1186] C'est le cas des communes de Ngoulemakong, Mengueme et Akoéman. *In* Actes du séminaire atelier des 2 et 3 décembre 2010 à Kribi sur le thème « intercommunalité et développement local : la contribution du FEICOM », actes précités.

[1187] C'est le cas, à titre d'exemples, du projet de regroupement des communes du Mayo Sava qui regroupent trois communes (Mora, Tokombéré, Kolofata), ou encore du projet de regroupement des communes riveraines du Fleuve Logone qui garde une possibilité d'extension et qui, pour l'instant, a pour membres les communes de Yagoua, Kaï-Kaï, Gueré, Logone Birni, Gobo, Zina, Kousséri, Gueme et Maga. Voir, J. Minla Mfou'ou et A.R. Noko, « L'intercommunalité au Cameroun : état des lieux et perspectives. Étude et analyse de quelques expériences et réflexions prospectives », Étude précitée.

[1188] Par exemple, en rendant les syndicats de communes effectivement éligibles à la dotation générale de décentralisation comme le prévoit le décret y relatif.

[1189] Par exemple, en élargissant le champ de l'intercommunalité dans la mesure où l'article 133 de la loi n° 2004-18 du 22 juillet 2004 fixant les règles applicables aux communes limite le regroupement (en syndicat de communes) aux communes d'une même région ou d'un même département.

[1190] Par l'élaboration de textes appropriés et de mesures incitatives (financières ou techniques) de nature à favoriser l'essor de l'intercommunalité.

[1191] Par exemple, en mobilisant davantage de fonds au profit des structures intercommunales.

[1192] Par exemple, en s'activant à créer des structures intercommunales.

[1193] La société civile et les partenaires au développement ne sauraient rester en dehors des initiatives de conception des initiatives intercommunales.

par le biais du contrat, offre en permanence une réponse aux sollicitations du terrain. Dans un monde globalisé où l'agir local est le ressort du développement durable dès lors qu'il s'accompagne de l'agir ensemble, l'intercommunalité offre aux citoyens du XXIe siècle ce lien entre l'agir local et l'être ensemble qui fait la richesse tant humaine que matérielle des territoires : c'est le rôle qu'a tenu la commune pendant des siècles ».

Par ailleurs, les collectivités territoriales du Cameroun peuvent désormais s'appuyer sur un cadre normatif relativement récent pour entreprendre des actions de coopération (sur la base du volontariat) avec d'autres collectivités territoriales nationales et/ou étrangères. Ces actions donnent généralement lieu à des conventions encadrées par le *droit de la coopération décentralisée.* Même si elles restent des bouées de sauvetage que l'on devrait utiliser à bon escient, elles sont à n'en point douter des sources intéressantes de financement pour des collectivités territoriales impécunieuses.

§ II. La coopération décentralisée : des sources intéressantes de financement des collectivités territoriales camerounaises

Au commencement étaient les jumelages. Ils voient le jour en Europe après la deuxième Guerre mondiale, et sont alors davantage orientés vers la réconciliation et le développement des liens d'amitié, culturels et de solidarité, entre des peuples que la Guerre avait divisés. Le concept de jumelage naît précisément avec la création de l'association du Monde bilingue que fonde Marie Bressand, une figure de la résistance qui entend promouvoir le bilinguisme comme élément de compréhension entre les peuples et vecteur de paix[1194]. Martin Finken souligne que le jumelage a consisté, à ses débuts, à établir des liens d'amitié entre collectivités territoriales de pays différents, qui se traduisaient par des échanges au plan culturel, à l'instar du jumelage de réconciliation et du jumelage de paix[1195]. Cet auteur indique en outre qu'après avoir lié des collectivités territoriales anglaises, françaises et allemandes entre elles, le jumelage à fini par s'étendre aux collectivités territoriales de l'Europe de l'Est. C'est dans cet environnement, souligne-t-il que le Conseil des communes d'Europe (CCE) qui deviendra le Conseil des communes et régions d'Europe fut créé en 1951, temps pendant lequel le mouvement de jumelage s'est amplifié et a abouti, en 1957, à la création de la Fédération mondiale des villes jumelées (FMVJ)[1196], dont Cités unies France (CUF) en sera la section française à partir de 1975[1197].

[1194] P. Laye, *La coopération décentralisée des collectivités territoriales*, 3e édition, territorial éditions, 2011, p. 17.

[1195] Exemples donnés par M. Diagne, *Droit administratif local*, 1ere édition, 2003, p. 215.

[1196] M. Finken, *Gouvernance communale en Afrique et au Cameroun*, *op.cit.*, p. 283.

[1197] B. Gallet, « Actions extérieures des collectivités », *in Les notices de la documentation française*, 3e édition revue et augmentée, 2005, p. 161.

« La décolonisation devait succéder à la colonisation et la coopération devait relayer la domination », comme l'affirment Jean-Michel Bloch-Lainé et Bruno Moschetto[1198]. On voit émerger des formes multiples de coopération, il s'agit, pour une vingtaine de pays membres du Comité d'aide au développement (CAD), de transférer aux pays du tiers-monde une part des ressources nationales à des conditions privilégiées. Cette forme de coopération est née lors de la conférence de Bandoeng qui consacra la naissance politique du tiers-monde, mais la France ne put la commencer qu'après qu'un terme fut mis à la Guerre d'Algérie (après 1962). La coopération prend alors deux formes : la forme bilatérale (aide à l'exportation, investissements à l'étranger) et la coopération multilatérale (avec le tiers-monde et avec la Quart-Monde)[1199]. Ces coopérations sont alors essentiellement interétatiques.

Expression d'une solidarité Nord-Sud, les *jumelages-coopération* apparaissent au tout début des indépendances avec l'émergence du tiers-monde sur la scène internationale ; ce type de jumelage unit des collectivités locales des pays industrialisés et celles des pays en voie de développement, en vue d'établir une nouvelle forme de coopération qui, tout en privilégiant les rapports humains, associe au concept de paix celui de développement[1200].

À côté de la coopération bilatérale et multilatérale entre États, une troisième forme de coopération s'est développée au fil du temps. Elle prend l'appellation de *coopération décentralisée*. Pendant très longtemps, elle « a consisté en une pratique foisonnante multipliant les initiatives en dehors de tout cadre légal »[1201]. Par la suite, le droit positif est venu régulariser cette situation de fait en en encadrant la mise en œuvre. C'est ainsi que la coopération décentralisée sous sa forme actuelle voit enfin le jour.

Martin Finken souligne que la coopération décentralisée revêt de nos jours une double acception dans les pays du Nord ; la première est celle qui pourrait être qualifiée de territoriale, adoptée entre autres par la France : elle ne fait référence qu'aux collectivités territoriales et leurs groupements. La deuxième acception concerne celle qui est adoptée par l'Union européenne et d'autres donateurs, les Accords de coopération pouvant s'étendre à d'autres acteurs ; la forme décentralisée de la coopération s'oppose alors en quelque sorte à la forme centralisée qui ne concerne que les États[1202]. En outre, Martin Finken fait remarquer en même temps que ces différences tendent néanmoins à s'édulcorer dans la pratique, avec un double mouvement de convergence, la conception française de la coopération décentralisée impliquant de plus en plus d'acteurs non territoriaux (les ONG par exemple). Tout en conservant une approche élargie, l'Union européenne se tourne de plus en plus vers les

---

[1198] J.-M. Bloch-Lainé et B. Moschetto, *La politique économique de la France*, PUF, collection « Que sais-je », 1981, p.97.

[1199] Sur ces formes de coopération, voir, J.-M. Bloch-Lainé et B. Moschetto, *La politique économique de la France*, ouvrage *op.cit.*, p.99-102.

[1200] P. Laye, *La coopération décentralisée des collectivités territoriales, op.cit.*, p. 17.

[1201] R. Le Mestre, *Droit des collectivités territoriales*, *op.cit.*, p. 231.

[1202] M. Finken, *Gouvernance communale en Afrique et au Cameroun, op.cit.*, p. 284.

collectivités territoriales avec ses offres de financement. L'aide publique de l'Union européenne étant difficile à appréhender parce qu'elle est répartie entre plusieurs enveloppes et plusieurs instruments, on se limitera à une étude de la coopération décentralisée à l'échelon européen à travers deux exemples, celui de l'Instrument de coopération pour le développement (ICD) et du Fonds européen de développement (FED) (B). Le terme *coopération décentralisée* ayant été inventé en France, on ne peut s'empêcher de traiter de cette forme de coopération dans l'ordre interne français, où l'on observe une profusion d'actions extérieures des collectivités de ce pays (A). Concernant le Cameroun, on est amené à penser que l'amélioration du cadre normatif de la coopération décentralisée s'est opérée dans l'intérêt des collectivités territoriales du pays (C).

A. LA COOPÉRATION DÉCENTRALISÉE DANS L'ORDRE INTERNE FRANÇAIS, UNE KYRIELLE D'ACTIONS EXTÉRIEURES DES COLLECTIVITÉS TERRITORIALES

La coopération décentralisée en France a connu deux périodes principales : la période précédent 1992 pendant laquelle elle s'est développée sans véritable statut légal, et la période correspondant à l'adoption de la loi d'orientation n° 92-125 sur l'administration territoriale de la République du 6 février 1992 dite « loi ATR » dont les dispositions ont été insérées dans le Code général des collectivités territoriales, en ses articles 1114-1 et suivants. C'est d'ailleurs à cette occasion que le terme « coopération décentralisée » a été créé.

La loi susvisée prévoit que « les collectivités territoriales et leurs groupements peuvent conclure des conventions avec des collectivités territoriales étrangères et leurs groupements, dans les limites de leurs compétences et dans le respect des engagements internationaux de la France »[1203]. Ces conventions entrent en vigueur dès leur transmission au représentant de l'État dans les conditions fixées par une loi de 1982[1204]. Aux termes de cette loi, la coopération décentralisée vise « l'ensemble des actions de coopération internationales menées par convention dans un but d'intérêt commun, par une ou plusieurs collectivités »

L'article 134 de la loi ATR crée une Commission nationale de la coopération décentralisée (CNCD) que préside le Premier ministre. Il s'agit d'« un espace de concertation et de dialogue entre représentants de l'État et des collectivités territoriales »[1205]. La Commission susvisée met à disposition des acteurs de la coopération décentralisée un Atlas français de la coopération décentralisée et des autres actions extérieures. Y sont recensées, toutes les

[1203] Voir l'article 131 de cette loi.

[1204] Voir, en ce sens, l'article 2 de la loi n° 82-213 du 2 mars 1982 relative aux droits et libertés des communes, des départements et des régions.

[1205] B. Gallet, « Actions extérieures des collectivités », *in Les notices de la documentation française*, p.165.

actions internationales que mènent les collectivités territoriales de France (coopérations décentralisées, jumelages, actions ponctuelles ou non conventionnées). Selon les données issues de l'Atlas français des coopérations décentralisées de la CNCD, on recense, en 2014 plus de 13 000 projets de coopération décentralisée menées par près de 5000 collectivités territoriales françaises, avec plus de 10 000 collectivités partenaires de 147 pays.

À côté d'instances d'appui à la coopération décentralisée que l'État a mises en place au sein du ministère des Affaires étrangères — il s'agit de la Mission pour la coopération non gouvernementale[1206] et de la Délégation à l'action extérieure aux collectivités locales[1207] — certains organismes contribuent à l'accompagnement de la coopération décentralisée, avec un attrait particulièrement marqué pour l'international. Ainsi, des associations nationales apportent-elles leur appui à l'action internationale des collectivités territoriales. Par exemple, l'Association française du conseil des communes et régions d'Europe (AFCCRE) comprend actuellement plus de 2000 collectivités et groupements ; elle constitue la section française du Conseil des communes et régions d'Europe, une organisation qui rassemble près de 100 000 collectivités territoriales européennes. Elle est associée aux réunions qui sont organisées par les institutions européennes et contribue au dialogue et aux échanges de bonnes pratiques entre collectivités territoriales, mais elle ne s'occupe pas de la coopération décentralisée[1208].

L'association Cités unies France (CUF) créée en 1975 regroupe 500 collectivités adhérentes ; elle travaille auprès de 3000 collectivités qui conduisent des actions de coopération décentralisée autour de 25 groupes-pays et 4 groupes thématiques. Contrairement à l'AFCCRE, l'association CUF joue un rôle central dans le domaine de la coopération décentralisée pour l'ensemble des fédérations généralistes (Association des maires de France, Assemblée des départements de France, Association des régions de France, Association des maires de grandes villes de France, Fédération des maires des villes moyennes, Association des maires et banlieues de France, Association des petites villes de France, Association des maires ruraux de France, etc.)[1209].

[1206] Cette mission favorise la concertation entre l'État et les acteurs non gouvernementaux, dont les collectivités territoriales.

[1207] Cette délégation est le trait d'union entre l'État (ambassades, préfectures, ministères) et les collectivités territoriales françaises.

[1208] B. Gallet, « Actions extérieures des collectivités », *in Les notices de la documentation française*, *op.cit.*, p.164-165.

[1209] *Idem.*

B. LA COOPÉRATION DÉCENTRALISÉE À L'ÉCHÉLON EUROPÉEN, VERS UN FINANCEMENT À LA HAUSSE DU DÉVELOPPEMENT

Après sa consécration en France quelques années plus tôt (voir *supra*), la notion de *coopération décentralisée* va être consacrée, en 1989, dans les Accords de coopération (LOMÉ IV bis) entre la Communauté européenne et les pays ACP (Afrique-Caraïbes-Pacifique)[1210]. Il s'agit pour la Communauté d'appuyer des actions et des initiatives entreprises par des acteurs de la coopération décentralisée de la Communauté et des pays en développement, axées sur la réduction de la pauvreté et le développement durable, et ce notamment dans des situations de partenariat difficiles ne permettant pas l'utilisation d'autres instruments. Ces actions et initiatives se donnent pour objectif de promouvoir un développement plus participatif, répondant aux besoins et aux initiatives des populations des pays en développement, ainsi qu'une contribution à la diversification et au renforcement de la société civile ainsi qu'à la démocratisation à la base dans les pays en développement comme va le prévoir le Règlement (CE) n° 1659/98 relatif à la coopération décentralisée.

Le Règlement (CE) n° 625/2004 du Parlement européen et du Conseil du 31 mars 2004 prorogeant et modifiant le Règlement (CE) n° 1659/98 ci-avant visé précise que les actions ci-dessus mentionnées concernent la promotion de la coopération décentralisée au profit de tous les pays en développement. Le Règlement (CE) n° 625/2004 du Parlement européen et du Conseil susvisé liste de nombreux partenaires de la coopération qui peuvent prétendre à un appui financier, au rang desquels les pouvoirs publics locaux (y compris municipaux). Concernant les « terrains » d'action de la coopération décentralisée qui profitent aux collectivités territoriales décentralisées, on peut citer : l'environnement, l'action sanitaire et sociale, l'éducation, la recherche et la culture, la gestion institutionnelle au niveau local etc. Quant aux moyens pouvant être mis en œuvre dans le cadre des actions visées plus haut, l'article 5 du Règlement précise qu'ils comprennent « notamment des études, une assistance technique, des actions de formation ou d'autres services, des fournitures et des travaux, ainsi que des audits, des missions d'évaluation et de contrôle ».

En résumé, trois axes d'intervention sont privilégiés : l'appui au processus de décentralisation afin de voir émerger des systèmes de gouvernance locale

[1210] Dix conventions instituant les Fonds européens de développement ont à ce jour été signées : premier FED (1959-1964) ; deuxième FED, la Convention de Yaoundé I (1964-1970) ; troisième FED, la Convention de Yaoundé II (1970-1975) ; quatrième FED, la Convention de Lomé I (1975-1980) ; cinquième FED, la Convention de Lomé II (1980-1985) ; sixième FED, la Convention de Lomé III (1985-1990) ; sixième FED, la Convention ; septième FED, la Convention de Lomé IV (1990-1995) ; huitième FED, la Convention de Lomé IV révisée à Maurice en 1995 (1995-2000) ; neuvième FED, Accord de Cotonou (2000-2007) ; dixième FED, Accord de Cotonou (révisé). Voir, C.D. Desmoulin, *Droit budgétaire de l'Union européenne*, LGDJ, Lextenso éditions, p. 139.

tant légitimes qu'efficaces (renforcement des collectivités territoriales et de leurs capacités, promotion du système de gestion participative du développement local, etc.), l'appui à des initiatives et dynamiques locales qui peuvent favoriser la cohérence d'actions ponctuelles, à l'instar des microréalisations, des actions ONG ou de jumelages dans un cadre spatial précis (appui à la formulation et à la mise en œuvre de plans de développement, le renforcement des services viables et pérennes au niveau local, etc.) et enfin, l'appui au dialogue politique et social pour assurer la participation en amont des acteurs décentralisés dans la formulation des politiques et la programmation (mise en réseau d'acteurs décentralisés aussi bien au niveau national que régional, renforcement des structures et capacités d'organismes intermédiaires au dialogue, etc.)[1211].

Pour une meilleure efficacité de l'aide extérieure de la Communauté européenne, une refonte des moyens de l'aide extérieure de l'Union européenne (pour la période 2007-2013) s'est opérée au 1er janvier 2007. Parmi les nouveaux instruments de financement à réaliser, *l'Instrument de coopération au développement*[1212] est, avec 16,9 milliards d'euros pour la période susvisée, celui qui intéresse particulièrement les collectivités du Nord et du Sud par rapport à l'approche thématique [1213], constitué de cinq Programmes thématiques : développement humain et social, environnement, sécurité alimentaire, migrations et asile, mais surtout acteurs non étatiques.

Le règlement n° 1905/2006 du Parlement portera pour sa part création d'un instrument de financement de la coopération au développement et consacrera le Programme thématique « Rôle des acteurs non étatiques et des autorités locales dans le développement ». Ce nouvel outil de l'Union européenne cofinance les initiatives qui sont proposées ou mises en œuvre par des organisations de la société civile et des autorités locales de la Communauté et

---

[1211] P. Laye, *La coopération décentralisée des collectivités territoriales, op.cit.*, p. 163.

[1212] Précisons avec P. Laye que « la nouvelle architecture de l'aide de l'Union européenne n'est plus depuis 2007, basée sur des Programmes géographiques. Les zones Asie, Asie centrale, Amérique du Sud, Afrique du Sud, Moyen-Orient et "Nouveaux États indépendants » ne bénéficient plus de Programmes spécifiques [...] et relèvent dorénavant de l'Instrument de coopération au développement (ICD), de l'Instrument européen de voisinage et de partenariat (IEVP) ou encore de l'Instrument de préadhésion ». En ce sens, et pour d'amples informations, voir P. Laye, *La coopération décentralisée des collectivités territoriales, op.cit.*, p. 158-186.

[1213] Il est à noter, pour mémoire, que la coopération au développement est désormais mise en œuvre par l'intermédiaire des Programmes thématiques susvisés, mais aussi des Programmes géographiques. Ces derniers concourent au développement et au renforcement de la coopération avec des pays et régions d'Asie, d'Asie centrale, du Moyen-Orient, d'Amérique latine et d'Afrique du Sud. Un Programme géographique étend la coopération dans les domaines qui sont utiles, avec des pays et des régions partenaires en fonction d'une base géographique. Ces Programmes soutiennent des mesures relatives à la mise en œuvre de politiques ayant vocation à éliminer la pauvreté et à atteindre les Objectifs du Millénaire en matière d'éducation, santé, gouvernance, droits de l'homme, soutien aux réformes institutionnelles du commerce et de l'intégration régionale : environnement et développement durable des ressources naturelles, eau et énergie, infrastructures, situations d'après crises et États fragiles. En ce sens, voir, P. Laye, *idem.*, p. 165.

des pays partenaires dans ce domaine[1214]. La mise en œuvre de ce Programme vise à renforcer la capacité d'intervention des acteurs non étatiques et des autorités locales dans le processus d'élaboration des politiques, « de manière à [...] promouvoir une société solidaire et autonome afin de : favoriser les populations qui n'ont pas accès aux ressources et aux services de base et qui sont exclues des processus d'élaboration des politiques, renforcer les moyens d'action des organisations de la société civile et des autorités locales dans les pays partenaires, en vue de faciliter leur participation à la définition et à la mise en œuvre des stratégies de réduction de la pauvreté et de développement durable, faciliter les interactions entre les acteurs étatiques et non étatiques dans des contextes différents et renforcer le rôle des autorités locales dans les processus de décentralisation, sensibiliser les citoyens européens aux questions de développement et mobiliser le soutien actif de l'opinion publique dans la communauté et dans les pays en voie d'adhésion en faveur de la mise en œuvre de stratégies de réduction de la pauvreté et de développement durable dans les pays développés et en développement, et renforcer le rôle joué par la société civile et les autorités locales à ces fins [...][1215]. Pour réaliser ses objectifs, le Programme couvre trois domaines d'activité[1216]. En premier, à travers des interventions dans les pays et régions en développement qui, entre autres actions, renforcent le développement et les processus participatifs et l'inclusion de tous les acteurs (notamment les groupes vulnérables et marginalisés, appuient les processus de développement des capacités des acteurs concernés au niveau national, régional ou local, facilitent la participation active des citoyens aux processus de développement et renforcent leur capacité d'action, etc.).

En deuxième, le Programme sensibilise l'opinion publique aux questions de développement et la promotion de l'éducation au développement dans la communauté et dans les pays en voie d'adhésion, la finalité étant d'ancrer la politique de développement dans les sociétés européennes, de mobiliser un large soutien public dans la Communauté et dans les pays en voie d'adhésion en faveur de mesures de lutte contre la pauvreté et de l'établissement de relations plus équitables entre les pays développés et en développement, de sensibiliser le public de la Communauté au regard des difficultés et des problèmes que connaissent les pays en développement et leurs populations, etc.

Le troisième et dernier domaine d'activité du Programme porte sur la coordination et la communication entre réseaux (société civile et autorités locales), à l'intérieur de leurs organisations, mais aussi entre les différents types d'acteurs qui participent au débat public européen et mondial sur le développement[1217].

1214 *Ibidem.*

1215 *Ibidem*, p. 166.

1216 *Ibidem.*

1217 *Ibidem.*

Le Fonds européen de développement (FED) est l'outil financier central de la politique communautaire d'aide au développement, grâce aux appuis non remboursables qu'il destine aux pays ACP signataires de l'Accord de Cotonou (Bénin)[1218]. L'Accord (entre l'Union européenne et les pays ACP) signé le 23 juin 2000, et entré en vigueur le 1er avril 2003 pour vingt ans (soit jusqu'en 2020) crée en son article 4 une obligation de consultations des acteurs non étatiques lorsque des stratégies sont formulées, la modification de cette disposition ayant eu pour effet de permettre aux collectivités locales de participer à la définition des priorités et à la conception des programmes et ce, au même titre que les acteurs non étatiques. Le FED finance des projets ou programmes qui contribuent au développement économique ou culturel dans de nombreux domaines : l'enseignement, la formation, la santé ; le développement des infrastructures telles que les transports, les communications ou le désenclavement des régions ; le développement et la diversification de la production (à l'exemple de l'industrie et de l'agriculture), etc.

Les collectivités locales africaines ne sont pas souvent au fait de ces intéressantes opportunités de financement qui s'offrent à elles, auxquelles elles peuvent adhérer, notamment par le truchement de leurs associations nationales : c'est un champ d'opportunités particulièrement porteur [1219] et prometteur, d'où la nécessité de sensibiliser massivement ces collectivités.

En effet, l'Union européenne reste de loin, au niveau mondial, le premier pourvoyeur d'aide au développement (APD). En 2009 par exemple cette aide s'élevait à quarante neuf (49) milliards d'euros, correspondant à 0,42 % du revenu national brut de l'Union européenne. Plus des trois quarts de cette aide sont directement financés par les États, la Commission assure, quant à elle, environ un quart du total. La même année, la Commission avait engagé douze (12) milliards d'euros et en avait déboursé 10 milliards. La ventilation par secteur des ressources d'aide publique au développement gérées par la Commission européenne — elle a profité à plus de 140 pays dans le monde — s'établit comme suit pour les postes principaux ; Les infrastructures sociales (éducation, santé, eau, etc.) : 34,7 % ; la production (agriculture, sylviculture et pêche, industrie…) : 14,5 % ; le multi/intersectoriel (environnement etc.) : 13,7 % et les infrastructures économiques et services (transport, communication et énergie notamment) : 10,6 %.[1220].

Dans le même temps, en juin 2011, la Commission européenne avait suggéré que soixante-dix (70) milliards d'euros soient consacrés aux instruments d'aide extérieure de l'Union européenne relativement au cadre financier pluriannuel (CFP) 2014-2020, ce qui entraînerait une augmentation de quatorze (14) milliards d'euros par rapport au budget prévu dans le CFP

1218 *Ibidem*, P. 170.

1219 M. Finken, *Gouvernance communale en Afrique et au Cameroun, op.cit.*, p. 289-290.

1220 P. Verluise, « La politique d'aide au développement de l'UE en question », *Actualités européennes,* n° 50, février 2012, p. 1.

2007-2013. Cette enveloppe serait essentiellement destinée à la politique d'aide au développement et à la politique européenne de voisinage ; s'agissant de la politique d'aide au développement, la Commission invitait à doubler le montant pluriannuel consacré à l'instrument de financement de la coopération au développement qui, dans ce cas, passerait de 10 à 20,6 milliards d'euros[1221].

Alors que le dixième FED avait été doté de 22,682 milliards d'euros, le budget total proposé au titre du onzième FED (il ne s'inscrit pas dans le cadre financier pluriannuel, mais dans un Accord gouvernemental entre les pays membres de l'Union européenne) connaîtra une hausse d'environ huit (8) milliards, dans la mesure où 30,3 milliards d'euros sont annoncés [1222].

Un autre remède à l'insuffisance des ressources locales est à rechercher dans les conventions de coopération décentralisée que les collectivités locales camerounaises et leurs groupements peuvent signer avec des collectivités étrangères. Une solution à encourager, ce d'autant plus que le cadre normatif de cette forme de coopération a connu de récentes améliorations que l'on peut considérer comme allant dans l'intérêt des collectivités territoriales en général, et des communes en particulier.

C. LA COOPÉRATION DÉCENTRALISÉE AU CAMEROUN, UN CADRE NORMATIF AMELIORÉ DANS L'INTÉRÊT DES COLLECTIVITÉS TERRITORIALES

Au Cameroun, l'article 89 du décret n° 77/91 du 25 mars 1977 modifié par le décret n° 90/1464 du 9 novembre 1990 traitait déjà du jumelage, le ministre de l'administration Territoriale décidant des missions à accomplir par les magistrats municipaux et restant juge de l'opportunité des jumelages.

Par la suite, la coopération décentralisée a été régie par les lois n° 2004/018 du 22 juillet fixant les règles applicables aux communes et n° 2004/019 du 22 juillet 2004 fixant les règles applicables aux régions (précitées). Aux termes de l'article 131 de la loi 2004/018 du 22 juillet 2004 ci-dessus mentionnée, « (1) La coopération décentralisée résulte d'une convention par laquelle deux ou plusieurs communes décident de mettre en commun leurs divers moyens en vue de réaliser des objectifs communs. (2) Elle peut s'opérer entre des communes camerounaises ou entre celles-ci et des communes étrangères, dans les conditions fixées par la législation et la réglementation en vigueur ».

Le décret n° 2011/1116 PM du 26 avril 2011 fixant les modalités de la coopération décentralisée est venu compléter la définition de l'article131(1) ci-dessus : la coopération décentralisée s'entend de toute relation de *partenariat* librement consentie entre deux ou plusieurs collectivités territoriales camerounaises ou leurs *regroupements* d'une part, ou entre celles-ci et les collectivités territoriales étrangères d'autre part en vue de réaliser des objectifs

[1221] *Idem*, p. 3.
[1222] *Ibidem*.

communs[1223], dans le strict respect de la législation et de la réglementation en vigueur.

Le décret de 2011 susvisé dispose que « toute collectivité territoriale a la capacité de conclure des conventions de coopération décentralisée »[1224], en précisant par ailleurs qu'« aucune convention ne peut être passée entre des collectivités territoriales camerounaises ou leurs regroupements avec un État étranger »[1225]. Autrement dit, la coopération décentralisée ne donne pas lieu à des conventions internationales — les collectivités territoriales ne sont pas des sujets de droit international — mais plutôt à des Accords de coopération collectivités territoriales nationales/collectivités territoriales étrangères.

Par ailleurs, et sommairement, le décret de 2011 aborde plus en détail le régime de la coopération décentralisée au plan interne — entre collectivités territoriales décentralisées de même niveau — et au plan international entre celles-ci et des collectivités étrangères de même niveau. Entre autres points, les objectifs de la coopération décentralisée et les personnes habilitées à signer les conventions y relatives ont été précisées ; les mentions obligatoires du contenu des projets de convention de coopération décentralisée sont prescrites, assorties d'une double condition de clarté et de précision ; la bonne foi dans l'exécution de telles conventions est clairement exigée ; une procédure d'approbation préalable des conventions de coopération décentralisée (enfermée dans des délais) a été instituée, etc.

Avec l'amélioration du cadre normatif, de nombreuses communes camerounaises ont déjà, dans leur intérêt, jeté les ponts vers des collectivités locales étrangères. La commune de Yaoundé 2 en est une illustration. En effet, depuis 2011, cette collectivité « coopère » avec le SIAAP (Service Public de l'Assainissement francilien) et la commune de Colombes en France, dans le cadre d'un projet visant à améliorer l'offre en eau potable et les conditions d'assainissement du quartier Messa-Carrière. D'après les données issues de l'Atlas français des coopérations décentralisées de la CNCD, ce projet toujours en cours vise à améliorer l'offre en eau potable et les conditions d'assainissement du Quartier Messa-Carrière, avec des objectifs spécifiques déclinés en cinq volets qui portent en substance sur le développement de l'offre d'eau potable (Passer d'une offre évaluée à 60 m^3 par jour à un peu plus de 85 m3 par jour, passer de 8 blocs desservis à 13 blocs), l'amélioration des conditions d'hygiène et d'assainissement (assainir 13 bornes fontaines), la maîtrise des eaux de ruissellement (sécuriser toutes les conduites etc.), l'ingénierie sociale au sens de la sensibilisation et du renforcement des capacités (sensibiliser au moins 75 % de la population à avoir un comportement citoyen sur la gestion des biens communautaires, former 13 fontainiers, les employer et les rémunérer à travers les fonds, permettre un « effet levier » pour développer d'autres projets (rendre les travaux de voirie plus

[1223] Cette définition est tirée de l'article 2 alinéas 1, 2, et 3 du décret n° 2011/1116 du 26 avril 2011 fixant les modalités de la coopération décentralisée.

[1224] Voir l'article 6 du décret.

[1225] Voir l'article 27 du décret.

accessibles avec des canalisations déjà mises en place, etc.). Ce projet va dans le prolongement d'une première convention de partenariat que la commune de Yaoundé 2 et la ville française de Colombes avaient signé en 2010, convention qui répond par ailleurs à la sollicitation du SIAAP effectué par la ville de Colombes, en 2009. Le coût total de cette opération s'élève à 154 537 euros. Elle est cofinancée par la ville de Colombes (39 755 euros), par le SIAAP (44 295 euros), par la commune de Yaoundé 2 (28 445 euros) et par un autre cofinanceur non désigné par l'Atlas français des coopérations décentralisées) pour un montant de 42 042 euros.

La coopération décentralisée est soumise à des conditions *rationae personae* en ce sens qu'elle se limite aux rapports entre collectivités territoriales nationales et collectivités territoriales étrangères. Cette forme de coopération est aussi soumise à condition *rationae materiae* car si les collectivités territoriales bénéficient de la liberté contractuelle, celle-ci ne les autorise pas à intervenir dans des affaires dont le champ d'action s'étendrait au-delà des intérêts locaux : les affaires que gèrent les collectivités territoriales doivent relever du niveau administratif qui est le leur.

Le cadre juridique afférent à la coopération décentralisée est on ne peut plus strict et prescriptif. Partant, les chefs des exécutifs des collectivités territoriales ou de leurs regroupements et les représentants des collectivités territoriales habilités à négocier des conventions de coopération décentralisée ont tout intérêt à ne pas faire l'économie d'un juriste, sauf à en maîtriser les rouages. C'est l'occasion de rappeler que la Commission interministérielle de coopération décentralisée (CICOD) procède à un contrôle de légalité en s'assurant de la conformité des conventions de coopération décentralisée avec la Constitution et les dispositions légales et réglementaires.

Coopérer selon le Petit Robert, c'est « opérer conjointement avec quelqu'un, contribuer, participer »[1226]. Quoiqu'il en soit le Cameroun se doit de recourir à cette forme de financement de manière pertinente et mesurée, tant le risque est grand, que le pays s'installe dans un confort de dépendance financière au lieu de recourir à *l'ingéniosité fiscale* et à d'autres sources de financement prévues par les textes. En effet, derrière le terme « coopération » se cachent souvent des aides et donations unilatérales, c'est-à-dire sans contrepartie provenant de la partie camerounaise, avec cependant des effets « pervers » certains. À titre d'exemple et comme le souligne L'OCDE, la dépendance à l'aide à long terme freine inévitablement la mise en place d'impôts efficaces et de relations de responsabilité[1227].

Les modes alternatifs de financement étant nécessaires mais pas suffisants, il est important que soient explorées des pistes efficaces de réforme de l'actuelle fiscalité locale, tant la survie des collectivités territoriales camerounaises en dépend.

1226 Petit Robert, édition 1977, p. 389.

1227 OCDE, « Gouvernance, fiscalité et responsabilité. Enjeux pratiques », lignes directrices et ouvrages de référence du CAD, avant-propos, 2008, p. 3.

CHAPITRE II

LES PISTES DE RÉFORME DU SYSTÈME FISCAL LOCAL DU CAMEROUN

Même si Nicolas Delalande fait remarquer que réformer au XXIe siècle se révèle bien plus complexe qu'autrefois, car, selon lui, « les systèmes de prélèvement et de redistribution sont parvenus à un degré de sophistication inédit, et reposent en large partie sur un empilement de prélèvements apparus à des dates différentes, dans des contextes sociaux, politiques et économiques singuliers »[1228], on se doit de rappeler — au mépris de l'adage suivant lequel « il n'y a pas meilleurs impôts que ceux existants déjà » — que les développements qui précèdent révèlent à suffisance que ni la fiscalité locale camerounaise, ni le processus de décentralisation dont elle est issue ne peuvent prospérer en l'état, entraînant que le Cameroun ne puisse se permettre de faire l'économie d'une réforme.

Pour Gérard Cornu, on parle de *réforme* lorsqu'il y a modification du droit existant soit par une nouvelle loi, soit par un décret[1229]. On ne modifie cependant pas pour modifier : une réforme vise à changer un existant insatisfaisant pour l'améliorer. Réformer, selon le dictionnaire Larousse, c'est « changer en mieux »[1230]. On en déduit que tout changement en mieux, fut-il de détail ou d'ampleur emporte réforme.

D'un point de vue général, le système est, d'après le petit Robert, « l'ensemble de pratiques, de méthodes et d'institutions formant à la fois une construction théorique et une méthode pratique », à l'instar du système politique, économique ou fiscal. Il est, selon le professeur Gérard Cornu qui y consacre d'ailleurs plusieurs entrées, « l'ensemble des règles considéré sous le rapport de ce qui en fait la cohérence, celle-ci pouvant tenir, s'il s'agit du droit d'un pays, aux caractéristiques nationales de ce dernier » (exemple du système juridique français), « ou, s'il s'agit au sein d'un ordre juridique, d'un faisceau

---

[1228] N. Delalande, « L'économie politique des réformes fiscales. Une analyse historique », *in Réforme fiscale*, G. Allègre et M. Plane, (dir.), OFCE, 2012, p. 45-46.

[1229] G. Cornu, *Vocabulaire juridique, op.cit.*, p. 770.

[1230] Voir, *Larousse de la langue française*, Librairie Larousse, 1977, p. 1512.

de règles, au parti législatif qui l'inspire » (exemple du système légal des preuves). On retiendra avec lui qu'il s'agit d'un ensemble coordonné, l'agencement administratif, financier, social ou économique d'un ensemble.

D'un point de vue strictement fiscal, Pierre Beltrame soutient que c'est l'ensemble plus ou moins cohérent d'institutions, de règles, et de pratiques fiscales qui prend l'appellation de système fiscal[1231].

Gilbert Tixier précise quant à lui qu'un système fiscal présente deux caractéristiques : une autonomie technique (le système fiscal est alors techniquement autonome, car il contient toutes les règles d'assiette et de recouvrement nécessaires à sa mise en œuvre), et une exclusivité d'application (le système fiscal s'applique, en pareil cas, à l'exclusion de tout système concurrent, dans un territoire déterminé où il demeure l'unique pourvoyeur de ressources fiscales)[1232].

Une réforme du système fiscal local camerounais consisterait, si l'on emprunte la définition de Pierre Beltrame, à améliorer aussi bien les règles, que les institutions et les pratiques fiscales (locales), à dessein de doter le pays d'un meilleur système fiscal local.

Réformer n'est pourtant pas chose aisée ! Si le *pourquoi* d'une réforme se fait généralement évident (existant insatisfaisant), il n'en reste pas moins que cette réforme entraîne immanquablement des questions incontournables et parfois complexes, qui tournent autour *du comment* de la réforme : l'étendue de la réforme envisagée, le procédé de celle-ci, les moyens pour y parvenir, les acteurs, etc.

La question de l'étendue peut avoir en perspective une remise à plat de l'existant. Quoique ambitieuse, cette démarche reste redoutée des gouvernants — notamment parce qu'elle « implique de tenir compte d'un très grand nombre de variables, d'acteurs et d'intérêts »[1233] — ce qui justifie son extrême rareté. La pratique la plus courante consiste à « retoucher » prudemment des imperfections, à dessein d'améliorer l'existant comme le reconnaît Nicolas Delalande. Selon lui, « Les réformes fiscales, quelle que soit l'ampleur de leurs ambitions, sont souvent contraintes de conserver une partie de l'existant, ou d'empiler de nouveaux prélèvements sur une structure déjà en place »[1234]. Suivant la même logique, et citant l'excellent exemple de la TVA — seule innovation fiscale du xxe siècle survenue en France — Pierre Beltrame souligne « qu'en réalité, en fiscalité comme ailleurs, les innovations les plus importantes passent souvent inaperçues parce qu'elles ne sortent pas tout armées de la cuisse de quelque Jupiter fiscal, mais procèdent de la transformation, par petites touches, d'impôts déjà en application depuis de

[1231] P. Beltrame, *Les systèmes fiscaux*, *op.cit.*, p. 5.

[1232] G. Tixier, *Droit international fiscal*, PUF, collection « Que sais-je », 2e édition refondue, 1995, p. 5.

[1233] N. Delalande, « L'économie politique des réformes fiscales. Une analyse historique », *op.cit.*, p. 46.

[1234] *Idem*, p. 45.

nombreuses années »[1235]. Il peut arriver que cette pratique fasse place à la désillusion ou à des controverses : sur ce point, la réforme en France de la taxe professionnelle et son remplacement par la contribution territoriale généralisée en est un exemple[1236]. Pourtant, rien ne s'oppose, lorsque besoin s'en fait sentir, de procéder à une réforme en profondeur (sans remise à plat), à l'instar de la réforme qui sera proposée dans la suite de ce travail.

La question du procédé et celle des moyens, y compris financiers, à mettre en œuvre entraînent elles-mêmes d'autres questions, qui n'en président pas moins aux destinées de la réforme. On sait par exemple que « Le fait de détenir les connaissances et le pouvoir ne donne pas nécessairement un meilleur jugement sur toutes choses, et la réflexion du balayeur vaut, sur bien de points »[1237]. Partant, et à titre d'exemple, doit-on envisager des Assises nationales (démarche ouverte et participative) ? Quelles en seraient les modalités d'organisation ? Quels sont les professionnels qui auront une place à la « table » de la réforme (juristes, économistes, sociologues, anthropologues, fiscalistes, consultants étrangers...) ? Quelle sera la portée de cette réforme ? Ces questions sont d'autant plus complexes qu'elles devront se résoudre en s'aidant d'autres disciplines[1238], les unes aussi complexes que les autres. Les théories économiques en sont une illustration.

En effet, dans l'une de ses analyses intitulée « La théorie économique de l'impôt optimal : une introduction »[1239], Guy Gilbert souligne que l'impôt optimal est la « boîte à outils » qu'utilisent les économistes à qui sont adressées des questions en matière fiscale, notamment de nature normative, auxquelles ils sont sollicités de réfléchir à dessein de proposer une fiscalité idéale, « et le cas échéant la trajectoire qui permet d'y parvenir ». L'auteur souligne qu'en la matière, deux questions dominent la littérature économique : « Quel système idéal faut-il mettre en place en regard de tel ou tel critère choisi de façon indépendante ? Comment y parvenir à partir de la situation actuelle, jugée par définition moins satisfaisante ? ». La première renvoie d'après cet auteur à la structure fiscale optimale (*optimal tax design*), tandis que la seconde concerne la réforme fiscale optimale (*optimal tax reform*).

La conjonction de la politique fiscale et de la politique économique n'est pas un phénomène nouveau[1240], si bien qu'il est plus que jamais établi qu'il n'y

---

[1235] P. Beltrame, *La Fiscalité en France*, *op.cit.*, p. 157.

[1236] Voir, chapitre II du premier titre de la présente étude, et plus précisément les développements consacrés à la patente camerounaise et à l'ancienne taxe professionnelle française.

[1237] P.-H. Chombart de Lauwe, *La culture et le pouvoir*, Stock/Monde ouvert, 1975, p. 24.

[1238] La sociologie fiscale en est un bon exemple, voir les développements sur le sujet, dans la suite de la présente introduction.

[1239] Sur cette analyse et les citations (entre guillemets) de l'auteur qui suivront, mais aussi pour d'amples informations sur cette question d'un point de vue strictement économique, voir G. Gilbert, « La théorie économique de l'impôt optimal : une introduction », *RFPP*, n° 55, 1996, p. 93-95

[1240] Par exemple, il y a près de soixante-dix ans, un auteur affirmait déjà que la politique financière allait en s'harmonisant et en se solidarisant de plus en plus avec la politique

a pas de bonne politique fiscale qui ne s'accommode des sciences économiques. Il apparaît même constant qu'une réforme fiscale locale n'aura des chances de réussite qu'autant qu'elle aura respecté notamment la réalité économique à laquelle Loïc Philip fait référence[1241]. L'idée d'une conjonction des deux politiques susvisées dans le cadre d'une réforme reste bien entendu nécessaire de nos jours, mais elle n'est plus suffisante et doit être étendue à d'autres disciplines, à l'exemple de la sociologie en général (le droit fiscal s'inscrit dans une structure sociale) et comme le précise Marc Leroy, de la sociologie fiscale[1242].

En dépit du fait que les caractéristiques requises d'un « bon » système fiscal sont d'une grande variété[1243], Guy Gilbert retient une liste non limitative de cinq attributs (l'efficacité économique, la simplicité, la flexibilité, la transparence et l'équité), avant de préciser qu'« aucun de ces critères n'est facile à mettre en œuvre, car beaucoup sont non mesurables. Parmi ceux-ci, l'équité est naturellement le plus difficile à définir tant les approches que l'on peut en donner sont nombreuses et contradictoires [...]. Mais ni l'efficacité économique, ni la simplicité, la flexibilité ou la transparence ne peuvent être définies et mesurées de façon incontestable. De plus, ils sont le plus souvent contradictoires. Rechercher la transparence ou la flexibilité va rarement de pair avec la simplicité ; celle-ci fait très mauvais ménage avec l'efficacité : cette

---

économique .Voir, H. Laufenburger, *Précis d'économie et de législation financière*, tome III, Budget et Trésor, 2e édition, Sirey, 1946, p. 263.

1241 En ce sens, et pour plus de précisions, voir L. Philip, *Finances publiques*, *op.cit.*, P . 428.

1242 Lorsqu'il parle des fonctions sociologiques de l'impôt, Marc Leroy reconnaît en effet en la fiscalité locale une nature originale : elle est en même temps un objet de politique publique (la politique fiscale) et un instrument des autres politiques publiques. Selon lui, l'évolution de l'État interventionniste peut être suivie en adoptant une approche fonctionnelle, au moyen des grandes fonctions mises en évidence par Musgrave, à savoir : l'affectation des ressources à dessein de produire des biens collectifs, la redistribution et la régulation économique. Mais il indique que ces fonctions constituent aujourd'hui un cadre d'analyse trop restreint pour comprendre le système fiscal et sa transformation, en soulignant que ces grandes fonctions tendent à s'estomper dans les discours et dans les pratiques (cela est dû pour cet auteur à deux séries de facteurs ; « l'instrumentalisation de l'impôt dans le cadre d'enjeux relatifs à des particularismes économiques, sociaux, culturels et territoriaux » d'une part, et la complexité du système fiscal qui accentue le brouillage des fonctions traditionnelles de l'impôt). L'auteur indique en outre que les grandes fonctions de la politique fiscale ont besoin d'être reconstruites en élargissant l'approche économique. C'est la raison pour laquelle la sociologie fiscale propose une étude de la logique d'ensemble du système fiscal en ajoutant trois fonctions aux fonctions classiques : la fonction sociale (elle renvoie à la redistribution de l'impôt et à ses conséquences sur la stratification sociale), la fonction politique (celle-ci renvoie à la légitimité de l'impôt-contribution pour le citoyen) et la fonction territoriale de l'impôt (cette dernière intervient en vue d'appliquer géographiquement l'impôt selon sa règle de territorialité, pour connaître les inégalités territoriales résultant de la taxation, et pour réserver un traitement plus favorables aux territoires fragiles). Voir, L. Marc, « Découvrir la sociologie fiscale », *Regards croisés sur l'économie* 1/ 2007 (n° 1), p. 94-100, URL : www.cairn.info/revue-regards-croises-sur-l-economie-2007-1-page-94.htm. DOI : 10.3917/rce.001.0094, consulté le 19/11/2014.

1243 Sur ce point, voir, les analyses d'A. Barilari et R. Drapé, mais aussi de L. Philip dans le chapitre II du titre 1er (de cette partie) réservé à la politique fiscale.

dernière est souvent contradictoire avec l'équité. Si bien qu'il faut se limiter à rechercher une fiscalité optimale du point de vue d'un certain critère, le respect des autres étant, au mieux, assuré sous formes de contraintes additionnelles s'imposant au décideur fiscal. Il n'y a évidemment aucune raison à priori pour que la fiscalité idéale selon un critère, compte tenu de tous les autres, soit identique à celle qui résulterait du choix d'un autre critère. Il y a autant de "fiscalités optimales" que de critères ».

On est certes en présence d'une théorie *économique* de l'impôt optimal, mais ce dernier point de l'analyse de Guy Gilbert conduit néanmoins à s'interroger au regard du caractère (quasi) réducteur d'une approche censée être superlative : Peut-on, par exemple, envisager une fiscalité locale optimale en s'aidant prioritairement d'un critère plutôt que de quelque autre ? Ces critères ne constitueraient-ils pas — en dépit de la difficulté à les mettre en œuvre — un « tout » indissociable pour un résultat optimal ? Au pire, et dans la mesure où la réforme d'un système quel qu'il soit a généralement vocation à faire tendre ce dernier vers mieux, ne serait-il pas plus convenable d'entreprendre une démarche qui tienne compte d'un maximum de ces critères qui, il faut le rappeler, devront être mis en œuvre en ayant toujours à l'esprit le pilier de la gestion locale concerné[1244], mais aussi le contexte spatial de la réforme envisagée ?

La présente étude a pu montrer que les collectivités territoriales camerounaises connaissent, pour la plupart, un manque de ressources financières qui rend leur développement illusoire, appelant une nécessaire refonte du système de financement desdites collectivités. Dès lors, la réforme préconisée au Cameroun devrait prioritairement être orientée vers une meilleure mobilisation des ressources ; autrement dit, vers l'amélioration des modes de financement des collectivités territoriales (section I). Une réforme

[1244] Par exemple, cinq piliers de gestion locale (cette liste n'est pas exhaustive) ont été identifiés dans le contexte français et celui des pays africains : le premier se rapporte à la gestion financière et concerne la manière dont sont gérées les recettes, la programmation financière (études financières prévisionnelles et préparation budgétaire) ; le deuxième concerne la gestion des ressources humaines, qui implique la nécessité d'une maîtrise de la charge financière du personnel et du management (recrutement, gestion des carrières, amélioration des compétences) ; le troisième pilier est relatif à la gestion juridique, qui implique que l'on s'assure à tout moment du respect des règles juridiques, impliquant une expertise de plus en plus complexe, ainsi que la prévention de la corruption et des risques d'abus de pouvoirs) ; le quatrième pilier a trait à la gestion/organisation politique (il faut favoriser la prise de décision par les élus, qui doivent être conseillés et informés, en plus de leur formation qui se doit d'être développée) ; le cinquième pilier est la gestion/organisation de la relation avec la population : il s'agit de l'information, de la transparence, l'accueil, la concertation, l'identification des problèmes sociaux, les adaptations tarifaires etc., étant précisé qu'il s'agit, au sens large, de la participation de la société civile à la gestion publique locale, et par conséquent à la bonne gouvernance (*cf.*, pilier mentionné plus haut et relatif à la participation des parties prenantes). Voir l'ouvrage du Ministère des Affaires étrangères coopération et francophonie, et du Centre National de la Fonction Publique territoriale, *Gestion et organisation d'une collectivité territoriale. L'apport de la coopération décentralisée et bilatérale dans le contexte de l'Afrique sub-saharienne*, Les éditions du CNFPT, 1998, p. 35-36.

allant dans ce sens apparaît d'ailleurs comme l'intérêt supérieur de ces collectivités ; aussi, est-on conduit à penser que le choix de la pertinence institutionnelle pourrait constituer un autre bon volet de la réforme : bien menée, celle-ci pourrait au final générer des ressources substantielles pour les collectivités territoriales camerounaises comme le montre l'exemple du FEICOM (section II).

SECTION I. L'ORIENTATION DE LA RÉFORME : VERS L'AMÉLIORATION DES MODES DE FINANCEMENT DES COLLECTIVITÉS TERRITORIALES

Le premier Rapport des Cités et Gouvernements Locaux Unis (CGLU) constate, dans bon nombre de pays, que « La fiscalité partagée et les transferts financiers contrôlés par l'État tendent à se répandre comme modalité de financement des budgets locaux. Cependant, les termes du partage de la fiscalité sont très souvent défavorables aux collectivités locales et, d'autre part, les versements ne sont pas réguliers. Aussi l'effectivité des transferts est-elle fonction du caractère contraignant ou non de la législation qui les fonde »[1245].

Dans le cas de la France et du Cameroun par exemple, le constat relatif à la fiscalité locale apparaît unanimement partagé et se résume comme suit : la fiscalité locale « est inadaptée aux collectivités locales, au motif qu'elle ne leur assure pas des ressources suffisantes, mais aussi aux contribuables, personnes physiques ou morales, car elle se soucie assez peu de la capacité contributive des uns et des autres. Elle est peu lisible, car les contribuables sont souvent dans l'incapacité d'identifier clairement la part qui revient aux communes et autres collectivités territoriales. [Et plus précisément en France], elle est ressentie, et dénoncée, comme une ponction financière importante pour les contribuables, sans oublier qu'elle représente un coût budgétaire pour l'État. Enfin, l'absence de courage politique à faire évoluer les bases, ou à en définir d'autres, fait que celles-ci sont aujourd'hui obsolètes »[1246] dans ce dernier pays.

En la matière, la situation du Cameroun est des plus préoccupantes : l'État bénéficie d'une part léonine de l'ensemble des impôts, au mépris du manque manifeste de ressources financières que connaissent les collectivités territoriales ; au final, ces dernières se retrouvent dans une impasse dont elles pourront difficilement se sortir en s'aidant d'une multitude d'impôts à faible rendement qui leur a été réservée par la loi de du 15 décembre 2009 portant fiscalité locale. En ce sens, le ministre de l'administration Territoriale et de la

---

[1245] Premier Rapport mondial des Cités et Gouvernements Locaux Unis (CGLU) sur « La décentralisation et la démocratie dans le monde », *op.cit.*, p. 22.

[1246] T. Lambert, « Le phénix "impôts locaux" », *in* M. Hayat et T. Lambert (dir.), *La décentralisation fiscale : jusqu'où ?,* L'Harmattan, « Collection finances publiques », Paris, 2009, p. 191.

décentralisation a eu à indiqué qu'« il reste [...] vrai que si la loi portant fiscalité locale [...] a été une réelle avancée, il demeure que le rendement de la fiscalité reste insuffisant en raison entre autres de la faible activité économique dans la plupart des collectivités, du manque du personnel qualifié pour optimiser le recouvrement et de l'inadaptation aux réalités locales de certains impôts »[1247].

Que dire brièvement de la décentralisation dans les deux pays ? En France, Jacques Baguenard a eu à mesurer l'ampleur et les limites du chemin parcouru à travers une analyse des conditions [1248] nécessaires à une authentique décentralisation, avant de trancher qu'« il reste encore beaucoup à faire »[1249]. Et que « si la décentralisation est "un processus désormais irréversible", elle demeure encore fragile [...] »[1250] dans ce pays.

Quant à la décentralisation camerounaise, autrement dit la « décentralisation à la française » qui a cours au Cameroun, elle est ici un bébé qui apprend à marcher, et qui exige une attention particulièrement constante. Elle ne prendra mieux corps que si cette attention lui est véritablement portée dès ses premiers pas pour, entre autres, éviter que la situation financière des collectivités territoriales ne soit compromise. En plus d'être approximatif, le calquage par le Cameroun du modèle français des concours financiers se révèle problématique pour au moins deux raisons. La première est que le modèle français n'est pas exempt de défauts, loin s'en faut, mais il reste de loin mieux organisé que sa « copie » camerounaise. La deuxième raison est que les relations financières entre l'État camerounais et ses collectivités territoriales ne sont pas au « beau fixe » et nécessitent d'être revisitées. Par exemple, « en ce qui concerne spécifiquement la dotation générale de décentralisation, l'absence de précisions sur le taux de la fraction des recettes de l'État devant être prélevée pour l'alimenter pourrait constituer un sérieux handicap pour la lisibilité du financement de la décentralisation. Bien plus, le déblocage tardif de la dotation générale d'investissement, comme ce fut le cas en 2012, et les dysfonctionnements constatés dans la répartition des dotations

---

[1247] R. E. Sadi, ministre de l'administration Territoriale et de la décentralisation (président du conseil d'administration du FEICOM) *in Rapport annuel 2012* du FEICOM. Voir, « mot du président du conseil d'administration » sur le thème du « Financement de la décentralisation : acquis et perspectives », p. 13.

[1248] Selon J. Baguenard, la réalisation de la décentralisation est subordonnée à trois conditions : la détermination d'une sphère de compétence spécifique au profit des collectivités territoriales (les affaires locales), la prise en charge de ces activités propres par des autorités locales indépendantes du pouvoir central aussi bien pour leur nomination que leur révocation, une autonomie de la gestion des autorités locales relatives à leurs affaires propres. J. Baguenard souligne qu'en France, c'est sur ce dernier plan que l'on rencontre les principaux obstacles tenant à la réticence de l'État et « à la relative capacité de gestion des responsables locaux ». Voir, J. Baguenard, *La décentralisation*, *op.cit.*, p. 17-18.

[1249] *Idem.*, p. 19.

[1250] *Ibidem.*

budgétaires dans le cadre du BIP [budget d'investissement public] ne permettent pas d'exercer les actions planifiées au niveau local »[1251].

Le Rapport du Comité Balladur, *Il est temps de décider*, le rappelait encore en 2009 : « la question des finances locales est au cœur des enjeux de toute réforme »[1252]. Par conséquent, et compte tenu de ce qui précède, la refonte de l'actuel système de financement des collectivités locales peut être envisagée sous deux angles. D'abord, les concours financiers de l'État tels qu'ils existent doivent préalablement être corrigés dans la perspective de leur amélioration, pour plus d'efficacité (§ I). Ensuite, par l'instauration d'un nombre limité d'impôts locaux, le but recherché étant d'aboutir à un système de fiscalité locale simple, efficace et garant de l'autonomie financière (§ II).

§ I. Les corrections préalables et les possibles améliorations des concours financiers de l'État camerounais : vers plus d'efficacité

En Europe, dans les principaux États membres de l'union européenne, les collectivités territoriales sont financées soit par un important impôt local assis sur les valeurs foncières (cas de la *council tax* au Royaume-Uni), soit au moyen d'un partage de ressources tirées de l'imposition des revenus que complètent des concours financiers de l'État (cas du Danemark, de la Suède et de la Finlande), soit enfin au moyen d'une fiscalité partagée avec l'État, qui se complète par une fiscalité propre (cas de l'Allemagne)[1253]. En France, le financement des collectivités territoriales repose à la fois sur un certain nombre d'impôts, de dotations, de subventions, d'emprunts et des revenus tirés de recettes complémentaires[1254].

En dehors de la fiscalité locale, les collectivités territoriales camerounaises sont financées par l'emprunt et deux types de dotations d'inspiration française : la dotation générale de la décentralisation et les transferts de crédits liés à l'exercice des compétences transférées. Toutefois, ces dotations mettent en évidence des imperfections et des dysfonctionnements qui appellent une révision, dans un sens plus favorable aux collectivités territoriales. La révision suppose qu'il faille améliorer le système de ces concours. Par exemple, en recourant au modèle français de financement des collectivités territoriales comme source d'inspiration, sans néanmoins perdre de vue que cette source appelle elle-même des améliorations (B). Autant le souligner, les mécanismes de concours financiers camerounais ne seront plus fiables et efficaces

---

[1251] R. E. Sadi, ministre de l'administration Territoriale et de la décentralisation (président du conseil d'administration du FEICOM) *in Rapport annuel 2012* du FEICOM. *op.cit.*, p. 13.

[1252] Le Comité Balladur « Pour la réforme des collectivités locales » avait été créé par décret du 22 octobre 2008 ; il fut remis au Président de la République sous sa version finale intitulée « *Il est temps de décider* », en mars 2009. Voir la page 7 dudit Rapport.

[1253] R. Le Mestre, *Droit des collectivités territoriales*, *op.cit.*, p. 306.

[1254] *Idem.*

qu'autant qu'ils auront été préalablement débarrassés des imperfections et de dysfonctionnements relevés (A).

A. LES IMPERFECTIONS ET DYSFONTIONNEMENTS : VERS LA RECHERCHE DES SOLUTIONS

Une correction préalable des imperfections et dysfonctionnements observés est sinon nécessaire, du moins incontournable. À cela, deux raisons au moins. La première raison est que le flou créé par certains textes relatifs aux concours financiers ou la non-application de ceux-ci entravent le financement effectif des collectivités territoriales décentralisées entraînant qu'un bon nombre de textes et de pratiques doivent être revisités (1). La deuxième raison est que la raréfaction des ressources étatiques n'est pas sans poser de problèmes à ces collectivités, qui risquent de ne pas voir arriver des ressources suffisantes leur permettant (entre autres) d'exercer les compétences qui leur sont dévolues *via* le processus de décentralisation. D'où la proposition d'une recentralisation fiscale (2), et ce dans la perspective d'une redistribution aux collectivités territoriales de dotations étatiques plus « consistantes », et probablement plus équitables et plus régulières.

1. Les textes et les pratiques : des domaines à revisiter

On peut citer le cas de l'article 23 (1) de la loi d'orientation précitée, disposition prévoyant qu'« il est institué une dotation générale de la décentralisation destinée au financement partiel de la décentralisation ». Les régions, les communes, les syndicats de communes et les communautés urbaines sont, en vertu de l'article 3 du décret du 5 août 2009[1255] éligibles à cette dotation générale de la décentralisation (DGD) ; celle-ci se compose d'une dotation générale de fonctionnement (DGF) et d'une dotation générale d'investissement (DGI)[1256].

Mais, alors qu'il est question d'une dotation censée financer l'exercice des compétences transférées (il s'agit souvent des compétences que l'État avait lui-même du mal à exercer), l'article 5 du décret du 5 août 2009 dispose qu'une quote-part du montant de cette dotation est affectée au renforcement des moyens d'action des services déconcentrés de l'État, dont il est établi qu'ils apportent leur concours ou leur appui aux collectivités territoriales dans l'accomplissement des missions qui leur incombent. En clair, cette dotation est partagée entre les collectivités territoriales et les services déconcentrés de l'État. D'ailleurs, nonobstant les dispositions apparemment plus avantageuses

---

[1255] Décret n° 2009/248 du 5 août 2009 fixant les modalités d'évaluation et de répartition de la dotation générale de la décentralisation ».

[1256] Article 10 du décret n° 2009/248 du 5 août 2009 fixant les modalités d'évaluation et de répartition de la dotation générale de la décentralisation.

des articles 11 [1257] et 13 [1258] du même décret, les montants consacrés aux préfectures et services de l'État dans l'enveloppe budgétaire de la dotation générale de la décentralisation, en 2010 et 2011 [1259] sont des exemples éclairants de ce principe atypique de « dotation générale de décentralisation partagée » entre collectivités territoriales et services déconcentrés de l'État, en même temps qu'ils démontrent à suffisance que l'extension de cette dotation aux services déconcentrés de l'État est susceptible de faire place à des abus qui ne manqueront pas d'entraîner un manque à gagner certain pour les collectivités territoriales. Par exemple, une application large de l'article 11 du décret du 5 août 2009 pourrait notamment donner lieu au financement de toute la direction des collectivités territoriales décentralisées (DCTD), voire de l'Inspection générale des collectivités territoriales décentralisées du MINATD, puisque l'une et l'autre assument un rôle dans le cadre de la mise en œuvre de la décentralisation[1260].

L'on note aussi un décalage entre la pratique et les dispositions relatives aux modalités d'évaluation et de répartition de la dotation générale de décentralisation : aux termes de l'article 6 alinéa 1 du décret du 5 août 2009 susvisé, « Les charges financières de fonctionnement et d'investissement résultant des transferts de compétences aux collectivités territoriales décentralisées font l'objet d'une évaluation annuelle par le Comité interministériel des services locaux [CISL] ». En vue de cette évaluation, il appartient au ministre en charge des collectivités territoriales (le ministre de

[1257] L'article 11 du décret n° 2009/248 du 5 août 2009 fixant les modalités d'évaluation et de répartition de la dotation générale de la décentralisation pose le principe suivant lequel la dotation générale de fonctionnement est destinée en priorité à certaines dépenses obligatoires des collectivités territoriales décentralisées et de leurs établissements, à l'exemple des traitements du personnel et des élus, et au financement partiel des charges de fonctionnement qui résultent de l'exercice des compétences qui leur sont transférées par l'État. En outre toutefois, la DGF finance le fonctionnement des services déconcentrés de l'État visés à l'article 5 du décret de 2009 ci-dessus mentionné dans le texte, ainsi que le fonctionnement du Conseil national de la décentralisation, du Comité interministériel des services locaux, du Comité interministériel des services locaux, en plus de tout autre organe chargé du suivi, de la coordination ou de l'évaluation de la mise en œuvre de la décentralisation.

[1258] L'article 13 du décret n° 2009/248 du 5 août 2009 fixant les modalités d'évaluation et de répartition de la dotation générale de la décentralisation destine la dotation générale d'investissement en priorité non seulement aux dépenses d'investissements des collectivités territoriales décentralisées et de leurs établissements, comme, par exemple, les dépenses d'équipement, de fourniture des services de base aux populations, de développement, d'aménagement et de lutte contre la pauvreté, mais aussi au financement partiel des dépenses d'investissement qui résultent de l'exercice des compétences transférées par l'État. Il n'en demeure pas moins qu'accessoirement, la DGI finance les besoins d'investissement des services déconcentrés visés à l'article 5 ci-dessus mentionné, de même que « la conduite des travaux préparatoires aux transferts de compétences et des ressources ainsi que les études et autres réformes d'accompagnement du processus de décentralisation ».

[1259] Soit cinq cents (500) millions de FCFA en 2010 et trois cents (300) millions en 2011, alors que le financement aurait dû provenir du budget de l'État.

[1260] H. Kouomegne Noubissi, *Décentralisation et centralisation au Cameroun. L'exemple de la répartition des compétences entre l'État et les collectivités locales*, *op.cit.* p. 253.

l'administration Territoriale et de la décentralisation) d'établir « l'estimation des besoins pour chaque composante de la dotation générale et pour chaque bénéficiaire, sur la base des rapports des commissions de planification locales et régionales, des données socio-économiques et budgétaires des collectivités territoriales décentralisées ainsi que des objectifs et impératifs du cadrage budgétaire ». Or, comme le souligne Hilaire Kouomegne Noubissi, des critères ne sont pas rendus publics pour la répartition de cette dotation qui, logiquement, devrait être affectée aux collectivités territoriales par rapport aux besoins recensés et mis en priorité. Il est donc particulièrement surprenant, selon lui, « que la dotation générale de décentralisation puisse être répartie sur une base égalitaire entre les communes, comme ce fut le cas, en 2010, pour la composante dotation générale d'investissement. Il a ainsi été attribué 8,3 millions de FCFA à chacune des 360 communes camerounaises pour la réalisation de forages d'eau potable, alors qu'il est évident que les besoins en la matière varient substantiellement d'une commune à une autre et d'une zone urbaine à une zone rurale »[1261]. Comme lui, Martin Finken reconnaît qu'au Cameroun, la dotation générale de décentralisation (DGD) dont la détermination devrait s'effectuer en fonction des charges du récipiendaire « fonctionne comme un de ces systèmes de transfert dont le montant est décidé de façon *ad hoc* et unilatérale par l'État suivant ses seules possibilités [...] »[1262]. L'indication en vaut peut-être la peine, cette dotation n'a pas été mobilisée en 2012 !

La loi d'orientation de la décentralisation et le décret du 5 août 2009 fixant les modalités d'évaluation et de répartition de la dotation générale de la décentralisation (DGD) sont d'ailleurs muets, s'agissant des quotes-parts — autrement dit la part qui revient à chacun dans la répartition d'une somme à recevoir — devant être respectivement affectées aux collectivités territoriales et aux services déconcentrés de l'État. De plus, le transfert de ressources destinées aux collectivités territoriales — ressources prélevées sur les budgets ministériels suite aux transferts des compétences — est problématique, notamment en raison du fait que ces transferts aux montants relativement importants ne reposent sur aucune base juridique : ils ne sont rattachables à aucun des moyens de financement (des compétences à exercer) prévus par la loi d'orientation de la décentralisation de 2004 précitée[1263]. Les compétences transférées par l'État aux collectivités territoriales ne sont pas exclusives, puisqu'elles sont exercées de manière concurrente par l'État et lesdites collectivités dans les conditions et modalités prévues par la loi »[1264]. Dans ces conditions, le budget relativement fragile de l'État peut expliquer

---

[1261] *Idem*, p. 254.

[1262] M. Finken, *Gouvernance communale en Afrique et au Cameroun*, *op.cit.*, p. 185.

[1263] En ce sens, et à titre de rappel, l'article 22 de la loi de d'orientation de la décentralisation prévoit en effet que les ressources nécessaires à l'exercice des compétences dévolues aux collectivités territoriales ont pour sources le transfert de fiscalité, les dotations ou les deux à la fois.

[1264] Article 15 alinéa 2 de la loi 2004/17 du 22 juillet 2004 d'orientation de la décentralisation.

l'insuffisance des moyens financiers et humains que l'État doit transférer aux collectivités territoriales en vue de l'exercice par ces dernières des compétences dévolues dans le cadre de la décentralisation. S'agissant précisément de l'insuffisance des moyens financiers, il est permis de penser que le recours à une recentralisation fiscale pourrait constituer une piste de réflexion.

2. La recentralisation fiscale : une piste à explorer

L'idée, ici, est de renforcer les concours financiers en passant par une recentralisation fiscale. En clair, il s'agit de « déboulonner » l'actuelle fiscalité locale en adoptant une double démarche : d'abord procéder à la suppression des impôts à faible rendement en les remplaçant par des impôts locaux efficaces, c'est-à-dire combinant, dans l'idéal, recettes fiscales importantes (grâce à la largesse de leur assiette), faible coût de recouvrement et coût économique. Ensuite, les impôts retenus au niveau local devront, après un aménagement tendant à les rendre plus efficace s'il y a lieu, être réintégrées dans la fiscalité de l'État, ce dernier devant les redistribuer aux collectivités territoriales sous la forme de dotations, de manière équitable, en s'aidant de critères objectifs tels que la population, le niveau de vie, les besoins réels, etc. On veut par là dire qu'un partage équitable de dotations passera nécessairement par un système de financement différentié tenant compte des critères susceptibles d'être retenus.

En clair, et comme le souligne un auteur, il s'agit de « […] de repenser les dotations […] pour parvenir à un dispositif de financement qui soit à la fois plus juste et évite un effet inhibiteur. Il s'agit de se demander si les modalités de versement de ces recettes doivent être identiques à chaque collectivité ou s'il est possible d'envisager une différenciation entre collectivités territoriales, étant précisé que dans ce cas, il sera nécessaire de prévoir un dispositif respectueux du principe d'égalité. La différenciation des modalités de financement devrait par conséquent reposer sur des critères objectifs comme les strates des collectivités locales, ce qui permet de les identifier selon leur taille, ou encore en distinguant les collectivités territoriales selon le niveau de pauvreté ou de précarité de leur population. Une telle approche permettrait de mieux financer les [communes] les plus pauvres en leur octroyant des règles de financement plus avantageuses »[1265].

Il importe que le système des dotations étatiques soit développé pour au moins deux raisons. La première raison est que les transferts financiers de l'État peuvent mieux corriger les déséquilibres créés par les disparités observées à travers le pays. La deuxième raison est une conséquence de la première : le renforcement des transferts financiers de l'État en amont (celui-ci

[1265] W. Gilles, « Les financements alternatifs des collectivités territoriales », *Revue française d'administration publique*, 2012/4 n° 144, p. 929-941. DOI : 10.3917/rfap.144.0929, *art.cit.*

ne dispose manifestement pas de moyens) en vue de leur redistribution emportera simplification de la fiscalité locale en aval comme on le verra.

Après instauration d'un système de dotations simplifiées et différenciées, sur la base de critères objectifs, et en tout cas d'une clé de répartition suffisamment claire (elle fait actuellement défaut), et après arrimage à la transparence dans les conditions déjà évoquées, le Cameroun pourrait, à l'image du Royaume-Uni, instaurer des indicateurs de performance assortis de mesures d'incitations au profit de toute collectivité territoriale qui atteint les objectifs fixés, mais aussi de sanctions (sous la forme d'une réduction de dotations par exemple) à l'encontre des collectivités mauvaises gestionnaires…

Le modèle camerounais de financement des collectivités territoriales étant problématique, acclimater le modèle français en l'améliorant[1266] dans l'intérêt financier des collectivités territoriales du Cameroun est une piste qu'il faudrait considérer.

B. LE MODÈLE FRANÇAIS DE DOTATIONS ÉTATIQUES : UNE SOURCE D'INSPIRATION À ACCLIMATER ET À AMÉLIORER

Après avoir soutenu à maintes reprises que le droit camerounais s'est largement inspiré du modèle français, y compris en matière de dotations, il peut paraître incohérent de proposer que le Cameroun s'inspire du modèle français des concours financiers. Le Cameroun s'étant plutôt contenté d'un mimétisme approximatif, ou plutôt d'une mauvaise adaptation de ce modèle sur son sol, il est aujourd'hui important que certains aménagements s'inspirant de la France soient entrepris. À ce titre, le système d'encadrement de la compensation financière de ce pays est une piste que la réforme préconisée devrait explorer en vue d'une adaptation (pertinente) au contexte des collectivités territoriales camerounaises.

Le partage de compétences entre l'État et les collectivités territoriales n'est pas particulier au Cameroun. En France, le législateur a atténué le principe de bloc de compétences[1267] en laissant subsister ce type de partage [1268]. Toutefois, et contrairement au Cameroun, les collectivités territoriales françaises sont de loin « mieux servies », car elles bénéficient de concours financiers (sous la forme de dotations) plus réguliers, fondés sur des règles de calcul et de

[1266] Le Rapport français intitulé « il est temps de décider » du 5 mars 2009 précité sera à ce titre éclairant.

[1267] Il s'agit du principe qui régit le transfert de compétences tel que prévu à l'article 3 de la loi n° 83-8 du 7 janvier 1983 relative à la répartition des compétences entre les communes, les départements, les régions et l'État : « La répartition des compétences entre les collectivités territoriales et l'État s'effectue, dans la mesure du possible, en distinguant celles qui sont mises à la charge de l'État et celles qui sont dévolues aux communes, aux départements ou aux régions de telle sorte que chaque domaine de compétences ainsi que les ressources correspondantes soient affectés en totalité soit à l'État, soit aux communes, soit aux régions ».

[1268] C. Leclercq et A. Chaminade, *Droit administratif*, 3e édition, Éditions Litec, 1992, p. 210.

répartition moins floues et plus pertinentes. On compte trois types de dotations que l'État français verse aux collectivités territoriales. Ces dotations obéissent à un processus commun, constitué de trois étapes : d'abord la définition d'une enveloppe globale votée en loi de finances et qui obéit à des règles d'évolution ; ensuite, le cas échéant, des critères d'éligibilité pour celles des dotations qui ne sont pas attribuées à toutes les collectivités comme, par exemple, les dotations de péréquation ; enfin, des critères personnalisés de versement tenant compte des paramètres particuliers à chaque collectivité[1269]. Au rang des concours financiers figurent la dotation globale de fonctionnement, la dotation d'équipement et les transferts de ressources liés aux transferts de compétences.

La dotation globale de fonctionnement (DGF en abrégé) est la principale d'entre-elles. Son histoire remonte à une loi de 1941 comme le souligne René Dosière dans son ouvrage intitulé *La commune et ses finances*. La loi ci-dessus a institué *la taxe locale* en remplacement des *droits d'octroi*, taxe qui frappait toutes les ventes au détail — à l'exception des produits alimentaires de grande consommation — et les prestations de services était calculée par les services des impôts, les trois quarts de son produit étant attribués directement aux communes où s'effectuaient les achats. Le quart restant allait à un fonds de péréquation créé en 1951, lequel permettait un versement minimum (par habitant) aux communes et départements. Le mode de répartition de la taxe locale était insatisfaisant, et l'harmonisation européenne de la fiscalité indirecte fut une occasion d'étendre la taxe à la valeur ajoutée au secteur de la distribution en supprimant la première[1270]. En guise de compensation, l'État céda aux collectivités territoriales la taxe sur les salaires qu'il percevait jusqu'alors. Ce système fut modifié dès 1968 (sa première année d'application), le gouvernement ayant décidé une diminution, puis une suppression de la taxe sur les salaires[1271].

Ces mesures allaient de pair avec l'attribution aux collectivités d'un versement représentatif de la taxe sur les salaires (VRTS), prélevé sur le budget de l'État, et dont le montant était établi à part au vu des déclarations de salaires faites par les employeurs. Chaque année, l'Administration calculait le montant (fictif) de la taxe sur les salaires pour déterminer la somme à distribuer aux collectivités après prélèvement des frais d'assiette (le taux était fixé à 1,33 % en 1969 ; il fut ramené à 1 % à partir de 1976. René Dosière souligne que cette nouvelle ressource « devait globalement atteindre un

---

[1269] F. Robert, « Les relations financières entre l'État et les collectivités les collectivités territoriales » *in* « Finances publiques », André Roux (dir.), *Les notices de la documentation française*, p. 132.

[1270] La mise en application avait été fixée au 1er janvier 1968 par la loi n° 66-10 du 6 janvier 1968.

[1271] En ce sens, voir respectivement les lois n° 68-878 du 9 octobre 1968 (elle a réduit de 5 à 4,25% le taux de la taxe sur les salaires et, en contrepartie, les collectivités se sont vues affecter 100% du produit attendu) et la loi n° 68-1043 du 29 novembre 1968 (les collectivités furent exonérées du paiement de la taxe à partir de 1969).

montant égal, et même supérieur, au produit de la taxe locale, ce qui s'est vérifié. Mais surtout, le Gouvernement fit adopter un système de répartition corrigeant les inégalités consécutives à la distribution de la taxe locale »[1272].

Le VRTS connut des difficultés liées à sa répartition au regard des circonstances de l'époque (l'augmentation du chômage et la politique salariale avaient réduit la progression des salaires, et partant du VRTS). C'est alors que la *dotation globale de fonctionnement (DGF)* vit le jour à la faveur de la loi n° 79-15 du 3 janvier 1979, en même temps que fut créé le comité des finances locales dont les pouvoirs se sont progressivement renforcés. Comme l'indique René Dosière, « le calcul — et le versement — de la DGF est effectuée en deux temps. Au moment de la préparation de loi de finances, on calcule le montant prévisionnel de l'année à venir sur la base des données économiques estimées. C'est cette somme qui sera attribuée dans le cadre des budgets primitifs communaux. Puis, lorsqu'on a connaissance des données définitives de l'année *n*-1, on calcule le montant de la DGF définitive. En conséquence, une régularisation est — le cas échéant — versée aux communes en juillet »[1273].

La loi du 3 janvier 1979 susvisée avait prévu que la DGF s'appliquerait initialement pour deux années, mais ce mécanisme fut prorogé pour une période de cinq ans par la loi n° 80-1102 du 31 décembre 1980. Les innovations induites par la loi du 3 janvier 1979 (mode d'indexation sur la TVA pour déterminer le montant de la DGF, critères de répartition, introduction de la notion de potentiel fiscal) ont connu des transformations, cette fois à la faveur de la loi n° 85-1262 du 29 novembre 1985, mais aussi des lois de finances pour 1990 et 1993 (introduction de nouvelles formules d'indexation et adoption de nouveaux critères de répartition, introduction de la notion d'effort fiscal afin d'apprécier la réalité de la capacité contributive des

---

[1272] R. Dosière, *La commune et ses finances*, Éditions locales de France, 1995, p. 125 : cet auteur indique, en substance, que le produit du VRTS était distribué en trois masses d'importances inégales : le fonds d'action locale (prélèvement d'un maximum de 5% permettant à un fonds d'action locale piloté par un comité majoritairement constitué d'élus d'assurer certaines corrections), une attribution de garantie (la somme distribuée était divisée en deux masses) : la première avait vocation à assurer aux collectivités une « attribution de garantie » par rapport à la taxe locale attribuée antérieurement, et les sommes attribuées à ce titre avaient progressivement diminué jusqu'à l'arrêt de leur distribution en 1988), une attribution de péréquation en raison des impôts sur les ménages (cette masse était distribuée au prorata des impôts sur les ménages perçus l'année précédente ; son produit devait augmenter régulièrement pour atteindre la totalité des sommes à répartir en 1988). L'idée, dans ce dernier cas, était de traiter plus favorablement les communes à faible activités économiques et, par conséquent, de compenser le désavantage résultant pour ces dernières de cette situation, dans la mesure où leur fiscalité avait pour base les impôts payés par les ménages : taxe d'habitation, foncier bâti et taxe d'enlèvement des ordures ménagères pour ne citer que ceux-là. L'auteur indique en outre que la dotation qui était versée au titre du fonds d'action locale garantissait aux communes une somme minimum dont le montant calculé par habitant devait être revalorisé annuellement, un supplément ayant été prévu pour les communes touristiques et thermales afin de tenir compte des ressources relativement élevées qu'elles tiraient de la taxe locale.

[1273] *Idem*, p. 126.

ménages, etc.)[1274]. Ces transformations se sont poursuivies avec, entre autres, la loi n° 91-429 du 13 mai 1991 instituant une dotation de solidarité urbaine et un fonds de solidarité des communes, dans la perspective d'une solidarité intercommunale désormais horizontale.

Le législateur s'est aidé des lois de décentralisation (notamment la loi n° 82-213 du 2 mars 1982 relative aux droits et libertés des communes, des départements et des régions et la loi précitée n°83-8 du 7 janvier 1983 relative à la répartition des compétences entre les communes, les départements, les régions et l'État) pour fixer les principes de compensation financière qui résultent des transferts de compétences (simultanéité du transfert de compétences et du transfert des ressources, intégralité de la compensation au moment du transfert, cette dernière devant être équivalente aux dépenses effectuées par l'État à ce titre). Le transfert de ressources est constitué d'impôts d'État, le solde étant une dotation générale de décentralisation (DGD) indexée sur l'évolution de la dotation générale de fonctionnement (DGF).

Outre des transformations régulières (en 2004, par exemple, l'architecture de la DGF avait changé suite à l'agrégation de diverses dotations, entraînant un doublement du volume de la DGF, et, en 2005, les critères d'attribution avaient été modifiés), le modèle français des dotations pourrait s'avérer complexe dans le contexte camerounais. En effet, derrière la DGF, il se cache un total de douze dotations dont quatre pour les communes, deux pour les EPCI, quatre pour les départements et deux pour les régions se déclinant elles-mêmes en plusieurs parts ou fractions[1275]. C'est la raison pour laquelle une adaptation s'impose. Cette adaptation devrait (effectivement) tenir compte du mode français de compensation financière des transferts de compétences que la loi du 7 janvier 1983 susvisée a soumis au principe de la neutralité budgétaire, puisque l'article 5 de ladite loi pose le principe suivant lequel les transferts de compétences sont accompagnés du transfert concomitant par l'État aux communes, aux départements et aux régions, de ressources nécessaires à l'exercice normal de ces compétences… ».

La révision constitutionnelle du 28 mars 2003 est venue ériger ce principe en principe constitutionnel[1276], sans pour autant imposer « une compensation exacte et réévaluée dans le temps en fonction du coût d'exercice des charges transférées ». Il n'en demeure pas moins que la compensation financière revêt

---

[1274] Voir l'ensemble des textes cités pour d'amples informations relatives aux diverses transformations qui se sont opérées dans ce sens.

[1275] Disponible sur : http://www.collectivites-locales.gouv.fr/dotation-globale-fonctionnement-dgf, consulté le 29/12/2014.

[1276] Voir, en ce sens, l'article 72-2 de la Constitution française (extrait) : « Tout transfert de compétences entre l'État et les collectivités territoriales s'accompagne de l'attribution de ressources équivalentes à celles qui étaient consacrées à leur existence » ; c'est le principe dit du coût historique.

cinq caractères : elle est intégrale, concomitante, garantie, contrôlée, et conforme à l'objectif d'autonomie financière[1277].

Cependant, le système français reste lui-même perfectible. Par exemple, et comme précédemment proposé dans le cas du Cameroun, rien n'interdit à la France d'instaurer des indicateurs de performance, en même temps assortis de mesures d'incitations au profit des collectivités locales qui atteignent les objectifs fixés, étant entendu qu'ici aussi, des sanctions — sous la forme d'une réduction de dotations par exemple — à l'encontre des collectivités locales « mauvaises gestionnaires » peuvent être prévues. Un autre exemple est une idée qui a récemment été émise par un député. Ce dernier propose que soit modulée la baisse de la DGF aux collectivités locales suivant la capacité de ces dernières à geler ou à réduire leurs effectifs. La répartition de cette baisse serait alors faite en fonction de leurs efforts destinés à maîtriser la masse salariale. Au final, les « mauvais élèves » seraient pénalisés, cependant que

---

[1277] Ces critères, et les développements y afférents qui suivent sont disponibles sur : http://www.collectivites-locales.gouv.fr/principes-generaux-compensation-financiere-des-competences-decentralisees, consulté le 30/12/2014 : « Intégrale : Les ressources transférées sont équivalentes aux dépenses effectuées par l'État au titre des compétences transférées. Toutes les dépenses, directes et indirectes liées à l'exercice des compétences transférées sont prises en compte. Chaque dépense fait l'objet d'une évaluation sur une période prévue par la loi et qui varie selon le type de dépense : 3 ans pour les dépenses de fonctionnement et au moins 5 ans pour les dépenses d'investissement en application de la loi du 13 août 2004 relative aux libertés et responsabilités locales (LRL) ; 3 ans maximum pour les dépenses de fonctionnement et au moins 5 ans pour les dépenses d'investissement en application de la loi du 27 janvier 2014 de modernisation de l'action publique territoriale et d'affirmation des métropoles (MAPTAM).

Concomitante : Tout accroissement de charges résultant des transferts de compétences est accompagné du transfert concomitant des ressources nécessaires à l'exercice de ces compétences. Ainsi, l'année précédant le transfert de compétences, les ministères décentralisateurs procèdent à l'évaluation provisoire des dépenses qu'ils consacraient jusqu'alors à l'exercice des compétences transférées. Il est inscrit en loi de finances le montant de la compensation provisionnelle des charges nouvelles. Bien entendu, dès que les données définitives sont connues, il est procédé aux régularisations qui s'imposent en loi de finances rectificative.

Garantie : L'article L. 1614-1 du CGCT prévoyait initialement une évolution des ressources transférées selon la DGF, mais la DGD est désormais gelée depuis 2009 La fiscalité transférée tire, quant à elle, son évolution du dynamisme qui est propre aux impositions transférées. Lorsque le produit de la fiscalité transférée est inférieur au montant du droit à compensation, l'État est tenu de majorer le montant de la fiscalité transférée à due concurrence, conformément à la jurisprudence du Conseil constitutionnel et, s'agissant des transferts mis en œuvre par la loi LRL, à l'article 119 de cette loi. Le droit à compensation fait ainsi l'objet d'une clause de garantie.

ressources. La loi organique fixe les conditions dans lesquelles cette règle est mise en œuvre" ».

Contrôlée : Le montant des accroissements de charges résultant des transferts de compétences est constaté par arrêté interministériel après avis de la Commission consultative sur l'évaluation des charges.

Conforme à l'objectif d'autonomie financière inscrit au 3e alinéa de l'article 72-2 de la Constitution qui dispose que "les recettes fiscales et autres ressources propres des collectivités territoriales représentent pour chaque catégorie de collectivités, une part déterminante de l'ensemble de leurs ressources. La loi organique fixe les conditions dans lesquelles cette règle est mise en œuvre" ».

« la modulation de la DGF serait [...] "vertueuse sur le plan économique", car les marges de manœuvre dégagées par les "bons élèves" seraient principalement destinées à l'investissement public ou à l'amélioration des conditions d'emploi des fonctionnaires en place[1278]. En outre, le système français pourrait tout aussi bien s'enrichir d'un système de différenciation financière sur la base de certains critères objectifs comme suggéré plus haut dans le contexte camerounais.

Paradoxalement, le Cameroun gagnerait en s'appuyant sur ce système. En effet, le caractère intégral des dotations versées aux collectivités territoriales, leur concomitance, leur garantie, leur contrôle effectif, ainsi que leur conformité à l'objectif d'autonomie financière ci-dessus évoqués constitueraient, à n'en point douter, une considérable avancée dans le contexte camerounais.

Le renforcement des dotations à reverser aux collectivités territoriales sur la base de critères objectifs devraient s'accompagner de la création d'un nombre limité d'impôts à assiette large, dans un souci de simplification et d'efficacité d'une fiscalité locale à même de garantir l'autonomie financière.

§ II. La création de nouveaux impôts locaux : entre simplification, efficacité, et effectivité de l'autonomie financière

On veillera surtout à ne pas perdre de vue que le conflit de légitimités peut constituer un obstacle majeur à l'initiative de réforme (A). Toutefois, et à l'issue de la résolution de ce conflit, il deviendra possible d'instaurer une nouvelle fiscalité locale caractérisée par la simplicité, l'efficacité en termes de mobilisation de ressources, et « respectueuse » de l'autonomie financière locale (B).

A. LE CONFLIT DE LÉGITIMITÉS : UNE RÉFORME SANS ISSUE ?

L'impôt n'ayant jamais eu bonne presse, sa légitimité en a souvent pâti en raison des difficultés, voire de l'impossibilité, qu'il y a à établir un consensus entre le fisc et l'ensemble des contribuables. Certains parmi ces derniers ont une aversion pour l'impôt, cependant que d'autres consentent à s'en acquitter (1). Derrière cette aversion certes dépourvue de base juridique, se cachent souvent des raisons légitimes imputables à l'État comme la médiocrité des services publics ou l'absence de transparence par exemple. Il s'ensuit un conflit peu ou prou latent, qui met en conflit le sacro-saint principe de légitimité de l'impôt et celui non fondé juridiquement de « légitimité » de

---

[1278] P.-M. Vidal, « Une modulation de la DGF pour les collectivités vertueuses ?», disponible sur : http://www.acteurspublics.com/2014/12/02/une-modulation-de-la-dgf-pour-les-collectivites-vertueuses.

résistance à l'impôt, un conflit dont la résolution passe nécessairement par l'amélioration du consentement à l'impôt (2).

1. La légitimité de l'impôt : entre aversion et consentement à l'impôt

D'après le Petit Robert, *la légitimité* est l'état, la qualité de ce qui est légitime ou considéré comme tel : la légitimité d'une union, ou du pouvoir en sont des exemples. La légitimité est aussi, selon le même ouvrage, la qualité de ce qui est juste, équitable, raisonnable : la légitimité d'une conviction ou d'une prétention au sens de son bien-fondé en étant des exemples. Le mot légitime lui-même désigne ce qui est fondé en droit et en équité, ce qui est juridiquement fondé, ce qui est consacré par la loi (au sens de légal), ce qui est conforme à l'équité, à la justice, au droit naturel (au sens d'équitable et juste), ce qui est justifié par le bon droit, la raison, le bon sens (au sens d'admissible, de fondé). Les définitions qu'en donne Gérard Cornu ne diffèrent pas fondamentalement de celles qui précèdent : « fondé en droit », « accordé ou réservé par la loi », digne d'être pris en considération (« et parfois plus activement, propre à justifier ou à excuser), non seulement comme conforme aux exigences de la légalité (composé légal), ou aux règles de droit (composé licite), mais comme fondé sur des données (besoins, aspirations, etc.), tenues pour normales relativement à un certain état moral et social ; se dit par exemple d'un motif ou d'un empêchement (maladie, deuil) qui fait excuser une absence ou d'un intérêt qui justifie une demande […] ». Le Lexique des termes juridiques définit la *légitimité* comme la « qualité d'un pouvoir d'être conforme aux aspirations des gouvernés (notamment sur son origine et sa forme), ce qui lui vaut l'assentiment général et l'obéissance spontanée », la légitimité démocratique fondée sur l'investiture populaire des gouvernants par voie d'élection en est un exemple[1279].

Dans leur ouvrage consacré aux *finances publiques*, plus précisément dans le chapitre intitulé « Les fondements de la légitimité de l'impôt », des auteurs[1280] soulignent que celle-ci comporte différents aspects. Le premier aspect est la légitimité sociologique qui réside, selon eux, dans le consentement à l'impôt. Pour ces auteurs, consentir à l'impôt, c'est d'abord et avant tout en accepter le principe »[1281]. Le deuxième aspect est la légitimité politique de l'impôt, fondée par le consentement de l'impôt. Celui-ci diffère du consentement à l'impôt et suppose que la levée du prélèvement a été clairement acceptée par « ceux sur qui en retombe la charge ou par leurs représentants » (système de démocratie représentative). Le troisième aspect relevé par ces auteurs est la légitimité juridique, légitimité qui renvoie à de grands principes du droit fiscal à portée constitutionnelle (le principe de légalité fiscale, le principe d'égalité et de non-discrimination, le principe de

---

[1279] *Cf.*, *Lexique des termes juridiques 2012*, *op.cit.*, p. 514.
[1280] Voir, M. Bouvier, M.-C. Esclassan et J.-P. Lassale, *Finances publiques*, *op.cit.*, p. 635-663.
[1281] *Idem.*

liberté, le principe de nécessité de l'impôt, le principe d'imposition en raison des facultés contributives du contribuable etc.) et à portée non constitutionnelle (le principe de territorialité, le principe de non rétroactivité de la loi fiscale etc.)[1282].

Pierre Beltrame parle quant à lui de *consentement fiscal* (terme qui associe aussi bien la notion de consentement de l'impôt que celle de consentement à l'impôt), en précisant que « [...] l'impôt doit être consenti dans les formes et par l'organe prévu par la Constitution pour être légalement établi. D'autre part, la notion de consentement fait aussi référence à l'acceptation individuelle de l'impôt. Ainsi, on distingue le consentement de l'impôt (notion juridique), du consentement à l'impôt (notion sociologique) »[1283]. Le consentement supposé collectif de l'impôt (*via* les représentants du peuple) n'a pas toujours pour corollaire le consentement individuel à l'impôt, le devoir fiscal étant souvent bafoué pour une raison ou pour une autre. Les doctrines fiscales, elles-mêmes expriment des idéologies[1284] qui, suivant les époques, légitiment ou remettent en cause le prélèvement fiscal[1285], même si la tendance actuelle penche pour la conception de l'impôt-échange ou « principe d'équivalence »[1286], qui « pose l'impôt comme le prix payé par le contribuable pour la sécurité et les services que lui apporte l'État »[1287].

La légitimité de l'impôt, le consentement à l'impôt, ou même la réticence à s'acquitter de l'impôt ont des origines lointaines, puisqu'ils se déduisent même des Saintes Écritures. Ainsi, peut-on lire au chapitre XVII (versets 24 à 27) de l'évangile selon Saint Matthieu que : « Lorsqu'ils arrivèrent à Capharnaüm, ceux qui percevaient les deux drachmes[1288] pour le Temple s'adressèrent à Pierre et lui dirent : votre maître ne paie-t-il pas les deux drachmes ? Si, dit-il. Et quand il fut entré dans la maison, Jésus prit le premier la parole et dit : Simon, qu'en penses-tu ? Les rois de la terre de qui prennent-ils des taxes ou un tribut ? De leurs fils ou des étrangers ? Il lui répondit : des étrangers. Et Jésus lui répondit : les fils en sont donc exempts. Mais pour que nous ne les scandalisions pas, va à la mer, jette l'hameçon, et tire le premier poisson qui mord. Ouvre-lui la bouche, et tu trouveras un statère[1289], prends-le, et donne-le leur pour moi et pour toi »[1290]. Au chapitre XXII (versets 15 à 22) du même évangile, on lit : « Alors les Pharisiens allèrent se consulter sur les moyens de prendre Jésus au piège de ses propres paroles. Ils envoyèrent auprès de lui

---

[1282] *Ibidem.*

[1283] P. Beltrame, *La fiscalité en France*, *op.cit.*, p. 140.

[1284] Voir en ce sens, les conceptions de l'impôt (impôt-tribu, impôt-échange et impôt-solidarité telles que définies par Pierre Beltrame dans son ouvrage intitulé La fiscalité en France ci-dessus mentionné, p.143-144.

[1285] *Idem,* p. 142-143.

[1286] *Ibidem.* p. 143 et 144.

[1287] M. Bouvier, M.-C. Esclassan, J.-P. Lassale, *Finances publiques*, *op.cit.*, p. 645.

[1288] Impôt annuel dû par tout israélite pour le Temple (environ deux francs or).

[1289] Monnaie valant 4 drachmes (environ un franc or).

[1290] Chapitre 17, versets 24 à 27.

leurs disciples avec les Hérodiens : Maître, lui dirent-ils, nous savons que tu es véridique, et que tu enseignes la voie de Dieu en toute vérité, sans redouter personne, car tu ne regardes pas l'apparence des hommes. Dis-nous donc ce que tu en penses : est-il permis ou non de payer le tribut[1291] à César ? Mais Jésus qui connaissait leur malice répondit : pourquoi me mettez-vous à l'épreuve, hypocrites ? Montrez-moi la monnaie avec laquelle on paie le tribut. Et ils lui présentèrent un denier. Il leur demanda : de qui sont cette effigie et cette inscription ? De César, lui répondirent-ils. Alors, il leur dit : rendez donc à César ce qui est à César est à César, et à Dieu ce qui est à Dieu. Étonnés de ce qu'ils entendaient, ils le quittèrent et s'en allèrent ».

De nombreuses évolutions se sont certes opérées dans le temps — à l'instar de la légitimité de l'impôt qui émane désormais du consentement de l'impôt[1292] par le Parlement[1293] représentant le peuple — mais les règles qui gouvernent la fiscalité demeurent inchangées dans le fond. Comme le souligne William Gilles, il s'agit de nos jours, pour des raisons d'intérêt général, de contraindre un contribuable, fut-il personne physique ou morale, à « payer une somme d'argent correspondant à une imposition qui sera prélevée par une administration au service de l'État ou d'une collectivité publique »[1294]. L'auteur de ces propos reconnaît que « cette situation conduit à identifier quatre critères fondamentaux du droit fiscal : un champ d'application, une base imposable, un taux et une administration pour recouvrer les recettes »[1295], avant de rappeler que ces critères soulèvent à leur tour un certain nombre de questions fondamentales comme, par exemple, « qui paie l'impôt ? Sur quoi l'impôt est-il payé ? Pour quel montant ? Selon quelles modalités ? Autrement dit, à qui et comment est payé l'impôt ? »[1296].

Ces questions fondamentales entraînent elles-mêmes d'autres questions non moins fondamentales. Par exemple : l'impôt est-il effectivement payé ? Dans le contexte camerounais, cette question appelle une réponse affirmative, mais mitigée, les contribuables camerounais faisant particulièrement montre d'incivisme fiscal. L'insuffisance des ressources que connaissent les collectivités territoriales du pays en atteste. Pourtant, outre des règles de

[1291] Tribut imposé par les romains sous la dépendance desquels se trouvaient les juifs.

[1292] On sait qu'en France, le principe du consentement de l'impôt est affirmé par l'article 14 de la Déclaration des droits de l'homme de 1789 : « Tous les citoyens ont le droit de constater, par eux-mêmes ou par leurs représentants, la nécessité de la contribution publique, de la consentir librement, d'en suivre l'emploi et d'en déterminer la quotité, l'assiette, le recouvrement et la durée ».

[1293] Tel est le cas en principe, mais l'on ne doit pas perdre de vue que le Parlement n'est pas la source exclusive de la fiscalité. Comme le Parlement, d'autres sources (réglementaires et jurisprudentielles par exemple) contribuent à la « construction » du droit fiscal.

[1294] « Les transformations du droit fiscal à l'ère du numérique », *RIMD, op.cit*, p. 71-72.

[1295] *Idem.*

[1296] *Ibidem.*

procédure fiscales rigoureuses et dissuasives[1297], la Constitution du Cameroun consacre le principe d'imposition en raison des facultés contributives des citoyens tel que prévu à l'article 13 de la Déclaration des droits de l'homme de 1789 : « chacun doit participer en proportion de ses capacités aux charges publiques »[1298].

Sachant qu'en Afrique « 10 % des contribuables sont à l'origine de 80 % des recettes fiscales »[1299], l'observation ci-dessus entraîne une série d'autres questions. Par exemple : quelles sont les raisons de l'opposition du contribuable camerounais à l'impôt? Comment l'amener à s'acquitter avec plus de spontanéité de ce « prélèvement pécuniaire obligatoire, à titre définitif et sans contrepartie directe » [1300] ? La réponse à ces questions réside probablement dans l'amélioration du consentement à l'impôt, laquelle est conditionnée par la résolution du conflit qui oppose la légitimité de l'impôt à la légitimité de résistance à l'impôt.

2. La résolution du conflit légitimité de l'impôt versus « légitimité » de résistance à l'impôt : la création d'un contexte propice à une réforme réussie

Le paiement de l'impôt n'est pas un acte universellement spontané du contribuable. Ce dernier peut opposer une résistance au prélèvement fiscal, dont les formes peuvent varier d'un groupe à un autre (grève de l'impôt, mouvements de protestation, lignes de défense des contribuables)[1301], ou d'un contribuable à un autre. L'histoire révèle que l'évitement, l'évasion, la fraude, le refus et la révolte fiscale font partie des formes de résistances à l'impôt qui se retrouvent à toutes les époques, indifféremment de la source de légitimité mise en avant (divine, historique, charismatique, voire démocratique)[1302].

Quoique dépourvu de fondement juridique comme déjà indiqué, le refus de payer l'impôt n'en reste pas moins justifié : lorsqu'ils font face à la mauvaise qualité des services, à la corruption ou à la gabegie, il n'est pas rare que les

---

[1297] Voir, par exemple, les articles 122, 123 et 130 de la loi n° 2009/019 du 15 décembre 2009 portant fiscalité locale, mais aussi les sanctions pénales prévues aux articles 107 et suivants du Livre des procédures fiscales du Cameroun.

[1298] Voir le préambule de la Constitution camerounaise de 1996, et même sa devancière de 1972. Dans la mesure où ce préambule fait partie intégrante de la Constitution (article 65) et qu'il affirme l'attachement du pays notamment aux libertés fondamentales inscrites dans la Déclaration universelle des droits de l'homme de 1789 susvisée, on en déduit que ce principe émane de l'article 13 de ladite Déclaration, à savoir que, « pour l'entretien de la force publique et pour les dépenses d'administration, une contribution commune est indispensable : elle doit être également répartie entre tous les citoyens en raison de leurs facultés ».

[1299] Disponible sur : http://www.ancb-benin.org/IMG/pdf/Microsoft_PowerPoint_-_Situation_des_finances_d_Afrique_cheikhou_DIOP.pdf, consulté le 04/12/2014.

[1300] A. Barilari, « Le consentement à l'impôt, fragile mais indispensable aporie », Regards croisés sur l'économie, 2007/1 n° 1, p.27-34. DOI : 10.3917/rce.001.0027, p. 27.

[1301] Ces exemples sont empruntés à P. Beltrame ; voir, *La fiscalité en France*, *op.cit.*, p. 155.

[1302] A. Barilari, « Le consentement à l'impôt, fragile mais indispensable aporie », Regards croisés sur l'économie, *art.cit.*

contribuables se réclament sinon expressément, du moins tacitement, d'une certaine légitimité de résistance à l'impôt. Ainsi, dans de nombreux pays en développement et au Cameroun en particulier, « l'insuffisance des recettes empêche souvent les Gouvernements d'assurer des services publics de qualité. Cela génère un cercle vicieux de mécontentement des citoyens et des entreprises qui favorise l'évasion ou la fraude. Ce phénomène est essentiellement la conséquence d'administrations fiscales indigentes, mais aussi de la corruption et de la résistance des élites dirigeantes, qui négocient des baisses d'impôt sur mesure pour elles-mêmes et parfois pour des multinationales »[1303]. Le problème récurrent d'approvisionnement en eau potable sur toute l'étendue du territoire camerounais (déjà mentionné), le mauvais état des routes, la qualité très approximative du ramassage des ordures ménagères, la médiocrité des soins hospitaliers, les détournements des fonds publics, le néo-patrimonialisme exacerbé, pour ne citer que ceux-là participent, à n'en point douter, de la remise en cause de la légitimité de l'impôt.

De nombreux contribuables sont pourtant en permanence dans une logique de légitimité fiscale, ou du moins de reconnaissance de celle-ci : ils « veulent s'assurer que tout le monde paie l'impôt en fonction de sa richesse et que l'argent versé est utilisé à bon escient [...]. Ils sont plus susceptibles de respecter leurs obligations fiscales et d'accepter de nouvelles formes d'imposition s'ils considèrent la contribution comme légitime »[1304] et équitable. Le Cameroun faisant application des critères de la bonne gouvernance dans les textes et quasiment jamais dans les faits, on peut craindre qu'une réforme fiscale envisagée sans « réparation » préalable des imperfections du système ne soit inévitablement vouée à l'échec. Par exemple, sans être quelque éminent constitutionnaliste, l'homme de la rue sait qu'en vertu de l'article 66 de la Constitution camerounaise (précité), il est fait obligation de déclaration de biens et d'avoirs à certaines personnes en début et en fin de leur mandat ou fonction : le Président de la République, l'ensemble de son Gouvernement, le Premier ministre, les directeurs généraux des entreprises publiques et parapubliques, les magistrats, les personnes des administrations chargées de l'assiette, du recouvrement et du maniement des recettes publiques etc., sont visés par cette disposition constitutionnelle dont l'application a, depuis, été renvoyée aux calendes grecques. Peut-on améliorer le consentement à l'impôt en s'aidant de simulacres de transparence ? Mieux, en ne dialoguant pas et en ne négociant pas avec les principaux acteurs de la fiscalité que sont les contribuables ?

Une étude de l'OCDE avait révélé que dans plusieurs pays en développement, les Gouvernements ne sont pas incités à instaurer un cadre de

---

[1303] Disponible sur : http://www.africaneconomicoutlook.org/fr/thematique/la-mobilisation-de-ressources-publiques-et-laide-en-afrique-2010/, consulté le 22/11/2014

[1304] Disponible sur : http://www.africaneconomicoutlook.org/fr/thematique/la-mobilisation-de-ressources-publiques-et-laide-en-afrique-2010/, consulté le 22/11/2014.

dialogue et de négociation avec les citoyens organisés en groupes d'intérêt. L'organisation en avait déduit que c'est ce qui explique, en grande partie, l'explication de la mauvaise gouvernance, avant de faire le constat suivant : « à l'issue d'un processus historique très complexe, notamment dans la formation d'États postcoloniaux, le pouvoir politique et économique s'est trouvé concentré entre les mains d'élites restreintes, qui représentent souvent les contribuables les plus fortunés, résistent aux réformes fiscales — [ou n'appliquent pas effectivement les textes en vigueur] — et ont un champ d'action que les intérêts sociétaux organisés ne limitent guère. L'État est alors un État fort et autoritaire par rapport à la société civile, mais finalement faible et impuissant du point de vue de sa capacité [...] à faire appliquer la loi [...]. La nécessité d'une interaction entre État et citoyens en matière d'impôts est en outre compromise par le contexte global »[1305].

Comme indiqué plus haut, même si la transparence venait à être (effectivement) instaurée dans le pays, elle ne pourra se consolider qu'à la condition que les autorités camerounaises se tournent vers un système de Gouvernement ouvert (*open Government*) pour plus de démocratie, notamment en venant à bout de la crise de représentativité dont souffre le pays[1306]. L'on sait qu'au Cameroun, l'économie locale est insuffisamment fiscalisée : l'essentiel de la population relève de l'informel, un secteur dont on a déjà dit qu'il échappe largement à l'impôt, « alors qu'il recouvre des enjeux économiques non négligeables »[1307]. Ce qui nous amène à emprunter une conclusion d'André Barilari selon laquelle, « Sans impôt, pas de nécessité de rechercher le consentement des citoyens, pas de conscience des droits et devoirs, et pas de débat démocratique réel. À l'inverse, dans la mesure où un pouvoir dispose d'une source de légitimité suffisante pour assurer son maintien sans contestation significative, il ne devrait pas rencontrer des difficultés pour lever l'impôt »[1308]. Partant, on est amené à penser qu'outre l'assainissement de la vie publique et l'instauration réelle de la transparence, le choix d'un Gouvernement ouvert pourra non seulement consolider cette transparence, mais aussi impacter (positivement) le comportement des contribuables en matière d'amélioration du consentement l'impôt[1309], peu

---

[1305] OCDE, « Gouvernance, fiscalité et responsabilité. Enjeux pratiques », étude précitée, p. 18.

[1306] On peut utilement se référer sur l'analyse qui a été faite sur le système de Gouvernement ouvert (*open Government*) plus haut. *Cf.*, chapitre traitant de la bonne gouvernance.

[1307] A. Barilari, « Le consentement à l'impôt, fragile mais indispensable aporie », Regards croisés sur l'économie, 2007/1 n° 1, p.27-34. DOI : 10.3917/rce.001.0027, p. 28.

[1308] *Ibidem.*, p. 29.

[1309] L'amélioration du consentement à l'impôt dans une société fiscalisée passe - comme le souligne P. Beltrame - par la limitation du montant de ce dernier, en veillant à une meilleure maîtrise des dépenses publiques tout en faisant appel, aussi souvent qu'on le peut, à l'initiative et à la responsabilité des usagers de services publics. Sachant que pour accepter l'impôt il faut le comprendre, P. Beltrame préconise qu'il est nécessaire que l'Administration, la doctrine, et tous ceux qui sont chargés d'informer le public fournissent un effort d'explication. Il est important, selon lui, de faire comprendre aux citoyens contribuables que l'impôt est un emploi de ressources, et non pas une spoliation ou une privation. « Emploi économique du revenu destiné à

importante la légitimité (opposition à l'impôt ou simple inculture fiscale) qui fonde leur défaut d'adhésion audit impôt. Sur ce point, le tableau ci-dessous peut apporter un éclairage sur le lien étroit qui existe entre la fiscalité et la manière de gouverner.

Tableau 7 : Effets d'une fiscalité générale sur la gouvernance

Effets immédiats	**Effets intermédiaires**	**Conséquences directes pour la gouvernance**
Effets sur l'État La collecte de l'impôt des citoyens est la source de revenu pour l'État	1.- l'État a intérêt à promouvoir la prospérité des citoyens 2.- L'État a intérêt à développer une administration fiscale pour le renseignement et la collecte de l'impôt	Plus de réactivité Plus d'efficacité administrative
Effets sur les citoyens En étant imposés, les citoyens sont engagés dans le processus politique	1.- Certains contribuables sont amenés à se mobiliser pour résister à l'impôt et/ou piloter les modalités d'imposition et la façon dont la recette fiscale est dépensée	Plus de fiabilité
Résultats de l'interaction L'État et les citoyens négocient. Les contribuables acceptent l'impôt. En retour, ils obtiennent un droit de regard *via* les institutions sur les modalités et la collecte de l'impôt et sur son usage (i.e. politique publique)	1.- Les impôts sont plus acceptables et prévisibles et le système d'imposition est plus efficace 2.- Les politiques publiques s'améliorent du fait du débat et de la négociation 3.- Les dépenses d'argent public sont plus contrôlées, et ce de manière professionnelle 4.- La branche législative (le cas échéant est renforcée par rapport à l'exécutif)	Plus de réactivité et d'efficacité administrative et politique Plus de réactivité et d'efficacité politique Plus de fiabilité Plus de fiabilité

Source : de M. Moore (avril 2007), "*How does taxation affect the quality of governance*, IDS, Working paper 280, Brighton, p. 17, adapté par l'OCDE *in* "Gouvernance, fiscalité et responsabilité. Enjeux et pratiques", 2008, p. 16.

Une fois le conflit de légitimité résolu, les contribuables devraient être plus enclins à consentir à l'impôt.

Tout en privilégiant l'autonomie financière, la réforme proposée devra viser à instaurer une fiscalité locale simple, et efficace, autrement dit à mettre un terme au système actuel, caractérisé par un empilement souvent inutile de

---

"reconstruire des réseaux de sécurité et de solidarité à l'échelle de la nation" […], mais aussi du point de vue politique, prix de la liberté. Il n y a pas de société libre sans impôt car l'impôt est, en définitive, la sauvegarde de la propriété privée : c'est-à-dire "la possibilité de choisir, dans une large mesure, nos activités et l'emploi de nos ressources" […] ». Voir P. Beltrame, *La fiscalité en France*, *op.cit.*, p. 142.

prélèvements (y compris à faible rendement), par la complexité et le manque de clarté.

B. LE CHOIX D'UNE FISCALITÉ LOCALE SIMPLE ET EFFICACE : PRIVILÉGIER L'AUTONOMIE FINANCIÈRE LOCALE

Dans la mesure où la diversité d'instruments fiscaux a pour effet d'élargir les possibilités de poursuivre plusieurs objectifs, en respectant des contraintes variées[1310], l'État peut avoir intérêt à mobiliser une gamme suffisamment large, mais mesurée[1311] d'instruments efficaces, à dessein d'atteindre ces objectifs. Mais, comment perdre de vue que trop d'impôts en amont (niveau étatique) et trop d'impôts en aval (niveau local) contribue souvent à complexifier le système fiscal ? Par exemple, avec plus de 51 impôts et taxes, l'actuelle fiscalité locale du Cameroun est illisible et suffisamment enrobée dans une complexité et une technicité qui sont loin de la rendre efficace : des raisons suffisantes pour rompre avec cette fiscalité (1). À la suite de la recentralisation des impôts en vue de leur redistribution sous la forme de dotations et suivant des critères plus objectifs comme suggéré, après suppression des impôts à faible rendement (ou à rendement nul), il conviendra d'instaurer une fiscalité locale simplifiée et efficace (2).

1. Les raisons de la rupture : une fiscalité complexe, illisible et inefficace

Comme le note Nicolas Delalande, « la complexité croissante des systèmes fiscaux a depuis longtemps suscité des réflexions de réformateurs, d'économistes ou de philosophes sur la nécessité de simplifier l'impôt pour en faciliter l'acceptation [...]. Tout au long du XIXe siècle, l'utopie d'un impôt unique, simple et transparent, était présenté comme une promesse de modernité et d'efficacité. Les républicains militaient en faveur de la suppression des innombrables taxes sur la consommation, soustraites au regard des citoyens, et de leur remplacement par un impôt unique sur le revenu ou le capital, qui aurait placé tous les citoyens sur un pied d'égalité. L'évolution des systèmes de prélèvement au cours du XXe siècle est plutôt allée en sens inverse : l'impôt sur le revenu s'est greffé aux impôts existants, devenant lui-même de plus en plus complexe pour s'adapter aux transformations des structures économiques et sociales. Ce mouvement a, pour une large part

---

[1310] J. Le Cacheux, « Soutenabilité et justice économique. Finalités et moyens de réforme fiscale », *in Réforme fiscale*, G. Allègre et M. Plane (dir.), *op.cit.*, p. 27.

[1311] En France par exemple, et selon un recensement d'Eurostat, le système fiscal regorge d'une centaine d'instruments de prélèvement, au contraire de l'Allemagne et de la plupart des autres pays européens qui n'en comptent qu'une cinquantaine environ. Selon J. Le Cacheux, bon nombre d'instruments fiscaux français sont anecdotiques et la France gagnerait à en supprimer plusieurs d'entre eux. Voir J. Le Cacheux, « Soutenabilité et justice économique. Finalités et moyens de réforme fiscale », *in Réforme fiscale*, G. Allègre et M. Plane (dir.), *op.cit.*, p. 18.

accompagné le processus de différenciation des sociétés industrielles : la politique économique a nécessité des instruments de plus en plus divers et spécialisés. En s'ajustant toujours davantage aux situations particulières, l'impôt a cependant perdu en lisibilité et en simplicité. C'est d'ailleurs au nom de la nécessaire clarification du système que les propositions de "*flat tax*" ont parfois été justifiés dans les années 1980-1990 : mieux valait, selon ses défenseurs, un prélèvement simple et d'application large, avec un taux unique, plutôt qu'une multiplicité d'impôts et de taxes aux taux variés. Les coûts de l'opacité et de l'illisibilité excèdent sans doute aujourd'hui les bénéfices d'un ajustement permanent aux situations particulières. Le manque de transparence peut en effet nourrir les soupçons d'inégalité et renforcer la défiance généralisée envers le système »[1312].

Si cette tendance venait à se poursuivre dans le temps (et il y a des chances qu'elle se poursuive puisque les impôts devront toujours s'adapter aux structures économiques et sociales qui elles-mêmes iront en se transformant), elle fera place à un maquis fiscal dont il sera, à la longue, difficile de se sortir. Complexe, illisible, à bout de souffle et « Profondément archaïque »[1313], la fiscalité locale de la France court ce risque s'il n'est déjà réalisé. Les mêmes causes produisant les mêmes effets, on sait qu'en dépit de quelques variantes, il existe une apparence gémellaire entre la fiscalité locale du Cameroun et celle de la France. Par conséquent, même si dans ce dernier pays « les conséquences d'une modification des règles fiscales sont parfois telles que certains préconisent le *statu quo* plutôt que la mise en œuvre de réformes complexes destinées à introduire plus de justice ou d'efficacité »[1314] — cette tendance conservatrice s'y manifestait déjà au XIXe siècle, époque où les conservateurs mettaient en garde contre la pratique des réformes, en soutenant que la stabilité des règles et des procédures était préférable à toutes les audaces transformatrices — le Cameroun ne peut se permettre « le luxe » d'une inertie en la matière, D'autant plus que l'on est conduit à penser (au regard de la quasi gémellité des systèmes constatée) que l'état de la fiscalité locale française d'aujourd'hui présage de celui de la fiscalité locale camerounaise de demain. Le Cameroun ne peut donc attendre d'en arriver là ! La lisibilité, l'efficacité, l'efficience et même l'équité de son système fiscal passeront nécessairement par une « bonne réforme ».

2. L'instauration de nouvelles impositions : entre efficacité et simplification

Dans le contexte camerounais, trois types d'impositions peuvent être suggérés au regard de la largesse de leur assiette, et par conséquent de leur

---

1312 N. Delalande, « L'économie politique des réformes fiscales. Une analyse historique », *op.cit.*, p. 48-49.

1313 T. Gandillot, *Le grand cirque fiscal*, *op.cit.*, p. 85

1314 N. Delalande « L'économie politique des réformes fiscales. Une analyse historique », *op.cit*, p. 46.

propension à mobiliser des ressources suffisantes au profit des collectivités territoriales. La première est la taxe d'habitation à laquelle peuvent être assujettis les propriétaires et locataires d'immeubles ou de leurs dépendances (a). La deuxième imposition se rapporte à un impôt auquel étaient assujetties les personnes physiques, mais qui fut supprimé au mépris de son efficacité : il s'agit de l'ancien impôt forfaitaire, que rien n'interdit de réinstaurer (b). Le dernier type d'imposition appellera un certain degré d'ingéniosité fiscale de la part des collectivités territoriales, une certaine marge de manœuvre devant leur être donnée afin qu'elles puissent instaurer des impositions liées aux particularités territoriales (c), c'est-à-dire en tenant compte de certains avantages naturels ou infrastructurels.

a) La taxe d'habitation

L'administration camerounaise ne taxe qu'une frange de propriétaires d'immeubles alors que l'occupation d'un local d'habitation par un propriétaire ou un locataire devrait donner lieu à taxation. Il a déjà été indiqué qu'en France, celle-ci prend l'appellation de taxe d'habitation[1315]. De nombreuses législations étrangères ont, comme le Cameroun choisi de ne taxer que les propriétaires (taxe foncière sur les propriétés immobilières). La France a opté pour une autre solution : tout propriétaire foncier (au premier janvier de l'année) est, selon les cas, assujetti à la taxe foncière sur les propriétés non bâties ou à la taxe foncière sur les propriétés bâties[1316], et tout occupant propriétaire ou locataire d'un local à usage d'habitation (meublé) au 1er janvier de l'année est assujetti à la taxe d'habitation[1317] .

Partant de l'adage suivant lequel « est bon impôt un vieil impôt », on pourrait, en tenant compte de la multitude des critiques[1318] faites à la taxe

---

[1315] Voir deuxième partie, titre I, chapitre II, et plus précisément le paragraphe I de la section II.

[1316] On y inclut les constructions fixées au sol, de même que les hangars, silos, réservoirs, les bateaux fixés en un point fixe et servant à l'habitation, au commerce ou à l'industrie, les sols des bâtiments formant les dépendances des constructions, tels que les parkings, les cours ou les passages, et enfin, les terrains non cultivés à usage industriel. Voir M. Bouvier, *Les finances locales*, *op.cit.*, p. 88.

[1317] Cette taxe s'applique à toutes les dépendances. Pour d'amples informations (exonérations, abattements ou dégrèvements), voir M. Bouvier, *Les finances locales*, *op.cit.*, p. 91-93. Il n'est pas inutile d'indiquer qu'une taxe sur les logements vacants (TLV) est perçue au profit de l'Agence Nationale de l'Habitat (ANAH) dans certaines communes de plus de 200 000 habitants dont la liste est fixée par décret ; depuis 2007, les communes dans lesquelles cette taxe ne s'applique pas sont autorisées à voter une nouvelle taxe appelée taxe d'habitation sur les logements vacants : voir, Conseil des prélèvements obligatoires « La fiscalité locale » - mai 2010, sur : http://www.ccomptes.fr/fr/CPO/Accueil.html, consulté le 25 juin 2014.

[1318] *Cf.* « Présentation à la presse du Rapport sur la " fiscalité locale" » du Conseil des prélèvements obligatoires (CPO), intervention de M. D. Migaud, premier président de la Cour des comptes et président du CPO, le 6 mai 2010 : « la taxe d'habitation n'est progressive que jusqu'à un certain niveau de revenu, ensuite elle devient "régressive", au sens où elle décroît par rapport au surplus du revenu. Cela signifie que les ménages modestes ou moyens assujettis à la taxe d'habitation subissent proportionnellement un prélèvement plus lourd que les ménages les

d'habitation française, adopter cette dernière, à dessein de l'adapter avec pertinence au contexte camerounais. Bien entendu, l'instauration d'une taxe de cette nature devrait être précédée d'un minutieux recensement qui, en dépit des difficultés qu'il faudra surmonter[1319], n'est pas sans présenter des avantages ; quoique destiné à localiser les occupants des locaux d'habitation pour les soumettre à la nouvelle taxe d'habitation, ce recensement pourrait s'avérer très efficace par ailleurs. Par exemple, le recensement pourra permettre de localiser les nombreux « propriétaires fantômes » des grandes villes qui ne se sont jamais acquitté de la taxe foncière sur les propriétés immobilières.

b) L'impôt forfaitaire

Comme déjà indiqué plus haut, la suppression d'un impôt efficace de la carte fiscale entraîne inévitablement un manque à gagner considérable pour les collectivités territoriales. Tel a été le cas au Cameroun lorsque la loi de finances n° 95/010 du 1er mars 1995 a supprimé l'ancien impôt forfaitaire au profit de l'actuel impôt libératoire. Ce dernier a une assiette manifestement moins large que le premier. D'ailleurs, il ne génère pas des recettes fiscales à hauteur de son potentiel, la principale raison étant à rechercher dans l'ampleur que prend le secteur informel dans le pays. Par conséquent, il peut être opportun de réinstaurer l'impôt forfaitaire comme un commencement de réponse à la perniciosité du secteur informel. En effet, il a déjà été souligné que pour l'exercice 1990/1991 par exemple, l'impôt forfaitaire avait rapporté cinq milliards de francs CFA, dont trois milliards pour les collectivités rurales, correspondant à 41 % des recettes de ces dernières et 15,6 % de l'ensemble des collectivités territoriales[1320]. Reste que cet impôt dont l'assiette est plus large (elle est d'autant plus large que la population du Cameroun a dans l'entre-temps doublé), s'il était à nouveau institué, devra être soumis à des aménagements tendant à le moderniser. Par exemple, l'injustice[1321] autrefois observée devra laisser place à un barème progressif, tandis que les méthodes de recouvrement sous coercition policière d'antan devront quant à elles être proscrites. Une autre forme de modernisation pouvant consister, comme déjà souhaité dans le cadre de ces travaux, à réintégrer les chefs traditionnels dans la chaîne de recouvrement des impôts.

---

plus aisés ». De plus, cette taxe qui n'a pas d'équivalent dans les autres pays de l'OCDE est particulièrement anti-redistributive. Voir, Conseil des prélèvements obligatoires « La fiscalité locale » - mai 2010, sur : http://www.ccomptes.fr/fr/CPO/Accueil.html, précité, consulté le 25 juin 2014.

[1319] Ce sont principalement « l'absence d'un cadastre fiscal et d'un système d'adressage à jour et les difficultés financières liées à l'administration des impôts fonciers ». Voir, M. Finken, *Gouvernance communale en Afrique et au Cameroun*, *op.cit.*, p. 194.

[1320] *Cf.*, chapitre II, section II de la première partie.

[1321] Il n'était pas objectivement tenu compte de la capacité contributive des redevables de cette imposition.

c) L'imposition liée aux particularités territoriales

À condition d'y être autorisé par le législateur, une collectivité territoriale peut très bien générer des ressources, fussent-elles fiscales ou non[1322], en tirant avantage de se qui la particularise. Par exemple, un avantage naturel, infrastructurel ou circonstanciel. Par avantage naturel, on veut faire référence à un « don » accordé par la nature à une collectivité territoriale, renvoyant dans le cas du Cameroun à l'un des nombreux sites touristiques dont regorge le Cameroun (le parc de Waza et le Mont Cameroun en sont des exemples). L'avantage infrastructurel renvoie quant à lui à un ouvrage créé par l'homme, à l'instar des aéroports, des stades de football, des chefferies traditionnelles, des hôtels, etc. L'avantage peut être à la fois naturel et infrastructurel (un « don » de la nature dont se sert l'homme pour créer un ouvrage) : c'est le cas du port de Douala ou du port de Kribi en eau profonde actuellement en construction.

Comme le souligne William Gilles, il convient d'envisager « la possibilité de mettre en place, sinon une fiscalité à la carte, à tout le moins une fiscalité territorialisée, c'est-à-dire qui prenne mieux en considération les spécificités des territoires. Il s'agit par ce biais de redonner un nouveau pouvoir fiscal aux collectivités territoriales en leur permettant de choisir, au sein d'une liste préétablie, quel est l'impôt le plus adapté sur leur territoire »[1323].

Cette piste de réflexion devrait être exploitée dans l'intérêt des communes. On peut par exemple réfléchir à une taxation des visites du parc de Waza (site touristique), ce d'autant plus que les communes pourraient, en pareil cas, prendre avantage du décret n° 2011/0005 du 13 janvier 2001 fixant les modalités d'exercice de certaine compétences transférés par l'État aux communes en matière de mise en valeur des sites touristiques communaux. Ce décret leur transfère en effet deux compétences en matière de mise en valeur

[1322] À titre d'exemple déjà donné (voir chapitre I de la première partie sur la pluralité des sources et la multiplicité d'acteurs, en section I, relative aux sources de la fiscalité locale camerounaise, paragraphe I, en notes de bas de page du point 2 - loi fiscale en tant que source interne de la fiscalité locale - du B), l'administration camerounaise est souvent amenée à frapper d'expropriation des étendues de terre plus vastes que ne nécessitent les projets envisagés. Mieux, elle exproprie et laisse des espaces « rasés » libres de toute occupation pendant de nombreuses années. Hormis les cas d'occupations illégales de terrain, l'Administration exproprie pour un oui pour un non, souvent moyennant des sommes dérisoires en guise d'indemnisation. Les collectivités locales pourraient, par exemple, obtenir de l'État que soit fiscalisée ou subventionnée l'expropriation pour cause d'utilité publique à leur profit. En effet, en évinçant l'occupant d'un terrain, l'État prive la commune du lieu de situation de ce terrain d'un contribuable et, partant, d'une partie de ses ressources. La réforme foncière envisagée pourrait très bien prévoir une indemnité de perte de contribuable au profit de la commune concernée. De même, une action pour expropriation abusive contre l'État pourrait très bien être ouverte aux expropriés pour tout projet non réalisé sur leur terrain après un certain délai légal. Les dommages et intérêts accordés à cette occasion pourraient donner lieu à prélèvement d'un taux fixé par la loi, profitable à la commune d'origine. Voir, en ce sens P. Belebenie, « Le titre foncier : un gage de sécurité à la propriété ? », *in* quotidien *Mutations* du 23 février 2013, *art.cit.*

[1323] Voir W. Gilles, « Les financements alternatifs des collectivités territoriales », *Revue française d'administration publique*, 2012/4 n° 144, p. 929-941. DOI : 10.3917/rfap.144.0929

des sites touristiques communaux : « l'aménagement des sites touristiques d'intérêt local » et « l'exploitation des sites touristiques d'intérêt local »[1324]. Une raison de plus d'aller dans ce sens est comme on le sait, que les moyens des compétences transférées sont loin d'être systématiques. Ne pourrait-on pas inventer une taxation en rapport avec le port de Douala ? Une commune ne pourrait-elle pas créer des taxes de nuitées « indolores » qui viendraient se greffer au prix payé par les clients des hôtels de son territoire ? Ne pourrait-il pas en être de même d'une commune qui disposerait d'un stade ou de tout autre infrastructure ?

L'avantage circonstanciel que l'on peut citer est celui des grandes villes, Yaoundé et Douala par exemple, où des maisons se construisent à un rythme effréné, et où l'adaptation du modèle français de la taxe d'aménagement[1325] pourrait générer des ressources supplémentaires pour les communes de ces villes.

Une réforme tournée vers la pertinence institutionnelle devrait aussi être initiée au Cameroun. À titre d'exemple, une réforme du FEICOM pourrait générer des ressources supplémentaires pour les collectivités territoriales décentralisées.

SECTION II. LA RÉFORME TOURNÉE VERS LA PERTINENCE INSTITUTIONNELLE : L'EXEMPLE DU FEICOM

Force est de reconnaître qu'« une administration qui fonctionne bien peut contribuer à la croissance et au recul de la pauvreté. Elle peut aussi aider à définir de bonnes orientations et fournir au moindre coût les biens et les services publics essentiels. D'une manière générale, l'efficacité de la gestion est l'aptitude à utiliser adroitement et judicieusement les ressources publiques pour traiter et améliorer les problèmes publics. Sans une gestion efficace, les pouvoirs publics ne peuvent s'acquitter de manière satisfaisante de leur tâche et courent le risque de perdre leur légitimité en raison de la déception engendrée par leurs contre-performances. Il faut donc établir les fondements d'une administration [à la fois pertinente et] compétente avec un personnel[1326]

[1324] Voir l'article 1er dudit décret.

[1325] Cette taxe a été créée par la loi n° 2010-1658 du 29 décembre 2010 de finances rectificative pour 2010. Elle permet aux établissements publics de coopération intercommunale, aux départements et à la région d'Ile de France de financer les actions et les opérations qui concourent à la réalisation de certains objectifs. Elle a remplacé six des huit taxes d'urbanisme et s'applique aux opérations d'aménagement, de reconstruction et d'agrandissement de bâtiments ou d'installations. Les précisions de la mise en œuvre de la taxe d'aménagement ont été apportées par le décret n° 2012-88 du 25 janvier 2012. Le décret n° 2012-87 du même jour détermine quant à lui les exonérations à cette taxe.

[1326] Les ressources humaines des collectivités territoriales camerounaises constituent un gouffre financier pour lequel des solutions devraient être trouvées en vue d'une amélioration effective des finances des collectivités territoriales. L'absence de textes prévoyant notamment un statut propre au personnel communal, les difficultés qu'éprouvent de nombreuses communes à gérer

motivé, compétent, rémunéré adéquatement et ayant un esprit de corps sur des valeurs partagées de l'intérêt général »[1327].

La désorganisation des ressources humaines des collectivités territoriales ci-avant décrite n'est que la partie visible de l'*iceberg* : le cadre institutionnel camerounais est généralement conçu au mépris de l'efficience et de la

---

pertinemment leurs recrutements, et l'absence de rigueur imputable à la tutelle sont à l'origine d'une désorganisation des ressources humaines de ces collectivités : leur effectifs sont souvent pléthoriques, avec un manque pénalisant de cadres et d'agents communaux qualifiés.
L'article 181 de la loi n° 74/23 du 5 décembre 1974 portant organisation communale avait prévu que le personnel employé par les communes serait régi par un statut général fixé par décret, et les dispositions réglementaires en vigueur relatives à l'administration de ce personnel leur restaient applicables jusqu'à l'adoption dudit statut. Le personnel communal s'est, jusqu'à présent, contenté d'un statut hybride, car il est constitué de fonctionnaires et d'agents de l'État que ce dernier « prête » aux communes, et du personnel communal à proprement parler.
Alors que l'arrêté n° 00136/A/MINATD/DCTD du 24 août 2009 rendant exécutoires les tableaux-types des emplois communaux et sa circulaire d'application n° 001306/MINATD/DCTD du 25 juin 2010 d'application de l'arrêté n° 00136/A/MINATD/DCTD du 24 août 2009 du ministre de l'Administration territoriale et de la décentralisation rend exécutoires les tableaux-types des emplois à pourvoir dans les services communaux et se donne pour objectifs majeurs l'organisation efficiente de ces services, ainsi que la rationalisation de la gestion des ressources humaines, de nombreuses communes éprouvent des difficultés à gérer convenablement leurs recrutements.
Le déficit en personnel qualifié (11% en moyenne du personnel des collectivités territoriales) résulte généralement de la faiblesse des budgets des communes et constitue, selon Arnaud Desbrosses, une réelle entrave à l'exercice effectif par ces collectivités des compétences transférées. Ce dernier indique en outre que la situation est pire lorsque ce déficit s'accompagne d'un manque d'organisation du travail et d'un défaut manifeste des techniques de management des équipes, sachant que l'ensemble des collectivités territoriales décentralisées comptent environ 10 000 (dix mille) salariés. Sur ces points, voir, A. Desbrosses, « La décentralisation au Cameroun : un goût d'inachevé », *art.cit.,* consultable sur :
http://www.wikiterritorial.cnfpt.fr/xwiki/wiki/econnaissances/view/Notions-Cles/LadecentralisationauCamerounungoutdinacheve, consulté le 15/10/2014. Au Nord du pays par exemple, le délégué du Gouvernement auprès de la commune urbaine de Ngaoundéré assure seul l'encadrement de 50 agents, l'absence d'un cadre compétent étant régulièrement compensée par le recours à des stagiaires. À l'Est, une estimation avait fixé les personnels de la communauté urbaine de Bertoua et de ses deux communes d'arrondissement à 170 personnes, mais le constat est tout autre : seuls 69 postes de travail sont effectivement occupés ; *idem.*
Cette apparente parcimonie n'est pas générale. Et comme indiqué ci-dessus, de nombreux exécutifs communaux font fi de leurs problèmes de trésorerie et procèdent à des recrutements massifs de personnes dont le profil ne correspond en rien aux besoins réels de la commune quand ils n'optent pas pour une gestion des carrières caractérisée par des irrégularités très flagrantes, des pratiques dont il est établi qu'elles contribuent à fragiliser (davantage) la situation financière des communes. À titre d'exemples non exhaustifs, le *Rapport de la CONAC sur l'état de la lutte contre la corruption 2012* avait révélé des cas de reclassements et d'avancements injustifiés dans les communes urbaines de Nkongsamba, Bafoussam et Douala. Pareillement, des cas de double salaires et de salaires versés à des personnes retraitées avait été relevés dans la commune d'Édéa par le même Rapport. Bien entendu, de telles irrégularités entraînent une augmentation des dépenses de fonctionnement de ces collectivités (paiement des salaires et paiement des charges y afférentes, notamment à la Caisse nationale de prévoyance sociale). Voir, *Rapport sur l'état de la lutte contre la corruption au Cameroun 2012* précité, P. 109-111.

[1327] B. Boumakani, « "La bonne gouvernance" et l'État africain, », *art.cit.*, p. 64.

pertinence. Un auteur a affirmé que c'est « par souci d'éviter le "mille-feuille territorial", [que] les régions ne sont finalement pas créées, la plupart des ministères sectoriels ne sachant pas quoi concrètement leur transférer comme compétence »[1328]. Cependant, l'observation semble indiquer le contraire : les régions, deuxième niveau de collectivités territoriales décentralisées, ont été créées par la Constitution camerounaise de 1996[1329]. Ces régions ne sont certes pas effectives, mais il n'en demeure pas moins qu'elles ont une existence juridique et qu'elles peuvent faire l'objet d'une mise en place à tout moment[1330]. On est d'ailleurs conduit à penser que le grand retard pris dans la fixation des modalités d'application de la loi de 2004 fixant les règles applicables aux régions pourrait traduire une reconnaissance implicite du caractère peu pertinent de cet échelon dont le pays aurait probablement pu se passer, à défaut de le soumettre à une meilleure organisation, qui devrait passer par une réduction de leur nombre. D'autre part, l'histoire du Cameroun montre une prolifération progressive des communes[1331] sur son territoire, alors que la France qui l'a inspiré en est à chercher à se sortir de l'émiettement en empruntant la voie de la fusion des collectivités territoriales[1332], une idée à laquelle souscrit Robert Hertzog[1333].

Au Cameroun, les exemples de manque de pertinence institutionnelle sont nombreux. Cependant, et afin d'éviter le piège de la digression, on se limitera à l'exemple du FEICOM, un des principaux acteurs de la fiscalité locale camerounaise. Comme déjà indiqué, le FEICOM est un établissement public administratif sous tutelle de l'État. Ses ressources incluent une bonne part du produit de certains impôts locaux, une situation qui se doit d'être questionnée

---

[1328] A. Desbrosses, « La décentralisation au Cameroun : un goût d'inachevé », *art. cit.*

[1329] Voir à titre de rappel l'article 55 de la Constitution camerounaise de 1996.

[1330] Il suffit, pour cela, de faire application effective de l'article 99 de la loi n° 2004-19 du 22 juillet fixant les règles applicables aux régions : « Les modalités de la présente loi sont fixées par voie réglementaire ». En l'occurrence, les textes régissant le Conseil régional (l'organe délibérant de la région) attendent de voir le jour…

[1331] Leur nombre est passé de 339 en 2007 à 360 de nos jours. Rappelons qu'il faut y ajouter, les 14 communautés urbaines et les 10 régions que compte le pays, en plus de nombreuses autres circonscriptions administratives dont les autorités sont - comme les gouverneurs de chaque région - nommées.

[1332] Voir, en ce sens, la loi française n° 2010-1563 du 16 décembre 2010, rendant possible à certaines conditions la création d'une commune nouvelle en lieu et place de communes contiguës, le regroupement des départements, ou des régions.

[1333] À coté d'autres avantages comme l'efficacité, cet auteur indique en effet que « réunir plusieurs communes en une seule […] permet des économies budgétaires sur les indemnités des élus, les dépenses immobilières, les personnels, et les frais divers d'administration ». En l'absence d'évaluations sur ce sujet, l'auteur suggère que l'on recoure à « une méthode d'analyse des effets d'une fusion », mais aussi à des expérimentations dans la mesure où le résultat ne peut être automatique, résultat qui exige d'ailleurs une ferme détermination, axée sur des objectifs suffisamment clairs : Hertzog Robert, « La réforme des collectivités territoriales : une ambition financière », *Revue française d'administration publique*, 2012/1 n° 141, p. 121-137. DOI : 10.3917/rfap.141.0121, p. 126-128. On peut utilement se référer au même article pour d'amples informations sur le sujet, comme le détail des gains financiers, les fusions verticales, les fusions horizontales, etc.

(§ I). Dans la perspective d'une réforme visant à restituer ces recettes fiscales aux collectivités camerounaises, le modèle marocain de financement du développement local grâce au Fonds d'équipement communal (FEC) est un exemple valant leçon (§ II) pour le Cameroun.

§ I. Le FEICOM : un établissement public, des ressources fiscales locales ?

Parmi les missions qui lui sont dévolues, le FEICOM collecte et centralise des ressources provenant de la fiscalité. Ces ressources sont soit redistribuées directement aux collectivités territoriales décentralisées, soit affectées au Fonds. Celles qui sont affectées à ce dernier font l'objet d'une répartition : 2/3 sont consacrés aux investissements communaux dans le cadre de la mutualisation des ressources, tandis que le 1/3 restant est réservé au fonctionnement de l'organisme.

On l'a vu plus haut, les recettes fiscales locales font l'objet d'un partage entre l'État, le FEICOM et les collectivités territoriales décentralisées suivant une clef de répartition fixée par les textes[1334] et reprise dans le tableau ci-dessous.

Tableau 8 : Clef de répartition du produit des impôts, droits et taxes[1335]

Impôt, droits et taxes en partage	Bénéficiaires								
	État	FEI-COM	Com-munau-té urbaine	Com-mune	CRTV	CIMA	CHA-GRI	Com-munau-té rive-raine	TO-TAL
CAC/IRPP/IS	10 %	62 %	28 %						100 %
CAC/TVA	10 %	62 %	28 %						100 %
Patente/Licence		20 %		80 %					100 %
Patente/licence		20 %	80 %						100 %
RAV/patente					100 %				100 %
CCAI(3 % RAV, entreprises industrielles, minières et artisanales)						100 %			100 %

[1334] À titre de rappel et comme déjà indiqué lors de l'étude consacrée au FEICOM, on se reportera à la loi n° 2009/019 du 15 décembre 2009 portant fiscalité locale et les modificatifs subséquents, notamment ses articles 115, 116 et 117, et le décret n° 2011/1731/PM du 18 juillet 2011 fixant les modalités de centralisation, de répartition et de reversement du produit des impôts communaux soumis à péréquation.
[1335] Source : Direction des impôts, sur : :http://www.impots.cm/uploads/pdf/form/ANNEXE%20IMPRIME%20PAIEMENT%20UNIQUE.pdfhttp://www.impots.cm/uploads, consulté le 10 octobre 2013.

CCAI (3 %, entreprises forestières, agricoles, d'élevage et de pêche)							100 %		100 %
Taxe de développement local salariés du secteur privé hors DGE			100 %						100 %
Taxe de développement local salariés entreprises DGE et secteur public		100 %							100 %
Redevance forestière annuelle	50 %	20 %		20 %				10 %	100 %
Taxe foncière/droits de mutation immobilière		20 %	60 %	20 %					100 %
Taxe foncière/droit de mutation immobilière		20 %		80 %					100 %
Droits de timbre		100 %							100 %
Taxe sur jeux de hasard et de divertissement			100 %						100

En dépit de nombreuses lacunes [1336] relevées dans le domaine du recouvrement, l'on ne saurait méconnaître le rôle joué par le FEICOM en tant qu'instrument de l'État au service du développement[1337] et en matière de centralisation des CAC en vue de leur redistribution aux communes. C'est

[1336] Sur ces lacunes, voir la première partie de cette étude, et plus précisément la deuxième section consacrée aux acteurs de la fiscalité locale. Mais pour d'amples informations, voir l'ouvrage de J. C. Étana Omgba, *Postes comptables et recouvrement opérationnel de la fiscalité locale au FEICOM. Analyse de quelques éléments stratégiques de base en matière de recouvrement fiscal et douanier. op.cit.*

[1337] Des hôtels de ville ont été érigés dans de très nombreuses communes (Yaoundé I, Yaoundé II, Bafut, Bokito, Nanga-Eboko, Mbé, Penja, Nkolafamba, Garoua, Maroua, Mandamba à DoualaVI, Ndikiniméki, Mboma, Okola, Meiganga, etc.), des écoles primaires ont été créées (à Bertoua et Téré notamment), en plus des adductions d'eau potable (à Maroua, Ouro-Modibo, Guémé, Touroua, Niété et Jakiri par exemple), des marchés continuent de voir le jour (Kribi, Mbang, Nkongsamba, Bogo et Gashiga par exemple), des gares routières (à l'instar de Penja) et des centres de santé (cas de Bidimba) sont construits. Au 31 décembre 2012, on notait que cet établissement a accordé un montant de 10 149 595 293) FCFA à 216 communes et communautés urbaines afin que soient réalisés de nombreux projets, soit 222 au total, relatifs à l'éducation de base, la culture, le sport et la communication, la santé, les affaires foncières, l'eau et l'assainissement, l'électrification, les hôtels de ville, les routes et les ouvrages d'art, les véhicules, l'agriculture, les marchés, les gares routières, le tourisme et les voyages de coopération . Dans le même temps, 309 projets ont fait l'objet d'une réception provisoire et 69 autres ont été définitivement réceptionnés pour un montant de 22 000 000 000 FCFA. Le portefeuille des investissements communaux du FEICOM au 31 décembre 2012 comptait 894 projets en cours pour un montant total de 97 904 539 023 FCFA. Voir le site du FEICOM et le *Rapport annuel 2012* du FEICOM.

dans cette logique que le Président de la République camerounaise a indiqué que « depuis [42] ans, le FEICOM accompagne les municipalités camerounaises. Il est l'instrument par excellence de l'État dans son programme de développement à la Base [...]. Il a su garder son rôle d'acteur clé au service de nos collectivités territoriales décentralisées et affiche aujourd'hui un bilan élogieux »[1338]. Le bilan est incontestablement élogieux, mais outre l'absence de transparence et d'équité[1339] que l'on a un temps reproché à cet organisme, le tableau ci-dessus montre bien que la fiscalité locale fait souvent office de « vache à lait », au service de l'État[1340] et du FEICOM.

La suppression des recettes fiscales locales de la carte des ressources du FEICOM pour les destiner aux caisses des collectivités territoriales est une option envisageable. Dans cette hypothèse, l'État prendrait la relève de la fiscalité locale en finançant cet organisme — dont le mode de fonctionnement se révèle plus pernicieux que bénéfique pour les collectivités territoriales — par des dotations davantage substantielles. D'autre part, malgré certaines craintes[1341], rien n'empêche qu'une réforme bien pensée fasse du FEICOM un établissement de crédit ! Il ne s'agit pas d'une hypothèse d'école : le Fonds d'équipement communal (FEC) créé au Maroc depuis plusieurs décennies est un exemple valant leçon pour le Cameroun.

[1338] Voir *préface* du livre d'or des 40 ans du Feicom, décembre 2014. En 2014 justement, le FEICOM à mobilisé le chiffre record de 128 172 070 002 FCFA, correspondant à un taux de réalisation des prévisions de 109%. Une somme de 73 021 511 550 FCA a été redistribuée aux communes au titre d'impôts communaux soumis à péréquation (ICSP) et retenues de base, tandisque 113 projets de développement ont été financés dans 9 secteurs de compétences transférées aux communes (coût total global de 10 872 121 276 FCFA dans le cadre des objectifs du Millenaire pour le Développement. Pour d'amples informations chiffrées, voir le Rapport annuel du FEICOM de l'année 2014 (site du FEICOM).

[1339] En ce sens, on se reportera utilement à l'extrait de l'article du quotidien *Mutations* du 6 octobre 2005 intitulé « Comment on a pillé le FEICOM » *art.cit.* en section II du chapitre I de la première partie de cette étude.

[1340] En ce sens, A. Desbrosses indique qu' « outre le prélèvement de 10% des impôts sur les produits de la fiscalité locale pour frais de recouvrement selon l'article C4 du Code des impôts, d'autres retenues subsistent en raison des problèmes structurels de trésorerie que connaît le budget de l'État. Aussi, il est probable que le produit de la fiscalité locale serve à garantir les niveaux de recettes souhaités pour faire face aux obligations des ministères centraux » : « La décentralisation au Cameroun : un goût d'inachevé », *art. cit.*

[1341] Face aux projets essentiellement non générateurs de revenus des collectivités territoriales et à la faible capacité d'épargne de la plupart de ces dernières, on peut craindre que le FEICOM soit confronté à une insuffisance de projets « bancables ». Voir M. Finken, *Gouvernance communale en Afrique et au Cameroun, op.cit.*, p. 207.

§ II. Le fonds d'équipement communal (FEC) du Maroc : un exemple valant leçon

Créé en 1959, le Fonds d'équipement communal (FEC) est un établissement public doté de la personnalité morale et de l'autonomie financière[1342]. Il a son siège à Rabat, au Maroc, et s'est vu reconnaître le statut de banque, en 1996[1343]. Le FEC est soumis à la tutelle de l'État, l'objet de celle-ci étant d'assurer le respect, par les organes de cette institution, des dispositions légales, notamment celles relatives aux missions[1344] qui lui sont attribuées et de manière générale de veiller, en ce qui le concerne, à l'application des textes relatifs aux établissements publics[1345]. Le Fonds est soumis à un contrôle financier de l'État, exercé par un commissaire du Gouvernement désigné auprès de l'organisme. Cette autorité est chargée de veiller à la conformité des décisions du Fonds avec les dispositions légales et la politique générale de l'État en matière financière[1346].

Les ressources du FEC comprennent uniquement : les dotations de l'État ; les Fonds reçus du public ; le remboursement des prêts et avances consentis par le Fonds ainsi que les intérêts, commissions et recettes diverses perçues sur ces opérations ; les avances remboursables du Trésor, d'organismes publics ou privés ainsi que les emprunts autorisés conformément aux textes en vigueur ; les sommes dont la gestion est confiée au Fonds conformément à

[1342] Voir article 1, Dahir n° 1-92-5 du 5 Safar 1413 (5 août 1992) portant réorganisation du Fonds d'équipement communal, tel que modifié et complété par la loi n° 11-96.

[1343] À la faveur de la loi n° 11-96 complétant la loi n° 31-90 portant réorganisation du Fonds d'équipement communal.

[1344] S'agissant de ses missions, « en tant que Banque dotée d'une mission d'utilité collective, le FEC finance le secteur public local et veille au renforcement de l'expertise locale et à la promotion d'investissements locaux porteurs de développement. La Banque offre ainsi à ses clients des produits et services adaptés à leurs besoins et s'attache à leur apporter l'assistance technique nécessaire pour le montage et la mise en œuvre de leurs projets d'équipement. Le FEC accompagne ainsi ses clients dans l'expression de leurs choix d'investissement et leur offre la possibilité de concrétiser leurs projets qui visent l'amélioration du cadre de vie du citoyen à travers différentes voies de développement : La mise à niveau urbaine ;la mobilité urbaine ; le désenclavement rural ; le développement des zones d'activité économique ; le développement des infrastructures sportives et de loisirs ; l'électrification rurale ; l'assainissement et l'accès à l'eau potable ; l'éclairage public ; l'aménagement des espaces verts ; la propreté et la protection de l'environnement ; l'aménagement des équipements touristiques ; la mise à niveau des établissements scolaires ; l'animation culturelle et artistique ; le développement des équipements marchands ; l'intégration des technologies de l'information ; la promotion des technologies propres. Grâce à ses interventions multiples, le FEC concourt activement à la promotion de l'investissement local et au renforcement du processus de décentralisation, confirmant ainsi sa vocation de Banque du Financement Local.»., disponible sur : http://www.fec.org.ma/PageFr.aspx?id=2, consulté le 05/12/2014.

[1345] *Idem*, article 2.

[1346] *Ibidem*, article 2 et 10.

l'article 3[1347] ; les dons, legs et produits divers ; toutes autres ressources qui peuvent lui être attribuées ultérieurement[1348].

Sans comporter des ressources fiscales en leur sein, et à titre d'exemple les ressources du FEC au 31 décembre 2012 s'élevaient à 5172 MDH. Elles étaient essentiellement constituées des ressources d'emprunts à hauteur de 2887 MDH (55,8 %) et des recouvrements d'annuités pour 1652 MDH (31,9 %)[1349]. Étant donné que le FEC poursuit une stratégie de mobilisation de ressources sur le marché financier, il se finance principalement par des émissions de certificats de dépôt à taux révisables, l'émission d'emprunts obligataires, en plus des lignes de crédit antérieurement contractées auprès de certains bailleurs de fonds étrangers, dont la Banque mondiale. En 2012, par exemple, la dette du FEC se déclinait essentiellement en certificats de dépôt dont l'encours s'évalue à 49 % de la dette globale, de crédits bancaires (31 %), et d'un emprunt obligataire émis par le FEC pour la première fois en 1992[1350], puis en 2003[1351]. En 2011, le Conseil déontologique des valeurs mobilières (CDVM) avait donné son aval pour l'émission, par le FEC d'un emprunt obligatoire pour un montant global d'un plafond de 4MMDH, respectivement de 1 MMDH en 2011[1352], 15MMDH en 2012 et 1,5 MMDH en 2013. Le FEC entend continuer de recourir au marché des titres de créances négociables et au marché bancaire pour la mise en place de ressources adaptées à son activité de financement[1353], à l'avantage des collectivités locales. En 2012, par exemple, le niveau de décaissements de prêts était en accroissement de 24 % par rapport à 2011 et avoisinait la somme de 2 milliards de dirhams, un dynamisme qui s'est également traduit par un produit net bancaire (PNB) en hausse (345 millions de DH contre 317 millions à la fin de l'année 2011), « soit le niveau le plus élevé jamais atteint »[1354]. À la fin de l'année 2012, le FEC avait pu réaliser un résultat net bénéficiaire de 171 millions de DH. Cette somme fut

---

[1347] Le Fonds d'équipement communal peut (au titre de cette disposition) repartir entre les collectivités locales toutes sommes dont la gestion lui serait confiée à cet effet.

[1348] Article 1, Dahir n° 1-92-5 du 5 Safar 1413 (5 août 1992) portant réorganisation du Fonds d'équipement communal, tel que modifié et complété par la loi n° 11-96, précité.

[1349] Disponible sur : http://www.fec.org.ma/, consulté le 05/12/2014.

[1350] Information disponible sur : http://www.fec.org.ma/Articles_Presse/Le_Matin_22.11.11.pdf, consulté le 05/12/2014.

[1351] Parallèlement, une grande part des ressources mobilisées dans les années 90 provient des emprunts extérieurs, dont les derniers tirages sont intervenus en 2003 ; ces lignes offraient des avantages (en termes de maturité notamment) et « étaient assorties d'un mécanisme de couverture du risque de change par le Trésor ». Le recours au marché financier interne devient ainsi la principale source de financement au même titre que les tirages sur les lignes d'emprunts déjà en place : disponible sur : http://www.fec.org.ma/Articles_Presse/Le_Matin_22.11.11.pdf, consulté le 05/12/2014.

[1352] En date du 11 novembre 2014, le Conseil déontologique des valeurs mobilières (CDVM) a effectivement visé une note d'information relative à l'émission par le FEC d'un emprunt obligataire de 1MMDH : consultable sur :
http://www.fec.org.ma/Communiques/FEC%2012P.pdf, consulté le 05/12/2014.

[1353] Disponible sur : http://www.fec.org.ma/Articles_Presse/Le_Matin_22.11.11.pdf, *op.cit.*

[1354] Voir article de L. Oudoud *in* journal *Le Matin* du 10 juin 2013.

affectée par décision du Conseil du FEC au compte « réserves », renforçant ainsi le niveau de fonds propres qui, en 2012, avait atteint 2,613 milliards de dirhams en fin 2012, soit une hausse de 7 %. Plus impressionnant, les indicateurs de risque confirment (comme par le passé) la qualité du portefeuille des prêts qu'octroie le FEC[1355]. L'organisme s'est en effet prémuni contre les risques[1356], puisqu'il dispose d'un Comité de crédit[1357] et d'un comité de risques ; ce dernier a été créé en son sein, en 2009 et est chargé du suivi transversal et collégial des risques auxquels s'expose le FEC. Le Comité supervise la mise en œuvre de la politique de gestion des risques par les différentes entités concernées. Il est présidé par le directeur général et se compose des responsables de la Direction des risques, de la Direction organisation et système de l'information, de la Direction financière, de la Direction comptabilité et *reporting*, de la conformité[1358].

En 53 ans d'existence, le FEC a octroyé près de 32 millions de DH de crédit au profit du secteur public local, le volume annuel d'attributions étant passé de 30 milliards de DH, en 1959 à plus de deux milliards en 2011. Ainsi, et selon le journal le *Matin*, « Les résultats bénéficiaires successifs de FEC ont permis un renforcement jugé substantiel de ses fonds propres qui sont passés de 195 millions de DH, en 1993 à plus de 261 milliards en 2012 »[1359].

On retiendra de ce qui précède (sur le FEC) et des développements auparavant consacrés au FEICOM que les deux organismes partagent de nombreux points communs, sur lesquels on ne peut revenir dans leurs moindres détails. Brièvement toutefois, il s'agit d'établissements publics sous tutelle étatique, dotés de la personnalité morale et de l'autonomie financière, et ayant des secteurs d'intervention quasi similaires au plan local (eau, électricité, transport par exemple), y compris de financement des collectivités territoriales sous forme de prêts (à l'équipement et au fonctionnement) accordés à ces dernières. Leurs ressources sont sensiblement les mêmes, avec néanmoins une différence fondamentale : Le FEICOM spolie les collectivités territoriales d'une bonne part de leurs impôts, alors que le FEC exerce l'activité de banquier pour faire de véritables affaires avec des collectivités territoriales

---

1355 *Idem.*

1356 L'obtention d'un prêt n'est pas facilitée. Ainsi, dans la perspective d'un emprunt, une collectivité locale ne peut emprunter si son taux d'endettement excède 40%. Par ailleurs, elle doit dégager une épargne pouvant couvrir au moins l'intégralité de l'annuité de remboursement. Notons aussi qu'en plus de participer au financement du projet avec un apport minimum de 20% du coût de celui-ci, la collectivité devra disposer des moyens humains, matériels et organisationnels en vue de la réalisation du projet, faute de quoi elle sera obligée de se tourner vers un partenaire qualifié.

1357 Le Comité de crédit est chargé d'examiner et de consentir les prêts et les avances dans les conditions fixées par le Conseil d'administration du FEC. Il est présidé par le directeur général du FEC et comprend : 2 représentants du ministère de l'Intérieur, deux représentants du ministère de l'Économie et des Finances. L'agrément des dossiers de prêt pour le financement de ceux-ci et l'accord pour les lignes de crédit incombent à ce Comité.

1358 Disponible sur : http://www.fec.org.ma/, *op.cit.*

1359 Voir l'article de L. Oudoud *in* journal *Le Matin* du 10 juin 2013, *art.cit.*

clientes et ce, sans aucune incidence sur les investissements du secteur public local. À preuve, ces investissements ont atteint 11,83 milliards de dirhams en 2012, contre 10,73 milliards de dirhams en 2011, soit une hausse de 10, 2[1360]. Aussi, est-il désormais constant que le renforcement continu de l'assise financière de cette banque lui permet d'assurer son activité de financement, et de répondre aux besoins de ses clients et partenaires, contribuant ainsi à la dynamique d'investissement du secteur public local[1361].

Conclusion du second titre

Les collectivités territoriales camerounaises peuvent-elles prospérer en dépit de l'insuffisance des recettes fiscales observée? Il est difficile de répondre à cette question de manière tranchée. Une réponse positive reviendrait à méconnaître le rôle moteur que joue la fiscalité au plan local, tandis qu'une réponse négative conduirait à sous-estimer le coup de pouce financier que peuvent donner les ressources non fiscales aux finances locales. L'insuffisance des recettes fiscales retarde le développement auquel aspirent les collectivités locales ; mais, avec des ressources d'appoint importantes, autrement dit des ressources non fiscales, une crise plus grave des finances locales pourrait être évitée et le cap vers le développement maintenu. En effet, « l'impôt n'est pas l'unique déterminant d'un développement rapide » comme l'a souligné l'OCDE[1362].

On sait que le développement de l'interventionnisme économique des collectivités est irréversible[1363]. Le Cameroun s'y étant depuis ouvert (avec la loi de 1974 portant organisation communale précitée), ses collectivités territoriales devraient s'attacher à générer d'importantes ressources non fiscales. D'abord, ces collectivités peuvent tirer de substantiels revenus de leur patrimoine, c'est-à-dire des produits domaniaux (loyers des immeubles bâtis ou non bâtis, forêts, aliénation des biens du domaine, etc.), ce d'autant plus que les produits d'exploitation font partie des ressources pour lesquelles les collectivités ont une certaine maîtrise : elles peuvent librement les instituer en déterminant les divers éléments du régime juridique, tels que le champ d'application, le montant ou le recouvrement[1364].

Certes, l'emprunt est de nos jours un « moyen courant de financement des investissements », mais le caractère insoutenable de la dette commerciale des communes camerounaises constitue néanmoins un risque sérieux : il peut compromettre le remboursement d'un nombre considérable d'emprunts qui viendraient à être accordés. C'est dire que ce mode de financement devra

---

[1360] Disponible sur : http://www.fec.org.ma/, *op.cit.*, mais aussi *in* Rapport annuel 2012 du FEC, p. 29.

[1361] *Idem.*

[1362] OCDE, « Gouvernance, fiscalité et responsabilité. Enjeux et pratiques », *art. cit.*

[1363] P. Lalumière, *Les finances publiques, op.cit.*, p. 110

[1364] F. Labie, *Les finances publiques*, Éditions du CNFPT, 2002, p. 204.

toutefois être proscrit tant qu'une solution n'aura pas été trouvée au problème de surendettement des collectivités territoriales camerounaises.

La solidarité entre ces collectivités par le mécanisme de l'intercommunalité ou celui de la coopération décentralisée peut aussi constituer une réponse efficace à la crise de la fiscalité locale et des finances locales en général. Or, si l'intercommunalité a vocation à « amortir le choc » financier des collectivités territoriales grâce à une mise en commun de moyens (matériels et financiers) à dessein d'atteindre des objectifs, il n'en reste pas moins qu'une collectivité territoriale peut, faute justement de moyens, se trouver dans l'incapacité de contribuer à cette « mutualisation » de moyens. Pareillement, la coopération décentralisée — telle qu'elle se pratique dans le contexte camerounais — peut placer certaines collectivités territoriales en situation de dépendance, et ce au détriment de la mobilisation des recettes fiscales. Dès lors, l'idée d'une réforme telle qu'elle est proposée s'en trouve justifiée, d'autant plus que les recettes fiscales apparaissent comme la source de revenu la plus « sécurisante » pour les collectivités territoriales décentralisées.

Nous savons, pour l'avoir déjà souuligné, que toute réforme fiscale n'est plus ni moins que l'incarnation de la complexité : elle entraîne une multitude de questions de fond et de forme pour lesquelles des réponses adéquates doivent être trouvées afin que la réforme soit réussie. Cela explique peut-être la peur de la réforme qui règne sous différents cieux . Mais pour les raisons précédemment indiquées, le Cameroun ne peut s'offrir le luxe de la réticence et se doit d'envisager une réforme de sa fiscalité locale. Les défaillances notées au cameroun suggèrent que des réponses soient apportées à la question de la crise de la fiscalité locale que connaît le pays, crise qui s'accompagne, tel que déjà indiqué, d'une crise des finances locales. Certes, la recherche du développement peut se faire en mettant l'accent sur d'autres outils de financement (interventionnisme économique, coopération décentralisée, etc.), mais il serait judicieux de trouver des pistes efficaces de réforme du système fiscal local, lesquelles devraient prioritairement être tournées vers une mobilisation efficace des ressources. Partant du principe selon lequel face aux défaillances des institutions publiques, la privatisation et la réforme sont les deux remèdes auxquels on peut recourir simultanément [1365], il est apparu convenable, dans le cas du pays étudié, que soit envisagée une réforme en deux volets. Le premier volet (réforme du système de financement des collectivités territoriales décentralisées et réforme de la fiscalité locale à proprement parler tel que suggérées) peut s'avérer une source efficace de mobilisation de ressources financières au profit des collectivités territoriales. Quant au deuxième volet, la réforme institutionnelle visant à réformer le FEICOM, on est amené à croire qu'une « imitation » du FEC marocain suivie

---

[1365] R. Hertzog, « La loi organique relative aux lois de finances (LOLF) dans l'histoire des grands textes budgétaires : continuité et innovation », *Revue française d'administration publique*, 2006/1 no117, p. 15-30. DOI : 10.3917/rfap.117.0015, p. 29-30, *art.cit.*

d'une privatisation du FEICOM pourrait véritablement contribuer à mobiliser d'importantes ressources pour les collectivités territoriales camerounaises.

Conclusion de la deuxième partie

Les plans d'ajustement structurels imposés par les bailleurs de fonds (aux pays en voie de développement) ayant très vite montré leurs limites en Afrique, ces bailleurs opérèrent un renouveau en ayant recours à la bonne gouvernance. Le Cameroun en épousa les marqueurs. Mais, l'appropriation camerounaise de la bonne gouvernance reste théorique et problématique : sa pratique sur le terrain est très approximative, ses effets restent invisibles, et la pauvreté reste dans l'ensemble palpable. À titre d'exemple, ce pays a, sous la pression des bailleurs de fonds, constitutionnalisé un simulacre de transparence (Cf. article 66 de la Constitution). Des institutions *a priori* conçues dans une logique de bonne gouvernance se révèlent quasi inopérantes, comme en atteste l'ampleur de la corruption. C'est pourquoi nous avons cru bon de préconiser que le Cameroun se tourne vers un Gouvernement ouvert, et qu'il rompe avec sa législation actuelle, par trop virtuelle et peu dissuasive.

Alors que la fiscalité locale était censée compenser les défaillances des initiatives internationales de lutte contre la pauvreté, on note que la fiscalité transférée peine à relever le niveau des recettes, comme en témoigne la mauvaise qualité des services, pour ne citer que cela. Pourtant, et comme l'on a pu le constater, des solutions aussi bien « fiscales » qu'alternatives (réformes institutionnelles par exemple) existent, qui peuvent pallier cette insuffisance de recettes fiscales.

CONCLUSION GÉNÉRALE

Abstraction faite de ses sources historiques controversées, la fiscalité locale est une matière dynamique tant du point de vue de ses sources classiques dont la tendance est à la « sous- régionalisation » (il est de plus en plus fait mention de la fiscalité locale au sein de la CEMAC), que du point de vue d'une multiplication progressive de ses acteurs, que favorise la décentralisation à la camerounaise. Le bon usage de la technique de décentralisation peut, au Cameroun comme ailleurs, présenter des avantages indéniables (meilleure organisation des services, prise en compte des véritables besoins des citoyens, etc.). Mais cette technique, dont il faut rappeler qu'elle s'est imposée au Cameroun sous la pression des bailleurs de fonds, n'est pas sans présenter des imperfections, des lacunes, et des risques.

Sans prétendre à l'exhaustivité, on rappellera qu'une des imperfections majeures de *la décentralisation à la camerounaise* réside probablement dans le fait qu'elle n'a pas véritablement tenu compte des chefferies traditionnelles, un organe socio-politico-historique dont l'importance ne peut être niée.

De même, rappellera-t-on, au titre des lacunes, que les ressources dévolues aux collectivités territoriales en vue de l'exercice par ces dernières des compétences reçues dans le cadre de la décentralisation demeurent problématiques : les moyens humains nécessaires à l'exercice par les collectivités locales des nouvelles compétences font défaut ; la mise en place des dotations reste approximative ; la fiscalité locale apparaît lacunaire, et par conséquent inefficace.

S'agissant des risques, on note que l'organisation territoriale camerounaise s'opère de manière peu pertinente : la tendance est à la prolifération des structures territoriales. Ainsi, avec ses 360 (trois cent soixante) communes, ses 14 (quatorze communautés urbaines et ses 10 (dix) régions que complètent différents types de circonscriptions administratives, il est à craindre que le pays ne soit tôt ou tard confronté à un « millefeuille territorial ».

Toutefois, s'agissant de la fiscalité locale du Cameroun et en dépit de son caractère lacunaire et inefficace ci-avant relevé, il serait faux de penser que cette matière est restée en l'état depuis l'accession du pays à l'indépendance. En effet, après « la première grande loi » du 5 décembre 1974 portant organisation communale, les autorités camerounaises ont procédé par petites « retouches », sans pertinence avérée. Tel a par exemple été le cas lorsque l'impôt libératoire a été instauré par la loi de finances n° 95/010 du 1er juillet 1995 en remplacement de l'impôt forfaitaire, alors que ce dernier aurait permis une meilleure mobilisation des ressources en raison du caractère plus large de son assiette. En tout état de cause, il eût été préférable de procéder à une réforme de l'impôt forfaitaire plutôt que d'instaurer l'impôt libératoire, que l'on pourrait qualifier, *d'impôt-manque-à-gagner* : c'est un impôt à fort potentiel virtuel puisque son assiette (*a priori* large) se trouve forcément réduite par le taux très élevé des acteurs du secteur informel.

Une autre transformation notable, la dernière, s'est opérée avec (entre autres) la loi du 15 décembre 2009 portant fiscalité locale. En fait de transformation par exemple, le principe de solidarité a été constitutionnalisé et un « apparent » pouvoir fiscal a été donné aux collectivités territoriales, puisqu'elles peuvent théoriquement asseoir et recouvrer un certain nombre d'impôts. De toutes façons, les dernières évolutions n'ont pas (véritablement) révolutionné la contexture de la fiscalité locale camerounaise. Des exemples visibles de transformations ont notamment consisté, pour le législateur de 2009, à fusionner d'anciennes taxes communales à faible rendement (ou à rendement nul) en une *taxe de développement local* et à tranférer quelques impositions anciennement dévolues à l'État central aux collectivités territoriales décentralisées.

Ce travail révéle que la contexture actuelle de la fiscalité locale camerounaise appelle d'autres transformations allant dans le sens d'une amélioration ; une amélioration qui ne sera mieux garantie que si le Cameroun opte pour une activité législatrice pertinente, codifiée, et surtout en marge de toute profusion normative. Cette matière — dont les règles sont de plus en plus éparses depuis la loi n° 2009/019 du 15 décembre 2009 portant fiscalité locale — ne s'en trouverait que plus lisible, plus cohérente, plus accessible, et d'application plus facilitée.

La forte dépendance des communes vis-à-vis de la tutelle en matière d'exécution du budget communal et l'absence d'autonomie financière sont aussi à déplorer. Concernant cette dernière, on sait désormais qu'elle a été finalement consacrée par la Constitution camerounaise de 1996 après des périodes d'atermoiements et de balbutiements. Dans les faits pourtant, cette autonomie n'est pas réelle. En clair, elle n'existe manifestement que sur papier. D'où d'ailleurs l'intérêt, pour le Cameroun, de s'inspirer (avec pertinence) de certains modèles étrangers, à l'instar de certains modèles européens précédemment étudiés pour asseoir une véritable autonomie financière des collectivités territoriales.

L'amélioration de la fiscalité locale passe aussi par l'effectivité de la bonne gouvernance. Comme ses devanciers déclinés en « plans d'ajustement structurel », la pratique de la bonne gouvernance demeure très approximative au Cameroun, entraînant (au regard de ce qui précède) que pas plus que la fiscalité locale n'est au service de la bonne gouvernance, cette dernière n'est pas au service de la première. Il ne peut en être autrement : les ressources fiscales locales sont à l'épreuve de la corruption et des détournements de fonds dans un pays où les textes restent inappliqués ou appliqués au cas par cas à dessein de régler des « comptes politiques ». Même des institutions comme la CONAC, le CONSUPE, la Chambre des comptes de la Cour suprême et le Tribunal criminel spécial pourtant tournés vers la bonne gouvernance ne sont pas toujours à la hauteur des missions qui leur sont assignées, quand elles ne sont pas simplement inopérantes, ce qui ne va pas sans poser le crucial problème de leur fiabilité.

Au final, ce sont les finances locales qui sont « prises en otage » dans cet environnement de mauvaise gouvernance qu'aggrave un système fiscal local qui peine à mobiliser des ressources financières suffisantes, en raison (notamment) de nombreux impôts à faible rendement. D'où la question posée plus haut de savoir dans quelle mesure la solidarité peut, par le biais de la péréquation, ou dans une certaine mesure de l'intercommunalité, prospérer entre des communes pauvres et théoriquement incapables de fournir des services de qualité à leurs administrés. Nous savons qu'un citoyen, persuadé « que ses impôts ne sont pas dûment utilisés pour fournir les services de base qu'il est en droit d'attendre de l'État [ou de la collectivité territoriale], n'est pas incité à payer ses impôts »[1366]. C'est dans ce sens que la taxe de développement local censée justifier la fourniture en eau, en électricité, en service d'ambulance et en enlèvement d'ordures ménagères a été questionnée dans le cadre de ce travail, puisque ces services sont loin de « briller » par leur qualité ! C'est aussi dans ce sens qu'il nous a paru essentiel d'indiquer qu'une réforme fiscale n'aura de sens qu'autant que les autorités auront préalablement réconcilié les légitimités en présence...

En ce sens, l'ouvrage de la Conférence des Nations Unies sur le commerce et le développement retient avec pertinence qu'augmenter les recettes publiques en amenant les contribuables à mieux respecter leurs obligations nécessite une politique qui s'articule autour de trois axes. Il faut, premièrement, que l'État ait une légitimité et passe un contrat sans ambiguïté avec les contribuables, autrement dit qu'il s'engage à respecter ses obligations à l'égard desdits contribuables. À titre d'exemple, si le produit de l'impôt est investi dans des services publics et sociaux profitant à la collectivité, le contribuable sera peu tenté de frauder le fisc en guise de mesure de représailles face à l'avidité des autorités. Deuxièmement, il faut garder à l'esprit que la perception de l'impôt impose une certaine contrainte. On imagine mal une société dans laquelle les individus sont libres de décider de payer ou non l'impôt, car on se trouverait en présence d'évasions fiscales effrénées dictées par l'opportunisme. L'impôt se décline en un transfert du fruit des efforts d'un individu ou d'une société à des entités distinctes ; c'est cet aspect contraignant qui le différencie des dons à caractère philanthropique. Troisièmement, il

[1366] Voir, Conférence des Nations Unies sur le commerce et le développement, « Le développement économique en Afrique. Retrouver une marge d'action : la mobilisation des ressources intérieures et l'État développementiste », Nations Unies, New York et Genève, 2007, p. 45-46.

importe que soit mis en place un mécanisme fiable pouvant permettre à la fois de dénicher les fraudeurs (et autres résistants à l'impôt) et de les sanctionner[1367].

Tournée vers une mobilisation efficace des ressources au profit des collectivités territoriales, la réforme préconisée devrait aussi, pour plus de chance de réussite, viser un double enjeu financier : une mobilisation des ressources au moyen d'une réforme des concours financiers et de la fiscalité locale d'une part (le volet financier), une mobilisation plus importante de recettes fiscales au moyen de la réforme du FEICOM (le volet institutionnel) d'autre part.

Cependant, il est un fait que l'on se doit de ne pas perdre de vue : mobiliser davantage de ressources au moyen d'une réforme réussie est une chose, alors que les sécuriser en est une autre. Par conséquent, il est fort probable que d'autres questions liées notamment à la bonne gouvernance viennent à se poser. Au rang de celles-ci, et dans le contexte camerounais, il faudra prioritairement répondre à celle de savoir si *réforme reussie* et *culture de corruption* sont conciliables.

[1367] *Idem.*

SOURCES ET BIBLIOGRAPHIE

I. OUVRAGES ET MANUELS

ADRIAAN B., et B. VAN ROUVEROY VAN NIEUWAAL B., *L'État en Afrique face à la chefferie. Le cas du Togo*, Éditions Khartala et ASC, 2000

AERTS J.-J. et al., *L'Économie camerounaise. Un espoir évanoui*, Éditions Khartala Paris, 2000

ALAKA ALAKA P., *La gouvernance fiscale*, Éditions Edilivre, 2009

ALBERT J.-L. et SAÏDJ L., *Finances publiques*, Dalloz, 6e édition, 2009

ARNAUD P., *La dette du tiers-monde*, Éditions la découverte, 1984

ASTIER F., *Finances publiques droit budgétaire. Le budget des collectivités locales*, Ellipses, 1996

ATIAS Ch., *Philosophie du droit*, PUF, 1999

BAGUENARD J., *La décentralisation*, Presses universitaires de France, 4e éd. mise à jour, collection « Que sais-je ? », 1994

BAGUENARD J. et Becet J.-M., *La démocratie locale*, Presses universitaires de France, collection « Que sais-je ? », 1995

BARILARI A. et DRAPÉ R., *Lexique fiscal*, Dalloz, 2e édition, 1992

BELTRAME P., *Les systèmes fiscaux*, 2e éd. mise à jour, Presses universitaires de France, collection « Que sais-je ? », 1979

BELTRAME P., *La fiscalité en France*, 15e édition, Hachette, Paris, 2009

BEZANÇON X. VAN RUYMBEKE O. et VIGOUROUX C., *Le guide de l'élu local*, 2e édition revue et corrigée, Éditions du Rocher, 1995

BLANC J., *Finances locales comparées*, LGDJ, 2002

BLOCH-LAINÉ J.-M. et MOSCHETTO B., *La politique économique de la France*, Presses Universitaires de France, collection « Que sais-je », 1981

BOUHADANA I. et W. GILLES I, *Droit et gouvernance des données publiques et privées à l'ère du numérique,* à paraître, éditions Imodev, *2015*

BOURDIN J., *Les finances communales*, 3e édition, Economica, 2001

BOUVIER M. et ESCLASSAN C -M., *Le système communal*, LGDJ, 1981

BOUVIER M., *Introduction au droit fiscal général et à la théorie de l'impôt*, 9e édition, LGDJ, 2008

BOUVIER M., *Les finances locales*, 15e édition, LGDJ, 2013

BRAUD P., *Sociologie politique*, *LGDJ*, 4e éd., 1998

BROLLES R. et STRAUB B. *Budget des communes. Gestion et comptabilité 2009*, Berger-Levrault, 2009

BUISSON J., *Finances publiques*, 14e édition, 2009

CHAPUS R., *Droit administratif général*, Montchrestien, tome 1, 8e édition, 1994

CORNU G., *Vocabulaire juridique*, 7e édition, PUF, 2005

CORNU G., *Vocabulaire juridique*, 9e édition, PUF, 2011

CRUCIS H.-M., *Finances publiques*, Éditions Montchrestien, 2003

D'ALMÉIDA-TOPOR H., *L'Afrique au XXe siècle*, Armand Colin, 2003

DELBO R., *La décentralisation depuis 1945*, LJDG, 2005

DELCAMP A. et LOUGHLIN J. (dir.), *La décentralisation dans les États de l'Union européenne*, Coll. Les études de la documentation française, 2002

DE MUNAGORRI E.R., *Introduction générale au droit*, Champs-Université Flammarion, 2006

DERUEL F. et BUISSON J., *Finances publiques. Budget et pouvoir financier*, 13e édition, Éditions Dalloz, 2001

DEXIA., *Local Finance in the fifteen countries of the European Union*, second edition, 2002

DIAGNE M., *Droit administratif local*, 1ere édition, 2003

DIOUBATÉ B., *La Banque mondiale et les pays en développement. De l'ajustement structurel à la bonne gouvernance*, L'Harmattan, 2008

DOSIÈRE R., *La commune et ses finances*, Éditions locales de France, 1995

ÉCHAUDEMAISON C.-D., (dir.), *Dictionnaire d'Économie et de Sciences sociales*, 7e édition revue et augmentée, Nathan, 2006

ETANA OMGBA J. C., *Postes comptables et recouvrement opérationnel de la fiscalité locale au FEICOM. Analyse de quelques éléments stratégiques de base en matière de recouvrement fiscal et douanier*, afrédit, 2011

FAURE B., *Droit des collectivités territoriales* Dalloz, 1e édition, Dalloz, 2009

FINKEN M., *Communes et gestion municipale au Cameroun*, FEICOM, s.d.

FINKEN M., *Gouvernance communale en Afrique et au Cameroun*, L'Harmattan, 2011

FONDATION POUR L'INNOVATION POLITIQUE., *Innovation politique 2011*, PUF, 2010

FOUGEROUSE J., *L'État régional, une nouvelle forme d'État ? Un exemple de recomposition territoriale en Europe et en France*, Bruylant, 2008

FOTSING J.-B., *Le pouvoir fiscal en Afrique : essai sur la légitimité fiscale dans les États d'Afrique noire francophone, LGDJ*, 1995

GAUDEMET Y., *Traité de droit administratif*, tome 1, sur le Droit administratif général, LGDJ, 16e édition, 2008

GÉRARD T., et alii., (dir.), *Finances publiques*, Concours fonction publique, Éditions Foucher, 2007

GILLES W., *Les principes budgétaires et comptables publics*, LGDJ, 2009

GONIDEC P.-F., *Les droits africains. Évolution et sources*, LGDJ, tome. 1, 1968

GORGEU., *Communautés des communes et districts. Le passage à la fiscalité propre et à la DGF*, Syros Alternatives, 1992

GRANDGUILLOT D., *Les collectivités territoriales après la réforme*, collection « en poche », Gualiano, Lextenso éditions, 2011

GUENGANT A. et LE MEUR Y., *Comprendre les finances publiques locales*, Éditions le Moniteur, 2013

GUILLIEN R. et VINCENT J., (dir.), *Lexique de termes juridiques*, Dalloz, 1974

GUINCHARD S. et DEBARD T. (dir.), *Lexique des termes juridiques*, 19e édition, 2012

HAURIOU M., *Précis élémentaire de droit constitutionnel*, Recueil Sirey, 1930

HENRI H. et MAUSS M., *Essai sur la nature et les fonctions du sacrifice*, œuvres I, 1968

KAMTO M., *in* Jean-Claude Eko'o Akouafane, *La décentralisation administrative au Cameroun*, L'Harmattan, Paris, 2009
KOUÉVI A.G., *Le droit des interventions économiques des collectivités locales*, LGDJ, 2003
KUATÉ J.-P., *Les collectivités locales décentralisées au Cameroun. Recueil de textes*, 4e édition, Macacos, 2007
KUATÉ J.-P., *Les collectivités locales au Cameroun, recueil des textes*, 5e édition, Macacos, 2012
LABIE F., *Les finances locales*, éditions du CNFPT, 2002
LALBERT J. et SAÏDJ L., *Finances publiques*, 6e édition, Dalloz, 2009
LAYE P., *La coopération décentralisée des collectivités territoriale,* 3e édition, territorial éditions, 2011
LALUMIÈRE P., *Les finances publiques*, Armand Colin, Paris, 1976
LAMBERT T., Contentieux fiscal, Hachette, 2011, p. 11
LAROUSSE DE LA LANGUE FRANÇAISE, Librairie Larousse, 1977
LAUBADÈRE A. de VENEZIA J.-C. et GAUDEMET Y., *Traité de droit administratif*, tome 1, 11e édition, LGDJ, 1990
LAUFENBURGER., *Précis d'économie et de législation financières,* tome III, Budget et Trésor, 2e édition, Librairie du recueil Sirey, 1946
LE CODE COUTUMIER BAMILÉKÉ., Edition le réveil des peuples, s.d.
LECAUSSIN N., *Cet État qui tue la France*, Plon, 2005
LECLERQ C., et CHAMINADE A., *Droit administratif*, 3e édition, Litec, 1992
LE MESTRE R., *Droit des collectivités territoriales*, Gualino éditeur, 2004
LÉVY-BRUHL H., *Sociologie du droit*, collection « Que sais-je » n° 951, presses universitaires de France, Paris, 1971
LEXIQUE DES TERMES JURIDIQUES., Dalloz, 2011
LEXIQUE DES TERMES JURIDIQUES., Dalloz, 2012
LURACELLI A. et M.Verpeaux M., (dir.), *in Régionalisme italien et régionalisme français*, L'Harmattan, 2012
MAUSS M., *Sociologie et anthropologie*, PUF, 1978
MAYER S. et CALDIER J.-P., *Économie équitable : les mots pour le dire*, Imprim'vert, 2011
MINISTÈRE DE l'ADMINISTRATION TERRITORIALE ET DE LA DÉCENTRALISATION., *Finances locales du Cameroun 2008*, SOPECAM, 2012
MINISTÈRE DES AFFAIRES ÉTRANGÈRES ET CENTRE NATIONAL DE LA FONCTION PUBLIQUE TERRITORIALE., *Gestion et organisation d'une collectivité territoriale. L'apport de la coopération décentralisée et bilatérale dans le contexte de l'Afrique sub-saharienne*, Les éditions du CNFPT, 1998
MOUICHE I., *Autorités traditionnelles et démocratisation au Cameroun. Entre centralité de l'État et logiques du terroir*, Lit Verlag Münster, 2005
MOUZET P., *Finances locales*, 3e édition, Gualino éditeur, 2006
MUNAGORRI E.R., de, *Introduction générale au droit,* Flammarion, 2006
MUZELLEC R., *Finances locales*, Paris, 5e édition, Dalloz, 2005
MUZELLEC R., *Finances publiques*, 14e édition, Dalloz, 2006
MVENG R.P. E. et BELING-NKOUMBA D., *Histoire du Cameroun*, CEPMAE, Yaoundé, 1976
PHILIP L., *Finances publiques*, 5e édition, Éditions Cujas, 1995
NGAYAP P.F., *L'opposition au Cameroun. Les années de braise*, L'Harmattan, 1999

NKOT P. F., *Usages politiques du droit en Afrique. Le cas du Cameroun*, Bruxelles, Bruylant, 2005

OBERDORFF H., *Les institutions administratives*, Armand Colin, 2e édition, 2000

ONDOA M., (dir.), *L'Administration camerounaise à l'heure des réformes*, L'Harmattan, 2010

ORSONI G., *Finances publiques*, Publisud, Paris, 1989

OWONA J., *Le contentieux administratif de la République du Cameroun*, L'Harmattan, 2011

PÉBEREAU M., *La politique économique de la France*, Armand Colin, 2e édition, 1987

PROUZET M., *Le Cameroun*, Paris, LGDJ, collection « Comment ils sont gouvernés », 1974

RIDEAU J., *Droit institutionnel de l'Union européenne*, 6e édition, LGDJ, Lextenso éditions, 2010

ROULAND N., *Anthropologie juridique*, PUF., 1990

SANTO M.-V. et Verrier P.-É., *Le management public*, PUF, Collection « Que sais je ? », 3e édition, 2007

SERMET L., (dir.,), Droit et démocratie en Afrique du Sud, l'Harmattan, 2001

TANDJIA M., *Analyse financière des comptes des communes* PUCAC, 2008

TARTOUR L., *L'autonomie financière des collectivités territoriales en droit français*, LGDJ, 2012

TERRÉ F., *Le droit*, Flammarion, 1999

TOULOUSE J.-B. DE LEUSSE J.-F. ROLLAND Y., PILLOT X., *Finances publiques et politiques publiques*, Economica, 1987

YATTA F.-P., *La décentralisation fiscale en Afrique, enjeux et perspectives*, Karthala, 2009

II. THÈSES, MÉMOIRES ET COLLOQUES

A. Thèses

ALAKA ALAKA P., *Les difficultés du recouvrement de l'impôt au Cameroun : Contribution à l'étude des dysfonctionnements administratifs*, thèse, Université de paris II, sous la direction de Claude Goyard, 1996

ATEBA BOULI P., *Le régime foncier camerounais : entre mimétisme et créativité*, thèse de droit public, Université de Sophia Antipolis, sous la direction de Jean-Marie Rainaud, 2008

BANGO A., *L'élaboration et la mise en œuvre de la fiscalité dans les pays de la communauté économique et monétaire (CEMAC),* thèse de Finances publiques et fiscalité de l'Université Jean Moulin Lyon 3, sous la direction de Jean-Luc Albert, 2009

DZUKOU TAHOUO M., *La nature et l'exercice de la fonction législative au Cameroun — Essai sur la notion de législation gouvernementale*, thèse pour le doctorat d'État en droit, Université de paris I, 1980

JOLY D., *L'organisation décentralisée des finances de la République*, thèse de droit public l'université de Paris II Panthéon-Assas, sous la direction Jean-Claude Martinez, 2010

KOUOMEGNE Noubissi H., *Décentralisation et centralisation au Cameroun. L'exemple de la répartition des compétences entre l'État et les collectivités locales*, Thèse de droit public de l'Université de Paris I Panthéon-Sorbonne, sous la direction de Michel Verpeaux, 2012

NGONO TSIMI L., *L'autonomie administrative et financière des collectivités territoriales décentralisées : l'exemple du Cameroun*, thèse de droit public, sous la direction de Christine Houteer, Université de Paris-Est Créteil, 2010

NGO TONG C.M., *Intercommunalité, coopération décentralisée et stratégies de lutte contre la pauvreté au Cameroun. Étude spécifique des villes de Limbé et Kribi et de la commune de Dschang*, thèse de droit public de l'Université de Nantes, sous la direction de Jacques Fialaire et Jean Njoya, 2012

NLEP R., *Contribution à l'étude de la dynamique structurelle et normative de l'Administration publique en Afrique noire francophone : le cas de l'administration camerounaise*, thèse de doctorat d'État, Université de Paris I Panthéon-Sorbonne, sous la direction de Pierre-François Gonidec 1984

PÉREZ X., *La raison fiscale de l'ancienne France à la naissance de l'État décentralisé contemporain*, thèse de doctorat en Droit, Université Montesquieu-Bordeaux IV, sous la direction de Bernard Gallinato-Contino

SIMPKINS-SPEAR F., *La dévolution en Écosse et au pays de Galles. La réinvention de la nation 1977-2007*, Université Lyon 2, études anglophones, thèse de doctorat, sous la direction de Keith Dixon, 2008

TCHAPMEGNI R., *Le contentieux de la propriété foncière au Cameroun*, Thèse de droit de l'Université de Nantes, sous la direction de Encinas Rafael de Munagorri, 2008

TOGOLO O., *Administration fiscale et ressources humaines en Afrique subsaharienne. Le cas du Cameroun*, thèse de droit, Université Paris X-Nanterre, 1996, sous la direction de Lucille Tallineau, publiée aux presses universitaires du Septentrion, Villeneuve d'Ascq, 1997

B. Mémoires

KUATÉ J.-P., *Contribution au renforcement des ressources financières des communes camerounaises*, Mémoire de DESS en gestion financière municipale, CESAG-PDM., sous la direction de Joseph Nsibeuweula, 2004

C. Colloques

NACH MBACK C., « Un siècle de communalisation au Cameroun, les misères de la démocratie urbaine », colloque *WWICS-IGU*, Dakar, décembre 2004.

NTYÉ NTYÉ., intervention n° 2 : « enjeux de l'intercommunalité » *in* Actes du séminaire-atelier des 2 et 3 décembre 2010 à Kribi sur le thème « intercommunalité et développement local : la contribution du FEICOM »

GILLES W. et BELEBENIE P., « Les nouveaux enjeux du financement des collectivités locales britanniques », intervention au colloque *L'administration locale au Royaume-Uni et en Irlande : si loin, si proches*, 2e colloque européen OLA, Université de Valenciennes, les 23 et 24 novembre 2012, paru aux éditions Bruylant, sous le titre *La régionalisation en Europe. Regards croisés*, en 2014

III. ARTICLES PARUS DANS DES OUVRAGES ET REVUS SCIENTIFIQUES

ABOLOU C. R., « Cultures juridiques et aménagement jurilinguistique en Afrique », *revue Aspects* n° 1- 2008

ANGÉON V. et HOUÉDÉTÉ T., « La gouvernance : mode ou développement » *in Gouvernance locale et développement territorial. Le cas des pays du Sud*, Actes du colloque international de Constantine 26 et 27 avril 2003, L'Harmattan, 2004

BACKINY-YETNA P., « Secteur informel, fiscalité et équité : l'exemple du Cameroun » *in Le journal statistique africain*, volume 9, novembre 2009

BELEBENIE P., « Les réformes fiscales locales tournées vers la bonne gouvernance : une approche comparative France, Maroc, Cameroun », *Revue de l'Institut du Monde et du Développement (RIMD)*, n° 3, 2012

BIAKAN J., « La réforme du cadre juridique des finances publiques au Cameroun : la loi portant régime financier de l'État », *in L'administration publique camerounaise à l'heure des réformes*, M. Ondoa (dir.), L'Harmattan, 2010

BOKALLI V. E., « La coutume, source de droit au Cameroun », *RGD*, 1997.

BOPDA A., « Génèse, mutation et problèmes urbains de la chefferie "traditionnelle" à Yaoundé (Cameroun » *in* S. Jaglin et A. Dubresson (dir.,), *Pouvoirs et cités d'Afrique noire. Décentralisations en questions*, Khartala, 1993

BOUHADANA I. et GILLES W., « L'*open Government* transfiguration de notions anciennes ou émergence d'un nouveau concept » ?, Revue Lamy droit de l'immatériel, n° 105, juin 2014

BOUMAKANI B., « "La bonne gouvernance et l'État africain, » *in* Droits de l'homme et culture de la Paix, E. Leroy (dir.), Bulletin de liaison, n° 25, LAJP, septembre 2000

BOUVIER M., « Mutations des finances publiques et crise du pouvoir politique ? », *RFFP*, n° 79, LGDJ, 2002

BOUVIER M., (dir.), « Les transformations de la légitimité de l'impôt dans la société contemporaine » *in Réforme des finances publiques, démocratie et bonne gouvernance et bonne gouvernance*, LGDJ, 2004

BOUVIER M., « Autonomie financière des collectivités locales en Europe » intervention au colloque organisé par le FONDAFIP et l'AFIGESE à Paris le 27 juin 2012

BRETON J.-M., « Portée et limites de la réception des modèles exogènes : réflexion sur la socialisation » du système juridique dans l'expérience marxiste congolaise (1963-1991) » *in* D. Darbon et J. du Bois de Gaudusson (dir.), *La création du droit en Afrique*, éditions Karthala, 1997

CABANNES M., « Les politiques économiques face aux problèmes de l'endettement public », La documentation française, « cahiers français », n° 335, 2006

CABANNES X., « La nature juridique des contrats d'emprunt public de l'État : analyse au regard de la politique contemporaine d'émission des titres publics » *in* « Mélanges Paul Amselek », Bruylant, 2005

DE RAVIGNAN A., « L'accès à l'eau, un droit pour tous », *Revue Études*, juillet-août 2013, n° 4191-2

DE SARDAN J-P. O., « Les huit modes de gouvernance locale en Afrique de l'Ouest », *Working paper*, n° 4, 2009

DELALANDE N., « L'économie politique des réformes fiscales. Une analyse historique », *in Réforme fiscale*, G. Allègre et M. Plane, (dir.), OFCE, 2012

DELCAMP A., « Les communes et l'Europe », *Pouvoirs*, n° 95, 2000

DEUMIER P., « La mutation des sources du droit privé et l'introduction à l'étude du droit », *Revue de droit d'Assas*, n° 5, février 2012

DUPRAT J.-P., « La formation et l'évolution du droit financier en Afrique francophone subsaharienne », *in* Dominique Bardon et Jean du Bois de Gaudusson (dir.), *La création du droit en Afrique*, éditions Khartala, 1997

EVLIYAOGLU S. A., « La question de l'État unitaire face aux régionalisations française et italienne », *in Régionalisme italien et régionalisme français. Aspects constitutionnels, administratifs et fiscaux*, A. Lucarelli et Michel Verpeaux (dir.), L'Harmattan, 2012

FOMETEU J., « Nul n'est censé ignorer la… coutume, (chronique d'humeur à propos d'une législation d'un genre particulier) », *Lex lata*, n° 017, août 1995

GALLET B., « Actions extérieures des collectivités », in Les collectivités territoriales France, *Les notices de la documentation française*, 3e édition revue et augmentée, 2005

GILBERT G., « La théorie économique de l'impôt optimal : une introduction », *RFFP*, n° 55, 1996

GILLES W., « La présentation consolidée des finances publiques : quels enjeux ? », *in Réforme des finances publiques, démocratie et bonne gouvernance*, Actes de la 1ère Université de printemps des finances publiques du Groupement Européen de Recherches et Finances Publiques (GERFIP), sous la direction de M. Bouvier, LGDJ, 2004

GILLES W., « Réflexions sur l'autonomie financière des collectivités territoriales au regard des réformes de la fiscalité locale », *Pouvoirs locaux* n° 87 IV, 2010

GILLES W., « Les transformations du droit fiscal à l'ère du numérique », *RIMD*, n° 1, 2011

GILLES W., « Les financements alternatifs des collectivités territoriales », *Revue française d'administration publique*, 2012/4 n° 144, p. 929-941. DOI : 10.3917/rfap.144.0929

GOHIN O. et CABANNES X., « Compétences et ressources des communes », *pouvoirs*, n° 95, 2000

GUIMDO DONGMO B.-R., « La décentralisation dans les pays africains : exemple du processus camerounais », 8ème réunion générale de l'AFERA, 12-15 octobre 2009, Yaoundé, Cameroun, atelier technique du 12 au 13 octobre 2009, thème : « *la gouvernance des FER face aux défis de la décentralisation et de l'intégration régionale en Afrique* »

HERTZOG R., « La loi organique relative aux lois de finances (LOLF) dans l'histoire des grands textes budgétaires : continuité et innovation », *Revue française d'administration publique*, n°117, 2006

HERTZOG R., « La réforme des collectivités territoriales: une ambition financière », *Revue française d'administration publique*, 2012, n° 141, 2012

HERTZOG R., (dir.)., « Politiques économiques et budgétaires : de la coordination à la surveillance », *in La crise financière et budgétaire en Europe. Un moment de vérité pour la construction européenne*, Presses universitaires de Nancy-Éditions universitaires de Lorraine, 2013

HERTZOG R., « À la recherche d'une théorie du système financier public complexe », *in Constitution et Finances publiques*, Economica, 2005

HOORENS D., « Quelques exemples étrangers (autonomie faible/élevée) », *in* M. Hayat et T. Lambert (dir.), *La décentralisation fiscale : jusqu'où* ?, L'Harmattan, « Collection finances publiques », Paris, 2009

LAMBERT T., « Le phénix "impôts locaux" », *in* M. Hayat et T. Lambert (dir.), *La décentralisation fiscale : jusqu'où ?,* L'Harmattan, « Collection finances publiques », Paris, 2009

LAMBERT T., « Réformer la fiscalité locale : une exigence contrariée », *Pouvoirs locaux*, n° 87, 2010

LE MESTRE R., « L'administration territoriale britannique : du *Local Government* à la Local governance », *Revue du droit public et de la science politique en France et à l'étranger*, n° 1, 2011

LEMANGNEN A., « Fédéralisme fiscal : l'Italie à la croisée des chemins ». Voir, Natixis, *Flash Économie*, n° 120, 2013

LEROY E., (dir.), *Retour au foncier*, Bulletin de liaison, n° 26, LAJP, septembre 2001

MALINVAUD P., « La mutation des sources du droit des contrats », *Revue de droit d'Assas*, n° 5, février 2012

MAUROY P., « La coopération intercommunale », *Pouvoirs*, n° 95, 2000

MELONÉ S., « Du bon usage du pluralisme judiciaire en Afrique », *RDC*, série n° 31-32

MESTRUM F., « Repenser le développement : de la pensée "développementaliste" au "postdéveloppement" en Amérique latine », *RIMD*, n° 2, 2011

MINLA J., et NOKO A.R., « L'intercommunalité au Cameroun : état des lieux et perspectives », PADDL/GTZ, en collaboration avec les CVUC et le MINATD, 2010

NACH MBACK C., « La chefferie traditionnelle au Cameroun : ambiguïtés juridiques et dérives politiques », *Africa development*, volume xxv, 2000

OCDE., « Transparence budgétaire – Les meilleures pratiques de l'OCDE », *Revue de l'OCDE sur la gestion financière,* 2002

OYONO D., « Un parcours vital », Yaoundé, Edi'Action, 1996, p. 175 *in* J.-C. Eko'o Akouafane, *La décentralisation administrative au Cameroun*, L'Harmattan, 2009

PEKASSA NDAM G.M., « La classification des communes au Cameroun *», Revue Africaine des Sciences Juridiques*, Volume 6, n° 1, 2009

PHILIP L., « L'autonomie financière des collectivités territoriales », *Cahiers du Conseil constitutionnel,* n° 12, 2002

PILONE C., « L'autonomie financière des collectivités locales et le juge constitutionnel », *La revue du Trésor*, n° 10, octobre 2005

ROBERT F., « Les finances locales », *in* Les collectivités territoriales en France, *Les notices de La documentation française*, 3e édition revue et corrigée, notice n° 17, 2005

ROCHEGUDE A., « Foncier et décentralisation, réconcilier la légalité et la légitimité des pouvoirs domaniaux et fonciers » *in* Bulletin de liaison du LAPJ, n° 26, p. 13-32, septembre 2001

SEGUIN P., « Allocution de clôture », *RFFP*, n° 108, octobre 2009, LGDJ, Lextenso éditions

TRAVAUX DU CENTRE D'ÉTUDES ET DE PRÉVISION DU MINISTÈRE DE L'INTÉRIEUR., « Les régions en Europe entre l'État et les collectivités locales », G. Marcou (dir.), Éditions SIRP, n° 6, 2003

VALETTE A., « L'organisation communale au Cameroun oriental », ORSTOM, *fonds documentaire*, n° 3878, cote B, 25 novembre 1983

VERLUISE P., « La politique d'aide au développement de l'UE en question », *Actualités européennes,* n° 50, février 2012
WOOD E., « *Council Tax Capping in England* », *Research Paper*, 97/89, 16 july 1997

III. AVIS, RAPPORTS, ET DOCUMENTS DIVERS

Avis du Conseil économique et social, séance du 13 juin 2001
Conseil économique et social, « L'avenir de l'autonomie des collectivités locales », Rapport présenté par Pierre Brunel au nom de la section des finances, séance du 13 juin 2001
Conseil de l'Europe, Rapport préparé pour le Comité directeur des autorités locales et régionales (CDLR), « Gestion financière des collectivités locales. Le cas de la France et du Royaume-Uni », Communes et régions d'Europe, n° 50, *Les éditions du Conseil de l'Europe*, 1993
OCDE, « Gouvernance, fiscalité et responsabilité. Enjeux pratiques », lignes directrices et ouvrages de référence du CAD, 2008
OECD, « *Citizen-State relations. Improving governance through tax reform* », 2010
Premier Rapport mondial des Cités et Gouvernements Locaux Unis (CGLU) sur « La décentralisation et la démocratie dans le monde », G. Marcou (dir.), 2008
Rapport annuel du FEICOM, 2012
Rapport annuel du FEICOM 2014
Rapport du Comité pour la réforme des collectivités locales au président de la République, 5 mars 2009, dit Rapport Balladur, « Il est temps de décider », 5 mars 2009
Rapport du Conseil d'analyse économique, « La France et l'aide publique au développement », présenté au premier ministre Dominique de Villepin, le 8 juin 2006
Rapport du secrétaire général, « Appui du système des Nations-unies aux efforts déployés par les gouvernements pour promouvoir et consolider les démocraties nouvelles ou rétablies », document A/50/332, 7 août 1995, 51e session, New-York
Rapport final rendu par Agora Consulting, « Étude sur la dette communale au Cameroun », juin 2013
Rapport de la Banque mondiale, Rapport n° 63369-CM, septembre 2012
Rapport de la Banque africaine de développement, « Cameroun. Profil de gouvernance par pays », septembre 2004
Rapport de la CONAC sur *L'état de la corruption au Cameroun en 2012*, publié en 2013
Rapport supplémentaire du 27 janvier 2010 soumis suite aux 15e-19e Rapports périodiques du Cameroun (CERD/CMR/19), « La situation des droits des peuples autochtones au Cameroun »
Transparency international, Rapport mondial sur la corruption. Thème spécial : l'accès à l'information, Éditions Karthala, 2003
Rapport de l'Observatoire des finances locales, Les Finances des collectivités locales en 2015, septembre 2015
Recueils des discours présidentiels, 21 octobre 1969, discours d'Ahmadou Ahidjo à l'Assemblée nationale fédérale, Paul Bony, Monte-Carlo, 1968-1973

IV. CONTRIBUTIONS, ARTICLES DE PRESSE ET DOCUMENTS DIVERS

BELEBENIE P., « Fiscalité locale : le Cameroun au défi de la décentralisation », *in* quotidien *Mutations* du 23 janvier 2013

BELEBENIE P., « Le titre foncier : un gage de la sécurité à la propriété ? », *in* quotidien *Mutations* du 28 février 2013

BELEBENIE P., « L'insécurité foncière au Cameroun : un plomb dans l'aile de la fiscalité locale ? », *in* quotidien *Mutations*, du 19 septembre 2013

NJIFAKUE I., « Le nguon : une réalité polysémique », *Le journal magazine des grandes journées du peuple Bamoun*, n° 001, décembre 1994

NJOYA R., « les origines tikar du *Nguon* et les hommes du "*Nguon*" », *Le journal magazine des grandes journées du peuple Bamoun*, n° 003, décembre 1998

NOAH AWANA A., le quotidien *Le Messager*, du mardi 4 décembre 2012

THAMAR DZAMA A., « FEICOM : 30 ans déjà » *in Le communal*, n° 11, janvier/février/mars 2007, édition spéciale, 30e anniversaire

- *Cameroon tribune* n° 10080/6281 du lundi 23 avril 2012
- Code d'intervention du FEICOM « Avant-propos du président du conseil d'administration », MARAFA H.Y., 16 novembre 2007
- DSCE, Cameroun, préface du Premier ministre Philémon Yang
- Guide COFACE, 2012
- La Bible, Genèse, chapitre 41, verset 35 à 36 ; chapitre 22, versets 15 à 22 ; chapitre 17, versets 24 à 27
- *La Tribune du citoyen*, n° 40, juin 2009
- *Le Communal*, n° 08, juin-juillet 2006
- *Le Communal*, n° 09, septembre-octobre 2006,
- « Deuxième enquête sur l'emploi et le secteur informel au Cameroun (EESI 2) », phase 1 : enquête sur l'emploi, Rapport principal, octobre 2011
- *Le communal*, n° 20, novembre-décembre 2011
- *Le monde* du vendredi 8 février 2013
- P. Ndam Njoya, *in* émission *CRTV* de la journaliste Céline Ngoumou du 17/02/2013
- *Les Échos* des 6 et 10 mars 2014
- *Les Échos* des 19 et 20 septembre 2014

V. RESSOURCES ELECTRONIQUES ET AUTRES SITES INTERNET CONSULTÉS

A. Ressources électroniques

1. Rapports et mémoires

a) Rapports

Rapport du Groupe de réflexion sur les retards pris dans la réalisation des Objectifs du Millénaire, institué par le secrétaire général de l'ONU, 2012. (disponible sur : http://www.un-ngls.org/spip.php?article4131, consulté le 25 août 2014

Rapport LUTZ G. et LINDER W. sur les « structures traditionnelles dans la gouvernance locale pour le développement local », mai 2004, consultable sur : info.worldbank.org/etools/docs/library/ 136160/tslg/pdf/

Rapport final de l'Étude sur la dette communale au Cameroun, édité et financé par le FEICOM et la Deutsche Geselschaft für Internationale Zuzammerarbeit (GIZ) GmBH, juin 2013.

b) Mémoires

MOUAFO NGATOM S.H., « L'initiative PPTE et la lutte contre la pauvreté au Cameroun : une analyse sociologique », mémoire de DEA de l'Université de Yaoundé 1, 2007, consultable sur : http://www.memoireonline.com/03/07/399/m_initiative-ppte-lutte-contre-pauvrete-au-cameroun4.html, non paginé, consulté le 20 août 2014.

TAGNE KOMMEGNE S. C., « L'imposition des cultures de rente dans le processus de formation de l'État du Cameroun (1884-1914) », Mémoire, DEA de sciences politiques, Université de Yaoundé 2 Soa, 2006, consultable sur : http://www.memoireonline.com/12/09/2981/m_Limposition-des-cultures-de-rente-dans-le-processus-de-formation-de-letat-au-cameroun-1884-1929.html.

2. Articles

BARILARI A., « Le consentement à l'impôt, fragile, mais indispensable aporie », *Regards croisés sur l'économie* 1/ 2007 (n° 1), p. 27-34 URL : www.cairn.info/revue-regards-croises-sur-l-economie-2007-1-page-27.htm. DOI : 10.3917/rce.001.0027

BLUNDO G., « "Je n'ai pas besoin de ticket". Négociation des droits de marché et petite corruption dans les collectivités locales sénégalaises », consultable sur : http://horizon.documentation.ird.fr/exl-doc/pleins_textes/divers08-10/010038405.pdf

BUTCHER L. "*Buses : grants and subsidies*", disponible sur : www.uk/briefing-papers/SN01522.pdf

CHAMBAS G., (dir.), « Afrique au Sud du Sahara : mobiliser des ressources fiscales pour le développement », consultable sur : http://www.diplomatie.gouv.fr/fr/IMG/pdf/afrique_sud_sahara.pdf,

DELEPLACE M.-T., « Espagne. Accroître l'autonomie financière des Communautés autonomes en développant la solidarité entre régions : un équilibre difficile à trouver », Actualité de la veille en gestion publique, consultable sur : http://www.institut.minefi.gouv.fr/sections/recherche_publications/gestionpublique-al_internati/gpr/espagne-_-accroitre-l_autonomi/downloadFile/attachedFile/Reactive-Espagne-03 2010.pdf?nocache=1270547549.3

DESBROSSES A., « La décentralisation au Cameroun : un goût d'inachevé », disponible sur : http://www.wikiterritorial.cnfpt.fr/xwiki/wiki/econnaissances/view/Notions-Cles/LadecentralisationauCamerounungoutdinacheve

ESSONO OVONO A., : « L'autonomie financière des collectivités locales en Afrique noire francophone. Le cas du Cameroun, de la Côte d'Ivoire, du Gabon et du Sénégal ». Disponible sur : http://afrilex.u-bordeaux4.fr/sites/afrilex/IMG/pdf/

FACTSHEET., « Allègement de la dette au titre de l'Initiative en faveur des pays pauvres très endettés (PPTE) », mars 2014, International Monetary Fund, disponible sur : https://www.imf.org/external/np/exr/facts/fre/pdf/hipcf.pdf

GILBERT G., « La fiscalité locale en France : du constat aux marges de manœuvres » disponible sur : http://www.u-picardie.fr/labo/curapp/revues/root/34/guy_gilbert.pdf_4a07ef5f4bdf5/ guy_gilbert.pdf

HIMSWORTH C., "*Local Government in Scotland*", *in* A. McHarg, T. Mullen (eds.), *Public Law in Scotland*, Edinburgh, Avizandum, 2006 ; cité par David R. Martin, *in "Scottish Local Government in Age of Devolution: plus ça change*?", *Hertie school of governance-working papers*, n° 44, November 2009, consultable sur : http://www.hertie-school.org/fileadmin/images/Downloads/working_papers/44.pdf

KOKOU MOTCHO H., « Urbanisation et rôle de la chefferie traditionnelle dans la communauté urbaine de Niamey », *Les Cahiers d'Outre-Mer*, 229 Janvier-Mars 2005, mis en ligne le 13 février 2008, consulté le 14 avril 2014. URL : http://com.revues.org/265 ; DOI : 10.4000/com.265

LEROY M., « Découvrir la sociologie fiscale », *Regards croisés sur l'économie* 1/ 2007 (n° 1), p. 94-100, URL : www.cairn.info/revue-regards-croises-sur-l-economie-2007-1-page-94.htm. DOI : 10.3917/rce.001.0094

MONEBOULOU MINKADA H.M., « Le Tribunal criminel spécial au Cameroun et les grands principes de la justice criminelle : étude comparative sur les lois de 1961 et 2011 », *in Juridical Tribune*, Volume 2, Issue 2, December 2012, p. 140, consultable sur : http://www.tribunajuridica.eu/arhiva/An2v2/art12.pdf

MOYEN G., « L'Exécutif dans le nouveau constitutionnalisme africain » : le cas du Congo, du Bénin et du Togo, *Annales de l'Université Marien Ngouabi*, 2009, consultable sur www.annales-umng.org.

MUTATIONS du 6 octobre 2005., « Comment on a pillé le FEICOM », consultable sur : http://www.cameroon-info.net/stories/0,16872,@,comment-on-a-pille-le-feicom.html

OMBALLA MAGELLAN V., « Les bailleurs de fonds bilatéraux et la conditionnalité démocratique en Afrique noire francophone : le cas de la France et du Canada », Disponible sur : www.francophonie-durable.org/documents/colloque-ouaga-a5-omballa[1].pdf

PETITHOMME M., « L'État espagnol et le financement autonomique.», *Fédéralisme Régionalisme,* Volume 9 : 2009 Numéro 2 — Le fédéralisme sans l'État fédéral disponible sur http://popups.ulg.ac.be/federalisme/document.php?id=831

SCHMITT S., « Droit constitutionnel comparé », « Les garanties constitutionnelles de l'autonomie financière des collectivités territoriales françaises et des régions italiennes », *Revue française de droit constitutionnel* 3/ 2006 (n° 67), 2006 URL : www.cairn.info/revue-francaise-de-droit-constitutionnel-2006-3-page-651.htm. DOI : 10.3917/rfdc.067.0651

TONGO D., « Cameroun : interview de Alfred Bagueka Assobo, directeur général des impôts », *Journal du Cameroun. Com*, consultable sur : http://www.journalducameroun.com/article.php?aid=7939

VIDAL P.-M., « Une modulation de la DGF pour les collectivités vertueuses ?», disponible sur : http://www.acteurspublics.com/2014/12/02/une-modulation-de-la-dgf-pour-les-collectiviteshttp://www.institut-gouvernance.org/fr/analyse/fiche-analyse-288.htmlW -vertueuses

VIELAIUS M., : « L'aide publique au développement et à la « gouvernance ». Quelles approches nouvelles en matière d'allocation de l'aide ? » décembre 2007, non paginé, format html. Disponible sur : http://www.institut-gouvernance.org/fr/analyse/fiche-analyse-288.html

ILHELM L., « Les circuits d'approvisionnement alimentaire des villes et le fonctionnement des marchés en Afrique et à Madagascar », communication présentée au séminaire sous-régional FAO-ISRA sur le thème « Approvisionnement et distribution alimentaire des villes de l'Afrique francophone », Dakar, 14-17 avril 1997, disponible sur : ftp://ftp.fao.org/docrep/fao/003/AB787F/AB787F00.pdf

B. Autres sites internet consultés

http://www.senat.fr/lc/lc221/lc221_mono.html
http://www.dexia-creditlocal.fr/collectivites-locales/expertise/europe-international/Documents/Note%20finances%20publiques%20territoriales%20UE%202010/fin_pub_ue2010.pdf
http://browse.oecdbookshop.org/oecd/pdfs/product/4209042e.pdf,
http://www.elysee.fr/assets/Uploads/La-declaration-conjointe-France-Mexique.pdf
http://internationalbudget.org/wp-content/uploads/2011/06/2010_Full_Report-French.pdf
http://www.banquemondiale.org/fr/country/cameroon/overview
http://www.huitfoisoui.fr/les-objectifs-du-millenaire-pour-le-developpement/
http://www.ccomptes.fr/fr/CPO/Accueil.html
http://www.afritaxes.com/new/?bnid=53&thisid=21
http://afriquepluriel.ruwenzori.net/colonial9.htm
http://www.aisccuf.org/index.php?id=392
http://fr.wikipedia.org/wiki/Taxe_d%27habitation
http://www.lemonde.fr/argent/article/2014/05/15/taxe-d-habitation-qui-la-paie-qui-en-est-exonere_4416712_1657007.html
http://www.ancb-benin.org/IMG/pdf/Microsoft_PowerPoint_-_Situation_des_finances_d_Afrique_cheikhou_DIOP.pdf
http://www.feicom.cm/www/index.php/le-feicom/les-ressources
http://www.dacodoc.fr/summary/?id=75048,
http://www.fondafip.org/c__12_157__Autonomie_financiere_des_collectivites_locales_en_Europe.html
http://www.africaneconomicoutlook.org/fr/thematique/la-mobilisation-de-ressources-publiques-et-laide-en-afrique-2010/
http://www.ccomptes.fr/fr/CPO/Accueil.html,
http://www.impots.cm/uploads/pdf/form/ANNEXE%20IMPRIME%20PAIEMENT%20UNIQUE.pdfhttp://www.impots.cm/uploads,
http://www.aisccuf.org/index.php?id=392
http://www.fec.org.ma/
http://www.fec.org.ma/Articles_Presse/Le_Matin_22.11.11.pdf,
http://www.collectivites-locales.gouv.fr/dotation-globale-fonctionnement-dgf
http://www.collectivites-locales.gouv.fr/principes-generaux-compensation-financiere-des-competences-decentralisees

LISTE DES TABLEAUX

INDEX

A

B

C

D

E

F

G

I

L

O

P

R

S

T

U

ANNEXES

I. Loi n° 74/23 Du 5 Décembre 1974 Portant organisation communale

II. Loi n° 2009/019 du 15 décembre 2009 portant fiscalité locale et les modificatifs subséquents

III. Circulaire conjointe n° 0002335/MINATD/MINFI DU 20 octobre 2010 Précisant les modalités d'application de la loi n° 2009/019 du 15 décembre 2009 portant fiscalité locale

IV. Organigramme de la Direction générale des impôts

REPUBLIQUE DU CAMEROUN

Paix -Travail -Patrie

PAIX-TRAVAIL-PATRIE

Peace - work -fatherland

Loi n° 74-23 du 5 décembre 1974

Portant organisation communale

Modifiée Par la loi n° 77/2 Du 13-7-1977

Modifiée et Complétée Par la loi N°90/057 Du 19/12/90.

Modifiée Par la loi n° 92/003 Du 14/08/92

Modifiée Par La Loi n° 95/... Du 08/08/95

L'Assemblée Nationale a délibéré et adopté ;

Le président de la République promulgue la loi dont la teneur suit :

Titre premier :

Chapitre unique

Dispositions générales

Article premier : La commune est une collectivité publique décentralisée et une personne morale de droit public.

Elle est dotée de la personnalité juridique et de l'autonomie financière.

Elle gère les affaires locales sous la tutelle de l'État en vue du développement économique, social et culturel de ses populations.

Article 2 : La commune est urbaine ou rurale.

La commune urbaine est celle dont le ressort territorial se réduit à une agglomération urbanisée. La commune rurale est celle dont le ressort territorial s'étend à la fois sur des agglomérations urbanisées on non et sur des zones rurales.

Article 3 à 5 : abrogés par la Loi 92/003 du 14.8.92

Article 6 : Les communes peuvent s'associer en syndicats de communes dans les conditions fixées par la présente loi.

Article 7 : Le Président de la République peut décider le regroupement temporaire ou définitif de plusieurs communes.

Au sens de la présente loi, le regroupement définitif des communes est appelé fusion de communes.

Article 8 : l'État assure une tutelle générale sur les communes et syndicats de communes.

Les modalités d'exercice de cette tutelle sont définies par décret.

Article 9 : L'autorité de tutelle a notamment pour mission :

1. De provoquer toutes dispositions d'ordre administratif, économique et social propres à assurer le développement harmonieux des communes.

2. De définir et faire appliquer des méthodes de travail permettant d'accroître le rendement et d'améliorer la qualité des services communaux.

3. De promouvoir la formation et le recyclage du personnel communal.

4. De contrôler le fonctionnement du conseil municipal et de l'administration communale.

Article 10 : L'autorité de tutelle peut créer au sein d'une commune des délégations municipales dont elle fixe les attributions.

Ces délégations municipales n'ont ni l'autonomie financière, ni la personnalité juridique.

Article 11 : En cas de modification des limites territoriales d'une commune, l'actif et le passif des communes concernées sont réglées par acte de l'autorité de tutelle. S'il y a partage, l'autorité de tutelle nomme une commission au sein de laquelle les conseils municipaux intéressés sont obligatoirement représentés.

Titre II

De L'organe Délibérant

Chapitre premier

Formation

Article 12 : abrogé par Loi n° 92/002 du 14.8.1992 (Article 2)

Article 13 : abrogé par Loi n° 92/002 du 14.8.1992 (Article 4)

Article 14 : abrogé par Loi 92/003 du 14.8.92 (Article 14)

Article 15 : La modification des limites territoriales d'une commune peut entraîner, selon l'ampleur de ses conséquences, le renouvellement partiel ou total du conseil municipal.

II en est de même du regroupement temporaire ou de la fusion de plusieurs communes.

Le conseil municipal ainsi élu doit être renouvelé conformément aux dispositions de l'Article 14 ci-dessous.

Article 16 à 22 : Abrogés Loi 92/003 du 14.8.92

Chapitre III

Dissolution, suspension, vacance

Article 23 : Le conseil municipal peut être dissout par décret. En cas d'urgence, il peut être suspendu par acte motivé de l'autorité de tutelle.

La durée de cette suspension ne peut excéder un mois.

Article 24 : En cas de dissolution d'un conseil ou de démission de la majorité de ses membres ou lorsqu'un conseil municipal ne peut être constitué, l'autorité de tutelle désigne une commission spéciale de sept membres dont un président et un vice-président.

La commission ainsi constituée assume les fonctions normalement dévolues au conseil municipal. Ses pouvoirs se limitent cependant aux problèmes urgents, aux actes de simple administration et aux mesures conservatoires.

La commission spéciale ne peut en aucun cas ni engager les finances municipales au-delà des ressources disponibles de la gestion en cours, ni voter le budget, ni approuver les comptes administratifs ou de gestion.

Article 25 : Les pouvoirs de la commission spéciale expirent de plein droit dès la formation du nouveau conseil municipal.

Article 26 : La vacance se produit soit par annulation des opérations électorales d'une commune, soit par dissolution du conseil municipal ou par perte de la majorité de ses membres.

En cas de vacance, il est procédé dans un délai de trois mois à de nouvelles élections.

Article 27 : Les élections partielles ont lieu lorsqu'un conseil a perdu les deux cinquièmes de ses membres. Dans ce cas, les promoteurs de la liste élue aux élections communales générales sont seuls habilités à présenter une liste complémentaire aux élections partielles.

Chapitre IV

Fonctionnement

Article 28 :

Le conseil municipal se réunit normalement en session ordinaire une fois par semestre.

La durée de chaque session ne peut excéder huit jours sauf autorisation de l'autorité de tutelle.

Article 29 : La convocation du conseil municipal est faite par le maire.

Elle indique la date, le lieu, l'heure et l'ordre du jour de la réunion du conseil. Celui-ci ne peut débattre d'un sujet non porté à son ordre du jour que s'il est requis par l'autorité de tutelle.

La convocation est adressée par écrit aux conseillers dix jours avant la réunion. Ce délai peut être abrégé en cas d'urgence.

La convocation est mentionnée au registre des procès-verbaux du conseil et affichée à la mairie.

Article 30 : Le conseil municipal se réunit en session extraordinaire soit sur prescription de l'autorité de tutelle, soit à la demande des deux tiers de ses membres, soit à l'initiative du maire.

Article 31 : La police des réunions est assurée par celui qui les préside.

Article 32 : Les fonctions de secrétaire de séance du conseil municipal sont assurées par le secrétaire de mairie ; en cas d'absence ou d'empêchement de ce dernier, par un agent de la municipalité désigné à cet effet par le maire.

Article 33 : Les séances du conseil municipal sont publiques. Néanmoins, à la demande du tiers des membres présents ou du maire le conseil peut décider de siéger à huit clos.

Article 34 : Le conseil municipal ne peut valablement délibérer que si la moitié de ses membres assiste à la réunion.

Toutefois le conseil peut valablement délibérer si après deux convocations régulièrement faites le quorum n'est pas atteint.

Article 35 : Les délibérations sont prises à la majorité simple des suffrages exprimés sauf dispositions contraires expresses.

Le vote a lieu au scrutin public.

En cas de partage des voix, celle du président est prépondérante.

Article 36 : Un conseiller municipal empêché peut donner à un collègue de son choix le mandat écrit de voter en son nom.

Le conseil municipal peut annuler ce mandat s'il estime que l'absence du mandant n'est pas justifiée.

Aucun conseiller ne peut détenir plus de deux mandats, y compris le sien.

Article 37 : Le vote a lieu au scrutin secret lorsque le tiers au moins des membres présents le demande ou lorsqu'il s'agit de désignations individuelles à des fonctions municipales, ou de destitutions.

En cas de vote au scrutin secret, le partage des voix bénéficie au candidat âgé ou équivaut au rejet de la proposition soumise au vote.

Article 38 : Au cours de la dernière séance, le secrétaire soumet à l'approbation du conseil un relevé écrit des décisions prises au cours de la session. Ce relevé est signé de tous les membres du conseil.

Article 39 : Le secrétaire établit par la suite un procès-verbal sur le déroulement des travaux du conseil.

Le procès-verbal est signé du maire et du secrétaire de séance. II est communiqué aux membres du conseil avant la séance suivante.

Article 40 : Les délibérations peuvent être présentées sous forme d'extraits de procès-verbaux des sessions ; ces extraits sont certifiés conformes et signés par le maire et le secrétaire de séance.

Les délibérations sont conservées par ordre de date dans un registre coté et paraphé par l'autorité de tutelle.

Article 41 : Le conseil municipal peut former en son sein des commissions chargées d'étudier les questions dont il est saisi.

Les commissions se réunissent dans l'intervalle des sessions. Elles sont présidées au cours de leur première séance jusqu'à l'élection de leur président par le maire ou l'un de ses adjoints qui les convoque.

Article 42 : Tout conseiller municipal qui, sans motifs reconnus légitimes par le conseil, n'a pas déféré à trois convocations successives peut être, après avis du conseil municipal, déclaré démissionnaire d'office par l'autorité de tutelle.

Article 43 : Les démissions individuelles sont constatées par acte de l'autorité de tutelle. Elles prennent effet un mois après leur transmission à l'autorité de tutelle.

Les démissions collectives sont irrecevables.

Article 44 : Les employeurs sont tenus de laisser aux salariés de leur entreprise, membres d'un conseil municipal, le temps nécessaire pour leur participation aux travaux du conseil et des commissions constituées par lui.

Le temps passé par les salariés aux différentes séances du conseil municipal et des commissions qui en dépendent peut être récupéré par leur employeur. En tout état de cause, l'absence du travailleur pour sa participation aux travaux du conseil ou des commissions ne peut entraîner la rupture de son contrat de travail, à peine de dommages et intérêts au profit du salarié pour licenciement abusif.

Chapitre V

Attributions

Article 45 : Le conseil municipal délibère sur les affaires de la commune.

II donne son avis lorsqu'il en est requis en vertu de la loi ou à la demande de l'autorité de tutelle.

II émet des vœux et fait des suggestions sur tous les problèmes d'intérêt local.

Article 46 : Relèvent de la compétence du conseil municipal :

- L'élection du maire et de ses adjoints ;
- Le vote du budget communal ;
- L'approbation du compte administratif et du compte de gestion du receveur municipal ;
- Les autorisations spéciales des recettes et des dépenses ;
- La fixation des emprunts et l'acceptation des dons et legs :
- L'autorisation des interventions de la commune dans le domaine économique et social, notamment par voie d'exploitation directe ou par simple participation financière dans les organismes privés ou publics ;
- L'approbation des plans d'urbanisme ;
- L'adoption de la dénomination des rues et places publiques ;
- L'autorisation des acquisitions d'immeubles ;
- L'autorisation de l'établissement, de la suppression des foires ou du changement de leur lieu d'implantation ;
- L'autorisation des aliénations et échanges de propriétés communales.

Article 47 : Dans les quinze jours qui suivent la session du conseil, le maire adresse à l'autorité de tutelle, sous pli recommandé avec accusé de réception, les délibérations prises par le conseil, aux fins d'approbation.

Article 48 : Sont nulles de plein droit :

(1) Les délibérations prises hors du domaine de compétence du conseil ou en dehors de ses sessions régulières ;

(2) Les délibérations prises en violation de la loi ou des règlements.

(3) La nullité de droit est constatée par acte de l'autorité de tutelle. Elle est opposable aux tiers.

Article 49 : Peuvent être annulées les délibérations auxquelles ont pris part en leur nom personnel ou comme mandataires, des membres du conseil intéressés à titre personnel à l'objet de ces délibérations.

Article 50 : L'annulation est prononcée par acte motivé de l'autorité de tutelle dans les deux mois qui suivent la session au cours de laquelle la délibération attaquée a été prise.

Elle intervient à l'initiative de l'autorité de tutelle, soit à la demande de toute personne intéressée ou d'un contribuable de la commune.

Le maire enregistre la demande d'annulation contre récépissé et transmet le dossier avec son avis motivé à l'autorité de tutelle.

L'acte d'annulation peut être attaqué devant la juridiction administrative par toute personne physique ou morale intéressée.

Article 51 : Les fonctions de conseiller municipal sont gratuites. Elles donnent cependant droit au remboursement des frais de déplacement à l'occasion des sessions du conseil ou des réunions de ses commissions.

Les conseillers municipaux ont droit à des frais de session déterminés en fonction de leur assiduité aux séances du conseil ou des commissions.

Les missions hors du territoire national sont soumises à l'autorisation préalable de l'autorité de tutelle.

Les frais de session et de mission sont fixés par acte de l'autorité de tutelle.

Titre III

De L'organe exécutif

Chapitre premier

Le maire et ses adjoints

Section I

Élections du maire et de ses adjoints.

Articles 52 et 53 : abrogés Loi n° 92/003 du 14-8-92

Article 54 : En cas de décès ou de démission du maire, le conseil est convoqué pour élire un nouveau maire dans les soixante jours qui suivent le décès ou la démission. L'intérim est assuré pendant ce temps par les adjoints dans l'ordre de préséance ou à défaut par l'un des cinq conseillers les plus âgés, désigné par l'autorité de tutelle

Article 55 : Le nombre d'adjoints au maire est fixé conformément au tableau suivant :

- Jusqu'à 50.000 habitants. 2 adjoints
- De 50.001 à 200.000 habitants. 3 adjoints
- Au-dessus de 200.000 habitants. 4 adjoints

Nonobstant les dispositions de l'alinéa précédent, le nombre d'adjoints au maire ne peut être inférieur au nombre de délégations municipales crées.

Article 56 : Lorsqu'elle intervient, la démission du maire ou d'un adjoint au maire est déposée auprès de l'autorité administrative locale qui en délivre récépissé et la communique à l'autorité de tutelle.

L'autorité de tutelle peut, en acceptant la démission, exiger que le démissionnaire continue d'exercer ses fonctions jusqu'à l'élection de son successeur. Elle peut aussi, le cas échéant, désigner l'un des cinq conseillers les plus âgés pour assurer l'intérim d'un maire démissionnaire.

Article 57 : En cas d'atteinte à la fortune publique, d'infraction pouvant entraîner une sanction pénale assortie de déchéances, de carence avérée ou de faute lourde dans l'exercice de leurs fonctions, le maire et ses adjoints peuvent être révoqués par décret sans préjudice de sanctions pénales éventuelles.

En cas d'inertie persistante, de négligences graves et répétées dans l'exercice de leurs fonctions, ils peuvent, collectivement ou individuellement, être destitués par l'autorité de tutelle.

La séance de destitution est présidée par l'un des cinq conseillers municipaux les plus âgés choisi par ses pairs. Le vote est acquis à la majorité absolue des membres présents.

Section II

Abrogée par la loi n° 92/003 du 14-8-92

Articles 58 et 59 : abrogés par la loi n° 92/003 du 14- 08- 92

Chapitre II

Attributions du maire

Article 60 : Le maire représente la commune dans les actes de la vie publique.

II préside de droit le conseil municipal. Pendant les séances qu'il préside effectivement, il assure la police des réunions et peut à ce titre expulser de la salle des délibérations ou faire arrêter tout individu qui trouble l'ordre public.

Article 61 : Le maire est officier d'état civil. À ce titre il célèbre les mariages, enregistre et authentifie les naissances et les décès. II en délivre les extraits.

Article 62 : Le maire est chargé, sous le contrôle de l'autorité de tutelle et des organismes compétents de l'État :

(1) De préparer et proposer au conseil le budget communal ;

(2) D'ordonner les dépenses ;

(3) De gérer les revenus communaux ;

(4) De diriger les travaux communaux ;

(5) De pourvoir aux mesures de voirie municipale ;

(6) D'établir chaque année, en liaison avec le représentant local des travaux publics, un plan de campagne pour les travaux de voirie d'intérêt municipal. Ce plan est soumis à l'approbation de l'autorité de tutelle après avis du conseil municipal ;

(7) De passer les marchés, souscrire les baux et réaliser les adjudications des travaux communaux dans les formes légalement établies ;

(8) De passer dans les mêmes formes et au nom de la commune les actes de vente, échange, partage, acceptation de dons et legs, acquisitions, transactions, lorsque ces actes ont été autorisés conformément aux dispositions légales en vigueur ;

(9) De conserver et d'administrer les propriétés de la commune et de passer à cet effet tous actes conservatoires ;

(10) D'administrer le personnel communal ;

(11) De représenter la commune en justice ;

(12) Et d'une façon générale exécuter les décisions du conseil municipal et de lui rendre compte.

Article 63 : Le maire peut, sous sa surveillance et sa responsabilité, confier une partie de ses attributions à un ou à plusieurs de ses adjoints ;

En cas de création d'une délégation municipale, des pouvoirs déterminés peuvent être donnés à un adjoint par acte de l'autorité de tutelle.

Article 64 : Lorsque les intérêts personnels du maire sont en opposition avec ceux de la commune, l'autorité de tutelle dûment informée désigne pour la défense des intérêts de la commune, l'adjoint ou, le cas échéant, le conseiller municipal le plus apte à préserver les intérêts communaux.

Article 65 : Le maire nomme aux divers emplois communaux. Toutefois les secrétaires généraux de mairie sont nommés par l'autorité de tutelle.

II recrute, gère et licencie le personnel communal sous le contrôle de l'autorité de tutelle.

Article 66 : Le maire est chargé en outre :

(1) De publier à nouveau, en cas de besoin, les lois et règlements de police et d'amener les populations à les observer ;

(2) De veiller à l'application générale des lois et règlements dans la commune ;

(3) De veiller à ce qu'une sépulture convenable soit donnée à toute personne décédée dans sa commune ;

(4) D'exécuter les instructions gouvernementales ou de prendre les mesures permettant de leur donner application dans sa commune.

Article 67 : Les actes du maire sont communiqués à l'autorité de tutelle sous plis recommandés.

Ils sont exécutoires après visa de cette autorité et après publication notamment par voie d'affichage.

Article 68 : Nonobstant les dispositions qui précèdent, les arrêtés municipaux portant règlement temporaire sont immédiatement exécutoires.

L'autorité de tutelle peut cependant les annuler en cas d'abus ou de violation de la loi ou des règlements.

Les décisions individuelles ne sont exécutoires qu'après notification.

Article 69 : L'autorité administrative peut suspendre l'exécution d'un acte pris par le maire en violation manifeste des lois et règlements en vigueur ; mais elle ne peut en modifier d'office les dispositions.

Article 70 : Les actes du maire sont portés à la connaissance des intéressés par voie de publication et d'affichage lorsqu'il s'agit de texte de portée générale et par voie de notification individuelle dans le cas contraire.

La notification est établie par le récépissé de la partie intéressée ou, à défaut, par l'original émargé de la notification conservée dans les archives de la mairie.

Les actes de publication et de notification sont conservés dans un registre spécial coté et paraphé par l'autorité de tutelle et tenu à la mairie.

Article 71 : Le maire est chargé de la police municipale et de l'exécution des actes y relatifs.

Cette police a pour objet d'assurer, en relation avec les autorités administratives compétentes, l'ordre, la tranquillité et la salubrité publique. Elle comprend notamment :

(1) La garantie de sécurité et de commodité de passage dans les rues, quais, places et voies publiques communaux par le nettoyage, l'éclairage, l'enlèvement des encombrements, la réparation des immeubles publics communaux menaçant ruine ;

(2) La prévention des atteintes à la tranquillité publique, telles que les rixes et disputes dans les rues, les attroupements, bruits et rassemblements nocturnes ;

(3) Les mesures pratiques de maintien de l'ordre dans les foires, marchés, lieux de réjouissances et de cérémonies publiques, spectacles, jeux, cafés et autres lieux publics ;

(4) Les mesures de lutte contre l'incendie et contre la divagation des animaux ;

(5) L'exécution de toutes mesures d'hygiène et de salubrité publiques, notamment la lutte contre les taudis, l'établissement et la réparation des fontaines, conduites d'eau, égouts, latrines... ;

(6) Les mesures destinées à la sauvegarde de la morale et de la décence publiques ;

(7) En général, l'ensemble des mesures tendant à l'embellissement des agglomérations de la commune.

Article 72 : Le maire peut, après une mise en demeure restée sans suite pendant deux mois, faire démolir tout immeuble bâti en infraction au plan d'urbanisme ou menaçant ruine ;

La démolition peut être immédiate :

- S'il y a risque d'effondrement ;
- Si le propriétaire fautif n'a pas obtenu au préalable un permis de bâtir régulier. Les frais de démolition sont à la charge du propriétaire de l'immeuble démoli.

Article 73 :

Le maire assure la police des voies communales.

À ce titre il délivre les permis d'occupation temporaire des rues et places publiques ou de dépôt temporaire de matériaux sur les voies communales, les rivières, ports, quais fluviaux et autres places publiques communales compte tenu des nécessités d'utilisation de ces lieux par le public.

II délivre également les autorisations de bâtir et d'alignement et toutes permissions de voirie, notamment l'établissement de canalisations dans la voie publique.

Les actes du maire peuvent faire l'objet d'un recours gracieux auprès de leur auteur. En cas d'insuccès, ils sont soumis à l'appréciation de l'autorité de tutelle ; les délais du recours contentieux ne courent qu'à partir de la date de la saisine de cette autorité.

Article 74 : Pour l'application des mesures de police prises en vertu de la présente loi, le maire peut faire requérir l'intervention des forces de police ou de gendarmerie.

Article 75 : Les pouvoirs de police municipale conférés au maire ne font pas obstacle aux pouvoirs de police générale des autorités administratives compétentes.

Article 76 : Le maire conduit le conseil dans les manifestations publiques telles que les cérémonies officielles.

Les adjoints prennent rang dans l'ordre de préséance.

Les conseillers prennent rang selon l'ordre des dates de première élection ou pour les élus de même date, selon l'ordre de présentation des candidatures.

Article 77 : Dans les circonstances solennelles de l'exercice de ses fonctions, le maire et ses adjoints portent en bandoulière une écharpe aux couleurs nationales dont les caractéristiques sont déterminées par acte de l'autorité de tutelle. Les conseillers municipaux portent un insigne distinctif déterminé dans les mêmes conditions.

Ces écharpes et insignes sont acquis sur les fonds du budget communal.

Article 78 : Le maire a droit à une indemnité de fonction et à une indemnité de représentation.

Les adjoints ne peuvent prétendre qu'à une indemnité de fonction. Toutefois, un adjoint qui assure l'intérim du maire pour une durée supérieure à deux mois peut prétendre à une indemnité de représentation égale à l'indemnité de fonction du maire.

Le montant des indemnités de fonction et de représentation, les taux des frais de session, de mission et tous autres avantages au profit des magistrats municipaux sont fixés par acte de l'autorité de tutelle sur proposition du conseil municipal.

Titre IV

Moyens d'action de la commune

Chapitre premier

Domaine communal

Article 79 : La commune dispose d'un domaine public et d'un domaine privé dont la gestion lui incombe.

Le domaine public communal comprend :

(1) Les rues, les places et jardins publics, les marchés, les halls, les cimetières, les voies de communication d'intérêt local, à l'exception de celles de grandes voiries placées sous gestion de l'État ;

(2) Les bibliothèques, musées et monuments de la commune et ceux qui lui sont donnés en cession ou en gérance.

Le domaine public est géré conformément aux textes régissant le domaine public en général.

Article 80 : Font partie du domaine privé communal :

- Les biens et droits immobiliers acquis par les voies de droit privé ;
- Les biens et droits immobiliers provenant du domaine privé dé l'État et transférés au domaine privé de la commune ;
- Tous autres biens et droits immobiliers acquis dans les conditions fixées par la législation foncière en vigueur.

Article 81 : Les dispositions légales concernant la conservation et la police du domaine privé de l'État sont applicables au domaine privé communal.

Chapitre II

Dons et legs

Article 82 : Les délibérations du conseil municipal ayant pour objet l'acceptation de dons et legs, sont rendues exécutoires par acte de l'autorité de tutelle.

Article 83 : L'autorité de tutelle peut, par acte motivé, inviter le conseil municipal à revenir sur une première délibération.

Article 84 : En cas d'opposition d'héritiers prétendant à la succession, le conseil municipal ne peut se prononcer qu'après l'intervention d'une décision de justice passée en force de chose jugée.

Article 85 : Le maire peut, à titre conservatoire, accepter les dons et legs ou former toute demande en délivrance en attendant la décision du conseil.

Chapitre III

Budget communal

Section I

Généralités

Article 86 : Le budget communal est l'acte par lequel sont annuellement prévues et autorisées les recettes et les dépenses de la commune. Il est établi en un document unique pour un exercice budgétaire donné.

Article 87 : Le budget communal est dressé en deux parties ; la première est consacrée aux recettes, la deuxième aux dépenses.

Les dépenses se subdivisent en dépenses de fonctionnement et en dépenses d'investissement. Elles comportent des dépenses obligatoires et des dépenses facultatives.

Article 88 : Le budget de la commune se présente en titres, chapitres, Article s et paragraphes dans les formes fixées par la réglementation en vigueur. La contexture générale du budget communal est fixée par voie réglementaire.

Article 89 : Loi n° 90/057 du 19.12.90.

(1) L'exercice budgétaire est annuel. II s'ouvre et se clôt avec l'année budgétaire de l'État. Toutefois, un délai supplémentaire de trois (3) mois est accordé aux communes pour le règlement des opérations de clôture d'exercice.

(2) Sur délibération du Conseil Municipal et sous réserve des dispositions de l'Article 90 ci- dessous, l'autorité de tutelle peut autoriser l'ouverture :

- des comptes hors budget pour la gestion de crédits disponibles à la fin de l'exercice et destinés au financement de travaux d'équipement en cours d'exécution ;
- de comptes bancaires pour la gestion des fonds provenant des organismes de crédit et destinés au financement de projets spécifiques.

(3) Dans tous les cas, la Commune doit tenir une comptabilité séparée pour retracer toutes les opérations de recettes et de dépenses effectuées sur lesdits comptes pour l'exploitation des projets concernés.

Article 90 : Loi n° 90/057 du 19.12.90

(1) Les deniers communaux sont des deniers publics.

(2) L'ensemble de la comptabilité des Communes est tenu à la disposition des organismes de contrôle de l'État.

Article 91 : Loi 95/...du 8 Août 1995

(1) II est crée un fonds spécial d'équipement et d'intervention intercommunale destiné à l'entraide entre les communes et aux travaux d'investissement communaux ou intercommunaux.

(2) Le fonds spécial d'équipement et d'intervention intercommunale est alimenté par :

- les ristournes en totalité ou en partie ;
- les subventions de l'État ;
- toutes autres ressources qui lui sont affectées ;
- une fraction du produit des contributions des patentes et licences et de la taxe sur le bétail.

(3) Ce fonds supporte, en outre, les frais d'assiette et les charges de recouvrement pour les recettes fiscales dont la commune perçoit la totalité.

(4) Les modalités de fonctionnement et de gestion du fonds spécial d'équipement et d'intervention intercommunale sont fixées par décret.

Section II

Recettes

Article 92 : Les recettes de la commune comprennent :

- le produit des recettes fiscales ;
- le produit de l'exploitation du domaine et des services communaux ;

- les ristournes, redevances et amendes de police accordées par l'État ;
- les recettes diverses et accidentelles.

1°) Recettes fiscales

Article 93 : Loi 95/... du 8/8/95

Les recettes fiscales comprennent :

- le produit de l'impôt libératoire ;
- le produit de la taxe sur le bétail ;
- le produit de la taxe sur les armes à feu ;
- le produit des centimes additionnels ;
- le produit des taxes communales directes et indirectes ;
- le produit des droits de mutation à titre onéreux ;
- une partie du produit de la redevance forestière ;
- la taxe d'assainissement ;
- le produit des contributions des patentes et licence ;
- le produit de la taxe sur les certifications d'immatriculation des véhicules et engins à moteur.

Article 94 : Loi 95/... du 8/8/95

(1) Le produit de l'impôt libératoire, des contributions des patentes et licences, des taxes sur le bétail et sur les armes à feu est reversé en totalité aux communes.

Celui des droits de mutation à titre onéreux est reversé pour moitié à la commune du lieu de situation de l'immeuble.

(2) Les taux et l'assiette des impôts, contributions et taxes prévus au (1) ci-dessus sont déterminés par le Code général des Impôts et celui de l'Enregistrement, du Timbre et de la Curatelle.

Article 95 : Loi 95/... du 8/8/95

(1) Les centimes additionnels perçus sur le territoire de la commune sont crées par délibération du Conseil municipal dans les limites fixées par la législation fiscale,

(2) Le produit des centimes additionnels provient notamment :

- de l'impôt sur le revenu des personnes physiques ;
- de l'impôt sur les sociétés ;
- de la taxe sur la propriété foncière ;
- des taxes sur les jeux ;
- de la taxe sur le chiffre d'affaires".

Article 96 : Le conseil municipal peut instituer des taxes dont le produit est recouvré en même temps que les impôts perçus sur rôle. Ces taxes sont dites " taxes communales directes".

Elles se présentent sous forme de redevances forfaitaires annuelles, exigibles des habitants d'une agglomération. Elles comprennent notamment :

(1) La taxe d'eau qui peut être perçue dans les agglomérations où existent des fontaines ou des points d'eau communs et dans les agglomérations où la commune supporte les frais d'adduction d'eau.

(2) La taxe d'éclairage qui peut être perçue dans les agglomérations où la commune supporte les frais d'éclairage des rues et autres lieux publics où lorsqu'elle doit entreprendre des travaux pour l'éclairage de tels lieux.

(3) La taxe d'enlèvement des ordures ménagères ;

(4) La taxe de fonctionnement des ambulances municipales ;

(5) La taxe d'électrification qui peut être perçue lorsque la commune produit l'électricité utilisée dans l'agglomération.

Article 97 : L'établissement des taxes communales directes, ainsi que toute modification de leurs tarifs sont approuvés par l'autorité de tutelle.

L'établissement des rôles de ces taxes, le recouvrement de leur produit, la présentation, l'instruction et le jugement des réclamations suivent les procédures applicables en matière de contributions directes.

Article 98 : Loi 95/... du 8/8/95

(1) Le conseil municipal peut voter au profit du budget communal des droits et taxes dont les taux maxima et les modalités de recouvrement sont fixés par décret.

(2) Ces taxes, dites "taxes communales indirectes", comprennent notamment :

- la taxe d'abattage ;
- la taxe d'inspection sanitaire ;
- les droits de fourrière :
- les droits de place sur les marchés ;
- les droits sur les permis de bâtir ;
- les droits d'occupation temporaire de la voie publique ;
- les droits d'occupation des parcs de stationnement ;
- la taxe de stationnement ;
- la taxe sur les spectacles ;
- les droits de stade ;
- la taxe sur la publicité ;
- la taxe sur les lots urbains non mis en valeur ;
- les droits de timbre ;
- les redevances pour dégradation de chaussée ;
- la taxe de transhumance ;
- la taxe de transit ;
- la taxe douanière municipale ;

Article 99 : La taxe d'abattage est due par le boucher pour le bétail tué dans les abattoirs aménagés ou gérés par la commune. En contre partie la commune assure :

- La fourniture des locaux du gros outillage nécessaire à l'abattage et au lavage des abats et issues ;
- La fourniture de l'eau et éventuellement de l'électricité ;
- L'entretien et la désinfection générale des locaux.

Article 100 : La taxe d'inspection sanitaire est perçue par la commune au titre du contrôle exercé par les services vétérinaires sur le bétail, les viandes et les conserves d'origine animale destinées à la consommation du public. Elle est payée par les bouchers ou propriétaires de ces denrées et bétail.

Article 101 : Les animaux en divagation, les véhicules et tous objets trouvés sans gardien ou placés en infraction à la réglementation de voirie peuvent être saisie et mis en fourrière d'où ils ne peuvent être retirés que moyennant le paiement des droits de fourrière

La commune peut disposer des animaux, véhicules ou objets non réclamés à temps dans les conditions qui sont fixées par décret.

Article 102 : Les droits de place sur les marchés sont perçus auprès des commerçants et des vendeurs occasionnels qui occupent une place dans un marché municipal.

Pour la fixation des taux de ces droits, il est tenu compte des disparités des niveaux de vie, de la spécialisation des marchés concernés et de la situation des grands centres d'approvisionnement.

Les droits de place sur les marchés sont identiques pour tous les marchands, qu'ils soient domiciliés ou non dans la localité, la différence éventuelle des taux ne devant provenir que de la superficie occupée.

Le conseil municipal établit les tarifs de location des boutiques en stands construits de façon durable sur les marchés. L'attribution de ces boutiques ou stands peut être effectuée soit par adjudication, soit de gré à gré.

Article 103 : Les droits sur les permis de bâtir sont perçus sur les constructions élevées au chef-lieu de la commune ou dans les agglomérations ayant fait l'objet d'un plan d'occupation des sols.

Ils concernent :

- Les constructions en matériaux provisoires ;
- Les constructions en matériaux définitifs à usage d'habitation personnel non locatif, ou à usage locatif, commercial, artisanal et industriel.

Les conditions d'application des droits sur les permis de bâtir pour les constructions en matériaux provisoires seront déterminés par voie réglementaire.

Article 104 : Les taux maxima des droits de permis de bâtir prévus à l'article précédent s'appliquent aussi bien aux aménagements importants qu'aux constructions nouvelles. Le montant des droits est établi sur la base d'un devis estimatif.

Toute exécution de travaux sans paiement préalable des droits rend le constructeur passible d'une amende infligée par le maire et dont le montant est au moins égal au montant des droits dus.

L'amende est payée au profit de la commune. Elle ne dispense pas le coupable du paiement des droits sur le permis de bâtir.

Article 105 : La commune peut percevoir les droits d'occupation de la voie publique par des étalages ou par des dépôts de matériaux notamment le sable, la pierre, le bois.

Sauf cas de force majeure, toute occupation irrégulière de la voie publique ou tout dépôt de matériaux effectué sans l'autorisation de la municipalité peut donner lieu à la perception d'une taxe égale au double des droits dus.

Article 106 : Le conseil municipal peut voter des droits pour l'occupation des parcs de stationnement aménagés par la municipalité.

Ces droits sont payables trimestriellement et d'avance dans la commune où le transporteur est domicilié. Le domicile est déterminé parle titre de patente, l'autorisation de transport et la carte grise du véhicule.

Les stationnements dans les parcs municipaux sont réglementés par acte du maire.

Article 107 : La taxe de stationnement est due par les exploitants des véhicules destinés aux transports publics urbains.

La commune doit, en contrepartie du paiement de cette taxe, aménager des emplacements appropriés notamment aux points de rassemblement de personnes, tels que des gares, bureaux, usines et marchés.

Article 108 : Les spectacles, bals et autres réjouissances organisés, soit habituellement, soit occasionnellement dans un but lucratif sont soumis à une taxe sur le spectacle.

Cette taxe s'applique notamment aux représentations cinématographiques, aux théâtres, aux concerts, aux exhibitions sportives, aux bals organisés de façon occasionnelle, aux dancings, aux cabarets, aux cafés, aux supers-concerts, casino, salles de jeux, quack-bars.

Peuvent être exemptées de la taxe sur les spectacles les représentations données dans un but de bienfaisance ou religieux.

Article 109 : La commune bénéficie, au moyen des droits de stade, d'une partie des fonds recueillis sur les stades de son territoire à l'occasion des manifestations sportives ou de réjouissances populaires lorsque l'accès des stades n'est pas gratuit.

Article 110 : La taxe sur la publicité est perçue sur les affiches et panneaux réclamés, les calicots, les enseignes lumineuses, les véhicules publicitaires avec ou sans diffuseurs et les sonorisations des établissements dans un but lucratif.

Article 111 : La commune peut prélever des droits sur les lots urbains non mis en valeur dans les agglomérations de son territoire lorsque celles-ci sont dotées d'un plan d'occupation du sol.

Les lots urbains non viabilisés sont exempts de ces droits.

Les modalités d'application des droits sur les lots urbains non mis en valeur sont déterminés par voie réglementaire.

Article 112 : Le conseil municipal peut voter au profit du budget communal des droits de timbre dont les taux sont fixés par la loi fiscale.

Article 113 : La redevance pour la dégradation de chaussée est due par les utilisateurs d'engins non munis de pneumatiques ou d'un poids tel que leur circulation détériore la chaussée, mais qui ont obtenu au préalable une autorisation régulière de circulation. Elle est aussi perçue sur les terrassements et ouvertures de canalisation sur les voies et places publiques.

L'exécution de canalisations ou de terrassements et la circulation des engins visés au présent Article exposent leurs auteurs à des sanctions pénales si ceux-ci n'ont pas obtenu au préalable une autorisation municipale.

Article 114 : Le conseil municipal peut instituer au profit du budget communal une taxe dite de transhumance, assise sur les troupeaux en provenance des États limitrophes et venant paître temporairement sur les pâturages situés sur son territoire.

La taxe est perçue en une seule fois, à l'entrée du bétail sur le territoire de la commune. Elle ne s'applique pas aux bêtes âgées de moins de six mois.

Article 115 : La taxe de transit est perçue au profit des communes sur le bétail en provenance d'un État limitrophe, se rendant dans un État autre que celui d'origine.

Si les troupeaux en transit séjournent plus de quinze jours sur le territoire d'une même commune, ils sont, sauf cas de force majeure, réputés y être en transhumance à compter du seizième jour.

Le produit de la taxe de transit est versé en totalité au fonds spécial d'équipement et d'intervention intercommunale prévu à l'Article 91 de la présente loi.

Les modalités de recouvrement et les taux de cette taxe sont déterminés par voie réglementaire.

Article 116 : La commune où fonctionne un bureau de douanes bénéficie d'une taxe dite "taxe douanière municipale".

La taxe douanière municipale est liquidée par les services des douanes. Elle est acquittée par les importateurs et les exportateurs. Les envois postaux en sont exonérés.

Article 117 : Dans le recouvrement des taxes communales indirectes, les réclamations sont présentées, instruites et jugées selon les procédures utilisées en matière de contributions indirectes.

Article 118 : Les taux maxima et les modalités de fixation des différentes taxes communales sont fixés par voie réglementaire.

2° Produit de l'exploitation du domaine et des services communaux

Article 119 : Le produit de l'exploitation du domaine et des services communaux comprend notamment le revenu du domaine public, le revenu du domaine privé mobilier et immobilier et tous autres revenus communaux éventuels.

3° Ristournes consenties par l'État.

Article 120 : Loi 77/2 du 13.7.1977 Les communes reçoivent de l'État :

- Une subvention prélevée sur les caisses de stabilisation des prix des produits d'exploitation :
- Une ristourne sur la vente des terrains domaniaux
- Une redevance territoriale sur l'exploitation forestière.

Le montant de la subvention est fixé annuellement par le Président de la République.

Le taux de la ristourne sur la vente des terrains domaniaux et la redevance territoriale sur l'exploitation forestière sont fixés par la loi des finances.

Article 121 : Loi 77/2 du 13.7.1977

Les ristournes sur la vente des terrains domaniaux sont perçues au niveau des receveurs municipaux qui tiennent à cet effet une comptabilité distincte.

Une fraction des ristournes peut être versée au Fonds spécial d'équipement et d'intervention intercommunale.

La subvention prélevée sur les caisses de stabilisation et les redevances sur les exploitations forestières sont versée en totalité au même fonds.

Article 122 : Les ristournes sur le produit de la vente de terrains domaniaux situés à l'intérieur des limites du territoire communal ne sont consenties que pour les terrains lotis ou viabilisés par la municipalité.

4° Recettes diverses et accidentelles.

Article 123 : Le budget communal peut enregistrer des recettes dites "recettes diverses et accidentelles" provenant notamment des emprunts, subventions et avances allouées par l'État ou tout autre organisme public, des participations et avances de sources privées, des dons et legs.

II enregistre également le produit des amendes de simple police qui sanctionnent les infractions aux arrêtés municipaux et à la réglementation de la circulation routière, ainsi qu'une partie des amendes prononcées par les juridictions répressives pour les délits de contraventions commis sur le territoire de la commune.

Article 124 : L'État peut consentir aux communes en cas d'insuffisance momentanée de leurs moyens de trésorerie et sur leur demande, des avances imputables sur les ressources du Trésor public.

Les conditions et les limites dans lesquelles ces avances sont accordées, seront déterminées par voie réglementaire.

Article 125 : Les recettes communales sont perçues par les receveurs municipaux et imputées directement au budget communal sous réserve des dispositions de l'article 91 de la présente loi.

Le recouvrement des recettes municipales pour lesquelles les lois et règlements en vigueur n'ont pas prescrit de modalité spéciale s'effectue sur état dressé par le maire.

Section III

Dépenses communales

Article 126 : Les dépenses du budget communal se répartissent en deux groupes :

a) Les dépenses obligatoires qui figurent nécessairement au budget parce qu'elles sont imposées par la loi ou parce qu'elles sont nécessaires au fonctionnement d'un service public communal ;

b) Les dépenses facultatives qui peuvent en être momentanément ou définitivement exclues lorsque les moyens financiers de la commune s'avèrent insuffisants.

Article 127 : Les dépenses obligatoires doivent faire l'objet d'une prévision de crédits suffisants avant l'inscription des dépenses facultatives. Ces dernières sont d'office réduites ou supprimées par l'autorité de tutelle si nécessaire.

Article 128 : Sont obligatoires dans les conditions définies par la présente loi :

- Les dépenses de personnel ;
- Les dépenses relatives au fonctionnement des services municipaux ;
- L'acquittement des dettes et le remboursement des emprunts souscrits par la commune ;
- Les dépenses d'investissement ;
- Les contributions et participations de la commune aux dépenses d'intérêt social ou économique ;
- La contribution au budget du syndicat des communes.

Section IV

Vote et approbation du budget communal

Article 129 : Le budget communal, préparé par le maire est voté par le conseil municipal au plus tard le 15 mars de chaque année ;

Il est soumis pour approbation à l'autorité de tutelle dans les conditions fixées par décret.

Les autorisations spéciales de recettes et de dépenses sont délibérées et approuvées dans les mêmes formes que le budget.

Le budget est définitivement approuvé dans un délai maximum de trois mois c'est-à-dire au plus tard le 15 juin de chaque année.

Article 130 : Les virements de crédits de chapitre à chapitre ou d'Article à Article font l'objet d'une délibération du conseil municipal approuvé par l'autorité de tutelle.

Les virements de crédits de paragraphe à paragraphe d'un même Article font l'objet d'un arrêté municipal approuvé par l'autorité de tutelle.

Article 131 : Les virements de crédits du budget d'investissement au budget de fonctionnement sont interdits.

Article 132 : Les délibérations portant modification du tarif des taxes et redevances municipales perçues par les communes et les dispositions régissant l'assiette, le contentieux et le recouvrement des dites taxes sont approuvés par l'autorité de tutelle.

Article 133 : Lorsque le conseil municipal n'est pas convoqué pour voter le budget dans les délais fixés par la présente loi, l'autorité de tutelle en prescrit la convocation à cette fin. Si le conseil ne se réunit pas ou ne vote pas le budget à la date limite prévue par la loi, l'autorité de tutelle établit d'office ce budget.

Article 134 : Lorsque le budget d'une commune n'a pas été voté en équilibre par le conseil municipal, l'autorité de tutelle le redresse après consultation du maire. Le conseil en est informé à sa session la plus proche.

Article 135 : S'il ressort du compte administratif du maire que l'exécution du dernier budget d'une commune s'est soldée par un déficit, les ressources du budget suivant doivent être consacrées en priorité à la couverture de ce déficit.

Lorsque les dispositions prises par la commune en application de l'alinéa précédent lui paraissent insuffisantes ou que le conseil municipal ne s'est pas prononcé, l'autorité de tutelle réaménage d'office le budget.

Article 136 : L'autorité qui approuve le budget d'une commune peut supprimer ou réduire les dépenses pour cause d'irrégularité, mais elle ne peut ni les augmenter, ni en inscrire de nouvelles qu'autant qu'elles sont obligatoires.

Article 137 : Si le budget d'une commune n'est pas définitivement approuvé avant le commencement de l'exercice budgétaire, les recettes et les dépenses ordinaires portées au dernier budget peuvent être reconduites sous forme de douzièmes provisoires par acte de l'autorité de tutelle.

Section V :

Exécution du budget communal

Article 138 : Le maire est l'ordonnateur du budget de la commune. Il ne peut engager une dépense qu'après s'être assuré :

- qu'elle correspond à une inscription régulière au budget ;
- que son montant n'excède pas le crédit voté ;
- qu'elle peut être couverte par les fonds effectivement disponibles ;
- que le service a été rendu ou la fourniture faite ;
- que les pièces justificatives sont régulières ;

- que les formalités requises par les lois et règlements ont été préalablement accomplies.

Article 139 : Dans chaque commune, le maire tient :

- Un livre- journal des mandats et un livre journal des titres de recettes établis ;
- Un grand livre récapitulatif développant, par chapitre et par Article budgétaires, les émissions de mandats et un grand livre récapitulatif développant les ordres de recettes ;
- Un livre ou un fichier à souches des bons de commandes de travaux ou de fournitures.

Article 140 : Le maire délivre les mandats.

Lorsqu'il s'abstient d'ordonnancer une dépense régulièrement autorisée et liquidée, l'autorité de tutelle le met en demeure de procéder au mandatement de la somme due dans un délai de quinze jours.

Passé ce délai, elle prononce l'ordonnancement par acte motivé. Cet acte tient lieu d'autorisation de paiement et de pièce justificative du mandat que signe alors l'autorité de tutelle au lieu et place du maire défaillant.

Article 141 : Dès la clôture de la gestion, le compte administratif du maire est présenté au conseil municipal en même temps que le compte de gestion du receveur municipal. Ces deux comptes doivent être approuvés par le conseil au plus tard le 30 décembre de chaque année.

Article 142 : Les budgets communaux et les comptes administratifs sont déposés à la mairie où ils peuvent être consultés sur place par le public.

Section VI :

Comptabilité matières

Article 143 : Le maire est ordonnateur des matières de la commune.

Sous réserve des adaptations particulières en matière communale, les règles de la comptabilité matières de l'État sont applicables à la comptabilité des matières de la commune.

Chapitre IV

Adjudications et marchés

Article 144 : Les marchés des travaux, transports et fournitures des communes sont passés dans les mêmes conditions que ceux de l'État.

Les constructions nouvelles et les reconstructions de la commune font l'objet d'un plan et d'un devis visé par les services techniques compétents de la commune ou de l'État.

Article 145 : Les marchés conclus par la commune sont approuvés par l'autorité de tutelle après visa des commissions compétentes.

Les commissions des marchés sont compétentes à l'égard des adjudications et marchés des communes dans les mêmes conditions que pour les adjudications et marchés de l'État.

Article 146 : Les concessions des services publics municipaux et les contrats d'une durée supérieure à cinq ans sont approuvés par l'autorité de tutelle.

Chapitre V

Le receveur municipal

Article 147 : Les recettes et les dépenses communales sont effectuées par les receveurs municipaux. À défaut de receveur municipal, ses fonctions sont de droit remplies par le comptable du Trésor le plus proche du siège de la municipalité.

Article 148 : Le receveur municipal est responsable du recouvrement des recettes et du règlement des dépenses de la commune ; il poursuit les rentrées des revenus et des sommes dues à la commune ; il assure l'acquittement des dépenses ordonnancées par le maire dans les limites des disponibilités financières de la commune.

Article 149 : Toute personne autre que le receveur municipal qui, sans autorisation légale, s'ingère dans le maniement des deniers de la commune, se constitue comptable de fait.

Article 150 : Les comptes du receveur municipal sont apurés par les services compétents de l'État. Le maire a droit à une indemnité annuelle de gestion fixée en fonction de l'importance des recouvrements de la commune.

Chapitre VI

Actions en justice

Article 152 : Les actions intentées par la commune ou dirigées contre elles obéissent aux lois et règlements qui régissent les matières concernées.

Les actions en justice intentées contre elle suivent la procédure prévue à l'article 73 ci-dessus.

Article 153 : Sous réserve des dispositions de l'article 64 de la présente loi, la représentation en justice de la commune et l'étude de toutes les réclamations à caractère contentieux dirigées contre elle sont assurées par le maire ou son représentant.

Titre V

Les syndicats de communes

Chapitre premier

Formation, dissolution

Article 154 : Les communes d'un département peuvent, soit à la demande de l'autorité de tutelle, soit par délibérations concordantes dûment approuvées, se grouper en syndicat pour réaliser en commun des opérations intercommunales, telles que :

- L'ouverture ou l'entretien de voies intercommunales ;
- L'achat et l'utilisation d'engins routiers communs ;
- L'exploitation de services par voie de concession.

Article 155 : Le syndicat de communes est un établissement public doté de la personnalité juridique. Les règles régissant la tutelle sur la commune lui sont applicables.

Article 156 : Le syndicat de communes est crée par acte de l'autorité de tutelle. Cet acte détermine le but, le siège et la durée du syndicat.

Le syndicat de communes peut être dissout par acte de l'autorité de tutelle.

Chapitre II

Les organes du syndicat

Article 157 : Les organes du syndicat sont :

- Un comité, organe de délibération, composé des maires, des communes concernées ;
- Un bureau composé d'un président nommé par acte de l'autorité de tutelle et de deux assesseurs élus parmi les membres du comité, qui l'assistent. Le président du bureau est de droit président du comité et du syndicat.

Article 158 : Loi 92/003 du 14.8.92

Le mandat des maires représentant les conseils municipaux suit le sort de l'assemblée à laquelle ils appartiennent. En cas de vacance de cette assemblée, le mandat syndical continue jusqu'à la désignation du nouveau conseil.

Article 159 : Le comité tient chaque année deux sessions.

Il peut être convoqué en session extraordinaire par son président ou à la demande de l'autorité de tutelle Le président convoque le comité par écrit en principe huit jours avant la date de la réunion. La convocation mentionne le lieu, la date et l'heure de la réunion ainsi que l'ordre du jour.

Les fonctions du secrétaire du comité sont assurées par un agent désigné par le président.

Article 160 : Les règles sur le quorum, le déroulement des débats, l'exécution des décisions et l'établissement des procès-verbaux prévus pour le conseil municipal s'appliquent au comité du syndicat de communes.

Toutefois, les séances du comité ne sont pas publiques. Les procès-verbaux et les délibérations du comité sont communiqués à ses membres et aux conseils municipaux des communes intéressées.

Article 161 : Les fonctions de membre du comité sont gratuites ; elles donnent cependant droit au remboursement des frais de transport et au paiement des frais de session.

Chapitre III

Attributions du comité

Article 162 : Le comité délibère sur les matières suivantes :

- Budget du syndicat ;
- Comptes administratifs et de gestion du syndicat ;
- Acquisitions, aliénations et échanges des biens syndicaux ;
- Actions et transactions intéressant le syndicat ;
- Demandes d'intervention des communes syndiquées.

Toute délibération du comité sur un sujet n'entrant pas dans ses attributions est nulle de plein droit.

Article 163 : Le comité peut renvoyer à son président le règlement de certaines affaires et lui conférer à cet effet une délégation dont il fixe les limites. Toutefois il ne peut l'habiliter ni à voter le budget du syndicat, ni à approuver les comptes administratifs et de gestion, ni à céder des aliénations ou des échanges des biens immobiliers.

Chapitre IV

Attributions du président du syndicat

Article 164 : Le président du syndicat préside les séances du comité et en exécute les décisions. Il représente le syndicat en justice et dans les actes de la vie civile.

Entrent en outre dans ses attributions :

- La préparation et la présentation du budget ;
- L'ordonnancement des recettes et des dépenses ;
- La préparation et la présentation du compte administratif.

Il est chargé, après accord du comité :

- De conclure les marchés ;
- De souscrire dans les formes établies par les lois et règlements : les baux, emprunts et tous actes d'acquisition, de vente, de transactions, d'échanges, de partage, d'acceptation de dons et legs.

En général, il est habilité à faire tout acte d'administration intéressant le syndicat.

Article 165 : Le comité peut accorder une indemnité à son président pour l'exercice de ses fonctions. Le taux de cette indemnité est fixé par acte de l'autorité de tutelle.

Chapitre V

Budget du syndicat

Article 166 : Le budget du syndicat est préparé, voté, exécuté et apuré dans les mêmes formes que celui de la commune.

Article 167 : Les recettes du budget du syndicat comprennent :

- La contribution annuelle des communes associées ;
- Les participations des budgets communaux aux dépenses d'intérêt intercommunal ;
- Les subventions éventuelles de l'État, ou de tout autre organisme ;
- Le revenu des biens meubles et immeubles du syndicat ;
- Les produits des services ;
- Les emprunts ;
- Les dons et legs ;
- Les recettes diverses et accidentelles.

Article 168 : Les dépenses du budget du syndicat comprennent :

- Les dépenses afférentes aux opérations intercommunales ;
- Les frais d'administration du syndicat ;
- Les remboursements de dettes ;
- Les dépenses diverses.

Article 169 : Le budget et les comptes administratifs du syndicat sont adressés chaque année aux conseils municipaux des communes intéressées.

Article 170 : Les règles de la comptabilité des communes s'appliquent à la comptabilité des syndicats de communes.

Article 171 : Les fonctions de receveur du syndicat sont exercées par le receveur municipal du siège du syndicat.

Titre VI

Régime spécial

Article 172 : Sous réserve des dispositions du présent titre portant régime spécial pour les communes de Yaoundé, Douala et Nkongsamba, les titres I à V de la présente loi constituent le régime général applicable à l'ensemble des communes.

Article 173 : Le corps municipal des communes urbaines de Yaoundé, Douala et Nkongsamba comprend :

- Un conseil municipal, présidé par un président du conseil assisté de vice-présidents. Le président et les vice-présidents sont élus dans les mêmes conditions que le maire et les adjoints ;
- Un délégué du Gouvernement assisté d'adjoints nommés dans les mêmes conditions que le maire et ses adjoints.

Article 174 : Le président du conseil préside les réunions du conseil municipal. II assiste le délégué du Gouvernement de ses conseils.

Le délégué du Gouvernement exerce les fonctions dévolues au maire dans une commune urbaine ordinaire à l'exception de la présidence du conseil municipal.

Article 175 : Le président du conseil municipal et les vice-présidents peuvent prétendre à des indemnités de représentation et de fonction fixées dans les mêmes conditions que pour le maire et ses adjoints.

Article 176 : À l'occasion des manifestations publiques, le délégué du Gouvernement et les adjoints portent en bandoulière une écharpe aux couleurs nationales. Les membres du conseil municipal portent un insigne distinctif.

Article 177 : Le Président de la République peut, par décret, soumettre aux dispositions du présent titre toute commune urbaine ou rurale en raison de son importance et de son niveau de développement.

Titre VII

Chapitre unique

Dispositions diverses

Article 178 : Les anciennes communes de plein exercice sont des communes urbaines. Les autres anciennes communes sont des communes rurales.

Article 179 : La commune a son siège sur son territoire et sa dénomination est celle de l'agglomération de son siège.

Chaque ancienne commune mixte rurale, commune rurale de moyen exercice ou *area council* prend définitivement le nom de la ville de son siège si cette ville est située sur son territoire.

Au cas où son siège est situé sur le territoire d'une autre commune, elle portera provisoirement le nom de la ville où se trouve son siège en le faisant précéder de l'expression "commune rurale de...".

Article 180 : Le siège des anciennes communes visées au dernier alinéa de l'article précédent sera fixé dans l'agglomération la plus appropriée de leur territoire compte tenu des conditions de viabilité, de peuplement et de développement de cette localité.

Article 181 : Le personnel employé par les communes sera régi par un statut général fixé par décret. Les dispositions réglementaires en vigueur relatives à l'administration de ce personnel leur restent applicables jusqu'à la publication de ce statut.

Article 182 : Sont abrogés les lois ou règlements antérieurs contraires et notamment :

- La loi n° 1489 du 18 novembre 1955 portant réorganisation municipale ;
- La loi n° 59- 44 du 17 juin 1959 régissant les communes mixtes rurales ;
- L'ordonnance n°60-19 du 22 février 1960 relative aux pouvoirs de tutelle sur les communes ;
- La loi n° 62-COR-4 du 11 juillet 1962 autorisant les communes à établir des taxes municipales ;
- La loi n° 66-5-COR du 7 juillet 1966 modifiant la loi N°59-44 du 17 juin 1959 régissant les communes mixtes rurales ;
- La loi n° 67-5-COR du 21 juin 1967 abrogeant le paragraphe D de l'Article 1er de la loi n° 67-2-COR du 1er Mars 1967 modifiant le statut des communes de plein et moyen exercice ;
- La loi n° 68-9-COR du 4 décembre 1968 relative à la nomination et à la révocation des maires et adjoints aux maires des communes de plein exercice.
- La loi n° 68-10-COR du 4 décembre 1968 modifiant l'ordonnance n° 60-9 du 22 février 1960 en ce qui concerne la révocation et la suspension des maires et adjoints aux maires des communes mixtes rurales.
- The Local Authority Ordinance, Cap 140 of the 1948 Edition of the laws of the Federation des syndicats de communes.
- L'arrêté n° 701 du 8 Novembre 1955 réglementant les conditions de création et de fonctionnement des syndicats de communes.

Article 183 : Les modalités pratiques d'application de la présente loi seront fixées par décret.

Article 184 : La présente loi sera enregistrée, publiée au Journal officiel de la République Unie du Cameroun en français et en anglais et exécutée comme loi de l'État.

Yaoundé, le 5 décembre 1974

Le Président de la République

EL Hadj Ahmadou Ahidjo

RÉPUBLIQUE DU CAMEROUN | REPUBLIC OF CAMEROON
Paix — travail — Patrie | Peace — Work — Fatherland

LOI N° 2009/011 DU 10 JUILLET 2009 PORTANT REGIME FINANCIER DES COLLECTIVITES TERRITORIALES DECENTRALISÉES

Titre premier

Dispositions générales

Article 1er :

(1) La présente loi porte régime financier des collectivités territoriales décentralisées, ci-après désignées les « collectivités territoriales ».

(2) À ce titre les conditions d'élaboration, de présentation, d'exécution et de contrôle de s'applique aux régions, aux communes, aux communautés urbaines, aux syndicats de communes, aux établissements publics communaux et à toute autre collectivités territoriale créée par la loi.

Article 2 : Les collectivités territoriales sont des personnes morales de droit public. Elles jouissent de la personnalité juridique et de l'autonomie administrative et financière pour la gestion des intérêts régionaux ou locaux. Elles gèrent librement leurs recettes et leurs dépenses, dans le cadre des budgets votés par les organes délibérants.

Article 3 : Le budget est l'acte juridique par lequel sont prévues et autorisées les recettes et les dépenses d'une collectivité territoriale.

Article 4 : Le budget présente l'ensemble des programmes concourant au développement économique, social, sanitaire, éducatif, culturel et sportif de la collectivité territoriale.

Article 5 :

(1) L' État veille au développement harmonieux de toutes les collectivités territoriales sur la base de la solidarité nationale, des potentialités régionales et communales et de l'équilibre interrégional et intercommunal.

(2) À cet effet, des organismes peuvent être créés, en tant que de besoin, par décret du Président de la République.

Article 6 : Le régime financier de l'État s'applique aux collectivités territoriales, sous réserve des dérogations ou spécificités prévues par la présente loi.

Titre II :

Du contenu du budget des collectivités territoriales

Article 7 :

(1) Le budget comprend deux (02) parties : la première partie est consacrée aux recettes de la deuxième partie aux dépenses.

(2)Les recettes et les dépenses sont classées en deux (2) sections : « fonctionnement » et « investissement ».

Les opérations de la section fonctionnement sont annuelles et ont vocation à se renouveler.

Les opérations de la section investissement sont celles qui ont un impact sur le patrimoine de la collectivité territoriale.

Chapitre I :

Des recettes

Article 8 : Les collectivités territoriales, décrites suivant leur nature, comprennent : les recettes de fonctionnement et les recettes d'investissement.

Article 9. Les recettes de fonctionnement sont celles qui se renouvellent.

Article 10 Les recettes d'investissement ont un caractère ponctuel.

Section I :

Des recettes de fonctionnement

Sous-section I :

Des recettes fiscales

Article 11 : Une collectivité territoriale ne peut effectuer un prélèvement sous forme d'impôt ou de taxe que s'il est prévu par la loi, voté par l'organe délibérant et approuvé par l'autorité de tutelle compétente.

Article 12 : Les recettes fiscales des collectivités territoriales comprennent :

- Les impôts directs locaux ;
- Les centimes additionnels sur les impôts et taxes de l'État ;
- Les prélèvements effectués sur les recettes fiscales de l'État ;
- Les taxes directes et indirectes ;
- Tout autre prélèvement fiscal prévu par la loi.

Article13.Les modalités d'assiette, d émission, de recouvrement et de renversement des impôts et des taxes destinés aux collectivités territoriales sont fixées par la loi.

Sous-section 2 :

Du produit de l'exploitation du domaine et des services

Article14 : Le produit de l'exploitation du domaine et des services régionaux ou communaux comprend :

- Les revenues du domaine public régional ou communal ;
- Les revenues du domaine privé régional ou communal ;
- Les revenues tirées des prestations de services.

Les collectivités territoriales peuvent prendre des participations dans les entreprises publiques, parapubliques et privées dans les conditions prévues par la loi.

Article 15 : Les collectivités territoriales perçoivent de l'État des dotations et des subventions pour l'accomplissement de leur mission.

Article 16

(1) La dotation générale de fonctionnement allouée aux communes d'arrondissement constitue une dépense obligatoire pour les communautés urbaines.

(2) Elle est indexée sur certaines recettes de la communauté urbaine.

(3) Les modalités de reversement de la dotation générale de fonctionnement prévue à l'alinéa (2) sont fixées par voie réglementaire.

Article 17 :

(1) La dotation générale de la décentralisation est destinée au financement partiel de la décentralisation. La loi de finances fixe chaque année, sur proposition du Gouvernement, la fraction des recettes de l'État à affecter à la dotation générale de décentralisation.

(2) Les modalités de répartition et de reversement de la dotation générale des décentralisations sont fixées par un texte réglementaire.

Article 18 : Les collectivités territoriales peuvent prendre des participations dans les entreprises publiques, parapubliques et privées dans les conditions prévues par la loi.

Article 19 : Les collectivités territoriales peuvent bénéficier des subventions des organismes publics habilités.

Sous-section 4 :

Des autres recettes de fonctionnement

Article 20 : Les autres recettes de la section fonctionnement comprennent notamment :

- Les réserves affectées pour le fonctionnement ;
- Les dotations de budget de l'État pour le fonctionnement ;
- Les ristournes et redevances consenties par l'État ;
- Les produits financiers ;
- Les subventions de fonctionnement reçues ;
- Les transferts reçus ;
- Les autres produits et profits divers ;
- Les reprises sur amortissements.

Section II :

Des recettes d'investissement

Article 21 : Les recettes de la section investissement comprennent :

- Les emprunts à long et à moyen termes ;
- Les fonds de dotation reçus au titre de l'investissement ;
- Les fonds de concours ;
- Les dons et legs assortis de charges d'investissement ;
- Le produit de la vente des biens et de l'aliénation d'immeubles ;
- Le produit de la vente des animaux ou matériels mis en fourrière et non réclamés dans les délais réglementaires ;
- Les plus values sur cessions d'éléments d'actifs immobilisés ;
- Les réserves affectées pour investissement ;
- Les restes à recouvrer des services précédents jugés recouvrables ;
- Les subventions d'équipement et d'investissement reçues ;
- Les réserves non affectées, mais maintenues en quasi-monnaie à l'actif ;
- La production d'immobilisation par la collectivité territoriale pour elle-même ou en auto équipement ;
- Les dividendes et autres produits sur retour d'investissement.
- Toute ressource provenant de la coopération internationale ou décentralisée.

Article 22 :

(1) Les emprunts intérieurs sont autorisés par délibération de l'organe délibérant, soumise à l'approbation de l'autorité de tutelle compétente.

Ils sont destinés en priorité au financement des investissements La délibération y afférente fixe le montant de l'emprunt.

(2) Sont interdits, les emprunts contractés auprès des personnes physiques ou morales ayant un lien direct ou indirect avec la collectivité territoriale.

(3) Les emprunts extérieurs, autorisés par délibération de l'organe délibérant, soumise à l'approbation de l'autorité de tutelle compétente, sont garantis par l'État.

Article 23 :

(1) l'acceptation des dons et legs se fait sur délibération de l'organe délibérant approuvée par l'autorité de tutelle compétente.

(2) Nonobstant les dispositions de l'alinéa (1) ci-dessus, l'organe exécutif peut, à titre conservatoire, accepter des dons et legs ; il soumet la délibération y afférente à l'organe délibérant lors de la prochaine session du conseil.

Chapitre II :

Des dépenses

Article 24 : Les dépenses des collectivités territoriales comprennent les dépenses de fonctionnement et les dépenses d'investissement. Elles sont présentées par chapitre, article et paragraphe.

Section I :

Des dépenses de fonctionnement et d'investissement

Article 25 : Les dépenses de fonctionnement sont celles liées au fonctionnement des services, et qui se renouvellent. Elles permettent à la collectivité territoriale de faire face à ses charges et obligations courantes .Elles sont obligatoires ou facultatives.

Article 26 : les dépenses d'investissement sont celles qui permettent la réalisation des équipements, bâtiments et infrastructures, ainsi que l'acquisition des matériels relatifs à ces travaux .Elles ont une incidence sur le patrimoine de la collectivité territoriale.

Section II :

Des dépenses obligatoires, facultatives ou interdites

Article 27 : Les dépenses obligatoires sont celles qui sont imposées par la loi. Elles sont nécessaires au fonctionnement optimal de la collectivité territoriale en raison de l'intérêt particulier qu'elles présentent. À ce titre, elles doivent impérativement figurer au budget.

Article 28 :

(1) Sont obligatoires, les dépenses ci -après :

- Les traitements et salaires ;
- Les indemnités et autres avantages prévues par les textes en vigueur ;
- Les cotisations sociales ;
- Les impôts et taxes à reverser ;
- Les charges incompressibles liées au fonctionnement des services ;
- Les dettes exigibles ;

- Les contributions aux organismes d'appui aux Collectivités territoriales prévues par la réglementation ;
- Les dépenses résultant de l'exécution des décisions de justice passées en force de chose jugée ;
- Les contributions aux regroupements ou associations dont la Collectivité territoriale est membre ;
- Les dépenses nécessaires à la réalisation des programmes d'investissement et des projets adoptés par l'organe délibérant ;
- Les dépenses relatives aux fonds de contrepartie ;
- Les dépenses de transfert.

(2) Est obligatoire pour la communauté urbaine la dotation générale de fonctionnement allouées aux communes d'arrondissement.

Article 29 : Les dépenses facultatives sont celles qui ne figurent pas parmi les dépenses obligatoires prévues à l'article 28 ci-dessus. Elles peuvent être momentanément suspendues lorsque les moyens financiers de la collectivité territoriale s'avèrent insuffisants.

Article 30 :

(1) Les dépenses interdites sont celles qui sont formellement prohibées par les lois et les règlements en vigueur.

(2) Sont notamment interdits :

- Les prêts consentis par une collectivité territoriale à une personne privée ;
- Les subventions aux associations non déclarées et autre structures non agrées ;
- Les subventions aux associations et aux congrégations religieuses ;
- Les subventions aux partis politiques.

Titre III :

De la présentation du budget des collectivités territoriales

Chapitre I

Des principes budgétaires

Article 31

(1) L'exercice budgétaire couvre une année civile.

(2) Toutefois, une période complémentaire allant du 1er au 31 Janvier de l'année suivante est accordée aux collectivités territoriales pour le règlement des opérations d'ordre à la clôture d'exercice.

Article 32 : Le budget d'une collectivité territoriale est voté et approuvé avant le début de l'exercice budgétaire.

Article 33 :

(1) Toutes les recettes et toutes les dépenses sont retracées dans un document unique. Cependant, sur délibération approuvée par l'autorité de tutelle compétente, une collectivité territoriale peut voter des budgets annexes dans les conditions prévues à l'article 51 ci-dessous.

(2) La nomenclature du budget des collectivités territoriales est fixée par un texte réglementaire.

Article 34 :

(1) Le montant intégral des recettes attendues et des dépenses à effectuer doit être inscrit au budget.

(2) Est proscrite toute contraction entre les recettes et les dépenses.

(3) Aucune recette précise ne peut être affectée à une dépense particulière, sauf en ce qui concerne certaines ressources affectées comme telles.

Article 35 : Le budget est voté en équilibre en recette et en dépenses.

Article 36 : Aucune recette ne peut être émise et recouvrée, aucune dépense engagée ou ordonnancées pour le compte d'une collectivité territoriale sans avoir été prévue et autorisée par le budget.

Article 37 :

(1) Un crédit voté pour une dépense déterminée et qui fait l'objet d'une imputation budgétaire précise, e peut être utilisé que pour les besoins correspondant à cette imputation.

(2) Par dérogation à l'alinéa(1) ci-dessus, les revirements de crédits peuvent être opérés de chapitre à chapitre, sur délibération de l'organe délibérant approuvée par l'autorité de tutelle compétente.

(3) Les virements de crédit d'article à article et de paragraphe à paragraphe sont opérés

Par décision du chef de l'exécutif.

(4) Les virements de crédits de la section investissement à la section de fonctionnement sont interdits.

(5) Au cours d'un même exercice, le montant cumulé des crédits ayant fait l'objet de virements ne doit pas dépasser 5 % des crédits votés.

Chapitre II :

De l'élaboration du budget

Section I :

De la préparation du budget

Article 38 :

(1) Le budget est préparé par le chef de l'exécutif

(2) Les prévisions budgétaires doivent être sincères et réalistes.

Article 39 :

Les budgets des collectivités territoriales sont élaborés dans le respect des ratios ci-après :

- Les prévisions des dépenses d'investissement doivent être fixées à un minimum de 40 % des dépenses totales ;
- Les dépenses de personnel ne doivent pas excéder 35 % des dépenses de fonctionnement.

Article 40 :

(1) Lorsque le chef de l'exécutif n'a pas présenté le budget avant le 30 novembre, il peut être suspendu pour une période n'excédant pas trois mois.

(2) En cas de suspension du Maire ou du président du conseil régional, son remplaçant dans l'ordre de préséance, exerce la plénitude de ses fonctions. Il est tenu de présenter le budget dans un délai de trente jours.

Section II :
Du vote du budget

Article 41 :

(1) Le budget des collectivités territoriales est voté par l'organe délibérant au plus tard, le 15 novembre de chaque année.

(2) l'organe délibérant doit être convoqué au moins quinze jours avant la tenue de la session budgétaire. Ce délai peut être ramené à trois jours en cas d'urgence.

(3) Faute pour l'exécutif de convoquer la session dans les délais susvisés, l'autorité de tutelle compétente prescrit la convocation sans délai.

Article 42 :

(1) Lorsque l'organe délibérant refuse de voter le budget, le chef de l'exécutif saisit l'autorité de tutelle compétente pour arbitrage. En cas d'arbitrage infructueux, l'organe délibérant peut, sur proposition motivée de l'autorité de tutelle, être suspendu pour une période n'excédant pas deux mois.

(2) Au terme de la suspension, un nouveau délai de quinze jours est accordé à l'organe délibérant pour le vote du budget.

(3) En cas de pertinence du refus, l'organe délibérant peut être dissous.

(4) Pendant la suspension ou la durée de la dissolution, suivant le cas, l'autorité de tutelle compétente reconduit le budget par douzièmes provisoires. Le budget ainsi reconduit est exécuté par une délégation spéciale, jusqu'à la mise en place d'un nouvel organe délibérant.

Article 43 : Sont obligatoirement annexées au projet de budget, les pièces suivantes :

- L'état du personnel ;
- L'état des véhicules et engins ;
- L'état des immeubles en propriété ou en location ;
- Le projet de délibération portant vote du budget ;
- Les délibérations à caractère financier ;
- Les résultats du dernier compte administratif approuvé ;
- La situation des recettes et des dépenses de l'exercice en cours à la date de tenue de la séance ;
- La liste des projets à réaliser au cours de l'exercice : celle-ci est adoptée par délibération de l'organe délibérant qui détermine l'ordre de priorité des travaux suivant leur caractère d'urgence et de nécessité ;
- Toutes autres pièces utiles.

Article 44 : L'organe délibérant peut amender le projet de budget présenté par l'exécutif

Dans le respect des lois et règlement en vigueur.

Article 45 : Le chef de l'exécutif dispose d'un délai de 07 jours pour transmettre à l'autorité de tutelle compétente le budget voté, ses pièces annexes, ainsi que le procès verbal de séance.

Section III :

De l'approbation du budget

Article 46 : Le budget de la collectivité territoriale est approuvé par arrêté de l'autorité de tutelle compétente dans le délai de 15 jours suivant la date formellement justifiée de son dépôt. Cette approbation lui confère le caractère exécutoire.

Article 47 :

(1) L'autorité de tutelle compétente qui approuve le budget de la collectivité territoriale peut, après une mise en demeure restée sans effet, le modifier d'office :

- Le dit budget n'est pas voté en équilibre ;
- Les crédits inscrits pour couvrir les dépenses obligatoires sont insuffisants ;
- Les dépenses sont irrégulières ;
- Les ratios prévus à l'article ci-dessus ne sont pas respectés.

(2) L'autorité de tutelle qui modifie d'office le budget ne peut ni augmenter les dépenses, ni en inscrire de nouvelles que pour autant qu'elles sont obligatoires.

Article 48 :

(1) Lorsque le budget n'a pas été voté avant le début de l'exercice, l'autorité de tutelle compétente met immédiatement en demeure par tout moyen laissant trace écrite, la collectivité territoriale concernée d'y remédier sous quinze jours.

(2) Jusqu'au vote et à l'approbation du budget, l'autorité de tutelle reconduit le budget de l'exercice précédent par douzièmes provisoires.

Article 49 : Le budget approuvé est déposé au siège de la Collectivité territoriale où il pourrait consulter par tout habitant ou contribuable de la dite collectivité territoriale.

Article 50 : Les autorisations spéciales de recettes et de dépenses sont votées et approuvées dans les mêmes formes que le budget.

Section IV :

Des budgets annexes et des budgets des syndicats de communes

Sous-section 1 :

Des budgets annexes des services publics régionaux ou communaux

Article 51 :

(1) Des budgets annexes sont établis pour les services publics régionaux ou communaux dotés de l'autonomie financière, mais sans personnalité morale.

(2) Les budgets annexes retracent les opérations résultant de leurs activités de production de biens ou de prestation de services donnant lieu à paiement d'un prix.

(3) Les budgets annexes sont votés dans les mêmes conditions que le budget principal et approuvés par l'autorité de tutelle compétente.

(4) Les opérations de budgets annexes sont prévues, autorisées et exécutées dans les mêmes conditions que le budget principal.

Sous-section 2 :

Du budget des syndicats de communes

Article 52 :

(1) Les communes d'un même département ou d'une même région peuvent se regrouper en syndicats dans les conditions prévues par la loi.

(2) Le syndicat de communes est un établissement public intercommunal doté de la personnalité juridique et de l'autonomie administrative et financière.

Article 53 : Le budget des syndicats de communes est préparé, voté et approuvé conformément à la convention de création, et dans les formes que le budget de la commune.

Titre IV :

De l'exécution du budget des collectivités territoriales

Chapitre I :

Des généralités

Article 54 : Le président du Conseil régional, le délégué du gouvernement, le maire ou le président du syndicat de communes est l'ordonnateur de budget de la région, de la Communauté urbaine, de la commune ou du syndicat de communes, respectivement.

Article 55 : Les opérations d'exécution de budget incombent aux ordonnateurs et aux comptables dans les conditions définies par un texte particulier portant règlement de la comptabilité des collectivités territoriales.

Article 56 :

(1) Les collectivités territoriales sont dotées de postes comptables autonomes créés par arrêté du ministère chargé des Finances.

(2) L'organisation et le fonctionnement des postes comptables des collectivités territoriales sont fixés par un texte particulier.

Article 57 :

(1) Le recouvrement des recettes et le payement des dépenses locales sont effectués par les comptables des collectivités territoriales dénommées « receveurs municipaux ou receveurs régionaux ».

(2) À défaut les fonctions de receveur sont de droit exercées par le comptable du Trésor le plus proche du siège de la collectivité territoriale.

Article 58 :

(1) Les receveurs municipaux et les receveurs régionaux sont nommés parmi les personnels des collectivités territoriales ou, le cas échéant, parmi les personnels de services civils et financiers de l'État, par arrêté conjoint du ministre chargé des collectivités Territoriales et du ministre chargé des Finances.

(2) Le statut et les attributions des comptables des collectivités territoriales sont fixés par un texte réglementaire.

Article 59 : Il est interdit aux conseillers régionaux, aux membres des exécutifs régionaux, aux conseillers municipaux, aux exécutifs municipaux, aux receveurs régionaux et municipaux ainsi qu'à leurs conjoints et autres ayants droit, de fournir des biens ou prestations à la collectivité territoriale dans laquelle ils exercent ou à laquelle ils appartiennent.

Article 60 :

(1) Les fonctions d'ordonnateur et de comptable de la collectivité territoriale sont et demeurent séparés tant en ce qui concerne les exécutions des recettes que des dépenses.

(2) Toutefois, l'ordonnateur et le comptable exercent leurs attributions respectives en étroite collaboration.

Chapitre II :

Des opérations de recettes

Article 62 : À l'initiative du comptable, l'ordonnateur peut, sur délibération approuvée par l'autorité de tutelle, procéder à l'amission en non valeur des créanciers jugés irrécouvrables, dans le respect de la réglementation en vigueur.

Article 63 : Les réclamations, annulations et poursuites relatives aux créances des collectivités territoriales obéissent aux même règles et procédures que celles de l'État.

Chapitre III :

Des opérations de dépenses

Article 64 : L'ordonnateur du budget d'une collectivité territoriale ne peut exécuter une dépense qu'après s'être assuré que :

- Elle correspond à l'imputation budgétaire correcte ; son montant entre dans la limite des crédits votés ;
- Elle peut être couverte par les fonds disponibles ;
- Les pièces justificatives sont complètent ;
- Le service ou la fourniture a été fait(e) ;
- Les formalités requises par les lois et règlement en vigueur ont été préalablement respectées.

Article 65 : La procédure d'exécution des dépenses comprend deux (02) phases :

- La phase administrative qui relève de l'ordonnateur comporte l'engagement, la liquidation et l'ordonnancement ;
- La phase comptable qui relève du comptable de la collectivité territoriale est le paiement de la dépense.

Article 66 : L'exécution des dépenses des collectivités territoriales obéit aux dispositions du code des marchés publics.

Article 67 :

(1) Par dérogation aux dispositions de l'article 66 ci-dessus l'ordonnateur peut, par délibération approuvée par l'autorité de tutelle compétente, créer une caisse d'avance pour le paiement des dépenses courantes de fonctionnement. La délibération portant création de la caisse d'avance fixe le plafond de l'encaisse en fonction du niveau de ressources financières et de la nature des dépenses à règles.

(2) Un arrêté du ministre chargé des Finances fixe les modalités d'ouverture et la gestion des caisses d'avance.

(3) Le régisseur d'avance est désigné par l'ordonnateur.

Article 68 :

(1) Certaines dépenses peuvent, à titre exceptionnel, être engagées suivant une procédure simplifiée, notamment par décisions de l'ordonnateur. Il en ainsi des dépenses qui n'obéissent ni au régime de la caisse d'avance, ni à la procédure ordinaire d'engagement des dépenses.

(2) Un arrêté du ministre chargé des collectivités Territoriales précise les conditions et modalités d'usage de la procédure simplifiée d'engagement des dépenses.

Article 69 : Le comptable de la collectivité territoriale contrôle la régularité de la dépense. Il ne peut en aucun cas en juger de l'opportunité.

Article70 : Le règlement des dépenses locales se fait par bon de caisse, virement ou par chèque ou par opération d'ordre, suivant les modalités fixées par la réglementation en vigueur.

Article71 : Le chef de l'exécutif ne peut contraindre le receveur de la collectivité territoriale à viser ou à payer des dépenses en violation des prescriptions prévues par la loi. Toute contestation y relative est préalablement soumise à l'autorité de tutelle compétente.

Article 72 :

(1) Les opérations d'engagement sur le budget de la collectivité territoriale au titre de l'année budgétaire sont arrêtées au 30 novembre.

(2) Les opérations d'ordonnancement au titre d'une année budgétaire sont arrêtées au 31 décembre.

Article 73 :

(1) Les crédits de fonctionnement non engagés en fin d'exercice sont réputés annulés. Quant aux crédits d'investissement, ils sont reportés au budget suivant.

(2) Les dépenses liquidées non ordonnancées en fin d'exercice sont transmises par l'ordonnateur au comptable pour prise en charge.

(3) Les crédits de paiement ouverts sur un programme et disponibles à la fin de l'année sont reportés sur le même programme ou à défaut sur un programme poursuivant les mêmes objectifs. Le montant des crédits ainsi reportés s'inscrit dans le cadre d'une provision constituée à cet effet dans le budget.

Chapitre IV :
Des opérations de trésorerie

Article74 :

(1) Sont définies comme opérations de trésorerie :

- Tous les mouvements de numéraires, de valeurs mobilisables, de comptes de dépôts et de comptes courants ;
- Les opérations concernant les comptes de créances et de dettes.

(2) Les opérations de trésorerie sont exécutées par les comptables des collectivités territoriales, sous l'autorité de l'ordonnateur.

(3) Les opérations de trésorerie sont décrites par nature parles comptables des collectivités territoriales pour leur totalité et sans contraction entre elles.

(4) Les charges et les produits résultant de l'exécution des opérations de trésorerie sont imputés aux comptes budgétaires.

Article75 : Les pièces justificatives des opérations de trésorerie sont présentées au juge des comptes. Elles sont conservées dans le poste comptable et ne peuvent être détruites avant le délai fixé par la loi.

Article76 :

(1) Les fonds des collectivités territoriales sont déposés à la recette régionale, à la recette municipale ou dans la caisse de dépôt de consignation.

(2) Les fonds centralisés ou faisant l'objet d'une péréquation ainsi que les fonds d'emprunt dont la gestion est confiée aux organismes visés à l'article 5alinéa 2 ci-dessus, peuvent être déposés dans un compte ouvert à la banque centrale ou à la caisse de dépôt de consignation.

Article 77 :

(1) Le receveur municipal ou régional assure la garde et la gestion des fonds et valeurs de la collectivité territoriale concernée.

(2) Toute personne qui sans autorisation légale, s'immisce dans le maniement des derniers publics, est assimilée à un comptable de fait.

(3)Les fonds des collectivités territoriales sont des deniers publics.

Article 78 :

(1) À la fin de chaque journée, le receveur est tenu d'adresser à l'ordonnateur l'état de sa trésorerie.

(2) Dans la collectivité territoriale où un comptable du trésor exerce de droit les fonctions du receveur, les liquidités de la collectivité territoriale doivent servir exclusivement à l'ouverture de ses dépenses.

Article79 : Sur leur demande, l'État peut accorder aux collectivités territoriales une avance de trésorerie sur les recettes escomptées, après avis motivé du ministre chargé des collectivités territoriales.

Article 80 : les créances non réclamées sont réputées prescrites dans un délai de quatre (4) ans à partir de l'exercice auquel elles sont rattachées et définitivement éteintes au profit de la collectivité territoriale.

Chapitre V

Des modes de gestions des services publics locaux

Section I :

De la gestion directe

Article 81 : La gestion directe consiste pour une collectivité territoriale à gérer directement le service dans le cadre fixé par la réglementation.

Section II :

De la gestion déléguée

Article 82 :

(1) La gestion déléguée consiste pour une collectivité territoriale à confier la gestion d'un service public à une autre personne morale.

(2) Les différents modes de gestion déléguée sont :

- La concession ;
- L'affermage
- La régie intéressée ;
- La gérance ;
- Les sociétés d'économie mixte.

Article 83 : Les services publics régionaux ou communaux qui relèvent des prérogatives de puissance publique ne peuvent faire l'objet d'une gestion déléguée.

Article 84 : La définition et les modalités de gestion des différents modes de gestion des services publiques régionaux ou communaux sont fixées par voie réglementaire.

Titre V :

De la comptabilité des collectivités territoriales

Chapitre V :

Des principes de la comptabilité des collectivités territoriales

Article 85 : Les comptes de collectivités territoriales doivent être réguliers et sincères. Ils doivent donner une image fidèle de leur situation financière et patrimoniale.

Article 86 : Les collectivités territoriales tiennent trois types de comptabilités :

- Une comptabilité budgétaire des recettes et dépenses
- Une comptabilité générale ;
- Une comptabilité analytique.

Article 87 : La comptabilité budgétaire retrace les opérations d'exécution du budget en recettes et en dépenses. Elle est tenue par l'ordonnateur et par le comptable.

Article 88 :

(1) La comptabilité générale retrace les opérations budgétaires, les opérations de trésorerie, les opérations faites avec les tiers, les mouvements du patrimoine et des valeurs d'exploitation.

(2) La comptabilité générale des collectivités territoriales est fondée sur le principe de la constatation des droits et obligations. Les opérations sont prises en compte au titre de l'exercice auquel elles se rattachent, nonobstant la date de paiement ou d'encaissement.

(3) La comptabilité générale est tenue selon le système de la partie double. Les principes comptables sont déterminés par le plan comptable sectoriel des collectivités territoriales, établi par voie réglementaire.

Article 89 : La comptabilité analytique, instituée auprès des ordonnateurs, permet d'analyser les coûts détaillés des services rendus ou de différents programmes et projets engagés dans le cadre du budget de la collectivité territoriale.

Chapitre II :

De la comptabilité de l'ordonnateur

Article 90 : Les ordonnateurs sont tenus de rendre copte de l'exécution des programmes et projets. Ils prescrivent l'exécution du budget. À ce titre, ils :

- constatent les droits et liquident les recettes ;
- engagent et liquident les dépenses.

Article 91 : Les ordonnateurs sont astreints à la production d'un compte administratif retraçant les actes de leur gestion et d'un rapport de performance sur les programmes et projets.

Article 92 :

(1) Le compte administratif est adopté par l'organe délibérant au plus tard le 31 Mars de l'année suivant l'exercice budgétaire auquel il se rattache. Il est approuvé au plus tard le 30 avril.

(2) Le compte administratif et le budget ne peuvent être votés au cours de la même session.

(3) La forme du compte administratif visé à l'alinéa (1) ci-dessus est déterminée par voie réglementaire.

Article 93 :

(1) Au cours de la session consacrée à l'adoption du compte administratif, l'organe délibérant élit un président de séance. Les membres de l'exécutif assistent au débat, mais se retirent au moment du vote.

(2) Est nulle et de nul effet, toute délibération portant adoption du compte administratif, prise en violation des dispositions prévues à l'alinéa I ci-dessus.

Article 94 : L'organe délibérant ne peut modifier les chiffres du compte administratif. En cas d'irrégularité de gestion constatée, le compte administratif est rejeté. Un rapport circonstancié est adressé par le président de séance à l'autorité de tutelle, pour saisine des services compétents de l'État, dans un délai de soixante douze (72) heures.

Article 95 :

(1) Le compte administratif adopté par l'organe délibérant est accompagné des pièces annexes suivantes :

- le procès verbal de séance ;
- la délibération portant vote du compte administratif ;
- l'état des restes à recouvrer ;
- l'état des restes à payer ;
- l'état des dépenses engagées non liquidées ;
- le rapport d'exécution des projets ;
- l'état du matériel et immeubles acquis au cours de l'exécution du budget correspondant ;
- le compte de gestion patrimoniale de l'ordonnateur matière.

(2) Il est approuvé par l'autorité de tutelle compétente et déposé au siège de la collectivité territoriale.

(3) Tout habitant ou contribuable de la collectivité territoriale concernée peut à ses frais, demander communication ou obtenir copies totales partielles du compte administratif et de ses pièces annexes.

(4) En cas de silence dans un délai de dix (10) jours, tout requérant peut saisir l'autorité de tutelle qui doit lui donner suite dans un délai de soixante douze (72) heures.

Article 96 : Les ordonnances des collectivités territoriales sont soumises au même régime de responsabilité que les ordonnateurs du budget de l'État.

Chapitre II :

De la comptabilité du comptable

Article 97 :

(1) Les comptables des collectivités territoriales sont des agents publics régulièrement préposés aux comptes et/ou chargés de la garde et du maniement des fonds et valeurs.

(2) Ils rendent compte annuellement des opérations rattachées à leur gestion conformément aux lois et les règlements en vigueur.

(3) La forme des comptes visés à l'alinéa (1) ci-dessus et les justificatifs y relatifs sont déterminés par voie réglementaire.

Article 98 :

(1) Les comptables des collectivités territoriales sont des comptables principaux, astreints à la reddition d'un compte de gestion.

(2) Le compte de gestion est soumis à l'organe délibérant en même temps que le compte administratif. Les deux (2) comptes doivent être concordants.

Article 99 :

(1) : Les comptables des collectivités territoriales sont personnellement et pécuniairement responsables.

- Des derniers et valeurs dont ils ont la charge ;
- Du recouvrement des titres de perception pris en charge ;
- Des paiements effectifs ;
- De l'exactitude de leurs écritures.

(2) Les comptes des comptables des collectivités territoriales décentralisées sont jugés par la juridiction des comptes.

Article 100 : En cas de mutation en cours d'année, le compte est le produit par le receveur sortant sur sa période de gestion.

Chapitre IV :

De la comptabilité matières

Article 101 :

(1) Le chef de l'exécutif est l'ordonnateur matières de la collectivité territoriale.

(2) Il désigne un comptable matières parmi les agents publics ayant les compétences requises.

Article 102 :

(1) Le comptable matières est responsable de la régularité des écritures de prise en charge.

(2) Il assure la garde et la conservation du mobilier et du matériel de la collectivité territoriale.

(3) Il tient pour le compte de l'ordonnateur une comptabilité matières, dans les conditions fixées par la réglementation en vigueur.

Article 103 : Les règles régissant la comptabilité matières de l'État sont applicables à la comptabilité matières des collectivités territoriales.

Titre VI :

Du contrôle du budget et de la gestion des collectivités territoriales

Chapitre I

Du contrôle par l'organe délibérant

Article 104 : Lors de l'examen du budget ou du compte administratif, l'organe délibérant exerce un contrôle sur l'exécution du budget ainsi que des programmes et projets y afférents.

Article 105 :

(1) : L'organe délibérant peut constituer des commissions *ad hoc* sur des sujets intéressant la gestion financière d la collectivité territoriale. Les rapports de ces commissions sont soumis à l'appréciation de l'organe délibérant

(2) L'organe délibérant peut saisir l'autorité de tutelle ou tout autre service compétent des faits répréhensibles constatés.

Chapitre II :

Du contrôle administratif

Art.106 : Un contrôle de régularité et de performance de la gestion des collectivités territoriales et des établissements publics locaux ainsi que des entités privées ayant reçu une subvention, un aval ou une caution de la collectivité territoriale, peut être mené par les services spécialisés de l'État, conformément aux et règlements en vigueur.

Chapitre III :

Du contrôle juridictionnel

Article 107 : Le contrôle juridictionnel des comptes des collectivités territoriales décentralisées est exercé par la juridiction des comptes.

Chapitre IV :

Des audits indépendants

Article108 : Des audits indépendants peuvent être effectués à la demande de l'autorité de tutelle, de l'organe délibérant ou de l'exécutif.

Titre VII :

Dispositions diverses, transitoires et finales

Article 109 :

(1) Il est créé un comité national des finances locales chargé notamment de la mobilisation optimale des recettes des collectivités territoriales ainsi que la bonne gestion des finances locales.

(2) L'organisation et le fonctionnement du comité national des finances locales sont fixés par un texte réglementaire.

Article 110 : Les dispositions de l'article 39 ci-dessus sont d'application progressive pour une période n'excédant par (5) ans, à compter du 1er Janvier 2010.

Article 111 : des textes réglementaires préciseront, en tant que de besoin, les modalités d'application de la présente loi.

Article112 : Sont abrogées toutes dispositions antérieures contraire à la présente loi.

Article 113 : La présente loi sera enregistrée, publiée suivant la procédure d'urgence, puis insérée au journal officiel en français et en anglais.

Yaoundé, le 10 juillet 2009

Le Président de la République

Paul BIYA

RÉPUBLIQUE DU CAMEROUN | REPUBLIC OF CAMEROON

Paix – Travail – Patrie | Peace – Work – Fatherland

Loi n° 2009/019 du 15 décembre 2009

Portant fiscalité locale

L'Assemblée nationale a délibéré et adopté ;

Le Président de la République promulgue la loi dont la teneur suit :

Titre premier :

Dispositions générales

Chapitre unique

Article 1er :

(1) La présente loi portant fiscalité locale détermine les impôts, taxes et redevances prélevés au profit des collectivités territoriales décentralisées, ci-après désignées les « collectivités territoriales ».

(2) La fiscalité locale est constituée de tous prélèvements opérés par les services fiscaux de l'État ou compétents des collectivités territoriales au profit de ces dernières. L'ensemble de ces prélèvements est encore désigné sous le vocable « impôts locaux ».

(3) La fiscalité locale s'applique aux communes, aux communautés urbaines, aux communes d'arrondissement, aux régions et à tout autre type de collectivité territoriale créée par la loi.

(4) Sauf disposition spécifiques de la présente loi, les procédures fiscales applicables aux droits et taxes de l'État sont reprises mutatis mutandis pour l'assiette, l'émission, le recouvrement, les poursuites, le contrôle et le contentieux des impôts, taxes et redevances dus aux communes, aux communautés urbaines, aux communes d'arrondissement et aux régions.

Article 2 : Les impôts locaux comprennent :

- Les impôts communaux ;
- Les centimes additionnels communaux sur les impôts et taxes de l'État ;
- Les taxes communales ;
- Les impôts et taxes des régions ;
- Tout autre type de prélèvements prévus par la loi ;

Article 3 :

(1) Une collectivité territoriale ne peut percevoir un impôt, une taxe ou une redevance que s'il (elle) est créé(e) par la loi, voté (e) par l'organe délibérant et approuvé (e) par l'autorité compétente.

(2) Les taux de prélèvement des impôts et taxes des collectivités territoriales sont arrêtés par délibération de l'organe délibérant, dans le respect des fourchettes fixées par la loi.

Article 4 : Les collectivités territoriales assurent l'administration des impôts et taxes qui leur sont dévolus, sous réserve de ceux gérés par l'administration fiscale.

Article 5 : En vue du développement harmonieux de toutes les collectivités territoriales et en application du principe de solidarité, le produit de certains impôts et taxes locaux peut faire l'objet d'une péréquation suivant les critères et les modalités définis par la loi et les règlements.

Article 6 :

(1) L'État s'assure que le rendement annuel des impôts locaux correspond à un taux proportionnel établi en rapport avec son niveau de ressources fiscales.

(2) À cet effet, les services financiers de l'État impliqués dans la gestion fiscale des collectivités territoriales sont tenus d'assurer, avec la même efficacité que pour les impôts de l'État, le recouvrement des impôts locaux dont ils ont la charge.

(3) Les impôts locaux sont émis et recouvrés dans les mêmes conditions que ceux de l'État, sauf dispositions particulières de la présente loi.

(4) En matière de recouvrement des impôts et taxes, les collectivités territoriales bénéficient du privilège du Trésor.

Titre II :

Des impôts communaux

Article 7 : Les produits des impôts communaux perçus par l'État proviennent de :

- La contribution des patentes ;
- La contribution des licences ;
- L'impôt libératoire ;
- La taxe foncière sur les propriétés immobilières ;
- La taxe sur les jeux de hasard et de divertissement ;
- Les droits de mutation d'immeubles ;
- Le droit de timbre automobile ;
- La redevance forestière.

Chapitre I :

De la contribution des patentes

Section I :

Des dispositions générales

Article 8 : Toute personne physique ou morale de nationalité camerounaise ou étrangère, qui exerce dans une commune une activité économique, commerciale ou industrielle, ou toute autre profession non comprise dans les exemptions déterminées par la présente loi, est assujettie à la contribution des patentes.

Article 9 : L'exercice effectif et habituel de la profession et le but lucratif de celle-ci sont seuls générateurs de paiement de la patente.

Article 10 :

(1) La contribution des patentes est fixée en fonction du chiffre d'affaires annuel déclaré par le redevable à l'intérieur des classes telles que présentées par l'annexe I.

(2) Les activités figurant à l'annexe II sont de plein droit soumises à la contribution des patentes quel que soit le chiffre d'affaires. Elles sont imposables suivant les fourchettes prévues à l'annexe I.

(3) Toutefois en ce qui concerne le transport interurbain de personnes et le transport de marchandises, la patente est déterminée en fonction du nombre de places ou de la charge utile du véhicule.

(4) Pour les ventes de produits pétroliers par les gérants de stations-service non propriétaires de la marchandise, l'assiette de la patente est constituée par le montant de la marge arrêté par les marketeurs.

Section II :

Des exemptions et des exonérations

Sous-section I :

Des exemptions

Article 11 : Ne sont pas assujettis à la contribution des patentes :

1. L'État, les collectivités territoriales décentralisées, les établissements publics et les organismes d'État, pour leur activités à caractère culturel, éducatif, sanitaire, social, sportif ou touristique quelle que soit leur situation à l'égard de la taxation sur le chiffre d'affaires ;

2. Ceux qui vendent en ambulance, soit dans les rues, soit dans les lieux de passage, soit dans les marchés de fleurs ou de menus comestibles ;

3. Les vendeurs ambulants sur la voie publique des journaux et périodiques, à l'exclusion de tout article de librairie et sous réserve que leur activité ait été régulièrement déclarée conformément à la législation en vigueur ;

4. Les associés de sociétés en nom collectif, en commandite, à responsabilité limitée ou anonyme ;

5. Les auteurs compositeurs ;

6. Les caisses d'épargne et de prévoyance administrées gratuitement ainsi que les mutuelles d'entraide, lorsqu'elles sont régulièrement autorisées et fonctionnent conformément à leur objet ;

7. Les cantiniers attachés à l'armée, lorsqu'ils ne vendent pas de boissons alcooliques au public ;

8. Les centres hospitaliers exploités par des congrégations religieuses ou par les organismes à but non lucratif ;

9. Les cultivateurs, planteurs, éleveurs, pour la vente et la manipulation des récoltes et des fruits provenant des terrains qui leur appartiennent ou qu'ils exploitent, ou pour la vente du bétail qu'ils élèvent, entretiennent ou engraissent ;

10. Les économats, syndicats agricoles, et sociétés coopératives de consommation, à condition qu'ils ne possèdent pas de magasins de vente et se bornent à grouper les commandes de leurs adhérents et à distribuer, dans leurs magasins de dépôt, les denrées, produits ou marchandises qui ont fait l'objet de la commande ;

11. Les établissements privés ayant pour but de recueillir des enfants pauvres et de leur dispenser une formation ;

12. Les établissements d'enseignement ;

13. Les explorateurs, les chasseurs ;

14. Les pêcheurs et inscrits maritimes se livrant personnellement à la pêche et effectuant eux-mêmes la vente des produits de leur pêche ;

15. Les personnes assujetties à l'impôt libératoire ;

16. Les piroguiers à l'exception de ceux qui utilisent un bateau à moteur ou à vapeur ;

17. Les planteurs vendant du bois de chauffage provenant exclusivement du débroussaillement pour la mise en valeur de leur plantation ;

18. Les propriétaires ou fermiers de marais-salants ;

19. Les propriétaires ou locataires louant accidentellement en meublé une partie de leur habitation personnelle, lorsque cette location ne présente aucun caractère périodique ;

20. Les salariés, pour ce qui est du seul exercice de leurs professions salariées ;

21. Les sociétés coopératives de développement rural, les sociétés de secours et de prêts agricoles fonctionnant conformément à leur objet ;

22. Les sociétés coopératives et/ou leurs unions ainsi que les groupes d'initiative commune (GIC), ayant pour objet :

a) Soit d'effectuer ou de faciliter toutes les opérations concernant la production, la conservation ou la vente des produits agricoles provenant exclusivement des exploitations des associés ;

b) Soit de mettre à la disposition de leurs sociétaires pour leur usage, du matériel, des machines et des instruments agricoles.

23. Les voyageurs, placiers de commerce et d'industries, qu'ils travaillent pour le compte d'une ou de plusieurs maisons, qu'ils soient rémunérés par des remises ou des appointements fixes, à la condition qu'ils n'aient pas de personnalité professionnelle indépendante de celle des commerçants dont ils placent le produits.

Sous-section II :

De l'exonération temporaire

Article 12 :

(1) Les entreprises nouvelles bénéficient d'une exonération de la contribution des patentes pour une période de deux (2) ans.

(2) Il est délivré aux entreprises nouvelles exonérées, sur leur demande, un titre de patente portant la mention « EXONERE ».

Section III :

Des tarifs

Article 13 :

(1) La contribution due résulte de l'application d'un taux dégressif sur le chiffre d'affaires réalisé par le contribuable au cours de la pénultième année.

(2) Ce taux est arrêté par les collectivités territoriales bénéficiaires du produit de la patente, à l'intérieur d'une fourchette légalement fixée par tranche de chiffre d'affaires.

(3) Les entreprises nouvelles sont tenues de présenter un chiffre d'affaires prévisionnel à régulariser en fin de période.

(4) Au-delà d'un chiffre d'affaires de 2 000 000 000 F, un abattement de 5 % est appliqué à chaque tranche entière de 500 000 000 de F, sans que la réduction totale ne puisse dépasser 30 % du chiffre d'affaires au-dessus de 2 000 000 000 de F.

(5) Toutefois, en ce qui concerne le transport interurbain de personnes et le transport de marchandises, la patente est calculée ainsi qu'il suit :

a) Pour les transporteurs de personnes et par véhicule :

- Une taxe déterminée égale à 27 500 F ;
- Une taxe variable égale à 1250 F par place à partir de la 11è place.

b) Pour les transporteurs de marchandises et par véhicule :

- Une taxe déterminée égale à 37500 F et ;
- Une taxe variable égale à 2500 F par tonne de charge utile au-dessus de trois tonnes.

Article 14 :

(1) La patente est due par établissement. Sont considérés comme constituant des établissements distincts les immeubles ou parties d'immeubles nettement séparés. Est également patentable pour un établissement distinct, celui qui fait vendre des marchandises ou des produits, ou fait travailler des artisans pour son compte sur le trottoir, sous l'auvent ou sous la véranda non fermée de son établissement commercial.

(2) Est considéré comme faisant vendre ou travailler pour son compte, quiconque donne asile tel que précisé à l'alinéa 1 ci-dessus, à un vendeur ou à un artisan ne justifiant par être personnellement patenté.

(3) Tout chantier ou groupe de chantiers ouverts dans une commune et placés sous la surveillance technique d'un agent, est considéré comme établissement imposable.

(4) Les opérations effectuées par un patenté pour le compte d'un tiers, soit en consignation, soit sous contrôle de son commentant, que celui-ci exige des rapports, comptes rendus, comptabilités spéciales, ou fassent surveiller périodiquement lesdites opérations, donnent également lieu à imposition distincte au nom des commettants.

(5) Le mari et la femme, même séparés de biens, ne sont redevables que d'une seule patente lorsqu'ils exercent une même activité dans un même établissement.

(6) L'industriel vendant exclusivement en gros dans un local séparé, les seuls produits de sa fabrication, est exempt de la patente pour les ventes effectuées dans ce local.

(7) Dans le cas de pluralité de magasins, l'exemption est limitée à celui qui est le plus proche de l'usine.

(8) En ce qui concerne les professionnels de transport routier qui sont soumis au régime du bénéfice réel, il est dû une patente par exploitant calculée en fonction du chiffre d'affaires.

Section IV :

Des dispositions particulières

Article 15 : La contribution des patentes est établie en tenant compte des particularités suivantes :

(1) Pour toute activité commerciale, lorsque aucun élément comptable ne permet de déterminer exactement le chiffre d'affaires, celui-ci est considéré comme étant égal à dix fois le stock constaté évalué au prix de vente ; toutefois, l'inspecteur ou le contrôleur a la possibilité d'établir la patente par comparaison à un établissement similaire.

(2) En aucun cas, les importations et les exportations effectuées par une banque, agence de banque ou tout organisme agissant en tant que commissionnaire en

marchandises ou transitaire, ne pourront dispenser les clients du paiement de la patente d'importation ou d'exportation.

(3) Toutefois, n'est pas réputé importateur, le commerçant dont les transactions de cette nature n'atteignent pas 15 000 000 de F par an.

(4) Pour l'application de la patente d'importateur ou d'exportateur, il est tenu compte cumulativement des chiffres d'affaires réalisés à l'importation et à l'exportation.

(5) La patente de l'entrepreneur de transport ne couvre pas les opérations de trafiquant ambulant effectuées par le transporteur, le chauffeur et ses aides, l'armateur, le capitaine ou les hommes de l'équipage.

(6) Les compagnies de navigation dont les navires ou les avions touchent le Cameroun ne sont assujetties à la patente au Cameroun que si elles y ont un établissement.

(7) Les compagnies d'assurance n'ayant pas d'établissement au Cameroun, mais qui y sont représentées, ne sont imposables qu'au siège ou au principal établissement de l'agent d'assurance qui les représente.

Section V :

De la personnalité de la patente

Article 16 : La patente est personnelle et ne peut servir qu'à celui à qui elle a été délivrée.

Article 17 : Les sociétés par actions et les sociétés à responsabilité limitée ayant pour but une entreprise patentable sont imposées sous la désignation de l'entreprise.

Section VI :

De l'annualité de la patente

Article 18 : La patente est due pour l'année entière par toute personne exerçant au 1er janvier une activité imposable.

Article 19 :

(1) Les personnes qui entreprennent en cours d'année une activité soumise à la patente ne doivent cette contribution qu'à partir du premier jour du mois au cours duquel elles ont commencé d'exercer à moins que, de part sa nature, l'activité ne soit susceptible d'être exercée pendant toute l'année. Dans ce cas, la patente est due pour l'année entière quelle que soit l'époque à laquelle l'activité est entreprise.

(2) Le chiffre d'affaires à prendre en compte pour le calcul de la patente est :

- Pour les activités nouvelles, celui déclaré au premier jour du commencement de l'activité ;
- Pour les activités datant d'un ou de plus d'un an, celui réalisé au cours de l'exercice précédent.

Article 20 : En cas de cessation d'activité par suite de décès, de règlement judiciaire, de faillite déclarée ou pour cause d'expropriation ou d'expulsion, les droits ne sont dus que jusqu'à l'expiration du mois en cours. Décharge du surplus est accordée sur déclaration du redevable présentée dans les trois mois suivant l'évènement.

Section VII :

Des obligations des redevables

Article 21 :

(1) Les personnes exerçant une activité soumise à la contribution des patentes, même en cas d'exonération, sont tenues d'en faire la déclaration par écrit, au centre des impôts compétent dans les dix (10) jours suivant le démarrage de l'activité.

(2) Cette déclaration doit mentionner les renseignements suivants :

- Nom, prénoms ou raison sociale ;
- Date de naissance ou de constitution ;
- Lieu de naissance ou siège ;
- Noms, prénom (s) et adresse du père ou du gérant ;
- Noms, prénom (s) et adresse de la mère ;
- Nationalité ;
- Numéro de registre de commerce ;
- Numéro d'immatriculation de l'entreprise ;
- Références de localisation (du siège social et des établissements respectifs par ville,
- quartier, rue, numéro de porte) ;
- Numéro de la boîte postale ;
- Numéro du téléphone et, le cas échéant, son adresse électronique ;
- Nature de l'activité ;
- Montant du chiffre d'affaires ;
- Référence de la dernière quittance de taxe foncière ou d'enregistrement du contrat de bail ;
- Tous autres renseignements nécessaires à l'établissement de la patente.

(3) Une déclaration complétée sur le même modèle doit être adressée au centre des impôts en cas, soit de paiement de la patente annuelle ou trimestrielle, soit d'arrêt ou de cessation d'activités.

(4) Tout patentable est tenu d'afficher son titre de patente dans son établissement.

(5) Pour être valable, le titre de patente ainsi affiché doit être appuyé des quittances constatant son règlement.

Article 22 : Le contribuable qui a égaré sa patente doit se faire délivrer un duplicata par le chef du centre des impôts territorialement compétent. Ce duplicata, établi sur formule spéciale, fait mention des références de paiement de ladite patente.

Section VIII :

De l'émission et du paiement de la patente

Article 23 :

(1) Les contribuables assujettis à la contribution des patentes sont tenus de déclarer et de s'acquitter en une seule fois des droits auxquels ils sont soumis :

- dans les deux (02) mois qui suivent le début de l'année fiscale, en cas de renouvellement de la patente ;
- dans les deux (02) mois qui suivent la fin de l'exonération temporaire.

(2) Toutefois, par dérogation aux dispositions ci-dessus, les transporteurs interurbains de personnes et les transporteurs de marchandises déclarent et s'acquittent de leur contribution des patentes dans les quinze (15) jours ouvrables qui suivent la fin de chaque trimestre.

Article 24 :

(1) La contribution des patentes est établie par le centre des impôts au nom de la personne qui exerce l'activité imposable.

(2) Elle est payée à l'aide de bulletins d'émission distincts par commune (s) et par entités bénéficiaires.

Article 25 : À la suite du paiement, le chef de centre des impôts délivre au redevable un titre de patente comportant sa photographie pour les personnes physiques, avec en annexes les quittances de versement du droit de patente.

Article 26 :

(1) Pour les entreprises relevant de la structure en charge des grandes entreprises à la direction générale des impôts, le paiement de la patente se fait sur ordre de virement à l'ordre du comptable de la commune et des organismes bénéficiaires.

(2) En contrepartie, les comptables bénéficiaires sont tenus, au vu des titres de recettes émis par l'ordonnateur, de délivrer aux entreprises une quittance de paiement.

(3) Les communes et les organismes bénéficiaires adressent en même temps à la structure susvisée, un état de virement effectif des droits de patente acquittés avec référence des ordres de virements reçus et des quittances délivrés.

(4) Au vu des justificatifs de paiement susvisés, le chef de la structure visée à l'alinéa 1, délivre les titres de patentes dans les mêmes formes que ci-dessus.

Article 27 : Les omissions totales ou partielles constatées dans les émissions de la contribution des patentes ainsi que les erreurs commises dans la détermination des bases d'imposition ou dans l'application du tarif, peuvent être réparées par le service des impôts jusqu'à l'expiration de l'année fiscale suivant celle de l'émission.

Article 28 : Il est tenu dans chaque centre des impôts et par collectivité territoriale ou organisme bénéficiaire, conformément aux dispositions du livre de procédures fiscales du Code général des impôts :

- Un livre-journal des émissions et de recouvrements ;
- Un état de rapprochement journalier des impôts et taxes levés au profit des différents bénéficiaires ;
- Un registre de contrôle permettant l'identification et la relance des redevables qui ne se seraient pas acquittés de leurs droits.

Section IX :

Des pénalités

Article 29 : Tout contribuable qui n'a pas acquitté sa patente dans le délai ou qui n'a pas fourni dans le même délai, les renseignements nécessaires à l'établissement de celle-ci est passible d'une pénalité de 10 % par mois de retard avec un maximum de 30 % de l'impôt dû.

Article 30 :

(1) Tout contribuable qui exerce une activité soumise à la patente sans en avoir acquitté les droits, est taxé d'office pour l'année entière et sa cotisation est assortie d'une majoration de 50 % à 100 % selon que sa bonne foi est établie ou non.

(2) L'exercice illégal d'une activité ou l'exercice d'une activité prohibée fait l'objet d'un procès-verbal dressé par tout fonctionnaire de l'administration fiscale ayant au moins le grade de contrôleur ou tout agent assermenté de la force publique, et adressé à l'autorité compétente.

(3) La patente due sur une activité illégale ou prohibée est assortie d'une majoration de 100 %, et elle ne donne pas droit à la délivrance d'un titre de patente.

Article 31 :

(1) Le défaut d'affichage de la patente est sanctionné par une amende fiscale de 10 000 francs par infraction. Cette amende fait l'objet d'un bulletin de versement payable immédiatement.

(2) Le non règlement des sommes dues au titre de la patente dans les délais prévus ci-dessus entraîne la fermeture d'office et immédiate de l'établissement ou des établissements, sans préjudice des sanctions prévues par ailleurs.

Article 32 : Le défaut de présentation de la patente de transport à l'autorité chargée du contrôle entraîne la mise en fourrière du véhicule.

Annexes du chapitre I :

Annexe I :

Tableau des classes des patentes et fourchettes correspondantes

TRANCHES DE CHIFFRE D'AFFAIRES ANNUEL(C.A.) EN FCFA	CLASSES	FOURCHETTES DES TAUX (%)
C. A. égal ou supérieur à 2 milliards de	1ère	0,075 % à 0,0875 %
C.A au moins égal à 1 milliard et inférieur à 2 milliards	2e	0,0875 % à 0,100 %
C.A. au moins égal à 500 millions et inférieur à 1 milliard	3e	0,100 % à 0,10 %
C.A. au moins égal à 300 millions et inférieur à 500 millions	4e	0,108 % à 0,116 %
C.A. au moins égal à 100 millions et inférieur à 100 millions	5e	0,133 % à 0,150 %
C.A au moins égal à 15 millions et inférieur à 100 millions	6e	0,158 % à 0,16 %
C.A. au moins égal à 5 millions et inférieur à 15 millions	7e	0,283 % à 0,400 %

Annexe II :

Tableau des activités soumises de plein droit à la contribution des patentes

1. Acheteur ou collecteur non producteur d'or ou de pierres précieuses ;
2. Administrateur des biens ;
3. Agence d'affaires ;
4. Agences d'une entreprise de télécommunication ;

5. Agence de banque ou d'établissement financier ;
6. Agence de compagnie d'assurances ou de rassurance ;
7. Agence de compagnie de navigation aérienne ;
8. Agence de compagnie de navigation maritime ou fluviale ;
9. Agence de distribution ou de commercialisation d'eau ;
10. Agence de distribution ou de commercialisation d'énergie ;
11. Agence de publicité ;
12. Agence de surveillance ;
13. Agence de voyage ;
14. Agence immobilière ;
15. Agence périodique de banque ou d'établissement financier ;
16. Agence de recouvrement ;
17. Approvisionnement de navire ou shipchandler ;
18. Architecte, bureau d'études ou d'ingénieur- conseil ;
19. Atelier mécanique d'affûtage, de réparation, de rectification, de montage ou de maintenance industrielle ;
20. Avocat ;
21. Banque ou établissement financier ;
22. Bar-dancing ;
23. Bijoutier ;
24. Boucher disposant de moyens frigorifiques et charcutier ;
25. Boulanger utilisant des procédés mécaniques ;
26. Brasseur ;
27. Brocanteur ;
28. Chirurgien, médecin ou dentiste ;
29. Collecteur de produits de base ;
30. Commissaire aux avaries ;
31. Commissaire aux comptes ;
32. Commissaire en marchandises ;
33. Commissaire-priseur ;
34. Commissionnaire en douane ;
35. Compagnie d'assurance ou de réassurance ;
36. Compagnie de navigation aérienne ;
37. Compagnie de navigation maritime ou fluviale ;
38. Concessionnaire d'entrepôt ;
39. Conseil fiscal ;
40. Courtier ;
41. Débitant de boissons alcoolique donnant lieu à licence ;
42. Débitant de boissons non alcoolique donnant lieu à licence ;

43. Décorateur ;
44. Dessinateur en bâtiment ;
45. Entrepreneur de bâtiment ou de travaux publics ;
46. Entrepreneur de nettoyage, de désinsectisation, de dératisation ou de vidange de fosses septiques etc. ;
47. Entrepreneur de pompes funèbres ;
48. Entrepreneur de promotion de la publicité par la presse, la radio, la télévision ou l'affûtage ;
49. Entrepreneur de sauvetage ou de remorquage fluvial ou maritime ;
50. Entrepreneur de transports fluviaux ;
51. Entrepreneur de transports terrestres ;
52. Entrepreneur de travaux aériens ;
53. Expert-comptable ou comptable agréé ;
54. Expert près les tribunaux ;
55. Expert technique ;
56. Exploitant d'entrepôt frigorifique ;
57. Exploitant d'un atelier de bureautique ;
58. Exploitant d'un établissement pour le traitement, la mise en bouteille ou en boîte de boissons ;
59. Exploitant d'un système de télécommunication ;
60. Exploitant d'une scierie ;
61. Exploitant d'une station de lavage ou de graissage de véhicule ;
62. Exploitant d'une usine de transformation ou de production de l'énergie ;
63. Exploitant d'une usine pour la production d'eau potable ;
64. Exploitant de boissons alcooliques ;
65. Exploitant de boîte de nuit ;
66. Exploitant de casino ou d'établissement assimilé ;
67. Exploitant de débits de boissons hygiéniques et vins ;
68. Exploitant de jeux et amusements publics ;
69. Exploitant de magasins généraux de dépôts, entrepôts ou stocks ;
70. Exploitant de salle de cinéma ;
71. Exploitant de taxi et par taxi ;
72. Exploitant de télé boutique ;
73. Exploitant de wagon-lit ou wagon-restaurant ;
74. Exploitant des jeux de hasard et de divertissement ;
75. Exploitant forestier ;
76. Fabriquant de sirop, limonades ou d'eaux gazeuses ;
77. Fabriquant de yaourt, de glaces alimentaires ou de sucettes ;
78. Géomètre ;
79. Guichet d'assurance ;

80. Guide de tourisme ;
81. Hôtel classé ;
82. Hôtel non classé ;
83. Huissier de justice ;
84. Importateur ou exportateur ;
85. Industrie de conditionnement des produits ;
86. Industrie de fabrication ou de transformation ;
87. Intermédiaire agréé pour l'achat des produits de cru ;
88. Kinésithérapeute ;
89. Laboratoire d'analyse, d'essais d'études ;
90. Laboratoire de biologie ou d'analyses médicales ;
91. Laboratoire de développement de photographies ;
92. Loueur d'aéronefs ;
93. Loueur d'ordinateurs ou de machines à cartes perforées ;
94. Loueur de bâches, de chaises ou de vaisselle ;
95. Loueur de bicyclettes ;
96. Loueur de cassettes – vidéo ;
97. Loueur de cyclomoteurs ;
98. Loueur de fonds de commerce, d'installation de local aménagé, de station service ;
99. Loueur de main d'œuvre ;
100. Loueur de salles ou de locaux aménagés pour les réunions, cérémonies, fêtes spectacles, etc. ;
101. Loueur de véhicules ou d'engins ;
102. Loueur en meubles ;
103. Manucure, pédicure donnant des soins de beauté ;
104. Marchand ambulant par voiture automobile ;
105. Marchand de sable, de graviers ou de moellons ;
106. Mécanicien-réparateur, électricien automobile ;
107. Médecin ou exploitant d'un cabinet médical ou d'une clinique ;
108. Notaire ;
109. Organisateur de spectacles et concerts ;
110. Pâtissier ou confiseur ;
111. Paysagiste ;
112. Pharmacien ;
113. Prospecteur avec local ;
114. Réparateur d'appareils audiovisuels vendant des pièces détachées ;
115. Représentant de commerce ;
116. Restaurant classé ;
117. Restaurant non classé ;

118. Syndic de faillite ;

119. Teinturier dégraisseur ou blanchisseur utilisant des moyens mécaniques ;

120. Tenant d'un salon de coiffure et vendant des cosmétiques ou donnant des soins de beauté ;

121. Tenant d'une garderie d'enfants ;

122. Transitaire ou acconier ;

123. Transport mixte de personnes et de la marchandise à la périphérie des centres urbains ;

124. Transport urbain de masse et par véhicule ;

125. Usine de raffinage de sel ou de sucre ;

126. Vétérinaire.

Chapitre II :

De la contribution des licences

Section I :

Des dispositions générales

Article 33 : Toutes personnes physique ou morale autorisée à se livrer à la vente en gros ou au détail à un titre quelconque ou à la fabrication des boissons alcoolisées ou non alcoolisées, est soumise à la contribution des licences.

Article 34 :

(1) Sont réputées boissons non alcoolisées :

- La bière à teneur d'alcool nulle, provenant de la fermentation d'un moult préparé à l'aide de malt, d'orge ou de riz, de houblon et d'eau ;
- Le cidre, le poiré, résultant de la fermentation du jus de pommes et de poires fraîches et, d'une manière générale, tous jus fermentés de fruits frais, tels que : citron, orange, ananas, calebasse, framboise, grenade, cerise, groseille… à l'exception du vin.

(2) Sont considérés comme boissons alcoolisées, les bières, les vins, les liqueurs et boissons autres que celles visées à l'alinéa ci-dessus.

Article 35 : Ne donnent pas lieu à la contribution de licences, la vente des eaux minérales, eaux gazeuses, aromatisées ou non par extraits non alcoolisés et la vente de jus de fruits frais non fermentés, lorsqu'elles sont effectuées dans un établissement distinct de celui comportant des boissons imposables.

Article 36 :

(1) La contribution des licences est due par les importateurs, producteurs et débitants des boissons donnant lieu à licence. Elle est annuelle et personnelle.

(2) Elle est due par établissement selon les mêmes règles que celles applicables selon le cas, à la contribution des patentes ou à l'impôt libératoire. La licence est fixée d'après le chiffre d'affaires.

Article 37 :

(1) Le tarif de la contribution des licences est fixé comme suit :

- Deux (02) fois le montant de la contribution des patentes pour les boissons non alcoolisées ;

- Quatre (04) fois le montant de la contribution des patentes pour les boissons alcoolisées.

(2) Toutefois, pour les débitants de boissons donnant lieu à licence et relevant de l'impôt libératoire, la contribution des licences est établie ainsi qu'il suit :

- Une (01) fois le montant de l'impôt libératoire pour les boissons non alcoolisées ;
- Deux (02) fois le montant de l'impôt libératoire pour les boissons alcoolisées.

Article 38 : En cas de cumul de la vente des boissons avec un autre commerce dans le même établissement, le chiffre d'affaires à prendre en compte pour le calcul de la contribution des licences est celui déclaré au titre de la vente des boissons.

Article 39 :

(1) Tout vendeur des boissons à emporter ne peut vendre par quantités inférieures au litre sauf s'il vend par bouteilles cachetées portant la marque d'origine. Dans le cas contraire, il est assimilé à un débitant donnant à consommer sur place.

(2) Est également réputé vendant à consommer sur place, quiconque autorise ou tolère la consommation dans son établissement ou sous la véranda de celui-ci, des boissons vendues pour être emportées.

Article 40 : Lorsque, dans un même établissement, il est réalisé des opérations pouvant donner lieu à des licences différentes, cet établissement est imposé à la licence la plus élevée pour l'ensemble des opérations qui y son réalisées.

Article 41 : Est assimilé à la vente pour l'évaluation du chiffre d'affaires au titre de la licence, toute remise de boissons donnant lieu à licence à l'occasion de transactions commerciales, de troc, d'échange ou même de cadeaux, ou tout prélèvement destiné à la consommation personnelle.

Article 42 :

(1) Le paiement de la contribution des licences est indépendant de celui de la contribution des patentes ou de l'impôt libératoire et l'imposition de l'une ne dispense pas du paiement des autres.

(2) Le cumul de la vente des boissons avec un autre commerce emporte le paiement de la contribution des licences et de la contribution des patentes ou de l'impôt libératoire applicable au second commerce.

Article 43 :

(1) Toutes les dispositions relatives à la contribution des patentes ou à l'impôt libératoire et touchant les principes, la notion d'établissement, les déclarations à souscrire, leur vérification et l'établissement des impositions sont applicables à la contribution des licences.

(2) Toute personne vendant des boissons soumises à une licence préalable sans autorisation ou exerçant un commerce paisible d'une contribution plus élevée que celle qui est initialement imposée, est taxée d'office pour l'année entière ou sur la différence entre le montant réellement dû et celui déjà acquitté.

(3) Les sanctions prévues ci-dessus en matière de patente sont également applicables à la contribution de licence.

Section II :

Des tarifs de la contribution des licences

Article 44 : Les tarifs de la contribution des licences sont regroupés dans le tableau ci-après :

Nature de l'activité		**Activités assujetties à la patente**	**Activités soumises à l'impôt libératoire**
Classe de Licence	Élément de base	Contribution de la patente	Le montant de l'impôt libératoire
1ère classe	Boissons non alcoolisées	02 fois la contribution de la patent	01 fois le montant de l'impôt libératoire
2e classe	Boissons non alcoolisées	04 fois la contribution de la patente	02 fois le montant de l'impôt libératoire

Chapitre III :

De l'impôt libératoire

Article 45 : Les contribuables exerçant une activité commerciale, industrielle, artisanale ou agro-pastorale ne relevant ni du régime du bénéfice réel, ni du régime simplifié d'imposition, ni du régime de base, sont soumis à un impôt libératoire exclusif du paiement de la patente, de l'impôt sur le revenu des personnes physiques et de la taxe sur la valeur ajoutée.

Article 46 :

(1)L'impôt libératoire est liquidé et émis par les services des impôts.

(2) Les tarifs de l'impôt libératoire sont arrêtés par les collectivités territoriales, bénéficiaires du produit de cet impôt à l'intérieur d'une fourchette fixée par catégorie d'activités ainsi qu'il suit :

Catégories :

- A : de 0 F à 20 000 F
- B : de 20 001 F à 40 000 F
- C : de 41 001 F à 50 000 F
- D : de 51 001 F à 100 000 F

Les communes peuvent, à l'intérieur de chaque catégorie, appliquer les taux spécifiques à chaque activité dans la limite de la fourchette concernée.

a) Relèvent de la catégorie A

- Coiffeur ambulant ;
- Gargotier ambulant ;
- Gargotier sans local aménagé ;
- Vendeur ambulant de boissons gazeuses et d'eau potable par triporteur, pousse-pousse ou cyclomoteur ;
- Tailleur ou couturier ayant moins de 5 machines, apprentis ou employés ou travaillant seul ;
- Exploitant d'un moulin à écraser ;
- Marchand ambulant d'articles divers ;
- Graveur ambulant ;

- Coiffeur à demeure ;
- Exploitant de bornes fontaines, par borne fontaine ;
- Tenancier d'un salon de coiffure ayant de 1 à 3 employés ;
- Artisan ou fabricant sans moyen mécanique ;
- Graveur à domicile ;
- Exploitant de cafétaria ;
- Vendeur de soya ;
- Transporteur de personnes par cyclomoteur (mototaxis) ;
- Transporteur de marchandises par pousse-pousse ;
- Tenancier d'une cantine scolaire ;
- Horloger ;
- Revendeur de produits vivriers (bayam-sellam) sans moyen de transport ;
- Vendeur à la sauvette de marchandises diverses ;
- Exploitant de photocopieur, de machine à dactylographier ou d'ordinateur pour traitement de textes sans local et par photocopieur, machine à dactylographier ou ordinateur ;
- Cordonnier ambulant ;
- Vendeur de vin de raphia ou de palme ;
- Sculpteur sur bois ;
- Forgeron ;
- Vannier ;
- Artisan fabricant de maroquinerie ;
- Vendeur de fleurs ;
- Libraire ambulant ;
- Revendeurs non salariés de tickets ou billets de loterie et PMUC ;
- Réparateur de téléviseurs et autres appareils audiovisuels ne vendant pas des pièces détachées ;
- Chargeurs de batteries, réparateur de roues ;
- Collecteur de peaux de bêtes ;
- Marchand de bois à brûler au détail ;
- Vendeur ambulant de radiocassettes, de montres et d'horloges ;
- Kiosque à journaux ;
- Logeur en dortoir ;
- Marchand de charbon de bois au détail ;
- Photographe ambulant ;
- Exploitant de jeux de hasard à trois cartes ;
- Écrivain public ;
- Fabricant de yaourt, de glaces alimentaires ou de sucettes ne présentant pas un caractère industriel ;

- Les contribuables relevant des bénéfices agricoles dont le chiffre d'affaires annuel est inférieur à un million de F ;
- Vendeur ambulant de pâtisserie ;
- Marchand de piquets, de bambous et de planches ;
- Vendeur ambulants de cassette de musique enregistrée et de cassette vidéo ;
- Exploitant d'une laverie avec compteur d'eau et sans gardiennage ;
- Agent commercial non salarié.

b) Relèvent de la catégorie B :

- Exploitant de photocopieur, de machine à dactylographier ou d'ordinateur pour traitement de textes avec local et par photocopieur, machine à dactylographier ou ordinateur ;
- Guérisseur ;
- Commerçant réalisant un chiffre d'affaires inférieur à cinq millions de F ;
- Gargotier avec local aménagé ;
- Loueur de bicyclettes ayant moins de 10 bicyclettes ;
- Marchand de petit bétail, de volaille, dont le chiffre d'affaires est inférieur à cinq millions de F ;
- Exploitant de ciné-club ;
- Loueur de bâches, de chaises ou de vaisselle dont le chiffre d'affaires ne dépasse pas cinq millions de F ;
- Revendeur de produits vivriers disposant d'un véhicule ;
- Tenancier d'un salon de coiffure ayant de 3 à 5 employés ;
- Transporteur de personnes par véhicule à la périphérie des centres urbains ;
- Photographie en studio ;
- Tenancier d'un atelier d'impression sur tissu ;
- Professeur de danse ou de musique, de sport, de culture physique, moniteur de gymnastique ;
- Kiosque à tabac ;
- Marchand de bois de chauffage ou à brûler disposant d'un véhicule ;
- Marchand de boissons hygiéniques ne donnant pas lieu à licence ;
- Prestidigitateur ou illusionniste ;
- Exploitant d'une téléboutique réalisant un chiffre d'affaires annuel inférieur à cinq millions de F ;
- Mécanicien, tôlier, électricien automobile sans moyens mécaniques ;
- Exploitant d'un débit de boissons hygiéniques donnant lieu à licence et dont le chiffre d'affaires est inférieur à quinze million de F ;
- Exploitant d'une laverie avec compteur d'eau et avec gardiennage de véhicule ;
- Cameraman ambulant.

c) Relèvent de la catégorie C

- Sage-femme donnant des soins à domicile ;
- Infirmier ou infirmière, masseur ;
- Transport mixte de personnes et de marchandise à la périphérie des centres urbains ;
- Commerçant réalisant un chiffre d'affaires annuel compris entre cinq millions et dix millions de F ;
- Loueur de bicyclettes ayant de 10 à 20 bicyclettes ;
- Restaurant non classé ;
- Loueur de cyclomoteurs ayant moins de 10 cyclomoteurs ;
- Tâcherons réalisant un chiffre d'affaires inférieur à cinq millions de F ;
- Marchand ambulant par voiture automobile ;
- Collecteur de produits de base ;
- Marchand de bétail et volaille réalisant un chiffre d'affaires compris entre cinq millions et dix millions de F ;
- Exploitant de taxi et par taxi ;
- Tenancier d'un salon de coiffure ayant plus de 5 employés ;
- Exploitant d'un débit de boissons hygiéniques et vins dont le chiffre d'affaires est inférieur à quinze millions de F ;
- Guide de tourisme ;
- Marchand de sable, de graviers ou de moellons ;
- Exploitant d'une téléboutique réalisant un chiffre d'affaires annuel compris entre cinq millions de F et dix millions de F ;
- Loueur de bâches, de chaises ou de vaisselle dont le chiffre d'affaires est compris entre cinq millions et dix millions de F.

d) Relèvent de la catégorie D

- Exploitant de boissons alcoolisées et autre dont le chiffre d'affaires est inférieur à quinze millions de F ;
- Commerçant réalisant un chiffre d'affaires annuel compris entre dix millions et quinze millions de F ;
- Marchand de bétail et de volaille réalisant un chiffre d'affaires compris entre dix millions et quinze millions de F ;
- Loueur de bicyclettes ayant plus de 20 bicyclettes ;
- Loueur de cyclomoteur ayant plus de 10 cyclomoteurs ;
- Manucure, pédicure donnant des soins de beauté ;
- Exploitant de débits de boissons hygiéniques et vins dont le chiffre d'affaires est compris entre dix millions et quinze millions de F ;
- Boucher ne disposant pas de moyens frigorifiques vendant moins de 10 bêtes par an ;
- Transport urbain de masse et par véhicule ;

- Exploitant d'une téléboutique réalisant un chiffre d'affaires compris entre dix millions et quinze millions de F ;
- Loueur de bâches, de chaises ou de vaisselle dont le chiffre d'affaires est compris entre dix millions et quinze millions de F ;
- Tâcheron réalisant un chiffre d'affaires compris entre cinq millions et quinze millions de F.

Article 47 :

(1) L'impôt libératoire est dû par commune, par établissement, et par activité dans le cas de l'exercice de plusieurs activités distinctes dans le même établissement.

(2) Toutefois, le marchand ambulant qui justifie du paiement de l'impôt libératoire dans la commune de son domicile n'est plus imposable dans les autres communes de cette même activité.

(3) L'impôt libératoire est acquitté trimestriellement et dans les quinze jours qui suivent la fin de chaque trimestre à la caisse de la recette municipale, à l'aide d'une fiche comprenant :

- Nom, prénoms ou raison sociale ;
- Date de naissance ou de constitution ;
- Lieu de naissance ou de constitution ;
- Noms et prénoms et adresse du père ou du gérant ;
- Nom et prénoms et adresse de la mère ;
- Nationalité ;
- Numéro d'immatriculation ;
- Références de localisation (du siège social et des établissements respectifs par
- ville, quartier, rue, numéro de porte) ;
- Numéro de la boîte poste ;
- Numéro du téléphone et, le cas échéant, son adresse électronique ;
- Nature de l'activité ;
- Montant du chiffre d'affaires et tous autres renseignements nécessaires à l'établissement de l'impôt libératoire ;
- Numéro du Centre des impôts compétent ;
- Chiffre d'affaires requis ;
- Groupe et catégorie à l'impôt libératoire ;
- Trimestre auquel se rapporte le paiement.

(4) Ceux qui entreprennent une activité soumise à l'impôt libératoire sont tenus d'en faire la déclaration au service des impôts, ou au bureau de la mairie dans les lieux où le service des impôts n'est pas installé, dans les quinze jours qui suivent le début de l'activité. Cette demande doit comporter les mêmes renseignements que ceux prévus à l'alinéa 3 ci-dessus.

(5) Ceux qui entreprennent au cours de l'année une activité sujette à l'impôt libératoire ne doivent cet impôt qu'à compter du 1er jour du trimestre au cours duquel ils ont commencé d'exercer.

(6) L'impôt libératoire donne droit à la délivrance d'une fiche de paiement signée par les services des impôts, ou par le chef de l'exécutif municipal dans la commune ne disposant pas de services fiscaux.

(7) Tous assujetti à l'impôt libératoire est tenu d'afficher sa fiche de paiement dans son établissement. Pour être valable, la fiche de paiement ainsi affichée doit être appuyée de la quittance constatant le règlement de l'impôt libératoire.

(8) Le défaut d'affichage de la fiche de paiement de l'impôt libératoire entraîne la fermeture

de l'établissement. Il est en outre sanctionné par une amende fiscale de 5 000 F.

(9) Tout assujetti est tenu de présenter sa fiche de paiement de l'impôt libératoire à toute réquisition des autorités compétentes en matière d'assiette et de recouvrement des impôts et taxes.

(10) Toutefois, pour les marchands ambulants et les transporteurs, le défaut de présentation de la fiche de paiement entraîne la saisie des biens meubles non périssables ou du véhicule et leur conservation à la fourrière municipale, dans les conditions fixées par la loi.

(11) Le non règlement des sommes dues au titre de l'impôt libératoire dans les délais prévus ci-dessus entraîne concomitamment, la fermeture d'office et immédiate de l'établissement ou des établissements, et une pénalité de 30 % du montant de l'impôt exigible, sans préjudice des sanctions.

(12) Lorsque pour un contribuable soumis à l'impôt libératoire, des éléments positifs permettent de déterminer un chiffre d'affaires supérieur à 15 000 000 de F, ce dernier est soumis à la contribution des patentes, et selon le cas au régime de base, au régime simplifié d'imposition ou au régime du bénéfice réel. Dans ce cas, l'impôt libératoire acquitté constitue un acompte à valoir sur le principal de la contribution des patentes.

(13) Les contribuables relevant de l'impôt libératoire peuvent opter pour le régime de base. L'option est irrévocable et emporte également option pour le même régime à la TVA. À cet effet, ils doivent notifier leur choix au chef de centre des impôts territorialement compétent avant le 1er février de l'année d'imposition.

Chapitre IV :

De la taxe foncière sur les propriétés immobilières

Article 48 : Le produit de la taxe foncière sur les propriétés immobilières prévue par le Code Général des Impôts est affecté en totalité à la commune du lieu de situation de l'immeuble.

Chapitre V :

Des droits de mutation d'immeubles

Article 49 : Le produit des droits de mutation d'immeubles prévus par le Codé Général des impôts, est affecté en totalité à la commune du lieu de situation de l'immeuble.

Chapitre VI :

De la taxe sur les jeux de hasard et de divertissement

Article 50 : Le produit de la taxe sur les jeux de hasard et de divertissement prévue par le Code Général des Impôts est affecté en totalité à la commune du lieu de situation de l'établissement.

Chapitre VII :

Du droit de timbre automobile

Article 51 : Le produit des droits de timbre automobile prévus par le Code Général des Impôts, est affecté en totalité au Fonds Spécial d'Équipement et d'Intervention Intercommunale (FEICOM) ou à tout autre organisme chargé de la centralisation et de la péréquation, pour redistribution intégrale aux communes.

Chapitre VIII :

De la redevance forestière

Article 52 :

(1) Une quote-part (40 %) du produit de la redevance forestière annuelle est affectée aux communes conformément aux dispositions du Code Général des Impôts.

(2) La quote-part communale de la redevance forestière annuelle est repartie ainsi qu'il suit :

- 50 % au titre de la retenue à la base au profit de la commune de localisation ;
- 50 % au titre du reliquat centralisé par le FEICOM ou tout autre organisme chargé de la centralisation et de la péréquation des produits des impôts, taxes et redevances dues aux communes.

(3) Le reliquat centralisé de la redevance forestière annuelle et reparti à toutes les communes, suivant des modalités fixées par voie réglementaire.

Titre III :

Des centimes additionnels communaux

Article 53 : Il est institué au profit des communes, des centimes additionnels sur les impôts et taxes ci-après :

- L'impôt sur le revenu des personnes physiques ;
- L'impôt sur les sociétés ;
- La taxe sur la valeur ajoutée (TVA).

Article 54 :

(1) Le taux des centimes additionnels est fixé à 10 % du principal de l'impôt concerné.

(2) Les centimes additionnels sont calculés tant sur le principal que sur les majorations des impôts auxquels ils s'appliquent et suivent le sort des éléments qui leu servent de base.

(3) Les procédures d'assiette, d'émission, de recouvrement ainsi que les poursuites et le contentieux relatifs aux centimes communaux sont les mêmes que pour les impôts et taxes qui leur servent de base.

Article 55 : En contrepartie des frais d'assiette et de recouvrement des recettes fiscales effectuées au profit des collectivités territoriales et des organismes publics, l'Administration fiscale retient 10 % sur les recettes perçues pour le compte de ces collectivités territoriales et organismes.

Article 56 : Le produit des centimes additionnels communaux est réparti entre l'état et le FEICOM, ou tout autre organisme chargé de la centralisation et de la péréquation, et les communes et les communautés urbaines suivant des modalités fixées par voie réglementaire.

Titre IV :

Des taxes communales

Chapitre I :

De la taxe de développement local

Article 57 :

(1) Il est institué, au profit des communes, une taxe communale appelée taxe de développement local.

(2) Cette taxe est perçue en contrepartie des services de base et des prestations rendus aux populations, notamment l'éclairage public, l'assainissement, l'enlèvement des ordures ménagères, le fonctionnement de ambulances, l'adduction d'eau, l'électrification.

(3) Le produit de la taxe de développement local est consacré en priorité au financement des infrastructures visées à l'alinéa ci-dessus.

Article 58 : Les taux maxima de la taxe de développement local sont fixés comme suit :

Pour les employés du secteur public et privé :

- Salaire de base mensuel compris entre 62 000 et 75 000 F : 3 000 F/an ;
- Salaire de base mensuel compris entre 75 001 et 100 000 F : 6 000 F/an ;
- Salaire de base mensuel compris entre 100 001 et 125 000 F : 9 000 F/an ;
- Salaire de base mensuel compris entre 125 001 et 150 000 F : 12 000 F/an ;
- Salaire de base mensuel compris entre 150 001 et 200 000 F : 15 000 F/an ;
- Salaire de base mensuel compris entre 200 001 et 250 000 F : 18 000 F/an ;
- Salaire de base mensuel compris entre 250 001 et 300 000 F : 24 000 F/an ;
- Salaire de base mensuel compris entre 300 001 et 500 000 F : 27 000 F/an ;
- Salaire de base mensuel supérieur à 500 000 F : 30 000 F/an.

Pour les assujettis à l'impôt libératoire ou à la contribution à la patente :

- Impôt en principal égal ou inférieur à 30 000 F : 7 500 F/an
- Impôt en principal compris entre 30 001 et 60 000 F : 9 000 F/an ;
- Impôt en principal compris entre 60 001 et 100 000 F : 15 000 F/an ;
- Impôt en principal compris entre 100 001 et 150 000 F : 22 500 F/an ;
- Impôt en principal compris entre 150 001 et 200 000 F : 30 000 F/an ;
- Impôt en principal compris entre 200 001 et 300 000 F : 45 000 F/an ;
- Impôt en principal compris entre 300 001 et 400 000 F : 60 000 F/an ;
- Impôt en principal compris entre 400 001 et 500 000 F : 75 000 F/an ;
- Impôt en principal supérieur à 500 000 F : 90 000 F/an.

Article 59 : La taxe du développement local est perçue en même temps que l'impôt sur le revenu des personnes physiques, l'impôt libératoire et la patente.

Article 60 : L'assiette, l'émission, le recouvrement, les délais, les sanctions, les poursuites et

le contentieux de la taxe de développement local suivent les procédures applicables aux impôts et droits sur lesquels elle est assise.

Chapitre II :

Des autres taxes communales

Section I :

Des généralités sur les taxes communales

Article 61 : Le conseil municipal peut voter au profit du budget communal, des droits et taxes dits « taxes communales ».

Article 62 : Les taxes communales comprennent :

- La taxe d'abattage du bétail ;
- La taxe communale sur le bétail ;
- La taxe sur les armes à feu ;
- La taxe d'hygiène et de salubrité ;
- Les droits de fourrière ;
- Les droits de place sur les marchés ;
- Les droits sur les permis de bâtir ou d'implanter ;
- Les droits d'occupation temporaire de la voie publique ;
- La taxe de stationnement ;
- Les droits d'occupation des parcs de stationnement ;
- Les tickets de quai ;
- La taxe sur les spectacles ;
- Les droits de stade ;
- La taxe sur la publicité ;
- Le droit de timbre communal ;
- La redevance pour dégradation de la chaussée ;
- La taxe communale de transit ou de transhumance ;
- La taxe sur le transport des produits de carrières ;
- Les droits de parkings ;
- La taxe sur les produits de récupération.

Section III :

De la taxe d'abattage du bétail

Article 63 : La taxe d'abattage est due par le boucher pour le bétail tué dans les abattoirs aménagés ou gérés par la commune.

Article 64 : Les taux de la taxe d'abattage sont fixés dans les limites maximales ci-après :

- Bovins et équins : 1 000 F par tête de bétail ;
- Porcins : 400 F par tête de bétail ;
- Ovins et caprins : 250 F par tête de bétail ;

Article 65 :

(1) La taxe d'abattage est liquidée par les services d'assiette de la commune et recouvrée par le receveur municipal.

(2) Elle est payée par le boucher avant tout abattage.

(3) En cas d'abattage frauduleux, il est appliqué un amende par tête de bétail tué, respectivement de 10 000 F pour les bovins et équins et 5 000 F pour les porcins, ovins et caprins, sans préjudice des sanctions prévues par la réglementation en vigueur.

Section III :

De la taxe communale sur le bétail

Sous-section I :

Du champ d'application

Article 66 : Tout propriétaire ou détenteur de bovidés est redevable d'une taxe annuelle à raison du nombre d'animaux qu'il possède.

Sous-section II :

Des exemptions

Article 67 : Ne donnent pas lieu à perception de la taxe :

- Les animaux de labour ;
- Les animaux appartenant à l'État ;
- Les reproducteurs importés de l'étranger ;
- Les animaux élevés et utilisés par les œuvres de charité dans un but exclusivement social.

Sous-section II :

De l'assiette, du taux et du paiement

Article 68 :

(1) La taxe communale sur le bétail est payée par les redevables sur déclaration auprès de la commune de localisation du troupeau.

(2) Le recensement des bêtes est effectué par la commune de localisation du troupeau, en rapport avec les services de l'élevage.

Article 69 :

(1) Le tarif annuel est de 200 à 500 francs par tête de bétail.

(2) Le paiement de la taxe sur le bétail n'exclut pas, le cas échéant, la taxation à l'impôt libératoire ou à l'impôt sur le revenu des personnes physiques.

Article 70 :

(1) La taxe communale sur le bétail est exigible le 1er janvier de l'année d'imposition.

(2) Le produit de la taxe communale sur le bétail, qui doit être acquitté spontanément au plus tard le 15 mars sur déclaration du redevable ou de son représentant, est intégralement destiné à la commune de localisation.

Sous section IV :

Des pénalités

Article 71 : Le non-paiement de la taxe entraîne la saisie et la mise en fourrière des animaux.

Article 72 : Toute dissimulation de bétail imposable ou toute fausse déclaration entraîne la mise en fourrière et l'application d'une pénalité de 100 %.

Section IV :

De la taxe sur les armes à feu

Sous-section I :

Du champ d'application

Article 73 :

(1) Tout détenteur d'une arme à feu est astreint, sur déclaration dudit propriétaire, au plus tard le 15 mars de chaque année, au paiement d'une taxe annuelle auprès de la commune de localisation de l'arme, conformément au tarif ci-après :

- Fusil de traite : 200 F ;
- Fusil de chasse à canon lisse : 1500 F ;
- Carabine de salon : 1500 F
- Arme rayée : 2 000 F ;
- Revolver et pistolet : 2000 F ;

(2) Il est établi au plus tard le 15 mars de chaque année par le sous-préfet et le magistrat municipal, la liste des détenteurs d'armes à feu.

(3) Les armes hors usage ne cessent d'être taxées que lorsqu'elles ont été déposées au bureau du sous-préfet aux fins de destruction contre décharge.

Sous-section II :

Des exemptions

Article 74 : sont exemptés de la présente taxe :

- Les armes appartenant à l'État ;
- Les revolvers et pistolets d'ordonnance appartenant aux militaires en activités de service et aux officiers de réserve ;
- Les armes à feu existant dans les magasins et entrepôts du commerce tant qu'elles n'ont pas été mises en usage.

Sous-section III :

De la liquidation et du paiement

Article 75 : La taxe sur les armes est liquidée, émise et payée au profit de la commune de localisation du détenteur contre délivrance d'une quittance.

Sous-section IV :

Des pénalités

Article 76 : Toute dissimulation d'arme imposable, détention illégale ou toute fausse déclaration entraîne application d'une pénalité de 100 %.

Section V :

De la taxe d'hygiène et de salubrité

Article 77 :

(1) Une taxe d'hygiène et de salubrité est perçue par la commune au titre du contrôle des denrées alimentaires et des immeubles à usage commercial et industriel.

(2) Le montant de la taxe d'hygiène et de salubrité est fixé ainsi qu'il suit :

- Denrées alimentaires vendues à l'air libre : de 500 à 1000 F par trimestre ;
- Denrées alimentaires vendues dans un local : de 1000 à 1500 F par trimestre ;

- Immeubles : de 10 000 à 25 000 F par an.

(3) Le montant de la taxe est arrêté par délibération du conseil d'administration.

(4) Les infractions aux règles d'hygiène et de salubrité sont punies d'une amende égale à 100 % du montant de la taxe due.

(5) Les modalités d'application de la présente taxe sont fixées par voie réglementaire.

Section VI :

Des droits de fourrière

Article 78 :

(1) Les animaux en divagation, les véhicules et tous objets trouvés sans gardien ou placés en infraction à la réglementation de voirie peuvent être saisis et mis en fourrière d'où ils ne peuvent être retirés que moyennant le paiement des droits de fourrière.

(2) Ces droits ne peuvent être perçus que dans la mesure où la commune assure effectivement la garde des animaux, véhicules et autres objets trouvés sur la voie publique.

Article 79 :

(1) Les taux de droits de fourrière sont fixés dans les limites maximales ci-après :

- Gros bétail : de 5000 à 10 000 F par tête et par jour ;
- Petit bétail : de 2000 à 5000 F par tête et par jour ;
- Animaux de compagnie : 2000 à 5000 F par tête et par jour ;
- Camions et engins lourds : de 10000 à 50000 F par véhicule et par jour ;
- Autres véhicules : de 5000 à 15000 F par véhicule et par jour ;
- Motocyclettes : de 1000 à 5000 F par motocyclette et par jour ;
- Autres objets : de 1000 à 3000 F par objet et par jour.

(2) Les droits de fourrière sont recouvrés par le receveur municipal au vu d'un ordre de recette émis par le magistrat municipal compétent.

(3) La commune peut procéder à la vente aux enchères conformément à la réglementation en vigueur des animaux, véhicules ou objets non réclamés après une mise en demeure au terme de trente jours de fourrière.

Section VII :

Des droits de place sur les marchés

Article 80 :

(1) Les droits de place sur les marchés sont perçus auprès des commerçants réguliers et de vendeurs occasionnels qui occupent une place dans tout marché du ressort territorial d'une commune.

(2) On distingue les droits fixes payés par les commerçants réguliers et les droits journaliers payés par les vendeurs occasionnels ou ceux ne disposant pas d'une place permanente.

(3) La fixation des taux de ces droits prend en compte la disparité des niveaux de vie, la spécialisation des marchés concernés et la situation des grands centres d'approvisionnement.

(4) Les droits de place sur les marchés sont identiques pour tous les marchands, qu'ils soient domiciliés ou non dans la localité, la différence éventuelle des taux ne devant provenir que de la superficie occupée.

Sous-section I :

Des droits fixes

Article 81 :

(1) Le conseil municipal établit les tarifs fixes mensuels applicables aux boutiques ou aux stands construits de façon durable sur les marchés.

(2) L'attribution de ces boutiques ou stands peut être effectuée soit par adjudication, soit de gré à gré.

Article 82 :

(1) Un contrat est obligatoirement établi entre la commune et l'occupant permanent de la boutique ou du stand.

(2) Ce contrat comporte notamment les mentions suivantes :

- L'identité du locataire ;
- Le numéro d'identifiant unique de l'occupant ;
- La localisation du marché (ville, quartier, lieu-dit) ;
- La référence cadastrale du marché ;
- Le numéro de la boutique ;
- La superficie du local ;
- Le montant du droit mensuel ;
- La durée du bail ;
- La nature de l'activité.

(3) Toute sous-location est formellement interdite. Elle est sanctionnée par une amende de 200 % des droits dus sans préjudice des sanctions administratives et des poursuites de droit.

Article 83 :

(1) Les taux de loyers des boutiques communales applicables dans les marchés sont fixés ainsi qu'il suit :

- Jusqu'à 4 m2 de 5 000 à 10 000 F par mois ;
- De 4,01 m2 à 6 m2 de 10 001 à 15 000 F par mois ;
- De 6,01 m2 à 8 m2 de 15 001 à 20 000 F par mois ;
- De 8,01 m2 à 10m2 de 20 001 à 25 000 F par mois :
- De 10,01 m2 à 12 m2 de 25 001 à 30 000 F par mois ;
- De 12,01 m2 à 14 m2 de 30 001 à 35 000 F par mois ;
- De 14,0 m2 à 16 m2 de 35 001 à 40 000 F par mois ;
- De 16,01 m2 à 18 m2 de 40 001 à 45 000 F par mois ;
- De 18,01 m2 à 20 m2 de 45 001 à 50 000 F par mois ;
- De 20,01 m2 à 22 m2 de 50 001 à 55 000 F par mois ;
- De 22,01 m2 à 24 m2 de 55 001 à 60 000 F par mois ;

- De plus de 24 m2 de 60 001 à 70 000 F par mois ;

(2) Faute de paiement d'un terme de loyer des boutiques et après mise en demeure de quinze jours demeurée infructueuse, il est procédé à la pose des scellés sur la boutique, dans les formes prévues par les textes en vigueur.

(3) Les scellés ne peuvent être levés qu'après paiement d'une amende de 5000 F en sus du droit régulièrement dû.

Sous-section II :

Des droits journaliers

Article 84 :

(1) Les vendeurs occasionnels et les commerçants ne disposant pas de places permanentes dans les marchés acquittent un droit de place journalier dont le montant arrêté par délibération du conseil municipal est compris entre 100 et 500 F par vendeur.

(2) Faute de paiement, il est, jusqu'à exécution, procédé à la confiscation des marchandises, qui ne peuvent être restituées qu'après paiement d'une amende correspondant à un droit en sus du droit régulièrement dû.

Article 85 :

(1) La vente des marchandises sur les trottoirs et autres espaces publics, en dehors des places de marché, demeure interdite.

(2) En cas d'occupation constatée par la commune compétente, les vendeurs concernés doivent payer une amende dont le taux est compris entre 5000 et 10000 F par jour.

(3) A défaut de paiement de l'amende susvisée ou de déguerpir le trottoir, les vendeurs en infraction voient leurs marchandises mises en fourrière.

Article 86 :

(1) Les loyers des boutiques et le produit des tickets de droits sont collectés par un agent intermédiaire de recettes contre délivrance d'un reçu tiré d'un carnet à souche sécurisé et portant une valeur faciale imprimée, égale à un terme de loyer mensuel ou au coût du ticket.

(2) La somme totale collectée est reversée 24 heures au plus tard dans la caisse du receveur municipal sur présentation d'un titre de recette délivré par le magistrat municipal compétent.

Section VIII :

Des droits sur le permis de bâtir ou d'implanter

Article 87 : Les droits sur le permis de bâtir ou d'implanter sont perçus sur toute construction élevée au chef-lieu de la commune ou dans les agglomérations ayant fait l'objet de plan d'urbanisme approuvé.

Article 88 :

(1) Le taux des droits sur les permis de bâtir ou d'implanter voté par le conseil municipal au profit du budget est fixé à 1 % de la valeur de la construction.

(2) Il s'applique aussi bien aux aménagements importants qu'aux constructions nouvelles.

(3) Le montant des droits est établi sur la base d'un devis estimatif approuvé par les services techniques communaux ou, le cas échéant, ceux en tenant lieu.

Article 89 :

(1) Toute exécution de travaux sans paiement des droits rend le constructeur passible d'une amende dont le montant est égal à 30 % des droits dus. L'amende est payée au profit de la commune. Elle ne dispose pas le coupable du paiement du principal des droits sur le permis de bâtir.

(2) Le défaut de permis de bâtir ou d'implanter n'entraîne pas la démolition de l'immeuble, sauf dans les cas prévus à l'article 125 de la loi n° 2004/003 du 21 avril 2004 régissant l'urbanisme au Cameroun.

Article 90 : Les droits sur les permis de bâtir ou d'implanter sont recouvrés par le receveur municipal au vue d'un titre de recette émis par l'ordonnateur municipal compétent. Leur paiement conditionne la délivrance du permis de bâtir.

Section IX :

Des droits d'occupation temporaire de la voie publique

Article 91 :

(1) Les droits d'occupation temporaire de la voie publique peuvent être perçus par la commune en cas d'occupation de la voie publique ou de ses emprises, par des dépôts de matériaux, notamment le sable, la pierre, le bois, l'exposition de meubles, de marchandises ou de tout autre objet.

(2) L'occupation de la voie publique ou de ses emprises doit être effective.

(3) Ne sont pas assujettis aux droits d'occupation temporaire de la voie publique :

- Les stations services ;
- Les véhicules ;
- Les supports publicitaires.

Article 92 :

(1) Toute occupation temporaire de la voie publique est subordonnée à l'autorisation préalable du chef de l'exécutif municipal compétent qui en fixe la durée. Le paiement des droits y relatifs se fait à la caisse du receveur municipal sur présentation de l'autorisation.

(2) Sauf cas de force majeure, toute occupation irrégulière de la voie publique ou tout dépôt de matériel effectué sans l'autorisation de la municipalité, à défaut d'une mise en fourrière, peut donner lieu à la perception d'une taxe égale au double des droits dus.

Article 93 :

(1) Le tarif des droits d'occupation temporaire de la voie publique est voté par le conseil municipal au taux maximum de 2000 F par m2 et par jour.

(2) Le défaut d'autorisation ou la minoration de la surface occupée ou le retard de paiement entraîne le paiement d'une pénalité de 100 % du montant dû en principal.

(3) En l'absence du propriétaire, du gardien ou d'un quelconque responsable pouvant répondre aux exigences d'occupation de la voie, la commune procède, après mise en demeure communiquée par voie d'affichage ou de radio, à la mise en fourrière des biens susvisés.

Section X :
De la taxe de stationnement

Article 94 :

(1) La taxe de stationnement est due par tout véhicule utilisé pour le transport urbain de personnes exclusivement dans les villes et agglomérations où les municipalités ont mis à disposition des aires de stationnement ou aménagé un plan de circulation.

(2) La commune doit, en contrepartie du paiement de cette taxe, aménager des aires destinées au stationnement, notamment au voisinage des bureaux, des usines ou des marchés.

Article 95 : Les taux maxima trimestriels de la taxe de stationnement sont fixés comme suit :

- Mototaxis : 3 000 F
- Taxis : 10 000 F
- Autobus : 15 000 F

Article 96 :

(1) La taxe de stationnement est payée dans les quinze jours qui suivent le début de chaque trimestre dans la commune où le transporteur est domicilié. Le domicile est déterminé par le titre de patente ou de l'impôt libératoire.

(2) Le paiement de la taxe des stationnements est effectué contre délivrance d'une vignette présentée sur le modèle de la vignette automobile.

(3) Toutes contrefaçons et toute vente frauduleuse des vignettes de la taxe de stationnement sont sanctionnées conformément aux dispositions du code pénal.

(4) Le défaut de présentation de la vignette de la taxe de stationnement ou du document en tenant lieu, constaté par procès-verbal du véhicule sans préjudice du paiement du principal de la taxe.

Section XI :
Des droits d'occupation des parcs de stationnement

Article 97 : Les droits d'occupation des parcs des stationnements sont dus par les exploitants des véhicules destinés aux transports publics des marchandises et des personnes de type cars, camions, camionnettes et autobus.

Article 98 :

(1) Les taux maxima d'occupation des parcs de stationnement dans les espaces aménagés sont fixés ainsi qu'il suit, suivant le type de véhicule au profit de la commune du lieu de stationnement :

- Car et camionnette : 1000 F par jour
- Camions et autobus : 2000 F par jour

(2) Le droit de parc de stationnement est payé contre délivrance d'un ticket par la commune.

(3) Le défaut de paiement du droit de parc de stationnement ou le stationnement hors du parc, lorsqu'ils sont constatés par procès-verbal, entraîne la mise en fourrière du véhicule sans préjudice du paiement du principal de la taxe.

Section XII :

Du ticket de quai

Article 99 :

(1) L'embarquement effectué dans une gare routière ou dans un débarcadère municipal aménagé, donne droit à la perception d'un ticket de quai dont le taux est voté par le conseil municipal dans les limites suivantes :

a) Gare routière 250 F par chargement ;

b) Débarcadère :

- Pirogue sans moteur : 200 F par chargement ;
- Pirogue à moteur de moins de 10 places : 500 F par chargement ;
- Pirogue à moteur de plus de 10 places : 1000 F par chargement.

(2) Le ticket de quai est payé exclusivement à la commune de chargement.

(3) Les véhicules n'embarquant pas dans les gares routières aménagées, à l'exception des agences de voyages agréées, sont également assujettis au paiement du ticket de quai.

(4) Le défaut de paiement du ticket de quai entraîne paiement d'une pénalité de 100 % d'un montant dû en principal.

Section XIII :

De la taxe sur les spectacles

Article 100 :

(1) La taxe sur les spectacles est perçue par la commune pour toutes réjouissances organisées soit occasionnellement dans un but lucratif.

(2) Au titre de la présente loi, un spectacle est occasionnel lorsqu'il se déroule en plein air ou dans tout autre lieu public ou ouvert au public.

(3) Cette taxe s'applique notamment aux activités menées dans les établissements suivants :

- Les salles de cinéma ;
- Les salles de bals ;
- Les salles de théâtre, de concert, d'exhibition ;
- Les cabarets, les boîtes de nuit, les discothèques ;
- Les cafés, les bars dancing ;
- Les vidéoclubs.

(4) Sont exemptés au paiement de la taxe sur les spectacles, les représentations données dans un but de bienfaisance.

Article 101 :

(1) Le tarif de la taxe sur les spectacles habituels est fixé en fonction du type de spectacles par délibération du conseil municipal dans la limite de 10 000 F à 100 000 F par trimestre et par établissement.

(2) Le tarif de la taxe sur les spectacles occasionnels est fixé par le conseil municipal. Les taux limites sont de 5000 F à 50 000 F par journée de représentation.

(3) La taxe sur les spectacles est recouvrée par le receveur municipal après émission d'un titre de recette par l'ordonnateur municipal compétent.

(4) Le défaut de paiement de la taxe entraîne l'arrêt du spectacle ou la fermeture de la salle, dans les formes prévues par les textes en vigueur.

(5) Les scellés ne peuvent être levés qu'après paiement d'une amende correspondant à 100 % du montant dû en principal.

Section XIV :

Des droits de stade

Article 102 :

(1) Les droits de stade peuvent être votés par le conseil municipal à 5 % des fonds recueillis sur les stades situés sur le territoire de la commune à l'occasion des manifestations sportives ou des réjouissances populaires lorsque l'accès au stade n'est pas gratuit.

(2) La perception de ces droits impose à la commune les obligations suivantes :

- L'entretien des voies d'accès au stade ;
- L'entretien et l'éclairage des abords du stade ;

(3) Les droits de stade sont perçus par la communauté urbaine ou par la commune d'arrondissement selon le cas.

(4) Le non paiement des droits dus dans un délai de huit jours à compter de la fin des réjouissances entraîne paiement d'une pénalité de 100 % du montant dû en principal.

Section XV :

De la taxe sur la publicité

Article 103 :

(1) La taxe sur la publicité est assise sur la publicité locale, notamment sur les panneaux-réclames, calicots et enseignes lumineuses, véhicules avec ou sans diffuseur, sonorisation des magasins, affichages, oriflammes.

(2) Les taux de la taxe sur la publicité sont fixés dans les limites suivantes :

a) Panneaux –réclames, calicots et enseignes lumineuses : 1500 F par m2, par face et par an

b) Véhicule avec diffuseur :

- Non-résidents : 1000 F par jour et par véhicule
- Résidents : 30 000 F par an et par véhicule

c) Véhicules sans diffuseur :

- Non-résidents : 200 F à 500 F par jour et par véhicule ;
- Résidents : 5000 F à 10 000 F par an et par véhicule.

d) Sonorisation des magasins : 500 F par jour

(3) Le défaut de paiement de la taxe sur la publicité entraîne paiement d'une pénalité de 100 % du montant dû en principal.

(4) Sont exclus du paiement de la taxe sur la publicité, les enseignes lumineuses placées sur les façades des établissements commerciaux et industriels ayant pour but de les localiser.

Section XVI :
Du droit de timbre communal

Article 104 :

(1) Le droit de timbre communal est voté par le conseil municipal au profit du budget communal.

(2) Le droit de timbre communal est fixé à 200 F au profit du budget communal. Il s'applique au document de format inférieur ou égal à une page de format A4 notamment :

- La copie ou l'extrait d'état-civil ;
- La légalisation ou certification matérielle de signature ou de document ;
- Le jugement supplétif ;
- La procuration ;
- Les factures des prestataires adressées à la commune ;
- Toute requête introduite à l'attention du magistrat municipal.

(3) Tout document de dimension supérieure au format de base ci-dessus est assujetti au paiement d'un droit de timbre de 400 F.

Section XVII :
De la redevance pour la dégradation de la chaussée

Article 105 : La redevance pour la dégradation de la chaussée est due par les concessionnaires et autres entrepreneurs réalisant des travaux sur la voie publique et par les utilisateurs d'engins non munis de pneumatiques tels que ces travaux et la circulation desdits engins détériorent la chaussée. Toute autre dégradation de la chaussée est soumise à la même taxation.

Article 106 :

(1) Le taux forfaitaire maximum au titre de la redevance pour la dégradation de la chaussée est fixé comme suit :

a) Terrassements, canalisation et autres dégradations :

- Route en enrobée grave bitume 90 000 F à 200 000 F par m2.
- Route revêtue de bitume 45 000 F à 100 000 F par m2.
- Route en terre 15 000 F à 50 000 F par m2.

b) Dégradation par les engins à chenille :

- Route revêtue de bitume 50 000 F à 100 000 F par m2.
- Route en terre 20 000 F à 50 000 F par m2.

(2) En cas d'autorisation par l'autorité municipale, la taxe de dégradation de la chaussée est recouvrée par le receveur municipal sur présentation de l'autorisation préalable et le titre de recette émis par le chef de l'exécutif communal.

(3) L'exécution de canalisation ou de terrassements et la circulation des engins visés au présent article sans autorisation municipale préalable, expose leurs auteurs au paiement d'une pénalité de 100 % du montant dû en principal, sans préjudice des sanctions prévues par les lois et règlements en vigueur.

Section XVIII :

De la taxe communale de transit ou de transhumance

Article 107 :

(1) La taxe de transit est perçue au profit des communes sur le bétail en provenance d'un État limitrophe.

(2) Si les troupeaux en transit séjournent plus de 15 jours sur le territoire d'une même commune, ils sont, sauf cas de force majeure, réputés y être en transhumance à compter du 16ème jour.

(3) Les taux de la taxe de transit sont fixés ainsi qu'il suit :

- Bovins et équins : 200 F 500 F par tête et bétail et par commune.
- Ovins et caprins : 100 F à 300 F par tête de bétail et par commune.

(4) Les taxes de transit et de transhumance sont perçues par le receveur municipal, avec le concours, en tant que de besoin, des représentants des autorités traditionnelles et éventuellement, des agents du service vétérinaire.

(5) Le receveur municipal est seul chargé d'encaisser les recettes contre un reçu tiré d'un carnet à souches dûment côté et paraphé par les services compétents de la commune concernée.

(6) Le receveur municipal, les représentants des autorités traditionnelles et des services vétérinaires ont droit à une remise pour chaque tête de bétail contrôlée. Le montant de la remise est fixé par délibération du conseil municipal.

(7) Les chefs traditionnels bénéficient en outre d'une remise fixée par délibération du conseil municipal, en raison de leur participation au contrôle des troupeaux et des dégâts éventuellement commis par ces derniers sur leur territoire.

(8) En cas de fraude, par le propriétaire ou le convoyeur du bétail soumis à la taxe de transhumance ou de transit tendant à soustraire tout ou partie du bétail au contrôle, le contrevenant s'expose au paiement d'une pénalité de 100 % du montant dû en principal pour chaque animal non déclaré.

Section XIX :

De la taxe sur le transport des produits de carrières

Article 108 : La taxe sur le transport des produits de carrières et autres peut être instituée par le conseil municipal au profit du budget de la commune abritant une carrière. Elle s'applique aux véhicules de transport des produits de l'exploitation concernée, autres que ceux de l'exploitant.

Article 109 : Les taux maxima applicables varient en fonction du type de véhicule ainsi qu'il suit :

- Inférieur à 6 tonnes : 1000 F par camion et par voyage ;
- De 6 à 10 tonnes : 2000 F par camion et par voyage ;
- Plus de 10 tonnes : 3000 F par camion et par voyage.

Article 110 :

(1) La taxe sur le transport des produits de carrière est collectée par la recette municipale contre délivrance d'un reçu tiré d'un carnet à souche sécurisé et portant une valeur faciale indiquant le tarif voté par le conseil municipal.

(2) Le non paiement de la taxe de transport des produits de carrière entraîne la mise en fourrière du véhicule.

Section XX :

Des droits d'occupation des parkings

Article 111 :

(1) Les droits d'occupation des parkings peuvent être votés au profit du budget communal pour l'occupation, par des véhicules privés, des parkings aménagés ou matérialisés par la commune.

(2) Les parkings aménagés au profit des administrations publiques n'ouvrent pas droit à perception.

Article 112 :

(1) Le taux des droits de parkings est fixé ainsi qu'il suit :

- 100 F par heure.

Pour les parkings réservés :

- 500 F par jour et par parking ;
- 15 000 F par mois et par parking.

(2) Les droits de parkings sont payés d'avance et collectés par le receveur municipal contre délivrance d'un reçu tiré d'un carnet à souche sécurisé et portant une valeur faciale indiquant le tarif horaire voté par le conseil municipal.

(3) Le non paiement des droits de parking est sanctionné, en plus du montant en principal, d'une pénalité de :

- 1000 F pour les taux horaires de 100 F ;
- 5000 F pour les taux journaliers de 500 F ;
- 50 000 F pour les taux mensuels de 15 000 F.

Section XXI :

De la taxe sur les produits de récupération

Article 113 :

(1) La récupération des produits en provenance des forêts non communales et non communautaires ouvre droit, sauf dispositions contraires, au versement d'une contribution compensatrice au profit de la commune de localisation, appelée taxe sur les produits de récupération.

(2) La taxe sur les produits de récupération est payée par le propriétaire des produits récupérés à hauteur de 2000 F par m3.

(3) Le non paiement de la taxe sur les produits de récupération entraîne saisie des produits récupérés et paiement d'une pénalité de 100 % des droits dus en principal.

Titre V :

Dispositions particulières applicables aux communes urbaines

Chapitre unique :

De la répartition des impôts et taxes entre les communautés urbaines et les communes d'arrondissement

Article 114 : Les communautés urbaines et les communes d'arrondissement bénéficient des mêmes recettes que les communes, sous réserve des dispositions visées aux articles 115 et 116 ci-dessous.

Article 115 :

(1) Les recettes fiscales de communauté urbaine comprennent :

- Le produit de la contribution des patentes et licences ;
- Le produit des centimes additionnels communaux ;
- Le produit des droits des stades omnisports ;
- Le produit des droits de timbre automobile ;
- Le produit de la taxe de développement local ;
- Le produit de la taxe sur la publicité ;
- Le produit des droits d'occupation des parcs de stationnement de la communauté urbaine ;
- Le produit de la taxe sur les jeux de hasard et de divertissement ;
- Le produit des droits de places sur les marchés de la communauté urbaine ;
- Le produit des droits de fourrière de la communauté urbaine ;
- Le produit des droits de permis de bâtir ou d'implanter ;
- Le produit de la taxe de stationnement ;
- Le produit des droits de timbre communal.

(2) Les recettes fiscales de la commune d'arrondissement comprennent :

- Le produit de l'impôt libératoire ;
- Le produit des centimes additionnels communaux ;
- Le produit de la taxe communale sur le bétail ;
- Le produit de la redevance forestière issue de la péréquation ;
- Le produit de la taxe d'abattage du bétail ;
- Le produit des droits de places sur les marchés de la commune d'arrondissement ;
- Le produit des droits d'occupation temporaire de la voie publique ;
- Le produit de la taxe d'hygiène et de salubrité ;
- Le produit des droits des parcs de stationnement de la commune d'arrondissement ;
- Le produit des droits de stade à l'exception des stades omnisports ;
- Le produit de la taxe sur les spectacles ;
- Le produit de la taxe communale de transit ou de transhumance ;
- Le produit de la taxe sur le transport des produits de carrière ;
- Le produit des droits de fourrière de la commune d'arrondissement ;

- Le produit de la taxe sur les armes à feu ;
- Les produits de la taxe de récupération.

(3) Les recettes fiscales partagées entre la communauté urbaine et les communes d'arrondissement comprennent :

- Le produit de la taxe foncière sur la propriété immobilière à raison de :
  - 60 % au profit de la communauté urbaine ;
  - 20 % au profit des communes d'arrondissement ;
  - 20 % au profit du FEICOM ;
- Le produit des droits de mutations immobilières à raison de :
  - 60 % au profit de la communauté urbaine ;
  - 20 % au profit des communes d'arrondissement ;
  - 20 % au profit du FEICOM.

Titre VI :

Des recettes fiscales d'intercommunalité et de péréquation

Article 116 :

(1) Une quote-part de 20 % du produit des recettes fiscales des collectivités territoriales ci-après énumérées, est prélevée et affectée au FEICOM ou à tout autre organisme chargé de la centralisation et de la péréquation pour le financement de projets des communes, communautés urbaines et syndicats de communes :

- Le produit de la taxe de stationnement ;
- Le produit des centimes additionnels communaux revenant aux communes ;
- Le produit de la contribution des patentes ;
- Le produit de droits de licence ;
- Le produit de la taxe sur les propriétés immobilières.

(2) Les produits des impôts locaux ci-après sont centralisés et redistribués à toutes les communes et communautés urbaines :

- 70 % des centimes additionnels communaux ;
- 50 % de la quote-part de redevance forestière annuelle affectée aux communes ;
- 100 % des droits de timbre automobile.

Article 117 :

(1) Une quote-part des produits visés à l'article 116 ci-dessus est redistribuée aux communes et aux communautés urbaines suivant les critères et modalités fixés par voie réglementaire.

(2) Les syndicats de communes et autres regroupements de communes peuvent bénéficier des interventions de l'organisme sus cité, dans les mêmes conditions que les communes.

Titre VII :

Des impôts et taxes des régions

Article 118 : Les produits des impôts ci-après, sont en totalité ou en partie affectés aux régions. Il s'agit :

- Des droits de timbre sur les cartes grises ;
- Du droit de timbre d'aéroport ;

- De la taxe à l'essieu ;
- Des redevances sur les ressources de la forêt, de la faune et de la pêche ;
- Des redevances sur les ressources en eau ;
- Des redevances sur les ressources pétrolières ;
- Des taxes ou redevances sur les ressources sur les ressources minières ;
- De la redevance sur les ressources halieutiques et d'élevage ;
- Des taxes et/ou redevances sur les ressources énergétiques ;
- Des taxes et/ou redevances sur les ressources touristiques ;
- Des taxes et/ou redevances aérospatiales ;
- Des taxes et/ou redevances sur les ressources du secteur gazier ;
- De la redevance d'usage de la route ;
- Des droits d'exploitation des établissements classés dangereux, insalubres ou incommodes ;
- De tout autre impôt, droit ou redevance affecté par l'État.

Article 119 :

(1) Les compétences d'assiette, d'émission et de recouvrement des impôts, taxes et redevances dus aux régions restent dévolues aux services fiscaux compétents de l'État et des communes.

(2) Le produit ou la quote-part des impôts, taxes et redevances dus aux régions sont émis et recouvrés sur bulletins et quittances distincts établis au profit du FEICOM ou de tout autre organisme de centralisation ou de péréquation, en vue de leur centralisation et répartition au profit des régions.

(3) Les modalités de répartition, de centralisation et de reversement des recettes fiscales dues aux régions sont fixées par voie réglementaire.

Titre VIII :

Des procédures fiscales spécifiques aux impôts locaux

Chapitre 1 :

Des dispositions générales

Article 120 : Les dispositions du livre des procédures fiscales du code général des impôts s'appliquent, mutatis mutandis, aux impôts, droits et taxes des collectivités territoriales, sous réserve des spécificités énoncées dans la présente loi.

Article 121 : Les opérations d'émission et de recouvrement des taxes communales ne peuvent faire l'objet de concession, sous peine de nullité.

Chapitre II :

Des obligations des contribuables

Section I :

De l'obligation d'immatriculation préalable

Article 122 : Toute personne physique ou morale assujettie au paiement d'un impôt ou d'une taxe local (e), est tenue à l'obligation d'immatriculation préalable dans les conditions définies par le Code général des impôts.

Section II :

De l'obligation de déclaration

Article 123 :

(1) Les impôts communaux, les centimes additionnels communaux et les redevances dus aux collectivités territoriales sont déclarés dans les formes et délais prévus par la loi.

(2) Les taxes communales sont soumises à l'obligation de déclaration auprès des services d'assiette de la commune, dans les formes et délais prévus, pour chacune desdites taxes.

(3) En l'absence de déclaration dans les délais prévus par la présente loi, le contribuable soumis aux taxes communales est mis en demeure de les déclarer dans les formes et délais prévus par le livre des procédures fiscales du Code Général des Impôts.

Chapitre III :

De l'émission des impôts locaux

Article 124 : L'émission de certains impôts dont le produit est partagé se fait sur ordres de recettes distincts, à l'en-tête de la collectivité territoriale et ou des organismes bénéficiaires.

Article 125 :

(1) Les impôts communaux, la taxe de développement local et les centimes additionnels communaux sont liquidés et émis par les services fiscaux de l'État.

(2) Leur émission se fait sur bulletins d'émission distincts, ou le cas échéant, sur avis de mise en recouvrement à l'en-tête de la collectivité territoriale concernée et ou des organismes bénéficiaires.

Article 126 : Les taxes communales sont liquidées et émises par le service d'assiette de la commune.

Chapitre IV :

Du recouvrement des impôts locaux

Section I :

Du recouvrement amiable

Article 127 :

(1) Les impôts communaux, liquidés et émis par les services fiscaux de l'État sont payés spontanément par les contribuables à la caisse du receveur des impôts compétent, sous réserve des dispositions relatives à l'impôt libératoire.

(2) Les produits recouvrés par le receveur des impôts sont reversés aux bénéficiaires dans un délai de soixante douze heures (72) contre quittance de reversement et au vue du livre journal et d'un étal de rapprochement journalier.

(3) Les grandes entreprises doivent préciser dans leurs déclarations et leurs ordres de virement, les quotes-parts revenant aux collectivités territoriales et aux organismes Elles opèrent directement à leur profit des virements à due concurrence, contre quittance de paiement.

(4) Les collectivités territoriales bénéficiaires de virements en provenance des contribuables relevant de la structure en charge des grandes entreprises à la Direction Générale des Impôts doivent, à la fin de chaque mois, faire tenir à cette dernière un

état des ordres de paiement effectivement encaissés, avec le détail des quittances délivrées.

(5) Pour le suivi de leurs recettes fiscales en général, et en particulier dans les centres des impôts et à la structure chargée des grandes entreprises, les collectivités territoriales et autres personnes morales de droit public tiennent une comptabilité analytique des émissions et de recouvrements des impôts, droits, taxes et redevances établis à leur profit.

(6) Il est tenu, dans chaque Centre des impôts et pour chaque collectivité territoriale ou organisme bénéficiaire, un livre journal des émissions et des recouvrements, ainsi qu'un état de rapprochement journalier des impôts et taxes levés au profit des différents bénéficiaires.

(7) Le livre journal comporte :

- Le numéro et la date du bulletin d'émission ;
- La dénomination sociale ou les noms, prénoms, et adresse du contribuable ;
- Le montant détaillé des impôts et taxes par bénéficiaire ;
- Le numéro et la date des quittances de paiement et de reversement et, le cas échéant, des ordres de paiement.

(8) L'état de rapprochement journalier comporte :

- La nature des différents impôts et taxes ;
- L'identification des bénéficiaires ;
- Les montants globaux par impôt et taxe au profit de chaque bénéficiaire ;
- Le nombre de bulletins d'émission et de quittances de paiement établis ou édités ;
- Le montant, le numéro et la date de la quittance de reversement délivrée par chacun des bénéficiaires.

Article 128 :

(1) Toute personne tenue au paiement d'un impôt ou taxe locale doit s'acquitter de sa dette auprès de la recette des impôts ou de la recette municipale, dans les délais et suivant les modalités fixés par la loi.

(2) Le paiement des impôts communaux est effectué en numéraire, par chèque ou par virement bancaire.

(3) Le receveur municipal, le receveur des impôts ou à défaut, le comptable du trésor territorialement compétent, délivre des quittances en contrepartie des versements reçus.

(4) Il peut en être délivré duplicata au contribuable ou à l'agent intermédiaire de recettes qui en fait la demande.

Article 129 : Toute personne tenue au paiement d'une taxe communale doit s'en acquitter auprès de la recette municipale territorialement compétente.

Section II :

Du recouvrement forcé

Article 130 :

(1) A défaut de paiement dans les délais prescrits, les impôts locaux font l'objet de recouvrement forcé conformément au livre de procédures fiscales du Code général des impôts, sous réserve des spécificités prévues par la présente loi.

(2) En cas de non paiement d'une taxe communale dans les délais légaux, la commune émet un titre exécutoire à effet immédiat et procède à la saisie des marchandises des biens ou des bêtes.

(3) La commune peut, dans un délai de trente (30) jours à compter du jour de la saisie, procéder à la vente aux enchères des marchandises, des biens, ou des bêtes confisqués.

(4) Pendant toute la durée de la saisie, l'alimentation et les soins à administrer le cas échéant aux animaux saisis sont à la charge de leur propriétaire défaillant.

(5) Les frais inhérents à la conservation des biens et denrées périssables saisis sont la charge de leur propriétaire défaillant.

(6) La vente des biens saisis est autorisée par le chef de l'exécutif municipal et exécutée par le porteur de contrainte dans la forme des ventes effectuées par voie judiciaire.

(7) Le produit de la vente est immédiatement versé au receveur municipal qui donne quittance au saisi et conserve le surplus jusqu'à la liquidation des frais.

(8) Chaque vente est effectuée par le receveur municipal et donne lieu à établissement d'un procès-verbal.

(9) Toute saisie ou vente contraire aux formalités prescrites par le présent livre peut donner lieu à des poursuites judiciaires contre ceux qui y ont procédé et les frais restent à leur charge.

(10) Les agents de recouvrement des taxes communales bénéficient du régime de protection des agents publics prévus par les dispositions du code pénal.

(11) En cas d'injure, ils établissent un procès-verbal qu'ils adressent au procureur de la République.

Article 131 :

(1) Les supports comptables et les valeurs de portefeuille à l'usage ou au profit des collectivités territoriales doivent être sécurisés.

(2) Les modalités de commande, de réception et de gestion des supports et valeurs susvisées sont fixées par voie réglementaire.

Section III :

Du contrôle

Article 132 : Le contrôle des taxes communales est exercé concomitamment par les services compétents de l'État et ceux des communes.

Article 133 :

(1) Le contrôle des impôts locaux est exercé soit par les services compétents de l'État, soit par la commune.

(2) Certaines opérations de contrôle peuvent être organisées conjointement par les services de l'État et ceux des communes.

Article 134 : Pour toute opération de contrôle des taxes communales auprès des contribuables, les agents de communes doivent être nommément mandatés et munis d'une note de mission délivrée par l'autorité compétente, sous peine de nullité.

Section IV :

De la prescription

Article 135 :

(1) Les sommes dues par les contribuables pour les taxes communales sont prescrites après un délai de deux (02) ans suivant la date d'exigibilité si aucun acte n'est venu interrompre la prescription.

(2) La prescription est acquise au profit de la collectivité territoriale contre toute demande de restitution de sommes payées au titre des taxes communales, après un délai d'un (01) an à partir du paiement des taxes.

Chapitre V :

Du contentieux des impôts locaux

Section I :

De la juridiction contentieuse

Article 136 : Le recours contentieux des impôts locaux obéit aux règles et procédures prévues par le livre des procédures fiscales, sous réserve des dispositions spécifiques régissant les taxes communales.

Article 137 : Les réclamations relatives aux taxes communales ressortissent de la juridiction contentieuse lorsqu'elles tendent à obtenir soit la répartition d'erreurs commises dans l'assiette ou le calcul des impositions, soit le bénéfice d'un droit résultant d'une disposition législative ou réglementaire.

Article 138 :

(1) Le contribuable qui se voit réclamer à tort le paiement d'une taxe communale peut, par écrit, en faire réclamation auprès du chef de l'exécutif municipal dans un délai de trente (30) jours à partir de la date d'émission du titre de créance ou de la connaissance certaine de l'imposition.

(2) La réclamation comprend, à peine d'irrecevabilité :

- Une demande assortie des timbres fiscaux et communaux et dûment signée du requérant ou de son mandataire ;
- Des indications sur la nature de la taxe en cause et sur son montant ;
- Un exposé sommaire des moyens et conclusions du requérant ;
- Une copie de tout document justifiant le cas échéant, du paiement de la totalisé de la taxe non contestée et de 50 % de la partie contestée.

(3) Le silence gardé par le chef de l'exécutif municipal pendant un délai de quinze (15) jours à compter de la réception de la réclamation, vaut décision implicite de rejet et ouvre droit à la saisine du préfet, représentant de l'État.

Article 139 :

(1) Lorsque, après avis du service fiscal de l'État territorialement compétent, les arguments du requérant sont reconnus fondés, le préfet recommande au chef de l'exécutif municipal, le dégrèvement de tout ou partie des droits en cause.

(2) Le silence gardé par le préfet ou le refus du chef de l'exécutif municipal d'exécuter les recommandations du préfet dans les 90 jours de la réclamation, vaut décision implicite de rejet et ouvre droit à la saisine du juge de l'impôt, en contestation de l'acte du chef de l'exécutif municipal.

Article 140 :

(1) Le requérant, pour saisir le juge de l'impôt, dispose d'un délai de trente (30) jours à compter de la date du rejet de sa requête.

(2) Le recours contentieux porté devant la juridiction administrative compétente obéit aux règles et procédures prévues par le livre des procédures fiscales pour les impôts de l'État.

Section II :

De la juridiction gracieuse

Article 141 : La juridiction gracieuse connaît des demandes tendant à obtenir :

- La remise ou modération de taxes communales régulièrement établies, en cas de gêne ou d'indigence mettant les redevables dans l'impossibilité de se libérer envers la recette municipale ;
- La remise ou modération d'amendes ou de majorations fiscales, lorsque ces pénalités, intérêts de retard, sont définitifs ;
- La décharge de la responsabilité incombant à certaines personnes quant au paiement de taxes dues par un tiers.

Article 142 : Les demandes sont introduites auprès du chef de l'exécutif municipal. Elles doivent contenir les indications nécessaires pour identifier l'imposition en cause.

Article 143 : (1) Après examen, le chef de l'exécutif municipal notifie par écrit sa décision de remise, modération ou de rejet dans un délai de trente (30) jours à compter de sa saisine.

(2) Le silence gardé par le chef de l'exécutif municipal au terme du délai susvisé vaut décision implicite de rejet.

Chapitre VI :

Du régime des sanctions

Article 144 : Le non paiement des taxes communales dans les délais légaux entraîne l'application des sanctions prévues pour chaque taxe par la présente loi.

Titre IX :

Des dispositions diverses, transitoires et finales

Article 145 : (1) En vue de la maîtrise de l'assiette fiscale et en rapport avec les communes de localisation, les administrations et organismes du secteur, ainsi que l'administration fiscale organisent, sur la base d'une cartographie, des enquêtes juridiques et physiques sur les parcelles, les constructions, les occupants et les activités qui s'y rapportent.

(2) Ces opérations encore appelées « enquêtes cadastrales » sont organisées suivant des modalités prévues par voie réglementaire.

(3) À l'occasion des enquêtes cadastrales, l'administration fiscale peut se faire présenter les originaux et emporter copies de titres de propriété, de permis de bâtir, de patentes ou d'impôt libératoire, ainsi que des actes de mutation de propriété et de jouissance relatifs aux immeubles assujettis aux différents impôts et taxes sur le foncier, l'immobilier et les activités.

(4) À la suite des opérations d'enquêtes cadastrales, il est mis en place un système d'information géographique (SIG) à usage fiscal et un fichier de contribuables partagés par les services fiscaux de l'État et des communes.

(5) Un recensement fiscal est organisé dans les trois mois qui précèdent le début de chaque exercice, en vue de la mise à jour du fichier fiscal susvisé.

(6) Les opérations d'enquête cadastrales sont organisées tous les cinq ans.

(7) Les agents chargés des opérations susvisées et des résultats du cadastre fiscal sont astreints aux obligations de réserve.

Article 146 :

(1) Chaque enquête cadastrale donne lieu à la mise à jour d'un plan et à l'annotation d'une fiche d'enquête conjointement signée par les enquêteurs et par le propriétaire ou son représentant.

(2) Mention est faite de son refus de signer.

(3) L'enquête cadastrale donne lieu à une notification d'impôts locaux dus et dont les faits générateurs ont été constatés.

Article 147 : Le produit des impôts issus de la péréquation continue d'être centralisé au FEICOM en attendant la création de tout autre organisme public telle que prévue par la loi.

Article 148 : La présente loi, qui abroge toutes les dispositions antérieures contraires, fera l'objet de transposition dans le Code général des impôts dès sa publication.

Article 149 : La présente loi sera enregistrée, publiée suivant la procédure d'urgence, puis insérée au Journal officiel en français et en anglais.

Yaoundé, le 15 décembre 2009

Le Président de la République

Paul Biya

RÉPUBLIQUE DU CAMEROUN
Paix — Travail — Patrie

REPUBLIC 0F CAMEROON
Peace — Work — Fatherland

CIRCULAIRE CONJOINTE

N° 0002335/MINATD/MINFI DU 20 octobre 2010

Précisant les modalités d'application de la loi n° 2009/019 du 15 décembre 2009 portant fiscalité locale

Le ministre d'État, ministre de l'Administration territoriale et de la décentralisation

Le ministre des Finances

À

Mesdames et Messieurs :

- les magistrats municipaux ;
- le directeur général des Impôts ;
- le directeur général des Douanes ;
- le directeur Général du Trésor, de la Coopération financière et monétaire ;
- le directeur général du Budget ;
- le directeur général du Fonds spécial d'équipement et d'intervention intercommunale (FEICOM) ;
- le directeur des collectivités territoriales décentralisées ;
- les receveurs régionaux des Impôts ;
- les receveurs municipaux.

La loi portant fiscalité locale promulguée le 15 décembre 2009 se situe en droite ligne de la mise en œuvre du processus de la décentralisation.

Pour l'essentiel, le nouveau dispositif vise à :

- *relever le niveau des recettes fiscales des collectivités locales par le transfert à leur profit du produit de certains impôts et taxes ;*
- *assurer une meilleure réallocation des ressources grâce à la péréquation fiscale ;*
- *renforcer l'autonomie financière des collectivités territoriales décentralisées (CTD) par l'organisation du transfert progressif des compétences en matière de gestion des impôts locaux et l'accès direct aux recettes qui leur sont dévolues ;*
- *sécuriser les valeurs et recettes de la fiscalité locale.*

La présente circulaire précise les modalités d'interprétation et d'application de ladite loi, et apporte des orientations pratiques nécessaires à sa mise en œuvre.

Dans cette optique, elle traite principalement :

- des dispositions d'ordre général ;
- de la taxe de développement local et des impôts communaux administrés et gérés par l'État, mais dont le produit est destiné aux collectivités territoriales décentralisées ;
- des taxes communales administrées et recouvrées par les collectivités territoriales décentralisées ;

- des dispositions spécifiques aux impôts et taxes d'intercommunalité et de péréquation, et à ceux des régions ;
- des règles de procédures.

Titre premier :
Des Dispositions générales

A. Champ d'application

La loi portant fiscalité locale traite de l'ensemble des prélèvements fiscaux et parafiscaux susceptibles d'être réalisés par les collectivités territoriales décentralisées ou affectés auxdites collectivités, quels que soient leur nature et leurs objets.

À ce titre, elle s'applique :

- aux communes ;
- aux communautés urbaines ;
- aux communes d'arrondissement ;
- aux régions ;
- aux organismes d'intercommunalité ;
- et à tout autre type de collectivité territoriale créée par l'État.

B. Compétences fiscales des collectivités territoriales décentralisées

La loi portant fiscalité locale précise qu'une collectivité territoriale ne peut percevoir un impôt, une taxe ou une redevance que si cet impôt, cette taxe ou cette redevance sont créés par la loi, votés par l'organe délibérant et approuvés par l'autorité compétente.

Ainsi, le prélèvement d'une taxe par une collectivité territoriale décentralisée ne peut avoir lieu que si trois (3) conditions cumulatives sont remplies :

— la création dudit prélèvement par la loi ;

— l'institution de ce prélèvement par l'organe délibérant dans le ressort territorial de la collectivité locale ;

— l'approbation de la délibération par l'autorité de tutelle compétente.

- En matière fiscale, les compétences exclusives des collectivités territoriales décentralisées sont les suivantes :
- En matière d'assiette, l'instauration dans la circonscription communale des taxes communales déjà créées par la loi et la fixation des taux et tarifs dans les limites et fourchettes prévues par la loi, par le conseil municipal lors de la session budgétaire annuelle ;
- en matière de recouvrement des taxes communales, la compétence incombe au Receveur municipal après émission par les services d'assiette communaux ;
- en matière contentieuse, la compétence du Chef de / 'Exécutif municipal pour l'examen en premier recours des réclamations relatives uniquement aux taxes communales, à l'exclusion de la taxe de développement local et des impôts communaux.

Par ailleurs, il convient de préciser que les collectivités territoriales décentralisées n'ont aucune compétence fiscale s'agissant des impôts locaux, administrés et gérés par l'Etat, mais dont les recettes leur sont simplement affectées.

C. Le principe de solidarité et de développement harmonieux de toutes les collectivités territoriales décentralisées

La loi portant fiscalité locale met en œuvre le principe de solidarité entre les collectivités territoriales décentralisées en vue de leur développement harmonieux. Elle consacre le principe de financement de cette solidarité à travers deux mécanismes à savoir :

- le principe de solidarité par l'intercommunalité à travers le FEICOM ;
- le principe de solidarité par la péréquation du produit de certains impôts locaux centralisés par ledit organisme.

1) le principe de solidarité par l'intercommunalité à travers le FEICOM (article 116-1)

Le mécanisme d'intercommunalité consiste, pour les collectivités territoriales à transférer au FEICOM, une quote-part du produit de certains impôts et taxes.

À cet effet, il est affecté au FEICOM 20 % du produit des centimes additionnels communaux, de la taxe de stationnement, de la contribution des patentes, de la contribution des licences, de la taxe sur les propriétés immobilières, et des droits de mutation d'immeubles.

Les recettes ainsi constituées servent à financer, d'une part le fonctionnement propre de l'organisme, et d'autre part, les différentes interventions au profit des collectivités locales.

2) Le principe de solidarité par péréquation du produit de certains impôts locaux centralisés par le FEICOM (article 5,116-2,119-2)

L'article 5 de la loi portant fiscalité locale institue pour ce faire un mécanisme de péréquation horizontale qui consiste à centraliser et à redistribuer certaines quotes-parts d'impôts et taxes, afin que les collectivités territoriales à rendements fiscaux élevés pallient l'insuffisance de ressources des collectivités locales à faible potentiel fiscal, par reversement direct à leurs budgets.

La centralisation des produits ci-après, soumis à péréquation, est assurée par le FEICOM :

- 70 % des centimes additionnels communaux dont ;
- 28 % de retenue de base au profit de la commune ou la communauté Urbaine ;
- 42 % de reliquat centralisé au FEICOM conformément aux dispositions réglementaires en vigueur ;
- 20 % de la quote-part de la redevance forestière annuelle affectée aux communes ;
- 100 % des droits de timbre automobile.

Les modalités d'application de la péréquation sont fixées par les textes particuliers.

D. Modalités de suivi du rendement des impôts locaux

Aux termes de l'article 6 de la loi portant fiscalité locale « L'État s'assure que le rendement annuel des impôts locaux correspond à un taux proportionnel établi en rapport avec son niveau de ressources fiscales ».

« À cet effet, les services financiers de l'État impliqués dans la gestion fiscale des collectivités territoriales sont tenus d'assurer, avec la même efficacité que pour les impôts de l'État, le recouvrement des impôts locaux dont ils ont la charge ».

La loi pose ainsi le principe d'efficacité et de rentabilité dans la gestion et le suivi des impôts locaux.

Afin de parvenir à ce résultat, les responsables des services fiscaux de l'État et des collectivités territoriales décentralisées doivent déterminer annuellement :

- les objectifs quantitatifs de recettes attendues par nature d'impôt ;
- les indicateurs qualitatifs et quantitatifs de suivi-évaluation desdites recettes.

Le terme « indicateur » renvoie aux différents critères ou repères devant permettre d'apprécier et d'évaluer mensuellement et trimestriellement le niveau de rendement des impôts et taxes des CTD.

TITRE II :

De la contribution de la patente

Articles 8, 9, 10, 11 : Critères d'assujettissement

Toute personne physique ou morale qui exerce de façon habituelle dans une commune, une activité à but lucratif est soumise à la contribution des patentes.

Il faut entendre par activité habituelle et lucrative, tout exercice répétitif des actes de commerce pour en faire une profession dans le but de réaliser un bénéfice.

Les activités à but non lucratif reconnues d'utilité publique par un décret et celles dont l'accès est gratuit en sont exclues.

Toutefois, certaines activités exercées quels que soient leur nature et le montant du chiffre d'affaires réalisé, sont assujetties de plein droit à la patente. Ce sont notamment les activités présentées à l'annexe II de la loi ponant fiscalité locale qui entraînent obligatoirement l'établissement d'un titre de patente pour celui qui les accomplit.

Il faut souligner à ce propos que les activités des organisations non gouvernementales et des groupements d'intérêt commun sont considérées comme activités à but non lucratif lorsque ces derniers sont reconnus d'utilité publique par décret et lorsque l'accès aux services qu'ils offrent est gratuit.

Article 12 : Exonération de patente pour les entreprises nouvelles

Les entreprises nouvelles sont exonérées du paiement de la patente pendant les deux premières années de leur exploitation.

Pour la mise en oeuvre de cette mesure, il faut entendre par « entreprise nouvelle » celle qui est immatriculée au registre du commerce l'année considérée et qui se présente au service des impôts pour la première immatriculation.

Sur la base d'une demande introduite par cette catégorie d'entreprises, le chef de centre des impôts de rattachement (CDI, CIME, DGE, etc.) délivre une patente portant la mention « **EXONÉRÉ** » qu'elles peuvent faire valoir dans leurs différentes transactions.

Ne sont pas considérées comme entreprises nouvelles pour le bénéfice de cette mesure, les entreprises relevant anciennement de l'impôt libératoire et reclassées à la patente, les entreprises disposant déjà d'un identifiant et changeant simplement de lieu de déclaration ou encore, celles immatriculées au registre de commerce et changeant de gérance.

De même, les entreprises nouvelles demeurent soumises aux autres formalités entourant la création d'un dossier fiscal dans leur centre de rattachement, notamment la localisation, l'immatriculation, le paiement de divers droits...

Concernant la computation du délai de deux ans pendant lequel l'exonération est valable, toute année entamée compte pour une année entière.

Par ailleurs, les entreprises ayant bénéficié de cette mesure et qui après les années d'exonération sont élues à un régime fiscal particulier prévoyant les avantages similaires peuvent de nouveau prétendre au bénéfice de ladite exonération.

Articles 13, 14, 15, 16, 17, 18, 19, 20 et 21 : Modalités d'imposition

Les modalités d'établissement de la patente n'ont pas été modifiées par la nouvelle loi. Par conséquent, les règles régissant le lieu d'établissement, la personnalité, l'annualité de la patente et la liquidation continueront d'être appliquées.

Ainsi, la patente doit être déclarée dans les dix (10) jours qui suivent le début de l'activité imposable, même en cas d'exonération.

En cas de renouvellement, la déclaration annuelle doit être faite dans les deux (02) premiers mois de l'exercice, c'est-à-dire avant le 1er mars, ou dans les deux (02) premiers mois qui suivent la ~fin-de l'exonération temporaire de deux (02) ans.

Les services des impôts veilleront particulièrement à ce que, outre les informations habituelles identification du redevable, la déclaration de patente contienne nécessairement :

- le numéro de registre de commerce ;
- le numéro d'immatriculation de l'entreprise ;
- les références de localisation (du siège social et des établissements respectifs par ville,
- quartier, rue, numéro de porte) ;
- la nature de l'activité ;
- montant du chiffre d'affaires ;
- la référence de la dernière quittance de taxe foncière ou d'enregistrement du contrat de bail ;

La contribution due résulte de l'application d'un taux dégressif fixé par les collectivités locales bénéficiaires sur le chiffre d'affaires réalisé par le contribuable au cours de l'année close au 31 décembre de l'exercice précédent.

Pour la détermination définitive du chiffre d'affaires de l'exercice précédent (N-l), les services des impôts procéderont le cas échéant aux rectifications des bases au moment de la déclaration des soldes IS et TVA.

Les taux applicables sont fixés par l'organe délibérant de chaque commune bénéficiaire conformément à la fourchette retenue par la loi.

Il convient de rappeler que les modalités particulières de calcul de la patente des transporteurs interurbains de personnes, des transporteurs de marchandises et des entreprises réalisant un chiffre d'affaires supérieur à 2 milliards de francs sont maintenues. Ainsi :

- les personnes physiques soumises au régime simplifié des transporteurs prévu à l'article 64 du Code général des impôts acquittent la patente selon les modalités définies à l'article 13 (5) de la loi portant fiscalité locale ;
- les personnes physiques ou morales relevant du régime du réel sont assujetties à la patente annuellement d'après le chiffre d'affaires global des véhicules.

Pour ce dernier cas, les transporteurs de marchandises ou de personnes concernés établissent un seul titre de patente pour l'ensemble de leurs véhicules à la commune abritant le siège de l'entreprise.

En ce qui concerne l'assiette servant de base de calcul pour les entreprises soumises de plein droit à la patente pour les cas où le chiffre d'affaires est inférieur à cinq millions, il faut retenir le minimum de perception en utilisant la fourchette des taux 0,283 % à 0,400 % de l'annexe I, présentant le tableau des classes de patentes et fourchettes correspondantes.

Articles 29, 30, 31, 32 : Régime des sanctions

Les sanctions prévues en cas de non paiement, de paiement tardif, de défaut d'affichage de la patente et d'exercice d'une activité illégale ou prohibée sont les mêmes que celles prévues précédemment.

Aussi, les pénalités ci-après doivent-elles être appliquées :

- 10 % par mois de retard de paiement de la contribution des patentes, avec un maximum de 30 % de l'impôt dû ;
- Taxation d'office pour tout contribuable n'ayant pas acquitté les droits de patente assortie d'une majoration de 50 % ou 100 % des droits dus, selon que la bonne foi est établie ou non ;
- 10 000 F CFA en cas de défaut d'affichage de la patente ;
- perception des droits au titre de la patente en cas d'exercice d'une activité illégale ou prohibée assortie d'une majoration de 100 % des droits, sans délivrance du titre ;
- Pour le cas particulier des entreprises de transport, le défaut de présentation de la patente entraîne la mise en fourrière du véhicule.

Par ailleurs, les mesures concernant la fermeture d'établissement et la mise en fourrière des véhicules demeurent en vigueur.

TITRE III :

De la contribution des licences

Articles 33, 34, 35. 36, 37,40 : Critères d'assujettissement

Sont soumises à la contribution des licences les personnes physiques ou morales avec ou sans autorisation, se livrant à la fabrication ou à la vente en gros ou au détail des boissons alcoolisées.

Il en est de même des importateurs des boissons sus visées, qui sont également soumis à la contribution des licences, même lorsque ces boissons constituent l'accessoire d'une activité principale.

À titre de rappel, la vente des eaux minérales, eaux gazeuses, aromatisées ou non par extraits non alcoolisés et la vente de jus frais non fermentes, lorsqu 'elle est effectuée dans un établissement distinct de celui comportant des boissons imposables ne donne pas lieu à la contribution des licences. Toutefois, lorsque ces eaux sont vendues dans le même établissement que les boissons imposables, elles sont soumises à la contribution des licences.

Articles 43,44 : modalités d'imposition

S'agissant des modalités d'imposition, les nouveaux tarifs sont prévus par la loi sur la fiscalité locale. Le montant de la contribution des licences dû est déterminé comme suit en application du montant de la patente ou de l'impôt libératoire sur le tarif correspondant à la catégorie de boisson concernée :

Nature de l'activité		*Activités assujetties à la patente*	*Activités assujetties à l'impôt libératoire*
Classe de Licence	*Élément de base*	*Contribution de la patente*	*Montant de l'impôt libératoire*
1ère classe	Boissons non alcoolisées	02 fois la contribution de la patente	01 fois le montant de l'impôt libératoire
2ème classe	Boissons alcoolisées	04 fois la contribution de la patente	02 fois le montant de l'impôt libératoire

Au demeurant, s'agissant des opérations pouvant donner lieu à des licences différentes réalisées dans un même établissement, la base à retenir pour le calcul des droits de licences sera celle de l'activité donnant lieu à la licence la plus élevée. Ainsi par exemple, si une entreprise offre à sa clientèle à la fois les boissons alcoolisées et celles non alcoolisées, les droits de licence à prendre en compte seront liquidés sur la base des boissons alcoolisées.

Articles 43 : Régime des sanctions

Le non paiement, le non affichage ou la non présentation de la licence, sont soumis aux sanctions prévues pour les mêmes infractions en matière de contribution de la patente.

TITRE IV :

De l'impôt libératoire

Article 45 : Critères d'assujettissement

En sus des activités commerciales, industrielles et autres qui étaient déjà soumises à l'impôt libératoire, la loi portant fiscalité locale étend le champ de cet impôt aux activités artisanales et agropastorales ne relevant ni du régime du bénéfice réel, ni du régime simplifié d'imposition, ni du régime de base, et dont le chiffre d'affaires est inférieur à 15 000 000.

Article 46. 47 : modalités d'imposition

Les modalités d'imposition à l'impôt libératoire existantes ont été reconduites par la nouvelle loi sur la fiscalité locale.

Néanmoins, et à titre de rappel, l'impôt libératoire est dû par commune et par établissement, sauf pour les marchands ambulants qui paient leur impôt libératoire dans la seule commune de leur domicile.

L'impôt libératoire est également du par activité distincte, la distinction des activités étant ici formée conformément à la liste fixée par la loi.

Ainsi, si dans un même établissement sont exercées deux activités distinctes suivant la liste susvisée, et qui ne sont pas complémentaires, chaque activité doit faire l'objet d'une* imposition distincte à l'impôt libératoire.

À titre d'illustration, si un même établissement commercialise les fournitures scolaires et fait dans la coiffure, chacune de ces activités est soumise au paiement d'un impôt libératoire distinct.

Le produit de l'impôt libératoire est dévolu entièrement aux communes et aux communes d'arrondissement, à l'exclusion des communautés urbaines, et désormais du FE1COM.

Les personnes assujetties doivent acquitter une taxe sur le développement local qui est une taxe due en contrepartie des services précis et dont les modalités sont précisées plus loin.

Par contre, la redevance audiovisuelle n'est pas appliquée à l'impôt libératoire.

Le tarif de l'impôt libératoire est arrêté par délibération de la commune à l'intérieur d'une fourchette dans les catégories suivantes, en rapport avec la liste des activités fixées par la loi :

- Catégorie A 0F à 20000F
- Catégorie B 20001F à 40000F
- Catégorie C 41001F à 50000F
- Catégorie D 51001F à 100000F

L'impôt libératoire est déclaré et payé dans les quinze (15) jours qui suivent la fin de chaque trimestre. Les paiements successifs sont annotés sur la fiche de suivi de l'impôt libératoire.

L'émission de l'impôt libératoire se fait par les services des impôts, en un bulletin d'émission unique au profit de la commune ou de la commune d'arrondissement de localisation de l'entreprise.

Article 47 : Régime des sanctions

La loi institue des sanctions en cas de non paiement de l'impôt libératoire, et de défaut d'affichage de la fiche de paiement dudit impôt.

En cas de non paiement de l'impôt libératoire dans les délais légaux, il sera procédé à la fermeture de l'établissement, et concomitamment, à l'application d'une pénalité de 30 % de l'impôt dû.

Le non affichage ou la non production de la fiche de paiement de l'impôt libératoire entraîne le paiement d'une amende de 5 000 F CFA, dans les mêmes formes que l'impôt en principal.

Les sanctions pour non paiement de l'impôt libératoire ne sont pas cumulables avec celles applicables pour défaut d'affichage ou de production de la fiche de paiement de l'impôt libératoire.

Pour les marchands ambulants et les transporteurs, il peut être procédé à la saisie des biens, conformément aux modalités prévues par la loi. Les biens périssables ne peuvent être saisis qu'après une mise en demeure d'enlever servie au contribuable selon les formes prévues par la loi.

Au demeurant, les contribuables relevant de l'impôt libératoire peuvent opter pour le régime de base. Cette option étant irrévocable, il s'en suit que dès sa notification par le contribuable au chef de centre des impôts, est devient définitive.

TITRE V :

De la taxe foncière et des droits de mutations d'immeubles

Article 48 et 49 : Affectation aux communes du produit de la taxe foncière sur les propriétés immobilières et des droits de mutation d'immeubles .

Les dispositions relatives à l'assujettissement à la taxe foncière sur les propriétés immobilières et aux droits de mutation de propriété ou de jouissance d'immeubles demeurent celles contenues dans le Code général des impôts. La loi portant fiscalité locale consacre cependant l'affectation du produit de la taxe foncière sur les propriétés immobilières et des droits d'enregistrement sur les mutations de propriété ou de jouissance d'immeubles à la commune du lieu de leur situation.

Toutefois, il ne sera plus perçu de centimes additionnels communaux sur la taxe foncière.

TITRE VI :

De la taxe sur les jeux de hasard et de divertissement

Article 50 : Affectation intégrale aux communes du produit de la taxe sur les jeux de hasard et de divertissement

La loi portant fiscalité locale consacre l'affectation intégrale de la taxe sur les jeux de hasard et de divertissement à la commune du lieu d'exploitation des jeux.

Toutefois, pour les villes dotées d'une communauté urbaine, la taxe sur les jeux de hasard et de divertissement est intégralement et exclusivement reversée à la communauté urbaine.

Les règles générales relatives à la taxe sur les jeux de hasard et de divertissement restent régies par le Code général des impôts et ses textes d'application. Nonobstant, il ne sera plus perçu de centimes additionnels communaux sur cette taxe.

TITRE VII :

Du droit de timbre automobile

Article 51 : Affectation intégrale aux communes du produit du droit de timbre automobile

La loi portant fiscalité locale consacre la redistribution intégrale du produit du droit de timbre automobile aux communes et aux communautés urbaines par le mécanisme de la péréquation. Les modalités de cette redistribution sont fixées par un texte particulier.

En conséquence, le FEICOM ou tout autre organisme chargé de la centralisation et de la péréquation ne doit procéder à aucune retenue de quelle que nature que ce soit sur le produit du droit de timbre automobile qui lui est reversé.

Les dispositions relatives aux tarifs, aux modalités de recouvrement, aux délais de paiement, aux exonérations et aux sanctions restent d'application constante, conformément aux dispositions des articles 594 à 603 du Code général des impôts et de ses textes d'application.

Les modalités de commande, de vente et le régime des remises sur vente des vignettes automobiles sont fixées par un texte particulier.

TITRE VIII :

De la redevance forestière annuelle

Article 52 : Répartition de la quote-part communale de la redevance forestière annuelle

Conformément aux dispositions de l'article 243 du Code général des impôts, les communes bénéficient d'une quote-part de 40 % du produit de la redevance forestière annuelle.

La loi portant fiscalité locale fixe la répartition de cette quote-part ainsi qu'il suit :

- -50 % au titre de la retenue à la source au profit de la commune de localisation ;
- -50 % au titre du reliquat centralisé pour le FEICOM ou tout autre organisme chargé de la centralisation et de la péréquation des impôts locaux.

Par commune de localisation, il faut entendre la commune abritant la superficie du titre d'exploitation forestière (UFA, vente de coupe) donnant lieu à paiement de la redevance et non celle abritant le siège de l'entreprise exploitant le titre.

Lorsqu'un titre d'exploitation couvre le territoire de plus d'une commune, la répartition de la quote-part revenant à la commune de localisation devra se faire au prorata de la superficie du titre occupée dans chaque commune.

Ainsi pour les concessions, la RFA est acquittée en trois versements d'égal montant et successivement les 15 mars, 15 juin et 15 septembre de l'année, aux services des impôts compétents. Pour les ventes de coupe, la redevance est acquittée en totalité dans les quarante-cinq (45) jours qui suivent le dépôt ou le renouvellement de la caution bancaire du propriétaire du titre.

TITRE IX :

Des centimes additionnels communaux

Articles 53 à 56 : Modalités d'émission, de centralisation et de répartition des centimes additionnels communaux

Les centimes additionnels communaux sont perçus par les administrations fiscale et douanière au profit des communes. Les centimes additionnels étant prélevés en même temps que le principal de l'impôt sur lequel ils sont assis, leur perception suit le sort de ces impôts dont les modalités de recouvrement sont ceux prévus dans le Code Général des Impôts et le Code des Douanes.

Le produit des centimes additionnels communaux est réparti ainsi qu'il suit :

- 10 % au profit de l'État, à titre de frais d'assiette et de recouvrement ;
- 10 % au profit du Fonds Spécial d'Équipement et d'Intervention Intercommunale (FEICOM) ;
- 70 % au profit des communes, des communes d'arrondissement et des communautés urbaines.

La répartition et l'émission des centimes additionnels communaux s'effectuent conformément aux dispositions des articles 55, 115 et 116 de la loi portant fiscalité locale.

TITRE X :

Des taxes communales

I. De la taxe de développement local (TDL)

1) Dispositions générales

La Taxe de développement local instituée par la loi portant fiscalité locale est applicable de plein droit. À cet effet, la perception de ladite taxe n'est pas subordonnée au vote du conseil municipal ou du conseil de communauté.

La TDL est perçue en contrepartie des services d'éclairage public, d'assainissement, d'enlèvement des ordures ménagères, de fonctionnement des ambulances, d'adduction d'eau ou d'électrification. Cette exigence de contrepartie s'entend de l'obligation qui pèse sur les collectivités locales d'œuvrer à la mise à disposition des services sus cités et à leur entretien.

Par ailleurs, il convient de noter que le produit de la TDL est affecté en priorité au développement ou à l'entretien des services en cause. À ce titre, les prévisions de dépenses de développement et de maintenance de ces services de base devraient être au moins égales aux recettes de la TDL recouvrées au cours de l'exercice précédent.

2) Critères d'assujettissement

Sont soumises au paiement de la taxe de développement local, les personnes morales et les personnes physiques, y compris celles redevables de l'impôt libératoire et de la contribution des patentes pour leurs activités professionnelles.

Les personnes physiques ici visées sont, en dehors de celles assujetties à la patente et à l'impôt libératoire, les employés du secteur public ou privé, titulaire d'un salaire mensuel ou d'un rappel de salaire. Cependant les personnes physiques ayant un salaire mensuel inférieur à 62 000 FCFA sont exonérées du paiement de ladite taxe.

3) Modalités d'imposition

La TDL est assise sur le salaire de base pour les employés du secteur public, et sur le salaire catégoriel pour ceux du secteur privé, ainsi que sur le principal de l'impôt, s'agissant des assujettis de l'impôt libératoire ou de la contribution des patentes.

Le salaire de base renvoie au salaire indiciaire ou catégoriel servi à l'employé. Il n'intègre pas les indemnités et autres avantages en nature qui participent à la formation du salaire brut. Le salaire de base se distingue également du salaire net qui s'entend du salaire brut diminué des prélèvements fiscaux et sociaux.

Elle est due pour les personnes physiques à partir du paiement du salaire à l'employé, et est exigible à la même date auprès de l'employeur qui est tenu de la retenir à la source lors de la rétention de l'impôt sur le revenu des personnes physiques et les autres prélèvements, qui grèvent le salaire de l'employé.

Pour les personnes physiques ou morales redevables de l'impôt libératoire ou de la patente, la TDL est due lors du paiement de l'impôt libératoire ou de la contribution des patentes sur lesquels elle est assise. Les entreprises de la Division des grandes entreprises et des CIME devront émettre un ordre de virement unique pour la patente, lequel devra préciser la quote-part de la TDL.

La loi portant fiscalité locale fixe des tarifs maxima de la TDL. Il appartient ainsi aux communes et communautés urbaines bénéficiaires de communiquer aux services des impôts, les tarifs arrêtés par le conseil à l'intérieur des fourchettes fixées par la loi. Lorsque les tarifs ne sont pas communiqués aux services, ces derniers appliquent les tarifs minima. Le tarif maximum d'une tranche constituant le tarif minimum de la tranche supérieure.

Pour les salariés du secteur public, le produit de la TDL est centralisé au FEICOM et réparti à toutes les communes au même titre que les centimes additionnels communaux.

4) Régime des sanctions

Compte tenu de la spécificité de cette taxe, les sanctions afférentes au non paiement de la taxe de développement local, suivent les procédures applicables aux impôts et droits sur lesquels elle est assise.

II. Des autres taxes communales

Articles 61 et 62 : Des dispositions générales relatives aux taxes communales

La loi portant fiscalité locale institue à côté de la taxe de développement local, des taxes dites communales qu'elle énumère limitativement. Les communes peuvent dans le cadre de cette énumération les instituer par délibération du conseil municipal.

Contrairement à la taxe de développement local pour laquelle le conseil municipal n'est habilité qu'à délibérer sur les taux applicables dans le ressort de la municipalité, une taxe communale ne peut être prélevée dans le territoire d'une commune que si elle a été instituée par une délibération du conseil municipal. Cette délibération fixe le cas échéant, les tarifs lorsque la loi a prévu des fourchettes à l'intérieur desquelles la municipalité est autorisée à arrêter les taux applicables dans son ressort territorial.

De façon plus concrète, les communes ne peuvent percevoir une taxe communale que lorsque celle-ci est prévue à l'article 62 de la loi ponant fiscalité locale et a été instituée par une délibération du Conseil municipal.

A contrario, lorsque la commune n 'a pas institué par délibération dans son ressort territorial une taxe prévue à l'article 62 de la loi sur la fiscalité locale, cette taxe ne peut faire l'objet de prélèvement auprès des redevables de la commune.

Une taxe communale instituée par délibération du conseil municipal est due par toute personne qui, dans le ressort territorial de la municipalité, soit réalise les opérations taxables, soit remplit les critères spécifiques prévus par la loi pour chaque taxe, tel que la détention d'un bien assujetti, l'exercice d'une activité taxable, l'assujettissement à une taxe d'une activité ou d'une situation constituant son exploitant comme redevable.

A-Des dispositions spécifiques aux différentes taxes communales

Articles 63 à 65 : De la taxe d'abattage du bétail

1) Critères d'assujettissement

La taxe d'abattage est due par toute personne qui fait abattre un animal d'élevage dans un abattoir aménagé ou géré par la commune, à raison de la bête tuée, quelque soit la qualité de la personne, que l'animal abattu soit destiné à la consommation domestique ou à la commercialisation. Le bétail visé par la présente circulaire est constitué de l'ensemble des animaux d'élevage à l'exception de la volaille et des lapins.

Les abattoirs aménagés par la commune s'entendent de ceux construits, réfectionnés ou équipés par la municipalité seule ou avec d'autres personnes publiques ou privées, dès lors que celle-ci y a effectué des travaux en vue de sa mise en activité. Il n'est pas nécessaire que l'infrastructure soit la propriété de la municipalité, sa participation à son aménagement suffit à la perception de la taxe d'abattage.

Par abattoirs gérés par la municipalité, il faut entendre ceux qui sont soit directement administrés par les services de la municipalité, soit par le biais d'une régie municipale, soit par un établissement public créé par la commune. Enfant également partie les abattoirs aménagés ou les locaux utilisés comme tels loués à la commune par des personnes publiques ou privées et directement administrés par la commune.

La taxe d'abattage n 'est pas due par les personnes faisant abattre leurs animaux dans des abattoirs aménagés ou gérés par des personnes publiques ou privées autres que la commune ou les établissements publics communaux dûment autorisés en vertu de la législation applicable en matière d'abattage d'animaux. Toutefois, ces personnes ne sont pas dispensées du paiement des droits et taxes de service perçus par les services vétérinaires en vertu de la législation en matière d'inspection sanitaire et vétérinaire.

2) Modalités d'imposition

La taxe d'abattage de bétail est due avant tout abattage d'animaux sur pied et exigible au moment de la présentation des animaux à l'abattoir, celle-ci en constituant le fait générateur. Les services communaux procèdent à cet effet à l'enregistrement des animaux devant être abattus et à la perception des droits comme précises à l'article 65 (l).

Son taux est fixé respectivement pour les bovins et équins à 1000 F CFA par tête, pour les porcins à 400 F CFA par tête et pour les ovins et caprins (moutons et chèvres) à 250 F CFA par tête.

3) Régime des sanctions

L'abattage frauduleux des bêtes est puni d'une amende par tête de bétail tué fixée à 10 000 F CFA pour les bovins et équins, et 5 000 F CFA pour les autres animaux concernés. Cette amende qui est perçue sans préjudice des sanctions prévues par ailleurs par la législation en matière d'abattage et d'hygiène, est immédiatement exigible dès la constatation de l'infraction par les agents municipaux préposés à cet effet.

Par abattage frauduleux, il faut entendre outre l'abattage dans les abattoirs aménagés ou gérés par les communes des animaux visés à l'article 64 sans acquittement des droits, tout abattage desdites bêtes en infraction à la législation en matière d'abattage d'animaux et d'hygiène. Les services municipaux devront se rapprocher des services vétérinaires pour s'assurer du respect de ladite législation.

Il reste entendu que l'abattage frauduleux d'animaux donne droit à la perception de la taxe d'abattage normalement due au taux en vigueur, en sus de l'amende pour fraude.

Il faut par ailleurs rappeler que la taxe d'abattage étant due avant abattage de l'animal, le non paiement des droits entraîne non abattage jusqu'à acquittement de la taxe due.

Articles 66 à 72 : De la taxe communale sur le bétail

1) Critères d'assujettissement

La taxe communale sur le bétail instituée par la loi portant fiscalité locale est due par les propriétaires et détenteurs de bovidés. En est redevable au titre d'une année toute personne physique ou morale possédant ou détenant des bovidés au 1er janvier de l'année considérée, que cette détention soit faite dans un but domestique ou commercial.

Sont en conséquence redevables de la taxe communale sur le bétail, les personnes qui élèvent des bovins en vue de leur revente sur pied ou sous forme de viande, d'abats ou de produits conditionnés, dans un but contemplatif ou touristique, pour les besoins de consommation domestique, dans le cadre d'expériences scientifiques ou médicales ou dans tout autre but, dès lors qu'ils ne sont pas visés par les exemptions de l'article 67.

Sont par contre exemptés du paiement de la taxe sur le bétail :

- L'État pour les animaux lui appartenant quelque soit l'usage qui en est fait, à l'exclusion de toute autre personne publique, y compris les communes, établissements publics ;
- les propriétaires ou détenteurs d'animaux importés de l'étranger en vue de la reproduction, notamment ceux utilisés dans un but d'expérience par les structures de recherche scientifique et médicale, les universités et établissements déformation agricole et d'élevage et ceux importés par des structures ou des particuliers en vue de la reproduction dans les fermes et exploitations agricoles et d'élevage ;

- les propriétaires ou détenteurs d'animaux employés aux travaux de labour dans les champs et exploitations agricoles. Il s'agit ici des animaux de trait utilisés dans les activités de labour. Ceux utilisés pour la traction de charrettes et chariots demeurent assujettis au paiement de la taxe s'ils ne sont pas par ailleurs employés dans les travaux de labour ;
- les propriétaires ou détenteurs d'animaux élevés et utilisés par les œuvres de charité dans un but exclusivement social. Par œuvres de charité, il faut entendre les organismes reconnus d'utilité publique et réalisant exclusivement des activités désintéressées et sans but lucratif. Elles sont exemptées de la taxe sur le bétail uniquement sur la détention d'animaux exclusivement utilisés dans un but social, c'est-à-dire qu'ils sont élevés dans un but de consommation des pensionnaires, dans le cadre de leur formation ou leur apprentissage dans les métiers agropastoraux.

2) Exigibilité et modalités d'imposition

La taxe communale sur le bétail est exigible au 15 mars de l'année d'imposition à raison du nombre de bêtes détenues ou possédées. Le redevable devant en faire la déclaration au plus tard à cette date auprès des services de la Commune de localisation du troupeau. Le tarif de la taxe est arrêté par délibération du conseil municipal dans une fourchette comprise entre 200 et 500 F CFA par tête.

Par Commune de localisation du troupeau, il faut entendre, pour l'application de la taxe sur le bétail, la municipalité bénéficiaire de ladite taxe qui peut selon le cas être la commune ou la commune d'arrondissement lorsque les animaux sont situés dans une agglomération urbaine.

Il faut relever que lorsqu'un redevable a acquitté sa taxe sur le bétail sur un animal au titre d'une année, son déménagement dans le ressort d'une autre commune n'entraîne pas l'exigibilité d'une nouvelle taxe pour le même animal au titre de la même année. Le redevable doit simplement faire la preuve qu'il a acquitté la taxe dans une autre commune.

Un recensement des bêtes taxables est organisé chaque année par les services de la commune de localisation de concert avec les services de l'élevage. Ce contrôle est fait à l'initiative de la commune qui en détermine les modalités dans son ressort.

Par ailleurs, il faut rappeler que le paiement de la taxe communale sur le bétail n'exclut pas, le cas échéant, l'imposition du propriétaire ou du détenteur à l'impôt libératoire ou à l'impôt sur le revenu pour les mêmes animaux dès lors qu'il réalise des activités assujetties à ces impôts.

Ainsi, lorsque le détenteur de bovins assujetti à la taxe communale sur le bétail exerce par ailleurs à titre habituel une activité de marchand de bétail, il sera redevable en fonction de son chiffre d'affaires, de l'Impôt sur le Revenu des Personnes Physiques (IRPP) selon le régime auquel il sera rattaché, ou de l'impôt libératoire tel que visé aux paragraphes b, c et d de l'article 46 (2).

3) Régime des sanctions

Les redevables de la taxe communale sur le bétail sont tenus d'acquitter leurs droits au plus tard le 15 mars de l'année en cours. À l'expiration de ce délai, les services communaux sont en droit de les mettre en demeure de payer, sous peine de voir le bétail en cause saisi et mis en fourrière. Dans cette hypothèse, avant toute restitution de ses animaux, le redevable acquitte le principal des droits, les droits de fourrière, ainsi que les frais relatifs aux charges d'entretien des bêtes durant leur séjour en fourrière, conformément aux dispositions de l'article 130 de la loi portant fiscalité locale.

Si dans un délai de trente (30) jours après la mise en fourrière des animaux, le redevable n 'a toujours pas acquitté sa créance fiscale, le receveur municipal peut être autorisé par le maire à procéder à la vente aux enchères des animaux dans les formes prévues par l'acte uniforme OHADA relatif aux procédures simplifiées de recouvrement et des voies d'exécution, et conformément à l'article 130 de la loi suscitée.

En cas de dissimulation de bétail ou de fausse déclaration, les redevables s'exposent à la mise en fourrière de leurs animaux dissimulés et au paiement d'une pénalité équivalant à 100 % du montant dû en principal. Dès constatation de la dissimulation ou de la fausse déclaration, cette pénalité est exigible en même temps que le droit éludé en principal. En cas de mise en fourrière des animaux, les droits de fourrière sont également dus dans les mêmes conditions que dans le cas du non paiement tel que précisé ci-dessus.

Articles 73 à 76 : De la taxe sur les armes à feu

1) Critères d'assujettissement

La taxe sur les armes à feu est due au titre d'une année par tout détenteur d'arme à feu, même hors d'usage, et qui est tenu d'en faire la déclaration au plus tard le 15 mars de l'année concernée auprès de la commune de localisation de l'arme.

La seule détention d'une arme à feu au 1er janvier de l'année, quelque soit l'usage qu'en fait le détenteur, entraîne assujettissement à la taxe sur les armes à feu au titre de l'année en cause. Toutefois, il faut relever que la détention par les vendeurs d'armes dans leurs magasins et entrepôts, d'armes mises en vente n'en fait pas des redevables à cette taxe. Cependant, la mise en usage par le vendeur de ces armes en fait un redevable.

La mise en usage est constituée par un usage soit personnel à quelque fin que ce soit, soit par la mise en location pour les stands de tir, soit par tout autre usage ayant pour effet de le sortir des entrepôts et magasins, même si le vendeur en demeure propriétaire.

Sont exemptés de la taxe sur les armes à feu, outre les vendeurs d'armes pour les armes existants dans leurs magasins et entrepôts de commerce comme précisé plus haut :

- l'État pour l'ensemble des armes lui appartenant y compris les armes de dotation des différentes forces de défenses ou de sécurité et celles confisquées et détenues par les services administratifs, de police, de gendarmerie ou les tribunaux ;
- les armes d'ordonnance appartenant aux militaires en activité et aux officiers de réserve.

2) Modalités d'imposition

Les redevables de la taxe sur les armes à feu sont tenus de déclarer et d'acquitter la taxe sur les armes à feu auprès de la commune de localisation de l'arme, au plus tard le 15 mars. La commune du lieu de localisation de l'arme s'entend du lieu de résidence du propriétaire.

La loi a institué l'établissement au plus tard le 15 mars de l'année en cours, d'une liste d'armes détenues dans le ressort territorial de la commune par le sous préfet et le chef de l'exécutif municipal. Dans le cadre de l'établissement de cette liste, le chef de l'exécutif municipal procède au recensement des personnes détentrices d'armes à feu dans le ressort de la commune, notamment en invitant par voie d'affichage et de presse les habitants à faire déclarer leurs armes.

Les citoyens ayant l'obligation d'obtenir une autorisation de port d'arme pour certaines catégories d'armes, l'exploitation du fichier des détenteurs d'armes peut être effectuée en vue de la constitution de ladite liste.

3) Régime des sanctions

Toute dissimulation d'arme imposable, détention illégale ou fausse déclaration donne lieu à une pénalité de 100 % des droits éludés, payables immédiatement en sus du principal de l'impôt normalement dû, sans préjudice des sanctions prévues par la réglementation en matière d'armes.

Article 77 : De la taxe d'hygiène et de salubrité

La loi portant fiscalité locale institue une taxe d'hygiène et de salubrité perçue par la commune au titre du contrôle des denrées alimentaires et des immeubles à usage commercial et industriel.

Les modalités d'application de cette taxe seront précisées par un texte particulier.

Article 78 : Des droits de fourrière

1) Critères d'assujettissement

Les droits de fourrière sont une taxe due par les propriétaires et détenteurs d'animaux en divagation et d'objets trouvés sans gardien ou placés en infraction à la réglementation de voirie. Pour l'application de la présente mesure, il est nécessaire que l'un quelconque des critères d'assujettissement sus visés soit rempli :

- la divagation d'animaux ;
- la constatation d'une infraction à la réglementation de voirie ;
- l'existence d'objets sans gardien.

Par divagation d'animaux, il faut entendre tout animal errant retrouvé sur la voie publique et sans maître. L'infraction à la réglementation de voirie par contre est définie comme tout manquement relatif à la réglementation afférente à l'usage de la voie publique notamment le défaut de présentation de vignette de la taxe de stationnement, le défaut de paiement du droit de parc de stationnement, l'occupation irrégulière de la voie publique. Pour sa part, l'objet sans gardien renvoie à tout bien meuble abandonné qui se retrouve sur la voie publique.

2) Modalités de perception des droits de fourrière

Le fait générateur des droits de fourrière qui coïncide avec l'exigibilité desdits droits est constitué par l'entrée du bien dans un enclos aménagé et sécurisé, matérialisé par un procès-verbal de mise en fourrière établi par le personnel communal ou par le personnel de la police judiciaire.

La seule constatation de l'infraction n'entraîne pas la mise en fourrière du bien, mais la perception des amendes de simple police. Les droits de fourrière ne sont donc pas exigibles au moment de la saisie du bien.

Pour l'application des droits de fourrière, il appartient à la commune ou à la communauté urbaine du lieu de fixer par délibération les taux à appliquer dans les limites fixées à l'article 79. Il appartient ainsi à ladite collectivité de faire tenir aux services fiscaux de son ressort dans les meilleurs délais les taux retenus. Faute d'information, les services fiscaux appliquent les taux en vigueur au courant de l'année précédente.

Lorsqu'il s'agit de l'application initiale de ces droits sur le ressort d'une collectivité, la non communication par celle-ci de la délibération fixant les taux à pratiquer fonde les services à pratiquer la quotité légale maximale jusqu'à survenance d'une délibération énonçant le taux à appliquer.

3) Régime des sanctions

Les droits de fourrière constituent une sanction. En conséquence, ils viennent en majoration des droits dus pour violation de la réglementation de voirie. La quotité des droits de fourrière dus par le contrevenant est proportionnelle au nombre de jours, les taux étant fixé sur une base journalière. Le paiement des droits auprès du receveur municipal entraîne immédiatement la fin de la mise en fourrière.

En cas de non paiement dans les délais du droit de fourrière, le receveur municipal du ressort procède, 30 jours après l'admission en fourrière, à la mise en demeure du propriétaire ou du détenteur valant commandement de payer. Cette mise en demeure lui accorde un délai supplémentaire de huit jours pour s'exécuter.

La mise en demeure revêt la forme d'une lettre adressée au redevable à son adresse connue, à défaut par voie d'affichage à la collectivité territoriale concernée. Le receveur procède à l'apurement des droits dus par le redevable et lui rétrocède le reliquat éventuel.

Articles 80. 81. 82. 83. 84. 85 et 86 : Des droits de place sur les marchés

1) Critères d'assujettissement

Les droits de place sur les marchés tels que présentés par la loi sur la fiscalité locale sont perçus aussi bien auprès des commerçants réguliers, que des vendeurs occasionnels qui occupent une place dans tout marché appartenant à la commune d'arrondissement ou à la communauté urbaine selon le cas.

Le commerçant régulier s'entend de celui qui, de manière continue ou habituelle, occupe un espace précis et permanent dans un marché, alors que le vendeur occasionnel est celui qui exerce de façon fortuite ou accidentelle dans ledit marché.

2) Modalités d'imposition

La fixation des tarifs afférents aux droits de place sur le marché, doit tenir compte des niveaux de vie, de la spécialisation des marchés et la situation des grands centres d'approvisionnement.

Par disparité des niveaux de vie il faut entendre, le fait pour chaque localité d'avoir un niveau de vie qui sied à son degré de développement. À cet effet, plus le niveau de vie est élevé, plus le droit de place l'est aussi.

La spécificité des marchés quant à elle tient de ce que, certains marchés diffèrent des autres par rapport à leur taille, le type de biens vendus et le volume des recettes qu'ils génèrent.

Pour ce qui est de la prise en compte des grands centres d'approvisionnement, il est simplement demandé de statuer sur le fait que les tarifs soient élevés, suivant qu'on est rapproché des grands centres d'approvisionnement, et moins élevés suivant qu'on est éloigné desdits centres.

Les droits susvisés sont dus dès la signature du contrat de bail entre la commune et le commerçant, pour ce qui est du vendeur régulier, et sont exigibles à l'échéance contractuelle. Pour le vendeur occasionnel, le fait générateur et l'exigibilité coïncident.

Ce qui laisse entendre que les droits sont dus et acquittés dès l'installation des marchandises dans le marché.

1) Régime des sanctions

Une amende comprise entre 5 000 FCFA et 10 000 FCFA est prévue en cas de sous location ou de non paiement des droits par jour.

La computation des délais ici court à partir du jour où le constat de la sous location ou du non paiement est fait, sur procès verbal dressé par un agent de la commune et cosigné par le vendeur insolvable.

Les sanctions pour les droits journaliers sont de l'ordre d'un droit en sus du droit régulièrement dû, ou de la confiscation de la marchandise jusqu'au paiement de l'amende correspondant.

Articles 87, 88, 89, 90 : Des droits sur le permis de bâtir ou d'implanter

La loi portant fiscalité locale apporte des précisions sur la perception des droits sur le permis de bâtir ou d'implanter.

1) Critères d'assujettissement

Par permis de bâtir ou d'implanter, il faut entendre l'autorisation qu'un usager sollicite du magistrat municipal pour une construction ou une installation, que ce soit en matériaux provisoires ou en matériaux définitifs, de simples aménagements ou des constructions nouvelles. Les droits subséquents à la construction ou à l'aménagement prévu, au chef-lieu d'une commune ou dans les agglomérations, sont proportionnels à la valeur de la construction.

2) Modalités d'imposition

Pour la détermination de la valeur de la construction, ou des aménagements, un devis estimatif doit être établi, et approuvé par les services techniques communaux.

Les droits y afférents sont dus dès que le devis estimatif est approuvé par le service compétent, et exigible avant la délivrance du permis sollicité.

Lesdits droits sont perçus au profit et dans les services de la communauté urbaine pour les agglomérations, ou de la commune, dans les villes ne disposant pas de communauté urbaine.

Les droits sur le permis de bâtir à payer représentent 1 % de la valeur de la construction approuvée par les services techniques de la commune.

3) Régime des sanctions

Le défaut de permis de bâtir ou d'implanter est passible d'une amende de 30 % des droits dus payée au profit de la commune.

Toutefois, l'application de l'amende ci-dessus ne dispense pas cependant le débiteur du paiement des droits normalement dus.

Aucune autre sanction ne doit être applicable, en dehors des mesures prévues par la loi.

L'exigibilité de l'amende de 30 % ci-dessus court à partir du jour du début d'exécution des travaux.

Articles : 91, 92, 93 : Des droits d'occupation temporaire de la voie publique

1) Critères d'assujettissement

Par occupation temporaire de la voie publique, il faut entendre toute installation ou utilisation de la voie ou de l'emprise publique déterminée par l'acte qui l'autorise délivré par l'autorité municipale compétente. La voie ou l'emprise publique entendue ici comme une parcelle à usage public, comme la route, les servitudes, la voirie, les artères. Cette occupation peut être matérialisée par des dépôts de matériaux, notamment le sable, les pierres, du bois, l'exposition de meubles, de marchandises ou de tout autre objet.

Par ailleurs, à compter de l'entrée en vigueur de la nouvelle loi, les stations services, les véhicules et supports publicitaires sont exclus du champ d'application desdits droits.

2) Modalités d'imposition

Pour la perception des droits d'occupation temporaire de la voie publique, le fait générateur est l'occupation de la voie publique. L'exigibilité des droits y afférents court à partir de l'occupation effective de ladite voie.

Le tarif de droit d'occupation temporaire de la voie publique est voté par le conseil municipal au taux maximum de 2 000 francs par m2 et par jour.

3) Régime des sanctions

Le défaut d'autorisation ou la minoration de la surface occupée, le retard ou le défaut de paiement entraînent l'application d'une pénalité de 100 % du montant des droits dus en principal.

En cas d'occupation non autorisée, les droits ainsi que les pénalités subséquentes sont dus à compter du premier jour d'occupation effective de l'espace en cause.

Articles 94. 95, 96 : De la taxe de stationnement

1) Critères d'assujettissement

La perception de la taxe de stationnement ne peut avoir lieu que dans les villes et les agglomérations où les municipalités ont aménagé des aires de stationnement ou un plan de circulation.

2) Modalités d'imposition

La taxe de stationnement est perçue par la commune du domicile du transporteur à des taux maxima trimestriels ci-après :

- moto-taxis : 3 000 francs ;
- taxis : 10 000 francs ;
- autobus : 15 000 francs.

Les voitures ou engins non expressément visés par la loi sont exempts du paiement de la taxe de stationnement.

L'exigibilité de la taxe est fixée au plus tard au quinzième jour suivant le début de chaque trimestre.

La taxe de stationnement est perçue contre délivrance d'une vignette taxe de stationnement, suivant le modèle de la vignette timbre automobile.

Les modalités de commande, de sécurisation et de vente de la vignette taxe de stationnement sont fixées par un texte particulier.

Répartition du produit de la taxe de stationnement

- Communauté urbaine de localisation de l'établissement........................ 80 %
- Quote-part du FEICOM.. 20 %

Les communes d'arrondissement ne bénéficient pas du produit de la taxe de stationnement.

Articles 97 et 98 : Des droits d'occupation des parcs de stationnement

- Critères d'assujettissement

Les droits d'occupation des parcs de stationnement sont dus par les exploitants des véhicules, destinés au transport des marchandises et des personnes de types cars, camions, camionnettes et autobus exclusivement.

Toutefois, la délibération de cette taxe est subordonnée à l'existence d'espace aménagé à cet effet par la commune ou par la communauté urbaine ou la commune d'arrondissement selon le cas.

2)Modalités d'imposition

Le paiement des droits d'occupation des parcs de stationnement est conditionné par l'accès du véhicule au parc.

Les tarifs maxima du droit d'occupation des parcs de stationnement sont fixés ainsi qu'il suit :

- car et camionnette : 1 000 francs par jour ;
- camions et autobus : 2 000 francs par jour.

Le droit de parc de stationnement est perçu contre délivrance d'un reçu pour droit de parc de stationnement.

Les modalités de commande, de sécurisation et de gestion des reçus pour droit de parc de stationnement sont fixées par un texte particulier.

3) Sanctions applicables

Le défaut de paiement des droits ou le stationnement hors du parc, doit être constaté par procès-verbal établi par l'agent communal en poste. Il entraîne non seulement le paiement des droits dus en principal, mais également la mise en fourrière du véhicule.

Article 99 : Du ticket de quai

1) Critères d'assujettissement

La loi portant fiscalité locale institue une taxe sur l'embarquement effectué dans une gare routière ou dans un débarcadère municipal aménagé par la commune. À cet effet, tout véhicule ou toute pirogue est soumis au paiement du ticket de quai, dès lors qu'il embarque dans une gare routière ou dans un débarcadère.

De même, tout véhicule de transport en commun ou toute pirogue qui embarque même hors de la gare routière ou du débarcadère demeure également assujetti audit ticket.

2) Modalités d'imposition

Les tarifs prévus doivent être considérés comme des maxima. Par conséquent, les tarifs effectivement applicables dans chaque commune sont fixés par l'organe délibérant, dans les conditions et les limites y relatives.

À titre de rappel, les tarifs maxima fixés par la loi sont les suivantes :

a) Gares routières : 200 francs par chargement.

b) Débarcadères :

- pirogue sans moteur : 200 francs par chargement ;
- pirogue à moteur de moins de 10 places : 500 francs par chargement ;

- pirogue à moteur déplus de 10 places : 1000 francs par chargement.

Le droit est dû dès que le chargement est effectif, et exigible à l'embarquement du véhicule ou de la pirogue au profit de la commune propriétaire de là gare routière ou du débarcadère.

Le droit de quai est perçu contre délivrance d'un ticket.

Les modalités de commande, de sécurisation et de gestion du ticket de quai sont fixées par un texte particulier.

3) Régime des sanctions

Le défaut de paiement du ticket de quai doit être établi par la non présentation du ticket, ou le refus de paiement de ladite redevance. Il entraîne le paiement d'une pénalité de 100 % du montant dû en principal et des droits normalement dus.

Articles 100 et 101 : De la taxe sur les spectacles

La loi portant fiscalité locale précise le champ d'application de la taxe sur les spectacles. Cette dernière est émise et perçue par les communes d'arrondissement et à leur profit.

1) Critères d'assujettissement

La taxe sur les spectacles est due à l'occasion de toutes les manifestations de réjouissances organisées habituellement ou occasionnellement dans un but lucratif, à l'exclusion des représentations données dans un but de bienfaisance.

Cette taxe s'applique notamment aux activités menées dans les établissements suivants :

- les salles de cinéma ;
- les salles de bals y compris les salles de fêtes ;
- les salles de théâtre, de concert, d'exhibition ;
- les cabarets, les boîtes de nuit, les discothèques ;
- les cafés, les bars dancing ;
- les vidéo clubs.

À ces établissements s'ajoutent les manifestations de réjouissance organisées en plein air ou à ciel ouvert.

Les spectacles organisés habituellement à l'opposé des spectacles occasionnels désignent des manifestations qui se tiennent de façon régulière, selon une périodicité connue, tandis que le spectacle occasionnel survient de façon spontanée et irrégulière dans le temps.

En outre, il faut entendre par bienfaisance, les spectacles organisés à but non lucratif, ou à titre gratuit, c'est-à-dire qui ne donnent pas lieu à la réalisation de gain ou de profit.

2) Modalités d'imposition

Les tarifs applicables aux spectacles habituels sont fixés par délibération du conseil municipal, en fonction du type de spectacle, dans une fourchette comprise entre 10 000 et 100 000 francs par trimestre et par établissement.

Le type de spectacle fait notamment allusion à la taille du spectacle au vu des recettes potentielles que pourraient générer lesdits spectacles.

En ce qui concerne les spectacles occasionnels, leur tarif est également fixé par le conseil municipal dans une fourchette comprise entre 5000 et 50 000 francs par journée de représentation.

La taxe est acquittée auprès du receveur de la commune d'arrondissement au vu d'un titre de recette émis par l'ordonnateur municipal compétent, contre délivrance d'une quittance. Il est à noter que la taxe sur les spectacles est impérativement acquittée avant la date prévue pour le début du spectacle. Ainsi, l'exigibilité intervient dès l'ouverture du spectacle.

3) Régime des sanctions

II est précisé que le défaut de paiement de la taxe sur les spectacles entraîne, après refus de payer constaté par procès-verbal établi par le receveur municipal, l'arrêt du spectacle ou la fermeture de la salle. La levée des scellés ne se fera alors qu'après paiement, en sus des droits dus, d'une amende correspondant à 100 % desdits droits.

Article 102 : Des droits de stade

1) Critères d'assujettissement

La Loi portant fiscalité locale donne au Conseil municipal, la possibilité de voter au profit du budget de la commune, les droits de stade sur les recettes des frais d'entrée au stade situé sur leur territoire.

L'assujettissement aux droits de stade concerne les sommes perçues aussi bien sur les stades publics que sur les stades privés, y compris les palais de sport dès lors qu'il y est organisé une manifestation sportive ou de réjouissance à but lucratif. En conséquence, qu'il s'agisse de stades aménagés et gérés par la commune ou pas, les droits de stade sont dus.

Par territoire de la commune il faut entendre toute ville, tout quartier, toute localité ou village faisant partie de la circonscription municipale concernée dont les voies d'accès, l'entretien et l'éclairage sont à la charge de la commune.

2) Modalités d'imposition

Sur ce point, la loi portant fiscalité locale énonce qu'au cas où les droits de stade sont institutionnalisés par le Conseil, ils sont fixés à 5 % des fonds recueillis sur les stades situés sur le territoire de la commune à l'occasion des manifestations sportives ou des réjouissances populaires, lorsque l'accès au stade n'est pas gratuit.

Cette loi précise que le produit des droits de stade est perçu par les communes d'arrondissement à l'exception des stades omnisports qui sont de la compétence des communautés urbaines.

Dans tous les cas, il y a lieu de toujours s'assurer que 5 % des fonds recueillis à l'occasion des manifestations assujetties auxdits droits ont été recouvrés au terme de l'événement, au profit de la commune d'arrondissement ou de la communauté urbaine selon le cas.

L'exigibilité des droits de stade intervient dès la clôture des manifestations.

Le redevable légal est tenu de s'acquitter les droits de stade auprès de la recette municipal de la commune bénéficiaire dans un délai maximal de huit (8) jours à compter de la fin de la manifestation.

3) Régime des sanctions

Lorsque les droits dus ne sont pas payés dans un délai de (8) jours à compter de la fin des réjouissances, il s'en suit le paiement d'une pénalité de 100 % du montant dû en principal.

<u>Article 103</u> : De la taxe sur la publicité

1) Critères d'assujettissement

La loi sur la fiscalité locale précise les dispositions de la taxe sur la publicité qui est assise sur la publicité locale. Cette dernière s'entend de toute publicité réalisée à l'intérieur d'une commune ou d'une communauté urbaine.

Ainsi est assujettie à la taxe sur la publicité locale, toute personne physique ou morale qui réalise des actions de publicité dans un lieu ou un espace relevant du ressort territorial d'une commune ou d'une communauté urbaine.

Il est à noter que les enseignes placées sur les façades des établissements commerciaux et industriels ayant pour but unique de les localiser, sont exclus du paiement de ladite taxe. Par conséquent, il faudra opérer une distinction claire selon que l'enseigne est assortie d'effet ou d'artifice tendant à attirer l'attention des clients, à l'instar des messages et des spots ; ou lorsqu'il s'agit simplement d'un écriteau ayant pour but d'identifier et de localiser l'établissement.

Aussi, il pourrait parfois apparaître une confusion entre le timbre sur la publicité et la taxe sur la publicité, le premier est un impôt communautaire faisant partie du droit harmonisé, tandis que le second est une taxe communale. Par conséquent, l'assujettissement à l'un n'exclut pas le paiement de l'autre, les deux prélèvements peuvent être opérés simultanément et sur la même action de publicité étant donné qu'ils relèvent de champ d'application pratiquement identique.

2) Modalités d'imposition

Les taux de la taxe sur la publicité sont fixés dans les limites suivantes :

a) Panneaux-réclame, calicots et enseignes lumineuses : 1500 F par m2, par face et par an.

b) Véhicules avec diffuseurs :

- Non résidents : 1 000 F par jour et par véhicule ;
- Résidents : 30 000 F par an et par véhicule.

c) Véhicules sans diffuseurs :

- Non résidents : 200 F à 500 F par jour et par véhicule ;
- Non résidents : 5000 F à 10 000 F par an et par véhicule.

d) Sonorisation des magasins : 500 F par jour.

La taxe sur la publicité est due au terme de chaque année lorsqu'elle est permanente ou lorsqu'elle s'étale sur une durée indéterminée. Et dans le cas où la publicité est réalisée de façon ponctuelle ou pendant une durée déterminée n'excédant pas 12 mois elle est due au terme de la période de réalisation de la publicité.

Le redevable légale de la taxe sur la publicité est la régie chargé d'exécuter la publicité, conformément à la loi régissant la publicité au Cameroun.

3) Régime des sanctions

Toute action de publicité doit être signalée au préalable auprès du magistrat municipal, dans le but de délimiter la période d'exercice de la publicité. En cas de non respect de cette mesure les droits sont dus à partir du 1er jour de l'année en cours, majoré des pénalités qui sont de 100 % du montant dû en principal.

Article 104 : Du droit de timbre communal

1) Critères d'assujettissement

L'assujettissement au droit de timbre communal concerne précisément les documents suivants :

- la copie ou l'extrait d'État civil ;
- la légalisation ou certification matérielle de signature ou de document ;
- le jugement supplétif ;
- la procuration ;
- les factures des prestataires adressées à la commune ;
- toute requête introduite à l'attention du magistrat municipal.

En rappel les factures ajoutées au champ d'application des dites taxes intègrent aussi bien les factures définitives que les factures pro forma.

2) Modalités d'imposition

Le droit de timbre communal est fixé à 200 F au profit du budget communal.

En outre, tout document de dimension supérieure au format de base (A4) paiera un droit de timbre de 400 FCFA.

Il ne peut être perçu qu'un seul timbre communal sur les documents susvisés.

3) Régime des sanctions

L'absence de paiement dudit droit pour les documents sus cités entraîne la non réception desdits documents par les services de la commune.

Articles 105 et 106 : De la redevance pour dégradation de la chaussée

1) Critères d'assujettissement

La loi portant fiscalité locale a repris les dispositions liées à la redevance pour dégradation de la chaussée. Elle est due par les concessionnaires et autres entrepreneurs réalisant les travaux sur la voie publique et par les utilisateurs d'engins non munis de pneumatique tel que ces travaux et la circulation desdits engins détériorent la chaussée.

Toute autre dégradation de la chaussée est soumise à la même taxation, notamment le déversement des produits corrosifs, etc.

On entend par dégradation de la chaussée, toute dégradation ponctuelle effectuée entraînant une détérioration flagrante de la chaussée.

2) Modalités d'imposition

Les taux d'imposition au titre de la redevance pour la dégradation de la chaussée comme suit :

— terrassements, canalisations et autres dégradations :

- route enrobée grave bitume : 90 000 F à 200 000Fpar m2 ;
- route revêtue de bitume : 45 000 F à 100 000Fpar m2 ;
- route en terre : 15 000F à 50 000 F par m2.

— **dégradation par les engins à chenille :**

- route revêtue de bitume : 50 000 à 100 000Fpar m2 ;
- route en terre : 20 000F à 50 000Fpar m2.

3) Régime des sanctions

Lorsque la canalisation, le terrassement ou la circulation des engins visés au présent article est exécuté sans autorisation municipale préalable, les auteurs sont exposés au paiement d'une pénalité de 100 % du montant dû en principal, sans préjudice des sanctions prévues par les lois et règlements. Ladite sanction est assise sur la superficie de la chaussée dégradée, constatée par les services de la commune sur procès verbal.

Article 107 : De la taxe communale de transit ou de transhumance

1) Critères d'assujettissement

La taxe communale de transit est un prélèvement effectué sur le bétail en provenance d'un pays limitrophe qui transite par le Cameroun pour un autre pays limitrophe.

La taxe de transhumance quant à elle est perçue lorsque le bétail d'un pays limitrophe vient paître pendant un certain temps sur le territoire camerounais.

2) Modalités d'imposition

La distinction entre les deux taxes est fonction de la durée du bétail sur le territoire de la commune.

Pour la taxe de transit, le fait générateur et l'exigibilité sont représentés par l'entrée du troupeau sur le territoire communal limitrophe. La taxe de transhumance quant à elle est exigible à partir du 16ème jour à compter de l'entrée du troupeau.

Ainsi, un troupeau est en transit jusqu'au 15ème jour suivant son entrée sur le territoire communal. Dès le 16ème jour, il est réputé être en transhumance. Dès lors, le paiement de la taxe communale de transit auprès d'une commune à l'entrée du troupeau n'exclut pas le paiement de la taxe de transhumance auprès de la même commune dès le 16ème jour.

Le propriétaire du troupeau ainsi que toute personne qui accompagne le troupeau sont solidairement tenus au paiement de ces taxes.

Les taux de la taxe de transit et de transhumance sont fixés comme suit :

- bovins et équins : 200 à 500 francs par tête de bétail et par commune ;
- ovins et caprins : 100 à 300 francs par tête de bétail et par commune.

Il convient de souligner que les recettes collectées au titre de la taxe de transit ou de transhumance sont destinées intégralement à la commune concernée et ne font pas l'objet de péréquation.

3) Régime des sanctions

La fraude au paiement de la taxe de transit ou de transhumance est sanctionnée par une pénalité de 100 % du montant dû en principal pour chaque animal dissimulé

Articles 108 à 110 : De la taxe sur le transport des produits de carrières

1) critères d'assujettissement

La loi offre la possibilité aux communes qui abritent d'instituer une taxe sur le transport des produits de ladite carrière.

Elle est applicable uniquement aux véhicules servant au transport des produits extraits de la carrière, à l'exclusion des véhicules servant à l'exploitation de ladite carrière.

2) Modalités d'imposition

Le fait générateur est le chargement effectif des produits dans la carrière.

Les taux maxima fixés par la loi sont les suivants :

- véhicule inférieur à 6 tonnes : 1 000 francs par camion et par voyage ;
- véhicule de 6 à 10 tonnes : 2 000 francs par camion et par voyage ;
- véhicule déplus de 10 tonnes : 3 000 francs par camion et par voyage.

Le propriétaire du véhicule et le transporteur sont solidairement tenus au paiement de cette taxe.

3) Régime des sanctions

Le non paiement de la taxe de transport des produits de carrière entraine la mise en fourrière du véhicule.

Article 111 et 112 : Des droits d'occupation des parkings

1) Critères d'assujettissement

Le parking est un espace aménagé ou matérialisé par une commune, une commune d'arrondissement ou une communauté urbaine pour le stationnement de véhicules privés de toutes catégories.

Les parkings aménagés ou matérialisés par une commune, une commune d'arrondissement ou une communauté urbaine au profit des administrations publiques ou les parkings aménagés par ces administrations elles-mêmes sont exempts du paiement du droit d'occupation des parkings.

2) Modalités d'imposition

Le fait générateur et l'exigibilité coïncident en matière d'occupation des parkings, et prennent effet à compter du stationnement du véhicule. Les droits sont payés d'avance contre délivrance d'un reçu tiré d'un carnet à souche sécurisé et portant une valeur faciale indiquant le tarif horaire.

Les tarifs des droits de parkings sont fixés ainsi qu'il suit :

- 100 francs par heure ;
- 500 francs par jour et par parking ;
- 75 000 francs par mois et par parking.

3) Modalités d'imposition

La taxe sur les produits de récupération est payée par le propriétaire des produits récupérés à hauteur de 2 000 F CFA par m3, au profit de la commune de localisation.

L'exigibilité court à partir du moment où lesdits produits franchissent le cordon frontalier de ladite commune. Aucune exonération n'a été mentionnée.

3) Régime des sanctions

Lorsque la taxe sur les produits de récupération n'est pas acquittée par le propriétaire des produits récupérés à la suite du franchissement de la frontière de la commune concernée, il s'en suit la saisie immédiate desdits produits, majoré du paiement de 100 % des droits dus en principal.

TITRE XI :

Des dispositions particulières applicables aux communes urbaines et aux communes d'arrondissement (articles 114, 115,116 et 117)

À/ Reviennent entièrement aux communautés urbaines les impôts et taxes suivants prévus à l'article 115(1) :

- le produit de la contribution des patentes ;
- le produit de la contribution des licences ;
- le produit des centimes additionnels communaux (retenue de base) ;
- le produit des droits des stades omnisports ;
- le produit des droits de timbre automobile ;
- le produit de la taxe de développement local ;
- le produit de la taxe sur la publicité ;
- le produit des droits d'occupation des parcs de stationnement de la communauté urbaine ;
- le produit de la taxe sur les jeux de hasard et de divertissement ;
- le produit des droits de places sur les marchés de la communauté urbaine ;
- le produit des droits de fourrière de la communauté urbaine ;
- le produit des droits de permis de bâtir ou d'implanter ;
- le produit de la taxe de stationnement ;
- le produit des droits de timbre communal

B/Reviennent entièrement aux communes d'arrondissement les impôts et taxes suivants prévus à l'article 115 (2) :

- le produit de l'impôt libératoire ;
- le produit de la taxe communale sur le bétail ;
- le produit de la redevance forestière ;
- le produit de la taxe d'abattage du bétail ;
- le produit des droits de places sur les marchés de la commune d'arrondissement ;
- le produit des droits d'occupation temporaire de la voie publique ;
- le produit de la taxe d'hygiène et de salubrité ;
- le produit des droits de parcs de stationnement de la commune d'arrondissement
- le produit des droits de stade des communes d'arrondissement ;
- le produit de la taxe sur les spectacles ;
- le produit de la taxe communale de transit ou de transhumance ;
- le produit de la taxe sur le transport des produits de carrière ;
- le produit des droits de fourrière de la commune d'arrondissement ;
- le produit de la taxe sur les armes à feu ;
- les produits de la taxe de récupération ;
- le produit des droits de timbre communal.

En ce qui concerne la perception des droits de place sur les marchés, des droits de fourrière, des droits de parking et des droits de parc de stationnement, la commune d'arrondissement et la communauté urbaine n 'en bénéficient que si elles ont aménagé ces infrastructures.

S'agissant de la redevance pour dégradation de la chaussée, cette taxe revient soit à la communauté urbaine soit à la commune d'arrondissement suivant leur compétence sur la voirie dégradée.

Les recettes des droits de timbre communal reviennent autant aux communautés urbaines qu'aux communes d'arrondissement.

Les communes d'arrondissement perçoivent les impôts et taxes dans le strict respect de leurs limites territoriales. En cas de conflit, l'affaire est portée à l'arbitrage de l'autorité compétente.

TITRE XII :

Des impôts et taxes d'intercommunalité et de péréquation

A/ Impôts et taxes d'intercommunalité perçus par le FEICOM (article 116 (1))

Certaines quotes-parts d'impôts et taxes sont affectés au FEICOM pour interventions diverses au profit des communes. Il s'agit de la quote-part de 20 % du produit : — de la contribution des patentes ;

- des droits de licence ;
- de la taxe foncière sur les propriétés immobilières ;
- des droits de mutations immobilières de propriété et de jouissance ;
- des centimes additionnels communaux revenant aux communes ;
- de la taxe de stationnement.

B/ Impôts et taxes soumis à péréquation (articles 116 (2) et 117)

En vue d'assurer le développement harmonieux de toutes les collectivités territoriales décentralisées, le produit des impôts et taxes suivants est centralisé par le FEICOM et redistribué à toutes les communes suivant les critères et modalités prévus par voie réglementaire. Il s'agit :

- des centimes additionnels communaux ;
- de la quote-part de la redevance forestière annuelle affectée aux communes ;
- des droits de timbre automobile ;
- la taxe de développement local due par les salariés du secteur public.

TITRE XIV :

Des procédures fiscales spécifiques aux impôts locaux des dispositions générales

Article 120 et 121 : Du champ d'application des dispositions procédurales spécifiques aux impôts locaux

Pour la mise en œuvre des dispositions relatives aux impôts, droits et taxes des collectivités territoriales décentralisées, les services appliqueront les règles de procédure spécifiques prévues le cas échéant pour chaque prélèvement. Toutefois en l'absence desdites précisions procédurales, les dispositions du Livre de Procédures Fiscales du Code Général des Impôts s'appliquent de plein droit.

Les opérations de recouvrement de ces impôts locaux ne sauraient faire l'objet de concessions à des tiers, sous peine de nullité. En d'autres termes, les prérogatives de recouvrement ne peuvent en aucun cas être cédées à des personnes autres que les agents régulièrement autorisées par la loi à recouvrer lesdits impôts et taxes. Toutes les concessions actuelles sont caduques.

I. Des obligations d'immatriculation et de déclaration des contribuables

Article 122 : De l'obligation d'immatriculation préalable

En vue de l'exercice d'une activité soumise à un impôt local, toute personne physique ou morale est tenue de souscrire une demande d'immatriculation auprès du service des impôts territorialement compétent dans les délais et formes prévus par l'article L1 du Livre des Procédures Fiscales du Code Général des Impôts, ou auprès des services d'assiette de la commune lorsqu'on n'est redevable que de taxes communales.

Pour ce faire, les services doivent veiller au respect de cette procédure essentielle, préalablement à l'acquittement de tout impôt communal.

Article 123 : De l'obligation déclarative

Pour l'émission et le recouvrement des différents impôts, droits et taxes communales, les redevables souscrivent une déclaration dans les délais et formes établis par la loi. La périodicité de déclaration sera ainsi déterminée en fonction des particularités de chaque prélèvement, et le cas échéant, selon le régime d'imposition du redevable.

S'agissant des taxes communales, elles sont soumises à l'obligation de déclaration auprès des services d'assiette de la commune dans les formes et délais prévus pour chacune desdites taxes.

En cas d'absence de déclaration dans les délais prévus par la présente loi, le contribuable soumis aux taxes communales est mis en demeure de les déclarer dans les formes et délais prévus par le Livre des Procédures fiscales du Code Général des Impôts.

II. De l'émission des impôts locaux (articles 124.125.126)

Les impôts locaux dont le produit est partagé sont émis sur des supports d'émission distincts au profit des différents bénéficiaires. Ces supports d'émission s'entendent :

- des ordres de recettes pour les taxes communales ;
- des bulletins d'émission et Avis de Mise en Recouvrement pour les impôts communaux y compris la taxe foncière sur les propriétés immobilières ;
- des bulletins d'émission et des titres de perception pour les droits de mutation d'immeubles.

Les impôts communaux, la taxe de développement local et les centimes additionnels communaux sont liquidés et émis par les services fiscaux de l'État.

Il doit être précisé que l'émission opérée par les services fiscaux de l'État se fait soit sur les bulletins d'émission distincts comme précisé plus haut, soit le cas échéant sur des Avis de Mise en Recouvrement ou des titres de perception portant à leur entête le timbre de la collectivité territoriale ou de l'organisme bénéficiaire.

S'agissant des taxes communales, elles sont uniquement liquidées et émises par les services d'assiette de la commune.

III. Des modalités de recouvrement des impôts locaux

La loi portant fiscalité locale a procédé à une répartition de compétences s'agissant du recouvrement des impôts locaux :

- d'une part, les recettes recouvrées par les services fiscaux de l'Etat obéissent, sauf dispositions particulières, aux modalités de droit commun fixées par le Livre des Procédures Fiscales du Code Général des Impôts ;
- d'autre part, des modalités particulières sont prévues lorsque le recouvrement est dévolu à la recette municipale.

A. Des modalités de recouvrement des impôts et taxes perçus par les services fiscaux de l'État au profit des collectivités territoriales décentralisées

Le recouvrement des impôts locaux dont la compétence est dévolue aux services fiscaux de l'État s'effectue selon les dispositions prescrites par le Code Général des impôts. Plus précisément, les impôts communaux liquidés et émis par les services fiscaux de l'État sont payé s spontanément par les contribuables à la caisse du Receveur des Impôts compétent, à l'exception de l'impôt libératoire qui est acquitté à la caisse du receveur municipal.

Ces règles s'appliquent aussi bien dans le cadre des paiements spontanés que dans le cadre du recouvrement forcé.

I. Le recouvrement amiable des impôts et taxes communaux par les services de l'État

a) Des règles générales applicables au recouvrement des impôts et taxes communaux par les services fiscaux de l'État (articles 1er alinéa 4 et 127)

Les impôts recouvrés par les services fiscaux de l'État le sont dans les formes, délais et modalités prévues par les dispositions du Code Général des Impôts. Ainsi, le recouvrement de la contribution des patentes, de la contribution des licences, de la taxe foncière sur les propriétés immobilières, de la taxe sur les jeux de hasard et de divertissement, des droits de mutations d'immeuble, du droit de timbre automobile, de la redevance forestière et de la taxe de développement local, dont le produit est affecté aux collectivités territoriales décentralisées, obéit aux dispositions du Livre des Procédures fiscales.

Ces impôts et taxes sont acquittés spontanément auprès du receveur des impôts territorialement compétent qui est tenu de délivrer une quittance en contrepartie des versements reçus, et de les rétrocéder aux bénéficiaires dans un délai maximum de 72 heures au vu du livre journal et d'un état de rapprochement journalier.

Lesdits impôts et taxes peuvent également être acquittés par retenue à la source opérée par les comptables publics lors du règlement des factures payées sur le budget de l'État. Dans ce cas, ils doivent apparaître distinctement sur le bulletin d'émission établi par les services d'assiette du centre des impôts compétent.

b) Des modalités spécifiques aux différents impôts recouvrés par les services fiscaux de l'État

b1. Des modalités de recouvrement des impôts affectés en partie ou en totalité aux communes et au FEICOM (articles 48, 49 et 50)

La loi portant fiscalité locale a affecté aux communes et au FEICOM l'intégralité du produit de certains impôts. Il s'agit de la taxe foncière, les droits de mutation d'immeubles, de la taxe sur les jeux de hasard et de

divertissement. Cette affectation ne modifie en rien leurs modalités de recouvrement qui demeurent celles prévues par le code Général des Impôts.

✓ **Des modalités de recouvrement de la contribution des patentes et des licences**

Le recouvrement de la contribution des patentes est du ressort exclusif de l'administration fiscale. À cet égard, ni les autorités municipales ni les autorités administratives ne sont habilitées à délivrer des titres y relatifs et encore moins à recouvrer les recettes y afférentes.

La patente est acquittée auprès du Centre des impôts de rattachement par les assujettis, soit dans les deux (2) mois qui suivent le début de l'année fiscale, en cas de renouvellement de la patente, soit dans les deux (2) mois qui suivent la fin de l'exonération temporaire pour ce qui est des entreprises nouvelles.

En ce qui concerne les transporteurs interurbains de personnes et les transporteurs de marchandises, ils déclarent et acquittent la contribution des patentes dans les quinze (15) jours ouvrables qui suivent la fin de chaque trimestre.

La patente est émise sur des bulletins distincts mentionnant les noms et adresses des collectivités et organismes bénéficiaires.

Autrement dit, il devra être établi un bulletin d'émission pour chaque organisme de la manière suivante :

- un bulletin pour le recouvrement de la Redevance Audiovisuelle assise sur la patente ;
- un bulletin pour le recouvrement de la contribution aux chambres consulaires ;
- un bulletin pour le recouvrement au profit de la Communauté Urbaine du ressort là où elle existe ou de la commune pour les autres localités représentant 80 % du principal de la patente ;
- un bulletin pour le recouvrement de 20 % destinés au FEICOM au titre des recettes d'intercommunalité ;
- un bulletin pour le recouvrement de la taxe de développement local.

Pour le cas particulier des entreprises relevant de la Direction des Grandes Entreprises, des ordres de virement doivent être établis au profit des différents bénéficiaires.

Dans la même lignée, pour ce qui est de la contribution des licences obéissant aux mêmes modalités de perception que la patente, la même diligence devra être faite en vue du respect des règles prescrites pour le recouvrement de la contribution des patentes.

✓ **Recouvrement de la taxe foncière sur les propriétés immobilières et des droits de mutation d'immeuble (articles 48, 49 et 115 alinéa 3)**

La loi portant fiscalité locale consacre le reversement du produit de la taxe foncière sur les propriétés immobilières et des droits de mutation d'immeuble à la commune du lieu de situation de l'immeuble.

Le recouvrement devra se faire sur des bulletins d'émission ou ordres de paiement distincts libellés au nom de chaque bénéficiaire ainsi au 'il suit :

- 80 % au profit de la commune du lieu de situation de l'immeuble ;
- 20 % au profit du FEICOM pour l'intercommunalité.

Cependant, pour les villes dotées d'une communauté urbaine, la taxe foncière et les droits de mutation d'immeubles doivent être émis suivant les modalités ci-après, définies à l'article 115(3) de la loi portant fiscalité locale :

- 60 % au profit de la communauté urbaine ;
- 20 % au profit de la commune d'arrondissement du lieu de situation de l'immeuble ;
- 20 % au profit du FEICOM pour l'intercommunalité.

En ce qui concerne les entreprises possédant des immeubles situés dans des municipalités différentes, il devra être établi des bulletins d'émission ou des ordres de paiement distincts par bénéficiaire pour chacun de ces immeubles.

✓ **Recouvrement de la taxe sur les jeux de hasard et de divertissement (article 50)**

Jusqu'à l'entrée en vigueur de la loi portant fiscalité locale, seuls les centimes additionnels communaux de 10 % grevant la taxe sur les jeux de hasard et de divertissement étaient perçus au profit des communes.

Désormais, la totalité de la taxe est affectée à la commune du lieu d'exploitation des jeux. Par commune d'exploitation des jeux, il faut entendre la Communauté urbaine pour les localités qui en sont pourvues ou les communes pour les autres localités.

Dans tous les cas, il est émis un seul bulletin pour le recouvrement de l'intégralité de la taxe au profit de "la commune de situation de l'établissement tel que précisé plus haut.

En ce qui concerne les entreprises possédant des établissements dans des circonscriptions municipales différentes, les produits ci-dessus indiqués sont répartis au profit de toutes ces circonscriptions.

b2. Des modalités de recouvrement de certains impôts locaux soumis à péréquation

✓ **Recouvrement et reversement des droits de timbre automobile affectés au FEICOM (article 51)**

Jusqu'à la promulgation de la loi sur la fiscalité locale, le produit des droits de timbre automobile était entièrement reversé dans les caisses du Trésor Public.

Aussi la redistribution intégrale aux communes suppose que le FEICOM ne doit opérer aucune retenue sur lesdites recettes à quelque titre que ce soit.

Il est constant que les timbres automobiles sont des valeurs inactives. Ainsi les ventes réalisées par le réseau des postes comptables seront centralisées en écriture au niveau de chaque Trésorier Payeur Général puis reversées au FEICOM à la fin de chaque mois.

✓ **Recouvrement et répartition de la quote-part communale de la redevance forestière annuelle (article 52)**

La répartition et l'émission de la redevance forestière annuelle sont désormais faites ainsi qu'il suit :

• **Répartition**

- État	50 %
- Communautés villageoises	10 %
- Commune de localisation du titre	20 %
- Reliquat centralisé au FEICOM	20 %

• **Émission**

- bulletin d'émission n° 1 : État 50 %
- bulletin d'émission n° 2 : communautés villageoises 10 %
- bulletin d'émission n° 3 : commune de localisation du titre… 20 %
- bulletin d'émission n° 4 : FEICOM (reliquat centralisé) 10 %

Le reliquat centralisé de la redevance forestière annuelle est reparti à toutes les communes et communes d'arrondissement, à l'exclusion des communautés urbaines, suivant des modalités fixées par voie réglementaire.

Il reste entendu que dans les cas des communautés urbaines, seules les communes d'arrondissement sont éligibles à la Redevance Forestière Annuelle.

b3. Modalités de recouvrement et de reversement du produit des centimes additionnels communaux (articles 53 — 56)

Le produit des centimes additionnels communaux provenant de l'impôt sur le revenu des personnes physiques (IRPP), de l'impôt sur les sociétés (IS) et de la taxe sur la valeur ajoutée (TVA) et des droits de douane est réparti et émis ainsi qu'il suit :

✓ **CAC recouvrés par l'administration fiscale**

• **Répartition**

- Part de l'État………………………………… 10 %
- Part du FEICOM……………………………… 20 %
- Part centralisée FEICOM…………………… 42 %
- Retenue de base communes et communautés urbaines… 25 %

• **Émission**

- Bulletin d'émission n° 1 au profit de l'État : principal de l'impôt + 10 % des CAC
- Bulletin d'émission n° 2 au profit du FEICOM : 62 % des CAC
- Bulletin d'émission n° 3 au profit des communes et des communautés urbaines : 28 % des CAC.

✓ **CAC recouvrés par l'administration des douanes**

• **Répartition**

- Part de l'État…………………………………………… 10 %
- Part du FEICOM……………………………………… 20 %
- Part centralisée FEICOM…………………………… 42 %
- Retenue de base des communes et communautés urbaines 28 %

• **Liquidation**

Pour les unités douanières du ressort des secteurs de Douala et Yaoundé

- Bulletin de liquidation n° 1 au profit de l'État : principal de l'impôt + 10 % des CAC
- Bulletin de liquidation n° 2 au profit du FEICOM : 90 % des CAC

Dont :

- part FEICOM 20 %
- part centralisée 42 %
- retenue de base 28 %

Pour les unités douanières du ressort des autres secteurs

- Bulletin de liquidation n° 1 au profit de l'État : principal de l'impôt + 10 % des CAC
- Bulletin de liquidation n° 2 au profit du FEICOM : 62 % des CAC

Dont :

- part FEICOM 20 %
- part centralisée 42 %

✓ **Répartition des CAC retenus à la source par l'État**

- part de l'État.. 10 %
- part FEICOM......................... .... 90 %

En conséquence, la retenue de base n'existe pas sur les CAC retenus à la source.

b4. Modalités de recouvrement et de reversement du produit de la taxe de développement local (articles 57-60)

La taxe de développement local est recouvrée dans les mêmes formes et conditions applicables à l'Impôt sur le Revenu des Personnes Physiques, à l'Impôt Libératoire et à la Patente, telles que prévues par le Code général des impôts.

Le produit de la taxe de développement local est perçu en même temps que les trois impôts sus visés, et est consacré en priorité au financement des services de base et des prestations rendues aux populations.

c. Modalités particulières de recouvrement dans les unités fiscales de gestion spécialisées (Division des Grandes Entreprises et Centres des impôts des moyennes entreprises)

Pour le recouvrement de la contribution des patentes et de la contribution des licences, les entreprises relevant des unités fiscales de gestion spécialisées (Direction des grandes entreprises, Centre des impôts des moyennes entreprises) ayant des établissements dans des communes différentes, doivent déclarer la totalité de leur contribution de patente ou de leur contribution de licences selon le cas auprès de ces structures, en précisant par établissement le chiffre d'affaires et les montants qui reviennent à chacun des bénéficiaires.

S'agissant de la taxe foncière sur les propriétés d'immeubles, des droits de mutation immobilière et de la taxe sur les jeux de hasard et de divertissement, les entreprises ayant des immeubles ou des établissements dans des communes différentes doivent déclarer et acquitter la totalité des impôts et taxes sus visés auprès de ces structures, sur ordres de virement distincts précisant les quotes-parts revenant à chaque commune.

À la Division des Grandes Entreprises en particulier, l'ordre de paiement doit être émis directement au profit de chacun des bénéficiaires, contre quittance de paiement.

En gestion informatisée, les applications MESURE, TRINITE et autres doivent être paramétrées sans délai dès le début de chaque exercice, pour tenir compte des nouvelles clés de répartitions fixées par la loi ainsi que des taux arrêtés par les différentes délibérations des communes et communautés urbaines.

2. Les modalités de recouvrement forcé des impôts et taxes recouvrés par les services fiscaux de l'État (article 130)

Les impôts et taxes dont le recouvrement est dévolu aux services fiscaux de l'État sont recouvrés conformément aux dispositions du Code général des impôts. Lorsque les redevables ne s'acquittent pas de leurs impôts dans les délais légaux prévus, l'administration fiscale est fondée à procéder à leur mise en recouvrement dans les formes, délais et procédures prescrites aux articles L51 à L80 du Livre des Procédures Fiscales.

a) Du titre exécutoire de la créance fiscale

Certains de ces impôts sont recouvrés par voie d'Avis de Mise en Recouvrement et d'autres le sont par le biais d'un titre de perception.

Aussi, les services fiscaux doivent-ils s'assurer, chaque fois qu'une procédure de recouvrement forcé est mise en œuvre dans le cadre d'un impôt communal, à ce que la créance fiscale soit constatée et notifiée par le titre exécutoire approprié, conformément aux dispositions de l'article L53 du Livre des Procédures Fiscales.

Concernant particulièrement les droits de mutation immobilière, ceux-ci doivent être recouvrés par un titre de perception, dans les conditions prescrites à l'article L53 (3) du LPF, notamment la formule exécutoire apposée par le tribunal d'instance.

Par ailleurs, il convient de rappeler la nécessité du respect scrupuleux des délais donnés au contribuable pour s'acquitter de sa créance par le Livre des Procédures Fiscales. Le délai de quinze (15) jours accordé à ce titre doit figurer impérativement dans l'AMR et le titre de perception, de même que le délai supplémentaire de huit (08) jours devra être mentionné dans la mise en demeure valant commandement de payer.

b) Des modalités de mise en œuvre des procédures de recouvrement forcé

Dans le cadre de la mise en œuvre de l'action en recouvrement des impôts communaux dont le recouvrement relève de l'administration fiscale, le respect impératif des procédures du Livre des Procédures Fiscales est une nécessité.

Après notification de la créance fiscale par AMR ou titre de perception dans les formes prescrites aux articles L53 du LPF et 411 du CGI, et une mise en demeure valant commandement de payer restée sans suite après les délais indiqués à l'article L56 du même livre, les poursuites prévues aux articles L55 et suivants peuvent être engagées.

Il faut retenir la nécessité de faire procéder aux poursuites particulières ou de droit commun par les agents de recouvrement assermentés.

B. Des modalités de recouvrement des taxes communales par les services compétents des collectivités territoriales décentralisées

S'agissant des taxes communales, il y a lieu de préciser que les modalités de recouvrement se rapportent à l'ensemble des taxes recouvrées par la commune, à l'exclusion de la taxe de développement local qui obéit aux règles applicables aux impôts perçus par les services fiscaux de l'État.

1. Des modalités de recouvrement spontané des taxes communales

a) Principe général

Les taxes communales sont émises et liquidées exclusivement par les services d'assiette de la commune de localisation du bien ou du service offerts et recouvrés par le Receveur municipal de la commune.

En principe, la créance est liquidée sur bulletin d'émission par les services de l'ordonnateur municipal et payée directement à la caisse de la recette municipale contre délivrance d'une quittance. Toutefois, la nature de certaines activités et de certaines taxes peut donner lieu à des modalités particulières de perception.

Les taxes recouvrées directement à la caisse de la recette municipale sur ordre de recettes sont les suivantes :

- **La taxe d'abattage** (articles 63, 64, 65) : Elle est directement liquidée par le receveur municipal de la commune sur un ordre de recette et payée par le boucher avant tout abattage ;
- **La taxe communale sur le bétail** (articles 66, 67, 68, 69, 70, 7 l, 72) : Elle est payée au plus tard le 15 mars de l'année. Elle est due sur déclaration des redevables auprès de la commune de localisation du troupeau et liquidée sur un ordre de recettes par le receveur de ladite commune ;
- **La taxe sur les armes à feux** (articles 73, 74, 75, 76) : Elle est payée au plus tard le 15 mars de l'année. Elle est due sur déclamation des redevables auprès de la commune de localisation de l'arme et liquidée sur un ordre de recettes par le receveur de ladite commune ;
- **Les droits de stade** (article 102) : le versement est fait à la recette municipale contre quittance.

b) Modalités particulières de paiement :

✓ **l'émission d'un ordre de recettes :**

II s'agit d'un titre de perception émis par le Chef de l'exécutif municipal constatant la créance directement payable à la recette. Il est utilisé dans le cadre du recouvrement des taxes suivantes :

• **Les droits de fourrière** (articles 78 et 79) : ils sont recouvrés par le receveur municipal au vu d'un ordre de recettes émis par le magistrat municipal.

• **Les droits sur le permis de bâtir ou d'implanter** (articles 87, 88, 89, 90) Le recouvrement de cette taxe est effectué par le receveur municipal au vu d'un titre de recettes émis par le Chef de l'exécutif municipal.

• **La taxe sur les spectacles** (articles 100 et 101) La taxe est acquittée auprès du receveur de la commune au vu d'un titre de recettes émis par l'ordonnateur municipal contre délivrance d'une quittance.

• **Les droits d'occupation temporaire de la voie publique** (articles : 91, 92, 93)

Le paiement des droits y relatifs se fait à la caisse du receveur municipal sur présentation de l'autorisation d'occupation accompagnée d'un titre de recettes délivré par le Chef de l'exécutif municipal.

• **La redevance pour dégradation de la chaussée** (articles 105 et 106)

La taxe de dégradation de la chaussée est recouvrée par le receveur municipal sur présentation de l'autorisation préalable et de l'ordre de recette émis par le chef de l'exécutif communal.

✓ **Les taxes perçues contre délivrance d'un reçu tiré d'un carnet à souches :**

Cette modalité de recouvrement consiste à délivrer contre perception du montant des droits, un ticket tiré d'un carnet à souches. L'agent responsable de la perception devra procéder au reversement des sommes auprès de la caisse de la recette municipale contre délivrance d'une quittance. La délivrance d'un ticket tiré d'un carnet à souches est le mode de recouvrement des taxes suivantes :

• **Les droits de place sur les marchés** (articles 80, 81, 82, 83, 84, 85 et 86) :

Les loyers des boutiques et le produit des tickets de droits sont collectés par un agent intermédiaire de recettes contre délivrance d'un reçu tiré d'un carnet à souches sécurisé et portant une valeur faciale imprimée, égale à un terme du loyer mensuel ou au coût du ticket.

La somme totale collectée est reversée 24 heures au plus tard dans la caisse du receveur municipal sur présentation d'un titre de recettes délivré par le magistrat municipal compétent.

• **les droits d'occupation des parcs de stationnement** (articles 97 et 98)

Les droits sont acquittés auprès des agents de la commune affectés à l'aire de stationnement contre délivrance d'un ticket par la commune, tiré d'un carnet à souches sécurisé et portant la valeur faciale correspondant au type de véhicule. L'agent procède au reversement des recettes collectées auprès de la caisse de la recette municipale.

• **Le ticket de quai** (article 99)

Le droit est payé auprès de l'agent de la commune affecté à la gare routière ou dans un débarcadère municipal contre délivrance d'un ticket de quai tiré d'un carnet à souches sécurisé et portant la valeur faciale correspondante.

• **la taxe communale de transit ou de transhumance** (article 107)

Cette taxe est perçue par l'agent intermédiaire avec le concours éventuel des autorités traditionnelles et des agents des services vétérinaires. Elle est acquittée contre délivrance d'un reçu tiré d'un carnet à souches dûment côté et paraphé par le receveur municipal de la commune concernée.

Compte tenu de la nature itinérante de l'activité assujettie à cette taxe, elle peut être soit acquittée directement à la caisse de la recette municipale, soit en tout lieu où le fait générateur sera constaté, par un agent chargé de sa perception, éventuellement assisté des autorités traditionnelles et des agents des services vétérinaires.

• **La taxe sur le transport des produits de carrière** (articles 108, 109 et 110).

La taxe sur le transport des produits de carrière est collectée par l'agent intermédiaire contre délivrance d'un reçu tiré d'un carnet à souches sécurisé et portant une valeur faciale indiquant le tarif voté par le conseil municipal.

• **Les droits d'occupation des parkings** (articles 111 et 112)

Les droits de parkings sont payés avant tout usage du parking. Ils sont perçus par l'agent intermédiaire contre délivrance d'un reçu tiré d'un carnet à souches sécurisé et portant une valeur faciale indiquant le tarif horaire, journalier ou mensuel voté parle conseil municipal.

Toutefois, le paiement peut se faire directement auprès des agents de la commune commis à la perception de ce droit dans les parkings aménagés dont ils ont la gestion. Ils reversent les recettes collectées 24 heures au plus tard auprès de la recette municipale contre délivrance d'une quittance.

✓ **Les taxes perçues contre délivrance d'un timbre ou d'une vignette**

Certaines taxes communales sont de par leur nature perçues contre délivrance d'une vignette ou d'un timbre. Il en est ainsi :

• **Le droit de timbre communal** (article 104) : il est perçu par la recette municipale contre délivrance d'un timbre mobile à valeur faciale déterminée. En tout état de cause, la délivrance du timbre mobile doit se faire après perception effective du montant acquitté à la caisse.

• **La taxe de stationnement** (articles 94, 95, 96) : elle est payée contre délivrance d'une vignette présentée sur le modèle de la vignette automobile dans les 15 jours suivant le début de chaque trimestre.

2. Des modalités de mise en œuvre des procédures de recouvrement forcé des taxes communales

En ce qui concerne le recouvrement forcé des taxes communales, si l'ordre de recette émis par l'ordonnateur municipal n'est pas recouvré dans un délai de 15 jours, le Receveur municipal procède au recouvrement forcé. Il notifie une mise en demeure valant commandement de payer sous huitaine. Passé ce délai, il procède à la saisie des biens meubles du redevable.

Pour compter du jour où la saisie est pratiquée, l'entretien, la conservation des biens ainsi que la nutrition des bêtes est à la charge du redevable défaillant.

Le receveur municipal dresse un état de poursuite qu'il soumet à l'autorisation du chef de l'exécutif communal. Il procède dans un délai de trente (30) jours à compter de la saisie à la vente aux enchères des marchandises, des biens ou bêtes confisqués.

Dans ce sens les marchandises, biens ou bêtes du redevable défaillant sont saisis par les porteurs de contraintes municipaux. Aux termes de leurs opérations, ils dressent un procès verbal de saisie, lequel donne des précisions relatives aux biens saisis, notamment la nature et la quantité des biens saisis et leur état apparent.

La vente des biens est exécutée par l'agent de recouvrement- porteur de contrainte dans les formes des ventes effectuées par voie judiciaire. Le produit de la vente est reversé sans délai à l'apurement subséquent de la créance fiscale dont le redevable est défaillant. Le Receveur municipal établit une quittance au nom du redevable, impute les frais éventuels sur le surplus du produit de la vente et reverse le reliquat au redevable. Lorsque le produit de la vente permet un apurement de la dette fiscale et des frais subséquents la vente des biens prend fin. S'il reste d'autres biens qui auraient été saisis, ils sont immédiatement remis à la disposition du débiteur. À la fin de la vente des biens saisis, le Receveur municipal dresse impérativement un procès verbal de vente lequel consigne le déroulement de la vente, le produit de la vente, le montant des frais, le reliquat éventuel à rétrocéder au débiteur, et les biens dont il recouvre la plénitude de la propriété.

Dans le cadre de l'exercice de leurs fonctions, les agents de recouvrement porteurs de contrainte bénéficient du régime de protection des agents publics conformément aux dispositions du Code Pénal.

TITRE XV :

Du contrôle des impôts locaux (articles132 à 134)

Article 132 : Les modalités de contrôle des taxes communales

Le contrôle des taxes communales peut être exercé soit par les agents communaux, soit par le personnel des services fiscaux du ressort, soit concomitamment.

Dans cette dernière hypothèse, des équipes mixtes sont constituées afin d'effectuer les opérations de contrôle sur le terrain.

Pour la mise en œuvre de cette collaboration, le Chef de l'exécutif municipal et le Chef de Centre des Impôts du ressort en déterminent conjointement les modalités.

Cette collaboration a pour finalité d'éviter des doubles emplois, un excès de présence de l'administration auprès des contribuables et à harmoniser l'action synergique.

À ce titre, tout contrôle programmé par la commune doit être communiqué aux services fiscaux de l'État et vice-versa.

Article 133 : Les modalités de contrôle des impôts communaux et de la taxe de développement local

Les opérations de contrôle des impôts communaux et de la taxe de développement local se déroulent selon les règles et procédures prévues pour le contrôle des impôts et taxes de l'Etat. Ces impôts sont contrôlés par les services des impôts compétents.

Outre le contrôle surplace, les services fiscaux de l'État assurent également le contrôle sur pièces desdits impôts et taxes dans les mêmes conditions que pour les impôts d'État.

Articles 134 : L'habilitation des agents communaux aux opérations de contrôle

Sous peine de nullité, les personnels des communes doivent entreprendre des opérations de contrôle de taxes communales sur le terrain munis d'une note de mission dûment signée par le chef de l'exécutif municipal.

Il y a lieu de préciser que tout contrôle induisant des opérations de recouvrement reste du ressort exclusif du Receveur municipal.

Ces personnels communaux doivent, dès le début de leur contrôle, décliner leur identité et présenter leur note de mission au redevable.

L'absence d'une telle habilitation entraînant la nullité de la procédure, il s'avère par conséquent indispensable de vérifier avant tout début des activités, que lesdits documents existent et sont conformes.

Tout agent communal non muni de ce mandat s'expose aux poursuites judiciaires de droit commun et aux sanctions disciplinaires.

TITRE XVI :

De la prescription en matière de taxes communales

Article 135 : Du délai de prescription des taxes communales

a) Prescription acquisitive au profit du contribuable :

La loi sur la fiscalité locale instaure un délai de prescription pour les droits dus au titre des taxes communales. Le délai de prescription diffère selon que le droit est acquis au profit du contribuable ou de l'administration.

Ainsi, lorsqu'un contribuable n'a pas acquitté une taxe communale dans les deux ans(2) suivant la date d'exigibilité de la créance, l'administration ne peut engager aucune action contre lui pour lui réclamer sa créance.

Ces délais de prescriptions ne valent pas pour la taxe de développement local et les impôts communaux qui, eux, demeurent prescrits au profit du contribuable après un délai de quatre (04) ans.

Toutefois, cette prescription est acquise à son profit seulement si, au cours de cette période, aucune action des services en charge de l'assiette, de l'émission, du contrôle ou du recouvrement de cet impôt ou taxe n'a été mise en œuvre.

b) Prescription acquisitive au profit de l'administration

S'agissant du délai accordé au contribuable pour réclamer la restitution de sommes payées à tort au titre des taxes communales, il est de un (01) an, à compter de la date à laquelle le paiement est intervenu. Si cette durée s'est écoulée sans que le contribuable n'ait introduit auprès de la commune ou du service compétent une demande en restitution, celle-ci est forclose.

TITRE XVII :

Du contentieux des impôts locaux

I -De la juridiction contentieuse

Article 136 : Des recours contentieux relatifs aux impôts locaux

La loi sur la fiscalité locale distingue le contentieux des impôts dont l'assiette, l'émission et le recouvrement sont du ressort de l'administration fiscale et les taxes directement recouvrées par les municipalités.

S'agissant du contentieux des impôts locaux relevant de la compétence de l'administration fiscale, la loi renvoie aux procédures du Livre des Procédures Fiscales (LPF) du CGI, sauf disposition contraire.

Ainsi, en matière de contentieux relatif à la patente, à la licence, à la taxe foncière et aux autres impôts dont l'assiette est du ressort de la Direction Générale des Impôts, le recours contentieux devra être introduit auprès des autorités compétentes désignées aux articles L 116 et suivants du LPF, en l'occurrence, le Chef de Centre régional des Impôts ou le Chef de la DGE.

De même, la procédure d'instruction et les modalités de recours contre la décision des autorités saisies, ainsi que les juridictions compétentes, demeurent ceux prévus par le LPF. Il en va également de la compétence des juridictions devant connaître des recours juridictionnels en matière fiscale. Ainsi, par exemple, s'agissant des contestations relatives à la taxe foncière et aux droits d'enregistrement sur les baux, dont le produit est affecté aux communes, elles continuent d'être portées devant les juridictions civiles.

Articles 137 à 140 : Des recours contentieux en matière de taxes communales

a) Des réclamations contentieuses devant les autorités administratives

La loi sur la fiscalité locale apporte des innovations importantes en matière de contentieux des taxes communales. Jusque-là, aucune disposition ne régissait la procédure de contestation desdites taxes.

Ces taxes demeurent du ressort des communes aussi bien pour leur assiette, leur émission, leur recouvrement que pour leur contrôle, sous réserve des compétences des services fiscaux de l'État en cette dernière matière. La maîtrise du contentieux desdites taxes ressortit en conséquence de la compétence des communes. Aussi, chaque fois qu'une requête relative à ces taxes est soumise par erreur à l'Administration fiscale, celle-ci doit la transmettre à l'autorité communale compétente.

Par contre, l'avis de l'administration fiscale peut être requis par le Préfet sur une question relative à une taxe communale.

La demande devra être instruite par le service gestionnaire du contribuable et l'avis signé du chef de Centre régional ou du chef de la Division des grandes entreprises. En clair, pour ce qui est des entreprises relevant des centres départementaux, des centres divisionnaires, des centres spécialisés et des centres des impôts des moyennes entreprises, l'avis devra être signé du chef de Centre régional. Toutefois, les chefs de Centres régionaux pourront déléguer leur signature aux Chefs de Centres départementaux dont l'éloignement pourrait être préjudiciable à la célérité du traitement de l'avis à transmettre au préfet.

Il est par conséquent fortement recommandé de veiller particulièrement à la célérité dans le traitement des demandes d'avis, aucun retard dans la résolution des contentieux des taxes communales ne devant être imputable aux services fiscaux. Un Rapport trimestriel sur le traitement des avis doit être transmis par tous les chefs de Centres régionaux au directeur général des Impôts. Ce Rapport doit mentionner la nature des questions posées, le contenu des avis émis, ainsi que la moyenne de la durée de traitement des dossiers instruits.

En cas de difficulté sur la réponse à transmettre au préfet, laquelle nécessiterait d'être portée à l'attention du directeur général des impôts, les chefs de centre des impôts doivent systématiquement accuser réception de la correspondance en précisant à l'autorité administrative que la question nécessite d'être portée préalablement à l'arbitrage de la hiérarchie.

Les services fiscaux doivent apporter en toute circonstance et chaque fois qu'ils sont sollicités, leur assistance aux autorités municipales dans le suivi du contentieux des taxes communales, notamment grâce à l'appui technique de leurs cadres. Cette collaboration devrait être apportée aussi bien dans la phase administrative que dans la phase juridictionnelle du contentieux, notamment sous la forme d'avis techniques.

Par ailleurs, l'administration fiscale peut être directement interpellée dans le cadre d'un contentieux portant sur les taxes communales, dans la mesure où elle peut avoir participé à un contrôle ayant donné lieu à l'imposition contestée. Dans cette hypothèse, le service compétent pour le suivi de la procédure au niveau des services fiscaux est le service du contentieux du Centre Régional compétent ou de la DGE, en relation avec le service ayant participé à l'établissement de la taxe.

b) Des réclamations contentieuses devant les juridictions compétentes en matière de taxes communales

Lorsqu'une réclamation contentieuse relative aux taxes communales est portée devant le juge de l'impôt, le représentant de la collectivité territoriale ayant émis les taxes en cause peut solliciter de l'administration fiscale sa collaboration dans le suivi de la procédure, notamment en termes de conseils techniques.

Chaque fois qu'une telle démarche est entreprise par les autorités municipales, le chef de centre régional des Impôts du ressort de la commune doit prendre toutes les dispositions pour apporter ledit appui. Toutefois, il faut garder à l'esprit que la maîtrise du contentieux des taxes communales doit rester du ressort de la collectivité territoriale.

Ainsi, les responsables de l'administration fiscale ne devront-ils, en aucun cas, signer une pièce de procédure devant les juridictions dans le cadre d'un contentieux relatif auxdites taxes.

II. De la juridiction gracieuse (articles 141 à 143)

La loi accorde au chef de l'exécutif municipal la compétence exclusive pour connaître des remises, modérations, décharges de responsabilité en matière de taxes communales.

Toutefois, celui-ci peut solliciter, auprès du centre gestionnaire, des informations relatives à la situation fiscale du contribuable afin de s'assurer par exemple de son indigence ou de ses difficultés réelles à s'acquitter de ses obligations fiscales.

De même, au cas où les services fiscaux sont saisis par erreur d'une demande gracieuse pour laquelle le chef de l'exécutif municipal est compétent, ils doivent immédiatement la transmettre à l'autorité compétente et aviser le requérant de cette diligence.

En tout état de cause, les services fiscaux de l'État ne doivent en aucune façon se substituer à l'autorité municipale compétente en matière de juridiction gracieuse.

TITRE XVIII :

Du régime des sanctions (article 144)

La loi sur la fiscalité locale précise pour chaque taxe communale des sanctions particulières, la compétence dans ce domaine étant exclusivement reconnue à l'autorité municipale.

S'agissant des impôts locaux relevant des services fiscaux, les sanctions y afférentes sont celles prévues par le Code général des impôts.

TITRE XIX :

Des dispositions diverses transitoires et finales

Articles 145 et 146 : De l'organisation des enquêtes cadastrales

La loi sur la fiscalité locale prescrit des enquêtes cadastrales qui portent sur les parcelles et les constructions, leurs occupants et les activités qui s'y exercent.

L'enquête consiste à procéder tous les cinq ans à la collecte de renseignements susceptibles de faire un usage fiscal sur les immeubles bâtis et non bâtis situés dans la commune, sur leurs propriétaires et occupants, la nature des activités qui y sont exercées, ainsi que toutes autres informations utiles à l'assiette des impôts et taxes.

À titre de rappel, cette enquête est mise en œuvre en vue de la constitution d'un fichier ainsi que d'un Système d'Information Géographique (SIG) exploitables par les services des impôts et les services communaux.

Aussi, toutes les pièces obtenues dans le cadre de ces enquêtes doivent faire l'objet d'une exploitation fiscale optimale pour l'assiette des impôts et taxes locaux. Les informations recueillies devront être transmises à la direction générale des Impôts pour centralisation dans la base des données de la Brigade des enquêtes fiscales.

Dans le cadre de ces enquêtes, les services fiscaux de l'État sont habilités à demander et obtenir copie des titres de propriété, des permis de bâtir, des titres de patente, de licence et d'impôt libératoire, les justificatifs de paiement de la taxe foncière ainsi que des actes de mutation immobilière, en l'occurrence les actes de cession de propriété, de mutation de jouissance des immeubles contrôlés.

Il est par conséquent nécessaire de s'assurer qu'aucune pièce non visée à l'article 145 (3) de la loi sur la fiscalité locale n'est exigée des contribuables. En tout état de cause, l'enquête cadastrale ne devra pas donner lieu à un examen de la comptabilité des personnes auprès desquelles elle est exercée.

En cas d'opposition à l'exercice des enquêtes cadastrales, un procès verbal doit être dressé par les services fiscaux qui, à l'occasion, ne doivent pas user des prérogatives accordées dans le cadre d'autres procédures, notamment de contrôle fiscal, et de nature à entraîner la nullité de la procédure d'enquête cadastrale.

De même, la fiche d'enquête doit être cosignée par les agents ayant réalisé l'enquête et le contribuable. Le refus de ce dernier de signer est porté en marge de ladite fiche le cas échéant.

L'enquête cadastrale donnant lieu à des notifications de redressements, il s'agit de s'assurer chaque fois que l'on est en présence d'impôts dont l'assiette et le recouvrement sont du ressort de l'administration fiscale, que les délais et procédures applicables en matière de contrôle définis dans le CGI sont respectés.

Par ailleurs, la loi sur la fiscalité locale a institué un recensement devant intervenir dans les trois mois précédant le début de l'exercice fiscal en vue de la mise à jour du fichier constitué dans le cadre des enquêtes cadastrales. Les chefs de centres des impôts devront préparer ces recensements en identifiant au préalable les changements susceptibles d'intervenir dans la situation fiscale des contribuables de leur ressort.

Article 147 : De l'affectation du produit des impôts issus de la péréquation au FEICOM

Le FEICOM est chargé de la centralisation et de la distribution des recettes de péréquation aux collectivités territoriales décentralisées.

En conséquence, le bulletin d'émission établi au nom de cet organisme doit faire ressortir en imputations distinctes les quotes-parts revenant aux différents bénéficiaires.

Article 148 : De la transposition des dispositions de la loi sur la finalité locale dans le Code général des impôts

La loi portant fiscalité locale dès sa promulgation, a été transposée dans le Code général des impôts dont elle constitue désormais le Livre troisième. Ses dispositions en font partie intégrante et ont donc la même portée que les dispositions existantes dans ledit code.

Toutes difficultés ultérieures inhérentes à l'interprétation et à l'application des dispositions de la présente circulaire devront être portées à l'attention de l'administration fiscale qui y apportera des solutions idoines.

Nous attachons du prix au respect des dispositions de la présente circulaire.

LE MINISTRE D'ÉTAT, MINISTRE DE L'ADMINISTRATION TERRRITORIALE ET DE LA DÉCENTRALISATION

MARAFA HAMIDOU YAYA

LE MINISTRE DES FINANCES

ESSIMI MENYE

Organigramme de la Direction générale des impôts

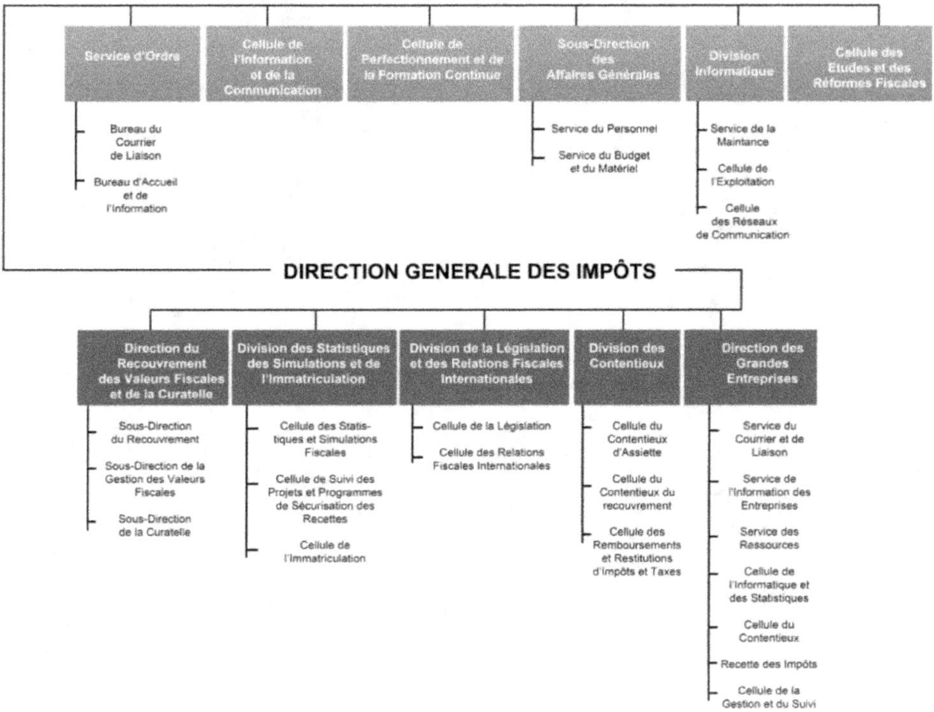

Traitement auteur

TABLE DES MATIÈRES

Questions juridiques aux éditions L'Harmattan

Dernières parutions

CONCILIATION ET MÉDIATION DEVANT LA JURIDICTION ADMINISTRATIVE
Actes du colloque du Conseil d'État du 17 juin 2015
Sous la direction de Jacques Biancarelli et Béatrice Blohorn-Brenneur
Voici près de 25 ans que le Conseil d'État, confronté à une judiciarisation croissante de la société, réfléchit aux modes alternatifs de règlement des différends afin de les pacifier et de rendre les justiciables davantage confiants en la justice administrative. Après avoir rappelé le contexte juridique et les enjeux d'une telle impulsion, un bilan comparatif des pratiques du juge administratif et du juge judiciaire a permis de mesurer combien il est nécessaire et urgent de compléter la boîte à outils dont dispose le premier. Voici une réflexion, les références et les outils nécessaires à la juridiction administrative.
(Coédition GEMME, 24.00 euros, 246 p.)
ISBN : 978-2-343-07270-8, ISBN EBOOK : 978-2-336-39774-0

L'ERREUR JUDICIAIRE
Apprendre à douter pour lutter contre les erreurs judiciaires
Sous la direction de Xavier Pin
L'erreur judiciaire hante autant qu'elle jalonne l'histoire de notre justice pénale. Nous avons tous en mémoire de retentissants procès ayant vu des individus accusés ou condamnés, avant d'être disculpés, graciés ou réhabilités. Le législateur y est sensible au point de réformer régulièrement la procédure pénale pour tenter d'éviter, de corriger ou de réparer, autant que possible, de telles erreurs. Une loi du 20 juin 2014 réforme les procédures de révision et de réexamen des condamnations pénales définitives : elle est l'occasion d'essayer de comprendre ces fiascos judiciaires.
(Coll. Droit privé et sciences criminelles, 15.00 euros, 126 p.)
ISBN : 978-2-343-07284-5, ISBN EBOOK : 978-2-336-39807-5

LE DROIT CONSTITUTIONNEL DE LA Ve RÉPUBLIQUE
(Treizième édition)
Lascombe Michel, Toulemonde Gilles
Cet ouvrage s'adresse aux étudiants en droit, aux élèves des instituts d'études politiques et aux candidats aux concours administratifs. Il couvre l'essentiel du programme de droit constitutionnel, c'est-à-dire aussi bien les constitutions françaises depuis 1789 que l'actuel texte constitutionnel. Cette nouvelle édition tient compte des derniers développements induits par les changements politiques, des dernières réformes des règlements des assemblées et de la jurisprudence la plus récente.
(Coll. Logiques Juridiques, 42.00 euros, 506 p.)
ISBN : 978-2-343-07916-5, ISBN EBOOK : 978-2-336-39877-8

LA PROXIMITÉ EN DROIT INTERNATIONAL PRIVÉ DE LA FAMILLE
Bouyahia Sabrine Maya - Préface de Lotfi Chedly et Marie Goré
Parmi les méthodes proposées pour trancher les litiges présentant un élément d'extranéité, figure celle reposant sur le principe de proximité. L'étude porte sur deux systèmes de droit international privé de la famille différents (droit français et droit tunisien) pour mettre en exergue d'une

part l'adaptation de cette méthode aux spécificités de chaque ordre étatique et d'autre part son adéquation avec tous les différents systèmes de droit.
(Coll. Logiques Juridiques, 54.00 euros, 618 p.)
ISBN : 978-2-343-05464-3, ISBN EBOOK : 978-2-336-39866-2

QUARTIER-FEMMES ÉCROU 10970
Boh-Petit Dominique
Cellule 24 : une femme dit toute sa souffrance d'être enfermée. Elle a tué. Son histoire est à la rubrique des faits divers. La Cour d'assises la jugera. Bien des années plus tard, elle est libérée. La vie doit reprendre. Ce récit est parfaitement conforme à la réalité. Tout a existé et existe encore.
(Coll. La justice au quotidien, 15.00 euros, 130 p.)
ISBN : 978-2-343-07436-8, ISBN EBOOK : 978-2-336-39812-9

GABELOUS ET CONTREBANDIERS
Histoire des fermiers généraux de Dijon (1760-1780)
Evrard Sébastien - Préface de Marc Fradet
En exhumant un registre du personnel de la direction des fermes de Dijon, l'auteur retrace, entre 1760 et 1780, la vie méconnue de centaines d'agents au service du doit et de l'impôt. Ces derniers servaient un système protecteur (la retraite fait son apparition dès 1768), parfois très rémunérateur, mais qui s'avère aussi, sous certains aspects, une machine à broyer les hommes : le régime des sanctions que met en place la Ferme est d'une efficacité redoutable. En définitive, la Ferme présente un aspect mitigé.
(Coll. Mémoires des Douanes, 28.50 euros, 278 p.)
ISBN : 978-2-343-06683-7, ISBN EBOOK : 978-2-336-39845-7

DICTIONNAIRE OHADA
(3e édition)
Bitsamana Hilarion Alain
Ce dictionnaire spécial du droit des affaires OHADA propose une définition claire et précise, avec tous les compléments nécessaires, des principaux termes utilisés tous les jours se rapportant à l'OHADA. Un ouvrage de référence permettant de décoder l'OHADA, accessible à toute personne s'intéressant au monde des affaires en Afrique comme à l'étranger.
(39.00 euros, 398 p.)
ISBN : 978-2-343-07656-0, ISBN EBOOK : 978-2-336-39786-3

LA DÉJUDICIARISATION ET LES PROCÉDURES NON CONTENTIEUSES EN AFRIQUE
Amboulou Hygin Didace
La déjudiciarisation comprend l'ensemble des mécanismes de gestion des différends en rationalisant les moyens matériels et humains de la justice, afin de pallier les déficiences du système judiciaire et de limiter les surcharges des juridictions. Les institutions de nombreux pays sont analysées et les déjudiciarisations en droit public et en droit privé sont abordées.
(Coll. Études africaines, 17.50 euros, 156 p.)
ISBN : 978-2-343-06928-9, ISBN EBOOK : 978-2-336-39805-1

COMMENT RENFORCER L'INDÉPENDANCE DE LA MAGISTRATURE AU SÉNÉGAL ?
Ngom Babacar
Préface de Amadou Mahtar Mbow
L'ouvrage présente dans une première partie les garanties légales d'indépendance de la justice, notamment la règle de la séparation des pouvoirs, le principe de la soumission des juges à l'autorité de la loi et celui de l'inamovibilité du magistrat du siège. Après une analyse critique de ces dispositions, l'auteur formule des propositions de renforcement de l'indépendance de la magistrature.
(13.50 euros, 124 p.)
ISBN : 978-2-343-05158-1, ISBN EBOOK : 978-2-336-39837-2

LE DROIT PÉNAL DES AFFAIRES AU CAMEROUN
Djila Kouayi Kemajou Rose
Préface de Victor-Emmanuel Bokalli
Dans le domaine des affaires, la liberté d'entreprendre et d'investir comporte de nombreux risques, au rang desquels le risque pénal. La délinquance en col blanc n'étant plus réservée aux grandes sociétés commerciales, les moyens de lutte et de sécurisation des investisseurs nécessitent un droit pénal des affaires dont l'objectif est la recherche d'une éthique dans ce domaine.
(Coll. Études africaines, 35.50 euros, 350 p.)
ISBN : 978-2-343-07840-3, ISBN EBOOK : 978-2-336-39777-1

50 ANS DE MARIAGE
Réflexions d'un notaire sur l'évolution du couple ces cinquante dernières années
Dauptain Pierre
De la pilule contraceptive jusqu'au mariage pour tous, l'auteur nous propose une réflexion sur les lois qui ont accompagné l'évolution du couple au cours des cinquante dernières années. Il analyse cette évolution pour aborder les problématiques juridiques et morales qui font tant débat de nos jours. Il s'appuie sur des travaux de juristes ou de sociologues, des articles de presse, mais aussi sur les chansons et les films qui ont marqué ces années et qui témoignent de façon si éclairante des changements de mentalités.
(Éditions Pepper, 16.50 euros, 148 p.)
ISBN : 978-2-343-07677-5, ISBN EBOOK : 978-2-336-39690-3

MÉTHODOLOGIE ET ASPECTS FORMELS DE LA RECHERCHE
Petit manuel à l'usage des juristes
Marain Gaëtan
L'ouvrage propose un véritable apprentissage du formalisme qui doit permettre aux étudiants et aux professionnels confrontés à la rédaction d'une thèse ou d'un mémoire juridique d'aborder ce travail avec sérénité. L'auteur donne une méthode de recherche pour définir le sujet, trouver et compulser les références utiles, échafauder un plan. Il aborde également les thèmes des citations d'auteur, notes de bas de page, mise en page. Il traite enfin du travail de relecture et de l'épreuve de soutenance.
(19.00 euros, 178 p.)
ISBN : 978-2-343-07638-6, ISBN EBOOK : 978-2-336-39556-2

RISQUES, ACCIDENTS ET CATASTROPHES
Liber amicorum
En l'honneur de Madame le professeur Marie-France Steinlé-Feuerbach
Sous la direction Hervé Arbousset, Caroline Lacroix et Benoît Steinmetz
L'étude et l'analyse des risques sont au cœur des réflexions du Professeur Steinlé-Feuerbach. Ses nombreux écrits de doctrine sur la thématique des accidents et des catastrophes ont amené à ce que ses collègues et amis lui dédient cet ouvrage. Ces mélanges donnent une vue d'ensemble d'une matière devenue une véritable discipline transcendant le clivage droit public-droit privé.
(Coll. Sciences criminelles, 34.00 euros, 334 p.)
ISBN : 978-2-343-07169-5, ISBN EBOOK : 978-2-336-39677-4

ÉTAT, COLLECTIVITÉS TERRITORIALES ET DROITS SOCIAUX
Étude du droit comparé
Sous la direction d'Olivier Lecucq
Comment, selon leur organisation territoriale respective, La France, l'Espagne et l'Italie œuvrent à la satisfaction des droits sociaux. Quels sont les rôles de l'État en ce domaine ? Quelles sont les actions qui en découlent et comment se coordonnent-elles ? Quelles en sont les implications en termes d'égalité des citoyens et des territoires ? L'ouvrage tente de répondre à ces questions en interpellant la réalisation de l'État social dans un contexte de crise, de réduction des déficits et de maîtrise des dépenses.
(Coll. Bibliothèques de droit, 22.50 euros, 221 p.)
ISBN : 978-2-343-07585-3, ISBN EBOOK : 978-2-336-39683-5

LE PRINCIPE DE PRÉCAUTION
Au carrefour de la philosophie, du droit et des sciences
Calderaro Norbert
La notion de principe de précaution, qui donne lieu à beaucoup de controverses, nécessite de la part d'un juriste une analyse objective pour écarter ce qu'elle n'est pas et définir son contenu véritable. Après un aperçu des sources philosophiques, l'auteur réalise une synthèse du principe de précaution en droit international, européen, en droit comparé et en droit interne. Il intègre notamment les tout derniers développements de la jurisprudence du Conseil d'État.
(18.50 euros, 180 p.)
ISBN : 978-2-343-05457-5, ISBN EBOOK : 978-2-336-39452-7

LES COLLECTIVITÉS TERRITORIALES ET LA SPÉCULATION
Goasdoué Mélissa - Avant-propos de Michel Verpeaux
Préface de Julien Martin
L'ancien dispositif empêchant la conclusion d'opérations financières spéculatives par les collectivités locales ayant échoué, un nouveau dispositif fonctionnant au cas par cas a été mis en place. Après une étude des imperfections de la notion de spéculation puis des liens unissant ces imperfections à l'échec du précédent dispositif dans la protection des collectivités contre les risques spéculatifs, le présent ouvrage s'attache à démontrer comment et dans quelle mesure cette protection est désormais rendue possible.
(Coll. Droit des collectivités territoriales, série Travaux, 15.00 euros, 140 p.)
ISBN : 978-2-343-07619-5, ISBN EBOOK : 978-2-336-39520-3

LE DROIT DE LA GUERRE
Traité sur l'emploi de la force armée en droit international (3 volumes)
Cumin David
Aussi ancien que la guerre et que le droit international dont il constitue le cœur historique, le droit de la guerre existe. Croisant droit et polémologie, portant sur les conflits armés internationaux et internes, ce traité expose, explique et reconstruit l'ensemble du droit international contemporain relatif à l'emploi de la force armée - auteurs et acteurs de la belligérance, ses buts, moyens, théâtres, régimes - et propose une analyse critique de la responsabilité réparatrice et punitive.
Volume 1 (Coll. Droit comparé, 46.00 euros, 458 p.)
ISBN : 978-2-343-06498-7, ISBN EBOOK : 978-2-336-39588-3
Volume 2 (Coll. Droit comparé, 60.00 euros, 760 p.)
ISBN : 978-2-343-07707-9, ISBN EBOOK : 978-2-336-39589-0
Volume 3 (Coll. Droit comparé, 48.00 euros, 468 p.)
ISBN : 978-2-343-07708-6, ISBN EBOOK : 978-2-336-39590-6

LA RESPONSABILITÉ DE PROTÉGER
Nouvelle approche du droit international
Gandou D'Isseret Crépin Gyscard
Le droit d'ingérence humanitaire se comprend comme une éthique de détresse, une obligation de protéger les personnes en danger de mort. La responsabilité de protéger traduit en acte la nécessité impérative de prendre soin de l'homme, ou de la collectivité humaine en général, quand les conditions de son existence connaissent une détérioration significative ou quand elles sont sur le point de le devenir.
(Coll. Harmattan Congo, 16.50 euros, 152 p.)
ISBN : 978-2-343-06724-7, ISBN EBOOK : 978-2-336-39575-3

L'HARMATTAN ITALIA
Via Degli Artisti 15; 10124 Torino
harmattan.italia@gmail.com

L'HARMATTAN HONGRIE
Könyvesbolt ; Kossuth L. u. 14-16
1053 Budapest

L'HARMATTAN KINSHASA
185, avenue Nyangwe
Commune de Lingwala
Kinshasa, R.D. Congo
(00243) 998697603 ou (00243) 999229662

L'HARMATTAN CONGO
67, av. E. P. Lumumba
Bât. – Congo Pharmacie (Bib. Nat.)
BP2874 Brazzaville
harmattan.congo@yahoo.fr

L'HARMATTAN GUINÉE
Almamya Rue KA 028, en face
du restaurant Le Cèdre
OKB agency BP 3470 Conakry
(00224) 657 20 85 08 / 664 28 91 96
harmattanguinee@yahoo.fr

L'HARMATTAN MALI
Rue 73, Porte 536, Niamakoro,
Cité Unicef, Bamako
Tél. 00 (223) 20205724 / +(223) 76378082
poudiougopaul@yahoo.fr
pp.harmattan@gmail.com

L'HARMATTAN CAMEROUN
BP 11486
Face à la SNI, immeuble Don Bosco
Yaoundé
(00237) 99 76 61 66
harmattancam@yahoo.fr

L'HARMATTAN CÔTE D'IVOIRE
Résidence Karl / cité des arts
Abidjan-Cocody 03 BP 1588 Abidjan 03
(00225) 05 77 87 31
etien_nda@yahoo.fr

L'HARMATTAN BURKINA
Penou Achille Some
Ouagadougou
(+226) 70 26 88 27

L'HARMATTAN SÉNÉGAL
10 VDN en face Mermoz, après le pont de Fann
BP 45034 Dakar Fann
33 825 98 58 / 33 860 9858
senharmattan@gmail.com / senlibraire@gmail.com
www.harmattansenegal.com

L'HARMATTAN BÉNIN
ISOR-BENIN
01 BP 359 COTONOU-RP
Quartier Gbèdjromèdé,
Rue Agbélenco, Lot 1247 I
Tél : 00 229 21 32 53 79
christian_dablaka123@yahoo.fr

Achevé d'imprimer par Corlet Numérique - 14110 Condé-sur-Noireau
N° d'Imprimeur : 130029 - Dépôt légal : juin 2016 - *Imprimé en France*

www.ingramcontent.com/pod-product-compliance
Lightning Source LLC
LaVergne TN
LVHW011221061026
849535LV00001BA/122
* 9 7 8 2 3 4 3 0 9 4 7 3 1 *